Peter Steinbach

Geschichte der Bundesrepublik Deutschland

WAV-Studienbücher

Reihe
Geschichte und Theorie der Politik

Peter Steinbach

Geschichte der Bundesrepublik Deutschland

Geschichte und Aspekte der Verfassungsordnung

Wissenschaftlicher
Autoren-Verlag (WAV)

Berlin

CIP-Kurztitelaufnahme der Deutschen Bibliothek

Steinbach, Peter:

Geschichte der Bundesrepublik Deutschland: Geschichte u. Aspekte d. Verfassungsordnung/ Peter Steinbach. - Berlin: Wissenschaftlicher Autoren-Verlag, 1982.
(WAV-Studienbücher: Geschichte u. Theorie d. Politik)
ISBN 3-88840-101-1

Herstellung: Interprint Limited, Valletta
Umschlaggestaltung: C. Cosin

Printed in Malta 1982

ISBN 3-88840-101-1

Inhaltsübersicht

INHALTSVERZEICHNIS

Vorwort

"Geschichtsbewußtsein ist kein Wert an sich, sondern ein notwendiges intellektuelles Korrektiv gegenüber den verkürzten Perspektiven, in denen allzu häufig die ideologischen und tagespolitischen Auseinandersetzungen über den Zustand und die Zukunft unseres Staates geführt werden. Eine demokratische Gesellschaft lebt von der Bereitschaft ihrer Bürger zum sozialen Wandel, von der Problemlösungsfähigkeit ihrer politischen Institutionen und nicht zuletzt von ihrer Offenheit für Korrekturen an Mißständen und Fehlentwicklungen im staatlichen und gesellschaftlichen Bereich. Förderlich ist aber nur jene soziale Phantasie, die ihre Urteilskriterien an der historischen Erfahrung zu überprüfen versteht und sich nicht in der dünnen Luft von Abstraktionen und verabsolutierten Normen verliert"[1]. Jürgen Weber, der Herausgeber einer der komplexesten Sammelbände über die Entstehung der Bundesrepublik, leitet mit diesen Bemerkungen seinen Versuch ein, in neuartiger Weise Wege zur Geschichte der Bundesrepublik Deutschland zu bahnen. In den vergangenen Jahren sind viele Pfade geebnet worden[2]: Dennoch wird allenthalben über das fehlende Geschichtsbewußtsein, insbesondere der Jugend, der Studenten, der sich Verweigernden geklagt. Diese Klage ist nicht originell, sondern wurde zu nahezu allen Zeiten erhoben - sie spiegelt den Zug der Generationen durch die historische Zeit und damit die stets eintretende Entfernung jüngerer Generationen von den prägenden Ereignissen, die ihre Eltern und Voreltern häufig für ein ganzes Leben geformt haben. Geschichte als Wissenschaft soll u.a. diese Kluft überbrücken. Zug der Generation durch die Zeit - er bringt eine Entwirklichung des historischen Bewußtseins durch die Informationen aus zweiter Hand und bedingt zugleich, daß wir weiter zurückliegende Ereignisse wissenschaftlich klarer, vielleicht auch abgeklärter sehen. Aus Zeitgeschichte als der Geschichte der jeweils lebenden Generationen wird Geschichte, Geschichte aber verliert die Ursprünglichkeit unmittelbaren Erlebens und Fühlens, wird trockener, deutungsfähiger. Zugleich wächst das Informationsbedürfnis.

Vielleicht ist die vielen als Abwendung von der Geschichte erscheinende Distanzierung und Entfremdung jüngerer Generationen - vielfach erst in den sechziger Jahren geboren und in den siebziger Jahren sozialisiert - eine Möglichkeit, sich wieder der Geschichte der Bundesrepublik anzunähern, neue Wege zu gehen, die vielleicht sogar - wie könnte es anders sein? - die alten sind. Jede wissenschaftliche Schule, jede Generation von Wissenschaftlern besitzt "ihre" herrschende Lehre, besitzt folglich auch ihre grundlegende Darstellung bundesrepublikanischer Geschichte. Im folgenden soll eine neue Möglichkeit des Zugangs erprobt werden, kann es doch kaum einem kleinen Studienbuch über eine Epoche, die fast ein Menschenalter umfaßt, gelingen, alle wichtigen Etappen der Geschichte dieser Republik zu erfassen[3]. Neue Möglichkeit steht hier allerdings für ein gleichsam traditionelles Erkenntnisinteresse: für die Darstellung institutioneller Entwicklungen, die als Reaktion auf die negativen Erfahrungen des nationalsozialistischen Deutschland zu begreifen sind. Aus diesem Grunde wird im folgenden ein besonderes Gewicht auf die Darstellung der Verfassungsentwicklung gelegt.

Der Herausgeber folgt diesem Schritt, weil er in der universitären Lehre gerade in diesem Bereich große Defizite festgestellt hat, die manches Mißverständnis der jüngeren Studentengeneration mit der und über die Bundesrepublik erklären. Das Studienbuch soll helfen, über Grundprinzipien der Bundesrepublik Deutschland als einem parlamentarischen, pluralistischen und sozialen Rechtsstaat aufzuklären, der Handlungsspielräume - auch für Kritik und Protest - eröffnet und für den es sich nicht zuletzt lohnt, sich zu engagieren.[4]

Berlin, im Dezember 1981

Peter Steinbach

1 J. Weber, Einleitung, in: ders., Hrg., Auf dem Wege zur Republik 1945-1947, München 1978, S. 15.

2 D. Thränhardt, Bibliographie Bundesrepublik Deutschland, Götting 1980 (=Arbeitsbücher zur modernen Geschichte 9, hrsg. v. H.-U. Wehler).

3 Weitere Bände dieser Studienbuchreihe sollen einzelne Politikfelder der Bundesrepublik in historischer Perspektive dokumentieren. So ist an Bände über Wirtschafts-, Sozial-, Verteidigungs-, Rechts-, Außen-, Bildungs- und Gesundheitspolitik gedacht. Ein weiterer Band soll die Geschichte der innerdeutschen Beziehungen behandeln. Weitere Bände bleiben der Parteien-, Verbands-, Medien- und Verfassungsgeschichte vorbehalten.

4 Zum Zusammenhang von Geschichtsbild und Demokratieverständnis vgl. H. Hättich, Geschichtsbild und Demokratieverständnis, in: R. Loewenthal u. H.P. Schwarz, Hrg., Die zweite Republik. 25 Jahre Bundesrepublik Deutschland - eine Bilanz, Stuttgart 1974, S. 905 ff.

A. AUF DEM WEG ZUR BUNDESREPUBLIK DEUTSCHLAND: 1945-1949

Einführung

Am Anfang der Bundesrepublik Deutschland stand die Befreiung vom Nationalsozialismus im Zuge der totalen und bedingungslosen militärischen Niederlage des Deutschen Reiches. Dieses Deutsche Reich besaß keinerlei Souveränität, es war in seiner staatlichen Existenz vernichtet und nach einer langen Zeit der nationalsozialistischen Herrschaft auch moralisch geächtet. Diese Haltung entsprang keiner Siegerlaune, nicht dem Prinzip des "Wehe den Besiegten", sondern war die Folge eines beispiellosen Abstiegs einer Kulturnation in die Barbarei.

Befreiung vom Nationalsozialismus war jedoch nicht nur das Ergebnis einer militärischen Aktion. Sie mußte vielmehr das Ergebnis eines gründlichen Reinigungs- und Selbstreinigungsprozesses sein, der vieldimensional angelegt war. Isolierung und Bestrafung einer kriminellen nationalsozialistischen Elite im Zuge von Hauptkriegs- und Konzentrationslagerprozessen (in Übereinstimmung mit der sogenannten 'outlaw-theory') war ebenso gefordert wie die breite Entnazifizierung des öffentlichen Lebens, der Wirtschaft und der Verwaltung, aber auch der breiten Bevölkerung in Übereinstimmung mit der vansittartistischen Theorie.

Entnazifizierung war ein Schlüsselwort der unmittelbaren Nachkriegszeit. Erhielt es später auch einen negativen Beiklang durch die Unaufrichtigkeit der Entlastungserklärungen, die Bestechungs- und Betrugsversuche ("Persil"-Scheine sollten eine 'reine Weste' verschaffen), die Uneinheitlichkeit der Prozeduren in den vier Besatzungszonen, so bezeichnet es doch eine wichtige Voraussetzung dafür, daß die belasteten Nationalsozialisten keinen bedeutenden Einfluß auf die Ausgestaltung der Nachkriegsordnung erhielten.

Entnazifizierung bedeutete jedoch nicht nur die Verfolgung des einzelnen Belasteten, Mitläufers oder Verblendeten - es bedeutete auch die Befreiung von nationalsozialistischen Gesetzen, Schulbüchern, Überresten und stand somit für die Planierung einer Demokratie, die als Nachkriegsordnung zu etablieren war.

Die Nachkriegsordnung sollte sich durch vier große D's auszeichnen: durch Demilitarisierung, Denazifizierung, Dezentralisierung und Demokratisierung. Sie waren im Potsdamer Abkommen als kleinster gemeinsamer Nenner der vier Großmächte formuliert worden und sollten die divergierenden Interessen und Konzeptionen einer Nachkriegsordnung überspielen.

Aus den divergierenden Interessen resultierte relativ rasch eine differenzierte Besatzungspolitik, die zum engeren Zusammenschluß der britisch-amerikanischen Zone und schließlich zur sich abzeichnenden Spaltung in zwei Staaten führte. Wichtige Stationen dieses Weges waren die Reden der Amerikaner Byrnes und Marshall.

Dennoch reicht es nicht aus, allein den Prozeß einer Einbindung der westalliierten Besatzungszonen in den europäisch-nordamerikanischen Block zu sehen und für die Teilung verantwortlich zu machen. Die Entwicklung in den westdeutschen Ländern macht deutlich, daß sich im Westen politische Ordnungsvorstellungen in Einzelverfassungen niederschlugen, die kaum mehr in ein Deutschland zu integrieren waren, das auch unter sowjetischem Einfluß stand.

Die wissenschaftliche Hauptkontroverse kreiste in den fünfziger und sechziger Jahren immer wieder um die Frage, ob die Stunde Null ein Neuanfang oder die Fortsetzung eines älteren, eventuell unterbrochenen, möglicherweise sogar aus der sozialen Realität des Dritten Reiches überleitenden Gesellschaftszustandes war. Am restaurativen Charakter der Epoche entzündeten sich die Geister und brachten unterschiedliche Argumente hervor, je nachdem, ob sie als Kontinuitätskriterium die Eigentumsverfassung, die gesellschaftliche Machtverteilung oder etwa die neue und in der deutschen Geschichte auch ohne geschichtsmächtiges Vorbild bleibende "Demokratiegründung" hervorhoben. Das erste Wort in dieser Kontroverse wurde von W. Dirks, dem Herausgeber der Frankfurter Hefte, gesprochen, das letzte von dem Bonner Politikwissenschaftler K. Niclauß. Der Leser bleibt aufgefordert, die einzelnen Argumente selbst nachzuvollziehen.

Dokumente

1. Militärregierung - Deutschland - Kontrollgebiet des Obersten Befehlshabers, Proklamation Nr. 1 (Mai 1945)

An das deutsche Volk!

Ich, General Dwight D. Eisenhower, Oberster Befehlshaber der Alliierten Streitkräfte, gebe hiermit folgendes bekannt:

I.

Die Alliierten Streitkräfte, die unter meinem Oberbefehl stehen, haben jetzt deutschen Boden betreten. Wir kommen als ein siegreiches Heer; jedoch nicht als Unterdrücker. In dem deutschen Gebiet, das von Streitkräften unter meinem Oberbefehl besetzt ist, werden wir den Nationalsozialismus und den deutschen Militarismus vernichten, die Herrschaft der Nationalsozialistischen Deutschen Arbeiterpartei beseitigen, die NSDAP auflösen sowie die grausamen, harten und ungerechten Rechtsätze und Einrichtungen, die von der NSDAP geschaffen worden sind, aufheben. Den deutschen Militarismus, der so oft den Frieden der Welt gestört hat, werden wir endgültig beseitigen. Führer der Wehrmacht und der NSDAP, Mitglieder der Geheimen Staatspolizei und andere Personen, die verdächtig sind, Verbrechen und Grausamkeiten begangen zu haben, werden gerichtlich angeklagt und, falls für schuldig befunden, ihrer gerechten Bestrafung zugeführt.

II.

Die höchste gesetzgebende, rechtsprechende und vollziehende Machtbefugnis und Gewalt in dem besetzten Gebiet ist in meiner Person als Oberster Befehlshaber der Alliierten Streitkräfte und als Militärgouverneur vereinigt. Die Militärregierung ist eingesetzt, um diese Gewalten unter meinem Befehl auszuüben. Alle Personen in dem besetzten Gebiet haben unverzüglich und widerspruchslos alle Befehle und Veröffentlichungen der Militärregierung zu befolgen. Gerichte der Militärregierung werden eingesetzt, um Rechtsbrecher zu verurteilen. Widerstand gegen die Alliierten Streitkräfte wird unnachsichtig gebrochen. Andere schwere strafbare Handlungen werden schärfstens geahndet.

III.

Alle deutschen Gerichte, Unterrichts- und Erziehungsanstalten innerhalb des besetzten Gebietes werden bis auf weiteres geschlossen. Dem Volksgerichtshof, den Sondergerichten, den SS-Polizeigerichten und anderen außerordentlichen Gerichten wird überall im besetzten Gebiet die Gerichtsbarkeit entzogen. Die Wiederaufnahme der Tätigkeit der Straf- und Zivilgerichte und die Wiedereröffnung der Unterrichts- und Erziehungsanstalten wird genehmigt, sobald die Zustände es zulassen.

IV.

Alle Beamten sind verpflichtet, bis auf weiteres auf ihrem Posten zu verbleiben und alle Befehle und Anordnungen der Militärregierung oder der Alliierten Behörden, die an die deutsche Regierung oder an das deutsche Volk gerichtet sind, zu befolgen und auszuführen. Dies gilt auch für die Beamten, Angestellten und Arbeiter sämtlicher öffentlicher und gemeinwirtschaftlicher Betriebe, sowie für sonstige Personen, die notwendige Tätigkeiten verrichten.

Dwight D. Eisenhower, General, Oberster Befehlshaber
Alliierte Streitkräfte

2. Direktive JCS 1067 des Generalstabs der Streitkräfte der Vereinigten Staaten von Amerika vom April 1945 an den Oberbefehlshaber der Besatzungstruppen der USA, General Eisenhower, hinsichtlich der Militärregierung für Deutschland

1. Zweck und Umfang dieser Direktive.

Diese Direktive ergeht an Sie als den Kommandierenden General der Besatzungstruppen der Vereinigten Staaten in Deutschland. In dieser Eigenschaft werden Sie als Mitglied der Vereinigten Staaten beim Kontrollrat auftreten und außerdem für die Verwaltung der Militärregierung in der Zone oder den Zonen verantwortlich sein, die den Vereinigten Staaten zur Besetzung und Verwaltung zugewiesen sind. Sie enthält die grundlegenden Richtlinien, die Ihnen nach Beendigung des zusammengefaßten Kommandos des Obersten Befehlshabers der Alliierten Expeditionsstreitkräfte in den genannten beiden Eigenschaften als Anleitung dienen werden.

Diese Direktive gibt Richtlinien für die in der ersten Zeit nach der Niederlage gegenüber Deutschland einzuschlagenden Politik. Als solche soll sie keine endgültige Festlegung der Politik unserer Regierung bezüglich der Behandlung Deutschlands in der Nachkriegswelt darstellen. Es ist daher notwendig, daß Sie während der Zeitspanne, für die diese Direktive gilt, dafür sorgen, daß die wirtschaftlichen, industriellen, finanziellen, sozialen und politischen Verhältnisse in Ihrer Zone ständig überwacht werden, und daß entsprechende Berichte und solche aus anderen Zonen Ihrer Regierung über den Wehrmachtsgeneralstab (Joint Chiefs of Staff) zur Verfügung gestellt werden. Diese Berichte sollten so abgefaßt werden, daß sie als Grundlage für Beschlüsse zur Abänderung der hier dargelegten Kontrollmaßnahmen und für die weitere Abfassung und Entwicklung der Richtlinien zur Förderung der grundlegenden Ziele der Vereinigten Staaten dienen können. Zusätzliche Direktiven werden nach Bedarf durch den Wehrmachtsgeneralstab an Sie ergehen. (...)

4. Grundlegende Ziele der Militärregierung in Deutschland:

a) Es muß den Deutschen klargemacht werden, daß Deutschlands rücksichtslose Kriegführung und der fanatische Widerstand der Nazis die deutsche Wirtschaft zerstört und Chaos und Leiden unvermeidlich gemacht haben, und daß sie nicht der Verantwortung für das entgehen können, was sie selbst auf sich geladen haben.

b) Deutschland wird nicht besetzt zum Zwecke seiner Befreiung, sondern als ein besiegter Feindstaat. Ihr Ziel ist nicht die Unterdrückung, sondern die Besetzung Deutschlands, um gewisse wichtige alliierte Absichten zu verwirklichen. Bei der Durchführung der Besetzung und Verwaltung müssen Sie gerecht, aber fest und unnahbar sein. Die Verbrüderung mit deutschen Beamten und der Bevölkerung werden Sie streng unterbinden.

c) Das Hauptziel der Alliierten ist es, Deutschland daran zu hindern, je wieder eine Bedrohung des Weltfriedens zu werden. Wichtige Schritte zur Erreichung dieses Zieles sind die Ausschaltung des Nazismus und des Militarismus in jeder Form, die sofortige Verhaftung der Kriegsverbrecher zum Zwecke der Bestrafung, die industrielle Abrüstung und Entmilitarisierung Deutschlands mit langfristiger Kontrolle des deutschen Kriegspotentials und die Vorbereitungen zu einem späteren Wiederaufbau des deutschen politischen Lebens auf demokratischer Grundlage.

d) Andere alliierte Ziele sind die Durchführung des Reparations- und Rückerstattungsprogramms, Nothilfe für die durch den Naziangriff verwüsteten Länder und die Betreuung und Rückführung der Kriegsgefangenen und Verschleppten der Mitgliedstaaten der Vereinten Nationen.

5. Wirtschaftskontrollen:

a) Als Mitglied des Kontrollrats und als Zonenbefehlshaber werden Sie sich von dem Grundsatz leiten lassen, daß der deutschen Wirtschaft in dem Maße Kontrollen auferlegt werden können, als erforderlich ist, um die in der vorstehenden Ziffer 4 aufgezählten Ziele zu erreichen und außerdem soweit sie zum Schutz der Sicherheit und zur Befriedigung des Bedarfs der Besatzungsstreitkräfte und zur Sicherstellung der Produktion und Aufrechterhaltung von Lieferungen und Dienstleistungen notwendig sind, um Hungersnot oder Krankheiten und Unruhen, die eine Gefährdung dieser Streitkräfte darstellen würden, vorzubeugen. Sie werden bei der Durchführung des Reparationsprogramms oder anderweitig nichts unternehmen, was geeignet wäre, die grundlegenden Lebensbedingungen in Deutschland oder in Ihrer Zone auf einem höheren Stand zu halten als in irgendeinem benachbarten Mitgliedstaat der Vereinten Nationen.

b) Bei der Einführung und Durchführung der durch Sie oder den Kontrollrat vorgeschriebenen Kontrollmaßnahmen sollen die deutschen Behörden, soweit es praktisch durchführbar ist, angewiesen werden, die Durchführung dieser Kontrollen anzukündigen und zu übernehmen. Dadurch soll dem deutschen Volk klargemacht werden, daß die Verantwortung sowohl für die Durchführung dieser Kontrollen als auch für jegliches Versagen bei solcher Kontrolltätigkeit bei ihm selbst und bei den deutschen Behörden liegt.

6. Entnazifizierung:

a) Der Kontrollrat soll einen Aufruf erlassen, durch den die Nazi-Partei, ihre Gliederungen, angeschlossenen Verbände und untergeordneten Organisationen und alle öffentlichen Nazi-Einrichtungen, die als Werkzeuge der Parteiherrschaft gegründet worden waren, aufgelöst werden und ihr Wiedererstehen in jeder Form untersagt wird. Sie werden dafür sorgen, daß diese Politik in Ihrer Zone schleunigst verwirklicht wird, und Sie werden alles tun, um das Wiedererstehen irgendeiner dieser Organisationen als Untergrundbewegung, in getarnter oder in geheimer Form, zu verhindern.

Die Verantwortung für die Fortsetzung erwünschter unpolitischer sozialer Einrichtungen von aufgelösten Parteiorganisationen kann durch den Kontrollrat auf eine geeignete zentrale Dienststelle oder durch Sie auf eine geeignete örtliche Dienststelle übertragen werden.

b) Die Gesetze, die den politischen Aufbau des Nationalsozialismus und die Grundlage für das Hitlerregime schaffen sollten, und alle Gesetze, Erlasse und Verordnungen, die eine unterschiedliche Behandlung aufgrund von Rassezugehörigkeit, Nationalität, Glaubensbekenntnis oder politischen Meinungen anordnen, sollen durch den Kontrollrat aufgehoben werden. Sie werden diese in Ihrer Zone außer Kraft setzen.

c) Alle Mitglieder der Nazipartei, die nicht nur nominell in der Partei tätig waren, alle, die den Nazismus oder Militarismus aktiv unterstützt haben, und alle anderen Personen, die den alliierten Zielen feindlich gegenüberstehen, sollen entfernt und ausgeschlossen werden aus öffentlichen Ämtern und aus wichtigen Stellungen in halbamtlichen und privaten Unternehmungen wie (1) Organisationen des Bürgerstandes, des Wirtschaftslebens und der Arbeiterschaft, (2) Körperschaften und anderen Organisationen, an denen die deutsche Regierung oder Unterabteilungen ein überwiegendes finanzielles Interesse haben, (3) Industrie, Handel, Landwirtschaft und Finanz, (4) Erziehung und (5) Presse, Verlagsanstalten und andere der Verbreitung von Nachrichten und Propaganda dienenden Stellen. Als Personen, die nicht nur nominell in der Partei tätig waren und die den Nazismus oder Militarismus aktiv unterstützt haben, sind diejenigen zu behandeln, die (1) ein Amt innehatten oder anderweitig auf irgendeiner Stufe von den örtlichen bis zu den Reichsstellen der Partei und ihrer Gliederungen aktiv gewesen sind oder in Organisationen, die militaristische Lehren unterstützen, (2) irgendwelche Naziverbrechen, rassische Verfolgungen oder Diskriminierungen veranlaßt oder an ihnen teilgenommen haben, (3) sich als Anhänger des Nazismus oder rassischer und militaristischer Überzeugungen bekannt haben, oder (a) der Nazipartei oder Nazifunktionären oder Naziführern freiwillig beträchtliche moralische oder materielle Hilfe oder politische Unterstützung irgendwelcher Art geleistet haben. Keine dieser Personen darf in irgendeiner der oben angeführten Beschäftigungsarten aus Gründen der verwaltungstechnischen Notwendigkeit, Bequemlichkeit oder Zweckdienlichkeit beibehalten werden.

d) In Ihrer Zone befindliches unbewegliches und bewegliches Eigentum, das sich im Besitz oder unter der Kontrolle der Nazipartei, ihrer Gliederungen, angeschlossenen Verbände und untergeordneten Organisationen und aller derjenigen Personen befindet, die nach den Bestimmungen der Ziffer 8 in Haft zu nehmen sind, wird von Ihnen unter Kontrolle gestellt werden, bis der Kontrollrat oder eine höhere Stelle entscheidet, wie später darüber zu verfügen ist.

e) Alle Archive, Denkmäler und Museen, die von den Nazis eingerichtet worden sind oder der Verewigung des deutschen Militarismus gewidmet sind, werden Ihrer Kontrolle unterstellt und ihr Vermögen wird einbehalten, bis der Kontrollrat entscheidet, wie darüber zu verfügen ist.

f) Sie werden besonders darauf bedacht sein, Akten, Pläne, Bücher, Dokumente, Papiere, Register und wissenschaftliche, industrielle und andere Informationen und Daten, die den folgenden Institutionen gehören oder von ihnen kontrolliert werden, vor der Zerstörung zu bewahren und unter Ihre Kontrolle zu nehmen:

(1) Die deutsche Reichsregierung und ihre Unterabteilungen, deutsche militärische Organisationen, Organisationen, die mit militärischen Forschungen beschäftigt sind, und andere Regierungsstellen, soweit es ratsam erscheint;

(2) Die Nazipartei, ihre Gliederungen, angeschlossenen Verbände und untergeordneten Organisationen;

(3) Alle Polizeiorganisationen, einschließlich der Sicherheitspolizei und der politischen Polizei;

(4) Bedeutende Wirtschaftsorganisationen und Industrieanlagen, einschließlich derjenigen, die der Kontrolle der Nazipartei oder ihres Personals unterstehen;

(5) Institute oder Spezialbüros, die rassischer, politischer, militaristischer oder ähnlicher Forschung oder Propaganda dienen.

7. Entmilitarisierung:

a) Sie werden in Ihrer Zone sicherstellen, daß alle Einheiten der deutschen Streitkräfte einschließlich der halbmilitärischen Organisationen als solche aufgelöst werden und daß ihre Angehörigen sofort entwaffnet und überwacht werden. Sie werden alle Militärpersonen, die unter die Bestimmungen der Ziffer 8 fallen, verhaften und gefangen halten, bevor endgültig über sie verfügt wird.

b) Die vollständige Auflösung aller militärischen und halbmilitärischen Organisationen einschließlich des Generalstabs, des deutschen Offizierkorps, des Reservekorps und der Kriegsschulen sowie aller Verbände, die dazu dienen könnten, die militärische Tradition in Deutschland aufrechtzuerhalten, soll vom Kontrollrat verkündet und von Ihnen in Ihrer Zone verwirklicht werden.

c) Sie werden alle Waffen, Munition und Kriegsgeräte beschlagnahmen oder vernichten und deren Produktion einstellen lassen.

d) Sie werden alle geeigneten Schritte unternehmen, um das deutsche Kriegspotential zu vernichten, wie dies an anderer Stelle in dieser Direktive dargelegt wird.

8. Als Kriegsverbrecher verdächtige Personen und Verhaftungen im Interesse der Sicherheit:

a) Sie werden Adolf Hitler, seine Haupt-Nazi-Komplizen, andere Kriegsverbrecher und alle diejenigen Personen, die an der Planung oder Durchführung von Naziunternehmungen beteiligt waren, die mit Greueltaten oder Kriegsverbrechen in Verbindung standen oder zu solchen führten, ausfindig machen, verhaften und gefangen halten, bis Sie weitere Anweisungen darüber erhalten, was mit ihnen geschehen soll.

b) Alle diejenigen Personen, die die Erreichung der Ihnen gesteckten Ziele gefährden würden, wenn man sie in Freiheit ließe, werden ebenfalls verhaftet und in Gewahrsam gehalten, bis sie vor eine von Ihnen zu errichtende geeignete gerichtsähnliche Körperschaft gestellt werden. Es folgt eine Teilliste der Gruppen von Personen, die in Durchführung dieser Richtlinien zu verhaften sind: (...)

Wenn Sie es im Hinblick auf die Zustände, die Sie in Deutschland vorfinden, nicht für sofort durchführbar halten, bestimmte Personen innerhalb dieser Gruppen einer solchen Behandlung zu unterwerfen, sollen Sie Ihrer Regierung Ihre Gründe und Vorschläge durch den Wehrmachtsgeneralstab melden. Wenn Sie es für wünschenswert halten, können Sie die Verhaftung solcher Personen verschieben, deren Fälle Sie gemeldet haben, bis Ihnen durch den Wehrmachtsgeneralstab ein Bescheid übermittelt wird. Auf keinen Fall sollen verhaftete Personen aufgrund ihres Reichtums, ihres politischen oder sonstigen Ranges oder ihrer industriellen Stellung eine unterschiedliche Behandlung oder besondere Berücksichtigung in bezug auf die Art der Verhaftung oder die Bedingungen des Gewahrsams erfahren. Es bleibt Ihrer Entscheidung überlassen, Ausnahmen zu machen, soweit Sie es im Interesse von Abwehr- und anderen militärischen Zwecken für ratsam halten.

9. Politische Tätigkeit:

a) Keine politische Tätigkeit irgendwelcher Art darf ohne Ihre Genehmigung begünstigt werden. Sie werden dafür sorgen, daß Ihre Militärregierung keine Bindung zu irgendeiner politischen Gruppe eingeht.

b) Sie werden jegliche Verbreitung von nazistischen, militaristischen oder pan-germanistischen Lehren verbieten.

c) Sie werden keine deutschen Aufmärsche militärischer, politischer, ziviler oder sportlicher Art gestatten.

d) Rede-, Presse- und Religionsfreiheit sind zu gewähren, soweit sie nicht militärische Interessen beeinträchtigen und vorausgesetzt, daß sie nicht den in den drei vorhergehenden Unterabschnitten und in Ziffer 10 enthaltenen Bestimmungen widersprechen. Soweit es mit den militärischen Erfordernissen zu vereinbaren ist, sollen alle religiösen Einrichtungen geduldet werden.

10. Öffentlicher Nachrichtendienst und Nachrichtenkontrolle:

Als Mitglied des Kontrollrats werden Sie sich bemühen, ein Übereinkommen für einheitliche oder angeglichene Richtlinien in bezug auf (a) die Kontrolle des öffentlichen Nachrichtendienstes in Deutschland, (b) die Akkreditierung ausländischer Korrespondenten, (c) die Pressezensur und (d) die Herausgabe offizieller Kommuniqués über Angelegenheiten des Kontrollrats zu erzielen. Richtlinien der Vereinigten Staaten hinsichtlich dieser Angelegenheiten werden Ihnen gesondert zugehen, und Sie werden sich bei Ihren Verhandlungen im Kontrollrat von diesen leiten lassen.

11. Deutsche Gerichtshöfe:

a) Alle außerordentlichen Gerichtshöfe, insbesondere der Volksgerichtshof und die Sondergerichte und alle Gerichtshöfe der Nazipartei, ihrer Gliederungen, angeschlossenen Verbände und untergeordneten Organisationen sind sofort aufzulösen.

b) Alle ordentlichen Straf-, Zivil- und Verwaltungsgerichte, außer denen, die schon vorher durch Anordnung der Militärregierung wiedererrichtet worden sind, sind zu schließen. Nach Entfernung aller Spuren des Nazismus und allen nazistischen Personals werden Sie denjenigen Gerichtshöfen, die innerhalb Ihrer Zone die Gerichtsbarkeit ausüben sollen, gestatten, ihre Tätigkeit wieder aufzunehmen, und zwar gemäß Bestimmungen, der Aufsicht und der Kontrolle, wie sie von Ihnen für angemessen gehalten werden. Gerichtshöfe, deren Gerichtsbarkeit sich auf ein Gebiet erstreckt, das über die Grenzen Ihrer Zone hinausreicht, sind nur mit ausdrücklicher Genehmigung des Kontrollrats und gemäß seinen Bestimmungen, seiner Aufsicht und Kontrolle wieder zu eröffnen. Die Ermächtigung zur Aufsicht und Kontrolle soll das Recht einschließen, Entscheidungen deutscher Gerichtshöfe zu revidieren oder Einspruch gegen sie zu erheben.

12. Polizei:
Mit Ausnahme der Reichskriminalpolizei sind alle Zweige der Sicherheitspolizei, zum Beispiel die Geheime Staatspolizei (Gestapo) und der Sicherheitsdienst der SS, aufzulösen. Die Kriminalpolizei und die Schutzpolizei sind von Nazipersonal zu säubern und unter der Kontrolle und Aufsicht der Militärregierung einzusetzen.

13. Politische Gefangene:
Unter Berücksichtigung der militärischen Sicherheit und der Interessen der betroffenen Individuen werden Sie in Ihrer Zone alle diejenigen Personen, die aufgrund ihrer Rassezugehörigkeit, Nationalität, ihres Glaubensbekenntnisses oder ihrer politischen Ansichten gefangen oder in Gewahrsam gehalten worden waren, freilassen und als verschleppte Personen behandeln. Sie sollen Vorkehrungen für eine Überprüfung der Urteile bezüglich angeblich krimineller Vergehen treffen, die den Verdacht erwecken, daß sie auf rassischer, religiöser oder politischer Verfolgung beruhen, und deren Gefängnisstrafen von Gefangenen in Ihrer Zone noch nicht ganz abgebüßt sind.

14. Erziehung:
a) Alle pädagogischen Einrichtungen in Ihrer Zone mit Ausnahme derjenigen, die schon vorher aufgrund einer Genehmigung alliierter Stellen wiedererrichtet worden sind, sind zu schließen. Die Schließung von nazistischen Erziehungsinstituten wie Adolf-Hitler-Schulen, Napolas und Ordensburgen und von Naziorganisationen innerhalb anderer pädagogischer Einrichtungen soll für immer gelten.

b) Ein koordiniertes Kontrollsystem über die deutsche Erziehung und ein bejahendes Programm der Neuausrichtung sollen aufgestellt werden, um die nazistischen und militaristischen Lehren völlig auszurotten und die

Entwicklung demokratischen Gedankengutes zu fördern.

c) Sie werden die Wiedereröffnung von Volksschulen, Mittelschulen und Berufsschulen sobald wie möglich nach Ausschaltung des Nazipersonals genehmigen, Lehrbücher und Lehrpläne, die nazistische und militaristische Lehren enthalten, sollen nicht benutzt werden. Der Kontrollrat soll Programme aufstellen, in denen die Wiedereröffnung der höheren Schulen, Universitäten und anderer Institute für höhere Bildung in Aussicht genommen wird. Nach Entfernung der besonderen nazistischen Spuren und des Nazipersonals und bis zur Abfassung solcher Programme durch den Kontrollrat können Sie innerhalb Ihrer Zone ein vorläufiges Programm aufstellen und in Kraft setzen und auf jeden Fall die Wiedereröffnung derjenigen Einrichtungen und Abteilungen gestatten, in denen eine Ausbildung geboten wird, die Sie für die Verwaltung der Militärregierung und für die Zwecke der Besatzung für unmittelbar notwendig und nützlich halten.

d) Es ist nicht beabsichtigt, daß die Militärregierung sich in Fragen der konfessionellen Beaufsichtigung deutscher Schulen oder des Religionsunterrichts in deutschen Schulen einmischt, abgesehen von den Fällen, in denen dies notwendig ist, um sicherzustellen, daß der Religionsunterricht und die Verwaltung solcher Schulen in Übereinstimmung mit den alliierten Bestimmungen geführt wird, die hinsichtlich der Säuberung des Personals und der Lehrpläne getroffen worden sind oder noch getroffen werden.

3. Amtliche Verlautbarung über die Berliner Konferenz der drei Mächte (Potsdam, 2. August 1945.)

Über Deutschland.

Alliierte Armeen führen die Besetzung von ganz Deutschland durch, und das deutsche Volk fängt an, die furchtbaren Verbrechen zu büßen, die unter der Leitung derer, welche es zur Zeit ihrer Erfolge offen gebilligt hat und denen es blind gehorcht hat, begangen wurden. Auf der Konferenz wurde eine Übereinkunft erzielt über die politischen und wirtschaftlichen Grundsätze der gleichgeschalteten Politik der Alliierten in bezug auf das besiegte Deutschland in der Periode der alliierten Kontrolle.

Das Ziel dieser Übereinkunft bildet die Durchführung der Krim-Deklaration über Deutschland. Der deutsche Militarismus und Nazismus werden ausgerottet, und die Alliierten treffen nach gegenseitiger Vereinbarung in der Gegenwart und in der Zukunft auch andere Maßnahmen, die notwendig sind, damit Deutschland niemals mehr seine Nachbarn oder die Erhaltung des Friedens in der ganzen Welt bedrohen kann.

Es ist nicht die Absicht der Alliierten, das deutsche Volk zu vernichten oder zu versklaven. Die Alliierten wollen dem deutschen Volk die Möglichkeit geben, sich vorzubereiten, sein Leben auf einer demokratischen und friedlichen Grundlage von neuem wieder aufzubauen. Wenn die eigenen Anstrengungen des deutschen Volkes unablässig auf die Erreichung dieses Zieles gerichtet sein werden, wird es ihm möglich sein, zu gegebener Zeit einen Platz unter den freien und friedlichen Völkern der Welt einzunehmen.

Der Text dieser Übereinkunft lautet:

Politische und wirtschaftliche Grundsätze, deren man sich bei der Behandlung Deutschlands in der Anfangsperiode der Kontrolle bedienen muß:

A. Politische Grundsätze..

1. Entsprechend der Übereinkunft über das Kontrollsystem in Deutschland wird die höchste Regierungsgewalt in Deutschland durch die Oberkommandierenden der Streitkräfte der Sozialistischen Sowjetrepubliken, der Vereinigten Staaten von Amerika, des Vereinigten Königreichs und der Französischen Republik nach den Weisungen ihrer entsprechenden Regierungen ausgeübt und zwar von jedem in seiner Besatzungszone, sowie gemeinsam in ihrer Eigenschaft als Mitglieder des Kontrollrats in den Deutschland als Ganzes betreffenden Fragen ausgeübt.

2. Soweit dieses praktisch durchführbar ist, muß

die Behandlung der deutschen Bevölkerung in ganz Deutschland gleich sein.

3. Die Ziele der Besetzung Deutschlands, durch welche der Kontrollrat sich leiten lassen soll, sind:

(I) Völlige Abrüstung und Entmilitarisierung Deutschlands und die Ausschaltung der gesamten deutschen Industrie, welche für eine Kriegsproduktion benutzt werden kann oder deren Überwachung. Zu diesem Zweck:

a) werden alle Land-, See- und Luftstreitkräfte Deutschlands, SS, SA, SD und Gestapo mit allen ihren Organisationen, Stäben und Ämtern, einschließlich des Generalstabes, des Offizierkorps, der Reservisten der Kriegsschulen, der Kriegervereine und aller anderen militärischen und halbmilitärischen Organisationen zusammen mit ihren Vereinen und Unterorganisationen, die den Interessen der Erhaltung der militärischen Tradition dienen, völlig und endgültig aufgelöst, um damit für immer der Wiedergeburt oder Reorganisation des deutschen Militarismus und Nazismus vorzubeugen;

b) müssen sich alle Waffen, Munition und Kriegsgeräte und alle Spezialmittel zu deren Herstellung in der Gewalt der Alliierten befinden oder vernichtet werden. Der Unterhaltung und Herstellung aller Flugzeuge und aller Waffen, Ausrüstung und Kriegsgeräte wird vorgebeugt werden.

(II) Das deutsche Volk muß überzeugt werden, daß es eine totale militärische Niederlage erlitten hat, und daß es sich nicht der Verantwortung entziehen kann für das, was es auf sich geladen hat, daß es seine eigne mitleidslose Kriegsführung und der fanatische Widerstand der Nazis die deutsche Wirtschaft zerstört und Chaos und Elend unvermeidlich gemacht haben.

(III) Die nationalsozialistische Partei mit ihren angeschlossenen Gliederungen und Unterorganisationen ist zu vernichten; alle nationalsozialistischen Ämter sind aufzulösen; es sind Sicherheiten dafür zu schaffen, daß sie in keiner Form wieder auferstehen können; jeder nazistischen und militaristischen Propaganda ist vorzubeugen.

(IV) Die endgültige Umgestaltung des deutschen politischen Lebens auf demokratischer Grundlage und eine eventuelle friedliche Mitarbeit Deutschlands am internationalen Leben sind vorzubereiten.

4. Alle nazistischen Gesetze, welche die Grundlage für das Hitlerregime gebildet haben oder eine Diskriminierung aufgrund der Rasse, Religion oder politischen Überzeugung errichteten, müssen abgeschafft werden. Keine solche Diskriminierung, weder eine rechtli-

che noch eine administrative oder irgendeiner anderen Art, wird geduldet werden.

5. Kriegsverbrecher und alle diejenigen, die an der Planung oder Verwirklichung der nazistischen Maßnahmen, die Greuel oder Kriegsverbrechen nach sich gezogen oder als Ergebnis gehabt hatten, teilgenommen haben, sind zu verhaften und dem Gericht zu übergeben. Nazistische Parteiführer, einflußreiche Nazianhänger und die Leitung der nazistischen Ämter und Organisationen und alle anderen Personen, die für die Besetzung und ihre Ziele gefährlich sind, sind zu verhaften und zu internieren.

6. Alle Mitglieder der nazistischen Partei, welche mehr als nominell an ihrer Tätigkeit teilgenommen haben, und alle anderen Personen, die den alliierten Zielen feindlich gegenüberstehen, sind aus den öffentlichen oder halböffentlichen Ämtern und von den verantwortlichen Posten in wichtigen Privatunternehmungen zu entfernen. Diese Personen müssen durch Personen ersetzt werden, welche nach ihren politischen und moralischen Eigenschaften fähig erscheinen, an der Entwicklung wahrhaft demokratischer Einrichtungen in Deutschland mitzuwirken.

7. Das Erziehungswesen in Deutschland muß so überwacht werden, daß die nazistischen und militaristischen Lehrsätze völlig entfernt werden und eine erfolgreiche Entwicklung der demokratischen Ideen möglich gemacht wird.

8. Das Gerichtswesen wird entsprechend den Grundsätzen der Demokratie und der Gerechtigkeit auf der Grundlage der Gesetzlichkeit und der Gleichheit aller Bürger vor dem Gesetz ohne Unterschied der Rasse, der Nationalität und der Religion reorganisiert werden.

9. Die Verwaltung Deutschlands muß in Richtung auf eine Dezentralisation der politischen Struktur und der Entwicklung einer örtlichen Selbstverantwortung durchgeführt werden. Zu diesem Zwecke:

(I) Die lokale Selbstverwaltung wird in ganz Deutschland nach demokratischen Grundsätzen, und zwar durch Wahlausschüsse (Räte), so schnell wie es mit der Wahrung der militärischen Sicherheit und den Zielen der militärischen Besatzung vereinbar ist, wiederhergestellt.

(II) In ganz Deutschland sind alle demokratischen politischen Parteien zu erlauben und zu fördern mit der Einräumung des Rechtes, Versammlungen einzuberufen und öffentliche Diskussionen durchzuführen.

(III) Der Grundsatz der Wahlvertretung soll in die Gemeinde-, Kreis-, Provinzial- und Landesverwaltungen, so schnell wie das durch die erfolgreiche Anwendung dieser Grundsätze in der örtlichen Selbstverwaltung gerechtfertigt werden kann, eingeführt werden.

(IV) Bis auf weiteres wird keine zentrale deutsche Regierung errichtet werden. Jedoch werden einige wichtige zentrale deutsche Verwaltungsabteilungen errichtet werden, an deren Spitze Staatssekretäre stehen, und zwar auf den Gebieten des Finanzwesens, des Transportwesens, des Verkehrswesens, des Außenhandels und der Industrie. Diese Abteilungen werden unter der Leitung des Kontrollrates tätig sein.

10. Unter Berücksichtigung der Notwendigkeit zur Erhaltung der militärischen Sicherheit wird die Freiheit der Rede, der Presse und der Religion gewährt. Die religiösen Einrichtungen sollen respektiert werden. Die Schaffung Freier Gewerkschaften, gleichfalls unter Berücksichtigung der Notwendigkeit zur Erhaltung der militärischen Sicherheit, wird gestattet werden.

4. Rede des amerikanischen Außenministers Byrnes vom 6. September 1946

"Ich bin nach Deutschland gekommen, um mich an Ort und Stelle über die mit dem Wiederaufbau Deutschlands verbundenen Probleme zu orientieren und die Ansichten der Regierung der Vereinigten Staaten über einige der vor uns liegenden Probleme mit unseren Vertretern in Deutschland zu besprechen. Wir Amerikaner haben diesen Problemen beträchtliche Zeit und Aufmerksamkeit gewidmet, weil von ihrer erfolgreichen Lösung nicht nur das künftige Wohlergehen Deutschlands, sondern auch das Europas abhängt.

Wir haben wohl oder übel lernen müssen, daß wir alle in einer Welt leben, von der wir uns nicht isolieren können. Wir haben gelernt, daß Frieden und Wohlergehen unteilbar sind und daß Frieden und Wohlergehen in unserem Land nicht auf Kosten des Friedens und Wohlergehens eines anderen Volkes erkauft werden können.

Ich hoffe, daß das deutsche Volk nie wieder den Fehler machen wird, zu glauben, daß das amerikanische Volk, gerade weil es den Frieden liebt, in der Hoffnung auf Frieden abseits stehen wird, wenn irgendeine Nation Gewalt anwendet oder mit Gewalt droht, um die Herrschaft über andere Völker oder Regierungen zu erlangen.

Im Jahre 1917 wurden die Vereinigten Staaten zur Teilnahme am ersten Weltkrieg gezwungen. Nach diesem Krieg weigerten wir uns, dem Völkerbund beizutreten. Wir glaubten, uns den europäischen Kriegen fernhalten zu können, und verloren das Interesse an europäischen Angelegenheiten. Dies schützte uns aber nicht davor, zum Eintritt in den zweiten Weltkrieg gezwungen zu werden. Wir wollen jenen Fehler nicht wiederholen. Wir sind entschlossen, uns weiter für die Angelegenheiten Europas und der Welt zu interessieren. Wir haben zur Organisierung der Vereinten Nationen beigetragen und glauben, daß dadurch Angreifernationen davon abgehalten werden, Kriege anzufangen. Weil wir das glauben, wollen wir die Vereinten Nationen mit unserer ganzen Macht und allen unseren Hilfsquellen unterstützen.

Das amerikanische Volk will den Frieden. Es hat schon seit langem nicht mehr von einem strengen oder milden Frieden für Deutschland gesprochen. Darauf kam es auch niemals wirklich an. Was wir wollen, ist ein dauerhafter Friede. Wir werden uns gegen zu harte und von Rachsucht diktierte Maßnahmen wenden, die einem wirklichen Frieden im Wege stehen. Wir werden uns zu milden Maßnahmen widersetzen, welche zum Bruch des Friedens einladen.

Als die Vereinigten Staaten in Potsdam der Entwaffnung und Entmilitarisierung Deutschlands zustimmten und als sie vorschlugen, dafür zu sorgen, daß Deutschland für die Dauer einer Generation entwaffnet und entmilitarisiert bleibt, waren sie sich auf der ihnen und ihren Hauptverbündeten ruhenden Verantwortung für die Aufrechterhaltung und gesetzmäßige Durchführung des Friedens wohl bewußt.

Die Befreiung vom Militarismus wird dem deutschen Volke Gelegenheit geben, seine Kräfte und Fähigkeiten den Werken des Friedens zuzuwenden. Es braucht sie nur zu ergreifen. Sie gibt ihm die Gelegenheit, sich der Achtung und Freundschaft friedliebender Völker würdig zu erweisen und eines Tages einen ehrenvollen Platz unter den Mitgliedern der Vereinten Nationen einzunehmen.

Es liegt weder im Interesse des deutschen Volkes noch im Interesse des Weltfriedens, daß Deutschland eine Schachfigur oder ein Teilnehmer in einem militärischen Machtkampf zwischen dem Osten und dem Westen wird. Zweimal in einer Generation haben der deutsche Militarismus und der Nazismus die Gebiete von Deutschlands Nachbarn verwüstet. Es ist nur recht und billig, daß Deutschland sein Teil dazu beitragen soll, diese Verwüstungen wiedergutzumachen. Die meisten Opfer der Naziaggression waren vor dem Krieg weniger begütert als Deutschland. Deutschland darf nicht erwarten, daß diese Opfer ohne fremde Hilfe die Hauptkosten dieser Naziüberfälle tragen sollen.

Die Vereinigten Staaten sind daher bereit, die in den Potsdamer Beschlüssen über die Entmilitarisierung und die Reparationen niedergelegten Grundsätze in vollem Umfange durchzuführen. Wenn Deutschland jedoch nicht in der in den Potsdamer Beschlüssen vorgesehenen und geforderten Weise als wirtschaftliche Einheit verwaltet wird, müßten an dem von der Alliierten Kontrollkommission genehmigten Industrieniveau Änderungen vorgenommen werden.

Die Grundlage der Potsdamer Beschlüsse war, daß im Rahmen eines kombinierten Entmilitarisierungs- und Reparationsprogramms Deutschlands Kriegspotential durch Ausschaltung und Demontage seiner Kriegsindustrie und durch Verminderung und Beseitigung schwerindustrieller Anlagen herabgesetzt werden sollte. Es war vorgesehen, dies so weit durchzuführen, daß Deutschland ein Industriepotential belassen bliebe, welches ihm die Aufrechterhaltung eines durchschnittlichen europäischen Lebensstandards ohne die Hilfe anderer Länder ermöglicht.

Die auf diese Weise zu entfernenden Fabriken sollten als Reparationen an die Alliierten abgeliefert werden. Die aus der russischen Zone zu entfernenden Fabriken sollten der Sowjetunion und Polen zufallen, während die aus den westlichen Zonen zu entfernenden Fabriken teilweise der Sowjetunion, in der Hauptsache jedoch den westlichen Alliierten zufallen sollten. Ferner wurde eine Aufteilung des deutschen Vermögens im Ausland unter den Alliierten vorgesehen.

Nach langen Verhandlungen einigten sich die Alliierten über den Stand, auf den die hauptsächlichsten deutschen Industrien zwecks Durchführung der Potsdamer Beschlüsse herabgesetzt werden sollten. Auf diesen Stand einigte man sich in der Annahme, daß Deutschlands einheimische Hilfsquellen für eine auf gerechter Grundlage erfolgende Verteilung an alle Deutschen in Deutschland zur Verfügung stehen sollten, und daß die für den Verbrauch in Deutschland nicht benötigten Erzeugnisse der Ausfuhr zur Verfügung stehen sollten, um damit die erforderliche Einfuhr zu bezahlen.

Bei Festsetzung des zulässigen Standes der Industrie wurden keinerlei Reparationsleistungen aus der laufenden Produktion vorgesehen. Aus der laufenden Produktion erfolgende Reparationsleistungen würden mit dem nach den Potsdamer Beschlüssen festgesetzten Stand der Industrie völlig unvereinbar sein. Offensichtlich hätte ein höherer Stand der Industrie festgesetzt werden müssen, wenn Reparationen aus der laufenden Produktion beabsichtigt gewesen wären. Der Stand der Industrie, wie er festgesetzt worden ist, reicht nur aus, das deutsche Volk in die Lage zu versetzen, sich selbst zu versorgen und einen Lebensstandard aufrechtzuerhalten, der den durchschnittlichen Lebensverhältnissen in Europa annähernd gleichkommt. Dieser Grundsatz bedeutet erhebliche Härten für das deutsche Volk, aber er verlangt von ihm lediglich, die Härten zu teilen, die der Angriff der Nazis dem Durchschnittseuropäer auferlegt hat.

Dem deutschen Volk wurde jedoch nicht die Möglichkeit genommen, sein Los im Lauf der Jahre durch harte Arbeit zu verbessern. Eine industrielle Entwicklung und industrieller Fortschritt wurden ihm nicht verweigert. Gleich den Völkern anderer verwüsteter Länder sollte das deutsche Volk den Wiederanfang mit einer Friedenswirtschaft machen, die nicht imstande ist, ihm mehr als den durchschnittlichen europäischen Lebensstandard zu gewähren. Dabei sollte ihm nicht das Recht verwehrt werden, mögliche, auf Grund harter Arbeit und einfacher Lebensweise erworbene Ersparnisse für den Aufbau einer Industrie zu verwenden, die friedlichen Zwecken dient.

Dieses war der Grundsatz der Reparationen, wie Präsident Truman ihm in Potsdam zugestimmt hat. Die Vereinigten Staaten werden nicht ihre Zustimmung geben, daß Deutschland größere Reparationen leisten muß, als in den Potsdamer Beschlüssen vorgesehen wurde.

Die Durchführung der Potsdamer Beschlüsse ist jedoch dadurch behindert worden, daß der Alliierte Kontrollrat nicht die notwendigen Maßnahmen getroffen hat, um es der deutschen Wirtschaft zu ermöglichen, als Wirtschaftseinheit zu arbeiten. Die notwendigen deutschen Zentralverwaltungskörper sind nicht geschaffen worden, obgleich die Potsdamer Beschlüsse sie ausdrücklich verlangten.

Die gerechte Verteilung der lebenswichtigen Güter zwischen den einzelnen Zonen mit dem Ziel, eine ausgeglichene Wirtschaft in ganz Deutschland herbeizuführen und den Einfuhrbedarf zu verringern, ist nicht in die Wege geleitet worden, obgleich die Potsdamer Beschlüsse auch dies ausdrücklich verlangten. Die Vorbereitung einer ausgeglichenen Wirtschaft in ganz Deutschland zur Beschaffung der für die Bezahlung der genehmigten Einfuhr erforderlichen Mittel ist nicht erfolgt, obgleich auch dies die Potsdamer Beschlüsse ausdrücklich verlangten.

Die Vereinigten Staaten sind der festen Überzeugung, daß Deutschland als Wirtschaftseinheit verwaltet werden muß und daß die Zonenschranken, soweit sie das Wirtschaftsleben und die wirtschaftliche Betätigung in Deutschland betreffen, vollständig fallen müssen.

Die jetzigen Verhältnisse in Deutschland machen es unmöglich, den Stand der industriellen Erzeugung zu erreichen, auf den sich die Besatzungsmächte als absolutes Mindestmaß einer deutschen Friedenswirtschaft geeinigt hatten. Es ist klar, daß wir, wenn die Industrie auf den vereinbarten Stand gebracht werden soll, nicht weiterhin den freien Austausch von Waren, Personen und Ideen innerhalb Deutschlands einschränken können. Die Schranken zwischen den vier Zonen Deutschlands sind weit schwieriger zu überwinden als die zwischen normalen unabhängigen Staaten. Die Zeit ist gekommen, wo die Zonengrenzen nur als Kennzeichnung der Gebiete angesehen werden sollten, die aus Sicherheitsgründen von den Streitkräften der Besatzungsmächte besetzt gehalten werden, und nicht als eine Kennzeichnung für in sich abgeschlossene wirtschaftliche oder politische Einheiten.

Das war der Gang der Entwicklung, wie er in den Potsdamer Beschlüssen vorgeschlagen war, und das ist auch der Gang der Entwicklung, den die amerikanische Regierung mit ihrer ganzen Autorität verfolgen wird. Sie hat offiziell ihre Absicht ausgedrückt, die Wirtschaft ihrer eigenen Zone mit einer oder mit allen anderen zu vereinigen, die hierzu bereit sind.

Bis jetzt hat sich nur die britische Regierung bereit erklärt, mit ihrer Zone daran teilzunehmen. Wir begrüßen diese Zusammenarbeit aufs wärmste. Selbstverständlich soll diese Vereinigungspolitik nicht jene Regierungen ausschließen, die heute noch nicht zum Beitritt bereit sind, die Vereinigung steht ihnen zu jeder Zeit frei.

Wir treten für die wirtschaftliche Vereinigung Deutschlands ein. Wenn eine völlige Vereinigung nicht erreicht werden kann, werden wir alles tun, was in unseren Kräften steht, um eine größtmögliche Vereinigung zu sichern.

So wichtig auch die wirtschaftliche Vereinigung für die Gesundung Deutschlands und Europas ist, so muß das deutsche Volk doch einsehen, daß der Hauptgrund seiner Leiden und Entbehrungen der Krieg ist, den die Nazidiktatur über die Welt gebracht hat. Aber gerade weil Leiden und Entbehrungen in Deutschland unvermeidlich sind, lehnt die amerikanische Regierung die Verantwortung für ein unnötiges Anwachsen der deutschen Not ab, die dadurch verursacht wird, daß es dem Alliierten Kontrollrat nicht gelingt, sich darüber zu einigen, dem deutschen Volk Gelegenheit zu geben, einige seiner dringenden wirtschaftlichen Probleme selbst zu lösen. In vielen lebenswichtigen Fragen wird Deutschland weder vom Kontrollrat regiert, noch gestattet ihm dieser, sich selbst zu regieren.

Für einen erfolgreichen Wiederaufbau Deutschlands ist eine gemeinsame Finanzpolitik wesentlich. Eine unkontrollierbare Inflation, begleitet von einer wirtschaftlichen Lähmung, ist fast mit Sicherheit zu erwarten, wenn keine gemeinsame Finanzpolitik zur Steuerung der Inflation besteht. Ein Programm drastischer Haushaltsreformen ist dringend erforderlich, um den Währungsumlauf und die Geldforderungen zurückzuschrauben, die Schuldenlast zu revidieren und Deutschlands Finanzen auf eine gesunde Grundlage zu stellen. Die Vereinigten Staaten haben große Anstrengungen gemacht, um ein solches Programm zu verwirklichen, wenn aber eine verheerende Inflation verhindert werden soll, müssen völlig aufeinander abgestimmte Maßnahmen beschlossen und in allen Zonen einheitlich angewandt werden. Um ein Programm dieser Art wirksam durchzuführen, ist eine zentrale Finanzbehörde offensichtlich notwendig.

Es ist auch notwendig, daß ein Verkehrs-, Nachrichten- und Postwesen in ganz Deutschland ohne Rücksicht auf Zonenschranken eingeführt wird. Der sich auf ganz Deutschland erstreckende Aufbau dieser öffentlichen Einrichtungen war in den Potsdamer Beschlüssen beabsichtigt. Zwölf Monate sind vergangen, und nichts ist geschehen. Deutschland benötigt die ganzen Nahrungsmittel, die es erzeugen kann. Vor dem Kriege konnte es nicht genug Nahrungsmittel für seine Bevölkerung erzeugen. Das Gebiet Deutschlands ist verkleinert worden. Die Bevölkerung Schlesiens zum Beispiel ist in ein verkleinertes Deutschland zurückgedrängt worden. Besatzungsarmeen und Zwangsverschleppte erhöhen den Bedarf, während der Mangel an landwirtschaftlichen Maschinen und Düngemitteln die Versorgungsmöglichkeit herabsetzt. Um die größtmögliche Erzeugung und die zweckmäßigste Verwendung und Verteilung der Nahrungsmittel, die erzeugt werden können, sicherzustellen, müßte eine zentrale Verwaltungsstelle für Landwirtschaft geschaffen werden und unverzüglich mit der Arbeit beginnen.

Ebenso ist die Schaffung einer zentralen deutschen Verwaltungsstelle für Industrie und Außenhandel dringend notwendig. Deutschland muß bereit sein, seine Kohle und seinen Stahl mit den befreiten Ländern Europas zu teilen, die von diesen Lieferungen abhängig sind. Deutschland muß andererseits in die Lage versetzt werden, seine Fähigkeiten und Kräfte der Steigerung seiner industriellen Produktion dienstbar zu machen und für die zweckmäßigste Verwendung seiner Rohstoffe Sorge tragen zu können.

Deutschland muß die Möglichkeit haben, Waren auszuführen, um dadurch so viel einführen zu können, daß es sich wirtschaftlich selbst erhalten kann. Deutschland ist ein Teil Europas. Die Gesundung in Europa und besonders in den Nachbarstaaten Deutschlands wird nur langsam voranschreiten, wenn Deutschland mit seinen großen Bodenschätzen an Eisen und Kohle in ein Armenhaus verwandelt wird.

Nachdem die rücksichtslose Nazidiktatur zur bedingungslosen Kapitulation gezwungen worden war, gab es keine deutsche Regierung, mit der die Alliierten hätten verhandeln können. Die Alliierten mußten vorübergehend die Aufgabe des zertrümmerten deutschen Staates übernehmen, da sich die Nazidiktatur jeder wahren Rechenschaft dem deutschen Volke gegenüber enthoben hatte. Die Alliierten konnten die Führer und Günstlinge des Nazismus nicht in Schlüsselstellungen belassen, in denen sie ihren Einfluß wieder geltend gemacht hätten. Sie mußten gehen.

Es war jedoch niemals die Absicht der amerikanischen Regierung, dem deutschen Volk das Recht zu versagen, seine eigenen inneren Angelegenheiten wahrzunehmen, sobald es in der Lage sein würde, dies auf demokratische Art und unter aufrichtiger Achtung der Menschenrechte und grundsätzlichen Freiheiten zu tun.

Die nur wenige Monate nach der Kapitulation gefaßten

Potsdamer Beschlüsse verpflichteten die Besatzungsmächte, die örtliche Selbstverwaltung wiederherzustellen und die Grundsätze einer gewählten Volksvertretung in den Verwaltungen der Bezirke, Provinzen und Länder einzuführen, und zwar so bald, wie es mit der militärischen Sicherheit und den Zwecken der militärischen Besetzungen vereinbar ist. Der Hauptzweck der militärischen Besetzung war und ist, Deutschland zu entmilitarisieren und entnazifizieren, nicht aber den Bestrebungen des deutschen Volkes hinsichtlich einer Wiederaufnahme seiner Friedenswirtschaft künstliche Schranken zu setzen.

Die Nazikriegsverbrecher sollten für die Leiden, die sie über die Welt gebracht haben, bestraft werden. Die in den Potsdamer Beschlüssen enthaltenen Grundsätze für die Reparationen und die industrielle Abrüstung sollten durchgeführt werden. Die Ziele der Besetzung sahen jedoch weder eine lang anhaltende ausländische Diktatur über die Deutsche Friedenswirtschaft, noch eine lang anhaltende ausländische Diktatur über Deutschlands innerpolitisches Leben vor. Die Potsdamer Beschlüsse verpflichteten die Besatzungsmächte ausdrücklich, den Aufbau einer politischen Demokratie von Grund auf zu beginnen.

Die Potsdamer Beschlüsse sahen nicht vor, daß Deutschland niemals eine zentrale Regierung haben sollte. Sie bestimmten lediglich, daß einstweilen noch keine zentrale deutsche Regierung gebildet werden sollte, ehe eine gewisse Form von Demokratie in Deutschland Wurzel gefaßt und sich ein örtliches Verantwortungsbewußtsein entwickelt hätte.

Die Potsdamer Beschlüsse bestimmten in weiser Voraussicht, daß die Verwaltung der deutschen Angelegenheiten auf eine Dezentralisierung der politischen Struktur und auf die Entwicklung örtlichen Verantwortungsbewußtseins gerichtet sein sollte. Dies sollte nicht die Weiterentwicklung zu einer zentralen Regierung verhindern, welche die erforderlichen Machtbefugnisse besitzt, um Angelegenheiten zu behandeln, die einheitlich für ganz Deutschland geregelt werden müssen. Dagegen bestand die Absicht, die Bildung einer starken zentralen Regierung zu verhindern, welche das deutsche Volk beherrschen würde, ohne seinem demokratischen Willen zu entsprechen.

Die amerikanische Regierung steht auf dem Standpunkt, daß jetzt dem deutschen Volk innerhalb ganz Deutschlands die Hauptverantwortung für die Behandlung seiner eigenen Angelegenheit bei geeigneten Sicherungen übertragen werden sollte.

Seit dem Ende der Feindseligkeiten ist mehr als ein Jahr vergangen. Die Millionen deutscher Menschen sollten nicht gezwungen werden, in Ungewißheit über ihr Schicksal zu leben. Die amerikanische Regierung ist der Ansicht, daß die Alliierten dem deutschen Volk unverzüglich die wesentlichen Friedensbedingungen klarmachen sollten, deren Annahme und Befolgung sie vom deutschen Volk erwarten. Wir sind der Ansicht, daß dem deutschen Volk Erlaubnis und Unterstützung gewährt werden sollten, die notwendigen Vorbereitungen für eine demokratische deutsche Regierung zu treffen, die in der Lage ist, diese Bedingungen anzunehmen und zu befolgen.

Die denkenden Menschen der Welt werden von jetzt ab die Tätigkeit der Alliierten in Deutschland nicht nach ihren Versprechungen, sondern nach ihren Leistungen beurteilen. Die amerikanische Regierung hat die für die Entnazifizierung und Entmilitarisierung Deutschlands erforderlichen Maßnahmen unterstützt und wird dies weiterhin tun. Sie glaubt jedoch nicht, daß große Heere ausländischer Soldaten oder ausländischer Bürokraten, wie gut ihre Ansichten und Disziplin auch sein mögen, auf die Dauer die zuverlässigsten Beschützer der Demokratie eines anderen Landes sind.

Alles, was die alliierten Regierungen tun können und tun sollten, ist, Richtlinien festzusetzen, nach denen sich die deutsche Demokratie selbst regieren kann. Die Zahl der alliierten Besatzungskräfte sollte so beschränkt werden, daß sie genügt, um die Befolgung dieser Richtlinien zu sichern.

Die Frage für uns ist, welche Kräfte notwendig sind, um die Sicherheit zu schaffen, daß Deutschland nicht wieder wie nach dem ersten Weltkrieg aufrüstet. Unser Vorschlag, einen Vertrag mit den Großmächten zu schließen, um ihn für 25 oder sogar 40 Jahre beizubehalten, hätte eine kleinere Besetzungsarmee möglich gemacht. Zu seiner Durchführung könnten wir uns besser auf ausgebildete Überwachungsbeamte, als auf die Infanterie verlassen. Wenn zum Beispiel eine Automobilfabrik den Vertrag verletzt und ihre Anlagen auf die Herstellung von Kriegsmaterial umstellt, würden die Überwachungsbeamten dies dem Alliierten Kontrollrat melden und dieser würde die deutsche Regierung auffordern, die Herstellung zu unterbinden und den Schuldigen zu bestrafen. Leistet die deutsche Regierung der Aufforderung nicht Folge, würden die alliierten Nationen Schritte unternehmen, die Befolgung durch die deutsche Regierung zu erzwingen.

Unser Vorschlag für dieses Abkommen wurde nicht angenommen. Sicherungsstreitkräfte werden unglücklicherweise wahrscheinlich noch lange Zeit in Deutschland bleiben müssen. Man darf mich nicht mißverstehen. Wir wollen uns unseren Verpflichtungen nicht entziehen.

Wir ziehen uns nicht zurück. Wir bleiben hier und werden unseren Anteil an der Last auf uns nehmen. Solange die Anwesenheit von Besatzungskräften in Deutschland notwendig ist, wird die Armee der Vereinigten Staaten einen Teil dieser Besatzungsmacht bilden.

Die Vereinigten Staaten treten für die baldige Bildung einer vorläufigen deutschen Regierung ein. Fortschritte in der Entwicklung der örtlichen Selbstverwaltung und der Landesselbstverwaltung sind in der amerikanischen Zone Deutschlands erzielt worden, und die amerikanische Regierung glaubt, daß ein ähnlicher Fortschritt in allen Zonen möglich ist.

Die amerikanische Regierung steht auf dem Standpunkt, daß die vorläufige Regierung nicht von anderen Regierungen ausgesucht werden soll, sondern daß sie aus einem deutschen Nationalrat bestehen soll, der sich aus den nach demokratischen Prinzipien verantwortlichen Ministerpräsidenten oder anderen leitenden Beamten der verschiedenen Länder zusammensetzt, die in jeder der vier Zonen gebildet worden sind.

Unter Vorbehalt der Befugnisse des Alliierten Kontrollrats soll der deutsche Nationalrat für die sachgemäße Erfüllung der Aufgaben der zentralen Verwaltungsbehörden verantwortlich sein, die ihrerseits angemessene Machtbefugnisse besitzen sollen, um die Verwaltung Deutschlands als einer Einheit, wie sie in den Potsdamer Beschlüssen geplant war, zu sichern.

Der deutsche Nationalrat sollte auch mit der Vorbereitung des Entwurfes einer Bundesverfassung für Deutschland beauftragt werden, die unter anderem den demokratischen Charakter des neuen Deutschlands, die Menschenrechte, und die grundsätzlichen Freiheiten aller seiner Einwohner sichern soll. Nach grundsätzlicher Genehmigung durch den Alliierten Kontrollrat wäre die vorgeschlagene Verfassung einer gewählten Versammlung zur endgültigen Formulierung vorzulegen und sodann dem deutschen Volk zur Ratifizierung zu unterbreiten.

Während wir darauf bestehen werden, daß Deutschland die Grundsätze des Friedens, der gutnachbarlichen Beziehungen und der Menschlichkeit befolgt, wollen wir nicht, daß es der Vasall irgendeiner Macht oder irgendwelcher Mächte wird oder unter einer in- oder ausländischen Diktatur lebt. Das amerikanische Volk hofft, ein friedliches und demokratisches Deutschland zu sehen, das seine Freiheit und Unabhängigkeit erlangt und behält.

Nun ist es auch Zeit, die Grenzen des neuen Deutschlands festzusetzen. Österreich ist bereits als freies und unabhängiges Land anerkannt worden. Seine zeitweilige und erzwungene Vereinigung mit Deutschland war für beide Länder kein glücklicher Zustand, und die Vereinigten Staaten sind überzeugt, daß es im Interesse beider Länder und des Friedens für Europa liegt, wenn jedes seinen eigenen Weg geht.

In Potsdam wurden, vorbehaltlich einer endgültigen Entscheidung durch die Friedenskonferenz, bestimmte Gebiete, die einen Teil Deutschlands bildeten, vorläufig der Sowjetunion und Polen zugewiesen. Damals waren diese Gebiete von der Sowjetarmee und von der polnischen Armee besetzt. Es wurde uns gesagt, daß die Deutschen aus diesen Gebieten in großer Zahl flüchteten und daß es im Hinblick auf die durch den Krieg hervorgerufenen Gefühle tatsächlich schwierig sein würde, das wirtschaftliche Leben dieser Gebiete wieder in Gang zu bringen, wenn diese nicht als integrale Bestandteile der Sowjetunion beziehungsweise Polens verwaltet würden.

Die Staatsoberhäupter erklärten sich damit einverstanden, bei den Friedensregelungen den Vorschlag der Sowjetregierung hinsichtlich der endgültigen Übertragung der Stadt Königsberg und des anliegenden Gebietes an die Sowjetunion zu unterstützen. Sofern die sowjetische Regierung ihre Auffassung diesbezüglich nicht ändert, werden wir an diesem Abkommen festhalten. Was Schlesien und andere ostdeutsche Gebiete anbetrifft, so fand die zu Verwaltungszwecken erfolgte Übergabe dieses Gebietes durch Rußland an Polen vor der Potsdamer Zusammenkunft statt. Die Staatsoberhäupter stimmten zu, daß Schlesien und andere ostdeutsche Gebiete bis zur endgültigen Festlegung der polnischen Westgrenze durch den polnischen Staat verwaltet und zu diesem Zwecke nicht als Teil der russischen Besatzungszone in Deutschland angesehen werden sollten. Wie aus dem Protokoll der Potsdamer Konferenz hervorgeht, einigten sich die Staatsoberhäupter jedoch nicht dahingehend, die Abtretung eines bestimmten Gebietes zu unterstützen.

Rußland und Polen haben schwer durch Hitlers einfallende Armeen gelitten. Durch das Abkommen von Jalta hat Polen an Rußland das Gebiet östlich der Curzon-Linie abgetreten. Polen hat dafür eine Revision seiner nördlichen und westlichen Grenzen verlangt. Die Vereinigten Staaten werden eine Revision dieser Grenzen zugunsten Polens unterstützen. Der Umfang des an Polen abzutretenden Gebietes kann jedoch erst entschieden werden, wenn das endgültige Abkommen darüber getroffen ist.

Die Vereinigten Staaten finden, daß sie Frankreich, in welches Deutschland innerhalb von 70 Jahren dreimal eingefallen ist, seinen Anspruch auf das Saargebiet, dessen Wirtschaft mit Frankreich eng verbunden ist, nicht verweigern können. Natürlich müßte Frankreich, wenn ihm das Saargebiet eingegliedert wird, seine Reparationsansprüche an Deutschland entsprechend ändern.

Von diesen Veränderungen abgesehen, werden die Vereinigten Staaten keine Eingriffe in unbestritten deutsches Gebiet oder eine Aufteilung Deutschlands, die nicht dem echten Willen der Bevölkerung entspricht, unterstützen. Soweit den Vereinigten Staaten bekannt ist, wünscht die Bevölkerung des Ruhrgebiets und des Rheinlandes mit dem übrigen Deutschland vereinigt zu bleiben, und die Vereinigten Staaten werden sich diesem Wunsch nicht widersetzen.

Obgleich die Ruhrbevölkerung dem Nazieinfluß als letzte erlegen war, ist es Tatsache, daß die Nazis ohne alle Hilfsmittel des Ruhrgebietes niemals hätten die Welt bedrohen können. Nie wieder dürfen diese Hilfsmittel für Zerstörungszwecke benutzt werden. Sie müssen für den Wiederaufbau eines freien und friedlichen Deutschlands und eines freien und friedlichen Europas Verwendung finden. Die Vereinigten Staaten werden für solche Kontrollmaßnahmen für ganz Deutschland, einschließlich des Ruhrgebietes und des Rheinlandes, eintreten, die aus Sicherheitsgründen erforderlich sind. Sie werden helfen, diese Maßnahmen durchzusetzen. Sie werden jedoch nicht für solche Maßnahmen eintreten, die Ruhrgebiet und Rheinland - unmittelbar oder mittelbar - einer politischen Beherrschung oder politischen Manipulation seitens ausländischer Mächte unterwerfen.

Das deutsche Volk empfindet heute die verheerenden Folgen des Krieges, den Hitler und seine Günstlinge über die Welt gebracht haben. Andere Völker bekamen diese verheerenden Folgen lange vor dem deutschen Volk zu spüren. Das deutsche Volk muß einsehen, daß es Hitler und seine Günstlinge waren, die unschuldige Männer, Frauen und Kinder quälten und ausrotteten und die versuchten, mit den deutschen Waffen die Welt zu beherrschen und zu erniedrigen. Es waren die gesammelten und zornentbrannten Kräfte der Menschheit, die sich den Weg nach Deutschland hinein erkämpfen mußten, um der Welt die Hoffnung auf Freiheit und Frieden zu geben.

Das amerikanische Volk, das für die Freiheit gekämpft hat, hat nicht den Wunsch, das deutsche Volk zu versklaven. Die Freiheit, an welche die Amerikaner glauben und für die sie kämpfen, ist eine Freiheit, an der alle teilhaben sollen, die gewillt sind, die Freiheit anderer zu achten.

Die Vereinigten Staaten haben fast alle in ihrem Lande befindlichen Kriegsgefangenen nach Deutschland zurückgeschickt. Wir unternehmen unverzüglich Schritte, um die in anderen Teilen der Welt in unserer Hand befindlichen deutschen Kriegsgefangenen baldigst zurückzusenden.

Die Vereinigten Staaten können Deutschland die Leiden nicht abnehmen, die ihm der von seinen Führern angefangene Krieg zugefügt hat. Aber die Vereinigten Staaten haben nicht den Wunsch, diese Leiden zu vermehren oder dem deutschen Volk die Gelegenheit zu verweigern, sich aus diesen Nöten herauszuarbeiten, solange es menschliche Freiheit achtet und vom Wege des Friedens nicht abweicht.

Das amerikanische Volk wünscht, dem deutschen Volk die Regierung Deutschlands zurückzugeben. Das amerikanische Volk will dem deutschen Volk helfen, seinen Weg zurückzufinden zu einem ehrenvollen Platz unter den freien und friedliebenden Nationen der Welt."

5. Vorschläge Marshalls zur amerikanischen Hilfsleistung für die europäischen Länder. Rede vom 5. Juni 1947 an der Harvard-Universität

"Ich brauche Ihnen, meine Herren, nicht zu erzählen, daß die Weltlage sehr ernst ist. Das ist allen intelligenten Menschen offenbar. Eine der Schwierigkeiten liegt meiner Ansicht nach darin, daß das Problem so ungeheuer verwickelt ist, so daß es bei der großen Menge von Tatsachenmaterial, das der Öffentlichkeit durch Presse und Rundfunk geboten wird, für den Mann auf der Straße überaus schwierig wird, zu einer klaren Beurteilung der Lage zu kommen. Außerdem sind die Menschen hier fern von den Notgebieten der Erde, und es ist für sie nicht leicht, sich eine Vorstellung von der Notlage und den sich daraus ergebenden Reaktionen der leidenden Völker oder von der Auswirkung dieser Reaktionen auf die Regierungen im Zusammenhang mit unseren Friedensbemühungen zu machen.

Bei unseren Erwägungen über die Bedürfnisse Europas für den Wiederaufbau wurden die Menschenverluste, die sichtbare Zerstörung der Städte, Fabriken, Bergwerke und Eisenbahnen richtig einkalkuliert, aber es hat sich in den letzten Monaten herausgestellt, daß diese sichtbare Zerstörung wahrscheinlich weniger schwerwiegend ist als die Tatsache, daß das gesamte europäische Wirtschaftssystem aus den Angeln gehoben wurde. Zehn Jahre lang haben höchst anormale Zustände geherrscht. Die fieberhaften Kriegsvorbereitungen und die noch fieberhaftere Aufrechterhaltung der Kriegsanstrengungen haben alle Gebiete der Volkswirtschaft in Mitleidenschaft gezogen. Der Maschinenbestand verfiel oder veraltete. Unter der willkürlichen und zerstörungswütigen Naziherrschaft wurde praktisch jeder geeignete Betrieb in die deutsche Kriegsmaschine eingespannt. Alte Handelsverbindungen, private Einrichtungen, Banken, Schiffahrtsgesellschaften und Versicherungsgesellschaften verschwanden durch Kapitalverlust, Verstaatlichung oder einfach durch Vernichtung. In vielen Ländern ist das Vertrauen in die Währung stark erschüttert. Das Geschäftsleben in Europa hat während des Krieges einen vollkommenen Zusammenbruch erlitten.

In dem Erholungsprozeß ist dadurch eine schwerwiegende Verzögerung eingetreten, daß man sich zwei Jahre nach Einstellung der Feindseligkeiten noch immer nicht auf eine Friedensregelung mit Deutschland und Österreich geeinigt hat. Aber selbst bei einer schnelleren Lösung dieser schwierigen Probleme würde die Gesundung der europäischen Wirtschaftsstruktur ganz offensichtlich eine sehr viel längere Zeitspanne und viel größere Anstrengungen fordern, als man anfangs angenommen hatte.

Diese Angelegenheit hat eine interessante und zugleich ernste Seite. Der Bauer hat schon immer Nahrungsmittel zum Tausch gegen andere lebenswichtige Güter für den Städter produziert. Diese Arbeitsteilung ist die Grundlage der modernen Zivilisation. Im Augenblick steht sie vor dem Zusammenbruch. Die städtischen Industrien bringen keine ausreichende Warenmenge zum Tausch gegen die Nahrungsmittel der Landbevölkerung hervor. Rohmaterialien und Brennstoffe sind knapp. Die Maschinen sind abgenutzt oder fehlen ganz. Der Landwirt oder Bauer kann die Waren nicht finden, die er kaufen möchte. Darum erscheint ihm der Verkauf seiner landwirtschaftlichen Produkte gegen Geld, das er nicht gebrauchen kann, als ein wenig einträgliches Geschäft. Er hat daher viele Felder dem Getreideanbau entzogen und benutzt sie als Viehweiden. Er verfüttert mehr Korn an das Vieh und hat für sich und seine Familie genug zu essen, wie knapp er auch an Kleidung und anderen Gaben der Zivilisation sein mag.

Inzwischen leidet die Stadtbevölkerung unter dem Mangel an Nahrungsmitteln und Brennstoffen. Die Regierungen sind also gezwungen, ihre Devisen und ausländischen Kredite zum Einkauf dieser lebensnotwendigen Dinge aus dem Auslande zu benutzen. Durch diesen Vorgang werden die Geldmittel erschöpft, die für den Wiederaufbau dringend benötigt werden und so entwickelt sich sehr bald eine ernste Lage, die der Welt nicht viel Gutes verheißt. Das moderne System der Arbeitsteilung, auf das sich der Warenaustausch gründet, steht vor dem Zusammenbruch.

In Wahrheit liegt die Sache so, daß Europas Bedarf an ausländischen Nahrungsmitteln und anderen wichtigen Gütern - hauptsächlich aus Amerika - während der nächsten drei oder vier Jahre um so viel höher liegt als seine gegenwärtige Zahlungsfähigkeit, daß beträchtliche zusätzliche Hilfsleistungen notwendig sind, wenn es nicht in einen wirtschaftlichen, sozialen und politischen Verfall sehr ernster Art geraten soll.

Die Lösung liegt in einer Durchbrechung des Circulus vitiosus und in der Wiederherstellung des Vertrauens bei den europäischen Völkern auf die wirtschaftliche Zukunft ihrer Länder und ganz Europas. Der Fabrikant und der Landwirt in weiten Gebieten müssen gewillt und in der Lage sein, ihre Produkte für eine Währung in Tausch zu geben, deren fester Wert außer Zweifel steht. Abgesehen von der demoralisierenden Wirkung auf die ganze Welt und von der Möglichkeit, daß aus der Verzweiflung der betroffenen Völker sich Unruheherde ergeben könnten, dürfte es auch offensichtlich sein, welche Folgen dieser Zustand auf die Wirtschaft der Vereinigten Staaten haben muß.

Es ist nur logisch, daß die Vereinigten Staaten alles tun, was in ihrer Macht steht, um die Wiederherstellung gesunder wirtschaftlicher Verhältnisse in der Welt zu fördern, ohne die es keine politische Stabilität und keinen sicheren Frieden geben kann. Unsere Politik richtet sich nicht gegen irgendein Land oder irgendeine Doktrin, sondern gegen Hunger, Armut, Verzweiflung und Chaos. Ihr Zweck ist die Wiederbelebung einer funktionierenden Weltwirtschaft, damit die Entstehung politischer und sozialer Bedingungen ermöglicht wird, unter denen freie Institutionen existieren können. Ich bin überzeugt, daß eine solche Unterstützung nicht nach und nach entsprechend der jeweiligen Entwicklung von Krisen geleistet werden darf. Wenn die Regierung der Vereinigten Staaten in Zukunft Hilfsleistungen gewährt, so sollten diese eine Heilungskur und nicht nur ein Linderungsmittel darstellen. Jeder Regierung, die bereit ist, beim Wiederaufbau zu helfen, wird die volle Unterstützung der Regierung der Vereinigten Staaten gewährt werden, dessen bin ich sicher. Aber eine Regierung, die durch Machenschaften versucht, die Gesundung der anderen Länder zu hemmen, kann von uns keine Hilfe erwarten. Darüber hinaus werden alle Regierungen, politischen Parteien oder Gruppen, die es darauf abgesehen haben, das menschliche Elend zu einem Dauerzustand zu machen, um in politischer oder anderer Hinsicht Nutzen daraus zu ziehen, auf den Widerstand der Vereinigten Staaten stoßen.

Eines ist schon jetzt klar: bevor die Vereinigten Staaten ihre Bemühungen zur Besserung der Lage fortsetzen und zum Gesundungsprozeß der europäischen Welt beitragen können, müssen die Länder Europas untereinander zu einer Einigung darüber kommen, was die gegenwärtige Lage am dringendsten erfordert und inwieweit die Länder Europas selbst dazu beitragen können, eine volle Auswertung der Maßnahmen unserer Regierung zu erzielen.

Es wäre weder angebracht noch zweckmäßig, wenn die Regierung der Vereinigten Staaten von sich aus ein Programm entwerfen würde, um die wirtschaftliche Wiederaufrichtung Europas durchzuführen. Das ist Sache der Europäer selbst. Die Initiative muß von Europa ausgehen, meine ich. Unsere Rolle sollte darin bestehen, den Entwurf eines europäischen Programms freundschaftlich zu fördern und später dieses Programm zu unterstützen, soweit das für uns praktisch ist. Es sollte ein gemeinsames Programm entworfen werden, hinter dem, wenn nicht alle, so doch eine Anzahl von europäischen Nationen stehen. Wesentlich für den Erfolg einer Maßnahme seitens der Vereinigten Staaten ist das Verständnis des amerikanischen Volks für die Natur des Problems selbst und der anzuwendenden Heilmittel. Politische Leidenschaften und Vorurteile müssen ganz ausgeschaltet werden. Mit der nötigen Voraussicht und Bereitwilligkeit seitens unseres Volkes, die ungeheure Verantwortung auf sich zu nehmen, die die Geschichte unserem Lande auferlegt hat, können und sollen die geschilderten Schwierigkeiten gemeistert werden."

FRIEDRICH KARL FROMME

Zur inneren Ordnung in den westlichen Besatzungszonen 1945-1949

Im Begriff der zeitgeschichtlichen Betrachtung ist nicht festgelegt, wie dicht sie an den Standort des Betrachters herangeführt werden kann. Je näher sie ihm rückt, desto mehr wird die Betrachtungsweise zur Innensicht des Gegenstandes, verschieben sich die Proportionen, kommt es zu Beschneidungen des Gesichtsfelds, wie sie die mangelnde Distanz zwischen Betrachter und Objekt hervorruft. Im Grenzfall geht so Zeitgeschichte über in selbstporträtierende Kommentierung eigener Gegenwart. Hier ist die Verzerrung aus der Innensicht legitim, ja sie mag bewusst eingesetzt werden im Dienste aktuell politischen Überzeugungswillens. Doch handelt es sich dann begrifflich nicht mehr um Geschichtsschreibung, sondern um Material zu ihrer Vorbereitung. Die Neigung unserer Epoche zur Selbstdarstellung mag durch die Legitimierung der zeitgeschichtlichen Betrachtung mit veranlasst sein. Manches Werk dieser Art mag sich selbst als Ergebnis zeitgeschichtsschreibender Bemühungen fühlen und diesem Bewusstsein vielleicht auch ein Streben nach kritischer Distanz verdanken. Im Ergebnis mag die zeitgeschichtliche Forschung, die sich unserer Periode später einmal annimmt, in reichem Masse bewusste Selbstbetrachtungen vorfinden; sie wird dann in der reizvollen Lage sein, die Sicht aus der auf objektive Residuen sich stützenden Distanz mit dem Selbstverständnis der Zeitgenossen vermählen, auch die erstere am letzteren messen zu können. "Dabeigewesen zu sein" ist ja nicht immer eine Gewähr für richtiges Urteil, nicht einmal für klare Erkenntnis. Aber es wird nützlich sein, zu wissen, wie die, die "dabei" waren und sich um Distanz mindestens bemüht haben, die Dinge sahen.

Die Periode von 1945 bis 1949, das heisst vom Zusammenbruch des national-sozialistischen Reiches bis zur Verabschiedung des Bonner Grundgesetzes als dem Endpunkt staatlicher Neuorganisierung in den drei westlichen Besatzungszonen, steht auf der Grenze, an der erste Versuche einer zeitgeschichtlichen Erforschung mit publizistischen Selbstdarstellungen der Gegenwart zusammentreffen. Was die letzteren angeht, so sind die direkten Zeugnisse aus den Jahren selbst allerdings wohl wegen eines die Schreibfreude lähmenden Gefühls, sich in einem rasch dahingleitenden Übergang zu befinden, sind jene Jahre, was die spezifische Selbstdarstellung angeht, weitgehend Ödland geblieben. Erst danach, von der sicheren Bastion des Gewordenen aus, sucht man sich in dieses Ödland vorzutasten. Im allgemeinen stehen aber diese Versuche nicht für sich als Selbstzweck, sondern die Beschreibung unserer eigenen Gegenwart bemüht sich, allgemeiner literatischer Gepflogenheit folgend, die allerjüngste Vergangenheit zum Verständnis der Gegenwart mit heranzuziehen. Die Jahre zwischen 1945 und 1949 sind dann mehr ein Beiwerk, dem nicht die volle Intensität der Erforschung gewidmet wird. Man begnügt sich zumeist damit, von anderen bereits markierte Pfade nachzuschreiten.

Insofern stösst ein Forschungsbericht über die deutsche Entwicklung von 1945 bis 1949 auf erhebliche Schwierigkeiten. Anders als für die Weimarer Periode oder für die Zeit der nationalsozialistischen Herrschaft ist für die Zeit von 1945 bis 1949 von einem Fundament noch keine Rede, man kann sagen, nicht einmal von einem Bauplan. Es liegt, so könnte man im Bilde fortfahren, auf einem oberflächlich abgesteckten Bauplatz ungeordnetes Baumaterial, dessen mögliche Zusammenfügung man nur ahnen kann.

Die Frage nach den repräsentativen, unzweifelhaft in einen Forschungsbericht aufzunehmenden, aber ihn dann auch erfüllenden Werken zeitigt Verlegenheit. Es erweist sich als notwendig, einerseits den Anspruch herunterzuschrauben, andererseits auch die Literatur einzubeziehen, die die in Frage stehenden Jahre mit behandelt, ohne sich auf sie zu beschränken, wenn nur eine gewisse Ausführlichkeit und Intensität gegeben ist. Damit aber wird die Fülle der Literatur beängstigend. Die Auswahl wird zu einem Problem gewissenhafter Prüfung, die Willkür doch nicht ausschalten kann. Zu einer einigermaßen sinnvollen Begrenzung mag die Frage nach den grundlegenden Ereignissen und Entwicklungen der Übergangsperiode zwischen Zusammenbruch und neuem Staat die Handhabe geben.

Die Periode von 1945 bis 1949 wird geprägt durch den staatlichen und gesellschaftlichen Zusammenbruch mit der unmittelbaren Folge der Errichtung des Besatzungsregimes. Mit ihm verschränken sich die ersten Anfänge einer Wiederbelebung der deutschen öffentlichen Gewalt und lassen es allmählich zurücktreten. Die Bildung der Länder zeitigt erste Ansätze einer Staatlichkeit; zonale und überzonale Zusammenschlüsse tragen dem Bedürfnis nach Koordinierung Rechnung, bis aus den drei Westzonen die Bundesrepublik entsteht, während die sowjetisch besetzte Zone ihre eigene staatliche Formierung erhält. Damit ist das Problem der deutschen Einheit, das die Entwicklung seit 1945 begleitet hatte, endgültig gestellt. Es ist zutiefst abhängig von dem Wandel im Verhältnis zwischen den Alliierten vom Kriegsbündnis zur weltanschaulich-gesellschaftlichen und machtpolitischen Polarität; letzten Endes sind aber die Auswirkungen dieses Prozesses auch bis in die Einzelheiten der inneren Gestaltung Deutschlands spürbar.

Man wird bei der Berichterstattung die Fragen der wirtschaftlichen Entwicklung nach 1945 ausklammern können, wenn auch die wichtigen Teilprobleme der Demontagen und Reparationen[1] politisch bedingt sind und ihrerseits politische Auswirkungen hatten. Von der Entwicklung der gesellschaftlichen Kräfte soll nur insoweit Notiz genommen werden, als es sich um die staatspolitisch relevanten Parteien und Verbände handelt. Einschneidender ist, dass von einer Gesamt-Würdigung der Literatur, die der weltpolitischen Konstellation nach 1945 als solcher gilt, abgesehen werden muss. Da indessen die innere Entwicklung in Deutschland nur bei ganz speziellen Fragestellungen von ihr getrennt werden kann, wird sich diese Begrenzung nicht streng einhalten lassen; sie wird zu einer Frage des Schwergewichts in der jeweiligen Darstellung. Die direkteste Auswirkung der weltpolitischen Objektsituation Deutschlands[2] ist der Komplex, der unter dem Begriff "die deutsche Frage" zusammengefasst wird. In Verbindung mit der Ausklammerung der Literatur zum allgemeinen weltpolitischen Prozess 1945 bis 1949 wird auch die - recht reichhaltige - Spezialliteratur zur "deutschen Frage"[3] ausser Betracht bleiben müssen. Entsprechend dieser Enthaltung wird auch auf das Schrifttum über die Entwicklung der sowjetisch besetzten Zone zur "DDR" ebensowenig eingegangen werden, wie auf die Literatur über die Gebiete jenseits der Oder-Neisse-Grenze.

Die "deutsche Frage" hat eine Verdichtung und tragische Veranschaulichung erfahren im Problem Berlin. Auch die Literatur, die sich speziell mit der weltpolitischen Stellung und der inneren Entwicklung der alten deutschen Hauptstadt beschäftigt, wird wegen des untrennbaren Zusammenhangs mit der internationalen Politik hier übergangen werden müssen.[4]

Den Gegenstand dieses Forschungsberichts bildet also die Literatur, die - aus dem Mitleben heraus oder in nachträglicher Sicht - sich ganz oder in bedeutsamen Teilen mit den Fragen der inneren Ordnung in den westlichen Besatzungszonen Deutschlands zwischen Besatzungsregime, Anfängen einer deutschen öffentlichen Gewalt und Begründung der Bundesrepublik beschäftigt. Kurze Erwähnung finden wird die Literatur über den Neubeginn der wichtigsten gesellschaftlichen Organisationen, der Parteien und Verbände.

I

Die geschichtlichen Gesamtdarstellungen - die übrigens ihrem Wesen nach beträchtliches Gewicht auf die weltpolitischen Zusammenhänge legen müssen und nur wenig Detail zur inneren Ordnung beisteuern können - überschreiten zumeist die Schwelle des Jahres 1945 nicht. Lediglich Gebhardts Handbuch der Deutschen Geschichte geht in seinem vierten Band über den Zusammenbruch des Deutschen Reiches hinaus[5]. Es werden aber nur die ersten Ansätze der alliierten Deutschlandpolitik skizziert - etwa bis zu den Nürnberger Prozessen. Das Just'sche Handbuch der Deutschen Geschichte[6] soll demnächst durch einen Beitrag von Ernst Deuerlein bis 1959 fortgeführt werden. Zu dem von Peter Rassow herausgegebenen Handbuch "Deutsche Geschichte im Überblick" hat Wilhelm Cornides das Kapitel über die Entwicklung nach 1945 beigesteuert[8]. Cornides legt das Hauptgewicht auf den Einfluß der politischen Konstellation zwischen den Weltmächten. Doch enthält sein Buch auch eine sorgfältige, wenngleich nur knappe Skizze des innerdeutschen Geschehens. Es ist für eine Information über die großen Entwicklungslinien wohl heute noch die empfehlenswerteste, dazu eine leicht eingängige Lektüre[9].

II

Das Geschehen vom Mai 1945 trägt zu Recht die populäre Bezeichnung "Zusammenbruch". Es ist dies nicht nur - wie kritisch behauptet wurde - eine beschönigende Bezeichnung für die Niederlage. Sondern das Wort kennzeichnet eine Situation, die in dem Moment, als sie eintrat, alle Anzeichen des Nullpunktes zu tragen schien. Die staatliche Gewalt auf allen ihren Ebenen und in allen ihren Funktionen hatte aufgehört zu wirken. Die Schattenexistenz von Besatzungsgnaden, die die auch nach deutschen Vorstellungen nur zweifelhaft legitimierte "Regierung Dönitz" bis zum 23. Mai 1945 führen durfte, ist kein Gegenargument. Alle Ausübung öffentlicher Gewalt, auch wenn sie nach einer gewissen Zeit in den unteren Lagen Deutschen übertragen wurde, leitete sich von den Besatzungsmächten her, die formell mit der Berliner Erklärung vom 5. Juni 1945, "die oberste Regierungsgewalt in Deutschland, einschliesslich aller Befugnisse der deutschen Regierung... und der Regierungen, Verwaltungen oder Behörden der Länder, Städte und Gemeinden" übernommen hatten[10].

Diese Situation zeitigte eine Vielzahl wissenschaftlicher Bemühungen mit besonderer Thematik: es ging um die Frage nach dem Fortbestand des deutschen Staates. Der bekannte ehemals deutsche, später in Österreich lehrende und schliesslich nach den USA emigrierte Staatsrechtslehrer Hans Kelsen hatte bereits 1944 verkündet, dass die zu erwartende Niederlage Deutschlands das Ende des Reiches als Subjekt des Völkerrechts bewirken würde. 1945 hat er seine These noch einmal bekräftigt[11]. In Deutschland hingegen neigte man zumeist der Ansicht zu, dass das Deutsche

Reich den Zusammenbruch überdauert habe, dass es Subjekt des Völkerrechts geblieben sei. Die Auseinandersetzung mit Kelson bot den Ausgangspunkt. Für die Fülle der zu diesem Thema erschienenen Literatur sei hier lediglich auf das Werk von Rolf Stödter über "Deutschlands Rechtslage" verwiesen[12]. Hier ist der Stand des Diskussion bis zum Jahre 1948 mit Bezug auf das in- und ausländische Schrifttum sowie die Gerichtsentscheidungen erschöpfend dargelegt. Stödter, als Anhänger der Lehre vom Fortbestand des Staates, schreibt bereits aus einer gewissen Distanz zu seinem Gegenstand. Sein Buch fasst zusammen und rundet ab. Vor ihm - Stödter lässt dies im Vorwort durchblicken - war die wissenschaftliche Diskussion um den Fortbestand des Deutschen Reiches oft unbewusst - vielleicht manchmal auch bewusst - von politischem Zweckstreben durchfärbt. Zunächst konnte der Fortbestand des Reiches - und war er auch noch so fiktiv - gleichsam ein Trost in der Niederlage sein, auch bot die Behauptung des Überdauerns des deutsches Staates die Möglichkeit - mindestens theoretisch - den Siegern als "Subjekt" gegenüberzutreten. Dazu traten praktische Überlegungen. Wenn das Deutsche Reich als Völkerrechtssubjekt überdauert hatte, dann waren die Allierten in ihrer Besatzungspolitik als an bestimmte Regeln wie etwa die Haager Landkriegsordnung gebunden zu betrachten, selbst wenn sie diese Regeln tatsächlich nicht in allem innehielten. Im Zusammenhang mit den Bestrebungen, der Besatzungsgewalt der Alliierten das Zaumzeug des Rechts anzulegen, verdient eine Schrift von Wilhelm Grewe, gleichfalls aus dem Jahre 1948, Erwähnung[13]. Hier wird unter der Fragestellung seiner Begrenzung das Besatzungsregime rechtlich erörtert, wobei das Besatzungsstatut im Sinn einer Selbstbeschränkung der Besatzungsmächte bereits anvisiert werden konnte.

Mit dem Jahre 1948 ist die Diskussion der Frage nach dem Fortbestand des Deutschen Reiches nicht zum Stillstand gekommen. Die Verabschiedung des Grundgesetzes für die Bundesrepublik Deutschland und die Errichtung der "DDR" haben aber die Fragestellung grundlegend verschoben. Die spätere Diskussion greift zwar auf die frühen Erörterungen zurück, beschreitet aber andere Wege in der Beantwortung und bezweifelt auch gelegentlich die Schlüssigkeit der früheren Ergebnisse. Als ein in aller Kürze recht informativer Beitrag hierzu darf eine Schrift von Adolf Arndt[14] erwähnt werden; sie spricht ausdrücklich von einer ersten unter drei Phasen der Erörterung, die 1945 begonnen und 1949 mit der Verabschiedung des Grundgesetzes ihr Ende gefunden habe[15].

III

Die Schilderung des Besatzungsregimes in den drei

westlichen Besatzungszonen in seiner konkreten Gestaltung und praktischen Wirksamkeit ist schwer zu trennen von einer Beschreibung der ersten Ansätze einer deutschen öffentlichen Gewalt, wie sie von den Besatzungsmächten eingesetzt wurde und zunächst sozusagen das äußerste Ende ihres ausführenden Armes darstellte. Mit dem zeitlichen Ablauf verändert sich dann einerseits das quantitative Verhältnis zwischen den von der Besatzungsmacht selbst zu erledigenden administrativen Aufgaben und denjenigen, die deutschen Stellen zur Durchführung übertragen wurden, andererseits verschiebt sich aber auch das qualitative Verhältnis von der Einsetzung und Anweisung der deutschen Behörden durch die Besatzungsmacht zugunsten einer selbständigen Gestaltung durch deutsche Stellen unter Überwachung und Aufsicht. Infolge dieser sich wandelnden, aber immer lükkenlosen Verzahnung wird man isolierte Schilderungen des Besatzungsregimes beziehungsweise der deutschen öffentlichen Gewalt kaum finden können. Eine Einordnung muß sich am Schwerpunkt orientieren.

Von einer das Besatzungsregime bewusst in den Mittelpunkt stellenden Darstellung haben sich deutsche Autoren fast ganz zurückgehalten. Es sind lediglich Arbeiten zu verzeichnen, die dem Universitätsbetrieb der frühen Jahre dienen sollten, gleichsam als Leitfäden und Lehrbücher für eine Übergangszeit. Im Rahmen dieser Aufgabenstellung hat Friedrich Klein[16] eine noch heute sehr nützliche Übersicht gegeben. In klarer Gliederung und reicher Dokumentation schildert Klein die Organisation des Besatzungsregimes und bringt auch einiges über die Anfänge einer Formierung der deutschen öffentlichen Gewalt.

Heute kaum mehr verwendbar sind die gedruckten Nachschriften von Vorlesungen von George Szekeres[17]. Ein wertvolles Hilfsmittel stellt hingegen das Handbuch des Besatzungsrechts dar[18], dessen umfangreiches Programm indessen vom raschen Abbau des Besatzungsregimes überholt wurde und weithin unausgeführt blieb. Immerhin sind Kapitel des Handbuches wie die über Deutschlands Rechtslage, über das Problem der Okkupation im Völkerrecht, über die Gesetzgebung, Rechtspflege und Verwaltung der Besatzungsmächte, die auch über die Anregung zu deutscher staatlicher Tätigkeit berichten, von bleibendem Wert. Spezialfragen wie die sogenannten "innere" Wiedergutmachung und die Rückerstattung haben im Handbuch eine gründliche Darlegung gefunden. Dazu stellen eine umfassende Chronologie der "Entwicklung des Besatzungsregimes" sowie ein Katalog, der sämtliche rechtsetzende Akte der Besatzungsmächte verzeichnet, im Spiegelbild den Wandel der Besatzungspolitik dar. Beides sind wertvolle Hilfsmittel für künstige Forschungen, der auch die im Handbuch gegebene sorgfältig gegliederte Bibliographie dienen kann.

Wenn man von einigen Dissertationen[19] absieht, ist damit der deutsche Beitrag zum Thema Besatzungsregime erschöpft. Hingegen gibt es eine Reihe von angelsächsischen Autoren, die zum Teil bereits in sehr früher Zeit sich des Besatzungsregimes beschreibend angenommen haben. Sie können im einzelnen hier nicht gewürdigt werden[20]. Es sind dies zumeist Wissenschaftler, die in militärischer oder auch fachlich beratender Funktion bei einer alliierten Militärbehörde gedient hatten und die dann aus der doppelten Quelle der wissenschaftlich-theoretischen Fundierung und der praktischen Anschauung das Besatzungsregime schilderten. Hierher gehört auch der Verfasser des einzigen[21] Buches dieser Gruppe, das in deutscher Übersetzung vorliegt, Michael Balfour[22]. Der Autor war eine Zeitlang in der britischen Gruppe der Kontrollkommission in Berlin tätig. Er gibt in seinem Buch eine ausführliche Vorgeschichte, handelt von den verschiedenen mehr oder minder offiziösen Nachkriegsplänen für Deutschland und stellt dann die Organisation der Viermächteverwaltung dar, wobei der Leser manches über das konkrete Funktionieren dieser Institution erfährt. Schliesslich wendet sich der Autor von der Viermächteverwaltung zu ihrem Objekt: zu Deutschland und seinen vielfältigen Problemen, bis hin zu Presse, Rundfunk und Literatur. Das Buch Balfours ist von bemerkenswerter Objektivität. Der Autor wendet sich entschieden gegen Versuche, der alliierten Politik eine Verantwortung für das Nachkriegsgeschick Deutschlands aufzubürden. Andererseits vermeidet er auch jene fatale Belehrungstendenz, die zuweilen aus angelsächsischen Büchern über das Besatzungsregime in Deutschland spricht. Die Wendung zu den deutschen Problemen, die bereits das Buch von Balfour auszeichnet, findet sich weiter dann bei einer ganzen Reihe von angelsächsischen Autoren. Allerdings heben sie in der Regel weniger auf die konkrete Gestaltung der deutschen öffentlichen Gewalt ab als auf die "Demokratisierung", ihre Methoden und Ziele und ihren kritisch abgewogenen Erfolg. Wahlen, Parteien, auch die Situation in den Gemeinden und vor allem die allgemeine geistige und politische Verfassung der Deutschen stehen im Mittelpunkt[23]. Zu der tatsächlichen Gestaltung der deutschen staatlichen Anfänge wird wenig gesagt.

Hierzu hat bei aller - notwendigen - thematischen Selbstbescheidung der amerikanische Historiker John Gimbel einen wichtigen Beitrag geliefert[24]. Er untersucht - am Beispiel der Stadt Marburg - eine einzige deutsche Gemeinde unter der amerikanischen Besatzungsherrschaft. Beide Seiten: die Besatzungsbehörde und die sich in sie hineinfügende deutsche Verwaltung werden in ihrer Verbundenheit dargestellt. Dabei bringt der Autor manches interessante Detail aus der Personalpolitik, die in einer von Ideologien und ihrer Abwehr verdunkelten Zeit oftmals skurrile Irrwege ging, zur Kenntnis. Das Bedeutsame an der Arbeit von Gimbel ist die Methode. Nur die energisch begrenzte Untersuchung am konkreten Fall, die minutiöse Verfolgung der Entwicklung im Detail vermag über die Gemeinplätzigkeit hinauszuführen, die sich allmählich aus einer allzuoft wiederholten Darlegung "grosser Entwicklungslinien" zu ergeben droht.

IV

In dem Buch von Gimbel nimmt bereits die Frage nach den Anfängen einer deutschen öffentlichen Gewalt erheblichen Raum ein. Damit wird neuer Boden betreten. Während es verständlich ist, dass britische und amerikanische Autoren das Feld der Darstellung des Besatzungsregimes beherrschen - schon aus der ihnen gegebenen Möglichkeit der eigenen Anschauung und des leichteren Zugangs zu Dokumenten -, müßte man erwarten, dass sich deutsche Autoren in den ersten Anfängen einer sich allmählich organisierenden und konstituierenden deutschen öffentlichen Gewalt mit Vorzug zugewandt haben würden. Das ist indessen nicht der Fall. Zu nennen wäre hier lediglich die bereits erwähnte Darstellung des Verfassungsrechts einer - sich als solche verstehenden - Übergangszeit aus der Feder von Friedrich Klein[25]. Erst als die Organisationsformen der öffentlichen Gewalt größere Räume erfassen, ändert sich das Bild. Für den Länderrat der amerikanischen Zone und den Zonenbeirat in der britischen Besatzungszone liegen Arbeiten von Lia Härtel[26] und Annelies Dorendorf[27] vor. Es handelt sich bei beiden Schriften um zusammenfassende Würdigungen der Arbeit der jeweiligen Institutionen, die von in ihnen führend gewesenen Personen angeregt und zum Teil auch überwacht werden. Dieser Charakter der Selbstdarstellung macht sich vor allem in der Schrift von Annelies Dorendorf - etwa in Form von Animositäten gegenüber dem Länderrat - störend bemerkbar. Beide Arbeiten, verdienstlich als erste Versuche zur Darstellung des Wiedererwachens öffentlicher Gewaltausübung in Deutschland, leiden indessen darunter, dass die früheren Stufen dieser Entwicklung bis dahin noch keine Erforschung gefunden hatten. Eine Publikation des Bundesarchivs, für die Walter Vogel zeichnet[28], gibt der weiteren Erforschung der Länderzusammenschlüsse das Werkzeug an die Hand. Die Schrift schildert kurz die Verwaltungseinrichtungen, die sich über den neugebildeten oder als solche wiedererstandenen Ländern erhoben haben, und gibt dann im eigentlichen Hauptteil in einer schematischen Darstellung ein Gerüst der - erstaunlich vielfältigen und komplizierten - Organisation dieser Einrichtungen, wo verfügbar mit genauen Quellenangaben. Dabei wird das vereinigte Wirtschaftsgebiet der britischen und der amerikanischen Zone, die sogenannte "Bizone", mit einbezogen[29].

Die den zonalen und überzonalen Zusammenschlüssen vorausgehenden staatlichen Bildungen, die deutschen Länder, haben, zumeist ebenfalls erst nach 1949, Schilderungen ihrer Entstehung erfahren. Anlaß hierfür bot die Kommentierung ihrer Verfassungen. Die Kommentare geben zumeist eine kurze (Wieder-)Entstehungsgeschichte des Landes, die in der amerikanischen Zone bei dem frühen Datum der dortigen Verfassungen mit diesen selbst in engem Zusammenhang steht. Eine knappe Geschichte der Entstehung der westdeutschen Länder findet sich auch in den, eine alte Tradition wiederaufnehmenden, Berichten im Jahrbuch des Öffentlichen Rechts[30]. Mehr als diese knappen Gerüste, die dem Zusammenhang nach Beiwerk sind, wird nur bezüglich dreier Länder geboten. Es sind dies Hamburg, Nordrhein-Westfalen und das Saarland[31].

Hans Peter Ipsens für die Darstellung der Verfassungslage von Bundesländern einzig dastehendes Buch über Hamburg[32] enthält ein recht umfängliches Kapitel, überschrieben "Unter der Besetzung", das sich mit den Rechtsfragen des Bestandes des Stadtstaates Hamburg über den Zusammenbruch hinaus und den ersten Verfassungsansätzen des Jahres 1946 beschäftigt, aber auch einiges beiträgt zu der Frage der Beziehung zwischen der hamburgischen Verwaltung und der Besatzungsmacht in den ersten Jahren nach dem Zusammenbruch.

Nordrhein-Westfalen, das bei weitem bevölkerungsstärkste und wirtschaftsmächtigste Land der Bundesrepublik, nach 1945 recht unorganisch aus Resten preußischer Provinzen zusammengestückelt und um das kleine Land Lippe vermehrt, erfuhr am frühesten eine eigene Schilderung einer Entstehungsgeschichte, und zwar aus der Feder von Wolfram Köhler[33]. Sein Buch ist ohne wissenschaftlichen Anspruch geschrieben, gibt aber vor allem über die regionale Frage und ihre politischen Hintergründe - zu ihnen gehört die Absicht einer "Einschmelzung" des Ruhrgebiets in einen größeren Landesverband, um Isolierungs- oder Annexionswünschen vorzubeugen - wertvolle Informationen.

Das dritte Land, das - sogar zu recht häufiger - schriftstellerischer Behandlung angeregt hat, ist das Saarland. Es verdankt diese Aufmerksamkeit seiner besonderen außenpolitsichen Lage. Sie ist es, die das vorwiegende Interesse der Saarliteratur nach 1945 auf sich zieht; insofern fällt diese nicht in den Bereich der diesem Bericht gezogenen Grenzen[34].

VI

Mit der Schaffung des Grundgesetzes vollendete sich die Konsolidierung staatlicher Ordnung in den drei westlichen Besatzungszonen. Im Hinblick auf die Bedeutung dieses Geschehens sollte man annehmen, dass rückläufig vom neuen Fundament her gleichsam wissenschaftliche Bohrungen in das Erdreich, auf dem das Gebäude der Bundesrepublik errichtet wurde, vorgetrieben worden wären. Auch hier werden hochgespannte Erwartungen enttäuscht. Ein erstes Feld, auf dem man hoffen dürfte, in bezug auf die Vorgeschichte des Grundgesetzes "fündig" zu werden, ist die staatsrechtliche Literatur. Die Gesamtdarstellungen des neuen deutschen Staatsrechts - von denen übrigens bisher keine denen des Weimarer Staatsrechts, wie sie im "Handbuch des Deutschen Staatsrechts"[35] oder auch bei Hatschek[36] erfolgten, auch nur annähernd an die Seite gestellt werden kann - bringen wenig zur Entstehungsgeschichte. Noch am ausführlichsten ist Otto Koellreutter[37]. Das bekannte Studienbuch von Theodor Maunz[38] bietet die Entstehungsgeschichte sehr gedrängt. Unter den Kommentaren zum Grundgesetz bringen bisher nur die älteren: der "Bonner Kommentar"[39] und der Kommentar von Hermann v. Mangoldt[40], Entstehungsgeschichte des Grundgesetzes, die vom Umfang her eine Nennung verdienen[41].

Mit ihrem Umfang von 131 Seiten nähert sich einzig die "Vor- und Entstehungsgeschichte des Bonner Grundgesetzes" im Bonner Kommentar, für die Bodo Dennewitz und Georg Wernicke verantwortlich zeichnen, einer monographischen Behandlung des Themas. Die Autoren setzen mit einer Darlegung der Pläne der Alliierten aus der Kriegszeit ein, handeln kurz von der Übernahme der obersten Gewalt durch diese, um sich dann sehr ausführlich und mit eingehender Dokumentation der Behandlung der Frage "Deutschland als Ganzes" auf den alliierten Nachkriegskonferenzen zuzuwenden. Als naturgemäß zurückhaltenden Begleitakkord hierzu verzeichnen sie die deutschen Versuche einer Anbahnung der deutschen Einheit, um dann in die eigentliche Entstehungsgeschichte des Grundgesetzes einzumünden, die mit der Londoner Konferenz der westlichen Aussenminister vom Februar 1948 ihren formellen Anfang nahm. Schliesslich werden die einzelnen Phasen der Beratungen des Parlamentarischen Rates sorgfältig aufgezeichnet. Von großem Wert ist eine 26 Seiten umfassende "Bibliographie zum Problem 'Nachkriegsdeutschland'"[42].

Für die Entstehungsgeschichte des Grundgesetzes in der engsten Bedeutung des Wortes, d.h. im Sinne der Entstehung der Formulierung des Verfassungsgesetzes selbst, liegt eine grundlegende Veröffentlichung vor. Klaus-Berto von Dömming, Rudolf Werner Füsslein und Werner Matz haben das umfangreiche Protokoll- und Drucksachenmaterial, das der Parlamentarische Rat hinterlassen hatte, gleichsam vertikal nach den einzelnen Grundgesetzartikeln aufgeschlüsselt[43]. Hierbei wurde der sog. Entwurf von Herrenchiemsee, der dem Parlamentarischen Rat als Arbeitsgrundlage gedient hatte, mit einbezogen. Diese gewaltige Arbeit ist besonders insofern höchst nützlich, als zwar die Protokolle des Plenums und des Hauptausschusses des Parlamentarischen Rats, nicht aber die oft aufschlussreicheren Auseindersetzungen in den Fach- und Unterausschüssen gedruckt vorliegen. Letztere sind nun, wenn auch in Auswahl und Aufbereitung, zugänglich. Die Absicht der Veröffentlichung war vor allem, künftiger Rechtsauslegung den aus der Entstehungsgeschichte ablesbaren Willen des Gesetzgebers zu erschließen. Das bedeutet eine unvermeidliche Einschränkung der Nützlichkeit der Zusammenstellung für historisch-politische Untersuchungen. Doch werden auch diese sich, zumal in Verbindung mit der im Bonner Kommentar gegebenen, nach inhaltlichen Hauptgruppen geordneten Synopsis der wichtigsten Vorentwürfe zum Grundgesetz einschliesslich des Entwurfs von Herrenchiemsee[44], der hier vorliegenden Entstehungsgeschichte der Bestimmungen des Grundgesetzes mit Nutzen bedienen können.

Zur Entstehungsgeschichte des Grundgesetzes - im Sinne einer historischen Beschreibung der Ereignisse, die ihm vorangingen und der politischen Bedingungen, auf Grund deren und unter denen das Verfassungswerk von Bonn zustande kam, bieten die Schilderungen in der staatsrechtlichen Literatur im allgemeinen wenig mehr als ein Gerüst. Sie verzeichnen das dokumentarisch belegte Ereignis, aber sie geben wenig Hintergrund. Das gilt auch für eine - ungedruckte - juristische Dissertation von Herbert Demmler[45], die sich des Themas annimmt.

Ein farbiges Bild, aus dem allerdings wesentlich neue Fakten nicht abzulesen sind, entwirft John Ford Golay, ein amerikanischer Wissenschaftler, von der Entstehungsgeschichte des Grundgesetzes[46]. Er knüft kurz an die historische Ausgangssituation, die als unmöglich erwiesene Einigung unter den vier Alliierten über eine staatliche Gestaltung ganz Deutschlands, an. Die eigentliche Entstehungsgeschichte des Grundgesetzes datiert er mit der Londoner Sechsmächtekonferenz vom Februar 1948. Die Erteilung des Auftrages an die Ministerpräsidenten der in den Westzonen gelegenen Länder, ihre Bedenklichkeiten und die schliessliche Übernahme des Auftrages werden eingehend dargestellt. Ausführlich werden die Verhandlungen des Parlamentarischen Rates referiert, insbesondere da, wo es um die Grundrechte und die föderative Ordnung geht. Die periodischen Spannungen zwischen dem Rat und den Militärgouverneuren werden nicht verschwiegen oder verharmlost. Schliesslich wird mit der Anerkennung des

Verfassungswerkes nicht gespart. Alles in allem gibt Golay eine sorgfältige und genaue Studie, die trotz ihrer weitgehenden Beschränkung auf auch anderwärts Erschlossenes eine Übersetzung ins Deutsche verdiente, da wir eine eingängige, sachliche und ausführliche Entstehungsgeschichte des Grundgesetzes im doppelten Sinne der Vorgeschichte und der Paragraphengeschichte - nicht haben.

VII

Die an Gewicht und Selbstverständlichkeit gewinnende Existenz der Bundesrepublik als Staat hat eine ganze Literaturgattung hervorgerufen, die sich dieses neuen Gebildes in der Staatenwelt annimmt[47]. Die Absichten der Autoren fächern sich zwischen reiner Information und kritischer Sondierung. Gelehrte und Publizisten treffen sich auf einer mittleren Ebene anspruchsvoller Popularität. Werke dieser Gruppe greifen häufig auf die Entstehungsgeschichte zurück. Hier ist das oben gebrauchte Bild von den Bohrungen, die in das Erdreich, auf dem das Gebäude der Bundesrepublik errichtet worden ist, zu treiben wären, besonders am Platze: auch die geologische Struktur dieses Erdreiches, um das Bild fortzusetzen, gehört zur Beschreibung der Bundesrepublik,und gehört zu den Argumenten für die Beantwortung der Frage nach ihrer "Lebenserwartung"[48].

Wenn diese werbenden, informierenden oder kritischen Prospekte der Bundesrepublik deren unmittelbare Vorgeschichte mit berücksichtigen, geben sie nicht, wie etwa die Literatur zum Grundgesetz, Geschichte von Verfassungsparagraphen, zeichnen sie nicht nur die dokumentarisch greifbaren Stationen auf, die der Prozess der Verfassungsgebung durchlief. Für die Literatur, die das Phänomen "Bonn" vorstellen und werten will, muss die Vorgeschichte umfassend verstanden werden, umgreift sie sämtliche Komplexe, die hier als Gruppierungsmerkmale verwendet wurden: den welthistorischen Hintergrund, die Niederlage und das Besatzungsregime, das Aufkeimen und Wachsen deutscher öffentlicher Gewalt, die Einleitung des Staatsbildungsprozesses von der Entstehung der Länder bis zum Grundgesetz, die Anfänge der gesellschaftlichen Gruppierungen, der Parteien und Verbände. Zur Vorgeschichte gehört dann auch das Milieu und die Atmosphäre der ersten Jahre nach dem Zusammenbruch und der Einfluss dieses Erlebnisses auf die politische Mentalität der Deutschen.

Diese umfassende Fragestellung bedingt eine unvermeidliche Schwäche in bezug auf den hier zur Diskussion stehenden Untersuchungsgegenstand. All das kann in den literarischen Tests der Bundesrepublik nur konventionell, mit Stützung und Berufung auf das wenige unzweifelhaft Bekannte, mit einer Erweiterung in das schwankende, von der Absicht der Aussage her manipulierte und manipulierbare Gebiet des Meinungsmässigen beschrieben werden. Eine wissenschaftliche Bereicherung für die Erforschung der Periode 1945-1949 wird hier mit Fug nicht erwartet werden dürfen, da die Intention der Autoren in eine andere Richtung geht. Die künftige Forschung mag aus Schriften dieser Art allenfalls das eine oder andere - überprüfungsbedürftige - Detail, das aus persönlicher Erfahrung des Autors beigesteuert wurde, verwenden können.

Die zahlreichen Beschreibungen der Bundesrepublik unterscheiden sich stark in der Intensität und Ausdrücklichkeit der Einbeziehung von Vorgeschichte. Manche Autoren, die mehr realistisch als impressionistisch arbeiten, fassen sie in besonderen Kapiteln zusammen, oder geben sie beim jeweils behandelten Gegenstand, etwa bei der Schilderung der Parteien. Andere Autoren verweben die Vorgeschichte ständig mit der Betrachtung des Gegenwärtigen, wiederum andere werden von ihm ganz in den Bann gezogen. Bei der Aufgabe dieses Berichts wird ein gewisses Mass von Ausführlichkeit, Absichtlichkeit und Isolierbarkeit der Betrachtungen zur Vorgeschichte das Auswahlkriterium sein müssen. Das bedeutet den Verzicht auf einige stark pointierte oder auch besonders anfechtbare Werke[49], doch liegen durchaus mit Bezug auf den Gegenstand des Berichts substantielle Studien vor.

Alfred Grosser, Deutscher von Geburt und jetzt Professor in Paris, hat sein 1958 in Frankreich erschienenes Deutschlandbuch[50] erweitert und aktualisiert auch in Deutschland veröffentlicht[51]. In einem kurzen, durch die intensive Erfassung des Wesentlichen beeindruckenden Kapitel geht er auf die Entstehung der Bundesrepublik ein - und parallel auf die der "DDR". Diese unbekümmerte Parallele zwischen den beiden Staatsgründungen mag beunruhigend sein; doch enthält sie vielleicht eine ganz erhellende Lektion darüber, dass unsere Sicht wenigstens subjektiv nicht allgemeinverbindlich ist, dass andere Blickwinkel andere Proportionen erzeugen.

Alfred Hiscocks, ein britischer Staatswissenschaftler, der mehrfach - vor dem Kriege, kurz nach dem Zusammenbruch und dann wieder in den fünfziger Jahren - Studien an Ort und Stelle getrieben hat, gab seinem Buch über die Bundesrepublik den Titel "Democraca in Western Germany"[52]. Damit stellte er es deutlich unter die Frage nach der Chance der Demokratie[53]. Seine Antwort ist zögernd positiv. Hiscocks bemüht sich, wo er von der Entstehungsgeschichte der Bundesrepublik handelt, nicht um neues Detail, auch nicht um Vollständigkeit; so übergeht er etwa die Phase der zonalen Zusammenschlüsse. Die britische Besatzungspolitik wird objektiv geschildert, wenn auch ihre Einwirkung auf die Demokratisierung in ihren Formen und Motiven vielleicht manchmal etwas selbstgefällig herauskommt. In der Schilderung der Anfänge der Parteien fehlt jeder Hinweis auf die Schwierigkeiten, die die Besatzungsmächte der Bilanz von überörtlichen Parteiorganisationen in den Weg legten. Jedoch macht die wohlabgewogene Darlegung des deutschen politischen Charakters - mit besonderem Bezug darauf, wie er sich wohl unter den Erlebnissen des Zusammenbruches, der äusseren und nationalen Not und des unerwarteten äusseren Aufstiegs bei bestehender, aber kompensierter nationaler Misère gewandelt haben möge, das Buch lesens- und sicher auch übersetzenswert.

Der deutsch-schweizerische Journalist Fritz René Allemann sieht die Bundesrepublik vor dem Hintergrund der ersten deutschen Demokratie und im Kontrast zu ihr. - Seine These "Bonn ist nicht Weimar"[54] drückt einen temperierten Optimismus aus. Der hoffnungsvolle Unterschied zwischen der Bonner und Weimarer Republik gründet sich zu einem Teil auf das der Bundesrepublik vorgelagerte Interregnum der Besatzungsherrschaft, die manches Ressentiment dämpfte und die zugleich bewirkte, dass sich die Bundesrepublik positiv von dem ihr unmittelbar vorausgehenden Zustand abhob. Neben einer in vielem treffsicheren Beurteilung der Bundesrepublik findet sich daher in Allemanns Buch eine wertvolle, auf das Wichtigste komprimierte Darstellung der Periode, die der Begründung von "Bonn" unmittelbar vorausgegangen ist.

Die Gegenposition zu Allemann bezieht Winfried Martini[55]. Er markiert hinter der "Lebenserwartung der Bundesrepublik" ein energisches Fragezeichen. Auch Martini geht - wenn auch seiner mehr impressionistischen Darstellungsart entsprechend in diffuser Form - immer wieder auf die Besatzungssituation zurück, in der das Grundgesetz entstand. Er sieht in diesem Tatbestand - mit seinem letzten Ausläufer, dem Notstandsvorbehalt der Alliierten im § 2 des Deutschlandvertrags - eine "Schutzglocke", unter der die Bundesrepublik "ein idyllisches Dasein" begründete und noch immer zu führen vermag[56]. Im Zeichen dieser Entstehung unter der Verantwortung einer anderen, mächtigeren Instanz wurde für Martini die Bundesrepublik zu einem "Spielstaat", konnte der Grundgesetzgeber in einer "Inflation der Freiheit"[57] schwelgen, da ihm für deren Konsequenzen die Verantwortung abgenommen war. In dieser Atmosphäre konnten sich die Ministerpräsidenten beim Empfang des alliierten Auftrages für die Begründung eines westdeutschen Staates in gesamtdeutscher Verantwortung zieren, konnte im Parlamentarischen Rat die SPD den Beruhigungsvorbehalt des Provisoriums anmelden. Mit diesen Thesen etwa führt Martini bestimmte Züge der Bundesrepublik, wie er sie sieht, auf den Ursprung dieses Staates, auf seine Vorgeschichte zurück. Die Berechtigung dieser Thesen soll hier nicht näher untersucht werden. In der Tat fehlen für eine Nachprüfung die Voraussetzungen. Hier zeigt sich schlagend die mangelnde Erforschung der Vorgeschichte der Bundesrepublik. Formen, Gründe, Motive, Tragweite und Wirksamkeit der Vorbehalte, die die oder die einige der Adressaten des alliierten Auftrages gegenüber einer westdeutschen Staatsbegründung hegten, haben bislang keine kritische, detaillierte Darstellung gefunden. Ein anderes Beispiel: Martini neigt zu der Ansicht, dass die Streichung des Artikels über den sog. "technischen Notstand" in der 4. Lesung des Hauptausschusses des Parlamentarischen Rates nicht auf Wunsch der Alliierten erfolgt sein; er stützt seine Meinung auf das Schweigen der einschlägigen Literatur[58]. Dieses Schweigen beruht jedoch auf Unsicherheit. Insgesamt hat ein so wichtiges Thema wie das des alliierten Einflusses auf die Gestaltung des Grundgesetzes im positiven wie im negativ verhindernden Sinne bislang keine schlüssige Darstellung gefunden. Man begnügt sich damit, aktenkundige Vorschläge und Interventionen der Allierten zu registrieren. Man gibt der Meinung Ausdruck, der Einfluss der Besatzungsmächte sei mehr oder weniger erheblich gewesen, aber es gibt bisher keinen Versuch, die Intensität der alliierten Vorstösse, die Einflüsse aus informellen Begegnungen und Mitteilungen, die widerstrebende, modifizierende oder hinnehmende Haltung der deutschen Adressaten kritisch zu untersuchen,Dies ist nur ein Beispiel dafür, wieviel Raum die Vorgeschichte der Bundesrepublik für Arbeiten gibt, die in der Begrenztheit ihrer Themenstellung sich selbst das Schicksal der Bekanntes wiederholenden Allgemeinheit ersparen, dem die bisher vorhandene Literatur nur selten entgeht. Eine Frage wie die nach dem Grad des Besatzungseinflusses auf die Gestaltung des Grundgesetzes verlangt dazuhin aus politisch-psychologischen Gründen dringend eine Klärung. Hier liegt ein möglicher Angriffspunkt für Ressentiments. Eine nicht unter Kontrolle gebrachte Vorstellung, das Grundgesetz sei weitgehend vom Besatzungswillen geformt, könnte bei einer Beunruhigung des politisches Klimas eine Handhabe für wirksame Agitation gegen die Verfassung und die von ihr etablierte Ordnung bieten.

VIII

Auf einem Spezialgebiet ist die Forschung bereits zu erfreulichen Ergebnissen gediehen. Die Anfänge der Parteien nach 1945 sind verhältnismässig ausgiebig untersucht worden. Ludwig Bergsträssers bekanntes Standardwerk[59] ist bis an die Gegenwart herangeführt worden. Auf gründlichen Studien beruht ein Sammelband des Berliner Instituts für Politische Wissenschaft[60]. Verschiedene Autoren (Gerhard Schulz, Klaus Schütz, Max Gustav Lange und andere) steuerten zu diesem Werk umfangreiche Monographien über die "Parteien in der Bundesrepublik" bei, in denen die Prozesse des persönlichen und organisatorischen Wiederzusammenfindens und auch die Versuche der Gewinnung einer Art von ideologischer Orientierung einen gewichtigen Platz zugewiesen bekommen. Daneben sind - als Beispiel für die Notwendigkeit einer thematischen Beschränkung - eine Reihe von Untersuchungen über einzelne Parteien oder Parteieinrichtungen[61], ja speziell über die Entstehung von Parteien, sogar über ihre Anfänge in bestimmten Gebieten, geschrieben worden[62].

Was die Verbände angeht, so ist weniger getan worden. Neben der Monographie von Hirsch-Weber[63], die kurz die Grundzüge der Wiederentstehung freier Gewerkschaften nach 1945 dartut, finden sich lediglich Darstellungen, die von einem politisch prononcierten Standpunkt aus geschrieben wurden[64], finden sich Selbstdarstellungen von Verbänden, die im allgemeinen wohl nur Material für eine wissenschaftliche Aufbereitung sein können[65].

IX

Ein kurzer abschliessender Blick sei auf Memoiren und Literatur biographischen Charakters geworfen. Die Erinnerungen oder Lebensbeschreibungen von Personen, die mit dem Geschehen zwischen dem Zusammenbruch und dem Beginn der Bundesrepublik verknüpft waren, sind bisher wenig zahlreich und zumeist nicht sehr vielsagend. Für die Entwicklung im Süden, insbesondere in Bayern, sind die Erinnerungen von Wilhelm Hoegner[66], der Ende 1945 von der amerikanischen Besatzungsmacht zum Bayerischen Ministerpräsidenten ernannt worden war, bedeutsam. Dahingegen sind die Erinnerungen von Rudolf Amelunxen[67], der im Jahre 1946 erster Ministerpräsident des Landes Nordrhein-Westfalen wurde, unergiebig und ergeben sich allzusehr im Persönlichen. Ähnliches gilt von den in Tagebuchform gehaltenen Erinnerungen von Reinhold Maier[68]. Ganz auf die Geschichte der Übergangszeit zwischen 1945 und 1949 eingestellt ist das Erinnerungswerk von Lucius D. Clay[69], der von 1945 an zunächst stellvertretender amerikanischer Militärgouverneur war, um dann auf diesen Posten vorzurücken. In dem Buch von Clay verschmilzt auf Grund der persönlichen Stellung des Autors die Wiedergabe von Erinnerungen mit einer Darstellung des Besatzungsregimes aus der Sicht des auf amerikanischer Seite hervorragend Beteiligten. Das Buch bleibt eine der wesentlichen Quellen für die Erforschung der Gestaltung und des Funktionierens der Besatzungsherrschaft in Deutschland.

Biographien, die hier zu nennen wären, sind dünn gesät[70]. Meist dienen sie dem Zweck, hohe Repräsentanten des Staates der Öffentlichkeit werbend vorzustellen und gehen über diese Absicht nicht hinaus[71]. Allenfalls die umstrittene Adenauer-Biographie von Paul Weymar[72] macht wenigstens partienweise eine Ausnahme. Gewiss, das Buch baut unter dem Vorwand der "Zerstörung von Legenden" geflissentlich und sorgsam neue auf. Es hat den nur allzu deutlich erkennbaren Zweck, ein Adenauer-Standbild zu errichten, gemildert durch menschliche Züge in propagandistisch wirksamer Dosierung. Trotzdem bringt das Buch manches Interessante; etwa anschauliches Material zu dem abstrakt leicht zu formulierenden, aber konkret schwer vorstellbaren Vorgang einer Parteigründung und der Eroberung einer Führungsposition. Bemerkenswert ist auch die Wiedergabe eines Interviews Adenauers mit Vertretern einer amerikanischen Zeitung aus dem Herbst 1945, in dem er sich für die alsbaldige Bildung eines Weststaates aussprach, "wenn die Russen nicht mittun wollen"[73].

Biographien und Memoiren, wieviel und wie Zuverlässiges sie immer an Faktischem beisteuern mögen, werden aber darüber hinaus für die wissenschaftliche Erforschung und Darstellung der Übergangszeit zwischen den Staaten bedeutsam sein, indem hier etwas von der besonderen, einer späteren Generation schwer vorstellbaren Atmosphäre jener Jahre festgehalten ist, in denen unter dringendster äusserer Not das Gefühl des Noch-einmal-Davongekommenseins dem Bewusstsein der neuen Aufgabe wich, in denen die Vorstellung vom absoluten Nullpunkt der Erkenntnis von der unverlierbaren, aber auch unausweichlichen Vergangenheit Platz machte, in denen sich ein Wandel des politischen und gesellschaftlichen Klimas vollzog, dessen Auswirkungen heute noch gar nicht abzusehen sind. Auch unter diesem Gesichtspunkt stellt sich die bisher weitgehend umgangene Aufgabe der Erforschung jener Jahre; eine Aufgabe, die wohl erst in Angriff genommen werden wird, wenn die nötige zeitliche und gefühlsmässige Distanz das Gefühl einer Berechtigung zur Isolierung spezieller Forschungsgegenstände und - gesichtspunkte schafft, wenn die derzeit anscheinend weithin empfundene Verpflichtung zu "globaler" - und damit wissenschaftlich letztlich unfruchtbarer - Betrachtung geschwunden ist.

Anmerkungen

1. Vgl. hierzu im einzelnen die Bibliographie dieser Zeitschrift. - Allgemein sei bemerkt, dass im vorliegenden Beitrag Aufsätze in Zeitschriften und Sammelbänden nicht berücksichtigt wurden. Besonders verwiesen sei auf die ersten Jahrgänge der Zeitschrift Europa-Archiv und des Jahrbuchs für internationales und ausländisches öffentliches Recht.
2. Da Deutschland mindestens bis 1949 in der Außenpolitik lediglich eine Objektrolle spielte, bleibt etwa das Buch von Wilhelm Grewe, Deutsche Außenpolitik der Nachkriegszeit, Stuttgart 1960, ausser Betracht. Die Darstellung setzt bei Grewe in der Tat auch erst mit dem Jahre 1949 ein.
3. Zur Orientierung über die Entwicklung zwischen 1945 und 1949 vgl. vor allem Ernst Deuerlein, Die Einheit Deutschlands. Darstellung und Dokumentation, Frankfurt/M. und Berlin 1957; 2. durchgesehene und erweiterte Auflage (1. Bd.) 1961.
4. Vgl. Dokumente zur Berlin-Frage 1944-1959 Hrsg. v. Forschungsinstitut der Deutschen Gesellschaft für auswärtige Politik, München 1959; Berlin - Kampf um Freiheit und Selbstverwaltung 1945-1946. Hrsg. im Auftrage des Senats von Berlin, Berlin 1961; dasselbe, 1946-1948; W. Philips Davison, Die Blockade von Berlin. Modellfall des kalten Krieges, Frankfurt/M. und Berlin 1959 u.v.a.
5. Bruno Gebhardt, Handbuch der Deutschen Geschichte, 8. Aufl., Stuttgart 1959, 4. Bd. S. 314 ff.
6. Handbuch der Deutschen Geschichte, neu herausgegeben von Leo Just, Konstanz.
7. Wilhelm Cornides, Deutschland zwischen den Weltmächten des Westens und des Ostens 1945-1948, in: Deutsche Geschichte im Überblick, hrsg. v. Peter Rassow, Stuttgart 1953, S. 737 ff.
8. Wilhelm Cornides, Die Weltmächte und Deutschland. Geschichte der jüngsten Vergangenheit 1945-1955, Tübingen und Stuttgart 1957.
9. Hingewiesen sei noch auf Emil Schäfer, Von Potsdam bis Bonn. Fünf Jahre deutscher Nachkriegsgeschichte, Lahr (Baden) 1950, und Paul Noack, Deutschland von 1945-1960. Ein Abriss der Innen- und Aussenpolitik, München 1960. - Nicht mehr berücksichtigt werden konnte: Elmar Krautkrämer, Deutsche Geschichte nach dem zweiten Weltkrieg. Eine Darstellung der Entwicklung von 1945-1949 mit Dokumenten, Hildesheim 1962.
10. Veröffentlicht im Amtsblatt des Kontrollrats in Deutschland, 1945, Ergänzungsblatt Nr. 1, S. 7.
11. Hans Kelsen, in: American Journal of International Law, Jg. 1944, S. 689 ff.; Jg. 1945, S. 518 ff.

12. Rolf Stödter, Deutschlands Rechtslage, Hamburg 1948. Dort ausführliche Literaturangaben.
13. Wilhelm Grewe, Ein Besatzungsstatut für Deutschland. Die Rechtsformen der Besetzung, Stuttgart 1948.
14. Adolf Arndt, Der deutsche Staat als Rechtsproblem, Berlin 1950.
15. Vgl. aus der Vielzahl der Literatur, die sich um eine Klärung der neuen Situation bemüht, etwa noch Walther Freiherr Marschall von Bieberstein, Zum Problem der völkerrechtlichen Anerkennung der beiden deutschen Regierungen. Ein Beitrag zur Diskussion über die Rechtslage Deutschlands, Berlin 1959 (Schriften zum öffentlichen Recht 3).
16. Friedrich Klein, Neues deutsches Verfassungsrecht, Frankfurt/M. 1949.
17. George Szekeres, Das Recht der Militärregierung. Leitfaden zu der Vorlesung, 1. (Allg.) Teil, Erlangen 1948.
18. Handbuch des Besatzungsrechts. Von Gustuv v. Schmoller, Hedwig Maier und Achim Tobler, Tübungen 1951-1957 (Loseblattsammlung).
19. Vgl. Bibliographie dieser Zs.: Nrn. 4780-4782, 5687, 5884, 5886, 11993 u.a.
20. Hierher gehören: W. Friedmann, The Allied Military Government of Germany, London 1947; Hajo Holborn, American Military Government in Germany, New York 1947; ders., The United States in Germany 1944-1955, Princeton 1957 u.a.
21. Abgesehen von dem frühen, sehr allgemein gehaltenen Buch von James P. Warburg, Deutschland - Brükke oder Schlachtfeld, Stuttgart 1949 (Originalausgabe: Germany - Bridge or Battleground, New York 1947).
22. Michael Balfour, Vier-Mächte-Kontrolle in Deutschland 1945-1946, Düsseldorf 1959 (Originalausgabe: Four-Power Control in Germany 1945-1946, London 1956).
23. Hierher wären zu zählen: Edward H. Litchfield (u. a.), Governing postwar Germany, Ithaka 1953; Gabriel A. Almond (u.a.), The Struggle for Democracy in Germany, Chapel Hill 1949; Raymond Ebsworth, Restoring Democraty in Germany. The Bristish Contribution, London/New York 1960.
24. John Gimbel, A German Community under American Occupation. Marburg 1945-1952, Stanford (Cal.) 1961.
25. S. Anm. 16; vgl. auch die kleine Schrift von Werner Weber, Der gegenwärtige Verwaltungsaufbau Deutschlands, Hamburg 1948.
26. Der Länderrat des amerikanischen Besatzungsgebietes. Hrsg. im Auftrag der Ministerpräsidenten von Bayern, Hessen, Württemberg-Baden und des Präsi-

denten des Senats der Freien Hansestadt Bremen vom Direktorium des Länderrats. Zusammengestellt von Lia Härtel, Stuttgart und Köln 1951.

27. Annelies Dorendorf (Druckfehler auf Titelblatt: Dorendor), Der Zonenbeirat der britisch besetzen Zone. Ein Rückblick auf seine Tätigkeit, Göttingen 1955 (Monographien zur Politik 2).

28. Walter Vogel, Westdeutschland 1945-1950. Der Aufbau von Verfassungs- und Verwaltungseinrichtungen über den Ländern der drei westlichen Besatzungszonen, Teil I, Koblenz 1956 (Schriften des Bundesarchivs 2).

29. Vgl. hierzu auch die kleine Schrift von Walter Strauss, Entwicklung und Aufbau des Vereinigten Wirtschaftsgebietes, Heidelberg 1948.

30. Vgl. Jahrbuch des Öffentlichen Rechts der Gegenwart. Neue Folge, Bd. 3 (Bayern, Bremen Hessen); Bd. 5 (Niedersachsen, Rheinland-Pfalz); Bd. 6 (Hamburg, Schleswig-Holstein); Bd. 7 (Baden-Württemberg).

31. Dabei wird hier abgesehen von den - als Informationsquelle bei kritischer Betrachtung wertvollen - offiziösen oder teiloffiziösen Selbstdarstellungen, die einige Länder vorgelegt haben, z.B. Wilhelm Treue, Zehn Jahre Land Niedersachsen. Hrsg. v. d. Niedersächsischen Landeszentrale für Heimatdienst, Hildesheim 1956; Rheinland-Pfalz 1947-1957. Dokumente der Zeit. Hrsg. v. Institut für staatsbürgerliche Bildung in Rheinland-Pfalz, Mainz 1957.

32. Hans Peter Ipsen, Hamburgs Verfassung und Verwaltung. Von Weimar bis Bonn, Hamburg 1956.

33. Wolfram Köhler, Das Land aus dem Schmelztiegel. Die Entstehungsgeschichte Nordrhein-Westfalens, Düsseldorf 1961.

34. Zur Orientierung seien genannt: Per Fischer, Die Saar zwischen Deutschland und Frankreich. Entwicklung von 1945-1959, Frankfurt/M. 1959; Robert H. Schmidt, Saarpolitik 1945-1957, 1. Bd.: Politische Struktur, Berlin 1959 (veröff. d. Inst. f. Wiss. Politik der TH Darmstadt). Jaques Freymond, Die Saar 1945-1955, München 1961; sowie der Bericht in: Jahrbuch des Öffentlichen Rechts der Gegenwart, Neue Folge Bd. 9, Tübingen 1960.

35. Handbuch des Deutschen Staatsrechts, Hrsg. v. Gerhard Anschütz und Richard Thoma, 2 Bde., Tübingen 1930 und 1932.

36. Julius Hatschek, Deutsches und Preußisches Staatsrecht, 2 Bde., Berlin 1922 und 1923.

37. Otto Koellreutter, Deutsches Staatsrecht, Stuttgart und Köln 1953.

38. Theodor Maunz, Deutsches Staatsrecht. Ein Studienbuch, 10. Aufl. München und Berlin 1961.

39. Kommentar zum Bonner Grundgesetz (Bonner Kommentar). Von H.J. Abraham, O. Bühler, B. Dennewitz u.a., Hamburg 1950 ff. (Loseblattsammlung).
40. Hermann v. Mongoldt, Das Bonner Grundgesetz, Berlin und Frankfurt/M. 1953.
41. Die Neubearbeitung des Mangoldtschen Kommentars, die von Friedrich Klein besorgt wird, Berlin und Frankfurt/M. 1957 ff., verweist bezüglich der Entstehungsgeschichte auf die erste Auflage. Der Kommentar von Theodor Maunz und Günter Dürig, Grundgesetz, München und Berlin 1961 (Loseblattsammlung), enthält bisher keine Entstehungsgeschichte.
42. Sie ist untergebracht bei der Kommentierung der Präambel des Grundgesetzes, S. 7 ff.
43. Entstehungsgeschichte der Artikel des Grundgesetzes. Bearbeitet von Klaus-Berto von Doemming, Rudolf Werner Füsslein und Werner, Matz, in: Jahrbuch des Öffentlichen Rechts der Gegenwart, Neue Folge Bd. 1, Tübingen 1951.
44. Bonner Kommentar (s. Anm. 39), Einleitung, S. 56ff.
45. Herbert Demmler, Die Entstehungsgeschichte des Bonner Grundgesetzes, jur. Diss. Köln v. 31.5.1951 (mschr.).
46. John Ford Golay, The Founding of the Federal Republic of Germany, Chicago 1958.
47. Eine besondere Art von Zeugnissen des Selbstbewusstseins des neuen Staates stellen die ganz- oder teiloffiziösen Selbstdarstellungen der Bundesrepublik vor. Erwähnt seien, da auch um die Vorgeschichte bemüht: Sechs Jahre danach. Vom Chaos zum Staat. Hrsg. v. Presse- und Informationsamt der Bundesregierung, Wiesbaden 1951; 10 Jahre Bundesrepublik Deutschland, Hrsg. v. Presse- und Informationsdienst der Bundesregierung, Wiesbaden 1959.
48. So im Titel des Buches von Winfried Martini, Freiheit auf Abruf. Die Lebenserwartung der Bundesrepublik, Köln und Berlin 1960.
49. So auf das stark verzeichnende Buch von Norbert Muhlen, Zweimal Deutschland, Unna i. Westf. 1955 (Originalausgabe: The Return of Germany, Chicago 1953); auf das bekannte Buch von Erich Kuby, Das ist des Deutschen Vaterland. 70 Millionen in zwei Wartesälen, Stuttgart 1957 - das bei aller Effekthascherei einen guten Blick verrät und manches interessante Detail mitteilt; auf das recht flüchtige Buch von Alfred Rapp, Bonn auf der Waage. Ist unser Staat wetterfest?, Stuttgart 1959 - das Buch ist sprachlich so gespreizt, daß man versucht wäre, von "Zeitungsdeutsch" zu sprechen, wenn der Autor, Bonner Korrespondent der Frankfurter Allgemeinen nicht gerade dort wesentlich schlichter schriebe; schliesslich auf die anregen-

den und ein ausgezeichnetes politisch-psychologisches Fingerspitzengefühl verratenden Bücher von Rüdiger Altmann, Das Erbe Adenauers, Stuttgart 1960 und Günther Scholz, In Bonn schlägt's 12, Berlin 1961.

50. Alfred Grosser, La Démocratie de Bonn 1949-1957, Paris 1958.
51. Alfred Grosser, Die Bonner Demokratie. Deutschland von draussen gesehen, Düsseldorf 1960.
52. Richard Hiscocks, Democracy in Western Germany, London 1957.
53. Damit ist seine Fragestellung ähnlich wie die der (Anm. 23) angeführten Literatur, doch ist sie nicht so eindeutig und einseitig.
54. Fritz René Allemann, Bonn ist nicht Weimar, Köln und Berlin 1956.
55. Vgl. Anm. 48.
56. A. a. O., S. 20.
57. A. a. O., S. 156.
58. A. a. O., S. 426, Anm. 50.
59. Ludwig Bergsträsser, Geschichte der politischen Parteien in Deutschland, 10. Aufl. München 1960 (Deutsches Handbuch der Politik 2).
60. Parteien in der Bundesrepublik. Studien zur Entwicklung der deutschen Parteien bis zur Bundestagswahl 1953, Stuttgart und Düsseldorf 1955 (Schriften des Instituts für Politische Wissenschaft Berlin, Band 6).
61. Vgl. Ernst Deuerlein, CDU/CSU 1945-1957. Beiträge zur Zeitgeschichte, Köln 1957; Arnold J. Heidenheimer, Adenauer and the CDU. The Rise of the Leader and the Integration of the Party, Den Haag 1960; Hans Kluth, Die KPD in der Bundesrepublik. Ihre politische Tätigkeit und Organisation 1945-1956, Köln und Opladen 1959; Rechtsradikalismus im Nachkriegsdeutschland. Studien über die "Sozialistische Reichtspartei" (SRP), Berlin und Frankfurt/M. 1957 (Schriften des Instituts für Politische Wissenschaft Berlin, Band 9).
62. Hans Georg Wieck, Die Entstehung der CDU und die Wiedergründung des Zentrums im Jahre 1945, Düsseldorf 1953 (Beiträge zur Geschichte des Parlamentarismus und der politischen Parteien 2); ders., Christliche und Freie Demokraten in Hessen, Rheinland-Pfalz, Baden und Württemberg 1945/46, Düsseldorf 1958 (Beiträge zur Geschichte des Parlamentarismus und der politischen Parteien 10).
63. Wolfgang Hirsch-Weber, Gewerkschaften in der Politik. Von der Massenstreikdebatte zum Kampf um das Mitbestimmungsrecht, Köln und Opladen 1959 (Schriften des Instituts für Politische Wissenschaft Berlin, Band 13).

64. Hierfür das wohl anschaulichste Beispiel: die die polemischen Argumente in erheblichem Ausmass aus einer Schilderung der Anfänge schöpfende Agartz-Verteidigungsschrift von Hans-Georg Herrmann, Verraten und verkauft, 2. Aufl., Fulda 1959.
65. Vgl. etwa: Otto Ziebill, Geschichte des Deutschen Städtetages. Fünfzig Jahre deutsche Kommunalpolitik, Stuttgart 1955; Franz Josef Furtwängler, ÖTV. Die Geschichte einer Gewerkschaft. Hrsg. v. Hauptvorstand der Industriegewerkschaft ÖTV, Stuttgart 1955.
66. Wilhelm Hoegner, Der schwierige Aussenseiter. Erinnerungen eines Abgeordneten, Emigranten und Ministerpräsidenten, München 1959.
67. Rudolf Amelunxen, Ehrenmänner und Hexenmeister. Erlebnisse und Betrachtungen, München 1960.
68. Reinhold Maier, Ende und Wende. Das schwäbische Schicksal 1944-1946. Briefe und Tagebuchaufzeichnungen, Stuttgart und Tübingen 1948.
69. Lucius D. Clay, Entscheidung in Deutschland, Frankfurt/M. 1950. (Originalausgabe: Decision in Germany, New York 1950).
70. Die Sammlung von Porträtskizzen bei Herrman Behr, Vom Chaos zum Staat. Männer, die für uns begannen. 1945-1949, Frankfurt/M. 1961, ist sehr feuilletonistisch und allenfalls als Fundstelle für personelle Details nützlich.
71. So wohl auch Hans Heinrich Welchert, Theodor Heuss. Ein Lebensbild, Bonn 1953.
72. Paul Weymar, Konrad Adenauer. Die autorisierte Biographie, München 1955.
73. A. a. O., S. 280 f.

KARLHEINZ NICLAUSS

Restauration - ja oder nein?

Seit Mitte der sechziger Jahre besteht in der publizistischen und wissenschaftlichen Literatur die Tendenz, die Entstehung der Bundesrepublik als "Restauration" zu kennzeichnen. Diese Bezeichnung ist keineswegs analytisch und deskriptiv gemeint, sondern tendenziös. Mit dem Begriff Restauration wird (häufig schon im Titel der Publikationen) zum Ausdruck gebracht, dass in Westdeutschland zwischen 1945 und 1949 geschichtlich überholte Strukturen wiederhergestellt und notwendige Reformen verhindert wurden. Die Autoren verbinden mit dem Restaurationsvorwurf eine mehr oder weniger konkrete Vorstellung von der "richtigen" Entwicklung Deutschlands nach 1945, die aber in der Regel nicht ausführlicher begründet wird. Sie setzen ausserdem voraus, andere Weichenstellungen in der Gründungsphase hätten die wirtschaftliche und politische Struktur der Bundesrepublik entscheidend verbessert. Der deutschen Übersetzung des Wortes fehlt diese suggestive Wirkung. Die "Wiederherstellung" demokratischer Prinzipien und Strukturen erscheint vielmehr nach den Erfahrungen mit dem nationalsozialistischen Herrschaftssystem als selbstverständliche Notwendigkeit. Angesichts der emotionalen Bedeutung, die der Restaurationsvorwurf inzwischen angenommen hat, ist es notwendig, den Begriff Restauration sowie seine Anwendung auf die Entstehungsgeschichte der Bundesrepublik kritisch zu untersuchen.

In der Geschichtsschreibung bezeichnet der Begriff "Restauration" den politischen Zustand Europas von der Niederlage Napoleons und dem Wiener Kongress (1814/15) bis zur Pariser Juli-Revolution im Jahre 1830. Kennzeichnend für diese Periode sind die Wiedereinsetzung der alten Dynastien, die religiöse Rechtfertigung ihrer Herrschaft, die Wiederherstellung gesellschaftlicher Privilegien und die Gleichgewichtspolitik in Europa. Aufgrund der Karlsbader Beschlüsse (1819) wurden im Bereich des Deutschen Bundes Presse und Publizistik zensiert, Schulen und Universitäten überwacht und die Burschenschaften verboten. Die Grossmächte versuchten unter der Führung des österreichischen Kanzlers Metternich, die wiederhergestellte Ordnung durch eine gemeinsame Interventionspolitik zu sichern. Die Bezeichnung selbst geht auf den Berner Patrizier Karl-Ludwig von Haller zurück. Sein Werk über die "Restauration der Staatswissenschaft" gab der Epoche den Namen. Es erschien ab 1816 und propagierte den Patrimonialstaat auf der Grundlage von Familien und Korporationen.

Die Rückkehr zur vorrevolutionären Regierungsweise war allerdings nur ein Aspekt der Epoche. Die Restaurationszeit wurde ausserdem von geistigen Strömungen und gesellschaftlichen Entwicklungen bestimmt, die in die Zukunft wiesen und das 19. Jahrhundert prägen sollten. Die wirtschaftliche Entwicklung zeichnete sich durch die Einführung der modernen Grossindustrie und neuer Produktionstechniken aus. Mit dem Frühkapitalismus kündigte sich von der britischen Insel her die "soziale Frage" der Industriearbeiterschaft an. Im geistigen Leben verdrängte das neue geschichtliche Denken, der Historismus, Aufklärung und Rationalismus. In der Literatur brach die Romantik mit den klassischen Formen und Regeln. Der Begriff "Restauration" als Bezeichnung für eine geschichtliche Epoche schliesst daher in seiner ursprünglichen Bedeutung weiterführende Entwicklungen durchaus ein.

Im September 1950 unternahm der Publizist Walter Dirks zum erstenmal den Versuch, die politische und soziale Wirklichkeit der neu gegründeten Bundesrepublik als "Restauration" zu beschreiben. Unter dem Titel "Der restaurative Charakter der Epoche" zog er in den "Frankfurter Heften" eine Zwischenbilanz, die von der Enttäuschung über die "verpassten Gelegenheiten" der Nachkriegssituation bestimmt wird. Sein Restaurationsvorwurf bezieht sich nicht nur auf Westdeutschland; ganz Westeuropa sei vielmehr von einer Restauration nach dem Vorbild der "Heiligen Allianz" bedroht. Walter Dirks ist bestrebt, in seiner Bestandsaufnahme allen Lebensbereichen gerecht zu werden. Der Vorrang der "bürgerlichen" Schichten, die weltliche Festigung der Kirchen und die Wiederherstellung des Goethe-Hauses am Frankfurter Hirschgraben sind für ihn in gleicher Weise restaurativ wie die Privilegierung des Sachbesitzes durch die Währungsreform des Jahres 1948 oder der Wiederaufbau der alten Staatsbürokratie.

Seine besondere Aufmerksamkeit gilt dem deutschen Parteiensystem, das aus seiner Sicht von Anfang an restaurative Züge trug. Die Kommunisten bezeichnet er als das "erste Element der Restauration". Sie hätten sich ab Frühjahr 1945 rein taktisch verhalten und damit als erste die in den Konzentrationslagern beschworene Gemeinsamkeit aufgegeben. Die Sozialdemokratie habe es ebenfalls vorgezogen, sich zu restaurieren - und zwar nicht als soziale Bewegung mit breiter Basis, sondern als die "Staatspartei" aus der Weimarer Republik einschliesslich der traditionellen Parteibürokratie. Aus der Union der Katholiken und Protestanten in der CDU/CSU sei nicht die von vielen erwartete "revolutionäre christliche Bewegung" hervorgegangen. Auch hier dominiere der Geist der Restauration und nicht der Geist der "Frankfurter Leitsätze" oder des "Ahlener Programms". Die FDP schließlich bezeichnet er als die Partei der Unternehmer und Besitzenden; den liberalen Bundespräsidenten Theodor Heuss als "linken Flügelmann der bürgerlichen Reaktion".

Bei aller Kritik geht Dirks davon aus, dass Restaurationen niemals konsequent und umfassend sind. Chancen zur Überwindung der restaurativen Phase erblickt er im bestehenden Parteiensystem, in der Literatur, Philosophie und Theologie, aber auch in einem gerechten Lastenausgleich oder in der Mitbestimmung. Dirks rief Christen, Sozialisten und Humanisten gleichermassen auf, eine gemeinsame Sprache zu finden und durch "Arbeit am Bewusstsein der Zeit" eine breite antirestaurative europäische Bewegung zu schaffen. Beim Vergleich seiner Bestandsaufnahme mit der heutigen Situation der Bundesrepublik zeigt sich, dass einige seiner Forderungen inzwischen erfüllt sind.

Die Behauptung, die Bundesrepublik Deutschland sei aufgrund ihrer Entstehungsgeschichte als Restauration zu bezeichnen, wurde erst fünfzehn Jahre später erneut aktuell. Dies ist auf die innenpolitische Entwicklung hin zur Grossen Koalition, auf die zunehmende Kritik an den Institutionen der Bundesrepublik und auf die aufkommende Studentenbewegung zurückzuführen. Den unmittelbaren Anlass lieferte allerdings die offizielle DDR-Geschichtsschreibung mit Rolf Badstübners Buch "Restauration in Westdeutschland 1945-1949", das 1965 in Ost-Berlin erschien. Hier dient das Vorgehen der Sowjetunion in ihrer eigenen Besatzungszone als Maßstab für die Bewertung der Entwicklung Westdeutschlands. Der Autor stellt die Behauptung auf, die Mehrheit der Bevölkerung in den Westzonen habe die gleiche "antifaschistisch-demokratische Umwälzung" gewollt, welche in der sowjetischen Zone von der Besatzungsmacht im "Geist des proletarischen Internationalismus" durchgesetzt wurde. In den drei Westzonen sei dieses Vorhaben jedoch am Einfluß der Besatzungsmöchte, an der antikommunistischen Politik der Sozialdemokratie und der geschickten Taktik der "grossbürgerlichen Reaktion" gescheitert. Die Eigentumsverhältnisse in der Grossindustrie haben für Badstübner in diesem Zusammenhang ausschlaggebende Bedeutung. Da in Westdeutschland keine Verstaatlichung von Produktionsmitteln nach sowjetischem Vorbild durchgeführt wurde, erscheint die Entstehung der Bundesrepublik als Wiederherstellung der wirtschaftlichen und politischen Macht der "Monopölbourgeoisie" im Sinne marxistisch-leninistischer Geschichtsinterpretation.

Die Thesen von Badstübner dienen als Muster für zahlreiche Veröffentlichungen, deren Autoren seit Ende der sechziger Jahre immer wieder versuchen, den restaurativen Charakter der westdeutschen Demokratiegründung nachzuweisen. Die neuere Restaurationsliteratur verzichtet allerdings darauf, die sowjetische Besatzungszone als fortschrittliche Alternative herauszustellen. Die von Badstübner entwickelte Argumentation wird hier ergänzt durch die Argumente der sogenannten revisionistischen Schule in der amerikanischen Geschichtsschreibung. Die Hauptthese der amerikanischen Revisionisten lautet, die Vereinigten Staaten hätten nach 1945 den "kalten Krieg" ausgelöst, um ihren wirtschaftlichen und politischen Einflussbereich zu erweitern, während die sowjetische Politik defensiv gewesen sei. Leitet Badstübner bei allem Einfluß der Besatzungsmächte die (angebliche) Restauration aus dem Verlauf des Klassenkampfes zwischen der Arbeiterklasse und der "imperialistischen Bourgeoisie" in Deutschland selbst ab, so erblickt die neuere (westdeutsche) Restaurationsliteratur in der Intervention der amerikanischen Besatzungsmacht die entscheidende Ursache.

Das gemeinsame Merkmal der Veröffentlichungen über den restaurativen Charakter der Nachkriegsjahre ist die einseitige Interpretation von Einzelentscheidungen, die aus dem zeitlichen Zusammenhang herausgelöst werden. Beispiele hierfür sind die Mitbestimmungs- und die Sozialisierungsfrage. Die amerikanische Militärregierung suspendierte in einigen Ländern die Mitbestimmungsklauseln der Betriebsrätegesetze. Dies geschah allerdings erst 1948 und damit unmittelbar vor Gründung der Bundesrepublik. Bei dieser Entscheidung spielten sicher ideologische Motive eine Rolle, denn der amerikanische Militärgouverneur Lucius D. Clay und ein einflussreicher Flügel der Washingtoner Regierung waren überzeugte Anhänger des freien Unternehmertums. Die offizielle Begründung der amerikanischen Militärregierung, eine Mitbestimmungsregelung auf Landesebene beeinträchtigte die wirtschaftliche Einheit Westdeutschland und die Entscheidungsfreiheit des zukünftigen Bundesgesetzgebers, wird jedoch von der Restaurationsliteratur als unglaubwürdig abgelehnt.

In der Sozialisierungsfrage vertraten die Besatzungsmächte die Auffassung, die Deutschen sollten selbst auf demokratischem Wege über ihre Wirtschaftsstruktur entscheiden. Dies galt allerdings für den Kohlebergbau im Ruhrgebiet nur mit Einschränkungen. Hier legten die britische und die amerikanische Militärregierung im August 1948 ihr Veto gegen das von nordrhein-westfälischen Landtag beschlossene Sozialisierungsgesetz ein, weil sie angesichts des akuten Kohlemangels in Europa in der geplanten Strukturänderung ein zu grosses Risiko für den wirtschaftlichen Wiederaufbau erblickten. In ihrem Gesetz zur Neuordnung der Eisen- und Kohleindustrie vom 10. November 1948 statuierten die beiden Militärregierungen, dass die Eigentumsverhältnisse durch ein frei gewähltes deutsches Parlament abschliessend zu regeln seien.

Die Sozialisierungsfrage wird in den Publikationen der letzten Jahre im allgemeinen überbewertet. Da lediglich bestimmte Grundstoffindustrien in Gemeineigentum überführt und die Betriebe nach kaufmännischen Gesichtspunkten geleitet werden sollten, hätte sich die hieraus resultierende Wirtschaftsordnung von der heute bestehenden nur geringfügig unterschieden. Unberücksichtigt bleibt ausserdem, dass die deutschen Vorstellungen zur "Gemeinwirtschaft" keineswegs einheitlich waren. Die Diskussion über dieses Thema aus der Weimarer Zeit wurde nach 1945 fortgesetzt und durch die Erfahrungen mit der nationalsozialistischen Kriegswirtschaft und der Zentralverwaltungswirtschaft nach sowjetischem Vorbild ergänzt.

Der Restaurationsvorwurf geht in der Regel von der Annahme aus, unmittelbar nach dem Zusammenbruch des nationalsozialistischen Herrschaftssystems habe in Deutschland eine revolutionäre Situation bestanden. Walter Dirks erklärte bereits in seinem Beitrag über den restaurativen Charakter der Nachkriegszeit, dass im Jahre 1945 "der Acker des Volkes bereit war wie niemals zuvor und niemals seither". Restaurative Zeiten sind nach seinen Worten Zeiten der fälligen, aber verpassten Umwälzungen. Die Restauration ist gleichbedeutend mit der Angst vor der Revolution; beide bedingen sich gegenseitig. Die These von der "Stunde Null" und den verpassten Gelegenheiten der (angeblich) offenen Situation von 1945 ist seitdem fester Bestandteil der Restaurationsliteratur.

Während bei Walter Dirks die Reformer in allen politischen Richtungen mit Ausnahme der nationalen Rechten vertreten sind, gilt in der neueren Publizistik die vereinigte Arbeiterklasse als Träger der "revolutionären Bewegung". Nach der Darstellung Badstübners wurde die Aktionseinheit der Arbeiterklasse in Westdeutschland durch die Besatzungsmächte, durch "großbürgerliche" Kreise und vor allem durch die antikommunistische Haltung der Sozialdemokratie verhindert. Andere Autoren beurteilen die Politik der Sowjetunion und der deutschen Kommunisten wesentlich kritischer. Das Klassenschema hat sich jedoch in der einschlägigen Literatur durchgesetzt, und der massgebende Einfluss der Arbeiterklasse in der Nachkriegspolitik gilt als positive Alternative zur vermeintlichen Restauration.

Die These von der versäumten Revolution ist allerdings wenig überzeugend, weil die ersten Ansätze politischer Betätigung im Jahre 1945 über den "Antifaschismus" hinaus kaum gemeinsame Zielvorstellungen erkennen lassen. Die Differenzen zwischen Sozialdemokraten und Kommunisten traten nicht erst nach Wiederzulassung der Parteien zutage, sondern schon bei der Selbstbefreiung des Konzentrationslagers Buchenwald. Das Buchenwalder Manifest vom 13. April 1945 fand nicht die Zustimmung der kommunistischen Vertreter im Befreiungskomitee.

Die literarischen Versuche, die Nachkriegsgeschichte Westdeutschlands als Restaurationsprozeß zu beschreiben, lassen unberücksichtigt, wie weitgehend sich die Bundesrepublik von allen vorangehenden Perioden der deutschen Geschichte unterscheidet. Das Mehrparteiensystem der zweiten deutschen Republik zeichnet sich durch eine Stabilität und Konzentration aus, die bisher in Deutschland unbekannt war und keineswegs nur auf die Fünfprozentklausel zurückzuführen ist. Aufgrund dieses Wandels stehen der parlamentarischen Regierung erstmals demokratische Oppositionsparteien gegenüber, die gegebenenfalls selbst in der Lage sind, die Regierungsverantwortung zu übernehmen. Im gewerkschaftlichen Bereich, den die Restaurationsliteratur besonders ausführlich behandelt, wurden die Richtungsgewerkschaften der Weimarer Zeit durch einen einheitlichen Gewerkschaftsbund ersetzt, der nach dem Industrieverbandsprinzip organisiert ist. Die Mitbestimmung im Bereich der Montanindustrie ist ein "Kind der Besatzungszeit" und war das Vorbild für entsprechende Regelungen in anderen Industriebereichen.

Unberücksichtigt bleiben beim Restaurationsvorwurf auch die zahlreichen verfassungspolitischen Reformen der Nachkriegszeit, die wir grösstenteils schon vor der Entstehung des Grundgesetzes auf Landesebene finden (Einführung des Kanzlerprinzips, Schwächung des Präsidentenamtes, Verfassungsgerichtsbarkeit, Demokratieschutzbestimmungen usw.). Sie haben zur Regierungsstabilität und damit zum Rückhalt der demokratischen Parteien in der Bevölkerung beigetragen. Schließlich unterscheidet sich die aussenpolitische Position der Bundesrepublik im ideologisch geteilten Europa grundsätzlich von derjenigen des früheren Deutschen Reiches.

Das "Theoriedefizit" der These von der westdeutschen Restauration nach 1945 liegt im unzureichenden Nachweis der revolutionären Bewegung, die der Restauration vorangehen muß, wenn dieser Begriff eine sinnvole Bedeutung haben soll. Diese Frage wird teils umgangen, teils mit Hypothesen beantwortet. Konsequent ist in dieser Hinsicht lediglich die DDR-Geschichtsschreibung, indem sie die Entwicklung im sowjetischen Einflussbereich als Vorbild für eine gesamtdeutsche revolutionäre Umwälzung betrachtet.

Als Ergebnis dieser Überlegungen kann man feststellen, dass der Begriff "Restauration" im heutigen Sprachgebrauch wenig zur Klärung der Nachkriegssituation beiträgt. Er ist gegenüber seiner ursprünglichen Bedeutung allzusehr eingeengt und ideologisch aufgeladen. Andererseits spielte im politischen und sozialen Leben Westdeutschlands der Wunsch nach Wiederherstellung eine dominierende Rolle. Der Restaurationsbegriff könnte deshalb durchaus zur Analyse der zeitgeschichtlichen Grundlagen der Bundesrepublik beitragen, wenn er nicht von vornherein im Sinne unkritischer Negation verstanden wird. Walter Dirks unterschied 1950 zwischen zwei Formen der Restauration in Westdeutschland: der schwarzweissroten und schwarzrotgoldenen. Während die schwarzweissrote Restauration geschichtlich überflüssig war, bildet die schwarzrotgoldene Restauration die Grundlage der zweiten deutschen Demokratie. Sie besagt, dass die Bundesrepublik an demokratische Traditionen anknüpft, die sich in der deutschen Geschichte bisher nur kurzfristig gegen autoritäre oder totalitäre Leitbilder durchsetzen konnten. Die Frage nach der vorangehenden Revolution ist in diesem Falle leicht zu beantworten: Die Machtergreifung, die innere Gleichschaltung sowie die hemmungslosen Rassen- und Expansionspolitik des Nationalsozialismus waren der revolutionäre Einschnitt, dem die schrittweise Rückkehr zur demokratischen Regierungsweise folgte. Anstelle von "Restauration " spricht man deshalb besser von einer Renaissance der Demokratie, bei der die westlichen Besatzungsmächte die Rolle des Geburtshelfers übernahmen und nicht mehr.

WALTER DIRKS

Der restaurative Charakter der Epoche

Wir sind dabei, den Frieden zu verlieren. Die Völker Europas haben weder den militärischen Sieg zu nutzen verstanden. Sie haben die Aufgabe nicht gelöst, die ihnen gestellt war: nach dem Zusammenbruch der alten Welt eine menschlichere aufzubauen. Sie haben den Weg des geringsten Widerstandes gewählt. In dem harmlosen Wort "Wiederaufbau" hat sich dieser Weg bereits 1945 angekündigt. Angst, Bedürfnis nach Sicherheit und Bequemlichkeit waren stärker als Mut, Wahrheit und Opfer, und so leben wir denn in einem Zeitalter der Restauration.

Die Wiederherstellung der alten Welt ist so nachdrücklich geschehen, dass man sie zunächst einmal als Tatsache hinzunehmen hat. Sie kann nicht durch einzelne Taten der Erkenntnis, des Willens, der Politik, durch einzelne Entschlüsse, Tagungen und Aufrufe geändert werden. Aber freilich hängt unser Schicksal davon ab, dass auf weite Sicht dieser Geist, diese Lebensform und diese Politik in Europa überwunden werden. Die Welt, die sich selbst zerstört hat, "wiederaufzubauen", heisst ja, eine Welt wiederaufzubauen, die abermals den Keim des Unheils in sich trägt. So zu existieren ist lebensgefährlich für uns und unsere Kinder, obwohl die Restauration sich selber geradezu als eine Versicherung gegen Lebensgefahr versteht. Außerdem aber ist es ein Skandal und eine Schande, - obwohl die Restauration sich selber eher als eine Sicherung gegen mancherlei Skandal und Schande versteht, und obwohl Menschen in ihrem Dienst stehen, die voll guten Willens sind. Nach den Lehren, die uns erteilt worden sind, nach den Schlägen, die wir durch die Zuchtruten Gottes haben hinnehmen müssen, nach den Verbrechen, in die wir verwickelt waren, kann niemand bestreiten, dass wir unsere Stunde hatten. Wir haben sie verpasst.

Es ist nicht der Augenblick, so etwas zu sagen? Es ist nicht recht, Entmutigendes zu sagen in einem Augenblick, da wir alle Energien auf die Verteidigung zu sammeln haben? Dieser Einwand klingt sehr nüchtern und männlich. Er ist so nüchtern und männlich wie der Geist, aus dem er kommt, der Geist der Strategie. Aber dieser Geist ist selber Geist vom Geist der Restauration. In diesem Argument, in der strategischen Einheitsfront und in der Ruhe, die in Bürgerkriegszeiten die erste Bürgerpflicht ist, steckt die Angst (und manchmal die Hysterie), welche eine der Wurzeln der restaurativen Gefühle, Gedanken und Taten ist, und zweitens die kalte Berechnung des unmittelbaren Vorteils, welche ihre andere Wurzel ist. Es ist niemals zu spät, zu sehen, was ist, zu erkennen, was ist; und es ist selten zu spät, zu sagen, was ist. Der Entschluss, die Restauration durch eine menschlichere Welt zu überwinden, ist gewiss ein Entschluss auf weite Sicht, und niemand weiss, ob ein Dritter Weltkrieg uns die Zeit lassen wird, den Weg zu Ende zu gehen, der von diesem Entschluss bis zu einer Verwirklichung führt. Er bleibt trotzdem das Wichtigste, was getan werden kann, auch für den Christen, dem das Eine Notwendige am Herzen liegt. Bleibt uns jene Zeit, so kann es sein, dass die Strategie überflüssig werden wird, weil der Dritte Weltkrieg ebendeshalb nicht stattfinden wird. Bleibt sie uns nicht, so gehen wir doch mit diesem Entschluss im Herzen der dunklen Zukunft anders entgegen als in Angst und Berechnung.

Damit aber genug des Pathos, - des Leidens nämlich, der Klage und der Anklage. Wichtiger ist, zu erkennen, was ist, und zu sagen, was ist.

Restaurationen sind Versuche, nach Revolutionen und anderen Umwälzungen den früheren Zustand wiederherzustellen. Der klassische Fall knüpft sich an den Namen Metternich. Die französische Revolution und was sie in Europa in Bewegung gesetzt hatte, die Diktatur Bonapartes und seine Eroberungen, die Freiheitskriege und die von ihnen erweckten nationalen Bewegungen: dies alles sollte überwunden werden durch ein System der Wiederherstellungen: der Monarchie, der Legitimität, des Christentums, der Vorrechte der herrschenden Schichten, des Gleichgewichts der europäischen Kabinette. Mit der Pariser Juli-Revolution von 1830 war die Periode dieser klassischen Restauration zu Ende, aber sie ist in Gesamteuropa niemals völlig überwunden worden, und selbst die gegenwärtige ist durch manche Fäden mit ihr verbunden.

Dieses Beispiel der klassischen Restauration und der Name ihres führenden Kopfes warnen uns von vornherein vor einer Unterschätzung der restaurativen Möglichkeiten; Metternich war ein bedeutender Kopf, und als "Realpolitiker" war er den meisten seiner ideologischen Gegner überlegen. Die "Realpolitik" ist immer ein gewichtiges Element der Restauration. In einer doppelten Bedeutung: als die Politik der greifbaren Tatsachen des Vordergrundes und der Gegenwart, und als die Politik, die für die Zukunft nicht mit dem möglichen Guten, sondern mit dem wahrscheinlichen Bösen rechnet. Die Gegner der Restauration haben bestenfalls die Tatsachen der Zukunft und die Hoffnung, nicht aber die Sicherheit der besseren Zukunft und die Hoffnung, nicht aber die Sicherheit der besseren Zukunft für sich, - das ist ihre schwache Position. Die Restauratoren machen als Realisten im übrigen nicht nur böse, sondern auch viele nützliche Dinge. Sie sind weder Verbrecher noch Sadisten, sondern normale, ja allzu normale Menschen. Ihre Führer sind manchmal stärker und bedeutender, sie sind fast immer geschickter als ihre Gegner. Finden sie keine ebenbürtigen Gegner, dann scheitern sie erst, wenn die bösen Folgen ihrer Klugheit stärker werden als sie selbst.

Wo findet die Restauration statt? Was in der UdSSR geschieht, kann ebensowenig mit diesem Wort bezeichnet werden wie der Geist und das Leben der Vereinigten Staaten, die in einer anderen Phase der Geschichte und des Bewußtseins leben. (Ebendeshalb fördern sie oft die europäische Restauration, ohne zu wissen, was sie damit fördern; manche von ihnen freilich wissen es.) Auch die planmäßig gesteuerte Umwälzung in der breiten Zone zwischen dem bolschewistischen Russland und dem Eisernen Vorhang, vom Balkan bis zum Baltikum, ist etwas anderes; ebenso das sehr langsame Vorwärts- und Rückwärts-Rücken der reformistischen Länder Skandinaviens. Lassen wir Südamerika, Kanada, Australien aus dem Spiel, das dunkle Afrika, immer noch wie je eine Sphinx, den gärenden Nahen Osten. Das Feld der Restauration ist Westeuropa, Skandinavien ausgeschlossen, von Athen bis London, von Madrid bis Berlin.

Die Restauration darf weder mit dem Konservativismus noch mit der Reaktion verwechselt werden, aber sie kann mit beiden Verbindungen eingehen.

Konservativ sein, heisst: Bestehendes und Geltendes bewahren wollen, weil es besteht und weil es gilt und weil man das Weiterbestehen und Weitergelten vor dem Ganzen vertreten kann. Das gute Gewissen, das freilich bis zur Grenze der Tragfähigkeit ein irriges Gewissen sein kann, gehört ebenso zum konservativen Gefühl und Weltbild wie das wirkliche Dasein und die wirkliche Geltung dessen, was da bewahrt werden soll. (...)

Eine bedrohte konservative Position wird versucht sein, sich mit restaurativen Kräften zu verbinden. Das mag in England der Fall sein. In Deutschland ist diese Möglichkeit in der gegenwärtigen restaurativen Periode weniger interessant als vor hundertdreissig Jahren; denn hierzulande ist die einzige konservative Position von einiger Bedeutung - so paradox das denen klingen mag, die sich unter einem Konservativen nur einen Gutsbesitzer mit langem Bart, einen englischen Kohlenlord oder einen katholischen Erzbischof vorstellen können - die der Gewerkschaften. Der Großgrundbesitz hat seine Basis verloren, das Bauerntum kann sich mit gutem Gewissen nicht mehr durch Bewahren retten, sondern nur durch Wandlung. Dasselbe gilt von allen überlieferten Positionen, die im Besitzstand sind, auch von den Kirchen, von den Universitäten. Sie alle können nicht mehr konservativ sein, sondern stehen vor der Wahl, sich durch Restauration oder durch Wandlung zu retten. Das gilt natürlich auch von der Gewerkschaftsbewegung, - aber bei ihr trifft noch am ehesten zu, was über die konservative Position zu sagen ist: dass man mit gutem Gewissen einen Besitzstand von Organisationen und Rechten festhalten kann, für den die Grossväter in den Gefängnissen gesessen haben.

Reaktion, Re-aktion, ist eine Aktion; sie hat ein handelndes Subjekt, Restauration dagegen ist ein Vorgang, ein Prozess, ein Zustand, ein Klima; sie hat viele Subjekte, die wohl miteinander zusammenhängen, die aber durchaus nicht immer miteinander zu kooperieren brauchen. Wenn die Restauration eine Verschwörung ist, so ist sie nur zum kleineren Teil eine bewusste Verschwörung. Sie entsteht mehr aus der Trägheit (der sehr geschäftigen Trägheit) der Menschen als aus ihrem Willen. Freilich findet sich wohl immer ein großer Metternich, und viele kleine finden sich, welche die restaurative Sehnsucht und die restaurative Neigung, den Weg des geringsten Widerstandes zu gehen, dem eigenen Machtwillen dienstbar machen und organisieren. Reaktion und Restauration können sich verbinden. Hugenberg war ein reaktionäres Element, Hindenburg ein restauratives; von Papen war Reaktionär, seine katholischen Anhänger fühlten grossenteils restaurativ; der Kapp-Putsch war ein Akt der Reaktion, die beiden Hindenburg-Wahlen waren Akte der Restauration, die erste unmittelbar, die zweite mittelbar, weil die Linke die Restauration als kleineres Übel der faschistischen Diktatur vorzog. Die Reaktion ist sich ihrer selbst bewusst, sie hat ein böses, aber wahres Bewusstsein ihrer selbst. Die Restauration weiss nicht, was sie tut, sie hat insgesamt ein verworrenes, im einzelnen oft ein falsches Bewusstsein und meist sogar ein gutes, wenn auch irriges Gewissen. Hat sie doch immer unzweifelhafte Werte einzusetzen: die Überlieferung, den Besitz, die Ordnung, bewährte Methoden, berühmte Namen.

Restaurationen sind niemals total. Wenn es nicht die andere Möglichkeit gäbe und wenn sie nicht greifbar wäre: die Möglichkeit, den Weg des grösseren Widerstands zu gehen, die Widersprüche der Zeit zu lösen, aus ihnen einen neuen, menschlicheren Zustand zu gewinnen, so gäbe es auch keine Restauration. Ohne Marx und Kierkegaard kein Biedermeier, ohne Kommunistisches Manifest keinen Adalbert Stifter, ohne den Bürgerkrieg nicht die erste Bürgerpflicht, ohne die Gärung keine "Ordnung". Restaurative Zeiten sind immer zugleich Zeiten der fälligen, aber verpassten Umwälzung. Die Restauration ist die Angst vor der Revolution. Sie sind immer gleichzeitig da.

Restaurationen sind niemals konsequent. Ein "wiederhergestelltes" Haus ist niemals ganz das alte Haus. (Oder wird irgendjemand das wiederhergestellte Haus am Frankfurter Hirschgraben für das Haus Goethes halten? Es ist eines der ersten Symbole der Restauration geworden, und es wird in diesem Sinn genau rechtzeitig fertig werden.) Die Bourbonen von 1814 sind nicht dieselben wie die von 1792, Hindenburg war nicht ganz Wilhelm I., die Bonner Republik ist nicht ganz die von Weimar. Die Restauration ist eine selbständige Integration, in der die Absicht der Wiederherstellung (aus Angst, Romantik und Interesse) überwiegt, in der viele Elemente der Vergangenheit tatsächlich wiederhergestellt werden, die aber auch einen Teil der neuen Elemente in sich einbauen muß,um überhaupt wirksam und erfolgreich sein zu können.

Restaurationen sind nicht einheitlich. Die Gründe, warum man den Weg des geringsten Widerstandes wählt, sind verschieden, und oft sind auch die Vorstellungen und die Symbole des wiederherzustellenden Gesamtzustandes verschieden. So gibt es in Deutschland zur Zeit eine schwarzweissrote und eine schwarzrotgoldene Restauration. So äussert sich restauratives Denken und Fühlen in den verschiedenen Parteien verschieden, in den Kirchen verschieden, in den Lebensbereichen verschieden.

Der Vorgang ist so breit, dass genug Platz in ihm ist auch für sehr respektable Menschen und Motive. Adalbert Stifter war ganz gewiss ein respektabler Mann und ein bedeutender Dichter. Auch muss jeder Mensch, der etwas Bestimmtes ausrichten will, Verbindungen eingehen mit der Welt, in der er wirkt. Der "Widerstand", das radikale Nicht-mit-machen, das Maquis, das Partisanentum sind Grenzfälle. Nur eine offenkundig böse und illegitime Macht fordert einen solchen unbedingten Widerstand heraus. Restaurierte Systeme sind nicht so böse und nicht so illegitim, dass man ihnen gegenüber zum Widerstand, zur Sabotage, zum Ungehorsam aufrufen kann. Auch gehört es zum normalen restaurativen Zustand, dass die Gegen-Möglichkeit, um deretwillen man zum offenen Kampf aufrufen könnte, nicht immer zur Übernahme der Macht und der Verantwortung bereit ist. Der restaurative Zustand ist so geartet, dass man in ihm seine Angelegenheiten betreiben kann - und ihn oft eben dadurch stürzt. Nur die Berufsrevolutionäre vermögen einem restaurativen Zustand gegenüber radikal Nein zu sagen; dieses auch radikal durchzuhalten, bringen aber nur diejeniunter ihnen fertig, die sich die Eisenbahnfahrkarten, die sie für ihre berufsrevolutionären Reisen brauchen, zu fälschen oder zu stehlen verstehen. Wer seine Verantwortung für die anderen, die Welt und die Geschichte nicht so radikal auf einen Punkt zu vereinfachen vermag wie der Berufsrevolutionär, wird sich auf vielerlei Weise in das restaurative System verstricken, zum Beispiel durch Steuerzahlen, ja er wird bewusst nützliche Verbindungen mit ihm eingehen, etwa indem er in ihm als Lehrer wirkt. Einen Tyrannen oder einen König kann man stürzen, einen restaurativen Zustand muss man überwinden. Aber es kann zu der Überwindung dieses Zustandes gehören, dass man irgendeinen oder irgendetwas in ihm zu stürzen hat.

Restaurationen sind "natürliche" Vorgänge. "Natürlich" ist die aktive Selbstsucht der grossen und kleinen Privilegierten und ehemals Privilegierten, ihr Drang, die Stellung zu halten und auszubauen. "Natürlich" ist die Bequemlichkeit der Massen und ihr Mangel an Phantasie; nichts ist "natürlicher" als wiederherzustellen, was gewesen ist. So geschieht die Restauration aus der Schwerkraft der menschlichen Natur, sie ist das Naheliegende und Wahrscheinliche, und viele Menschen, die niemals vom absoluten Anruf des sozialen Gewissens erweckt und erschüttert worden sind, schwimmen im Strom der Restauration so munter, so gewissenlos und mit so gutem Gewissen wie die Fische im Wasser, in ihrem natürlichen Element. Die eigentliche Sünde der Restauration ist die Sünde der Unterlassung: derer, die berufen waren oder sind, jene menschlichere Welt zu erdenken, zu erfühlen, zu erkämpfen, zu erproben. Die eigentlichen Schuldigen sind die zur Erneuerung Berufenen, die zu bequem sind, die Inbrunst des Gefühls, die Anstrengung des Begriffs, die Mühe und das Risiko der Tat, die Mühe des Dienstes, das Kreuz des Opfers auf sich zu nehmen. die eigentlichen Schuldigen sind die matten Christen und die matten Sozialisten, die ausweichen entweder in die Revoluzzerei, den Radikalismus, die revolutionäre Ideologie und den revolutionären Lyrismus oder in die Geschaftlhuberei, in "das gute Werk", den Praktizismus oder aber in den Verzicht, die Resignation, das Privatleben, die "Religion".

Was nun Deutschland betrifft ...

Wir können die Verantwortung nicht abschieben. Wohl aber lässt sich nicht verkennen, dass die Okkupationsmächte viel getan haben, um die restaurative Lösung zu fördern. Sehr bald nach der Befreiung kamen junge Herren aus Amerika und fragten, warum wir keine Revolution gemacht hätten. Nun, es war nicht leicht, bei Ausgangssperre eine Revolution zu machen. Jene hatten ihren Anteil an unserer Revolution in El Alamein, in der Normandie, in Italien und Frankreich tüchtig, erfolgreich und unter schweren Opfern erledigt, dem unseren sahen sie mit verständlicher Skepsis entgegen. Es war verboten, zu tun, was eigentlich hätte geschehen müssen, und die Maschinenpistolen in den Händen der noch jüngeren Männer, die in den Strassen herumfuhren, garantierten unsere Bravheit. Denunziation ist kein Ersatz für eine fällige Revolution. Es war nicht nur das Reiseverbot, das Fehlen des Post- und Telefon-Verkehrs: es war auch das Fehlen der Freiheit, das in jenen Monaten, da der Acker des Volkes bereitet war wie niemals zuvor und niemals seither, die fälligen Lösungen, Versuche und Verbindungen verhinderte. Es hätte Mut dazu gehört, den deutschen Dingen ihren Lauf zu lassen, zuzusehen, was daraus würde, abzuwarten, wer sich Gehör verschaffte, wer Schlüsselworte zu sprechen und Menschen um neue Ziele zu sammeln verstand. Es war wohl zuviel verlangt von einer Militärbehörde. Auch weiß niemand, ob wir es geschafft hätten. Als man die Demokratie tropfenweise einzuführen beschloss, eben militärbehördlich reglementiert und bloss "von unten nach oben", in den Gemeinden beginnend, ohne übergreifende Verbindung und Kraft und auch zur Kenntnis, da war das restaurative Schema schon angelegt: wie sollte man in den vielen tausend Gemeinden, in denen nicht zufällig einer von den Menschen mit neuen Ideen saß, anders beginnen als nach dem alten Rezept? Man bildete die ersten deutschen beratenden Körperschaften nach dem Schema Kommunisten, Sozialdemokraten, Katholiken, Protestanten, jede Gruppe 25 Prozent. Damit restaurierte man die alten Parteien und zugleich den alten politischen Gegensatz zwischen den Säkularisierten und den Christen. Man verführte die Deutschen, zum Jahr 1932 zurückzukehren, - unter Abzug der Nationalsozialisten und Militaristen.

Die Deutschen freilich liessen es sich gefallen.

In den Konzentrationslagern und in den Hinterstuben der inneren Emigration waren Schwüre geschworen worden. Die ersten, die sie brachen, waren die Kommunisten. Bei ihrem Auftreten im Frühjahr 1945 merkte man: sie hatten ihre Linie, sie gaben sie nicht preis, sie diskutierten nur scheinbar, sie verhielten sich vom ersten Augenblick an taktisch, die anderen waren für sie nicht Partner, sondern Objekte. Sie waren die Klügsten, sie hatten sich niemals Illusionen gemacht, sie spielten das alte Spiel weiter. Sie waren das erste Element der Restauration. Sie waren die ersten, welche die Geschichte verrieten und sich nicht realdialektisch, sondern restaurativ und taktisch verhielten.

Ob die Sozialdemokraten im wesentlichen durch diese integrale Taktik der KP verführt wurden, sich selbst in der alten Form wiederherzustellen, oder ob dafür ihr eigener Wille massgeblich war: sie haben sich wiederhergestellt und sind dadurch zum zweiten Element der Restauration geworden. Was wäre fällig gewesen? Der Versuch, die überlieferte Enge zu sprengen, ohne darum ins Vage zu zerfliessen; der Versuch, den christlichen kleinen Mann durch eine entschlossene Absage an das Freidenkertum für die Partei des sozialen Fortschritts zu gewinnen; der Versuch, die falsche Alternative "Evolution oder Revolution" zu überwinden und sich selbst als eine Partei der verantwortlichen, täglich informierenden Revolution zu verstehen; der Versuch, die falsche Alternative "orthodoxer oder revisionistischer Marxismus" zu überwinden und den Marxismus ernsthaft und lebendig auf die gegebene Wirklichkeit anzuwenden und ihn daran zu erneuern; die Revision des geschichtlichen Versagens von 1914; Selbstkritik der verpassten Revolutionen von 1918 und 1932; die Kritik der Weimarer formalen und liberalen Demokratie und das Programm einer realen Demokratie; die Verjüngung der Partei, die Überwindung der Parteibürokratie durch eine lebendige Parteidemokratie und durch Kaders; die Hereinnahme der Flüchtlingsmassen; der Aufbau einer sozialistischen Bewegung, die viel vom Geiste Rosa Luxemburgs und einiges vom Geiste Carlo Mierendorffs hätte. Was in Wahrheit aus der Sozialdemokratie geworden ist, kann man der Rede entnehmen, die Gerhart Lütkens am 4. Dezember 1949 in Darmstadt zum Gedenken dieses Carlo Mierendorff gehalten hat, - oder indem man sich einen Vortrag ausdenkt, den Carlo Schmid über Rosa Luxemburg halten würde, wenn er je auf diese ausgefallene Idee käme. Es gab Ansätze; man ist weniger doktrinär (aber auch weniger radikal), man ist toleranter (aber auch weniger gläubig), man hat viel Verantwortungsgefühl für die Gegenwart (aber zu wenig für die Zukunft). Jene grossen fälligen Möglichkeiten sind nicht verwirklicht worden. Die Partei hat es vorgezogen, sich selbst zu restaurieren, und zwar nicht als soziale Bewegung, sondern als Staatspartei, als die Partei Eberts und Scheidemanns, als die Partei der Fehler von 1914, 1918 und 1932. Erst als sie von der CDU hier und dort und zuletzt im Bund überrundet wurde, begann sie sich darauf zu besinnen, dass ihre geschichtliche Aufgabe nicht der Staat der Gegenwart, sondern die Gesellschaft der Zukunft ist. Ob sie daraus eine antirestaurative Politik entwickeln wird, ist noch fraglich. Wo sie regiert, ist sie eine Kraft der Beharrung, nicht der Änderung.

Ausser den Kommunisten und den Sozialdemokraten gab es anfangs nur noch die Katholiken und die Protestanten. Hätte es nur schon sofort die Nationalliberalen gegeben, die einige Jahre später die aktivsten Träger der Restauration wurden! Damals hatten sie den Mut weder zu ihrem Liberalismus noch zu ihrem Nationalismus, und vielleicht haben einige von ihnen, heimatlose Bürger, in der jungen CDU dazu beigetragen, dass aus der Union der Christen nicht das geworden ist, als was sie angelegt war: eine Kraft, hierzulande das Antlitz der Erde zu erneuern. Die "Frankfurter Leitsätze" und das "Ahlener Programm" sind heute eine bittere Lektüre. Das Christentum ist nicht ohne weiteres ein politisches Prinzip. Eine wahrhaft christliche Partei müsste eine revolutionäre christliche Bewegung sein, eine sehr unbequeme Bewegung, denn die Forderungen des Christentums sind unbequem, und sie richten sich nicht an die anderen, nicht an den Staat, an die Partner, sondern an die Christen selbst. Das Opfer ist eine politische Zumutung, und die Verwirklichung der Gerechtigkeit ist ein revolutionäres Ziel. Eine christliche Partei wird den Menschen nicht sichern, sondern beanspruchen; sie wird die Partei nicht irgendwelcher Interessen, sondern gegen alle einzelnen Interessen sein. Denn das Gemeinwohl ist zwar in seinem lautersten Verstand das allgemeine Interesse aller, aber ebendeshalb mutet es jedem einzelnen Interesse ständig Opfer zu. Wird diese heroische Form einer christlich-politischen Bewegung verfehlt, so steht eine christliche Partei in Deutschland (und sicherlich auch anderswo) in der schweren Versuchung, eine restaurative Partei zu werden. Denn sie wird nach der Lage der Dinge eine Partei von vielen Kleinbürgern und Mittelständlern, angesehenen und christlich sanktionierten Honoratioren und Würdenträgern, Bauern und einer Schicht von Arbeitern sein, die in gewisser Hinsicht eine positive Auslese aus der Arbeiterschaft ist, sich aber nicht gerade durch politische Energie auszeichnen wird. Es gibt heuzutage kein unpolitisches Christentum mehr: wo es nicht als erneuernde Kraft wirkt, wirkt es als die Sanktion des Bestehenden.

Noch immer kämpft und arbeitet in der CDU/CSU christlicher Geist gegen den Geist der Resignation, ebenso wie in der SPD sozialistischer Geist dagegen kämpft, aber in beiden Parteien liegt das Schwergewicht auf der restaurativen Seite. Die Formel der politischen Demokratie, welche beide Parteien verbindet, ist ehrlich gemeint; gemeinsam ist beiden auch der Griff nach der Staatsbürokratie, einer mächtigen und anspruchsvollen Staatsbürokratie. Auf der rechten Seite mischt sich dieser Wille mit Wirtschaftsliberalismus, mit patriarchialischen Vorstellungen, mit dem Traumbild einer Gesellschaft, in der die Persönlichkeiten, die Honoratioren, die kirchlichen Würdenträger ihre Rolle spielen, - auf der linken mit dem Wunschbild einer perfekten sozialen Apparatur. Das gemeinsame Schwarzrotgold hat dort seit der Koalition mit den beiden Rechtsparteien einen schwarzweissroten Schimmer, hier einen rötlichen. Beide haben neben einer beachtlichen Zahl von tüchtigen Arbeitern in der Verwaltung, in den Bundestagsausschüssen, in der Kommunalpolitik, die sich die Haare raufen über den sinnlosen Zank der Chefs, auch oppositionelle Mitglieder, Abgeordnete und Funktionäre, unruhige antirestaurative Menschen. Ein Element der Belebung und guter Radikalität sind in beiden Parteien die Ostvertriebenen (deren Schreier ja anderswo sitzen), - aber welche Umwege der restaurative Gedanke zu machen vermag, kann man daran sehen, dass sich eine gewisse Gruppe von Flüchtlingen, die in der Heimat grossen Besitz gehabt hat, in der Frage des "Feststellungsverfahrens" mit den hiesigen Besitzbürgern verbündet, die sich für dieses Verfahren einsetzen, um dadurch Zeit zu gewinnen. Diese ehemals reichen Besitzbürger verteidigen schon den Besitz, den sie noch nicht haben, gegen den raschen Bedarf der Armen!

Wir brauchen nicht viel von der FDP zu sagen. Ihr kleiner linksdemokratischer Flügel möchte auf eine idealistische Weise, ihr grösserer besitzbürgerlicher Flügel sehr handfest die "Störungen" ausschalten, die von den Ansprüchen der modernen Massen ausgehen, und die "Ordnung" wiederherstellen, welche die Freiheit der Besitzenden und Unternehmenden garantiert. Wir sind sehr froh über den weisen, lässigen und zuverlässigen Bundespräsidenten, den uns diese Partei geliefert hat. Als linker Flügelmann der bürgerlichen Restauration will er nichts anderes restaurieren als den gebildeten, sozialen und humanen Bürger. Verkörpert er also nicht die deutsche Zukunft, so ist er doch von allen Präsidenten einer restaurativen Periode, die sich denken liessen, einer der liebenswürdigsten, und da wir in einer solchen Periode leben und der Präsident nicht der Führer, sondern der Repräsentant seiner Zeit sein soll, so ist wenigstens er am richtigen Platz.

Übrigens ist der Präsident unter den Funktionären der Republik noch der Mann, der am ehesten alt sein darf. Wenn Abgeordnete, Parteiführer, Minister zu einem grossen Teil über sechzig Jahre alt sind, so spricht sich schon darin der Geist der Epoche aus. Das hat niemand so angeordnet oder beschlossen: es ist ein allgemeiner Zustand: die Neigung, sich auf die Erfahrung, auf die bewährten Ideen, auf bewährte Männer zu verlassen.

Man verlässt sich auch auf die Bürokratie. Ihr Einfluss, so rasch nach dem Zusammenbruch, wo man der Pioniere bedürfte, ist selbst ein restauratives System. Unsere ausländischen Freunde beschweren sich über die grosse Zahl der früheren Pg in dieser Bürokratie, - aber sie verwechseln manchmal Ursache und Folge, wenn sie darin die Ursache gewisser Mängel des deutschen Staates sehen: nicht weil die Nazi am Ruder sind, werden reaktionäre Dummheiten gemacht, sondern weil man die Bürokratie restauriert, braucht man die alten Pg-Beamten.

In der Frage des nationalsozialistischen Einflusses verknoten sich im übrigen restaurative und reaktionäre Fäden. Es sind oft reaktionäre Gerichtsurteile gewesen, welche unseren Protest hervorgerufen haben, - aber es ist ein restauratives System, das diese Richter etabliert und schützt. Im Kleinen spielt sich tausendmal ab, was sich im Grossen gerade in der europäischen Politik abspielt: die faschistischen Staaten werden gerade um so viel zahmer, dass sie in ein restauratives Gefüge einbezogen werden können. Die Reaktion wird als rechter Flügelmann der Restauration hoffähig.

Der Tatbestand der Restauration wäre zu eng begriffen, wollte man nur an die Politik denken. Es war ein restauratives Symptom, dass nicht zuerst Wohnungen, Volkshäuser und Schulen, sondern Cafés, Luxusgeschäfte, Restaurants und Goethe-Häuser gebaut wurden. Jeder Blick in fast jede Illustrierte Zeitung zeigt, wo die Interessen der Leser vermutet werden: in der Vergangenheit. Sogar die Hohenzollernzeit wird jetzt heraufbeschworen. Wenn man sich so intensiv und zugleich so spielerisch für die Schicksale der Prinzen und Prinzessinnen dieser Familie interessiert, so zeigt das an, dass man mit dem Herzen und der Phantasie in der Vergangenheit lebt (ersatzweise in der Hohenzollernschen, da es noch zu fragwürdig ist, schon in einer jüngeren zu leben?). Dabei mögen die Fürstlichkeiten (und die Nazi-Führer) sogar ziemlich schlecht wegkommen: nicht dass man sie etwa schätzt, ist das restaurative Symptom, sondern dass man sich überhaupt mit ihnen abgibt, dass man mit ihnen spielt.

Ähnliches lässt sich über das neubelebte studentische Verbindungswesen sagen. Seine Auswüchse sind reaktionär, aber man hat nicht viel von eigentlichen Auswüchsen gehört, die Studenten scheinen sich der alten Formen im allgemeinen massvoll zu bedienen, und sie sind vielerorts bemüht, neuen Geist in die neugeflickten alten Schläuche zu füllen. Restaurativ aber ist das Klima, in dem das Bedürfnis entstand, diese durch mehrere Studentengenerationen völlig abgerissene Überlieferung neu zu aktivieren. Man kann die restaurative Sehnsucht, die Flucht in die Vergangenheit nicht deutlicher ausdrücken als durch solche Wiederbelebungen. Die Farben und Säbel der Korporationen sind sogar doppelt ein Symptom der Restauration: weil sie ja schon das erstemal restaurativ waren. Schon der romantische Protest der Jugend nach den Freiheitskriegen entlehnte seine Formen uralten privilegierten ständischen Ordnungen. Das Symbol, das heute die Sehnsucht nach der Zeit vor 1914 ausdrückt, nach der Zeit, da das Schreckliche noch nicht passiert war, hat vor hundertdreissig Jahren den Traum bürgerlicher Jugend ausgedrückt, feudal zu sein.

Alles dies würde nicht als restaurativ empfunden, wenn nicht gleichzeitig ein völlig anderes Bewusstsein lebendig wäre. Es drückt sich in einem Teil der Literatur, in der Philosophie, in der Theologie aus. Es gibt einen alten Zwiespalt zwischen dem theoretischen Bewusstsein einerseits und andererseits dem Vordergrund des sozialen Lebens nebst dem vulgären Bewusstsein, das ihn unmittelbarer ausdrückt. Er äussert sich heute als der Zwiespalt zwischen einem der Zukunft zugewandten Bewusstsein und einer Praxis, welche die Formen und Symbole und Mächte der Vergangenheit heraufbeschwört, um die Vorteile der Gegenwart ungestört geniessen und sichern zu können. Dass nach den "Tag- und Nachtbüchern" von Theodor Haecker, dass nach Guardinis "Der Herr", nach Karl Barth, nach Pliviers "Stalingrad" und Kogons "SS-Staat" das geschieht, was geschieht, - das ist das besondere Ärgernis unserer Epoche. Das der Zukunft zugewandte Bewusstsein ist teils apokalyptisch, teils - in der christlichen Theologie - eschatologisch, teils geschichtlich und politisch; gerade auch das wissenschaftliche Bewusstsein beginnt seine Verantwortung für die Zukunft, die Gesellschaft, die Geschichte zu erkennen. Die "Elite" denkt und empfindet allerorten antirestaurativ, - in den Institutionen spielt sich, teils unterirdisch, teils sichtbar, ein Kampf zwischen den Restauratoren und den Erneuerern ab, in der Wirtschaft und im Alltag überwiegt die restaurative Wirklichkeit.

In der Wirtschaft...

Der grosse Sprung in die Restauration geschah im Augenblick der Währungsreform. Diese Währungsreform war ein Akt der Restauration; da entgegen den deutschen Vorschlägen der umwälzende Akt des Lastenausgleichs nicht mit ihr verbunden wurde, fixierte sie das Privileg des Sachwertbesitzes und enthielt den Flüchtlingen den Start auf gleicher Ebene vor. Da man ferner auf den Anreiz der gehorteten Waren nicht verzichten wollte, ja diese gesetzwidrigen Vorräte mit in die Rechnung einbezog, privilegierte man eine Händlerschicht, innerhalb derer sich dann bald ein stürmischer Kreislauf der neuen DM vollzog. So waren auf doppelte Weise die Besitzenden die Gewinner. Dieser Vorgang war das Signal: von diesem Augenblick an witterte alles Alte und Gewesene Morgenluft. Es ist nicht zu verkennen, dass auch für dieses unglückliche Ereignis die Alliierten die spezielle Verantwortung tragen, wenn freilich die Bereitschaft der Deutschen, das Geschehene restaurativ auszunützen, auf die Dauer viel mehr Gewicht hatte als der alliierte Fehler.

Jetzt sind wir bereits wieder so weit, dass eine bestimmte Schicht von Industriellen nicht nur die Stahlproduktion sich erhöhen, sondern dahinter auch die Macht zurückkehren sieht. Zu ihrem restaurativen Geist gehört jener Schuss Angst um die neuen Konjunkturgewinne, der sie nach parteipolitischen Rückversicherungen Ausschau halten und mannigfache Deckungen im internationalen Gefüge der Restauration suchen lässt.

Und in Zeiten der Remilitarisierung werden nicht diejenigen militärischen Fachleute, die als Privatpersonen loyale Demokraten und Staatsbürger sind, zu Einfluss, Geltung und Macht kommen, sondern in der Maske des Fachmanns die soziale Clique der Militäraristokratie und die politischen Offiziere.

Es gibt auch heute noch offene Fragen, in denen über den Sieg oder die Überwindung der Restauration entschieden werden könnte.

Die eigentliche Belastungsprobe der Restauration ist der Lastenausgleich. Ein lahmer, unzureichender Lastenausgleich wird die Restauration stärken: denn er wird denen geben, die haben, er wird die Privilegien sichern, er wird die rechtmäßig Fordernden zu ihrer ungerechten Armut verurteilen, er wird die Herzen der Besitzenden verhärten. Ein wirklicher Ausgleich der Lasten würde antirestaurativ wirken, weil er in jedem Fall das Netz des Reichtums und der Privilegien zerreissen würde; unklug und gewaltsam ausgeführt, würde er zu schweren Krisen und Erschütterungen, klug und wirksam ausgeführt, zu einer Auffrischung des sozialen Gefüges und zu einer besseren und freieren Atmosphäre führen. Ein gerechter Lastenausgleich (und mit ihm die Annahme der Ostvertriebenen) setzt entweder eine Überwindung der restaurativen Wirtschaftspolitik voraus oder er wird ihr Ende erzwingen.

Ein Stoss ins Zentrum der Restauration wäre auch ein wirkliches Mitbestimmungsrecht. Das gilt freilich keineswegs ohne weiteres von seiner parlamentarischen Durchsetzung. Ein Mitbestimmungsgesetz wäre nur die formale Voraussetzung für den eigentlichen Vorgang, der dann fällig wäre: für die Durchdringung der wirtschaftlichen Macht und Verantwortung der Bundesrepublik mit der Kraft und dem Willen einer Arbeiterbewegung, die durch diesen Vorgang aus einem restaurativen Faktor zu einer Kraft der Erneuerung werden würde. Hier liegt der Ansatz der stärksten Hoffnung.

Die europäische Bewegung aber, so neu sie ist und so notwendig sie ist, bedeutet ohne weiteres eine Überwindung der Restauration: denn Europa selbst ist von der Restauration bedroht.

Auf dem europäischen Plan ist der Vorgang sehr verwickelt. Die Bildung Europas selbst ist ein völlig neuer Vorgang, für den es in der Vergangenheit wenig Vergleichbares gibt; andererseits besteht aber die Gefahr, dass dieses völlig neue europäische Staatsgebilde vorwiegend von den restaurativen Kräften bestimmt wird. (Für dieses Europa gibt es ein Vorbild: die "Heilige Allianz".) Anders ausgedrückt: indem man in der Außenpolitik der Nationalstaaten nicht restaurativ, sondern fortschrittlich handelt, hebt man die restaurative Innenpolitik auf das europäische Niveau. Diese Gefahr sollte alle Gegenkräfte alarmieren. Zugleich legt aber auch die Dynamik, die mit dem Vorgang der Bildung Europas verbunden ist, diesen Gegenkräften nahe, den Kampf vor allem auf dem europäischen Feld zu führen.

Von den grösseren Nationen und Staaten Europas sind die Deutschen, die Österreicher, die Italiener, die Franzosen und vielleicht die Belgier in derselben Lage: die fällige, die durch ihr Schicksal ihnen nahegelegte politische Erneuerung verpasst zu haben. Man hat diese Erneuerung teils vom Widerstand (am meisten in Frankreich), teils von der Niederlage erwarten können. In Frankreich und in Italien hätte eine solche Erneuerung von einer "Volksfront" ausgehen können, wenn eine solche möglich gewesen wäre; sie wäre mit marxistischen Kommunisten möglich gewesen, nicht aber mit Stalinisten. Der Stalinismus hat in diesen beiden Ländern die Erneuerung verhindert. Er hat einerseits starke fortschrittliche Kräfte fehlgeleitet, isoliert, von den realen Vorgängen und realen Möglichkeiten getrennt, so dass die Front der Erneuerung um eben diese Kräfte schwächer wurde; er hat die nichtstalinistischen fortschrittlichen Kräfte zum Paktieren mit restaurativen Kräften gedrängt, und er hat einen Antibolschewismus provoziert, der in der ganzen Welt nicht nur eine harte Notwendigkeit, sondern leider zugleich ein Vorwand und ein günstiges Klima für alle restaurativen Kräfte geworden ist. In Frankreich ist auch die Reaktion durch den Gaullismus einigermassen isoliert worden, so dass die Restauration als verpasste Erneuerung und als positive Erscheinung dort in einem sehr labilen Zustand ist, zum Unterschied von Italien, Deutschland und Österreich, wo die Reaktion und der Faschismus durch die Niederlage entmächtigt waren; ebendarum konnte sich die Restauration umso nachdrücklicher durchsetzen. Doch beginnt der Gaullismus offenbar allmählich aus einem romantischen Halbfaschismus zu einer normaleren reaktionären Kraft sich zu entwickeln, die assimilierbar wird. Sie wird bereit sein, ihren Beitrag zur Befestigung der restaurierten Ordnung zu leisten, auf dem französischen sowohl wie auf dem europäischen Feld. (Auch die französische Kolonialpolitik ist eine ständige Versuchung zur Restauration: die menschlichere Welt, die unsere Aufgabe ist, mutet den Franzosen eine eindeutige Revision dieser Politik zu.)

In den anderen genannten Ländern überwiegt die "christlich-demokratische" Restauration. Der eigentliche Sinn der Bestimmung Bonns zur Bundeshauptstadt ist hier zu suchen: in dem Traum eines christlich restaurierten Europa, eines in seiner Grundstruktur bürgerlichen Europa, das den Liberalismus durch eine Sozialordnung überwinden möchte, die den bürgerlichen Schichten und Werten ihren Bestand und ihren Vorrang, den Arbeitern einen "angemessenen Platz" und der Kirche so viel Einfluss und weltliche Festigung sichert, wie nur eben dem Zeitgeist abzuzwingen ist. Er ist kein böser Traum, dieser Traum von einem "christlichen", "konservativen", "sozialen" Europa bürgerlicher Prägung, er ist in den Köpfen und Herzen vieler ein schöner, ein edler Traum, - und er ist mehr als ein Traum. In Bonn, Rom, Wien, Brüssel, Lissabon sind Machtpositionen erobert, in Frankreich ist noch nichts verbaut, Spanien ist ein heimlicher Bundesgenosse und wird eines Tages ein offener sein, - und sind nicht in England die künftigen Herren, die eine europäische Politik begünstigen, die Konservativen? Wie mischt sich in diesem Konzept das Interesse der Privilegierten, das Weltbild des Bürgers, das Denken der Alten, die Angst vor der Zukunft, der gute Wille zum Ausgleich, die Sorge um das Christentum! Wie gibt ihm der Kurzschluss vom Besitz der Heilswahrheit auf den Besitz der politischen Wahrheit einen Anschein von christlicher Konsequenz! Und wie wird darin in Wirklichkeit mit der Geschichte sogar das Heil selbst aufs Spiel gesetzt! Denn man darf zu sagen wagen, dass das Heil heute nicht die Ordnung der Privilegierten, sondern die helfende Ordnung verlangt, nicht die Sicherung des christlichen Besitzstandes, sondern die christliche Solidarität mit dem Armen, dem Benachteiligten, dem Nichtchristen.

Was ist zu tun?

Viel Tagesarbeit in der restaurativen Wirklichkeit, ohne Illusionen. Ob in der Regierungskoalition oder in der Opposition: der viel wichtigere Schnitt zwischen den Kräften der Erneuerung und denen der Restauration geht quer durch die beiden Lager hindurch, obwohl aus vielen Gründen das neoliberal-christlich-demokratische Regiment mit der Restauration besonders zu tun hat. Umso mehr Tagesarbeit, gerichtet auf das Ziel, das hinter dieser Gegenwart liegt, getan aus dem Geist und dem Bewusstsein, wie notwendig die Erneuerung allerwege ist. Viel, anscheinend unscheinbar, wird von vielen im Land, in Europa, in der Welt dafür getan.

Ohne Illusionen: diese nützliche, helfende, notwendige Tagesarbeit ändert den Grundcharakter unserer Periode nicht.

Zur Nüchternheit gehört auch die Erkenntnis, dass es jetzt sinnlos wäre, in Deutschland eine Bewegung oder Partei antirestaurativen Charakters zu gründen. Ob man sie in der Gegend der sogenannten "heimatlosen Linken", der radikalen Sozialdemokraten, antistalinistischen Kommunisten, Trotzkisten undsoweiter ansetzen wollte oder aber dort, "wo der linke Flügel der CDU an den linken Flügel der Sozialdemokratie stösst", in einer Schicht von lebendigen Christen, Sozialisten oder Humanisten: es ist für eine solche Neugründung nicht der Augenblick; sie würde sich an den falschen Alternativen in der Sackgasse Westdeutschland verbrauchen. Wohl aber sollten die antirestaurativen Kräfte einander erkennen. Und sie sollten eine Sprache entwickeln, in der sie mit einander reden können, ob sie nun Christen, Marxisten oder Humanisten sind, nicht eine Einheitssprache, sondern eine Sprache, in der das trennende Bekenntnis und die gemeinsame Mitmenschlichkeit zugleich ausgedrückt sind.

Was ferner geschehen kann, ist Arbeit am Bewusstsein der Zeit, Arbeit am öffentlichen Gewissen, an der öffentlichen Meinung. Sagen, was ist. Theoretische, publizistische und pädagogische Arbeit. Ferner Studium: eine viel genauere Tatbestandsaufnahme der sozialen Wirklichkeit, als sie hierzulande üblich ist, mit genaueren Methoden, redlich, intensiv. Tausende von Einzelnen, Hunderte von Gruppen sind da am Werk. Es ist eine Arbeit, die ihre Frucht tragen kann, wenn die Zeit gekommen ist, - für den Fall, dass die Zeit kommt.

Schliesslich: die gegebenen Ansätze einer antirestaurativen europäischen Bewegung mit zäher Beharrlichkeit und mit Phantasie entwickeln - in die Tiefe, in die Breite. In allen Schichten, die für eine Erneuerung infragekommen, insbesondere in der Arbeiterschaft, in der Jugend, in der Intelligenz, auch in der Jugend und Intelligenz der Bauernschaft. Nicht Verhandlungen von Büro zu Büro, von nationaler Organisation zu nationaler Organisation (das auch!), sondern eine originär europäische Arbeit sozusagen "auf der Strasse", von Arbeiter zu Arbeiter, von Student zu Student. Bildung einer von vornherein gemeinsamen geistigen Plattform, und Bildung europäischer Zellen lebendiger Menschen. Eine europäische Bewegung gegen den Geist und die Macht der Restauration.

Nur revolutionäre Herzen können diese Bewegung tragen. Sie fordert Mut, Ausdauer und eine Klugheit, die in der Gegenwart nicht steckenbleibt. Denn innerhalb der Sackgassen kann der Kampf nicht gewonnen werden.

THEO PIRKER

Restauration in der Bundesrepublik nach 1945?

Wir müssen uns also fragen, inwieweit dieser politische Begriff der Restauration auf die gesellschaftliche Entwicklung in Westdeutschland nach 1945 angewendet werden kann. Wenn wir diese Entwicklung als konservativ und antirevolutionär bezeichnen, so müsste ihr eine revolutionäre Bewegung in der Gesellschaft vorausgegangen sein. Wir müssen also zuerst die Frage beantworten, ob der Faschismus durch bestimmte sozialistische Züge gekennzeichnet war oder nicht.

Die allgemeinen Merkmale einer sozialistischen Gesellschaft sind heute unbestritten die, daß die Produktionsmittel in Kollektiveigentum übergegangen sind, sowie daß alle Produktivkräfte innerhalb der Gesellschaft planend eingesetzt werden. Kollektiveigentum und Planwirtschaft sind also die grundsätzlichen Merkmale einer sozialistischen Gesellschaft.

Wenn sich der Faschismus auch in Deutschland als nationalsozialistisch bezeichnete, so ist der sozialistische Charakter des deutschen Faschismus mehr als zweifelhaft. Auf dem Gebiete der Wirtschaft brüstete sich die faschistische Ideologie in Deutschland immer damit, daß sie eine staatliche Unternehmerwirtschaft sei. Der faschistische Staat hat in die Unternehmerrechte nur formal eingegriffen und keineswegs die Eigentumsordnung grundsätzlich verändert. Die Reglementierung der Wirtschaft bezog sich jedoch umso stärker auf das Gebiet der Arbeitskraft, auf dem faktisch die Freizügigkeit, wie das Koalitionsrecht, als auch der "freie" Arbeitsmarkt selbst aufgehoben wurden und im Verlaufe des Krieges immer stärkere Tendenzen der Zwangsarbeit zur Regel wurden. Die Untersuchungen über die faschistische Rüstungswirtschaft zeigen, wie sich der faschistische Staat erst relativ spät (1942/43) dazu entschließen konnte, zu einer staatlichen Planung der Rüstungswirtschaft zu schreiten.

Innerhalb der politischen Theorie hat die Frage der Einschätzung des Faschismus gerade zu Beginn des zweiten Weltkrieges eine Rolle gespielt. Vor allem unter den sozialistischen Theoretikern tauchte die Frage auf, ob uns nicht in der Gestalt des Faschismus, wie auch in der des Stalinismus, eine völlig neue Ordnung jenseits von Kapitalismus und Sozialismus gegenübertrete, die man, wie James Burnham, als ein "Regime der Manager", d.h. als eine bürokratisch-managerielle Herrschaftsordnung bezeichnen könnte. Die Vertreter des "Managerialismus", wie Burnham, sind der Ansicht, daß die gesellschaftlichen Ordnungen des faschistischen Deutschlands, Japans, Russlands und der Vereinigten Staaten nur in unwesentlichen Merkmalen unterscheiden, im Grunde jedoch Vorformen einer totalitären Herrschaft der Bürokratie darstellten.

Diese Interpretation des Faschismus hält aber einer eingehenderen Darstellung der Geschichte des faschistischen Deutschlands, wie auch einer Darstellung der inneren Entwicklung Russlands und der Vereinigten Staaten - insbesondere nach 1945 - nicht stand. Die Burnhamsche These ist ein Ausdruck der starken Ähnlichkeiten, die Gesellschaften, die sich im Kriege befinden oder sich auf den Krieg vorbereiten, notwendigerweise haben werden. Die Erfordernisse der Kriegswirtschaft, wie auch der totale Krieg führten eine Militarisierung des gesamtgesellschaftlichen Lebens herbei, die man sehr leicht als die grundlegenden Merkmale der menschlichen Gesellschaften im 20. Jahrhundert nehmen kann. Dass jedoch die Erfordernisse der Kriegswirtschaft wie des totalen Krieges grundsätzlich den kapitalistischen Charakter der deutschen Gesellschaftsordnung nicht verändert haben, ist ein Beweis dafür, daß der Faschismus keine gesellschaftliche Ordnung jenseits von Kapitalismus und Sozialismus darstellt, sondern eine besondere Form innerhalb des Kapitalismus ist, in der der Staat wesentliche Vermittlungsfunktionen im Reproduktions- und Akkumulationsprozess des Kapitals übernahm.

Was bedeutet nun "Restauration" im Hinblick auf diese Form des Kapitalismus und im Hinblick auf die nationalsozialistische politische Ordnung?

Nimmt man den Begriff wörtlich, so ist zu fragen, welcher Zustand sollte oder soll nach 1945 in Westdeutschland wieder hergestellt werden? Rene Allemann hat in seinem Buch"Bonn ist nicht Weimar",mit Recht auf die Unvergleichbarkeit der inneren Ordnung der Bundesrepublik mit der gesellschaftlichen Ordnung der Weimarer Republik hingewiesen.

Es ist gerade in der Arbeiterbewegung Mode geworden, für sämtliche politischen Ereignisse in der Bundesrepublik ähnliche Vorkommnisse in der Weimarer Republik zu suchen, um an der Parallelität dieser Ereignisse die Bedrohung der Republik, der Demokratie und der Arbeiterbewegung ablesen zu wollen. In der Soziologie wie in der Politik hat ein solches Denken stets verheerende Folgen, weil sich sowohl der Wissenschaftler als auch der Politiker auf ein Schema festlegen lässt und damit bestimmten Formen des Denkens und Handelns, der Eigenartigkeit des gesellschaftlichen Zustandes nicht gerecht werden kann.

Was heisst schon die Wiederherstellung der gesellschaftlichen Ordnung der Weimarer Republik? Meint man die Wiederherstellung der Ordnung der Weimarer Republik von 1919-1923, von 1924-1931 oder gar die von 1931-1933? Weimarer Republik ist ein so allgemeiner und letzten Endes nichtssagender Begriff, dass man schon an eine eingehendere Bestimmung denken muss, soll die Beziehung auf Weimar etwas anderes sein als eine propagandistische Parallele.

Von restaurativer Entwicklung in Westdeutschland zu sprechen, ist in allen Punkten unzureichend und irreführend. Einmal besteht der grundlegende Unterschied darin, dass die Weimarer Republik aus einer revolutionären Bewegung hervorgegangen ist, während die Bundesrepublik ein Gebilde der Militärdiktatur und der gelenkten Demokratie ist. Ein kurzer Vergleich mit der politischen Verfassung von "Weimar" und "Bonn" zeigt, dass dieser Unterschied wesentlich ist, weil in der politischen Verfassung Bonns eben gerade das fehlt, was die Weimarer Verfassung gekennzeichnet hat: die Festlegung und Ausgestaltung der Volksrechte.

Untersuchungen über die Entwicklung der deutschen Wirtschaft von 1919-1933 zeigen uns, dass sie stark von monopolistischen Tendenzen getragen war. Der monopolistische Charakter der Wirtschaftsentwicklung der Bundesrepublik von 1945 bis heute ist zwar nicht abzuleugnen, aber jedem Beobachter fällt die veränderte Rolle des Staates, wie auch der Wirtschaftsverbände ins Auge. Die Ähnlichkeit der Wirtschaftsverfassung von Weimar zu der der Bundesrepublik ist nur sehr allgemeiner und oberflächlicher Natur. Die Tendenz der wirtschaftlichen Entwicklung in der Bundesrepublik zielt nicht auf eine Herstellung des reinen Monopolismus, sondern vielmehr auf eine besondere Form des über extensive Staatstätigkeit vermittelten Kapitalismus.

Von allen Kritikern des gesellschaftlichen Lebens des Bundesrepublik wird offen anerkannt, dass Weimar gegenüber Bonn durch einen ausgesprochenen Zug der Fortschrittlichkeit gekennzeichnet ist. Der konservative Charakter der kulturellen Entwicklung in der Bundesrepublik gegenüber der kulturellen Entwicklung in der Weimarer Republik kann nicht abgeleugnet werden.

Wenn man jedoch eine Anwendung des Begriffes Restauration in Bezug auf eine bestimmte gesellschaftliche Ordnung, wie die der Weimarer Republik, ablehnen muss, so sehr ist die Anwendung dieses Begriffes richtig, wenn man auf den Inhalt der gesellschaftlichen Entwicklung in der Bundesrepublik zielt. Das Phänomen der Entwicklung der Bundesrepublik besteht darin, dass bestimmte Gruppen und Klassen, von denen alle Welt nach 1945 angenommen hat, dass sie unter keinen Umständen mehr zu den führenden Kräften der deutschen Geschichte zählen würden, in dieser Gesellschaft wiederum die Macht ausüben.

Wenn man die Wiederherstellung der Macht des Bürgertums aber als Restauration bezeichnet, so muss man die Entwicklung von 1945-1949 zwar nicht als eine Revolution auffassen, so doch als eine Periode, in der revolutionäre Möglichkeiten vorhanden waren oder vorhanden zu sein schienen.

Auswahlbibliographie

Becker, J./ Stammen, T./ Waldmann, P. (Hg.) — Vorgeschichte der Bundesrepublik Deutschland. Zwischen Kapitulation und Grundgesetz, München 1979.

Erdmann, K.D. — Das Ende des Reiches und die Entstehung der Republik Österreich, der Bundesrepublik Deutschland und der Deutschen Demokratischen Republik, in: ders., Die Zeit der Weltkriege, Stuttgart 1976.

Fürstenau, J. — Entnazifizierung. Ein Kapitel deutscher Nachkriegspolitik, Neuwied, 1969.

Gimbel, J. — Amerikanische Besatzungspolitik in Deutschland 1945-1949, Frankfurt/M. 1971.

Grebing, H. u.a. — Die Nachkriegsentwicklung in Westdeutschland 1945-1949, 2 Bände, Stuttgart 1980.

Huster, E.-U. u.a. — Determinanten der westdeutschen Restauration 1945-1949, Frankfurt/M. 1977 (5. Auflage).

Lange-Quassowski, J. — Neuordnung oder Restauration, Opladen 1979.

Merkl, P. — Die Entstehung der Bundesrepublik Deutschland, Stuttgart 1965.

Niclauß, K. — Demokratiegründung in Westdeutschland. Die Entstehung der Bundesrepublik 1945-1949, München 1974.

Niethammer, L. — Entnazifizierung in Bayern, Frankfurt/M. 1972.

Overesch, M. — Deutschland 1945-1949. Vorgeschichte und Gründung der Bundesrepublik. Ein Leitfaden in Darstellung und Dokumenten, Königstein/Ts. und Düsseldorf 1979.

Schwarz, H.P. — Vom Reich zur Bundesrepublik. Deutschland im Widerstreit der außenpolitischen Konzeptionen in den Jahren der Besatzungsherrschaft 1945-1949, Neuwied 1966.

Weber, J. (Hg.) — Auf dem Wege zur Republik 1945-1947, München 1978.

Weber, J. (Hg.) Das Entscheidungsjahr 1948, Paderborn 1980.

Winkler, H.A. (Hg.) Politische Weichenstellungen im Nachkriegsdeutschland 1945-1953, Göttingen 1979.

... Westdeutschlands Weg zur Bundesrepublik 1945-1949. Beiträge von Mitarbeitern des Instituts für Zeitgeschichte, München 1976.

B. GRUNDPRINZIPIEN DER VERFASSUNGSORDNUNG

Einführung

Die Grundprinzipien der Verfassungsordnung - zunächst eher provisorisch im "Grundgesetz für die Bundesrepublik Deutschland" niedergelegt und doch von großer Festigkeit und auch Vorbildlichkeit für jene Staaten, die in den fünfziger und sechziger Jahren ihre Selbständigkeit erlangten - entsprangen keineswegs der Willkür der 'Besatzungsmächte', sondern reflektierten die zeitgeschichtliche Entwicklung des Deutschen Reiches. Die Republik von Weimar rief durch ihren schmählichen Untergang in der Folgezeit stets traumatische Erinnerungen hervor und führte dazu, daß - vielleicht allzu hermetische - Regeln für den zunächst keineswegs ausgeschlossenen erneuten Ernstfall einer krisengeschüttelten Republik geschaffen wurden. Wer die Geschichte der Weimarer Republik nicht begreift, wird die Geschichte der frühen Bundesrepublik kaum zureichend verstehen.

Die traumatische Gefährdung der Demokratie durch innergesellschaftliche Entwicklungen, ihre leichtfertige Preisgabe im Zuge einer heute nahezu unerklärlichen "Selbstgleichschaltung" (Bracher) der Gesellschaft und Entstehung williger Folgebereitschaft, die schließlich selbst den millionenfachen Mord kaum mehr wahrzunehmen erlaubt, bildet jedoch nur eine Seite der zeitgeschichtlichen Auseinandersetzung als Lernprozeß. Die andere war die Erfahrung, daß der Staat keineswegs mehr der Garant von Recht, Ordnung und Sittlichkeit war. Unter den Nationalsozialisten war er vielmehr zu einer Organisation geworden, die die Gesellschaft durchdrang, innergesellschaftliche Konflikte durch die monopolisierte Verstaatlichung im Interesse einer Partei mit hohen sozialen Kosten löste und dabei zum Terrorinstrument wurde, gegen das sich Andersdenkende, Minderheiten, Einzelpersonen nicht mehr zur Wehr setzen konnten. Der nationalsozialistische Terror verankerte im allgemeinen Bewußtsein, daß Staat und Gesellschaft nicht völlig konkruent sein durften, daß Gesellschaft und Individuum des rechtlich eingehegten Staates bedürften, daß aber auch der Staat zum Garanten einer Verfassungsordnung werden konnte, die durch Begriffe wie Rechtsstaat, Pluralismus, Parlamentarismus, Gewaltenteilung charakterisiert wird. Staatliche Aufgaben, gesellschaftliche Entwicklungen, individuelle Rechte in einen verfassungsmäßig fixierten Einklang zu bringen - dies war eine Hauptherausforderung der zweiten deutschen Demokratie, möglicherweise jedoch auch wegen der häufig rückwärts gewandten Deutung von Entwicklungsmöglichkeiten der Nachkriegsordnung eine Gefährdung der Verfassungsberatungen.

Die Dokumentation von grundlegenden Aussagen der deutschen politischen Kräfte soll den weiten Deutungshorizont dieser Beratungen deutlich werden lassen. Die Studientexte versuchen einerseits in der Abhandlung von Wiese die Grundprinzipien der Verfassungsordnung sichtbar zu machen. Andererseits sollen drei wichtige Deutungsmuster der verfassungsmäßigen Fixierung liberaldemokratischer Grundprinzipien sichtbar gemacht werden. Theo Pirker arbeitet die restaurativen Elemente heraus, Abendroth steht für die These von der Abweichung der politischen Entwicklung vom Verfassungsursprung, Schwan macht den zukunftsweisenden und gegenwartsgestaltenden Inhalt einer grundwerteorientierten Verfassung sichtbar, die sich zur Pluralität bekennt, diese allerdings auch offensiv sichern will. Auch dabei spiegelt sich die Erfahrung der Weimarer Republik, die das Konzept der auch streitbaren, freilich nicht rechtlich entbundenen Demokratie plausibel macht.

6. Christlich-Demokratische Union Deutschlands (CDUD): Verfassungsrechtliche Thesen; 23. April 1946

These 1

Die CDU fordert einen Deutschen Staat auf föderativer Grundlage. Die föderativen Glieder des Reiches sind die Länder. Bei der Bildung der Länder ist sowohl den historischen und stammesmäßigen Gegebenheiten als auch den wirtschaftlichen und sozialen Erfordernissen Rechnung zu tragen. Die Länder sollen dabei nach Gebietsgröße und Bevölkerungszahl so beschaffen sein, daß ein Übergewicht einzelner Länder nicht besteht.

These 2

Reich und Länder sind nach dem Grundsatz weitgehender Dezentralisation aufzubauen. Jede Aufgabe ist vom untersten dazu geeigneten Verband zu erfüllen. Dabei soll bei der Behördenbildung der Grundsatz der Einheit der Verwaltung möglichst verwirklicht werden.

These 3

Die Organe des Reiches sind:

a) Reichstag und Ländertag

b) Reichsregierung

c) Reichspräsident

These 4

Der Reichstag besteht aus Abgeordneten, die in allgemeiner, gleicher, unmittelbarer und geheimer Wahl gewählt werden. Das Verhältniswahlsystem soll beibehalten werden unter Ausschaltung der früher aufgetretenen Mängel (Verkleinerung der Wahlkreise, Verbote der Listenverbindung, Mindestquoten für die Zuteilung von Abgeordnetensitzen).

These 5

Der Ländertag besteht aus Vertretern der Länder, die je zur Hälfte von den Landtagen gewählt und von den Landesregierungen bestellt werden. Die gewählten Vertreter sind an Weisungen nicht gebunden.

These 6

Die Reichsregierung wird nach jeder Reichstagswahl neu gebildet. Zu ihrem Amtsantritt bedarf sie des Vertrauensvotums beider Häuser, wobei in jedem Haus die einfache Mehrheit ausreicht. Während einer Wahlperiode des Reichstags kann die Reichsregierung nur durch übereinstimmendes Mißtrauensvotum beider Häuser mit 2/3 Mehrheit zum Rücktritt gezwungen werden.

These 7

Repräsentant des Reiches ist der Reichspräsident, der für 5 Jahre durch den Ländertag gewählt wird. Er vertritt das Reich völkerrechtlich, leitet die Verhandlungen mit den Parteien über die Regierungsbildung und kann den Reichstag mit Zustimmung des Ländertages auflösen.

These 8

Es gibt nur eine Reichsangehörigkeit.

These 9

Das Reich ist zuständig:

a) ausschließlich für die Gesetzgebung und die Verwaltung auf den Gebieten des Auswärtigen, der Währung, des Münzwesens, der Eisenbahn, der Reichsstraßen, der Wasserstraßen und der Post;

b) ausschließlich für die Gesetzgebung ohne die Verwaltung auf den Gebieten der Staatsangehörigkeit, der Sozialversicherung, des Außenhandels, des Maß-, Gewichts- und Eichwesens, der Kriegs- und Besatzungsschäden und der Wiedergutmachungsleistungen.
Im übrigen besitzt das Reich die Grundsatzgesetzgebung auf allen Gebieten.
Das Reich besitzt eigene Zentralbehörden. Die sonstige Verwaltung ist Landessache, sofern sie nicht zur ausschließlichen Zuständigkeit des Reiches gehört.

These 10

Das Recht wird im Namen des deutschen Volkes gesprochen.

Die Gerichte sind Einrichtungen des Reiches. Zur Wahrung der Rechtseinheit in Sachen der Reichsgesetzgebung für Zivil- und Strafsachen ist ein Reichsgericht wieder einzuführen. Bei der Bestellung der Richter sind die Länder zu hören.

Die Unabhängigkeit der Gerichte und der Richter ist zu gewährleisten.

These 11

Das Reich muß die ihm obliegenden Aufgaben aus eigenen Steuerquellen decken. Die Reichssteuern werden von den Finanzämtern der Länder erhoben.

These 12

Die Reichsregierung übt die Aufsicht in den Angelegenheiten aus, in denen dem Reiche das Recht der Gesetzgebung zusteht. Soweit die Reichsgesetze von den Landesbehörden auszuführen sind, kann die Reichsregierung allgemeine Anweisungen erlassen. Sie ist ermächtigt, zur Überwachung der Ausführung der Reichsgesetze zu den

Landeszentralbehörden und mit ihrer Zustimmung zu den unteren Behörden Beauftragte zu entsenden. Die Landesregierungen sind verpflichtet, auf Ersuchen der Reichsregierung Mängel, die bei der Ausführung der Reichsgesetze hervorgetreten sind, zu beseitigen. Bei Meinungsverschiedenheiten kann sowohl die Reichsregierung als die Landesregierung die Entscheidung des Verfassungsgerichtshofes anrufen, falls nicht durch Reichsgesetze ein anderes Gericht bestimmt ist.

These 13

Für Verfassungsstreitigkeiten aller Art besteht ein Verfassungsgerichtshof, der sich aus Juristen zusammensetzt, die im politischen Leben erfahren sind. Die Mitglieder werden vom Reichspräsidenten auf Vorschlag des Länderrates ernannt.

These 14

Zur Sicherung der Rechtmäßigkeit der Verwaltung besteht in den Ländern eine Verwaltungsgerichtsbarkeit, die in der Hand unabhängiger Richter liegt und für sämtliche Verwaltungsrechtsstreitigkeiten zuständig ist. Ein Reichsverwaltungsgericht zur einheitlichen Auslegung des deutschen Reichsverwaltungsrechts ist zu errichten.

7. Richtlinien für den Aufbau der Deutschen Republik 13. und 14. März 1947

A.

1. Die Sozialdemokratische Partei Deutschlands fordert, daß die Verfassung der Deutschen Republik die Möglichkeit einer künftigen Zugehörigkeit Deutschlands zu einem europäischen Staatenbund berücksichtigt. Die friedliche Entwicklung zu einem europäischen Bunde verlangt eine klare Absage an jede Politik eines nationalen Egoismus, der sich unter Ausnutzung der politischen Machtstellung durch den jeweils Mächtigen auf Kosten des jeweils Schwächeren insbesondere in Annexionen äußert. Annexionen können nicht die Grundlage friedlicher Entwicklungen bilden.

Die allgemein anerkannten Regeln des Völkerrechts sind bindende Bestandteile des Reichsrechts. Sie sind für den Staat und für den einzelnen Staatsbürger verbindlich. Die Verfassung soll Bestimmungen enthalten, die es ermöglichen, durch Reichsgesetz Hoheitsrechte im Rahmen internationaler Vereinbarungen an internationale Institutionen zu übertragen.

2. Die deutsche Sozialdemokratie bekennt sich zur politischen und staatsrechtlichen Einheit Deutschlands. Sie lehnt unter Anerkennung stammesmäßiger Besonderheiten jeden offenen oder versteckten Separatismus und Partikularismus ab. Die Verfassungen der Länder dürfen nicht enthalten, was der Reichseinheit entgegenstehen kann. Daher haben die Länderverfassungen einen Vorbehalt aufzunehmen, daß Reichsrecht Länderrecht bricht. Gesetzgebung, vollziehende Gewalt und Rechtssprechung müssen diesen Grundsätzen folgen.

3. Die deutsche Sozialdemokratie lehnt die Umwandlung der Deutschen Republik in einen Staatenbund ab, weil ein Staatenbund nach außen die Entwicklung zu einer europäischen Einheit hemmen und nach innen eine unerwünschte Zersplitterung der zur Gesundung und zum Aufbau erforderlichen Kräfte bedeuten würde. Deutschland wäre bei einer Auflösung in selbständige Staaten nicht lebensfähig. Es liegt kein Grund vor, Deutschland auf längst überlebte Zustände zurückzubringen. Die Entwicklung zu größeren staatlichen Einheiten ist nicht nur eine deutsche oder europäische Erscheinung, sondern eine Tatsache, die in der allgemeinen Entwicklung zur Universalität und in der Natur der modernen Technik liegt und darum eine generelle Erscheinung des politischen und wirtschaftlichen Lebens aller Kontinente ist.

4. Die Deutsche Republik wird ein Bundesstaat sein müssen, in dem sowohl die Einheitlichkeit der Regierungsgewalt als auch die damit vereinbarte Eigenständigkeit der Länder im Sinne einer gesunden Dezentrali-

sation gewährleistet ist.

B.

1. Die Reichsgewalt geht von dem gesamten deutschen Volk aus, das seinen Willen durch einen Reichstag, gebildet auf Grund eines allgemeinen, gleichen unmittelbaren und geheimen Wahlrechts aller wahlberechtigten Männer und Frauen kundgibt.

Die Verfassung der Deutschen Republik ist von einer nach den gleichen Grundsätzen gewählten Nationalversammlung zu beschließen.

2. Neben dem Reichstag besteht der Reichsrat. Seine Mitglieder werden von den Landtagen gewählt. Sie können nicht zugleich Mitglieder des Reichstages oder eines Landtages sein. Der Reichsrat ist an der Gesetzgebung und an der Aufstellung des Reichshaushaltes zu beteiligen. Ihm steht gegen die vom Reichstag beschlossenen Gesetze ein Einspruchsrecht zu. Der Einspruch hat lediglich aufschiebende Wirkung. Zur erneuten Beschlußfassung des Reichstags bedarf es keiner qualifizierten Mehrheit. Die Bildung weiterer insbesondere ständischer Organe oder Einrichtungen wie der frühere Reichswirtschaftsrat, die an der gesetzgebenden Gewalt des Reiches zu beteiligen wären, wird abgelehnt, da sie in keinem Falle geeignet sind, das Gesamtinteresse des Volkes zu vertreten.

3. An der Spitze der Deutschen Republik steht ein Präsident, dessen Amtszeit mindestens zwischen der einfachen und doppelten Legislaturperiode des Reichstages liegen soll.

4. Die vollziehende Gewalt liegt bei der Reichsregierung. Diese bedarf des Vertrauens des Reichstages. Ein Mißtrauensvotum führt nur dann zu dem Rücktritt der Regierung, wenn binnen einer bestimmten Frist eine neue Regierung gebildet wird.

5. Die Verfassung darf keine Bestimmung über ein Notstandsrecht enthalten, die dem Parlament gestattet, sich der politischen Verantwortung zu entziehen.

6. Für die Deutsche Republik ist ein Staatsgerichtshof einzurichten, der für Verfassungsstreitigkeiten und Ministeranklagen ausschließlich zuständig ist.

C.

1. Die Verfassung hat die Grundrechte und Grundpflichten eines jeden Deutschen zu enthalten. Die unveränderlichen Ideen der Menschenwürde, der Freiheit und Gerechtigkeit, der Achtung vor der religiösen und der politischen Überzeugung des anderen, aber auch der Verpflichtung des einzelnen gegenüber der in einem Staat zusammengefaßten Lebensgemeinschaft müssen ein wesent-

licher Bestandteil des staatlichen Lebens und der Verfassung sein.

2. Der Mensch ist berufen, in der ihn umgebenden Gemeinschaft seine Gaben in der Freiheit und in der Erfüllung des Sittengesetzes zu seinem und der anderen Wohle zu entfalten. Es ist die Aufgabe des Staates, dem Menschen hierbei zu dienen.

3. Der Krieg darf kein Mittel der Politik sein. Er ist daher in der Verfassung zu ächten.

D.

1. Gesetzgebende Gewalt

a) Die Bestimmung der Zuständigkeiten wird reichsrechtlich geregelt. Die Finanz- und Steuerhoheit, die Regelung des Finanz- und Lastenausgleiches ist Sache der Reichsgewalt. Die einheitliche Finanzpolitik ist notwendig, weil sie ein wesentliches Mittel zur Lenkung der Wirtschaft ist und weil der Neuaufbau eine gerechte Lastenverteilung verlangt. Innerhalb dieser Grenzen bleibt den Ländern und Selbstverwaltungskörperschaften das Recht, die ihnen überlassenen Einnahmequellen heranzuziehen.

b) Das Recht, Gesetze vorzuschlagen, liegt ausschließlich bei dem Reichstag oder bei der Reichsregierung. Die Gesetze werden vom Reichstag beschlossen. Ein Volksentscheid ist nur für bestimmte in der Verfassung festzulegende Fälle unter Wahrung bestimmter Verfahrensvorschriften möglich.

2. Vollziehende Gewalt

a) Regierung: Regierungsfunktionen mit Hoheitscharakter sind ausschließlich Sache der Reichsgewalt.

b) Verwaltung: Reichseigene Sonderverwaltungen sind nur ausnahmsweise zulässig. Die Verwaltung wird in der Regel auf den Gebieten, die der Reichsgewalt zustehen; in deren Auftrag von den Ländern ausgeübt. Der Auftrag kann sich auch auf die organisatorischen Formen der Durchführung erstrekken. (Dezentralisierte Verwaltung).

3. Richterliche Gewalt

Die Einheit des Rechts in Deutschland wird nur durch eine Einheit der Rechtssprechung gesichert. Diese kann nur durch Reichsgerichte gewährleistet werden.

E.

Aufbau der Länder

Die augenblicklichen Ländergrenzen können nur als vorläufige angesehen werden. Die endgültige Festlegung wird erst dann möglich sein, wenn die deutschen Grenzen feststehen und die Zonengrenzen nicht mehr als politische Trennungslinien wirken.

Die Aufgliederung der Deutschen Republik soll einen sinnvollen Ausgleich der Länder untereinander herbeiführen und die Hegemonie eines einzelnen Landes ausschließen. Die Länder sollen Gebiete umfassen, die kulturell, wirtschaftlich und verkehrstechnisch möglichst eine geschlossene Einheit bilden. Sie müssen genügend groß sein, um eine eigene innere Tragfähigkeit zu besitzen und um den ersten Ausgleich in sich selbst vollziehen zu können. Damit wird zugleich ein einfacher und übersichtlicher Verwaltungsaufbau ermöglicht und eine lebendige Anteilnahme der Bevölkerung auf allen Stufen der Verwaltung gewährleistet. Gebiete einseitiger Struktur oder Gebiete, denen wesentliche Lebensgrundlagen fehlen, eignen sich nicht zur Zusammenfassung, da sie in jeder Krise die nächst höhere Instanz zur Hilfe heranholen müssen.

F.

Die Landesgewalt

Die Landesgewalt wird durch den Landtag und die Landesregierung ausgeübt. Der Landtag geht aus allgemeinen, gleichen, unmittelbaren und geheimen Wahlen aller wahlberechtigten Männer und Frauen hervor. Für die Länder sind zweite Kammern abzulehnen. Die Länder bedürfen keines besonderen Staatspräsidenten.

G.

Aufbau der Landesverwaltung

Der Aufbau der Verwaltung in den Ländern ist Landesangelegenheit. Durch reichsgesetzliche Richtlinien kann gewährleistet werden, daß die den Ländern übertragenen Auftragsangelegenheiten gleichmäßig und ohne Reibungen durchgeführt werden. Erfüllt ein Land die ihm nach Reichsrecht obliegenden Pflichten nicht, so wird es zur Erfüllung des rechtmäßigen Zustandes angehalten.

H.

Die gemeindliche Selbstverwaltung

Die Gemeinden haben in ihrem Gebiet unter eigener Verantwortung alle öffentlichen Aufgaben wahrzunehmen, soweit diese nicht an gesetzlichen Vorschriften anderen Stellen ausdrücklich zugewiesen sind (Universalitätsprinzip). Die Sozialdemokratie fordert daher eine Erweiterung des Wirkungsbereiches der gemeindlichen Selbstverwaltung. Die Größe der Gebietskörperschaften hat dem erweiterten Aufgabenkreis Rechnung zu tragen.

8. Aus der Rede Walter Ulbrichts auf einer Beratung mit Funktionären der KPD in Ottendorf (Sachsen) im Dezember 1945 über den Aufbau der demokratischen Selbstverwaltung

Die Schaffung einer neuen, demokratischen Ordnung in Deutschland ist in erster Linie die Frage der Festigung der Einheitsfront der beiden Arbeiterparteien, der KPD und der SPD, und der Festigung des Blocks mit den anderen antifaschistisch-demokratischen Parteien. Im Bewußtsein der großen geschichtlichen Aufgabe, den Faschismus und Imperialismus in Deutschland zu vernichten und eine demokratische Ordnung zu schaffen, hatte unsere Partei die Initiative ergriffen und der Sozialdemokratischen Partei, der Christlich-Demokratischen Union und der Liberal-Demokratischen Partei die Bildung eines gemeinsamen Blocks vorgeschlagen. Wir können sagen, daß sich die Bildung dieses Blocks gerechtfertigt hat. Wir sind von dem ernsten Bestreben erfüllt, diese Einheitsfront der antifaschistisch-demokratischen Kräfte weiterzuentwickeln und zu festigen.

Es kommt darauf an, die vordringlichsten Aufgaben - das Wirtschaftsleben in Gang zu bringen, alle Kräfte anzuspannen, damit der Transport besser arbeitet, damit die Wohngebäude für den Winter vorbereitet werden und die Versorgung der Bevölkerung verbessert wird - zu lösen. In der Praxis hat sich erwiesen, daß alle diese Aufgaben nur lösbar sind, wenn die ganze Initiative des Volkes zur Entfaltung kommt. Oft wird die demokratische Selbstverwaltung zu formal aufgefaßt. Alte, überholte Anschauungen und Gewohnheiten wirken noch nach. Es wäre falsch zu glauben, daß die Demokratie darin besteht, daß künftig von Zeit zu Zeit das Volk bei Wahlen abstimmen wird. Das genügt nicht. Demokratie ist eine tägliche, eine ständige Aufgabe des ganzen Volkes und vor allem seiner fortschrittlichsten Kräfte, die dem Funktionärkörper der beiden Arbeiterparteien angehören. So ist zum Beispiel die Lösung der Produktionsaufgaben nur möglich beim täglichen vollen Mitbestimmungsrecht der Betriebsräte und Gewerkschaften. Es ist kein Zufall, daß die Produktion dort am ehesten in Gang kam, wo dieses Mitbestimmungsrecht von Anfang an bestand. Es geht gut in den früheren Konzernbetrieben, wo die Provinzial- oder Stadtverwaltungen Demokraten als Betriebsleiter eingesetzt haben, und es geht in den Betrieben großer Aktiengesellschaften schlecht, wo die alten Kriegsinteressenten noch kommandieren. Wir können feststellen, daß ein großer Teil der Unternehmer bestrebt ist, die Möglichkeiten der freien Wirtschaft auszunutzen, und alles unternimmt, was in seinen Kräften steht, um die Betriebe wieder in Gang zu bringen. Dort gibt es in der Regel auch ein normales Verhältnis zu den Betriebsräten, mit denen alle wichtigen Fragen der Produktionsplanung beraten werden und die an den Verhandlungen mit den staatlichen Organen teilnehmen.

Die Demokratie besteht nicht allein darin, daß Vertreter des Volkes von Zeit zu Zeit Anträge an die staatlichen Organe einreichen, sondern sie besteht darin, daß die besten Männer des Volkes im Betrieb, in der Stadtverwaltung, in den Industrie- und Handelskammern, bei den Gerichten usw. im Sinne der Interessen des Volkes handeln. Dazu ist notwendig, daß vor allem die Wirtschaftsorgane entschlossener als bisher demokratisch umgewandelt werden. In die Wirtschaftsabteilungen der Selbstverwaltungsorgane gehören mehr sachkundige Vertreter des schaffenden Volkes. Die Industrie- und Handelskammern müssen endlich so demokratisch zusammengesetzt sein, daß sie ihre Aufgaben erfüllen können, was sie heute in den meisten Fällen noch nicht tun. Es wird höchste Zeit, daß in den Industrie- und Handelskammern ein Drittel Vertreter der freien Gewerkschaften, ein Drittel Vertreter der Unternehmer, die von der Wirtschaftsabteilung bestimmt werden, und ein Drittel Vertreter der Abteilung Arbeit bei der Stadt-, Kreis- oder Provinzialverwaltung bestimmt werden. Diese Zusammensetzung wird helfen, daß die Industrie- und Handelskammern operativer arbeiten und sich mehr anstrengen, die Wirtschaft systematisch in Gang zu bringen.

Die Wirksamkeit der Selbstverwaltungsorgane ist entscheidend davon abhängig, welche Menschen die verantwortlichen Funktionen ausüben. In den verantwortlichen Funktionen sollen Antifaschisten sein, die sich im Kampf gegen den Faschismus und für eine demokratische Ordnung in Deutschland bewährt haben. Mit ihnen zusammen sollen solche früheren Beamten tätig sein, die keine Mitglieder der Nazipartei waren und den ehrlichen Willen haben, die neuen Aufgaben mit der Einsetzung ihrer ganzen Kraft mit zu lösen. Ich denke, die neuen Männer in der Verwaltung und die früheren Beamten, die keine Hitleristen waren, werden sich gut ergänzen, und die einen werden den anderen ihre Erfahrungen vermitteln.

In verschiedenen Städten hat man den Eindruck, daß die Organe der Selbstverwaltung noch viel bürokratischen Sand in den Rädern haben. Durch zwei Maßnahmen kann das geändert werden:

1. Es ist notwendig, daß das Volk den Selbstverwaltungsorganen mehr hilft, daß es Vorschläge macht und Kritik übt. Wenn Angestellte in den Selbstverwaltungsorganen die Vorschläge nicht genügend beachten, so gibt

es die Presse, in der offen über diese Fragen geschrieben werden wird.

2. Eine andere, sehr wichtige Maßnahme ist die Heranziehung neuer Menschen in die Selbstverwaltungsorgane. Ich sagte schon, daß mehr Gewerkschaftler in die Wirtschaftsabteilungen gehören. Im Schulwesen ist es notwendig, mutiger solche Frauen und Männer aus den Reihen der Intelligenz, aus den Reihen des schaffenden Volkes heranzuziehen, die die ideologischen und charakterlichen Fähigkeiten haben, gute Lehrer zu werden. Heute haben sie vielleicht noch diese und jene Schwächen, aber in der Praxis der Schularbeit und durch die Kurse und Vorträge, die organisiert werden müssen, werden sie schnell lernen. Auch hier muß eine enge kameradschaftliche Zusammenarbeit zwischen den alten erfahrenen, demokratischen Schullehrern und den neuen Lehrerinnen und Lehrern herbeigeführt werden.

Auf dem Gebiet der Justiz, wo die faschistische Reaktion besonders starke Positionen hatte, ist es an der Zeit, daß Antifaschisten, auch wenn sie nicht die juristische Vorbildung besitzen, als Richter bestätigt werden und daß bei der Rechtsprechung den Schöffen und Geschworenen das eigentliche Urteilsrecht gesichert wird. Es darf nicht sein wie nach 1918, daß nach einiger Zeit die Reaktionäre, die sich gegenwärtig auf die verschiedenste Weise tarnen, wieder munter werden und die Gerichte ausnutzen zum Kampf gegen die Demokratie.

Mir scheint, daß die Bauern und Landarbeiter ein gutes Beispiel gegeben haben, wie man demokratisch handeln muß. In den Bauern- und Landarbeiterversammlungen der Orte und auf den Konferenzen in den Kreisen haben sie selbst in demokratischer Weise bestimmt, wie die Güter der großen Grundbesitzer aufgeteilt werden. Die Ausschüsse zur Durchführung der Bodenreform haben in wenigen Wochen jene große historische Aufgabe gelöst, die der ganze Beamtenapparat der Weimarer Republik in vierzehn Jahren nicht fertigbrachte. Es hat sich erwiesen, daß die Bauern und Landarbeiter klüger sind als jene Herren, die damals im Landwirtschaftsministerium über Siedlungsplänen brüteten. Zu guter Letzt kam damals die Osthilfe für die Großgrundbesitzer heraus. Man hat den Bauern und Landarbeitern und den Selbstverwaltungsorganen von einer gewissen Seite den Vorwurf gemacht, daß sie die Bodenreform zu schnell durchführen. Möge sich jeder demokratische Deutsche selbst sein Urteil bilden. Hatten die Bauern und Landarbeiter nicht recht, als sie sagten:

1. Wir wollen nicht, daß sich auch nur eine Woche länger die Faschisten in den großen Gütern verstecken können.

2. Wir wollen nicht, daß die alten Großgrundbesit-

zer, die Träger des Militarismus und der Kriegspolitik, auch nur noch eine Woche länger die Landbevölkerung kommandieren und die alte Kriegsideologie im Dorfe pflegen.

3. Wir wollen unserem Volke helfen, die Ernährungsfrage zu lösen. Nach der Katastrophe dieses Krieges ist das nur möglich, wenn diejenigen den Boden bekommen, die ihn bearbeiten, denn nur so ist jene intensive Bewirtschaftung möglich, die unsere Volksernährung sichern kann.

4. Wenn gesagt wird, man müsse den Großgrundbesitzern doch auch genügend Boden lassen, wobei vorgeschlagen wurde, man solle ihnen bis zu 100 Hektar lassen, so würde das bedeuten, daß nach wie vor die Träger des preußischen Militarismus die größten Grundbesitzer bleiben, wenn sie auch statt 150 nur noch 100 Hektar hätten. Das widerspricht einer demokratischen Ordnung und würde nur dazu beitragen, diesen Feinden der Nation die Möglichkeit zu geben, auf Grund ihrer wirtschaftlichen Macht ihre alte verbrecherische Politik fortzusetzen.

5. Wenn man vorschlägt, die Großgrundbesitzer zu entschädigen, so ist das offenkundig eine sehr undemokratische Forderung. Die Großgrundbesitzer, deren Vorfahren vor Jahrhunderten den Bauern das Land gestohlen hatten, darf man dafür nicht auch noch belohnen. Im übrigen würde eine solche Forderung auf Entschädigung eine ungeheure Belastung der neuen Bauernstellen bedeuten und eine solche Belastung der Kassen der Landes- beziehungsweise Provinzialverwaltungen sein, daß unvermeidlich die Entwertung der Mark gefördert werden würde.

Wir Kommunisten sind der Meinung, daß die Bauern und Landarbeiter recht haben, wenn sie entschlossen auf demokratische Weise die Bodenreform durchführen und jetzt alle Anstrengungen unternehmen, damit die Herbstsaat zur rechten Zeit in den Boden kommt und damit die neuen Bauernwirtschaften sich schnell entwikkeln. Wir Kommunisten sind dafür, daß alles auf den früheren großen Gütern vorhandene Vieh kostenlos den Bauern als Privateigentum übergeben wird. Notwendig ist, daß die Ausschüsse der gegenseitigen Bauernhilfe schnell geschaffen werden und ihre Arbeit beginnen. Wir wünschen den Bauern viel Glück bei der Arbeit auf dem Boden, den sie jetzt bekommen haben.

Genossen und Genossinnen! Ihr seht, am Ende des zweiten Weltkrieges ist die Lage eine andere als die Lage am Ende des ersten Weltkrieges. Im zweiten Weltkrieg hat der deutsche Imperialismus den Krieg bis zur völligen militärischen Niederlage und bis zur Zerschlagung des faschistischen Staatsapparates geführt. Während am Ende des ersten Weltkrieges die reaktionären Kräfte des deutschen Imperialismus im Staatsapparat verblieben, sind sie jetzt bestrebt, mit allen Mitteln und unter den verschiedensten Tarnungen in die Selbstverwaltungsorgane einzudringen. Gewisse Kreise fordern die Wiedereröffnung der Großbanken, die Erhaltung der Konzerne, das Fortbestehen aller möglichen Organisationen, um sie als Versteck für imperialistisch-militaristische Kräfte zu benutzen und dergleichen mehr. Es ist das Wort von der Restauration gefallen. Sozialdemokratische Genossen haben auf die Gefahr hingewiesen, daß es wieder so geht wie nach dem ersten Weltkrieg. Zweifellos sind solche Gefahren vorhanden. Manche haben auch gefragt, was der Unterschied zwischen der Koalitionspolitik der Weimarer Zeit und der jetzigen Politik der antifaschistisch-demokratischen Einheitsfront sei. Ein wesentlicher Unterschied besteht zunächst darin, daß im November 1918 eine Revolution stattfand, die zwar nicht einmal die feudalen Reste beseitigte, die aber immerhin eine Revolution war, in der eine Reihe Volksrechte durchgesetzt wurden. Jetzt wurde der deutsche Imperialismus militärisch vernichtend geschlagen, und die Rechte der Selbstverwaltung in den unteren Einheiten wurden uns von der Besatzungsbehörde gegeben. Ferner möchte ich darauf hinweisen, daß gegenwärtig eine Reihe Maßnahmen zur Sicherung des Friedens ergriffen werden, die von großer nationaler und sozialer Bedeutung für unser deutsches Volk sind:

1. In der Weimarer Republik blieben die Großgrundbesitzer mit der Begründung, daß man nach einem verlorenen Krieg nicht solche wirtschaftlich weitreichenden Maßnahmen wie die Liquidierung des Großgrundbesitzes durchführen könne. Wir Kommunisten waren damals noch eine kleine Partei. Heute sind wir eine starke Partei, uns es ist uns gelungen, gemeinsam mit den anderen antifaschistisch-demokratischen Parteien jetzt die Liquidierung der Großgrundbesitzerherrschaft durchzuführen. Heute geben wir also den Großgrundbesitzern keine Osthilfe, wie es damals geschah, sondern den Trägern des deutschen Militarismus wird die wirtschaftliche Basis genommen und damit ein großer Gefahrenherd für die Nation beseitigt.

2. In der Weimarer Republik blieben die Konzerne und Kartelle nicht nur bestehen, sondern sie wurden sogar staatlich gefördert. Heute steht eine große Zahl jener Konzerndirektoren, die Faschisten sind, vor dem alliierten Gericht, und die Betriebe der Faschisten werden von neuen Betriebsleitern, die von den Selbstverwaltungsorganen eingesetzt wurden, geleitet. Während 1918 die Gewerkschaftsleitung einen Arbeitsgemeinschaftsvertrag mit den Vertretern des Monopolkapi-

talismus schloß, kommen letztere heute als Kriegsverbrecher vor Gericht, und die Unternehmerorganisationen werden nicht mehr zugelassen.

3. Die gesamte deutsche Arbeiterklasse hat aus der Entwicklung nach dem ersten Weltkrieg doch schon einige Lehren gezogen und ist etwas wachsamer als damals, damit sich eine solche Entwicklung nicht wiederholt.

4. Im Unterschied zu der Zeit nach dem ersten Weltkrieg gibt es jetzt eine Einheitsfront der beiden Arbeiterparteien. Während in der damaligen Koalitionspolitik die bürgerlichen Parteien die Sozialdemokratie gebunden hielten und beeinflußten, besteht jetzt die Einheitsfront der beiden Arbeiterparteien, die das Hauptgewicht in der Einheitsfront aller antifaschistisch-demokratischen Kräfte besitzt. Ich möchte sagen, daß die Einheitsfront der KPD und der SPD der Hauptgarant der demokratischen Entwicklung in Deutschland ist, und zwar in allen Teilen Deutschlands, in Berlin und Sachsen ebenso wie in Hamburg und im Ruhrgebiet. Das kann auch nicht anders sein, denn die Arbeiterklasse ist trotz aller Fehler, die sie beging, die fortschrittlichste Klasse, der die Menschen angehörten und angehören, die am entschlossensten den Kampf gegen den Faschismus und Imperialismus führten.

...

Auch in ideologischer Beziehung erfolgt eine Weiterentwicklung in der Einheitsfront. Es genügt heute nicht mehr, Hitler als imperialistischen Verbrecher zu charakterisieren. Beide Arbeiterparteien haben die große Aufgabe, dem Volke zu erklären, daß die Ursache der Verbrechen des Faschismus die Macht der imperialistischen Kräfte, der Konzerne, Kartelle und Großbanken, war. Es genügt nicht, das Führerprinzip des Nazismus zu verurteilen. Es ist notwendig, das Wesen des faschistischen Staates, der Staatsgewalt des deutschen Imperialismus zu enthüllen. Das alles ist nicht leicht, denn auch die Vorhut der deutschen Arbeiterklasse hatte lange Zeit keine Möglichkeit zu lesen, zu studieren, in gemeinsamen Beratungen diese Fragen tiefgründig durchzuarbeiten. Um so notwendiger ist es, daß jetzt die Funktionäre beider Parteien sich mit diesen Fragen beschäftigen, um die eigenen Parteimitglieder zu befähigen, das Volk über diese Grundfragen unseres nationalen Lebens aufzuklären. Auch diese gemeinsame ideologische Arbeit wird zur Festigung des kameradschaftlichen Verhältnisses der Funktionäre beider Parteien beitragen. Die Funktionäre werden sich wieder vertraut machen mit der Lehre der Begründer des wissenschaftlichen Sozialismus, mit der Lehre der großen deutschen Wissenschaftler Karl Marx und Friedrich Engels, und mit den Lehren Lenins, der die marxistische

Lehre weiterentwickelte und auf die Periode des Imperialismus anwandte. Wenn wir so arbeiten, dann wird mit dem Sturz des Hitlerfaschismus nicht nur ein neues Blatt in der deutschen Geschichte aufgeschlagen sein, sondern dann wird eine neue Periode der deutschen Arbeiterbewegung beginnen. Auf dem ersten Blatt in diesem neuen Abschnitt wird geschrieben stehen: Aktionseinheit der Kommunistischen und der Sozialdemokratischen Partei!

Wir sind überzeugt, daß diese Entwicklung der Aktionseinheit zum engeren Zusammenwachsen beider Parteiorganisationen und zur Schaffung der einheitlichen Partei der deutschen Arbeiterklasse führen wird.

Notwendig ist, daß die Kommunistische Partei, die Partei, die in ihrer ganzen Geschichte an der Spitze der deutschen Arbeiterklasse im Kampfe gegen den deutschen Imperialismus stand, gestärkt wird, denn von der Stärke der Kommunistischen Partei ist wesentlich abhängig das Tempo des Wiederaufbaus Deutschlands, die Festigung der neuen, demokratischen Ordnung und die Festigung der Einheit aller antifaschistisch-demokratischen Kräfte. Unter dem Einfluß der Riesenaufgaben, die unsere Funktionäre zu bewältigen haben, ist in der letzten Zeit die Werbearbeit für die Kommunistische Partei, die Partei des Aufbaus, etwas vernachlässigt worden. Gerade weil unsere Partei solche großen Aufgaben zu erfüllen hat, muß sie durch systematische Werbung alle guten Antifaschisten, Arbeiter, Bauern, Angestellte, Ingenieure, Lehrer, in die Partei aufnehmen, damit diese fortgeschrittenen antifaschistischen Kräfte in der Partei selbst als organisierte Kraft wirksam werden und in der Partei mithelfen, die Lebensfragen unseres Volkes mitzuberaten. Sorgt dafür, daß in kurzer Zeit die Mitgliederzahl der Partei verdoppelt wird und daß die fortgeschrittensten, die aktivsten Parteimitglieder dem Funktionärkörper angehören. Sorgt dafür, daß die neuen Parteimitglieder in würdiger Weise in die Partei aufgenommen werden. Organisiert mehr Vorträge, und veranstaltet Kurse für die neuen Mitglieder. Stärkt auf diese Weise unsere Partei, damit sie ihre große geschichtliche Aufgabe erfüllen kann.

9. Beschluß des Parteivorstandes der SED vom 19. September 1946 über "Die Grundrechte des deutschen Volkes"

Das deutsche Volk kann nicht leben ohne die Wiederherstellung der Einheit Deutschlands.

Ist diese Einsicht, daß die Deutschen, wie sie ein Volk unter Völkern sind, so auch einen Staat unter Staaten bilden, in dieser Zeit unserer größten nationalen Katastrophe auch selbstverständliches Gemeingut aller Deutschen?

Durch eine föderalistische und separatistische Politik ist die Reaktion in den verschiedenen Gebieten unserer deutschen Heimat am Werk, die Aufteilung Deutschlands in Einzelstaaten herbeizuführen. Aus dem von ihnen mitverschuldeten Zusammenbruch des Reiches erhoffen die Konzern- und Bankherren, die Junker und Großgrundbesitzer und andere von einer föderalistischen Aufgliederung Deutschlands noch einmal die Rettung ihrer alten wirtschaftlichen und politischen Machtpositionen.

Mit jedem Tage wächst die Gefahr einer versteckten und offenen Propaganda, die Deutschland in ein östliches und westliches Gebiet zerreißen will.

Der Vorwand, deutsche Gebiete in sogenannte "Vereinigte Staaten Europas" eingliedern zu wollen, ist zu fadenscheinig, um von der beabsichtigten Zerstückelung Deutschlands ablenken zu können. Wo steht die Bildung der "Vereinigten Staaten Europas" zur Debatte? Aber auch wenn dieser nebelhafte Plan verwirklicht werden könnte, wären die deutschen Länder nur lebensunfähige Anhängsel ihrer Nachbarstaaten.

Reaktionäre Bestrebungen zeigen sich auch bei der Beratung von Landesverfassungen in verschiedenen Ländern. Tief beunruhigt sind große Teile unseres Volkes durch die Tatsache, daß in verschiedenen demokratischen Parteien reaktionäre Kräfte sich Geltung verschaffen konnten, die die Losreißung deutscher Gebiete von einem gesamtdeutschen Staate vorbereiten, um einem autoritären Regime den Weg zu bereiten.

Angesichts dieser Gefahren für eine friedliche und demokratische Entwicklung Deutschlands schlägt die Sozialistische Einheitspartei Deutschlands allen antifaschistischen und demokratischen Parteien und Organisationen einen offenen Meinungsaustausch über den Weg zur Schaffung eines einigen demokratischen Deutschlands vor.

Es ist offenkundig, daß eine friedliche Zukunft und die demokratische Entwicklung in Deutschland noch nicht gesichert sind. Nur durch Bestrafung der Kriegs- und Naziverbrecher und anderer Militaristen und durch die Schaffung einer demokratischen Selbstverwaltung kann die politische Grundlage für die Einheit Deutschlands und eine bessere Zukunft unseres Volkes gesichert werden. Die Säuberung der Verwaltung und der Wirtschaftsorgane von Militaristen und aktiven Verfechtern der Hitlerschen Kriegs- und Gewaltpolitik, die Enteignung der militaristischen Großgrundbesitzer und die Übereignung der Betriebe der Kriegsverbrecher und aktiven Nazis an die Landesverwaltungen muß der nächste gemeinsame Schritt aller friedliebenden demokratischen Kräfte sein. Gleichzeitig mit dem gemeinsamen Kampf zur Vernichtung der Reste des Nazismus und Militarismus sollte beim Alliierten Kontrollrat die Genehmigung zur Bildung deutscher Zentralverwaltungen für ganz Deutschland erwirkt werden. Solche Zentralverwaltungen sind dringend notwendig, um vor allem zu einer einheitlichen Wirtschaftspolitik und Wirtschaftsplanung sowie zu einem Kriegsschädenausgleich, einer Ordnung der Finanzen und der Währung zu kommen, ohne die eine Überwindung der Folgen der nazistischen Kriegspolitik nicht möglich ist. Nur durch die gemeinsamen Anstrengungen der antifaschistisch-demokratischen Parteien, Gewerkschaften und anderen Organisationen zum Aufbau einer friedlichen Ordnung können wir uns das Vertrauen der anderen Völker wiedererwerben, zur Bildung einer gesamtdeutschen Regierung ermächtigt und die Aussicht erhalten, bei den künftigen Friedensverhandlungen gehört zu werden.

Erfüllt von der großen Verantwortung, die wir als Sozialistische Einheitspartei Deutschlands, als die größte Partei in Deutschland, haben, schlagen wir allen antifaschistisch-demokratischen Kräften einen offenen Meinungsaustausch über folgende Grundrechte des deutschen Volkes vor:

1

Deutschland ist eine unteilbare demokratische Republik. Das Gebiet der Republik besteht aus den Gebieten der deutschen Länder. Es gibt nur eine Staatsangehörigkeit der deutschen Republik. Alle Staatsangehörigen der deutschen Republik haben in jedem Lande die gleichen Rechte und Pflichten.

Die Staatsmacht wird in gesamtdeutschen Angelegenheiten durch die Organe der Republik auf Grund der deutschen Verfassung, in Landesangelegenheiten durch die Länderorgane auf Grund der Landesordnung ausgeübt.

Die Abgrenzung der Zuständigkeiten erfolgt durch die von einer Nationalversammlung zu beschließende Verfassung. Die Staatsbürger genießen den Schutz der Verfassung und sind zum Schutz der Verfassung verpflichtet.

2

Alle Staatsgewalt geht vom Volke aus und hat dem Wohle des Volkes zu dienen. Bei der Ausübung der Staatsbürgerrechte sind Männer und Frauen gleichberechtigt.

Das Volk übt die Staatsgewalt aus durch die Wahl zu den Volksvertretungen der Republik und der Länder, durch Volksbegehren und Volksentscheid, durch Mitwirkung an der Verwaltung der Republik und der Länder und öffentlichen Körperschaften und an der Rechtsprechung sowie durch die demokratisch ausgebaute Selbstverwaltung der Gemeinden.

3

Das Parlament ist das höchste Staatsorgan der deutschen demokratischen Republik.

Das Parlament übt das Recht der Gesetzgebung aus und hat die Kontrolle über die gesamte Verwaltung der Republik.

Das Parlament beschließt die Gesetze nach Maßgabe der Verfassung. Die Regierung sowie jeder einzelne Minister bedürfen zu ihrer Amtsführung des Vertrauens des Parlaments.

Die Abgeordneten werden durch allgemeine gleiche, geheime und unmittelbare Wahl nach dem Grundsatz des Verhältniswahlrechts gewählt. Wahlberechtigt sind alle Staatsbürger, die das 18. Lebensjahr vollendet haben, soweit ihnen nicht durch gerichtliches Urteil das Wahlrecht entzogen ist. Wählbar sind alle über 21 Jahre alten wahlberechtigten Bürger. Unberührt bleiben etwaige Bestimmungen, nach denen Kriegsverbrechern und aktiven Nationalsozialisten das Wahlrecht entzogen ist.

4

Alle Bürger sind vor dem Gesetz gleich. Sie haben die gleichen Rechte bei der Ausübung der Staatsgewalt, es sei denn, daß sie ihnen wegen Begehung eines Verbrechens oder wegen ihrer politischen Haltung zur Zeit der Herrschaft des Nationalsozialismus auf Grund von Gesetzen ganz oder teilweise aberkannt worden sind.

Jegliche nationale, religiöse oder Rassenhetze wird strafrechtlich geahndet. Alle Personen, die militärische oder nationalsozialistische Ideen propagieren oder propagiert haben, sind aus den öffentlichen Ämtern zu entfernen. Solche Personen dürfen keine leitende Stellung in der Wirtschaft und im kulturellen Leben bekleiden.

5

Jeder Bürger hat das Recht, innerhalb der Schranken der Gesetze seine Meinung durch Wort, Schrift, Druck,

Bild oder in sonstiger Weise frei zu äußern. An diesem Recht darf ihn kein Arbeits- oder Angestelltenverhältnis hindern, und niemand darf ihn benachteiligen, wenn er von diesem Recht Gebrauch macht.

6

Die Kunst, die Wissenschaft und ihre Lehren sind frei. Die Staatsmacht nimmt sich ihrer Pflege an und schützt sie vor allem Mißbrauch.

7

Die Wohnung jedes Deutschen ist für ihn eine Freistätte und unverletzlich. Ausnahmen sind nur auf Grund von Gesetzen zulässig. Das Briefgeheimnis sowie das Post-, Telegrafen- und Fernsprechgeheimnis sind unverletzlich. Ausnahmen können nur durch Gesetze der Republik zugelassen werden.

8

Alle Bürger haben das Recht, zu Zwecken, die den Strafgesetzen nicht zuwiderlaufen, Vereine oder Gesellschaften zu bilden. Dies Recht kann nicht durch Vorbeugungsmaßnahmen beschränkt werden. Für religiöse Vereine und Gesellschaften gelten dieselben Bestimmungen.

9

Jeder Bürger hat ein Recht auf Arbeit. Es ist Aufgabe der Staatsmacht, durch Wirtschaftslenkung jedem Bürger Arbeit und Lebensunterhalt zu sichern.

Soweit ihm angemessene Arbeitsgelegenheit nicht nachgewiesen werden kann, wird für seinen notwendigen Unterhalt gesorgt.

Jeder Deutsche hat die sittliche Pflicht, seine geistigen und körperlichen Kräfte so zu betätigen, wie es das Wohl der Gesamtheit erfordert. Die Arbeitskraft, die Mütter, Kinder und Jugendlichen sowie die Volksgesundheit stehen unter dem besonderen Schutz der Gesetze.

10

Jeder Arbeitende hat ein Recht auf Erholung sowie auf Versorgung bei Krankheit, Invalidität und Alter durch eine einheitliche Sozialversicherung.

Jeder Bürger hat das Recht auf eine Heimstätte.

11

Die Ordnung des Wirtschaftslebens muß den Grundsätzen der sozialen Gerechtigkeit mit dem Ziel der Gewährleistung eines menschenwürdigen Daseins für alle entsprechen. In diesen Grenzen ist die wirtschaftliche Freiheit des einzelnen zu sichern.

Private Konzerne, Großbanken, Kartelle und Syndikate dürfen nicht bestehen.

12

Der selbständige Mittelstand in Landwirtschaft, Gewerbe und Handel ist in Gesetzgebung und Verwaltung zu fördern.

Die Freiheit des Handels und des Gewerbes wird nach Maßgabe der Gesetze gewährleistet.

13

Der Großgrundbesitz ist aufzulösen. Die durch die Bodenreform geschaffenen Eigentumsverhältnisse werden gewährleistet.

14

Das Eigentum wird von der Verfassung gewährleistet. Sein Inhalt und seine Schranken ergeben sich aus den Gesetzen.

Für die Vergesellschaftung geeignete private wirtschaftliche Unternehmungen können durch Gesetz in Gemeineigentum übergeführt werden. Die Länder und Gemeinden können an der Verwaltung wirtschaftlicher Unternehmungen und Verbände beteiligt oder es kann ihnen in anderer Weise ein bestimmender Einfluß darauf gesichert werden.

15

Alle Staatsbürger haben gleiches Recht auf Bildung.

Die Schule soll jedem, unabhängig von der sozialen Lage der Eltern und dem Religionsbekenntnis, eine seinen Fähigkeiten und Anlagen entsprechende vollwertige Ausbildung geben.

Sie soll die Jugend zu selbständig denkenden und verantwortungsbewußt handelnden Menschen erziehen, die fähig und bereit sind, sich in das Gemeinschaftsleben einzuordnen.

Als Mittlerin der Kultur hat die Schule die Aufgabe, die Jugend im Geiste des friedlichen und freundschaftlichen Zusammenlebens der Völker und einer echten Demokratie zu wahrer Humanität zu erziehen. Die Schule ist eine staatliche Einrichtung. Der Elternschaft wird die Möglichkeit gegeben, durch Bildung von Ausschüssen beratend in allen wichtigen Schulangelegenheiten mitzuwirken.

Die staatlich anerkannten Jugendorganisationen sind zur allgemeinen Erziehungsarbeit heranzuziehen.

16

Trennung von Staat und Kirche.

17

Volle Glaubens- und Gewissensfreiheit. Die ungestörte Religionsausübung wird durch die Verfassung gewährleistet und steht unter staatlichem Schutz.

18

Die Rechtsprechung wird nach Maßgabe der Gesetze durch Berufs- und Laienrichter im Sinne sozialer Gerechtigkeit ausgeübt.

Das Volk ist zur Rechtspflege in weitem Umfange heranzuziehen.

19

Die Republik regelt durch Gesetz die Währung, die Finanzen und den Anteil der Länder und Gemeinden an den Staatseinnahmen sowie den Aufbau, die Einrichtung und die Kontrolle der Abgabenverwaltung der Länder sowie das Verfahren der Abrechnung zwischen der Republik und den Ländern.

Eisenbahn, Post und Justiz werden von der Republik verwaltet.

20

Bei den Gemeinden und Gemeindeverbänden bestehen Gemeindevertretungen, die nach demokratischen Grundsätzen, die für die Wahl der Abgeordneten gelten, zu wählen sind. Die Gemeindeverwaltungen sind den Gemeindevertretungen verantwortlich und bedürfen ihres Vertrauens. Vom Wahlrecht zu den Gemeindevertretungen darf kein Bürger, der mindestens sechs Monate in der Gemeinde ansässig ist, ausgeschlossen werden. Die Bestimmungen über die Aberkennung des Wahlrechts der aktiven Nationalsozialisten, Kriegsverbrecher, Naziverbrecher und Kriegsinteressenten bleiben unberührt.

Die Zukunft Deutschlands hängt von der Bereitschaft der Frauen, Männer und der Jugend unseres Volkes ab, eine fortschrittliche demokratische Ordnung zu schaffen.

Sichern wir den Frieden durch die Bestrafung der Kriegsverbrecher, durch die Beseitigung der Macht der Konzernherren, Bankherren und Großgrundbesitzer!

Mögen alle gesunden Kräfte in unserem Volk zur vollen Entfaltung gelangen!

Bemühen wir uns, durch friedliche Arbeit und durch fortschrittliche demokratische Gesinnung das Vertrauen der anderen Völker wiederzuerwerben.

Eine solche fortschrittliche demokratische Ordnung ist die Voraussetzung für eine bessere Zukunft unseres Volkes und für die Sicherung der Einheit Deutschlands. Alles durch das Volk! - Alles für das Volk! - Des Volkes Wille sei oberstes Gesetz!

Sozialistische Einheitspartei
Deutschlands

Der Parteivorstand
Wilhelm Pieck   Otto Grotewohl

10. Erklärung der kommunistischen Fraktion des Zonenbeirats (britische Zone) zu den Richtlinien für eine künftige, deutsche Verfassung, 16. Oktober 1947

Die vierköpfige kommunistische Fraktion des Zonenbeirats unter dem Vorsitz Max Reimanns reagierte am spätesten auf die Rundfrage nach Verfassungsentwürfen, die der Rechts- und Verfassungsausschuß an die Parteien gerichtet hatte. Die Kommunisten vertragen, in Übereinstimmung mit der SED, deren Verfassungsentwurf für sie verbindlich war, die Auffassung, daß eine auch nur vorläufige staatsrechtliche Zusammenfassung der Westzonen die deutsche Einheit verhindern würde.

Im Artikel III der Verordnung Nr. 80 der britischen Militärregierung betr. Errichtung eines Zonenbeirats vom 10.6.1947 heißt es: "Die Aufgabe des Zonenbeirats ist es, die Kontrollkommission für Deutschland, britischer Teil, in allen öffentlichen Angelegenheiten zu beraten."

Am nächsten Tage, am 11.6.1947, erklärte General Robertson in seiner Rede vor dem Zonenbeirat, daß eine der wesentlichsten Aufgaben des neuen Zonenbeirates darin bestehen werde, sich mit den Verfassungsfragen der künftigen deutschen Republik zu befassen.

Durch die bedingungslose Kapitulation ist die gesamte Staatsgewalt in Deutschland auf die Alliierten übergegangen. Die Alliierten haben ihre künftige Politik bezüglich Deutschland in einem Dokument zusammengefaßt, das die Unterschrift der führenden Staatsmänner aller Alliierten trägt. Das sind die Beschlüsse der Potsdamer Konferenz vom 25.7./2.8.1945.

Nach diesen Beschlüssen wird in Deutschland ein Kontrollrat zur Ausübung der obersten Macht eingesetzt, und zwar gemäß den Instruktionen der entsprechenden Regierungen in den einzelnen Zonen, "sowie gemeinsam in den Fragen, die Deutschland als Ganzes betreffen."

Nach dieser Interpretation der staatsrechtlichen Lage, deren Richtlinien von niemand bestritten werden können, besteht für die Beratung eines Verfassungsentwurfs für Gesamtdeutschland durch den Zonenbeirat keine Legitimitätsgrundlage, da diese für eine Frage, die Gesamtdeutschland betrifft, nicht von der britischen Militärregierung, sondern nur im Alliierten Kontrollrat geschaffen werden kann..

Die Kommunistische Fraktion des Zonenbeirates muß deshalb die Beratung eines Verfassungsentwurfs für Gesamtdeutschland durch den Zonenbeirat als im Widerspruch mit den Potsdamer Beschlüssen stehend ablehnen. Da aber am 11.6.1947 dem Zonenbeirat von General Robertson der Auftrag erteilt wurde, sich mit Verfassungsfragen der künftigen deutschen Republik zu befassen, kann die Kommunistische Fraktion diesen Auftrag im Hinblick auf die staatsrechtliche Lage nur so auffassen, daß die britische Militärregierung zu der bevorstehenden Konferenz der Außenminister eine Beratung durch den Zonenbeirat zu der künftigen politischen und wirtschaftlichen Gestaltung Deutschlands wünscht.

Wir begrüßen, daß die britische Militärregierung den politischen Parteien in der britischen Zone die Möglichkeit gibt, ihre Auffassungen über diese Fragen als Material zu der Beratung der Außenminister darzulegen.

Es ist das Ziel der Kommunistischen Partei, im Sinne der Potsdamer Beschlüsse dafür zu streben, "die Umwandlung des Lebens unseres Volkes auf demokratischer und friedlicher Grundlage zu verwirklichen. Zur Schaffung dieser friedlichen Grundlage ist die vollständige Ausschaltung der Kräfte notwendig, die das deutsche Volk in einem Menschenalter zweimal auf das Schlachtfeld geführt haben.

Um in Zukunft weitere Katastrophen für Deutschland und die europäischen Völker zu verhüten, die Entmilitarisierung und Entnazifizierung in Deutschland gründlich durchzuführen, die Grundlage für eine wirkliche demokratische Neuordnung zu schaffen und Deutschland in den Kreis der friedliebenden und demokratischen Völker zurückzuführen, ist es notwendig, daß in Deutschland die monopolistischen Gebilde des Großkapitals zerschlagen, die Kriegsverbrecher und die Großgrundbesitzer in ganz Deutschland enteignet werden.

Die Durchführung dieser Maßnahmen ist nach unserer Meinung die Voraussetzung für eine demokratische Verfassung Gesamtdeutschlands und der wichtigste Schritt zur Wiederherstellung der wirtschaftlichen und politischen Einheit Deutschlands.

Der Weg zur demokratischen Neugestaltung Deutschlands kann nicht allein mit juristischen Mitteln und Verfassungsinstitutionen beschritten werden, sondern nur allein durch Freilegung und freie Entfaltungsmöglichkeit der Kräfte, die die Träger der demokratischen Gedankens sind.

Um die Demokratie in Deutschland zu sichern, muß die künftige Verfassung das Volk zum alleinigen Träger der Staatsgewalt machen. Verfassungskörperschaften, die das Volk an der Ausübung seiner Rechte hindern, dürfen nicht errichtet werden.

Unter Mißachtung der Interessen des Volkes soll die Frage Einheitsstaat oder föderatives Deutschland ohne Volksbefragung entschieden werden. Die Kommunistische Partei weist ganz besonders darauf hin, daß die eifrigsten Fürsprecher für die Vereinigung der beiden Westzonen auch die Verfechter des Föderalismus sind. Besonders sind es Kreise des Monopolkapitals und des Großgrundbesitzes, die einen Zusammenschluß der beiden Westzonen zur Rettung ihrer Machtposition betreiben und so die Schaffung eines einheitlichen Deutschlands verhindern.

Ihre Pläne stehen im Gegensatz zu den nationalen und sozialen Interessen des deutschen Volkes. Sie stehen aber auch im Gegensatz zu einer von uns erstrebten friedlichen Politik Deutschlands, da ein zerstückeltes Deutschland ein dauernder Unruheherd, ein Wirkungsfeld reaktionärer, militaristischer Kräfte und damit eine Bedrohung für seine Nachbarn bildet. Für den Aufbau eines einheitlichen, friedlichen Deutschlands und für die Sicherung der Grundrechte der Bürger gibt die Fraktion der KPD des Zonenbeirats nachstehend einige Richtlinien zur Grundlage einer Verfassung der demokratischen Republik zur Kenntnis:

1. Die Staatsgewalt geht vom Volke aus und wird von ihm ausgeübt.

2. Die Abgeordneten des Parlaments der demokratischen Republik werden nach den Grundsätzen des allgemeinen, gleichen, geheimen und unmittelbaren Verhältniswahlsystems gewählt.

3. Das Präsidium, das sich aus allen im Parlament vertretenen Parteien zusammensetzt, nimmt die Hoheitsrechte der Volksvertretung und des Staatsgerichtshofes wahr.

4. Die Regierung der demokratischen Republik wird vom Parlament gewählt und ist ihm voll verantwortlich.

5. Das Parlament kann nur durch eigenen Mehrheitsbeschluß oder durch Volksentscheid aufgelöst werden.

6. Die persönlichen Grundrechte eines Bürgers dürfen nur nach gültigen Gesetzen beschränkt werden.

7. Naziaktivisten und Militaristen dürfen keine leitenden Stellen in Wirtschaft, Verwaltung, im politischen und kulturellen Leben bekleiden.

8. Das Koalitionsrecht und Streikrecht wird durch die Verfassung gesichert. Jegliche Aussperrung ist verboten.

9. Das volle Mitbestimmungsrecht der Betriebsräte in allen wirtschaftlichen, sozialen und personellen Fragen ist eindeutig festzulegen.

10. Betriebe der Kriegsverbrecher und Naziaktivisten sind ohne Entschädigung in Gemeineigentum zu überführen.

11. Monopol und monopolartige Organisationen sind zu verbieten.

12. Alle Bodenschätze und wirtschaftlich nutzbaren Naturkräfte sind Eigentum des Volkes und deshalb in die Hand der Republik bzw. der Länder zu überführen.

13. Der private Großgrundbesitz über 100 ha wird durch eine demokratische Bodenreform zu Gunsten der Flüchtlinge, Landarbeiter, landarmen und landlosen Bauern entschädigungslos enteignet und aufgeteilt.

14. Das persönliche Eigentum ist durch die Verfassung gewährleistet.

Die hier aufgeführten sowie alle weiteren wesentlichen verfassungsrechtlichen Punkte stehen im Einklang mit dem Verfassungsentwurf der SED für die deutsche demokratische Republik. Die Kommunistische Partei Deutschlands der britischen Zone steht auf dem Boden des Verfassungsentwurfes der Sozialistischen Einheitspartei Deutschlands.

11. Programmatische Richtlinien der FDP der britischen Zone; 4. Februar 1946

1. Inmitten des Unglücks, das der imperialistische Zwangsstaat herbeigeführt hat, darf das deutsche Volk nicht den Glauben an sich selbst verlieren. In der festen Zuversicht, daß der demokratische Gedanke, wie überall auf Erden, so auch im Herzen Europas, die Zukunft der Nationen bestimmen wird, wirkt die freie demokratische Partei für die Wiedererstehung eines deutschen Reiches.

Das neue Reich soll in organischer Neugliederung als Ganzes einen Staat bilden. Dieser Staat soll auf breitester Grundlage von unten nach oben aufgebaut werden, in freier Selbstverwaltung sollen unten die Gemeinden, darüber die Kreise, im größeren Bereich die Länder ihre eigenen Angelegenheiten selbständig regeln. Die Grenzen dieser Selbständigkeit bestimmt das Reich. Das Reich allein führt und bestimmt die Politik.

2. Das neue Reich des deutschen Volkes soll sobald wie möglich in die werdende Organisation der Menschheit eingegliedert werden. Die Vereinigten Staaten von Europa sollen für die Vereinigten Staaten der Erde die festeste Stütze sein.

3. Im Innern soll das Reich als Staat des deutschen Volkes ein wahrer Volksstaat sein, der sich jeglicher Diktatur widersetzt und keine Reste des alten Obrigkeitsstaates mehr duldet. Völlige Rechtssicherheit soll die Freiheit des Staatsbürgers schützen. Es soll nur ein Recht in Deutschland geben, ein gleiches Recht für alle, ohne Ansehen der Person, des Standes, der Konfession, der Rasse und des Geschlechts.

Diese Gleichheit des Rechts soll selbstverständlich auch für die Wahlen zu den Volksvertretungen gelten in Gemeinde, Kreis, Land und Reich. Dabei muß das Wahlverfahren so sein, daß der Wähler seinen Kandidaten direkt wählt. Anstelle der zersplitternden Verhältnis- und Listenwahl soll die persönliche Wahl durch Mehrheitsentscheidung klare und feste Mehrheitsverhältnisse in der Volksvertretung schaffen und damit eine starke politische Staatsführung sichern.

4. Zu den Rechten des freien Staatsbürgers gehört nicht zuletzt das Recht auf eine wirksame und folgerichtige Sozialpolitik, die bei gerechtem sozialen Ausgleich das Menschenrecht auf Arbeit und Schutz der Alten, Schwachen und Kranken sichert und insbesondere auch für die Kriegshinterbliebenen und Kriegsversehrten in würdiger und ausreichender Weise sorgt. Die Gewerkschaften sollen zu verantwortlichen Organisationen des Staates aufgebaut werden, die den Schutz der Arbeit ge-

währleisten. Ziel solcher Sozialpolitik ist die Verhinderung materieller Not, die Erhaltung der Menschenwürde und der persönlichen Freiheit und die Sicherung des sozialen Friedens.

5. Wie der Staat nicht Selbstzweck ist, sondern dem Volke dient, so auch die Wirtschaft. Erstes Ziel der Wirtschaftspolitik ist deshalb entsprechend dem Bedürfnis der breiten Massen die Steigerung der Erzeugung auf allen Gebieten zur Befriedigung des Lebensbedarfs der vermehrten Bevölkerung im verengten Raum. Das Ziel kann nur erreicht werden durch Wiedereinschaltung der freien Initiative unter Abbau der Wirtschaftsbürokratie. Die zur Überwindung von Notständen unentbehrliche Planung und Lenkung darf deshalb nicht bürokratisch sein, sondern muß in demokratischer Selbstverwaltung der Wirtschaft durch deren Organe unter kontrollierender Mitwirkung des Staates erfolgen. Die Planwirtschaft darf nicht Selbstzweck werden, damit nicht schließlich alles Leben und alle freie Leistung im staatlichen Zwang erstickt.

Persönliche Initiative und freier Wettbewerb steigern die wirtschaftliche Leistung, und persönliches Eigentum ist eine wesentliche Grundlage gesunder Wirtschaft.

Andererseits darf jedoch die Freiheit der Wirtschaft nicht sozial mißbraucht werden und nicht zur Übermacht von Überstarken führen. Das Recht und die Möglichkeiten der Kleinen, sich neben den Großen zu behaupten, muß ebenso gesichert sein wie das Recht derer, die ihr Leben nicht in Selbständigkeit, sondern als Mitarbeiter in großen und kleinen Betrieben verbringen.

Es ist Aufgabe und Pflicht der Wirtschaft, die Bedürfnisse der Masse zu decken. Um das zu können, muß die Wirtschaft unter internationaler Arbeitsteilung in die Weltwirtschaft eingegliedert werden.

6. Was von der Wirtschaft im allgemeinen, gilt von der Landwirtschaft im besonderen: Die erste Aufgabe der Agrarpolitik ist die Steigerung der landwirtschaftlichen Erzeugung. Wo und wenn das Besitzrecht die Leistungssteigerung nicht fördert, sondern hemmt, ist es Aufgabe einer mit weisem Bedacht vorgehenden Politik, dafür zu sorgen, daß das Recht auch die Pflicht zur Nutzung des Bodens in sich schließt, um so die größtmögliche Erzeugung zu gewährleisten. Nur solche Politik, nicht willkürliche Zerschlagung und Enteignung, bedeutet eine wahre Bodenreform. Die bewährte Tüchtigkeit des deutschen Bauern, der mit dem Boden verwachsen ist, verbürgt am sichersten die rechte Nutzung. Darum ist die Erhaltung und Förderung des freien Bauernstandes die Grundlage demokratischer Agrarpolitik.

7. Ein demokratischer Volksstaat ist nur lebensfähig bei einem hohen Stand geistiger und moralischer Bildung des Volkes. Die Wiedergewinnung des hohen Bildungsstandes, der das Erbe unserer stolzen, durch den Nationalsozialismus zerstörten deutschen Vergangenheit war, ist die Aufgabe der Schule auf allen ihren Stufen, von der Volksschule bis zur Berufsschule und Universität. Wie die Freiheit der Forschung und Freiheit der Lehre die Vorbedingung aller wissenschaftlichen Leistungen ist, so kann auch die Volksbildung nur auf dem Boden der Freiheit und Wahrhaftigkeit gedeihen. Nur so wird eine freie Jugend den Weg finden zur alten Höhe der deutschen Kultur und darüber hinaus.

Voraussetzung dafür ist gegenseitiges Wohlwollen und Duldsamkeit. Bei der konfessionellen Zerklüftung unseres Volkes können die Schulen des Staates nicht einer Konfession dienen. Wir fordern daher die Gemeinschaftsschule, in der die von ihrer Kirche anerkannten Lehrkräfte konfessionellen Religionsunterricht erteilen. Die Schule soll in der Jugend die Achtung für die religiösen Bekenntnisse der Kirchen und aller gläubigen Menschen pflegen. Schule und Kirche müssen zusammenarbeiten mit dem Elternhaus, um das Verständnis der heranwachsenden Generationen für den Glauben der Väter und die Grundlagen unserer ganzen abendländischen Kultur wieder lebendig zu machen.

8. In dem Bewußtsein, daß das höchste Glück der Erdenkinder die Persönlichkeit ist, soll der neue demokratische Staat des deutschen Volkes als ein freier Staat die freie Entfaltung der Persönlichkeit auf allen Gebieten fördern. Nach der Vernichtung der Freiheit durch die Staatsgewalt eines nationalistischen und sozialistischen Staates ist jetzt für lange Zeit die Sicherung der Freiheit in Politik, Wirtschaft und Kultur die vordringlichste Aufgabe der Demokratie: Versammlungs- und Vereinigungsfreiheit, Freiheit des Gedankens und der Rede, der Schrift und der Presse, der Forschung und der Lehre, des Glaubens und des Bekennens! Jeder Totalitätsanspruch nationalistischer, klerikaler oder sozialistischer Färbung ist ein Feind der Demokratie. Der Volksstaat, den wir erstreben, erträgt weder den Klassenstaat, noch den Obrigkeitsstaat. Der marxistische Sozialismus führt wie der nationalistische Sozialismus gleichermaßen zu einem totalitären Staat. Statt der Verstaatlichung des Menschen erstrebt die freie Demokratie die Vermenschlichung des Staates. Frei sei der Mensch im freien Staat und frei der deutsche Volksstaat im freien Bund der Völker und Staaten der Erde!

WALTER WIESE

Prinzipien der Verfassungsordnung

In der Geschichte eines Volkes sind 30 Jahre ein kurzer Zeitraum - in der Verfassungsgeschichte des deutschen Volkes seit dem Beginn des Konstitutionalismus ist ein Menschenalter stabiler Verfassungsentwicklung ein bemerkenswertes Ereignis: die freiheitlichste und fortschrittlichste Verfassung, die in Deutschland je gegolten hat, verdient es, an ihrem 30. Geburtstag gewürdigt zu werden. Welches sind die Prinzipien dieser Verfassung, die unser staatliches Leben - in bewusster Auseinandersetzung mit den Erfahrungen der Jahre von 1919 bis 1949 - geprägt haben und auch künftig seinen Charakter bestimmen werden?

Die Unantastbarkeit der Menschenwürde - Art. 1 GG - ist mehr als eine Ouvertüre zu dem anschließenden Grundrechtskatalog. Indem das Grundgesetz die freie menschliche Persönlichkeit auf die höchste Stufe seiner Wertordnung stellt, erkennt es ihren Eigenwert, ihre Eigenständigkeit an. Alle Staatsgewalt hat den Menschen in seinem Eigenwert, seiner Eigenständigkeit zu achten und zu schützen. Er darf nicht "unpersönlich", nicht wie ein Gegenstand behandelt werden, auch wenn es nicht aus Missachtung des Personenwertes sondern "in guter Absicht" geschieht. Es widerspricht der Würde des Menschen, ihn zum blossen Objekt staatlichen Handelns zu machen und kurzerhand von Obrigkeitswegen über ihn zu verfügen. Jede Gewalt- und Willkürherrschaft ist ausgeschlossen.

Die Grundrechte dokumentieren, daß das Grundgesetz keine wertneutrale Ordnung sein will, sondern eine objektive Wertordnung aufgerichtet hat. Als objektive Normen statuieren die Grundrechte ein Wertsystem, das als verfassungsrechtliche Grundentscheidung für alle Bereiche des Rechts Geltung beansprucht.

Es war nicht nur ein Anliegen der Besatzungsmächte, eine nicht zu starke Zentralgewalt entstehen zu lassen, sondern ergab sich auch aus unserer Verfassungstradition, die Bundesstaatlichkeit, insbesondere die Gliederung des Bundes in Länder und die grundsätzliche Mitwirkung der Länder bei der Gesetzgebung, zu einer konstituierenden Säule der neu zu begründenden Staatlichkeit auszugestalten. Das Grundgesetz schliesst es von Rechts wegen aus, die bundesstaatliche Struktur zu beseitigen und an ihre Stelle irgendeine Form des Einheitsstaates zu setzen. Jedoch ist ein gewisses Mass an Homogenität der Bundesverfassung und der Landesverfassung gefordert: die verfassungsmässige Ordnung in den Ländern muss den Grundsätzen des republikanischen, demokratischen und sozialen Rechtsstaates entsprechen.

Das Verhältnis von Bund und Ländern wird weitgehend durch den Grundsatz der Bundestreue gesteuert. Er begründet die Rechtspflicht des Bundes und aller seiner Glieder zu "bundesfreundlichem Verhalten": Alle an dem "verfassungsrechtlichen Bündnis" (lat.: foedus) Beteiligten sind gehalten, gemäss dem Wesen dieses Bündnisses zusammenzuwirken und zu seiner Festigung und zur Wahrung seiner und der wohlverstandenen Belange seiner Glieder beizutragen. Der in dieser wechselseitigen Pflicht liegende Zwang zur Verständigung zieht auch der Übermacht des Gesamtstaates im Interesse der Glieder feste Schranken. Die Verletzung der Pflicht zu bundesfreundlichem Verhalten durch einen Teil (Bund oder Länder) entbindet den/die anderen nicht von der Beachtung dieser selben Pflicht.

In der parteienstaatlichen Demokratie hat sich die Bundesstaatlichkeit auch als wichtiges Element eines Systems von "checks and balances" zur Erhaltung ausreichend starker Gegenkräfte erwiesen: Werden Regierungen und Parlamentsmehrheiten in Bund und Ländern von verschiedenen Parteien (Koalitionen) gestellt, so wird die Notwendigkeit zur Verständigung, zum Finden von Kompromissen besonders augenfällig.

In der vom Grundgesetz verfassten Staatlichkeit geht alle Staatsgewalt vom Volke aus (Grundsatz der Volkssouveränität). Sie wird vom Volke in Wahlen und Abstimmungen und durch besondere Organe der Gesetzgebung, der vollziehenden Gewalt und der Rechtssprechung ausgeübt. Die Abgeordneten der Volksvertretung werden in allgemeiner, unmittelbarer, freier, gleicher und geheimer Wahl gewählt. Sie sind Vertreter des ganzen Volkes, an Aufträge und Weisungen nicht gebunden und nur ihrem Gewissen unterworfen. Nicht eine unmittelbare (identitäre), sondern eine repräsentative Demokratie wird durch das Grundgesetz eingerichtet.

Zu den fundamentalen Prinzipien der Demokratie gehört das Mehrheitsprinzip. Die Mehrheit soll aus einem freien, offenen, regelmässig zu erneuernden Meinungs- und Willensbildungsprozess hervorgehen, der auch der Minderheit die rechtliche Möglichkeit gibt, zur Mehrheit von morgen zu werden. Bis dahin hat sie das Recht, eine parlamentarische Opposition zu bilden und auszuüben.

Der Parlamentarismus will eine Herrschaft auf Zeit, eine Ablösbarkeit der Regierung und ihrer Verantwortlichkeit gegenüber der Volksvertretung. In der "Kanzlerdemokratie" des Grundgesetzes ist das Misstrauensvotum allerdings auf den Bundeskanzler beschränkt und als ein "konstruktives" Votum ausgestaltet - eine Lösung, die nach den Erfahrungen der Weimarer Republik über dreissig Jahre lang dazu beigetragen hat, stabile Regierungen zu ermöglichen.

Das Grundgesetz bekennt sich in Art. 20 zu zwei besonders wichtigen Fundamenten der Rechtsstaatlichkeit:

- Zum Grundsatz der Gewaltenteilung, also zur gegenseitigen Kontrolle und Begrenzung der gesetzgebenden, der vollziehenden und der rechtsprechenden Funktion der Staatsgewalt. Seit langem ist anerkannt, dass Zuständigkeitszuweisungen auch der Gewaltenhemmung dienen: Die Vereinigung zahlreicher Kompetenzen an einer Stelle führt zu einer Machtanhäufung, die der Freiheit des Individuums gefährlich werden kann. Die sich hinter dem Begriff der Einheit der Staatsgewalt" verbergende Zielsetzung steht in ständiger Spannung mit dem Prinzip der Funktionentrennung. Um ein modernes Beispiel zu nehmen: die Informationsgesellschaft verfügt über die technologischen Voraussetzungen, um den "gläsernen Menschen" zu verwirklichen, dessen Privatsphäre in allen Einzelheiten erfasst und durchleuchtet werden kann. Es ist daher rechtlich zu verhindern, dass die verschiedenen Datenbestände in einer Weise zusammengeführt werden, welche die Vision Orwells "1984" zur Realität in den freiheitlich verfassten Staatswesen werden lässt.
- Zum Grundsatz der Bindung der Gesetzgebung an die verfassungsmässige Ordnung, der vollziehenden Gewalt und der Rechtsprechung an Gesetz und Recht (Verfassungs- und Gesetzmässigkeitsgrundsatz). In diesen Zusammenhang gehören das prinzipielle Verbot rückwirkender belastender Gesetze, das Gebot der Verhältnismässigkeit, die Lösung des Spannungsverhältnisses von Rechtssicherheit und Gerechtigkeit im Einzelfall und das Prinzip möglichst lückenlosen Rechtsschutzes durch unabhängige Gerichte einschliesslich einer ausgebauten Verfassungsgerichtsbarkeit.

Das Sozialstaatsprinzip verpflichtet den Staat, für einen Ausgleich der sozialen Gegensätze und damit für eine gerechte Sozialordnung zu sorgen; seine Ausgestaltung obliegt im wesentlichen dem Gesetzgeber. Das Grundgesetz hat mit dem eindeutigen Bekenntnis zum Sozialstaat keine Entscheidung für ein bestimmtes Wirtschaftssystem und für eine bestimmte Sozialordnung, insbesondere nicht für die "soziale Marktwirtschaft", getroffen; es ist wirtschaftspolitisch neutral.

Mit dem Grundrecht der Koalitionsfreiheit gewährleistet das Grundgesetz eine Ordnung des Arbeits- und Wirtschaftslebens, bei welcher der Staat seine Zuständigkeit zur Rechtsetzung weit zurückgenommen und die Bestimmung über die regelungsbedürftigen Einzelheiten grundsätzlich den Koalitionen - Gewerkschaften und Arbeitgeberverbänden - überlassen hat. Das Zurücktreten des Staates zugunsten der Tarifpartner gewinnt seinen Sinn unter anderem aus dem Zusammenhang mit dem Prinzip der "Privatautonomie", im Grunde also der Entscheidung für den freiheitlich-demokratischen Rechtsstaat. Die Auswirkungen der Tarifautonomie auf den Ausgleich sozialer Gegensätze und die Festigung des sozialen Friedens können aus unserer staatlichen Ordnung nicht hinweggedacht werden.

Eine weitere Form der Förderung der Arbeits- und Wirtschaftsbedingungen neben dem Tarifvertragssystem ist die Unternehmensmitbestimmung. Das Eigentum - auch das Anteilseigentum und das Eigentum der Unternehmensträger - geniesst zwar als Element der Sicherung der persönlichen Freiheit des einzelnen einen besonders ausgeprägten Schutz. Jedoch ist die Befugnis des Gesetzgebers zur Inhalts- und Schrankenbestimmung um so weiter, je mehr das Eigentumsobjekt in einem sozialen Bezug und einer sozialen Funktion steht. Massgeblich für die Sozialpflichtigkeit des Eigentums ist, ob und wie sehr Nutzung und Verfügung darüber nicht lediglich innerhalb der Sphäre des Eigentums bleiben, sondern Belange anderer Rechtsgenossen - hier der Arbeitnehmer - berühren, die auf die Nutzung des Eigentumsobjekts angewiesen sind.

Das Grundgesetz ist insgesamt eine flexible, keine rigide Verfassung. So nötig für das Verfassungsleben eines Volkes Statik und Kontinuität sind, so erforderlich ist die Offenheit für die Dynamik der Entwicklung. Das Grundgesetz ist in mehrerlei Hinsicht offen:

- Es enthält - vor allem im Bereich der Grundrechte und im Wirkungsfeld des Sozialstaatsprinzips - Wert- und Richtnormen, die in hohem Masse gestatten, dem geschichtlichen Wandel unter Wahrung der normativen Kraft der Verfassung durch ihre Auslegung und Konkretisierung gerecht zu werden.
- Es ermöglicht, sich neuen Lagen durch Verfassungsänderungen anzupassen.
- Es will dem staatlichen Leben für eine Übergangszeit eine neue Ordnung geben; es versteht sich wenn nicht als Provisorium, so doch - gemessen an der Geschichte des deutschen Volkes - als Transitorium. Daher hat nach der Präambel des Grundgesetzes das deutsche Volk in den Ländern der westlichen Besatzungszonen auch jene Deutsche repräsentiert, denen mitzuwirken versagt war. Das gesamte deutsche Volk bleibt jedoch aufgefordert, in freier Selbstbestimmung die Einheit und Freiheit Deutschlands zu vollenden. Alle politischen Staatsorgane der Bundesrepublik Deutschland haben die Rechtspflicht, die Einheit Deutschlands mit allen Kräften anzustreben, ihre Massnahmen auf dieses Ziel auszurichten, die Tauglichkeit für die-

ses Ziel jeweils als einen Maßstab ihrer politischen Handlungen anzuerkennen und alles zu unterlassen, was die Wiedervereinigung rechtlich hindert oder faktisch unmöglich macht. Das Wiedervereinigungsgebot der Präambel des Grundgesetzes hat den Charakter einer rechtlichen Verpflichtung.

- Es will eine friedliebende Grundordnung schaffen. Mit diesem Friedensbekenntnis ist das zu einem vereinten Europa verbunden. Darüber hinaus hat das Grundgesetz sich für eine weitgehende internationale Zusammenarbeit entschieden, die auch zur Übertragung von Hoheitsrechten auf zwischenstaatliche Einrichtungen führen darf. Das Grundgesetz versteht sich völkerrechtsfreundlich, erklärt es doch die allgemeinen Regeln des Völkerrechts zum Bestandteil des Bundesrechts.

Die Entwicklung der Bundesrepublik Deutschland von einem in Zonen aufgeteilten, rechtlich-wirtschaftlich zersplitterten Gebilde ohne eigene Aussenpolitik zu einem in die europäischen und Weltorganisationen integrierten, vollwertigen und angesehenen Glied der Staatengemeinschaft beweist, dass Glaube und Hoffnung der Väter des Grundgesetzes an die Zukunft des von ihnen verfassten Staates erfüllt wurden.

WOLFGANG ABENDROTH

Die verfassungspolitische Entwicklung des Bundes

Als nach dem Ende des Dritten Reiches die Besatzungsmächte den demokratischen Kräften des deutschen Volkes Gelegenheit boten,sich wieder zu gemeinsamem Wirken zusammenzufinden, schien zunächst der Weg zu demokratischer und sozialer Gestaltung der Verfassung des künftigen gesamtdeutschen Staates offenzustehen. Hatten nicht die Potsdamer Beschlüsse deutlich gemacht, dass nunmehr die drei grossen Mächte den Gedanken an die Zerstückelung Deutschlands aufgegeben hatten, die in Jalta ihr Verhalten bestimmt hatte? Bot nicht die Koordinierung der Politik der Besatzungsmächte auf den gemeinsamen Weg, in allen Zonen der Entfaltung demokratischer politischer Parteien und demokratisch organisierter Gewerkschaften freien Raum zu lassen, die Gewähr, dass diese zum zweiten Mal freigesetzte demokratische Energie ausreichen werde, gleichzeitig in Deutschland selber die bevormundende Diktatur der Besatzungsmächte zurückdrängen, einen demokratischen und sozialistischen Rechtsstaat aufzurichten und die Vorstellungen aus der Zeit des Morgenthau-Plans aufzulösen, die auch in den Beschlüssen von Potsdam z.T. noch zum Ausdruck gelangt waren? Das deutsche Volks schien für demokratische Lösungen aufgeschlossener als je vorher.

Der demokratische Beginn

Nach der Revolution des November 1918 standen machtvolle Teile der deutschen Nation abseits: Bürokratie, grosse Teile der Intelligenz-Schicht und das Offizierskorps der früheren Armee, die protestantische Kirche und die in ihren Machtpositionen noch nicht gefährdeten führenden Schichten der "Wirtschaft" und des Grossgrundbesitzes lehnten die revolutionär entstandene demokratische Verfassung ab und sahen in der Erhebung des deutschen Volkes gegen den wilhelminischen imperialistischen Staat die Wurzel der nationalen Niederlage.

Die totale Niederlage des Dritten Reiches hatte für derartige Illusionen über den Zusammenhang zwischen Opposition und militärischer Katastrophe keinen Raum mehr gelassen. Alle Sozialschichten des Volkes hatten erfahren, wie die unendliche Not entstanden war, unter der sie gemeinsam litten. Diejenigen ökonomisch-sozialen Gruppen, die den Anfang der Nationalsozialisten zur Macht ermöglicht hatten und im Dritten Reich an der Macht beteiligt waren, schienen die wirtschaftlichen Grundlagen ihres Einflusses verloren zu haben. Durch Entnazifizierung und Selbstauflösung war jener administrative, richterliche und militärische Apparat des Staates zunächst zerfallen, der - in der obrigkeitsstaatlichen Ordnung entstanden - die Umwandlung der

Weimarer Demokratie in die Diktatur des Präsidenten getragen hatte, um dann dem Dritten Rcich dienstbar zu werden. Die einzigen grossen gesellschaftlichen Apparaturen, die die Katastrophe überstanden hatten, waren die beiden christlichen Kirchen. Gewiss hatte die katholische Kirche zu Beginn des Dritten Reiches moralisch kaum tragbare Kompromisse mit den Nationalsozialisten geschlossen. Die weitere Entwicklung hatte dann aber die Kirchenführer belehrt, dass die christliche Substanz des deutschen Volkes in einer totalitär-faschistischen Herrschaft aufs schwerste bedroht sei und dass es deshalb auch für die Kirche zuträglicher sein müsse, mit einem demokratischen Staat zu kooperieren, als restaurative Kräfte zu fördern, die eine Entwicklung zu totalitären Herrschaftsformen einleiten würden. In den evangelischen Kirchen hatte das unmenschliche Regime des Dritten Reiches einen Selbstbesinnungsprozess eingeleitet, der zu radikalem Bruch mit jener restaurativen Gedankenwelt des Obrigkeitsstaates geführt zu haben schien, die noch in der Zeit der Weimarer Republik dem politischen Denken des deutschen Protestantismus das Gepräge gegeben hatte.

In dieser Situation waren die politischen Parteien, die nun neu entstanden, durch ehrliches Bekenntnis zur Demokratie geeint. Das war für die sozialistische Arbeiterbewegung selbstverständlich, deren entscheidende Kader - sei es im Lande, sei es in der Emigration - entweder am illegalen Abwehrkampf gegen die nationalsozialistische Willkürherrschaft teilgenommen oder doch in allen Phasen der Entwicklung das Dritte Reich mindestens passiv abgelehnt hatten. Aber auch die Kreise, die sich jetzt zur CDU verbanden, schienen mit einer radikal-demokratischen Entwicklung einverstanden zu sein. Zunächst war die CDU als Honorationspartei kirchlich gebundener Kreise entstanden. Ihnen schlossen sich frühere christliche Gewerkschaftler mit Einfluss in der Arbeiterschaft an. So begann zunächst die CDU, demokratische Konsequenzen aus den Erfahrungen des Dritten Reiches auch für die Gestaltung der Wirtschafts- und Sozialordnung zu ziehen. Die Einwirkung demokratischen Denkens musste sich ebenso bei den Kommunisten zeigen, die in den ersten Jahren nach 1945 noch stark unter dem Eindruck der Erfahrungen ihres illegalen Abwehrkampfes und der darin unvermeidlich erfolgten Verselbständigung ihrer Mitgliedschaft gegenüber autoritären Entscheidungen ihrer Führung stand. Das Verfassungsdenken dieser Periode war deshalb auf ernstlich demokratische Formen hingerichtet. Die Landesverfassungen der amerikanischen und französischen, aber auch der sowjetischen Besatzungszone lassen solche Einflüsse deutlich erkennen. In fast allen Landesverfassungen wurden dem demokratisch organisierten Staat Eingriffsmöglichkeiten in das ökonomische und soziale

Leben eröffnet und das aufgrund der Erfahrungen des Dritten Reiches verstärkte System liberal-rechtstaatlicher Grundrechte durch soziale Grundrechte vielfältiger Art ergänzt. Daneben zeigt sich deutlich die Tendenz, unmittelbar demokratischen Methoden plebiszitärer Art Zugang in die Willensbildung des Staates zu verschaffen, um notfalls die Erstarrung des Parteiensystems korrigieren zu können. Die Erinnerung daran, dass die Arbeiterbewegung sich bin in das Dritte Reich hinein als festester Wall gegen nationalsozialistische Einflüsse erwiesen hatte, war auch in der Intelligenz-Schicht noch stark genug, um zu bewirken, daß das Landesverfassungsrecht fast überall den Gewerkschaften privilegierte Positionen einräumen wollte und das Streikrecht unter seinen besonderen Schutz nahm.

Die Rolle der Besatzungsmächte

Die Länder, in deren Verfassungen das Denken dieser Periode allein seinen Ausdruck finden konnte, waren aber selbst nicht das Produkt eigenständiger Entscheidung des deutschen Volkes. Sie waren nach den Bedürfnissen der Besatzungsmächte konstruiert, die sofort begannen, ihren Einfluss dem Willen der verfassungsgebenden Versammlungen entgegenzusetzen. Sie hatten damit durchaus nicht immer vollen Erfolg. Aber sie konnten doch verhindern, dass jener durch die demokratische Willensbildung des Staates vermittelte Demokratisierungswille gegenüber der Wirtschaftsstruktur und der Gesellschaft, der sich in den Landesverfassungen findet, sich auch tatsächlich durchsetzen konnte. Das Geschick des Sozialisierungsgesetzes in Nordrhein-Westfalen macht dies besonders deutlich. Der verzweifelte Kampf um den Wiederaufbau der primitivsten Voraussetzungen des täglichen Lebens und einer funktionierenden Verwaltung, vor allem das harte Ringen der deutschen Arbeitnehmer und ihrer Gewerkschaften gegen die Demontage-Absichten auch der West-Allierten, absorbierten den Rest an Kraft, der dem deutschen Volke verblieben war, in solcher Weise, dass gegen die Willensbildung der Alliierten in den grundlegenden politischen und sozialen Fragen nur in geringem Maße Erfolge erkämpft werden konnten. Das politisch wichtigste Ergebnis in diesem Ringen zwischen demokratischen Kräften der deutschen Bevölkerung und der Willensbildung der jeweils zuständigen Besatzungsmacht konnte die Berliner Arbeiterschaft erzielen, als sie die Selbständigkeit der SPD gegen die Zwangsverschmelzung mit der KPD zur SED zu schützen vermochte. Von ähnlich grosser Bedeutung waren die Konzessionen, die von den Gewerkschaften und den Arbeitnehmern den westlichen Besatzungsmächten im Kampf gegen die Demokratie abgerungen werden konnten.

Stalinisierung und Restauration

Inzwischen war die Einheit der Besatzungsmächte zerbrochen. Seit der Stuttgarter Rede von Byrnes war auch das deutsche Volk in den Zweikampf zwischen den Vereinigten Staaten und ihren Bundesgenossen und der Sowjetunion in ständig steigendem Masse einbezogen worden. Die Stalinisierung der sowjetischen Besatzungszone musste die demokratischen Kräfte weitgehend zum Bündnis mit den Gegnern der Sowjetunion verführen, weil es unvermeidlich ihr nächstes Ziel war, dem deutschen Volke Spielraum zu demokratischer Selbstgestaltung seines eigenen Schicksals zu erhalten. Zweifellos hat dies Bündnis dem deutschen Volke in mancher Beziehung eine Erweiterung seines eigenen Zuständigkeitsbereiches auch gegenüber den westlichen Besatzungsmächten und vor allem grosse materielle Vorteile eingebracht. Andererseits haben die Vereinigten Staaten in dieser Periode die Restauration jener ökonomisch-sozialen Kräfte ermöglicht, die der Demokratisierung von Wirtschaft und Gesellschaft entgegenstanden. Gleichzeitig hatten auf Grundlage der Entscheidungen der westlichen Besatzungsmächte auch die früheren Träger von Verwaltung und Justiz wieder beginnen können, sich in den Staatsapparaten der westdeutschen Länder festzusetzen. Sie hatten im Zeichen der Theorie, dass der deutsche Staat nicht mit dem Dritten Reich untergegangen sei, sondern kontinuierlich fortbestehe, den Ausgangspunkt für ihre Wiedereinsetzung im öffentlichen Dienst und für die Wiedererrichtung ihres Monopols auf den Staatsapparat gefunden, seitdem die Entnazifizierung langsam zu einem inhaltleeren Schlagwort abgesunken oder zu einer Farce entartet war. Schon in der Periode des bizonalen Wirtschaftsrates wurde immer deutlicher, dass der Tendenz zur Stalinisierung der sowjetischen Zone die Tendenz zur Restauration undemokratischer Machtpositionen in den westlichen Besatzungszonen entsprach. Die Währungsreform musste beiden Tendenzen zum vollen Durchbruch verhelfen. Sie machte gleichzeitig deutlich, dass die Hoffnung des deutschen Volkes, seine politische Einheit bald rekonstituieren zu können, getrogen hatte. Aber diese Hoffnung war gleichzeitig die Grundlage für den demokratischen Optimusmus der sozialen Kräfte gewesen, die nach 1945 angetreten waren.

Die Gründung des Bundesrepublik

Als durch den Auftrag der drei Militärgouverneure an die elf westdeutschen Ministerpräsidenten vom 1. Juli 1948 die Gründung der Bundesrepublik Deutschland eingeleitet wurde, war der Weg zu einer provisorischen Verfassung eines lediglich westdeutschen Staatsfragmentes vorgezeichnet. Noch immer war zwar der Wille des deutschen Volkes zu seiner demokratischen Einheit stark genug, zu verhindern, dass die Ministerpräsidenten vor der Zumutung der Alliierten kapitulierten, eine permanente Verfassung für einen nur westdeutschen Staat zu schaffen. Aber sie konnten den Gedanken nicht zurückweisen, wenigstens für die drei westlichen Besatzungszonen ein gemeinsames Dach zu bauen, unter dem sich der Ansatzpunkt eigenständiger politischer Aktivität des deutschen Volkes freier entfalten konnte.

Der Weg ging nun über den Verfassungskonvent von Herren-Chiemsee zu den Arbeiten des Parlamentarischen Rates. Er endete in der Verabschiedung des Grundgesetzes und der Konstituierung der Staatsorgane der Bundesrepublik. Dieser Weg konnte nur Aussicht auf Erfolg haben, wenn die Koalition der demokratischen Kräfte zusammenhielt, die seit 1945 gemeinsam die Verantwortung für den Wiederaufbau und die Entstehung der Landesverfassungen getragen hatten. Die innere Struktur dieser Parteien hatte sich aber inzwischen weitgehend verändert. Die Restauration jener Sozialgruppen, die unmittelbar nach 1945 wegen ihrer Verfilzung mit dem Dritten Reich aus dem Kräftespiel ausgeschieden waren, musste zur Folge haben, dass die relativ labilen Honoratiorenparteien unter deren politischen Einfluss gelangten. Die CDU hatte ihren Weg vom Ahlener Programm zur Wirtschaftspolitik des Vereinigten Wirtschaftsgebietes bereits hinter sich. Das bedeutete zwar nicht, dass damit gleichzeitig auch die demokratischen Tendenzen in ihr bereits voll überwunden gewesen wären, musste aber dazu führen, dass ihre Gesamtpolitik doch im grossen und ganzen diesem neuen Einfluss folgte. So wurde dann unvermeidlich auch das Ergebnis der Arbeiten des Parlamentarischen Rates, das Grundgesetz der Bundesrepublik, erheblich von dieser Wendung beeinflusst. Immerhin war sein Zustandekommen nur deshalb möglich, weil auch die Sozialdemokratische Partei zugestimmt hatte. So wurde das Grundgesetz in stärkerem Masse zu einem Kompromissgebilde als die Landesverfassungen der Jahre 1946 und 1947. Der frische demokratische Optimismus war nun entfallen.

Der Kompromiss

Immerhin war es gelungen, im Grundgesetz einige Grundsatzentscheidungen zugunsten des demokratisch-sozialen Denkens zu wahren, die auch den Landesverfassungen zugrunde gelegen hatten. Vor allem wurde in der Präambel und im Artikel 146 der Vorbehalt des provisorischen Charakters des Grundgesetzes gesichert, der den Raum für eine endgültige echte Verfassung des deutschen Volkes als einer Einheit offenhalte wollte. Hierdurch und durch das Fehlen der Wehrverfassung - der ohnedies das Besatzungsrecht noch immer entgegenstand - wurde zunächst noch verhütet, dass die Bundesrepublik Deutschland als echter Staat missdeutet werden konnte, und darauf verwiesen, dass sie lediglich ein westdeutsches Fragment des gesamtdeutschen Staates sein wollte, dessen Konstituierung noch ausstand. Da kein Zweifel daran bestehen konnte, dass im deutschen Volk der Wille zu seiner politischen Einheit noch ungebrochen war, lag in dieser Stellungnahme eine Entscheidung zugunsten der Grundgedanken der politischen Demokratie. Darüber hinaus wurde durch die Firmierung des Staatsfragmentes als "demokratischer und sozialer Bundesstaat" in Artikel 20 sichergestellt, dass das Grundgesetz künftiger Umstrukturierung von Wirtschaft und Gesellschaft in demokratischem und sozialem Geiste nicht entgegenstand. Gleichzeitig wurden in Art. 3 Abs. 2 und Art. 15 Tore zu dieser sozialen Umgestaltung geöffnet. Damit wurde eindeutig der Wille des Grundgesetzes zum Ausdruck gebracht, die liberalen und demokratischen Grundrechte des ersten Teiles nicht als Garantien der bestehenden Wirtschafts- und Gesellschaftsordnung zu missdeuten. Durch Art. 4 Abs. 3 wurde betont, dass das Grundgesetz die Freiheit der Persönlichkeit und ihres Gewissens gegen jede unzulässige Einmischung der Staatsgewalt - das Einfallstor totalitärer Umgestaltung - schützen wollte. Durch Art. 29 wurde auf die Illegitimität der Abgrenzung der bestehenden Länder durch die Willkür der Besatzungsmächte hingewiesen. In zähem Ringen mit den Besatzungsmächten und bestimmten Kräften der bürgerlichen Parteien war es der Sozialdemokratie auch gelungen, dem Bunde die erforderliche finanzielle Sicherung zu gewähren, die ihn von den Ländern relativ unabhängig machte.

Um dieser Erfolge für den Gedanken der sozialen Demokratie willen war es der Sozialdemokratie möglich, dem Grundgesetz zuzustimmen, obwohl es in vielen anderen Fragen den Ansatzpunkt zu gefährlichen Entwicklungen bieten konnte. War es nicht denkbar, dass - wie in den Zeiten der Weimarer Republik - die liberalen Freiheitsrechte der Person als ökonomische Garantierechte der "Wirtschaft" zugunsten der Eigentümer der Produktionsmittel und der Inhaber ökonomischer Machtpositionen durch restaurative Juristen missbraucht wurden? Bot nicht das schwierige Gebilde des "konstruktiven Misstrauensvotums" die Handhabe dafür, die parlamentarische Demokratie durch einen autokratisch gesteuerten Scheinparlamentarismus im Interesse eines allmächtigen Bundeskanzlers zu unterwandern, in dessen Schutz sich die Vorherrschaft der hohen Ministerialbürokratie über die demokratisch gewählten Staatsorgane entfalten konnte? War der Verzicht auf plebiszitäre Korrektur des Parteiensystems und des Parlamentarismus, die an die Aktivität des einzelnen Bürgers appelliert, durch die Institutionalisierung der politischen Parteien in Art. 21 und deren Abschirmung gegen finanzielle Überfremdung - deren Verwirklichung späterer Gesetzgebung vorbehalten blieb - in genügendem Masse ausbalanciert? Bot nicht der Verzicht auf Privilegierung der demokratisch aufgebauten sozialen Organisationen, vor allem der Gewerkschaftsbewegung, die Handhabe dafür, den erneuten Einfall undemokratisch organisierter Verbände und ökonomischer Machtgruppen in das politische Kräftespiel möglich zu machen, der die Weimarer Republik einst in ihr Unglück hineingeführt hatte? War nicht in denjenigen Artikeln des Grundgesetzes, die an die restaurative Erwägung anknüpfen, die Kontinuität vom wilhelminischen Obrigkeitsstaat über das Dritte Reich zum heutigen staatsrechtlichen Zustand sei grundsätzlich erhalten geblieben, vor allem in Art. 131, die Handhabe dafür geboten, die Entnazifizierung durch systematische Renazifizierung des Staatsapparates zu überspielen? Konnte sich nicht die starke Stellung der richterlichen Gewalt, die das Grundgesetz zum Zwecke des Schutzes der liberalen und demokratischen Freiheitsrechte geschaffen hatte, in eine Waffe gegen die Grundgedanken der Demokratie und gegen den Schutz der demokratischen Kräfte verwandeln, wenn diejenigen Personengruppen in den richterlichen Apparat zurückkehrten, die in der Weimarer Republik die richterliche Gewalt in ähnlicher Weise verwendet hatten, oder wenn sie unter den Einfluss einer Jurisprudenz geriet, die in ähnlichem Geiste funktionierte wie jene Gruppierungen in der Rechtswissenschaft zur Zeit der Weimarer Republik, deren einziges Ziel die Denaturierung der Demokratie gewesen war?

Verfassungsfragen und Machtfragen

Doch durften alle diese Bedenken schweigen, wenn und soweit man darauf rechnen konnte, dass es gelingen werde, Auslegung und Entwicklung des Grundgesetzes an die Gedankenwelt zu binden, die in den Grundsatznormen des demokratischen und sozialen Bundesstaates und in der Vorstellungswelt des provisorischen Charakters dieser Ordnung und der Einheit Deutschlands als der bevorstehenden Gestaltungsaufgabe des deutschen Volkes Ausdruck gefunden hatte. Darüber, ob dies Ziel erreicht werden könne, musste die künftige politische und soziale Entwicklung in Deutschland entscheiden, deren Grundzüge unvermeidlich weitgehend durch aussenpolitische Ereignisse mitbestimmt wurden.

Als 1919 die Nationalversammlung über die Weimarer Verfassung beriet, stand ihr jeweiliges Verhandlungsergebnis häufig rechts von den Möglichkeiten, die durch die Machtverhältnisse im Lande geboten wurden. Als die Weimarer Verfassung beschlossen und verkündet wurde, stand sie bereits links von der tatsächlichen Entwicklung. Dieser Tatbestand, auf den Arthur Rosenberg in seiner Geschichte der Weimarer Republik so überzeugend hingewiesen hat, erklärt den permanenten Widerspruch zwischen Verfassungswirklichkeit und Verfassungsrecht, der die Periode zwischen 1919 und 1933 kennzeichnet. In dieser Lage hätte es eine der entscheidenden Aufgaben der demokratischen Kräfte des deutschen Volkes, vor allem also der deutschen Arbeiterbewegung sein müssen, in ständigem und zähem Ringen die Verfassungsnormen gegen die ihnen widersprechenden Realitäten zu schützen und durchzusetzen. Statt dessen konnte der linke Flügel der deutschen Arbeiterbewegung bis zum Ende der Weimarer Republik die verständlichen, aus der Entstehungsgeschichte der Verfassung und den Auseinandersetzungen der ersten Jahre nach der Revolution herrührenden Ressentiments nie überwinden und versperrte sich dadurch den Blick für die zentrale strategische Aufgabe, die vor allen Kräften des demokratischen Lagers stand. Ihr rechter Flügel aber liess sich häufig durch die Scheinzustimmung, die der Verfassung aus dem Lager der Feinde der Demokratie entgegenkam, täuschen. Die wenigen deutschen Staatsrechtslehrer, die der Verfassung ernstlich gerecht werden wollten, kämpften deshalb auf verlorenem Posten, wenn sie den denaturierenden Auslegungskünsten jener Majorität in ihrer Disziplin entgegentraten, die die exakte Beschreibung und Interpretation des Verfassungsrechts durch "geisteswisenschaftliche" und schein-soziologische Zweckkonstruktionen im Interesse der ökonomisch und bürokratisch herrschenden Schichten ersetzten. So liessen die demokratischen Kräfte des deutschen Volkes sich um ihre Aufgabe betrügen, die Verfassung gegen ihre Feinde wirkungsvoll zu schützen und liessen den Gegnern der Demokratie die Chance, die Verfassungsnormen solange zur Auflösung der Verfassung selbst zu missbrauchen, bis die grosse soziale Krise nach 1929 ihnen die Möglichkeit gewährte, den verhüllenden Schleier unehrlicher, nur scheinbarer Anerkennung der Verfassung endgültig fallen zu lassen.

Es ist nach 1949 zum entscheidenden Problem für die weitere Entwicklung des deutschen Volkes geworden, ob das Bonner Grundgesetz zu einem ähnlichen Leidensweg verurteilt ist.

<u>Wiederholung der Geschichte?</u>

Es lässt sich kaum leugnen, dass vielfältige Anzeichen in diese Richtung deuten. Die Machtpositionen der Kreise, die sich - wie in der Periode der Weimarer Republik - die "Wirtschaft" nennen, sind ständig angewachsen. Seit sich am 19. Oktober 1949 der Bundesverband der Deutschen Industrie als Nachfolger des alten Reichtsverbandes neu konstituierte, hat sich sein Einflussbereich ständig ausgedehnt. Gleichzeitig setzte die Gegenoffensive gegen die Einwirkungsmöglichkeiten der demokratisch aufgebauten und funktionierenden sozialen Verbände, vor allem der Gewerkschaften ein. Sie fand sehr bald ihren Niederschlag in der politischen

Ideologiebildung der Lehren der Sozialwissenschaften und des Verfassungsrechts. Die Theorie des angeblich "neutralen" Staats wurde erneut aus der Tiefe gehoben und ständig eingesetzt, wenn es galt, dem sozialen und politischen Gewicht der Gewerkschaftsbewegung entgegenzutreten. Muss in diesem Zusammenhang an die Auseinandersetzungen um das Betriebsverfassungsrecht erinnert werden, aus denen im Endergebnis die Machtpositionen der Unternehmer als demokratisch unbalanciert abermals hervorgingen? Im modernen Sozialstaat ist es unvermeidlich, dass Wirtschaft und Gesellschaft auf die Koordinationspolitik des Staats Einfluss zu nehmen suchen. Wer in dieser Lage jede Einflussnahme demokratischer Massenorganisationen als "Herrschaft der Verbände" verketzern will, bewirkt im Endergebnis, dass zwar die öffentliche und deshalb auch durch den Wähler kontrollierbare Tätigkeit demokratisch aufgebauter sozialer Gruppen, nicht aber die in ganz anderen Formen wirksame Einwirkung der "Wirtschaft" mittels ihrer der Öffentlichkeit verborgenen Kanäle zur Bürokratie und zu den Parteien ausgeschaltet wird. Das Bundesverfassungsgericht hat zwar den repressiven Abs. 2 des Art. 21 GG, nicht aber die Bestimmung über die Offenlegung der Parteifinanzen als ohne Durchführungsnorm geltendes Recht proklamiert. Die parteigesetzliche Regelung dieser Offenlegung ist aber bis heute ausgeblieben, statt dessen jedoch die Finanzierung politischer Parteien durch finanzkräftige Gruppen steuerrechtlich privilegiert worden. Ist es unter diesen Umständen zu verwundern, dass bei der Regelung des Rechts der Industrie- und Handelskammern der Anspruch der Arbeitnehmer auf gleichberechtigte Mitwirkung trotz des Verfassungsgrundsatzes des sozialen und demokratischen Rechtsstaates und des Gleichheitssatzes abgelehnt worden ist? Die Umdeutung der liberalen Freiheitsrechte des Grundgesetzes zu Verteidigungsnormen für wirtschaftliche Privilegien durch die Rechtswissenschaft ist in vollem Gange. Sie wird von Nipperdey so weit getrieben, dass ihm jene Wirtschaftspolitik als angeblich verfassungsrechtlich geboten erscheint, die den erneuten Aufstieg der Machtpositionen der "Wirtschaft" mit sich gebracht hat. Die Rechtsprechung ist vielfältig diesen Wegen gefolgt. Ihre Stellungnahme in politischen Prozessen jeder Art lässt gleichzeitig keineswegs darauf schliessen, dass sie entschlossen ist, die Freiheitsrechte des einzelnen gegen Verwaltungswillkür, Polizeimassnahmen und politische Anklagen in gleicher Weise in Schutz zu nehmen, besonders dann nicht, wenn sich freiheitsbeschränkende Massnahmen gegen Kräfte richten, die nach Auffassung der Gerichte "links" stehen. Gewiss wäre es leichtfertig zu behaupten, dass es in der Stellungnahme der Gerichte nicht auch Gegentendenzen gäbe, die das Gesetz und den demokratischen Gedanken ernster nehmen. Aber die allgemeine Richtung der Entwicklung lässt sich kaum verkennen. Wie wenig in der heutigen Situation auch der Gesetzgeber den Schutz von Freiheitsrechten für wichtig hält, hat die Auseinandersetzung um den Begriff des Gewissens bei den Durchführungsnormen zu Art. 4 Abs. 3 des Grundgesetzes deutlich gemacht. Daneben sind zahlreiche Versuche, den Willen des immerhin noch demokratischen Einflüssen ausgesetzten Gesetzgebers durch Entscheidungen höchster Gerichte und Ausdehnung des Einflusses der hohen Bürokratie zu überspielen, nicht zu verkennen. Selten genug wird ihnen durch einzelne Wissenschaftler, leider noch viel seltener durch die grossen demokratischen Kräfte der Nation Widerstand geleistet. Ob es gelingt, im Ringen um die Rentenreform die Gedankenwelt der sozialen Rechtsstaatlichkeit und des Gleichheitssatzes des Art. 3 des Grundgesetzes durchzusetzen, ist mehr als zweifelhaft. Das Recht auf Bildung, das sich aus dem Recht auf freie Berufswahl nach Art. 12 des Grundgesetzes ableiten müsste, ist in einer Zeit noch nicht einmal ansatzweise verwirklicht worden, in der die Umstellung auf neue Produktionsmethoden, die durch die Entwicklung der Atomenergie und der Automation erforderlich wird, geradezu dazu zwingen sollte, den Kreis der wissenschaftlich ausgebildeten Deutschen bedeutend zu erweitern und also auch den Angehörigen jener Sozialschichten, deren Majorität bisher vom Aufstieg in akademische Berufe ausgeschlossen war, den Zugang zu höherer Ausbildung zu eröffnen. Die Verfassungsänderungen vom 26. März 1954 haben den ursprünglichen Grundgedanken des Grundgesetzes, dass es nur eine provisorische Ordnung eines Staatsfragmentes darstellen solle, unmittelbar gefährdet. Sie haben die Chancen zur Verwirklichung jener Erwägungen, auf die Art. 146 abzielt, erheblich gemindert. Die Grundgesetzänderungen vom 6. März 1956 haben diese Scharte nicht auswetzen können. Es ist auch mehr als zweifelhaft, ob sie als Sicherungsmittel ausreichen, um die innenpolitischen Gefahren auszuschalten, die aufgrund der Veränderung der Verfassungswirklichkeit durch das Neuerstehen einer Wehrmacht drohen.

Die Aufgabe der demokratischen Kräfte

Die verfassungspolitische Lage in der Bundesrepublik Deutschland ähnelt daher trotz vieler Modifikationen, die nicht übersehen werden dürfen, weitgehend der Situation, die in der Weimarer Republik bestanden hat, nachdem ihre Umwandlung in eine nur bürgerliche Republik durchgesetzt worden war. Gleichwohl wäre es ein durchaus verfehltes Analogiedenken, wenn man daraus schliessen wollte, dass also das Geschick der Bundesrepublik ähnlich verlaufen müsse wie die Geschichte des Weimarer Staates. Die reale Macht der demokratischen Kräfte ist zwar nach 1948 erheblich geschächt worden, aber sie ist nicht zerschlagen. Die demokratischen Kräfte der Nation sind - soweit es sich um ihren im sozialistischen Lager und in den Geschwerschaften organisierten Kern handelt - diesmal nicht gespalten. Sie haben immer noch die Chance, das bestehende Verfassungsrecht gegen alle Entfremdungstendenzen zu schützen, die aus der veränderten sozialen Machtlage erwachsen sind. Falls sie diese ihre zentrale Aufgabe erkennen, ist ihr Ringen keineswegs aussichtslos. Solange sie entschlossen an der Überzeugung festhalten, dass sie notfalls die Verteidigung der Verfassung - falls sie durch staatsstreichähnliche Massnahmen ihrer Gegner angegriffen wird - in die eigene Hand zu nehmen bereit sind, werden sie dieses Gleichgewicht erhalten können. Unter dem Einfluss der restaurativen Entwicklung hatte zwar das Bundesverfassungsgericht in einem Beweisbeschluss während des KPD-Prozesses die Zulässigkeit des Widerstandsrechts im verfassungsrechtlichen System der Gegenwart bestritten. Es hat aber dann unter dem Eindruck der öffentlichen Kritik diesen verfehlten Beschluss im Endurteil wesentlich eingeschränkt, wenn auch keineswegs voll zurückgenommen. Die demokratischen Kräfte müssen sich klar darüber bleiben, dass sie die demokratische Legalität nur dann erhalten können, wenn sie keine Zweifel daran zulassen, dass sie auf dieses Grundrecht demokratischer Legitimität niemals verzichten werden, wie das mit vollem Recht von den Industriegewerkschaften Bergbau und Metall betont wurde. Solange es ihnen gelingt, die Einflüsse der restaurativen Situation der Gegenwart auf ihr eigenes Denken auszuschalten, bleibt es wahrscheinlich, dass ihrem Kampf um die Verteidigung des Grundgesetzes gegen restaurative Unterwanderung durch ständiges energisches Ringen um progressive Verwirklichung des Rechtsgrundsatzes der sozialen Domokratie, den Art. 20 des Grundgesetzes formuliert hat, Erfolg beschieden ist. Ihre Verfassungspolitik muss deshalb in der heutigen Situation darin bestehen, das Grundgesetz gegen seine Aushöhlung durch Wissenschaft, Rechtsprechung und Verwaltung zu schützen, die Freiheitsrechte und den Rechtsgrundsatz der sozialen Demokratie durch immer neue Vorstösse aus blossen juristischen Fiktionen in soziale Realität zu verwandeln, um dadurch bei gleichzeitigem Festhalten an einer energischen Politik zur Wiedervereinigung Deutschlands die Voraussetzungen dafür zu schaffen, dass gemäss dem Willen von Art. 146 des Grundgesetzes das deutsche Volk nach Wiederherstellung seiner nationalen Einheit sich in freier Entscheidung eine Verfassung geben kann, die die positiven Werte des Grundgesetzes enthält, aber von seinen Mängeln und allen Einfallstoren restaurativer Tendenzen frei ist.

THEO PIRKER

Die restaurativen Elemente des Grundgesetzes

Bei der Herausarbeitung der restaurativen Elemente des Bonner Grundgesetzes soll nicht mehr unterschieden werden, ob diese restaurativen Elemente auf der zufälligen Zusammensetzung und den Ansichten des Herrenchiemseer Konvents sowie des Parlamentarischen Rates beruhen, oder ob sie Ausdruck allgemeiner Tendenzen im demokratischen Verfassungswesen oder der modernen Gesellschaft überhaupt sind. Es soll hier auch nicht gefragt werden, ob dieser restaurative Charakter einzelner Bestimmungen des Grundgesetzes bereits zum Zeitpunkt ihrer Abfassung hätte eingesehen werden können oder ob dazu erst die Erfahrung der restaurativen Entwicklung in Westdeutschland seit 1949 notwendig ist. Der restaurative Charakter ist für die politische Betrachtung keine wesentliche Erscheinung, sondern eine Erscheinung, die nur an ihrer politischen und geschichtlichen Wirksamkeit gemessen werden kann.

Das Wahlrecht. Auf bestimmte restaurative Elemente des Wahlrechtes sind wir im vorhergehenden bereits eingegangen. Man kann das restaurative Mehrheitswahlrecht als ein oligopolistisches Wahlrecht bezeichnen, weil in diesem Wahlrecht mit seiner Tendenz zu einem Zweiparteien-System den grossen Parteien von vornherein ein bestimmtes politisches Monopol zufällt. Der oligopolistische Charakter des Wahlrechts wurde noch verstärkt durch die 5 %-Klausel, die gegen eine parteipolitische Zersplitterung wirksam sein sollte. Diese 5 %-Klausel muss als ein erzieherisches Mittel gegenüber den Wählern bzw. dem politisch aktiven Teil der Bevölkerung angesehen werden. Sie hat aber innerhalb des bestehenden Parteiensystems darüber hinaus eine disziplinierende Wirkung. Kleine Gruppen innerhalb der grossen Parteien werden durch diese Barriere der 5 %-Klausel zu einer stärkeren Parteidisziplin gezwungen, als es ohne sie möglich wäre. Diesem Zug zur stärkeren Parteidisziplin steht weder im Wahlrecht noch in der Verfassung ein Element gegenüber, das auf eine starke Förderung der inneren Demokratie innerhalb der Parteien hinzielen würde. Es sei am Rande vermerkt, dass eine Reihe von grossen Politikern der Weimarer Republik unter einem Schema der 5 %-Klausel überhaupt nicht zum Zuge gekommen wäre. Diese Blockierung "grosser Aussenseiter" und aktivistischer Minderheiten hat zur Senkung des Niveaus des politischen Lebens in Westdeutschland wesentlich beigetragen. Darüber hinaus hat sie die bereits vorhandenen bürokratischen Tendenzen innerhalb der grossen Parteien noch verstärkt. Das politisch absonderlichste Ergebnis der 5 %-Klausel ist das Entstehen von Satelliten-Parteien. Das Wahlrecht hat die grossen Parteien die Möglichkeit freigelassen, kleine Parteien unter ihren wahlpolitischen Schutz zu nehmen. Es war von Anfang an vorauszusehen, dass solche Satelliten-Parteien entstehen würden. Diese Satelliten-Parteien müssen für ein politisches demokratisches Leben insbesondere dann gefährlich werden, wenn die Regierungspartei eigene Satelliten-Parteien schafft. Die 5 %-Klausel mit ihrer Tendenz zu Satelliten-Parteien, zusammen mit den weitreichenden Rechten und Möglichkeiten des Bundeskanzlers innerhalb des Kabinetts, auf die wir später eingehen werden, ist eine der Triebkräfte zu einer demokratischen Verfassung, in der dem Repräsentanten der Regierungspartei, der in der Regel der Bundeskanzler sein wird, umfassende politische Möglichkeiten zur Beeinflussung des parteipolitischen Lebens und des parteipolitischen Schemas gegeben werden, die sich auf längere Sicht nur gegen den demokratischen Charakter dieses Parteilebens und des Parteisystems selbst auswirken können.

Meinungs- und Informationsfreiheit. Für den restaurativen Charakter des Grundgesetzes auf dem Gebiet der Meinungs- und Informationsfreiheit mag die Tatsache gelten, dass es nur Schutzbestimmungen, jedoch keine Erfüllungsbestimmungen enthält. Das Recht zur Meinungsbildung und Informationsfreiheit wird dem einzelnen Staatsbürger zwar zugestanden, aber die Verfassung nimmt keinen Einfluss auf die Möglichkeiten der Meinungsbeeinflussung und der Informationsverbreitung. Die Verfassung hat gänzlich abgesehen von der verheerenden Rolle, welche ein monopolkapitalistisches Presse- und Filmwesen wie auch ein staatsmonopolistisches Funkwesen bei der Zersetzung der Demokratie in Deutschland in der Periode der Weimarer Republik gespielt hat. Dazu kommt, dass auf dem Gebiet des Pressewesens noch das Pressegesetz von 1874 Gültigkeit hatte, dessen autoritär-konservativer Charakter unbestritten ist. Dass sich zum Zeitpunkt des Inkrafttretens der Verfassung das Pressewesen bereits in Richtung eines demokratisch unkontrollierten Informationswesens entwickelte, wurde bereits dargestellt.

Das Recht der Meinungs- und Informationsfreiheit hat im Grundgesetz die Einschränkungsbestimmungen, die im allgemeinen auch in anderen Verfassungen die Meinungs- und Informationsfreiheit beschränken, wie den Schutz der Jugend, der Sittlichkeit und der Ehe. Darüber hinaus kennt aber das Grundgesetz durch den Artikel 18, mit der Möglichkeit der Verwirkung der Grundrechte, eine Einschränkung, die zwar als Ausdruck einer militanten Demokratie aufgefasst werden kann, jedoch bei einer restaurativ-konservativen Entwicklung in ihren negativen Auswirkungen nicht abzusehen ist. Dass das Grundgesetz auch auf dem Gebiete der Meinungs- und Informationsfreiheit eine Sonderstellung des Beamten vorsieht, den es zur Mässigung und Zurückhaltung verpflichtet, sei hier nur vorweg genommen.

Versammlungsrecht. Der Artikel 8 des Grundgesetzes gibt den Bürgern das Recht der Versammlung mit der Einschränkung, dass die Versammlung unter freiem Himmel einer vorhergehenden obrigkeitlichen Genehmigung bedarf. In dieser Einschränkung wird die antipopulistische Tendenz des Grundgesetzes sichtbar. Das politische Leben der Demokratien und insbesondere die Politik der Arbeiterbewegung war oft durch Jahre von dem Thema des "Kampfes um die Strasse" beherrscht. Die Sozialdemokratische Partei hat noch bis zum Untergang der Weimarer Republik daran festgehalten, dass das "Recht auf die Strasse" zu den Grundrechten der Arbeiterklasse und Arbeiterbewegung gehöre. Das Bonner Grundgesetz kennt dieses Recht auf die Strasse nicht mehr, weil es die Ausschaltung der "Strasse" zu seinem Ziele hat. Durch diese Ausschaltung der "Strasse", d.h. der spontanen oder organisierten politischen Demonstration, wurden die politischen Mittel insbesondere der Arbeiterbewegung verfassungsmässig von vornherein eingeschränkt.

Vereinsrecht. Das Bonner Grundgesetz kennt auf dem Gebiete des Vereinsrechtes wiederum nur Schutzbestimmungen. Inwieweit sozial schwache Gruppen von Staats wegen die Möglichkeit erhalten sollen, sich in Vereinen zusammenzuschliessen, davon spricht das Grundgesetz nicht. Die gleiche Behandlung Ungleicher zeigt sich gerade auf dem Vereins- und Vertragsrecht als eine Form der rechtlichen Bevorzugung des Stärkeren. Insbesondere ist es überraschend, dass das Grundgesetz, obwohl es den Parteien eine so grosse verfassungsrechtliche Stellung einräumt, nicht zu positiveren Bestimmungen des Vereinsrechtes gekommen ist. Nach der Verfassung sind Parteien Vereine, deren Sonderstellung durch den Artikel 21 des Grundgesetzes bestimmt ist. Inwieweit durch die Sonderstellung der Parteien eine völlige Umgestaltung des Vereinsrechtes stattgefunden hat, soll hier nicht weiter erörtert werden. Die Vereinsfreiheit wird im Bonner Grundgesetz durch den besonders militanten Artikel 9.2 eingeschränkt, in dem die verfassungsbedrohenden Vereine verboten werden.

Koalitionsfreiheit. Die Koalitionsfreiheit stellt in den modernen Verfassungen ein soziales Grundrecht dar, das sich insbesondere auf die Organisierung der Arbeitsnehmer, im Grundartikel 9.3 des Grundgesetzes auf die Gewerkschaften bezieht. Diese Koalitionsfreiheit ist nur dann gegeben, wenn die Koalition, die Gewerkschaften, das Recht zur Organisierung und Durchführung des Streiks besitzt. Die Koalitionsfreiheit der Gewerkschaften wurde jedoch auf drei Gebieten verfassungsrechtlich bereits eingeschränkt, indem den Gewerkschaften faktisch das Recht zum politischen Streik nicht offen eingeräumt wurde, weiter das System der geschlossenen Betriebsgewerkschaft - closed shop - als verfassungswidrig anzusehen ist, und daraus folgend jeder direkte und indirekte Zwang zur Organisierung in Gewerkschaften der Verfassung widerspricht. Durch diese Bestimmungen wurden die Gewerkschaften von vornherein in einen sehr engen Rahmen gepresst, der sie dann einschränken musste, wenn sie sich ein politisches und organisatorisches Programm setzten, das über die traditionellen Ziele der Gewerkschaftsbewegung hinauswies.

Ämterfreiheit. Der Artikel 33.2 des Bonner Grundgesetzes regelt den allgemeinen Zugang aller Staatsbürger zu den Ämtern. Dieses Recht gehört nicht zu den besonders geschützten Grundrechten. Der allgemeine Zugang zu den Ämtern besteht im Grunde nur in dem allgemeinen Recht zur Bewerbung für die einzelnen Ämter. Gegenüber der insbesondere in diesen Jahren auftretenden Methode der Rekrutierung der Beamten und Angestellten im Hinblick auf Parteizugehörigkeit und Konfessionalität muss dieses Recht als formal und leer bezeichnet werden. Insbesondere auch deshalb, weil das Bonner Grundgesetz zum Artikel 136 der Weimarer Verfassung die Freiheit des Schweigens nicht klar ausdrückt.

Freizügigkeit. Der Artikel 11 des Grundgesetzes gibt den Staatsbürgern das Recht der Freizügigkeit. Im Grundgesetz wird dieses Recht jedoch für Auslandsreisen und für Personen beschränkt, die entweder die Grundordnung gefährden oder von denen angenommen werden muss, dass sie im Ausland das Ansehen des Staates herabsetzen. Diese Einschränkung der Freizügigkeit kann ohne Anrufung der Gerichte durchgeführt werden.
Der Entzug des Passes kann durch reine Polizeigewalt erfolgen.

Die Menschenrechte. Der Artikel 1, Satz 2 des Grundgesetzes macht die Achtung vor der Menschenwürde zur allgemeinen Grundlage des staatlichen und politischen Lebens. Carlo Schmid hat im Parlamentarischen Rat darauf hingewiesen, "dass die Rechte, deren der Einzelmensch bedarf, wenn anders er in Würde und Selbstachtung soll leben können, die Verfassungswirklichkeit bestimmen müssten". Die Frage, inwieweit die Menschenrechte innerhalb eines Staates geachtet werden, ist also stets ein Problem der Übereinstimmung des Buchstabens der Verfassung mit der Verfassungswirklichkeit.

Eigentumsrecht. Im Bonner Grundgesetz wird wie in allen bürgerlichen Verfassungen eine Eigentumsgarantie ausgesprochen. Diese Eigentumsgarantie gerät jedoch in

Widerspruch mit dem Wesen eines Staates, der sich die soziale Daseinsgestaltung zum Staatszweck gesetzt hat. Im Artikel 14/2 des Grundgesetzes heisst es: "Eigentum verpflichtet, sein Gebrauch soll zugleich dem Wohl der Allgemeinheit dienen". Durch diese Formulierung der Eigentumspflicht wird die Unterwerfung der Funktion des Eigentums unter das Wohl der Allgemeinheit zu einer moralischen Verpflichtung gemacht und zugleich der privaten Nutzung des Eigentums der Vorrang gewährt. Dass das Privateigentum an Produktionsmitteln und dessen Schutz und Förderung Inhalt der Eigentumsartikel des Grundgesetzes ist, das zeigen eine Reihe anderer Bestimmungen; so der Artikel 15, der zwar Sozialisierung zulässt, aber nur unter der Voraussetzung der Entschädigung, und der keine allgemeinen Bestimmungen über die Formen der Übernahme des Privateigentums kennt, sondern den allgemeinen Begriff des Gemeineigentums benützt. Darüber hinaus wird das Sozialisierungsrecht dadurch eingeschränkt, dass nach Artikel 19.1 alle die Grundrechte einschränkenden Gesetze allgemein gelten müssen. Eine Sozialisierung kann also nicht im Hinblick auf ein bestimmtes privates Monopol durchgeführt werden, sondern es können der Sozialisierung nur ganze Wirtschaftsgruppen unterworfen werden.

Im Bonner Grundgesetz ergibt sich ein offensichtlicher Widerspruch der Artikel 14 und 15. Der Artikel 14 verankert die freie Wirtschaft in der Verfassung; der Artikel 15 hat eine beschränkte planwirtschaftliche Tendenz. Der Grund dieses Widerspruchs lag darin, dass keine der beiden großen Parteien ihre Auffassungen über die Wirtschaftsordnung in der Verfassungsgebenden Versammlung durchsetzen konnte. Das Resultat ist faktisch die Verankerung des Systems der sozialen Marktwirtschaft in der Verfassung. Dass dabei der Interpretation der Verfassung eine ganz besondere Rolle zufällt, versteht sich von selbst.

Überraschend ist in diesem Zusammenhang, dass die Verfassung nicht in besonderer Weise die Frage der Monopole und Kartelle erwähnt. Diese Ausklammerung der Monopole und Kartelle ist umso überraschender, als die Besatzungsmächte zu dieser Zeit zumindest noch nach aussen hin an einer antimonopolistischen und antikartellistischen Politik festhielten. Es kann nicht angenommen werden, dass die Väter der Verfassung der Ansicht waren, dass es in der zukünftigen deutschen Wirtschaft überhaupt keine Kartelle oder Monopole mehr geben würde. Die Ausklammerung der Frage der Monopole und Kartelle sollte für die weitere Entwicklung der Wirtschaftsordnung der Bundesrepublik von ausschlaggebender Bedeutung sein. Darüber hinaus widersprechen Monopole und Kartelle keineswegs der verfassungsrechtlich verankerten Wirtschaftsordnung der sozialen Marktwirtschaft. Eine Marktwirtschaft ist volkswirtschaftlich theoretisch auch dann gegeben, wenn es sich um Formen monopolistischer und kartellistischer Konkurrenz handelt. Aus dem Grundgesetz ist nicht der Kampf gegen eine monopolistische und kartellistische Entwicklung der deutschen Wirtschaft abzuleiten. Darüber hinaus lässt die Definition der sozialen Marktwirtschaft eine staatliche Kontrolle nicht nur zu, sondern sie verpflichtet in bestimmten Umfange den Staat auch zu dieser Kontrolle. Die Entstehung eines engen Zusammenhangs von Staatskontrolle und Monopolismus führte in der deutschen Wirtschaftsgeschichte zu dem System des kapitalistischen Staatsmonopolismus. Die Entwicklung zu einem reinen System des kapitalistischen Staatsmonopolismus, ist durch die Verfassung keineswegs eingeschränkt; blockiert sind jedoch verfassungsrechtlich alle Tendenzen zu einer zentral gelenkten oder geplanten sozialistischen Wirtschaftsordnung. Jeder Versuch, eine zentral gelenkte oder geplante Wirtschaftsordnung zu errichten, wie auch allein die Propagierung einer solchen Wirtschaftsordnung, stösst sich nicht nur am Buchstaben, sondern auch am Geiste und der Interpretation der Verfassung. Dies ist wohl eine der wesentlichsten Blokkierungen für eine sozialistische Bewegung in Westdeutschland. Dieses verfassungsrechtliche Ergebnis wurde unter dem Aspekt einer "Systemneuralität" der Verfassung erzielt. Indem jedoch diese Neutralität in einen verfassungsrechtlichen Zusammenhang gesetzt wurde mit dem traditionellen Eigentums-Schutzartikel der bürgerlichen Verfassung, ergab sich wie von selbst eine antisozialistische Tendenz.

Freiheit der Lehre. Als eine der wenigen demokratischen Verfassungen kennt das Bonner Grundgesetz durch den Artikel 5/3, Satz 2 die Einschränkung der Freiheit der akademischen Lehre. Der Sozialdemokrat und Professor Carlo Schmid war es, der in besonderer Weise auf den Einbau dieses Artikels in die Verfassung drängte. Durch diesen Artikel wird deutlich, welche bedeutende Rolle der Interpretation der Verfassung zufällt. Die Freiheit der Lehre soll nicht eingeschränkt werden bei Verfassungskritik, sondern nur bei Verfassungsschädigung oder Verunglimpfung. Inwieweit sich jedoch die Einschränkung der Lehre auch auf bestimmte Methoden und den Inhalt einer Verfassungskritik bezieht, darüber schweigt sich das Grundgesetz aus.

Verwirkung der Grundrechte. Das Bonner Grundgesetz sieht die Möglichkeit der Verwirkung der Grundrechte vor. Einer unmittelbaren autoritären Willkür ist nur insoweit ein Riegel vorgeschoben, als durch bestimmte Institutionen zur Verwirkung dieser Grundrechte ein besonderer Rechtsweg vorgeschrieben ist. Darüber hinaus ist ein bestimmter Schutz vor Willkür auf diesem Gebiet durch den Gesetzesvorbehalt gegeben, nach dem das verwirkte Grundrecht im einzelnen angegeben werden muss. Die Weimarer Verfassung hat eine allgemeine, aber zeitlich begrenzte Verwirkung der Grundrechte gekannt. Die Bonner Verfassung kennt nach dem Artikel 18 nur die Verwirkung der Grundrechte im Einzelfall. Mit der Konstruktion des Bonner Grundgesetzes auf diesem Gebiete wurde jedoch dem Bundesverfassungsgericht eine wesentliche politische Bedeutung zugespielt, von der es fragwürdig ist, ob es damit nicht von vornherein überfordert wurde. Der Artikel 18 des Grundgesetzes ist der typische Ausdruck eines militanten Verfassungswillens. Dieser militante Verfassungswille war zwar als eine Abwehr nach rechts und links gedacht, ist jedoch selbst im Kontext und in der konservativen Tendenz des Verfassungswerkes ausgesprochen antirevolutionär.

Das Grundgesetz hat mit seinem militanten Artikel das Problem der Loyalität aufgeworfen, das bei der Existenz zweier weltanschaulich firmierter Blöcke und der ihnen angehörenden zwei deutschen Staaten mit ihrer jeweils anderen Grundregelung der Legitimität zu einer bestimmten Rechtsunsicherheit, wenn nicht sogar Rechtswillkür von vornherein führen musste. In diesem militanten Artikel geht die Verfassung über die Frage der Motive hinweg, wie auch über die Probleme der Legalität und Illegalität des verfassungsschädigenden Unternehmens. Der Verfassungsrechtler Geiger sagt in diesem Zusammenhang:

"Gleichgültig ist aber, ob das geschehen soll im Wege der Gewalt, 'legal', in den Formen, die das Grundgesetz zu seiner Änderung vorsieht, oder ohne formale Änderung der geschriebenen Verfassung, indem - ausserhalb des rechtlichen Vergleichs - nur politische, gesellschaftliche und wirtschaftliche Tatsachen geschaffen werden, die die unveränderlich geschriebene Verfassung zu einem 'Fetzen Papier' machen...".

Indem auf die Frage der Bestimmung der Loyalitätsspaltung, der Einwirkung der Motive wie auf das Problem Legalität und Illegalität nicht eingegangen wurde, wurde der Interpretation der Verfassung durch das Bundesverfassungsgericht die entscheidende Funktion in der Frage des Verfassungsschutzes zugeschoben. Ergab sich schon die Frage, ob das Bundesverfassungsgericht nicht von Anfang an materiell überfordert worden ist, so muss diese Frage noch ergänzt werden durch die, ob dem Bundesverfassungsgericht nicht eine unmöglich zu haltende Interpretations- und Hilfsrolle zugefallen ist.

Der Artikel 21 des Grundgesetzes handelt von der Möglichkeit des Verbots verfassungsfeindlicher Parteien und ihrer Organisationen. In Kombination mit dem Artikel 18 fällt dem Bundesverfassungsgericht eine bedeutende und grosse Macht zu. Mit dieser Konstruktion wurde der Versuch gemacht, von vornherein Verfassungskämpfe zu vermeiden oder sie allein auf der Ebene der Justiz auszutragen. Die Väter des Bonner Grundgesetzes haben sich insbesondere da, wo es um die Frage sozialer Grundlagen oder Rechte ging, stets gegen deren Einfügung in die Verfassung mit dem Argument gewehrt, dass diese nicht justiziabel seien. Auf dem Gebiet des Verfassungsstreits und Verfassungskampfes haben sie aber ein unbebrenztes Vertrauen in die Entscheidungsmöglichkeiten und Entscheidungsfähigkeiten der Justiz gezeigt. Die Konstruktion, die auf diesem Gebiet verfassungsrechtlich im Bonner Grundgesetz vorliegt, muss als ein Novum in der Verfassungsgeschichte der modernen Demokratien bezeichnet werden. Der Staatsrechtler Eschenberg spricht in diesem Zusammenhang von "Justizstaat"; er schreibt: "Der demokratische Justizstaat ist eine neue Erscheinung, ein Versuch." Die Funktion der Justiz innerhalb des Verfassungswesens vergleicht er mit der der Verkehrspolizei. Er bezeichnet die Justiz als die "Verkehrspolizei des demokratisch-pluralistischen Staates". Er ist sich dabei wohl nicht bewusst gewesen, dass diese Bezeichnung die ganze Schwäche der verfassungsrechtlichen Konstruktion des Justizstaates anzeigt. Der pluralistische Charakter der modernen Gesellschaft lässt eben nicht zu, dass der Justiz im allgemeinen Sinne eine schiedsrichterliche Funktion zugeordnet wird. Nimmt man die pluralistische Natur der modernen Gesellschaft ernst, so können nur Institutionen, in denen die Verbände offen ihre Interessen austragen und in diesem Austragen an der politischen Integration des Parlaments mitwirken, das Problem einer der Verfassungswirklichkeit gemässen staatlichen Verfassung lösen. Der Staatsrechtler Eschenberg ist sich dabei der Problematik des Justizstaates sehr wohl bewusst, indem er fordert, dass die Justiz nicht zum Instrument von Parteien oder Parteigruppen werden darf. Eine moralische Norm ist also in diesem Zusammenhang der einzige Schutz vor einer parteipolitischen oder verbandsmässigen Beeinflussung der Justiz. Dass solche moralischen Proklamationen den realen Bedingungen des Funktionierens der Justiz nicht gerecht werden versteht sich von selbst. Das Problem des Justizstaates muss dann in ganzer Deutlichkeit hervortreten, wenn man sich vor Augen führt, welche geschichtliche Vergangenheit diese Justiz in den letzten 50 Jahren gehabt hat. Die Väter des Bonner Grundgesetzes haben sich aber weder die Frage nach der Erneuerung des Richter-Korps und der Justizverwaltung gestellt, noch die Frage, auf welchem Wege diese Justiz demokratisiert werden kann. Damit aber ist gerade die Justiz und ihre Entwicklung zu einem Masstab für die Etappen der restaurativen Entwicklung geworden.

Soziale Grundrechte. Soziale Grundrechte kennt das Bonner Grundgesetz nicht; im Gegensatz zum Beispiel zur Verfassung der DDR, in der das Recht auf Arbeit verbürgt wird. Die Väter der Verfassung haben sich, wie bereits erwähnt wurde, gegen den Einbau sozialer Grundrechte gewehrt, weil sie der Ansicht waren, dass aus sozialen Grundrechten soziale Pflichten entstehen müssen. Mit dieser Auffassung hat sich der Parlamentarische Rat gegen wesentliche Artikel der Länderverfassungen gestellt, wie zum Beispiel den Artikel 162.2 der Bayerischen Verfassung, in der jedermann das Recht auf Arbeit und auf auskömmliche Existenz zuerkannt wird, und insbesondere gegen den Artikel 28.2 der Hessischen Verfassung, in dem es heisst: "Jeder hat nach seinen Fähigkeiten ein Recht auf Arbeit und, unbeschadet seiner persönlichen Freiheit, die sittliche Pflicht zur Arbeit." Die angeführten sozialen Artikel der Länderverfassungen erscheinen wie eine Demonstration gegen die sozial-reaktionäre Argumentation der Verfassungsgebenden Versammlung. Darüber hinaus ergibt sich ein immanenter Widerspruch zu der Abfassung der Eigentumsartikel, in denen sowohl Rechte als auch daraus folgende Pflichten miteinander in Beziehung gesetzt werden.

Im Parlamentarischen Rat wurde die Entscheidung über den Inhalt der sozialen "Grundrechte" auf das bestehende oder das noch zu schaffende soziale Rechtssystem verwiesen. Zwar war man sich der völlig anderen Natur der Gesetze des sozialen Rechtssystems klar, da sie mit einfacher Mehrheit geändert werden können, aber man glaubte damit, dem Einbau von sozialen Grundrechten in die Verfassung aus dem Wege gehen zu können. Dass damit aber der Kampf um einzelne Gesetze oder um die Gesamtheit des sozialen Rechtssystems früher oder später zu einem Zusammenstoss zwischen Gewerkschaften und Parlament führen musste, war vorauszusehen. Darüber hinaus ist durch die Verschiebung des Problems der sozialen Grundrechte auf das Sozialrechtssystem die Notwendigkeit der Unterbauung der Parteien durch Interessenorganisationen verstärkt worden. Diese Konsequenz widerspricht der bedeutenden verfassungsrechtlichen Stellung der Parteien, die als reine Träger des politischen Willens aufgefasst werden. In diesem Zusammenhang hat in den zwanziger Jahren der reaktionäre Staatsrechler C. Schmitt gesagt: "Grundpflichten, welche in ihrer Struktur Grundrechten entsprechen, sind im bürgerlichen Rechtsstaat undenkbar." Indem das Bonner Grundgesetz eine Koppelung von Grundrechten und Grundpflichten ablehnte - mit Ausnahme der Eigentumsartikel - hat es sich als ein klassisch bürgerliches Verfassungswerk erwiesen; da es ausserdem kein Widerstandsrecht zulässt, geschweige denn eine Widerstandspflicht, muss es als ein konservativ-bürgerliches Verfassungswerk aufgefasst werden.

Parlament. Wir haben schon des öfteren darauf hingewiesen, dass sich die Stellung des Parlaments innerhalb des Verfassungswerkes durch eine ausserordentliche Schwäche auszeichnet. Inwieweit sich in den einzelnen Fällen diese Schwäche in besonderer Weise gegenüber der Stärkung der Kanzler-Demokratie zeigt, darauf wird später noch einzugehen sein. Die Verfassung geht von der Fiktion aus, dass der Bundestag das einzige Organ sei, das seine Macht direkt vom Volke ableitet. Diese Auffassung wird dargestellt durch den Artikel 38.1 des Grundgesetzes, in dem es heisst: "Die Abgeordneten sind Vertreter des ganzen Volkes, an Auftrag und Weisungen nicht gebunden und nur ihrem Gewissen unterworfen." Die Verfassung will also im Parlament eine unmittelbare Repräsentation des allgemeinen Willens sehen. Gegen diesen allgemeinen Willen ist kein Widerstand legitim. In diesem Fall wird also die höchste Form des Parlamentarismus innerhalb des demokratischen Verfassungswesens proklamiert. Diese hehre Proklamation steht in einem krassen Widerspruch zu der offenen Machteinschränkung des Parlaments. Sie kann jedoch von den restaurativ-konservativen Kräften stets gegen ausserparlamentarische Versuche ins Treffen geführt werden, den allgemeinen Willen des Volkes während einer Periode des Parlaments zu repräsentieren. Darüber hinaus ist diese ideale Stellung des Abgeordneten deshalb auch fragwürdig, weil das Grundgesetz keine Formen der Beziehung von Abgeordneten und Volk nach der Wahl kennt. Jeglicher Versuch einer Beeinflussung des Abgeordneten durch einen sich ändernden Volkswillen wird also von vornherein bewusst unterbunden. Wir haben es bei dieser Konstruktion mit einer Form der vollkommenen Delegation des Volkswillens an das Parlament zu tun. Das Volk verharrt zwischen den Wahlakten in einem Zustand des Untertanen gegenüber seinem Souverän. Die Wirklichkeit des parlamentarischen Lebens sieht jedoch anders aus. Der Wähler schickt den Abgeordneten nicht, wie der Buchstabe der Verfassung meint, in das Parlament, sondern in die Fraktionen der Parteien. Indem der Abgeordnete notwendigerweise und beinahe zwangsweise Mitglied einer Fraktion ist, wird seine proklamierte Abgeordneten-Freiheit gebeugt, wenn nicht sogar de facto aufgehoben. Die Zugehörigkeit eines Abgeordneten zu einer Partei ergibt sich aus der Tatsache des Parlamentarismus in einer Massendemokratie, in der notwendigerweise auch Staatsbürger zu Abgeordneten werden, die nicht über genügend finanzielle Mittel verfügen, um gegenüber den Parteiapparaten selbständig zu sein. In ihrer Soziologie des deutschen Parteienwesens stellen die Sozialwissenschaftler von der Heydte und Sacherl diese Sachlage so dar: "Die Zahl der Abgeordneten, die wirtschaftlich dem Nichts gegenüber stehen, wenn sie die Partei verlassen und damit von vornherein auf eine Wiederwahl verzichten, ist nicht zu gering." Die Macht der Parteibürokratie und in ihr die Macht des Kämmerers dehnt sich so nicht nur auf den Parteigenossen als Abgeordneten aus, sondern auch auf die private Existenz des Abgeordneten selbst und beschränkt so seine Freiheit ganz erheblich. Darüber hinaus sind die Rechte eines "freien Abgeordneten", der sich von seiner Partei bzw. der Fraktion im Parlament löst, minimal; er hat keine Möglichkeit mehr, im Plenum Anträge zu stellen; praktisch ist er von der Debatte des Plenums ausgeschlossen und weiterhin verliert er seinen Sitz in den Ausschüssen. Der Fraktionszwang ist für den Abgeordneten eine Entscheidung zwischen politischer Möglichkeit oder Wirkungslosigkeit. Im Grunde genommen besteht jedoch nicht nur für den Abgeordneten, der politisch aktiv am parlamentarischen Leben teilnehmen will, ein Fraktionszwang, sondern darüber hinaus der Zwang, einer grossen Fraktion beizutreten. Das Grundgesetz hat zwar die verfassungsrechtliche Rolle der Parteien festgelegt, jedoch nicht die Art ihres Funktionierens im Parlament. Die Fraktionen aber sind die entscheidenden Kräfte der parlamentarischen Willensbildung. Sie brauchen nicht einmal mit der Parteiorganisation zusammenzufallen. Einige Kommentatoren des Grundgesetzes sind der Ansicht, daß der Gesetzgeber diesen Fraktionskampf nicht aufheben konnte, weil er sonst die Vereinigungsfreiheit eingeschränkt hätte. Es sind dies die gleichen Kommentatoren, die sich auf dem Gebiet der Koalitionsfreiheit zu den eifrigsten Verteidigern der negativen Vereinigungsfreiheit machten. Mit dem Zwang zur Fraktion wird selbstverständlich die Macht der Bürokratie in den Parteien noch verstärkt.

Innerhalb des Grundgesetzes liegt ganz offensichtlich ein Widerspruch zwischem dem Artikel 38.1, "Die Abgeordneten sind Vertreter des ganzen Volkes und nur ihrem Gewissen unterworfen" und dem Artikel 21, "Die Parteien wirken an der politischen Willensbildung des Volkes mit", vor . Dieser Widerspruch ist zwar logisch nicht absolut und er kann formal aufgelöst werden, aber der Artikel 38.1 steht im krassen und unauflösbaren Widerspruch zur Verfassungswirklichkeit des Fraktionszwanges. Um Irrtümer zu vermeiden, sei hier hervorgehoben, dass nicht die Frage Fraktionsfreiheit oder Fraktionszwang debattiert wird, sondern dass der Versuch gemacht wird, die inneren Widersprüche der Verfassung sowie ihre restaurativen Tendenzen darzustellen. Das Bonner Grundgesetz unterscheidet sich von früheren Verfassungen dadurch, dass es die Funktion und Bedeutung der Parteien nicht verschweigt und die Parteien zu Gliedern der Verfassung macht. Das Bonner Grundgesetz aber verschweigt die tatsächliche parlamentarische Funktion der Parteien, ihre Rolle als Fraktion. Damit aber wird der Artikel 38.1 zu einer reinen Verfassungsfiktion.

Die besonderen Formen des Fraktionszwanges sind innerhalb der verfassungsmässigen Gegebenheit bei der Regierungspartei und ihren Satelliten gefährlich. Die Form des Fraktionszwanges, die Macht der Bürokratie in den Parteien, wird hier noch verstärkt durch die überragende Rolle des Bundeskanzlers. Es war vorauszusehen, dass die Kombination solcher Grössen im Parlament zu einem Kanzler-Block führen würde, der das parlamentarische Leben bedrohen musste.

Indem die Parteien zu Gliedern der Verfassung geworden sind, hätte sich der Verfassungsgeber insbesondere um die innere Demokratie der Parteien kümmern müssen. In einem Punkte, nämlich der Frage der Finanzierung der Parteien, liegt ein Ansatz dazu vor. Da aber die Gesetzgeber diesen Ansatz nicht genützt und auf weiten Gebieten nicht gewollt hat, hat er die Frage der inneren Ordnung, d.h. faktisch der bürokratischen Ordnung der Parteien, nicht in den Griff genommen. Damit aber hat er den Abgeordneten zu einem Glied der Parteiorganisation und der Fraktion gemacht und nicht - wie es der Artikel 38.1 will - zu einem unmittelbaren Repräsentanten des gesamten Volkswillens. Diese Gebundenheit des Abgeordneten, wie auch die bürokratische Tendenz in den Parteien, muss noch dadurch verstärkt werden, dass die Parteien einen äusserst geringen Prozentsatz der Wähler repräsentieren. Die Frage der Finanzierung der Agitation für den einzelnen Kandidaten wurde vom Verfassungsgeber und Gesetzgeber völlig und bewusst ausgelassen.

Nicht die Parteien sind also die wesentlichen Träger politischer Willensbildung, sondern die Fraktionen. Die Fraktionen sind die handelnden Körperschaften der Parteien; die Parteien sind die werbenden Organisationen. Es ist bezeichnend, dass keine der grossen Parteien das Problem der Kontrolle der Fraktion durch die Demokratie der Partei gelöst hat. Tatsächlich ähneln die Parteitage der grossen Parteien, wie wir es in dem Kapitel über das deutsche Parteiwesen bereits dargestellt haben, mehr Paraden als Institutionen der demokratischen Willensbildung. Den Fraktionen muss so eine führende und entscheidende Rolle innerhalb des Parteilebens zufallen. Bei diesen offensichtlichen Tendenzen, welche ein demokratisch-parlamentarisches Leben gefährden, wäre zu erwarten gewesen, dass die Rolle der parlamentarischen Opposition in besonderer Weise verfassungsmässig gestärkt oder wenigstens fixiert worden wäre. Der sozialdemokratische Abgeordnete Carlo Schmid war zu Beginn der Arbeit des Bundestages noch der Ansicht, dass die Opposition "der andere Beweger der deutschen Politik" sei. Diese Ansicht ist mehr eine moralisch-politische Forderung, denn eine Behauptung, die sich auf eine verfassungsmässige Konstruktion stützt. Auch die Heranziehung des klassischen Spiels von Regierung und Opposition im bürgerlichen Parlamentarismus wird den tatsächlichen Beziehungen von Regierung und Opposition im modernen Staatswesen und insbesondere innerhalb des verfassungsmässigen Rahmens des Bonner Grundgesetzes nicht mehr gerecht.

Die Opposition ist keineswegs mehr ein fruchtbarer, wünschbarer und politisch erfolgreicher Faktor innerhalb des modernen Industrie- und Sozialstaates, sondern in Wahrheit eine Gefahr. Es ist für die Oppositionspartei dabei mehr oder weniger gleichgültig, welche Form der Opposition sie gegenüber der Regierung zu üben gewillt ist. Die Gefahr besteht darin, dass Herrschaft - wie der deutsche Soziologe Max Weber sagt - im Alltag primär Verwaltung sei. Für den Industrie- und Sozialstaat muss gesagt werden, dass Politik primär Verwaltung ist; dass politische Entscheidungen und Verwaltungsakte kaum mehr voneinander zu trennen sind. Mit dem Anschwellen wirtschaftspolitischer Fragen und sozialpolitischer Probleme nimmt die Verwaltung notwendigerweise ein Übergewicht innerhalb des politischen Lebens ein. Aus diesem Übergewicht der Verwaltung gegenüber der Politik ergibt sich eine beinahe natürliche Bevorzugung der Kontinuität. Eine Unterbrechung der Regierungsarbeit oder gar ein Wechsel wird nicht nur von der Exekutive, sondern auch von den breiten Massen der durch die Entscheidung des Wirtschafts- und Sozialstaates betroffenen Kräfte und insbesondere von den organisierten Interessengruppen als eine Störung empfunden. Es muss als ein allgemeiner Zug innerhalb des bürgerlichen Wirtschafts- und Sozialstaates gewertet werden, dass der Schwerpunkt sowohl der Verfassungsarbeit, wie auch des politischen Lebens mehr auf dem Funktionieren, denn auf der Einschaltung der demokratischen Prinzipien liegt. Darüber hinaus ergibt sich durch das System der Ämterbesetzung durch Mitglieder der Regierungspartei bzw. der Regierungsparteien ein unmittelbares korporatives Interesse der Bürokratie, eine Unterbrechung des Regierungsgeschäfts oder gar einen Regierungswechsel zu verhindern. Die Staatsrechtler Sultan-Abendroth haben diese Erscheinung als "bürokratischen Verwaltungsstaat" bezeichnet.

Innerhalb des parlamentarischen Lebens fällt neben den Fraktionen den Ausschüssen eine ganz besondere Bedeutung zu. Die Ausschüsse werden formal als die Verbindungsglieder von Parlament und Exekutive bezeichnet. In Wahrheit aber stellen sie die "Gesandten-Kongresse der grossen Fraktionen" dar. Auch die von der Exekutive in die Ausschusse gesandten Beamten fühlen sich als Teile der Fraktionen und nicht als Repräsentanten eines neutralen Staates. Mit dem Anschwellen der wirtschafts- und sozialpolitischen Aufgaben vermehrte sich naturgemäss auch die Zahl der Ausschüsse; mit der Vermehrung der Zahl der Ausschüsse wurde die Kontrolle der Parteien über die Ausschussarbeit im einzelnen immer schwieriger. Da die parlamentarischen Vertreter in den Ausschüssen in der Regel an Arbeitsüberhäufig leiden, ergibt sich eine natürliche Führungsrolle der spezialisierten Beamten-Repräsentation in den Ausschüssen. Die Ausschüsse selbst sind in ihrer Zusammensetzung Spezialisten-Gremien, die auch von der Sache her in ihrer Arbeitsweise nur schwer zu kontrollieren sind. Darüber hinaus sind ihre Sitzungen nicht öffentlich. Damit unterscheidet sich jede konservativ-demokratische Verfassung von einer progressiv-demokratischen, da die Öffentlichkeit der Ausschuss-Sitzungen neben der Abschaffung der Geheimdiplomatie zu den traditionellen Grundforderungen radikal-demokratischer politischer Bewegungen gehört.

Aus diesen Tendenzen heraus muss sich ein Verfall des Parlamentarismus ergeben. Die Auseinandersetzungen im Parlament sind nicht so sehr politische Argumentationen, sondern Paradeschlachten, deren Zweck Werbung ist. Die allgemeine Werbung und das Moment der parlamentarischen Parade führt aber zur Differenzierung der Fraktionen und letztenendes zu einer Förderung des Führerwesens im Parlament, im parteipolitischen und im politischen Leben überhaupt. Der Verfall des Parlamentarismus im klassischen Sinne muss als der stärkste Motor zur Förderung der Kanzler-Demokratie gewertet werden. Die Differenzierung in den Fraktionen zeigt sich darin, dass sich die Fraktionen in Paradepferde, Spezialisten und Hinterbänkler einteilen lassen. Dabei ist bezeichnend, dass die Zahl der Hinterbänkler, d.h. des reinen parlamentarischen Stimmviehs, immer mehr zunimmt. In den Fraktionen selbst herrscht die stille Macht der Spezialisten, die eine innere Demokratie in den Fraktionen beugen oder sie gar verhindern und eine demokratische Kritik beinahe unmöglich machen, ebenso wie der Widerstand gegen die Paraderepräsentanten der Fraktion die Opposition innerhalb der Fraktion nahe an die Schwelle des Parteiverrats und der Parteischädigung bringt.

Haushaltsrecht. Das Haushaltsrecht wird in die Geschichte des Parlamentarismus als das erste, älteste und wichtigste Recht der Parlamente bezeichnet. Die Macht eines Parlaments in der Verfassungsgeschichte kann daran gemessen werden, in welchem Umfange es eine Bestimmung des Etats und des Budgets durchführen kann. Aber gerade an der Erscheinung des Haushaltsrechts wird der historisch bedingte Charakter der bürgerlich-kapitalistischen Demokratie deutlich. Das Haushaltsrecht hat als Instrument der Kontrolle und Bestimmung nur dort zu funktionieren vermocht, wo noch eine Trennung von Staat und Parlament gegeben war, d.h. wo die Krone und der Verwaltungsapparat den Staat repräsentierten, und das Parlament die Bourgeoisie.

Mit der Veränderung der gesellschaftlichen Struktur und mit der Ausdehnung der Staatsaufgaben musste sich auch das klassische Recht der Parlamente auf diesem Gebiet verändern. Der deutsche Soziologe Adolf Wagner hat bereits im Jahre 1892 über das Gesetz "der wachsenden Ausdehnung der öffentlichen und insbesondere der Staatstätigkeiten" geschrieben. Mit der Übernahme wirtschaftspolitischer und staatspolitischer Funktionen hat dieser Prozess der Vermehrung der Staatstätigkeiten noch zugenommen. Sie beliefen sich die Ausgaben des Deutschen Reiches im Jahre 1913 auf 7 Milliarden Reichsmark, im Jahre 1920 auf 11 Milliarden, 1930 auf 20 Milliarden, 1939 auf 52 Milliarden und im Jahre 1952 die Ausgaben der Bundesrepublik auf 40 Milliarden Deutsche Mark. Innerhalb der Staatsaufgaben verschiebt sich in den grossen Industriestaaten der Anteil der verschiedenen öffentlichen Instanzen immer stärker auf die Ausgaben der zentralen Staatsorganisation. In den modernen Industrie- und Sozialstaaten hat der Haushalt einen so grossen Umfang angenommen, dass er weder von einzelnen noch von Gruppen, und selbstverständlich nicht von der Gesamtheit eines mehrhundertköpfigen Parlaments überblickt werden kann. Die Staatstätigkeiten haben sich ausserdem so spezialisiert, wie auch die Technik des Staatshaushaltes einer fortschreitenden Spezialisierung unterworfen war, dass man mit Recht sagen kann, dass kaum noch ein Abgeordneter des Parlaments in der Lage ist, den Staatshaushalt in allen Einzelheiten zu übersehen. Aus dem Umfang und der Spezialisierung des Staatshaushalts ergibt sich eine natürliche Überlegenheit an Übersicht und Sachkenntnis der Ministerialbeamtenschaft gegenüber dem Parlament. Der Modus der Aufstellung des Staatshaushalts ist so kompliziert, dass ohne Übertreibung von einer Verwilderung der Technik des Staatshaushaltes gesprochen werden kann. Für das Problem der Kontrolle des Staatshaushalts ist in den Industriestaaten noch erschwerend, dass hier der Staat als Unternehmer auftritt, das Geschäftsgebaren der Unternehmen jedoch nicht unmittelbar der parlamentarischen Kontrolle unterliegt. Der Staatshaushalt stellt ein reines Jahresbudget dar und keineswegs einen Ausgabeplan, so dass das Parlament nur den Umfang, jedoch nicht den Modus zu bestimmen vermag. Dass jedoch gerade der Modus der Ausgaben von entscheidender volkswirtschaftlicher Bedeutung ist, ist innerhalb einer hochkomplizierten Wirtschaft selbstverständlich. Eine bestimmte Klärung des Haushaltswesens wie auch des Problems eines Ausgabeplans könnte durch die Aufstellung eines volkswirtschaftlichen Gesamtplans - eines Nationalplans - erreicht werden. Das Grundgesetz sieht jedoch keinen volkswirtschaftlichen Gesamtplan dieser Art vor. Auf dem Gebiete des Haushaltsrechts des Parlaments muss es als ein verfassungsrechtliches Unikum angesehen werden, dass auf Befehl der Besatzungsmächte der Zwang zum ausgeglichenen Staatshaushalt in das Grundgesetz aufgenommen werden musste. Die Beschränkung der Souveränität und die daraus sich ergebende Einschränkung der parlamentarischen Rechte wird an keinem Beispiel deutlicher, als an diesem militärdiktatorischen Zwang. Das Motiv dieser Beschränkung des Parlaments auf dem Gebiete des Haushaltsrecht waren antiinflationistische Überlegungen der wirtschaftspolitischen Spezialisten der Militärregierungen.

Eine zweite wesentliche Beschränkung des Haushaltsrechts des Parlaments ergibt sich durch den Artikel 113 des Grundgesetzes, nach dem der Bundesregierung in den Fragen des Haushalts ein absolutes Vetorecht zukommt. Dieses Vetorecht kann nicht durch einen Mehrheitswillen des Parlaments gebrochen werden. Die einzige Möglichkeit besteht in der Herbeiführung einer Regierungskrise, da - wie wir sehen werden - das einfache Misstrauensvotum dem Parlament versperrt ist. Dieses absolute Vetorecht stellt die schärfste Form des Vetos gegen die Macht des Parlaments dar, die wir auf dem Gebiete des parlamentarischen Haushaltsrechts überhaupt in einer demokratisch-parlamentarischen Verfassung kennen. Das absolute Vetorecht der Bundesregierung, d.h. praktisch des Bundeskanzlers, wird durch ein suspensives Vetorecht des Bundesfinanzministers ergänzt. Der Bundesfinanzminister kann sein Veto gegen das Haushaltsrecht des Parlaments jedoch nur aus haushaltswirtschaftlichen Gründen einlegen.

Entstehen die oben angeführten Beschränkungen des Haushaltsrechts des Parlaments aus bestimmten Artikeln des Grundgesetzes, so ergibt sich eine weitere Beschränkung durch eine allgemeine Tendenz in der Entwicklung des Haushaltswesens in den Industrie- und Sozialstaaten. Mit der Übernahme der Aufgaben der "Daseinsvorsorge" liegen in den Budgets der modernen Industriestaaten von Jahr zu Jahr immer grössere Teile des Haushalts bereits von vornherein fest, die praktisch unkorrigierbar sind. Diese Zunahmen der Staatsausgaben im Staatshaushalt führen zu einer unmittelbaren Einschränkung der korrigierenden Funktionen des Parlaments auf dem Gebiet des Haushaltswesens.

Eine weitere Beschränkung des parlamentarischen Haushaltswesens hat ihren Grund in der wachsenden Starrheit der Steuergesetzgebung und des Steuersystems. Indem das kapitalistische System in seinen Abläufen immer konjunkturempfindlicher wird, kann es sich der Staat nicht leisten, von Fall zu Fall seine steuerpolitischen Grundsätze und Praktiken zu verändern, ohne grosse wirtschaftliche Störungen befürchten zu müssen.

Wesentlich ist, dass kein Gleichlauf des Haushalts mit dem Modus der Besteuerung vorliegt, sondern dass der Modus der Besteuerung sich naturgemäss über mehrere Haushalte erstreckt. Dieses Problem könnte dadurch gemildert werden, dass langfristige Haushalts- und Besteuerungspläne zusammen mit umfassenden Kalkulationen der Entwicklung des Volksvermögens und der Volkswirtschaft eingeführt würden. Diese Beobachtungs- und Planungsmethoden entsprechend jedoch nicht den wirtschaftlichen Prinzipien des Grundgesetzes. Es wäre zwar möglich, die Methoden dieser Art aus den sozialen Verpflichtungen des Grundgesetzes abzuleiten, jedoch nur bei einer sehr freien Interpretation des Buchstabens der Verfassung. Mit der Starrheit des Steuersystems ist natürlich auch das Parlament von Haushaltsplan zu Haushaltsplan bestimmten Vorentscheidungen unterworfen, die seine unmittelbaren Entscheidungsfähigkeiten, eine Korrektur des Haushalts betreffend, wesentlich einschränken.

Die allgemeinen und speziellen verfassungstechnischen Bedingungen haben in keiner anderen demokratischen Verfassung das Haushaltsrecht des Parlaments so eingeengt wie in Westdeutschland. Aus der Entscheidung für den Primat des Funktionierens und für das Prinzip der Kontinuität der Verwaltung hat sich so notwendigerweise ein starker antiparlamentarischer Zug im deutschen Verfassungswesen und Verfassungsleben ergeben.

Kanzler-Demokratie. Aus der Schwächung des Parlaments ergab sich gleichermassen eine Stärkung der Exekutive und insbesondere der Spitze der Exekutive, der Position des Bundeskanzlers. Allein die Wahl des Bundeskanzlers ist schon eine äusserst komplizierte Regelung, welche zum Ziele hat, das Parlament zu zwingen, einen Bundeskanzler mit grosser Mehrheit zu wählen oder auch einen Kandidaten als Bundeskanzler durchzubringen, wenn keine qualifizierte Mehrheit vorliegt.

Das Grundgesetz hat durch Artikel 63 auch die Regierungsbildung bei relativer Mehrheit gesichert und damit das Problem der Koalition aufgeworfen. Das Grundgesetz spricht jedoch nicht davon, inwieweit die Fraktionen das Recht und die Möglichkeit haben, den Bundeskanzler bei der Auswahl seiner Minister zu beeinflussen. Daraus ergibt sich eine äussert starke Position des Bundeskanzlers bereits bei der Regierungsbildung.

Die zweite Einrichtung, die auf eine bedeutende Stärkung der Position des Bundeskanzlers hinausläuft, ist die Einrichtung des konstruktiven Misstrauensvotums. Das Parlament kann gegenüber dem Bundeskanzler nur dann ein Misstrauensvotum stellen, wenn es in der Lage ist, ihm einen Gegenkandidaten entgegenzusetzen, der über die Möglichkeit der Gewinnung einer relativen Mehrheit verfügt. Das konstruktive Misstrauensvotum stellt selbstverständlich einen antiparlamentarischen Akt dar. Die Väter des Grundgesetzes haben sich zum konstruktiven Misstrauensvotum aus den Erfahrungen der Weimarer Republik heraus entschieden, in der es wechselnden Links-Rechts-Kombinationen des öfteren gelungen ist, zwar Regierungskrisen herbeizuführen, aber nicht diese Regierungskrisen zu überwinden. Im Grunde genommen hatten die Verfasser des Grundgesetzes das Problem der Herrschaft Brünings vor Augen; sie haben jedoch übersehen, dass der Sturz Brünings nicht durch eine parlamentarische Links-Rechts-Kombination erfolgt ist, sondern dem Rechtspräsidenten bzw. dem Einfluss der konservativ-reaktionären Kräfte um den Reichspräsidenten zuzuschreiben ist. Das andere Vorbild waren die sich ablösenden Regierungskrisen in Frankreich. Die Stabilität der Regierung in Westdeutschland war als ein wichtiges antikommunistisches Mittel gedacht.

Im Hinblick auf das Koalitionsproblem ergibt sich, dass in der Verfassung kein Modus festgelegt ist, durch den eine Regierungskoalition entstehen kann oder entstehen soll. Zwar findet sich auch in anderen parlamentarisch-demokratischen Verfassungen keine Festlegung des Modus der Entstehung einer Koalition, aber für eine neue deutsche Demokratie wäre hier eine Festlegung deshalb am Platze gewesen, weil diese Demokratie keine demokratische und parlamentarische Tradition besitzt. Durch die starke Stellung des Bundeskanzlers ergibt sich zwangsläufig, dass er im Wahlgang stets die umstrittenste Figur sein wird. Der Kanzler-Koalition steht nicht nur während der Legislaturperiode, sondern auch im Wahlgang selbst die Kanzler-Opposition gegenüber. Daraus ergäbe sich die Notwendigkeit, dass die Parteien sich bereits im Wahlakt zu einer Koalitionsfront gegen bzw. für den Bundeskanzler zusammenschliessen. Die Festlegung der Parteien und Fraktionen auf eine Koalition nach der Wahl widerspricht jedoch der gängigen Praxis der Parteiführungen und Fraktionen. So ergibt sich eine Irreführung der Wählermassen aus dem System heraus. Der Wähler ist praktisch ohne Einfluss auf die Regierungsbildung und er wird, wie der Staatsrechtler Eschenberg sagt, zu einer "Fahrt ins Blaue" eingeladen. Dem Bundeskanzler verbleiben für die Praxis einer Koalition große Möglichkeiten, indem er willkürlich die Ministerien vermehren kann. Mit dieser Mehrung der Ministerien steht im Zusammenhang, dass es in der Entscheidungsmöglichkeit des Bundeskanzlers liegt, Kanzler-Ministerparteien zu schaffen.

Die Verfassung kennt grosse Möglichkeiten der Koalitionsbildung auch dann, wenn die Kanzlerpartei nicht über die relative Mehrheit verfügt. Diese Möglichkeit ist insbesondere dann gegeben, wenn eine Einheitsfront von Präsident und Kanzler eintritt. Es ergeben sich so geringe Ablösungschancen für die Opposition; eine Ablösungschance würde einen politischen Erdrutsch voraussetzen. Ein politischer Erdrutsch diesen Ausmasses ist jedoch nur in politischen oder wirtschaftlichen Krisenzeiten zu erwarten. Wirtschaftliche und politische Krisen werden aber ganz ohne Zweifel die in der Verfassung angelegten autoritären Tendenzen auf dem Wege einer reaktionären Interpretation der Verfassung sowie auf dem Wege einer rigorosen Ausnützung der in der Verfassung angelegten autoritären Elemente verstärken.

Die parlamentarische Kontrolle kann in diesem durch die Verfassung festgelegten politischen System entweder durch eine reine autoritäre Kanzler-Demokratie oder durch die Koalition der beiden grossen Parteien aufgehoben werden. Beide Möglichkeiten werden faktisch das Ende eines funktionierenden Parlamentarismus in Westdeutschland bedeuten. In der Verfassung angelegt ist stärker die Tendenz zu einer reinen autoritären Kanzler-Demokratie. Für die Gefahr der Ausschaltung der Kontrollfunktionen des Parlaments durch eine grosse Koalition hat die Verfassung überhaupt keine Sicherung vorgesehen.

Bei der Betrachtung der Verfassung haben wir den Primat der Verwaltung festgestellt. Die Verwaltung ist in der bürgerlich-kapitalistischen Gesellschaft ihrem Wesen nach monokratisch und hierarchisch organisiert. In der Gestalt des Bundeskanzlers erhält die Verwaltung ihre Spitze. Die Autorität des Kanzlers ist so gross, dass er zugleich zu herrschen und zu verwalten vermag. Das Grundgesetz hat auf diese entscheidende Trennung staatlicher Funktionen keinen Gedanken verschwendet. Wenn Ende des 17. Jahrhunderts der französische König Ludwig XIV. gesagt hat: "Der Staat bin ich!", so befand er sich in einem schwerwiegenden Irrtum, wenn er mit dem Staat die Gesamtheit der Verwaltung gemeint hat. Die französische Geschichte ist geradezu bestimmt durch die Trennung von Staat und Staat, d.h. der Staat als corps administratif und corps politique. Der Schwerpunkt des staatlichen Lebens in der französischen Geschichte liegt auf der Kontinuität des Staates als Verwaltung. Wir sehen daraus, dass das Problem der Verwaltung, ihre Sonderrolle und ihre stark sich durchsetzenden Kräfte innerhalb einer bürgerlich-demokratischen Verfassung und einem bürgerlich-demokratischen Staatswesen bis heute nicht gelöst worden ist. Andere demokratische Verfassungen haben jedoch dieses Problem gesehen und Einrichtungen geschaffen, um das Durchdringen des corps politique durch das corps administratif zu verhindern. Die westdeutsche Verfassung hat demgegenüber den Ausdehnungstendenzen der Verwaltung nicht nur keine Schranken entgegengesetzt, sondern die Kraft dieser Ausdehnungstendenzen noch verstärkt. Die Verteidiger des Prinzips der Kanzler-Demokratie führten an, dass dies notwendig gewesen sei, um der zentrifugalen Kräfte innerhalb einer pluralistischen Gesellschaftsordnung Herr zu werden. Diese Auffassung wäre nur dann richtig, wenn es gelänge, das corps administratif, d.h. die staatliche Verwaltung, den staatlichen Beamtenkörper, politisch zu neutralisieren. Aber gerade in der pluralistischen Gesellschaftsordnung ist der unmittelbare Einfluss auf die Besetzung der Ämter auf die Arbeit der Beamten offensichtlich und, solange dieser Einfluss nicht in einen verfassungsinstitutionellen Rahmen gebracht wird auch notwendig. Die Forderung nach einer politischen Neutralisierung der Verwaltung ist jedoch im Hinblick auf die Geschichte, den sozialen Hintergrund und die speziellen Formen der Tätigkeit der deutschen Beamtenschaft nichts anderes als eine moralische und politische Überforderung.

Welche starke Position der Bundeskanzler einnimmt, zeigt sich an seiner Stellung innerhalb der Regierung. Es ist bezeichnend, dass die Regierung sich in Westdeutschland die Geschäftsordnung selbst gegeben hat; und es besteht kein Zweifel, dass durch diese Geschäftsordnung die Elemente der Kanzler-Demokratie noch verstärkt worden sind. In dieser Geschäftsordnung der Bundesregierung sind die Minister zum Schweigen über die Vorgänge innerhalb des Kabinetts gegenüber Fraktion, Partei und Öffentlichkeit - auch nach ihrem Ausscheiden aus dem Kabinett! - verpflichtet. Die Minister sind allein von den Entscheidungen des Bundeskanzlers abhängig. Die Fraktionen können gegenüber den Ministern keine Loyalität erzwingen. Der Bundeskanzler bestimmt nach Artikel 65 des Grundgesetzes die Richtlinien der Politik; er hat sozusagen die "Kompetenz der Kompetenz". Dabei wird die Stellung des Bundeskanzlers noch dadurch gestärkt, dass keine klaren Abgrenzungen der Ressortrechte der Minister gegenüber dem Bestimmungsrecht des Bundeskanzlers vorliegen. Das Kabinett-System, wie es durch das Grundgesetz konzipiert ist, ist eine Mischung von Kollegial- und Ressort-System. Gerade diese Mischung ist es jedoch, die zu einer wesentlichen Stärkung der Macht des Bundeskanzlers geführt hat, da damit keine Begrenzung seiner Kompetenzen innerhalb des Kabinetts festgelegt wurde. Es liegt ganz ohne Zweifel in der Konstruktion dieser Mischung, dass der Bereich der Ermessensentscheidungen durch den Bundeskanzler sich ständig vergrössern muss. Carlo Schmid hat im Parlamentarischen Rat davon gesprochen, dass natürlich die Richtlinien der Politik der Bundesregierung, die zu bestimmen dem Kanzler obliegt, nur normativen Charakter haben könnten, d.h. nicht auf Einzelfälle und Einzelentscheidungen bezogen werden könnten. Indem jedoch der Schwerpunkt auf der

Kontinuität der Administration liegt und das Administrative immer stärker das politische Leben bestimmt, ergibt sich die Praxis einer permanenten Intervention des Bundeskanzlers in die einzelnen Akte der Verwaltung. Letztenendes ist es der Kanzler, der den Bereich und damit auch die Natur der Richtlinien bestimmt.

Der Bundeskanzler ist innerhalb des Bundeskabinetts nicht an den Mehrheitsentscheid des Kabinetts gebunden. Von vornherein lag in der Konstruktion der Rolle des Bundeskanzlers im Bundeskabinett die Gefahr "einsamer Beschlüsse" begründet. Gegenüber dieser autoritären Tendenz in der Konstruktion der Rolle des Bundeskanzlers gegenüber dem Parlament und gegenüber den Ministern seines Kabinetts wird von den Verteidigern der Konstruktion der Kanzler-Demokratie meistens nur ein moralischer Appell an die demokratischen Eigenschaften des Bundeskanzlers vorgebracht. Die verfassungsrechtliche Erscheinung, weil sie zeigt, wie aus einer geschäftsmässigen und moralischen Überforderung einer verfassungsmässigen Institution oder Position sich entweder deren Verfall ergibt• oder die willkürliche Ausdehnung deren Autorität. Die Tendenz zur willkürlichen Ausdehnung der Autorität wird im Falle des Bundeskanzlers noch dadurch verstärkt, dass er die alleinige Verantwortung gegenüber dem Parlament trägt. Ihm obliegt auch die Bestellung seines Vertreters, wie auch die Bestellung des Staatssekretärs für das Bundeskanzleramt. Es ist vorstellbar, dass in der Konstellation Bundeskanzler - Vertreter - Staatssekretät des Bundeskanzleramtes sich dann eine kanzler-demokratische Konstellation direktorialer Natur ergibt, wenn der Bundeskanzler selbst nicht fähig oder willens ist, die kanzler-demokratischen Möglichkeiten der Verfassung ganz auszuschöpfen.

Wesentlich für die Macht des Bundeskanzlers in der Verfassung ist, dass er Minister nach freiem Ermessen berufen und entlassen kann sowie, dass die Minister nur ihm verantwortlich sind. Den demokratisch-parlamentarischen Charakter einer Verfassung kann man häuptsächlich an zwei verfassungsrechtlichen Elementen erkennen: Einmal an dem Umfang des Haushaltsrechtes und zum anderen an der Minister-Verantwortlichkeit gegenüber dem Parlament. Wir haben bereits gezeigt, dass das Haushaltsrecht des Parlaments im Bonner Grundgesetz empfindlich eingeschränkt ist; eine Ministerverantwortlichkeit gegenüber dem Parlament wurde bewusst ausgeschaltet. Daraus kann mit Recht gefolgert werden, dass die Verfassung des westdeutschen Staates offen die Prinzipien eines parlamentarischen System aufgegeben hat, wie auch das Prinzip der Koalition. Indem der Bundeskanzler Minister auszuwechseln vermag, kann er seine Regierung auch bei wechselnden Mehrheiten im Parlament stabil erhalben. Diese Möglichkeit stellt eine ideale Klaviatur der Macht des Bundeskanzlers, wie insbesondere auch der Ausdehnung und Festigung der Autorität der Position des Bundeskanzlers dar. Das Parlament kann darüber hinaus den Bundeskanzler nur dann zur Verantwortung zwingen, wenn es in der Lage ist, den Weg des konstruktiven Misstrauensvotums zu gehen. Dies aber ist äusserst fragwürdig. Die Konstruktion der Kanzler-Demokratie war im Parlamentarischen Rat - im Hauptausschuss wie im Plenum - von den beiden grossen westdeutschen Parteien, der CDU und der SPD - dies beweisen die Stenogramme eindeutig - gewollt. Im Zusammenhang mit dieser Machtstellung des Bundeskanzlers ergibt sich zusätzlich das Problem, dass der Parlamentarische Rat sich nicht vorstellen konnte oder wollte, inwieweit diese Machtposition des Bundeskanzlers durch die Aufstellung einer westdeutschen Armee eine ungeheure Mehrung erfährt.

Bundesverfassungsgericht. Gegenüber dieser ungeheuren und beinahe alle konstitutionellen Vorstellungen sprengenden Macht des Bundeskanzlers sieht die Verfassung die Bremse des Bundesverfassungsgerichtes vor. Man hätte erwarten können, dass das Bundesverfassungsgericht geradezu auf die Beschränkung der Machtfülle der Position des Bundeskanzlers spezialisiert worden wäre. Aus der Verfassung jedoch ergibt sich eine so grosse Aufgabenfülle, dass man von einer offensichtlichen Überbürdung des Bundesverfassungsgerichtes sprechen kann. Das Bundesverfassungsgericht hat Fragen zu regeln, die sich aus den Beziehungen von Bundesrecht und Länderrecht ergeben; es hat den rechtsinstanziell richtigen Verlauf der gerichtlichen Verfahren zu kontrollieren; es hat weiter die Aufgabe, das Grundgesetz auszulegen, die Exekutionskontrolle durchzuführen sowie insbesondere über die Verwirkung von Grundrechten und die Verfassungswidrigkeit von Parteien zu entscheiden; es hat die Anklage gegen den Bundespräsidenten und die Bundesrichter zu tragen und allgemeine Verfassungsbeschwerden zu bearbeiten. Daraus ergeben sich zwei Funktionen: einmal der Schutz der Rechtsstaatlichkeit und weiterhin die, Frieden zu stiften. Es ist eine verfassungsrechtliche Regel, dass, je überbürdeter eine Institution ist, umso geringer und fragwürdiger ihre Wirkung sein muss. Wenn es auch als verfassungsrechtlicher Grundsatz zu gelten hat, dass bei der politischen Überbürdung einer Institution diese Institution entweder wirkungslos wird, weil ihre Vertreter sich vor der Gewichtigkeit ihrer politischen Entscheidungen fürchten, oder mit in den Kampf der politischen Kräfte hineingerissen wird, so ist das Letztere aus der Verfassungskonstruktion im Falle des Bundesverfassungsgerichtes zu erwarten.

Die Möglichkeit der Bremswirkung des Bundesverfassungsgerichtes im Hinblick auf eine Ausdehnung des

Prinzips der Kanzler-Demokratie und des bürokratischen Verwaltungsstaates sind äusserst gering. Da man die Kanzler-Demokratie nicht im Rahmen der allgemein geltenden Verhaltensregeln, wie sie die demokratische Tradition herausbildete, zu fesseln vermochte, ist man auf den Ausweg verfallen, durch eine formal-juristische Konstruktion die Kanzlermacht zu bremsen. Dass dazu eine reale Gegenmacht allein in der Lage gewesen wäre, versteht sich von selbst. Indem diese Gegenmacht innerhalb der Verfassung nicht existiert, liegt es nahe, dass sich ausserparlamentarische Verbände und Organisationen als Gegenmacht gegen die Tendenzen des autoritären Verwaltungsstaates und der autoritären Kanzler-Demokratie etablieren. Das Element der Kanzler-Demokratie hat so das Grundproblem einer pluralistischen Gesellschaftsordnung nicht abgeschwächt, sondern es im Gegenteil verstärkt.

In dem Zusammenstoss von Kanzler-Demokratie und ausserparlamentarischer Macht steht den Vertretern der Kanzler-Demokratie das ganze Arsenal der restaurativen Elemente der Verfassung zur Verfügung. Die ausserparlamentarische Macht kann sich dabei auf nichts anderes stützen als auf allgemeine demokratische Prinzipien. Sie ist so im Hinblick auf die Legitimität des Kanzlers von vornherein geschwächt und durch die äusserst weitgehenden militant-demokratischen Elemente der Verfassung bedroht.

Die Darstellung der Geschichte der Verfassung, ihres Inhalts, sowie der Vergleich von Verfassungsinhalt und Verfassungswirklichkeit beweisen, dass die Verfassung des westdeutschen Staates nicht so sehr als Voraussetzung der restaurativen Entwicklung in Westdeutschland, sondern vielmehr als eine wichtige Etappe der Etablierung der politischen Macht der konservativ-restaurativen Kräfte gewertet werden muss.

Dieser Schluss steht im Widerspruch zu der zum Beispiel von Professor Abendroth vorgetragenen These, dass im Bonner Grundgesetz wesentliche Elemente einer sozialen Demokratie enthalten seien, die erst durch die weitere Entwicklung in Westdeutschland zurückgedrängt und verfälscht wurden. Ein Widerspruch von "Sozialer Demokratie" und "bürokratischem Verwaltungsstaat" besteht in der Verfassung des westdeutschen Staates nicht. Der Versuch, das Bonner Grundgesetz "sozialdemokratisch" zu interpretieren, ist ein parteiliches, fragwürdiges und im Grunde verzweifeltes Unternehmen. Die Verfassung ist ihrem Geist, ihrem Inhalt und ihrer Tendenz nach ein politisches Instrument konservativ-restaurativer und reaktionärer Zielsetzung. Der Buchstabe, der Geist wie die Logig der Verfassung stehen auf seiten ihrer reaktionären Interpreten, nicht ihrer fortschrittlichen Verteidiger.

Die Tatsache, dass das Grundgesetz als ein Abschluss der Eroberung der politischen Macht in Westdeutschland durch die Restauration angesehen werden muss und dass das Grundgesetz selbst eine ideale Waffe der Restauration im politischen Kampf ist, mögen den Vorstellungen der fortschrittlichen Kräfte in Westdeutschland widersprechen. Diese Tatsachen sind deshalb nicht weniger richtig. Erst wenn man das Grundgesetz so einschätzt, wird dem Beobachter die weitere politische Entwicklung in Westdeutschland in den folgenden beiden Jahren verständlich. Fussend auf dem konservativ-restaurativen Charakter des Grundgesetzes, es als Waffe verwendend, konnte die Restauration in den Jahren 1950/51 in Westdeutschland ihre Macht festigen, ausbauen und zum offenen Angriff auf die "sozial-demokratischen" Kräfte übergehen.

ALEXANDER SCHWAN

Pluralismus und Grundwerte

I.

Unsere pluralistische Gesellschaft und unser demokratischer Staat haben gegenwärtig gravierende Krisen zu überstehen und zu bewältigen. Diese Krisen werden in unterschiedlichem Ausmass von den Bürgern, primär aber von den Angehörigen der jungen Generation erfahren Sie haben teils ihre Wurzel in echten materiellen und geistigen Problemen, die zumeist eher Folgeerscheinungen der hochindustrialisierten und technisierten als der spezifisch pluralistischen Gesellschaft sind, teils ergeben sie sich auch - zumindest in gewissen Übersteigerungsformen - aufgrund eines Krisengeredes, dessen Urheber und Tradierer oftmals den Rahmen verantwortlicher und konstruktiver Kritik sprengen. So sind die ökologische Krise, die Rohstoffkrise, die Weltwirtschaftskrise teils Tatbestände, teils in übertreibender Zuspitzung Schlagworte und Parolen, die seit einigen Jahren nicht mehr von der Tagesordnung der Politiker und Meinungsmacher verschwinden. Die Grenzen, Gefahren, Möglichkeiten und Notwendigkeiten des materiellen Wachstums stehen seit den Analysen und Prognosen des Club of Rome zur Diskussion. Die aufgetretenen ökonomischen und ökologischen Strukturprobleme ziehen soziale und geistige Schwächeerscheinungen nach sich, manifest werdend in einer fühlbaren, wenngleich nicht in vollem Umfang echten Arbeitslosenzahl und in dadurch mitbedingten Orientierungsschwierigkeiten bezüglich des Berufs, der Stellung in der Gesellschaft und der gesamten Lebenspraxis für viele Individuen. Es ist von einer verbreiteten Sinnkrise häufige Rede.

Damit sind auch die Grundlagen der politischen Kultur der pluralistischen Gesellschaft tangiert, zumindest in jenen Ländern, die wie die Bundesrepublik Deutschland oder z.B. Italien über keine langdauernde und gefestigte demokratische Tradition verfügen. Konkret wird die Regierungs-, Entscheidungs- und Handlungsfähigkeit des demokratischen Staates in Zweifel gezogen.

Der Bewusstseins-, Willensbildungs- und Entscheidungsprozess braucht in der pluralistischen Demokratie geraume Zeit, um zu einer angemessenen Aufarbeitung, Klärung und Lösung auftretender Probleme zu gelangen, und er bleibt oftmals besorgniserregend defizitär. Dennoch hat die pluralistische Demokratie - und nur sie - die Chance, auf dem Wege freier Einsicht und breiter, öffentlicher Willensbildung, durch die Schaffung eines allgemeinen Grundkonsenses in Lebensfragen der Gesellschaft, den die vielen Einzelnen in ihrem wohlverstandenen Eigeninteresse bilden, somit doch durch relativ grosse Systemelastizität und -stabilität einen - schwierigen, stets neu zu erprobenden - Ausgleich, schliesslich und zugleich mit Hilfe der einzig menschenwürdigen Verfassung das heute und zukünftig erforderliche Problemlösungspotential zu erzeugen. Gewiss geht dies nur in einer mühsamen, langwierigen, manchmal verlustreichen Entwicklung vonstatten, jedoch insgesamt immer noch schneller und erfolgversprechender als in anderen heute vorfindlichen (autokratisch-bürokratischen) Systemen, die daher für die pluralistische Gesellschaft keine Alternative darbieten können.

Chance ist noch keine Gewähr. Die pluralistische Gesellschaft braucht in der schwierigen Gegenwartssituation einerseits eine Stärkung der Regierungs- und Handlungsfähigkeit der staatlichen Organe, andererseits und zugleich eine Aktivierung kooperativer und konstruktiver Mitverantwortung der Individuen sowie der gesellschaftlichen Organisationen und Institutionen. Sie Bedarf einerseits einer grösseren - auf Sachverstand und politische Entscheidungsbereitschaft gegründeten - Wirksamkeit des Staatshandelns im Sinne einer effektiven Verteidigung des Rechtsstaates und einer gerechteren Ausgestaltung des Sozialstaates, andererseits einer stärkeren Differenzierung und Föderalisierung der gesellschaftlichen Ebenen dieses Handelns im Interesse grösserer Bürgernähe und aktiverer Bürgerbeteiligung. Denn es geht um nicht weniger als um die solidarische Mitwirkung möglichst aller Bürger, Gruppen, Organisationen und Institutionen bei dem dringlichen, lebenswichtigen Versuch, den aufgetretenen materiellen und geistigen Krisenerscheinungen so zu begegnen, daß eine gerechte Verteilung unabweisbar sozialer Lasten mit der Sicherung und weiteren Entfaltung der individuellen und politischen Freiheit integral verknüpft wird.

II.

Worin besteht der Charakter der neuen Aufgaben? Es kommt in Zukunft auf die Verbesserung der Lebensqualität für alle Menschen in der Gesellschaft an, nicht mehr so sehr auf Steigerung des Wohlstandes. Voraussetzung dafür ist die Bewahrung bzw. Wiederherstellung der natürlichen Lebensbedingungen, die im Menschen selbst liegen oder die Natur und Umwelt bieten: der Gesundheit, nächstenschaftlicher zwischenmenschlicher Beziehungen (bis zum Alter), einer humanen und zugleich gesicherten Arbeitswelt, sinnvoll gestalteter Freizeit, des Erholungswertes und der Schönheit einer (nicht total zersiedelten) Landschaft, der Wohnlichkeit der Städte usw. Andererseits sind ein hocheffizientes Wirtschaftssystem, zukunftsträchtige Investitionen, eine ausreichende Energieversorgung, die Sicherung der Ernährungsbasis beispielsweise ebenso unverzichtbare

Grundlagen eines qualitativ vollwertigen individuellen und gesellschaftlichen Lebens. Weiter geht es um den Ausbau der Institutionen und Massnahmen, die die soziale Sicherheit für alle Bürger auf jeder Altersstufe gewährleisten, sowie um ein Bildungsangebot, das - gerade auch mit kompensatorischen Hilfen - jedem Mitglied der Gesellschaft die Chance einräumt, sich nach besten Kräften und gemäss eigener Bestimmung in seiner Persönlichkeit zu entfalten.

Doch solche und viele andere unverzichtbare Dienstleistungen setzen in der Tat den vollen Einsatz individeller und kollektiver Leistung voraus, denn es kann von der Gemeinschaft in der Summe den Individuen nur das zur Verfügung gestellt werden, was von ihnen selbst erarbeitet und - direkt oder mittelbar - aufgebracht wird. An dieser Leistungsgemeinschaft müssen sich alle Gesellschaftsglieder nach ihren Möglichkeiten beteiligen; sie müssen sich daran aber auch beteiligen können. Die Pflicht zur Leistung und die Anwartschaft auf Nutzniessung der Erträge implizieren so z.B. auch das Recht auf Arbeit für jeden Bürger. Daraus folgt, dass, wenn das Recht auf Arbeit bei ökonomischen Engpässen nicht anders verwirklicht werden kann, dann Massnahmen wie Arbeitszeitverkürzung, Beschränkung von Überstunden, Einführung von Teilzeitverträgen (z.B. von Halbtagsstellen), Vorverlegung der Pensionsgrenzen usw., also Massnahmen, die um des Rechtsanspruch aller willen dem Einzelnen einen teilweisen Verzicht auf die volle und übervolle Ausschöpfung dieses Rechts zumuten, in Erwägung gezogen und in die Tat umgesetzt werden müssen. Da sich damit aber die Sozialkosten erhöhen, schliesst dies gegebenenfalls zugleich auch noch partiellen Lohnverzicht oder eine Steuermehrbelastung für die Mitglieder dieser - so viel wird deutlich: nicht mehr hedonistischen, sondern in mancherlei Betracht eher zur Askese benötigten - Solidargemeinschaft ein. Für die Gemeinschaft und die Individuen wird es mit dem Gebot des sozialen Ausgleichs um einer möglichst grossen und breit verteilten, jedoch niemals absoluten Lebensqualität willen insofern Ernst, als dieses Gebot nur noch unter Opfern erfüllbar ist. Leichte, unkomplizierte Lösungen sind im allgemeinen nicht mehr zu erwarten. Dafür spricht auch ein anderes gegenwärtig besonders aktuelles Beispiel: wenn es gilt, die Erfordernisse der Energieversorgung und des Umweltschutzes gegeneinander abzuwägen und Entscheidungen zu treffen, die einen produktiven Kompromiss zwischen beiden herbeiführen und dabei Schäden für das Leben, die Natur, aber auch für die Wirtschaft und die Arbeitswelt tunlichst ausschliessen.

Für diese wie für alle mit den Gegenwartskrisen verbundenen Probleme und Aufgaben gibt es keine emphatischen Patentrezepte, sondern nur den mühsamen Weg sehr schwieriger, weil auf lange Zeit folgenschwerer Entscheidungen, die zumeist eine Mehrzahl von Modellen zugunsten komplexer Lösungsstrategien miteinander kombinieren müssen. Daran versehen sich zumeist die "Bürgerinitiativen", so wichtig die partiellen Gesichtspunkte sind, die sie oftmals in die Diskussion einbringen. Vielmehr bedarf es des wissenschaftlich fundierten Sachverstandes, aber zudem der Fähigkeit, mutige und weitsichtige politische Beschlüsse zu fassen, auch Beschlüsse in "tragischen" Konflikten, d.h. in Konflikten zwischen Gütern und Werten, die für die Sicherung der Lebensqualität in der modernen Gesellschaft ähnliche oder gleichrangige Bedeutung besitzen. Solche Beschlüsse können zumeist nicht mit absolutem Anspruch und eindeutiger Stringenz getroffen werden, sondern sie sind relative Entscheidungen gegenüber vielschichtigen Sachverhalten; dieser Umstand mindert aber nicht, sondern erhöht die geistigen, moralischen und politischen Anforderungen, die sich stellen, um die Kraft zur Entscheidung und zum Handeln aufzubringen.

Wir benötigen gleichsam einen neuen Gesellschaftsvertrag, der alle gesellschaftlichen Kräfte und die staatlichen Organe auf ein Handeln im Sinne der Rechts- und Sozialstaatsprinzipien, die durch die Verfassung vor- und aufgegeben sind, verstärkt verpflichtet. Er müsste die Anerkennung und Bekräftigung einer Solidar- und Leistungsgemeinschaft von anderer Qualität als zuvor und entsprechende Konsequenzen für ein partnerschaftliches Zusammenwirken der Gruppen und Organe, gleichsam "konzentrierte Aktionen" auf den verschiedensten Ebenen und in den verschiedensten Bereichen, zum Inhalt haben. Weiterhin müsste er darauf zielen, die Grundstruktur des Zusammenlebens der Individuen in der Gesellschaft und die ihnen dienenden Institutionen wie Familie, Gemeinde und Staat, aber auch Kirche - Staat und Kirche in ihrer differenzierten Gliederung - zu unterstützen und zu stabilisieren, statt dass sie weiter behindert und geschäditgt werden, wie das gewollt oder ungewollt vielfach geschieht. Der neue "Gesellschaftsvertrag" richtete sich nicht auf eine andere politische Verfassung, sondern müsste gerade das Grundgesetz unseres Gemeinwesens bekräftigen und verlebendigen. Es ist darunter also nicht ein konstitutioneller Vorgang, sondern ein geistig-moralisches Geschehen zu verstehen.

III.

Darum ist es von entscheidender Wichtigkeit, dass in der Gesellschaft allenthalben eine verstärkte Besinnung auf die die pluralistische Demokratie tragenden Grundwerte erfolgt, dass mithin die ethisch verbindlichen Masstäbe eines in Freiheit und um der Freiheit willen geordneten Zusammenwirkens der Individuen,

Gruppen und Organisationen bewusst gemacht, verdeutlicht und in die Praxis umgesetzt werden. Deshalb ist die seit einigen Jahren, vor allem im Anschluss an die schweren Auseinandersetzungen um die Reform des § 218 StGB aufgekommene Grundwerte-Diskussion zu begrüssen, sofern es gelingt, sie aus billiger partei- und verbandspolitischer Polemik herauszuführen, zu versachlichen und tatsächlich auch praktische Orientierungspunkte für das Handeln der Individuen, der Gesellschaft und des Staates aus ihr zu gewinnen.

Aber gibt es denn solche verbindlichen ethischen Massstäbe, wirklich tragende Grundwerte für den Pluralismus, die pluralistische Gesellschaft, die pluralistische Demokratie? Verfällt nicht vielmehr alles der Beliebigkeit einer Pluralität, der gegenüber jede einzelne Grösse relativ zu sein und im Verhältnis zu anderen Grössen und Komponenten autonome Geltung zu haben, folglich im Grunde beziehungslos neben ihnen zu stehen scheint? Sprengt damit nicht alles auseinander, eben ohne tragendes Fundament, ohne ethische Bindung und Verbindlichkeit?

In der Tat gehört zur pluralistischen, offenen, hochdifferenzierten Gesellschaft zunächst auch eine Pluralität des notwendiger- und legitimerweise in ihr vertretenen Ethos. Den vielen in ihr wirkenden Rollen, Gruppenbildungen, Subsystemen, Sozialisationsformen und Kommunikationsarten kommt eine partielle Autonomie zu, die ihre gesicherte und zugleich begrenzte Geltung allerdings nur innerhalb des Gefüges einer adäquaten staatlichen Ordnung gewinnen kann. Jede aber hat ihr Ethos: es gibt im Pluralismus nicht die eine, absolute, autoritativ über alles gebietende Norminstanz. Nicht zuletzt dieser entscheidende Wesenszug bringt erhebliche Schwierigkeiten für die Orientierung, Identitätsbildung und Sinnfindung der Individuen in der pluralistischen Gesellschaft mit sich. Doch bedeutet er nicht nur eine Last, sondern andererseits auch Entlastung, Reichtum und Chance für die individuelle Lebenspraxis. Er ist die Voraussetzung für die freie und selbstverantwortliche Entfaltung des Individuums in der Gesellschaft, wenngleich wiederum dafür noch keine Garantie. Die Pluralität auch der Norminstanzen ist in der modernen Lebenswelt etwas Unabdingbares und Wünschenswertes, jedoch kein Selbstzweck, sondern notwendiges Mittel zum Zweck der eigenverantwortlichen sittlichen Selbstverwirklichung der Individuen.

Doch bedarf die pluralistische Gesellschaft zugleich eines Fundamentalbestandes an einheitlichem Ethos, wenn sie jenen Zusammenhalt, jene Ordnung und jene Verfasstheit erlangen und wahren soll, von denen als Bedingungen der Möglichkeit für eine Bewältigung der vorher kurz erwähnten Krisenerscheinungen in Freiheit die Rede war. Und sie verfügt auch prinzipiell darüber, wo immer sie nur geschichtlich entstanden ist, sich entwickelt hat und trotz aller Schwierigkeiten besteht. Dieser Fundamentalbestand an einheitlichem Ethos, dieser Wertgrundkonsens, ist in jenen Grundwerten gefasst und festgehalten, wie sie in der Verfassung - der äusseren Kodifikation der gemeinschaftlichen Verfasstheit der Individuen im demokratischen Staat der pluralistischen Gesellschaft - angelegt sind. Eben diesen Wertgrundkonsens gilt es zu beleben, immer wieder zu erneuern, zu vertiefen und möglichst zu erweitern, sofern die pluralistische Gesellschaft problembewusst und lebensfähig bleiben will.

Wenn damit nun also die Verfassung in unserer Erörterung besonders herausgehoben ist, so wird sie gleichwohl nicht zu der einen, absoluten Norminstanz für Ethos überhaupt, sondern nur für jenes Fundamentalmass an einheitlichem Ethos, das das öffentliche Leben und die Politik in der pluralistischen Gesellschaft leisten muss, und zwar insoweit alle Individuen, alle Bürger, wodurch ihre Lebenspraxis in wichtigen Dimensionen geprägt wird, ohne deshalb ganz davon eingenommen und ihrer partiellen Autonomie beraubt zu sein.

Welche Grundwerte aber enthält die Verfassung: konkret das Grundgesetz der Bundesrepublik Deutschland als eine in ihrem Grundlegungsteil für die Anforderungen pluralistischer Demokratie modellartige, wenngleich interpretations- und entwicklungsfähige wie -bedürftige Verfassung? Das zentrale Thema des Grundlegungsteils der Verfassung sind die Würde der Person und ihre Grundrechte. Die Menschenwürde wird für unantastbar erklärt und kann als der erste Grundwert der Verfassung und des von ihr normierten Zusammenlebens der Individuen gelten. Aus ihm leiten sich unverletzliche und unveräusserliche Menschenrechte sowie kodifizierte Grundrechte der Person ab, die alle staatliche Gewalt als unmittelbar geltendes Recht binden und somit für sie wie für die Individuen selbst Richtschnur, Masstab und Schranke darstellen.

Die Würde der Person lässt sich im Sinne unbedingter Werthaftigkeit verstehen, jedoch nicht kraft subjektiver Einschätzung, so als würden von einer bestimmten Leistung der Person und ihrer dadurch gegründeten Wertschätzung in der Gesellschaft ihre Würde und deren Grad und Mass abhängig gemacht. Vielmehr verweisen die Unantastbarkeit, Unverletzlichkeit und Unveräusserlichkeit von Menschenwürde und Menschenrechten auf Wahrheiten, die der Gesellschaft, dem Staat, selbst jedem Individuum, also auch den Bildungsinstitutionen und den in ihnen Tätigen oder für sie Verantwortlichen vorgegeben und ihrer Disposition entzogen sind. Es sind dies mit der Natur des Menschen mitgegebene unumstössliche Grunddaten durchaus ontologischer Qualität.

Aus diesen Grunddaten folgen die anderen in der Verfassung angelegten Grundwerte personalen Lebens- und Zusammenlebens. Es sind dies die Grundwerte Freiheit, Leben, Gleichheit, Gerechtigkeit, Solidarität und Pluralität. Sie alle gehören zusammen, bedingen einander, begrenzen sich dadurch auch, dürfen also - so wesentlich jeder von ihnen für das sittliche und politische Leben ist - nicht als einzelne verabsolutiert und extrem ausgelegt werden. Die Freiheit, die die Verfassung eröffnet und garantiert, ist nicht schrankenlose Willkür oder totale Emanzipation von aller Verpflichtung und Ordnung, sondern eine gerade an das Sittengesetz, an die Berücksichtigung der Rechte der Mitmenschen und an die Übernahme von Pflichten in der Gemeinschaft gebundene und so orientierte Freiheit; Freiheit ist Freiheit von unrechtmässiger Gewalt, d.h. von willkürlichen Beschränkungen der Handlungssphäre des Individuums durch den Staat oder durch Dritte, Freiheit der Wahl und Selbstbestimmung, aber damit auch Freiheit zur Mitwirkung und Mitverantwortung in Gesellschaft und Staat. Dieser Grundwert verlangt nach einer freiheitlichen, rechtsstaatlichen, sozialen und offensiven Demokratie. Die Freiheit findet im Gebot der Verfassungstreue nicht nur Begrenzung, sondern auch eine Form ihrer sinnhaften Erfüllung.

Ebenso steht es mit dem Gut des Lebens. Sein Schutz ist Voraussetzung, Schranke und Teilinhalt des Vollzugs der Freiheit. Mit der Freiheit verknüpft sich weiterhin spannungsreich der Grundwert der Gleichheit, die ebenfalls nicht total, als vollständige Gleichmacherei, vielmehr als Gleichheit im Recht, aber auch als die grundlegende Gleichheit aller Menschen in ihrer personalen Natur und Würde ungeachtet und trotz der Unterschiede des Geschlechts, der Abstammung, der Rasse, der Sprache, der Heimat und Herkunft, des Glaubens, der religiösen oder politischen Anschauungen begriffen ist. Gleichheit in diesem Verständnis verweist auf den Grundwert der Gerechtigkeit als austeilender und ausgleichender Gerechtigkeit, als Zuerkennung gleichwertiger Lebenschancen (im Sinne von Entfaltungs-, Teilhabe- und Leistungschancen) für alle Bürger, bedingt die Sozialpflichtigkeit des Eigentums und ist ihrerseits an das Sittengesetz gebunden.

Die Gemeinwohlverpflichtung des Grundgesetzes impliziert schliesslich den Grundwert der Solidarität, und zwar nicht als parteilicher Kampfgenossenschaft zur Durchsetzung partikularer, ideologischer Interessen, sondern als in das Wesen der Person eingestiftete Verbundenheit aller Individuen in der Gemeinschaft und mit der Gemeinschaft, also als konkret verfasste und geordnete Mitmenschlichkeit. Diese besagt jedoch nicht Uniformität, sondern eben Pluralität: Vielfalt, Fülle und Entfaltungsreichtum der individuellen und gemeinschaftlichen Bestrebungen und Werke, aber in der notwendigen Einheit und Ordnung und gemäss dem durch politische Rechte und ethische Pflichten gesetzten Mass.

Sollen diese Grundwerte gelten und wirksam sein, so bedarf es der Pflege und Übung ihnen zugeordneter Tugenden: des Freimuts, der Zivilcourage, der Rücksicht, der Toleranz, des Gerechtigkeitssinnes, des Masshaltens, der Kompromissbereitschaft, der Disziplin, der Ordnungsliebe der Fairness, der Dialogfähigkeit, der Einsatz- und Hilfsbereitschaft, der Fähigkeit zu konstruktiver Kritik usw. Eine personal und pluralistisch orientierte Erziehung muss auf die Pflege solcher Tugenden und die Einübung der durch sie geprägten Verhaltensmuster bedacht sein. Umgekehrt sind die Tugenden nicht Selbstzweck. Sie brauchen eine inhaltliche Ausrichtung an legitimierbaren Leitbildern und Zielen. Diese sind in den genannten Grundwerten vorgestellt. Es kommt im individuellen und gemeinschaftlichen Leben der Person auf die Verwirklichung der Grundwerte durch die Anwendung von individuellen und sozialen Tugenden an. Dazu erziehende Bildung ist dann strikt wertgebunden und keinesfalls wertneutral.

Auf die genannten Grundwerte zeigt sich also die Verfassung festgelegt, legt sie damit ihrerseits das individuelle, gesellschaftliche und staatliche Handeln fest - es ermöglichend, begrenzend, strukturierend, herausfordernd, anweisend, bindend. Das Grundgesetz ist charakterisiert durch eine allgemeine Wertgebundenheit, zugleich durch Wertoffenheit bei der Auslegung und Anwendung im Detail, die ständiges Abwägen und Entscheiden, häufig auch zwischen den Grundwerten selbst, folglich ein Setzen von Prioritäten erfordern. Hier ist und bleibt die Auseinandersetzung um die angemessene Realisierung und Geltung der Grundwerte möglich, ja nötig. Die Grundwerte fallen weder als absolut und zweifelsfrei gegebene Grössen vom Himmel, noch sind sie der totalen subjektiven Beliebigkeit anheimgegeben. Sie sind notwendige ethische Postulate, die immer wieder versuchsweise zu verwirklichen sind, wenn sich das individuelle, gesellschaftliche und staatliche Leben gemäss dem Grunddatum der Menschenwürde und um der Aktualisierung der Grundrechte willen verfassungsmässig vollziehen soll.

IV.

Ist somit der ethische Fundamentalbestand als Bedingung der Einheit und Lebensmöglichkeit der pluralistischen Gesellschaft - wenn hier auch nur skizzenhaft - umschrieben, so muss zugleich betont werden, dass die Individuen in dieser Gesellschaft nicht nur aus dem für den Pluralismus konstitutiven und verbindlichen Ethos leben können und sollen. Sie leben im Pluralismus notwendiger- und legitimerweise immer auch zufolge einer Mehrzahl von "Sonderethiken"; sie brauchen Gruppen und sonstige Sozialbildungen, die ethische Leitbilder vorgeben oder vermitteln. Sozialisationsformen wie Familie und Schule, gesellschaftliche Subsysteme und Berufsfelder wie Wissenschaft und Wirtschaft, die Interessengruppen, die politischen Parteien und Verbände, informelle Lebensgemeinschaften, schliesslich und nicht zuletzt auch die Kirchen vertreten allesamt ihr je eigenes Ethos gemäss ihren jeweiligen Zielsetzungen und bestimmen die Individuen nach dem Grad ihrer Integrationsleistung, ihrer Orientierungskraft und ihres Selbstverständnisses mit unterschiedlichen Geltungsansprüchen. Die Individuen leben gleichsam in und mit einem Netzwerk abgestufter Ethiken, die nicht mit der öffentlichen Ethik identisch sind. Für jedes Individuum stellt sich diese Abstufung in je eigener Weise dar, aufgrund personaler Prägung, Aneignung, Gestaltung. Der die Würde der Person achtende und um ihrer Entfaltung willen bestehende Pluralismus verzichtet ausdrücklich darauf, alle diese "Sonderethiken" etwa durch ein Gebot der "Parteilichkeit" einem Kollektivethos einzuschmelzen und damit faktisch aufzuheben. Vielmehr sollen Familie, Wissenschaft, Wirtschaft, Kirche usw. prinzipiell frei ihren eigenen normativen Gesetzen folgen. Das Strukturprinzip der politischen Demokratie ist daher auf diese Bereiche nicht einfach schematisch übertragbar.

Und doch muss auch die pluralistische Gesellschaft um ihres Bestehenkönnens und der Erfüllung ihrer notwendigen Funktionen willen von den vielen Gruppen, Sozialbildungen und Subsystemen verlangen, dass deren je eigenes Ethos sich mit dem des Pluralismus vereinbaren lässt, dass es ihm wenigstens nicht antagonistisch und militant widerstreitet, ja dass es möglichst einen direkten oder indirekten Beitrag für es leistet, d.h. für die Unterstützung und Verwirklichung eben der Grundwerte Menschenwürde, Freiheit, Leben, Gleichheit, Gerechtigkeit, Solidarität und Pluralität in ihrer Relationalität und der ihnen zuzuordnenden Tugenden. Wenn - um ein Beispiel zu bringen - die Wissenschaft dem Ethos der Sachlichkeit, des Strebens nach Objektivität und Intersubjektivität und der methodischen Strenge verbunden ist, darin ihre Autonomie zum Ausdruck bringt und gerade nicht im Sinne "parteilicher" Ideologisierung an politische Vorgaben gebunden wird, so soll doch ihre Arbeit die genannten Grundwerte des Pluralismus nicht zerstören, sondern möglichst fördern helfen. Dem Wissenschaftler kann deshalb Loyalität zur freiheitlich-rechtsstaatlichen Verfassung als dem weitesten Rahmen und der allgemeinen Grundlage für die Ordnung und Sicherung eines wertgebundenen, menschenwürdigen Zusammenlebens der Individuen in der Gesellschaft abverlangt werden. Und es kann ihm billigerweise auch der Verzicht darauf zugemutet werden, sein "Sonderethos" zu verabsolutieren und der gesamten Gesellschaft aufzuerleben, die Gesellschaft und die in ihr betriebene Politik also den Masstäben seiner Wissenschaft unterwerfen zu wollen. Es würde sonst die pluralistische Politik falschen, demokratisch nicht legitimierten Autoritäten ausgeliefert. Dies könnte die Politik z.B. bis zur Unterordnung unter totale Sachzwangideologien und totalitäre Geschichtstheorien pervertieren oder dem zersetzenden Spiel ständig einander ablösender Hypothesenbildungen und Experimente anheimgeben. Die Wissenschaft und der Wissenschaftler müssen gegenüber der pluralistischen Gesellschaft und dem demokratischen Staat die doppelte Gefahr unverantwortlicher Isolierung und anmassender Usurpation vermeiden. Innerhalb der damit gesteckten Grenzen sind sie ihrerseits Bindungen vonseiten der Politik im Pluralismus nicht unterworfen.

Zu einem dem Fundamentalethos der pluralistischen Gesellschaft angemessenen Verhalten gehören insbesondere verantwortungsbewusstes Differenzierungsvermögen im Interesse einer gerechten und wahrhaftigen Beurteilung der Verhältnisse und das engagierte Bemühen um das richtige Mass zwischen den Extremen bei allen Entscheidungen. Nach Aristoteles ist als erste Erkenntnis bezüglich der ethischen Praxis festzuhalten, "dass alles, was irgendwie einen Wert darstellt, seiner Natur nach durch ein Zuviel oder ein Zuwenig zerstört werden kann". Das Mass und die Mitte (...) zwischen den Extremen zu treffen, ist aber "höchst schwer" (...). Deshalb ist diese "Mittenhaftigkeit" (...) und ist das Masshalten (...) keine Mittelmässigkeit, sondern Hochform (...) des Handelns. So steht denn in der Nikomachischen Ethik auch der Satz: "Daher ist richtiges Verhalten selten; es ist des Lobes wert und es ist edel" (N.E., Buch II).

Auswahlbibliographie

Abendroth, W. — Das Grundgesetz. Eine Einführung in seine politischen Probleme, Pfullingen 1966.

Benz, W. (Hg.) — "Bewegt von der Hoffnung aller Deutschen". Zur Geschichte des Grundgesetzes - Entwürfe und Diskussion 1941-1949, München 1979.

Beutler, B. — Das Staatsbild in den Länderverfassungen nach 1945, Berlin 1973.

Forsthoff, E. (Hg.) — Rechtsstaatlichkeit und Sozialstaatlichkeit, Darmstadt 1968.

Fromme, F.K. — Von der Weimarer Verfassung zum Bonner Grundgesetz. Die verfassungspolitischen Folgerungen des Parlamentarischen Rates aus Weimarer Republik und nationalsozialistischer Diktatur, Tübingen 1960.

Hesse, K. — Grundzüge des Verfassungsrechts der Bundesrepublik Deutschland, Karlsruhe 1972 (5. Auflage).

Maunz, T. — Deutsches Staatsrecht. Ein Studienbuch, München 1971 (18. Auflage).

Mück, J. — Verfassungsrecht, Opladen 1975.

Seifert, J. — Grundgesetz und Restauration. Verfassungsrechtliche Analyse und dokumentarische Darstellung des Textes des Grundgesetzes mit sämtlichen Änderungen, Neuwied 1977.

Sörgel, W. — Konsensus und Interessen. Eine Studie zur Entstehung des Grundgesetzes für die Bundesrepublik Deutschland, Stuttgart 1969.

Otto, V. — Das Selbstverständnis des Parlamentarischen Rates, Düsseldorf 1971.

Stein, E. — Staatrecht, Tübingen 1976 (5.Auflage).

Nachdrücklich sei ferner auf die einschlägigen Grundgesetzkommentare von Leibholz/Rinck, Maunz, v.Münch und Schmidt-Bleibtreu/Klein hingewiesen.

C. AUSBAU DER VERFASSUNGSORDNUNG

Einführung

Verfassung ist nichts Statisches, nichts Unveränderliches und Umwandelbares - Verfassungsnorm und Verfassungswirklichkeit in Übereinstimmung zu bringen ist eine ebenso große Aufgabe, wie die unnormierten gesellschaftlichen, politischen und wirtschaftlichen Konflikt- und Gestaltungsräume verfassungsrechtlich einzuhegen oder zu gestalten. Die Übereinstimmung von politisch-sozialem Wandel und von Stabilität stellt eine wesentliche Herausforderung der verfassungsgeschichtlichen Nachkriegsdiskussion dar. Ihre Einschätzung ist außerordentlich kontrovers: Was den einen als "Modernisierung des Grundgesetzes" erscheint, stellt für die anderen einen Angriff auf Verfassungskerne dar und zwingt die dritten in die Verantwortung, Normen und Institutionen vorsichtig den politischen und sozialen Herausforderungen anzupassen. Die Kunst der Verfassungsauslegung läßt dabei jeder Grundströmung ausreichend Spielraum und führt dazu, daß die Diskussion über die von der Verfassung versinnbildlichte gemeinsame Basis ("Konsens") in den strittigen politischen Bereich gerät und Verfassung zum Kampfbegriff werden läßt.

So verworren viele Wege des Verfassungswandels und der als Herausforderung begriffenen weitgehenden Übereinstimmung von Verfassungsbestimmung und Verfassungswirklichkeit sind, so zutreffend scheint die These, daß Verfassungswandel nicht stets die Verschlechterung oder "Verschlimmbesserung" des Verfassungsgehalts bedeutet. Nicht selten dient die Einhegung unnormierter Rechtsbereiche gerade ihrer Ausrichtung an verfassungsmäßigen Normen und Zuständen. Gerade die Einhegung und Konkretion von politischen Generalüberzeugungen oder die Regelung von Leerstellen der Verfassung - wie etwa der inneren Ordnung von Parteien, der Notstandsregelung - bedeutet eine Dynamisierung des Verfassungswandels ohne Verschlechterung des Verfassungskerns. Verfassungswandel fand in der Nachkriegszeit jedoch nicht allein als Folge politischen Wollens und parlamentarischer Initiativen statt, sondern erwuchs aus der Verfassungsrechtsprechung. Das Bundesverfassungsgericht hat in den fünfziger und sechziger Jahren viele Formeln des Grundgesetzes näher definiert und insbesondere die Grundrechtsnormen auf konkrete Fragen bezogen: In diese Zeit fällt die Glanzzeit jener Institution, die politischer Willkür einen Riegel vorschob und den Einzelnen gegenüber den Zugriffsmöglichkeiten von Staat und Gesellschaft schützte, aber auch Gesetzgebungsaufträge erteilte und der Regierungsinitiative manchen Riegel vorschob. Hier sei nur an das Fernsehurteil, an die

Verhandlungen im Zusammenhang der Spiegelaffäre, an das Parteienurteil erinnert.

Das Bundesverfassungsgericht bemühte sich wie nur wenige andere Institutionen um die Formulierung eines Beurteilungsmaßstabes, der verfassungsbezogen war und zugleich die Rechtsprechung über andere strittige Bereiche ermöglichte. So sehr in den vergangenen Jahren der Begriff der "freiheitlich-demokratischen Grundordnung" zum Kampfbegriff geworden ist, so wenig kann die aktuelle politische Kontroverse den Blick für die Leistung trüben, die im SRP- und KPD-Urteil zum Ausdruck kam und zur Konkretisierung der "FDGO" vor dem Hintergrund historischer Erfahrungen und aktueller Auseinandersetzungen führte. Das Bundesverfassungsgericht begriff sich stets als Hüter der Verfassung aus den Grundnormen der Verfassung heraus. Dies schloß ein rein defensives Selbstverständnis aus, sondern forderte dazu heraus, sich vorsichtig - wie es einer im Grunde konservativen, auf Konservierung angelegten Institution entsprechen mußte - dem Wandel zu öffnen. Der Abdruck großer Passagen des Gesetzes über das Bundesverfassungsgericht soll über den Auftrag dieser Institution informieren und die kritische Reflexion einer Auseinandersetzung mit den Verfassungsrichtern erleichtern, die insbesondere in den siebziger Jahren Funktion und Leistung des Verfassungsgerichtes selbst zu verkennen drohte. Der Abdruck zentraler Passagen des SRP- und des KPD-Urteils soll die gestaltende Kraft der Verfassungsrechtsprechung verdeutlichen. Sie ist bis in die Gegenwart festzustellen und wird weiterhin die Anpassung der Verfassung an eine sich wandelnde Wirklichkeit erleichtern.

Ein weiteres Beispiel der Einhegung ungeregelter Politikbereiche stellt die Notstandsverfassung dar. Sie bildeteeinen der Hauptstreitpunkte der sechziger Jahre und verursachte Befürchtungen, die von einem Bündel politischer Erfahrungen, aktuellen Mißtrauens und allgemeiner politischer Sensibilisierung verursacht wurde. Aus Platzgründen muß eine Relativierung der Befürchtungen der sechziger Jahre unterbleiben. Dennoch sei nachdrücklich auf die im Literaturverzeichnis aufgeführte Studie von Heinrich Oberreuter verwiesen, deren zentrales Kapitel ursprünglich zum Abdruck vorgesehen war. Im Anhang dieser Studie findet sich auch eine Synopse verschiedener Notstandsregelungen.

Die Studientexte sollen in knapper Form Grundlinien der Verfassungsrechtsprechung erschließen, insbesondere im Zusammenhang der Konkretisierung von Grundrechten (Hömig, Busse). Sie lenken den Blick auf einen Bereich politischer Gestaltung, der das Selbstverständnis der Bundesrepublik Deutschland in wesentlichem Masse geprägt hat. Die Deutung der deutschen Verfassungsentwicklung nach 1950 rechtfertigt in keiner Weise jene vielzitierte These vom Verlust deutscher Liberalität. Insofern soll der Beitrag von E. Jesse dazu beitragen, durch Schärfung des zeithistorischen Sinns modische Fehlurteile zu vermeiden, die Geschichte zur Waffe der politischen Auseinandersetzung machen.

12. Gesetz über das Bundesverfassungsgericht vom 12. März 1951 (BGBl. I S. 243) in der Fassung der Bekanntmachung vom 3. Februar 1971 (BGBl. I S. 105)

I. Teil. Verfassung und Zuständigkeit des Bundesverfassungsgerichts

§ 1 (Stellung und Sitz des Gerichts)

(1) Das Bundesverfassungsgericht ist ein allen übrigen Verfassungsorganen gegenüber selbständiger und unabhängiger Gerichtshof des Bundes.

(2) Der Sitz des Bundesverfassungsgerichts ist Karlsruhe.

§ 2 (Senate)

(1) Das Bundesverfassungsgericht besteht aus zwei Senaten.

(2) In jeden Senat werden acht Richter gewählt.

(3) Drei Richter jedes Senats werden aus der Zahl der Richter an den obersten Gerichtshöfen des Bundes gewählt. Gewählt werden sollen nur Richter, die wenigstens drei Jahre an einem obersten Gerichtshof des Bundes tätig gewesen sind.

§ 3 (Qualifikation für das Richteramt)

(1) Die Richter müssen das 40. Lebensjahr vollendet haben, zum Bundestag wählbar sein und sich schriftlich bereit erklärt haben, Mitglied des Bundesverfassungsgerichts zu werden.

(2) Sie müssen die Befähigung zum Richteramt nach dem Deutschen Richtergesetz besitzen.

(3) Sie können weder dem Bundestag, dem Bundesrat, der Bundesregierung noch den entsprechenden Organen eines Landes angehören. Mit ihrer Ernennung scheiden sie aus solchen Organen aus.

(4) Mit der richterlichen Tätigkeit ist eine andere berufliche Tätigkeit als die eines Lehrers des Rechts an einer deutschen Hochschule unvereinbar. Die Tätigkeit als Richter des Bundesverfassungsgerichts geht der Tätigkeit als Hochschullehrer vor.

§ 4 (Amtszeit der Richter)

(1) Die Amtszeit der Richter dauert zwölf Jahre, längstens bis zur Altersgrenze.

(2) Eine anschließende oder spätere Wiederwahl der Richter ist ausgeschlossen.

(3) Altersgrenze ist das Ende des Monats, in dem der Richter das 68. Lebensjahr vollendet.

(4) Nach Ablauf der Amtszeit führen die Richter ihre Amtsgeschäfte bis zur Ernennung des Nachfolgers fort.

§ 5 (Wahlorgane)

(1) Die Richter jedes Senats werden je zur Hälfte vom Bundestag und vom Bundesrat gewählt. Von den aus der Zahl der Richter an den obersten Gerichtshöfen des Bundes zu berufenden Richtern werden einer von dem einen, zwei von dem anderen Wahlorgan, von den übrigen Richtern drei von dem einen, zwei von dem anderen Wahlorgan in die Senate gewählt.

(2) Die Richter werden frühestens drei Monate vor Ablauf der Amtszeit ihrer Vorgänger oder, wenn der Bundestag in dieser Zeit aufgelöst ist, innerhalb eines Monats nach dem ersten Zusammentritt des Bundestages gewählt.

(3) Scheidet ein Richter vorzeitig aus, so wird der Nachfolger innerhalb eines Monats von demselben Bundesorgan gewählt, das den ausgeschiedenen Richter gewählt hat.

§ 6 (Wahlverfahren im Bundestag)

(1) Die vom Bundestag zu berufenden Richter werden in indirekter Wahl gewählt.

(2) Der Bundestag wählt zwölf seiner Mitglieder als Wahlmänner nach den Regeln der Verhältniswahl. Jede Fraktion kann einen Vorschlag einbringen. Aus den Summen der für jeden Vorschlag abgegebenen Stimmen wird nach dem Höchstzahlverfahren (d'Hondt) die Zahl der auf jeden Vorschlag gewählten Mitglieder errechnet. Gewählt sind die Mitglieder in der Reihenfolge, in der ihr Name auf dem Vorschlag erscheint. Scheidet ein Wahlmann aus oder ist er verhindert, so wird er durch den nächsten auf der gleichen Liste Vorgeschlagenen ersetzt.

(3) Der Älteste der Wahlmänner beruft die Wahlmänner unverzüglich unter Einhaltung einer Ladungsfrist von einer Woche zur Durchführung der Wahl und leitet die Sitzung, die fortgesetzt wird, bis alle Richter gewählt sind.

(4) Die Mitglieder des Wahlmännerausschusses sind zur Verschwiegenheit über die ihnen durch ihre Tätigkeit im Wahlmännerausschuß bekanntgewordenen persönlichen Verhältnisse der Bewerber sowie über die hierzu im Wahlmännerausschuß gepflogenene Erörterungen und über die Abstimmung verpflichtet.

(5) Zum Richter ist gewählt, wer mindestens acht Stimmen auf sich vereinigt.

§ 7 (Wahlverfahren im Bundesrat)

Die vom Bundesrat zu berufenden Richter werden mit zwei Dritteln der Stimmen des Bundesrates gewählt.

§ 7 a (Wahlverfahren in besonderen Fällen)

(1) Kommt innerhalb von zwei Monaten nach dem Ablauf der Amtszeit oder dem vorzeitigen Ausscheiden eines Richters die Wahl eines Nachfolgers aufgrund der Vorschriften des § 6 nicht zustande, so hat der Älteste der Wahlmänner unverzüglich das Bundesverfassungsgericht aufzufordern, Vorschläge für die Wahl zu machen.

(2) Das Plenum des Bundesverfassungsgerichts beschließt mit einfacher Mehrheit, wer zur Wahl als Richter vorgeschlagen wird. Ist nur ein Richter zu wählen, so hat das Bundesverfassungsgericht drei Personen vorzuschlagen; sind gleichzeitig mehrere Richter zu wählen, so hat das Bundesverfassungsgericht doppelt so viele Personen vorzuschlagen, als Richter zu wählen sind. § 16 Abs. 2 gilt entsprechend.

(3) Ist der Richter vom Bundesrat zu wählen, so gelten die Abs. 1 und 2. mit der Maßgabe, daß an die Stelle des Ältesten der Wahlmänner der Präsident des Bundesrates oder sein Stellvertreter tritt.

(4) Das Recht des Wahlorgans, einen nicht vom Bundesverfassungsgericht Vorgeschlagenen zu wählen, bleibt unberührt.

§ 8 (Vorschlagslisten)

(1) Der Bundesminister der Justiz stellt eine Liste aller Bundesrichter auf, die die Voraussetzungen des § 3 Abs. 1 und 2 erfüllen.

(2) Der Bundesminister der Justiz führt eine weitere Liste, in die alle Personen aufzunehmen sind, die von einer Fraktion des Bundestages, der Bundesregierung oder einer Landesregierung für das Amt eines Richters am Bundesverfassungsgericht vorgeschlagen werden und die die Voraussetzungen des § 3 Abs. 1 und 2 erfüllen.

(3) Die Listen sind laufend zu ergänzen und spätestens eine Woche vor einer Wahl den Präsidenten des Bundestages und des Bundesrates zuzuleiten.

§ 9 (Wahl des Präsidenten und seines Stellvertreters)

(1) Bundestag und Bundesrat wählen im Wechsel den Präsidenten des Bundesverfassungsgerichts und seinen Stellvertreter. Der Stellvertreter ist aus dem Senat zu wählen, dem der Präsident nicht angehört.

(2) Bei der ersten Wahl wählt der Bundestag den Präsidenten, der Bundesrat seinen Stellvertreter.

(3) Die Vorschriften der §§ 6 und 7 gelten entsprechend.

§ 10 (Ernennung der Gewählten)

Der Bundespräsident ernennt die Gewählten.

§ 11 (Vereidigung der Richter)

(1) Die Richter des Bundesverfassungsgerichts leisten bei Antritt ihres Amtes vor dem Bundespräsidenten folgenden Eid:

"Ich schwöre, daß ich als gerechter Richter alle Zeit das Grundgesetz der Bundesrepublik Deutschland getreulich wahren und meine richterlichen Pflichten gegenüber jedermann gewissenhaft erfüllen werde. So wahr mir Gott helfe."

(2) Bekennt sich ein Richter zu einer Religionsgemeinschaft, deren Angehörigen das Gesetz die Verwendung einer anderen Beteuerungsformel gestattet, so kann er diese gebrauchen.

(3) Der Eid kann auch ohne religiöse Beteuerungsformel geleistet werden.

§ 12 (Recht auf jederzeitige Entlassung)

Die Richter des Bundesverfassungsgerichts können jederzeit ihre Entlassung aus dem Amt beantragen. Der Bundespräsident hat die Entlassung auszusprechen.

§ 13 (Zuständigkeit des Gerichts)

Das Bundesverfassungsgericht entscheidet in den vom Grundgesetz bestimmten Fällen, und zwar

1. über die Verwirkung von Grundrechten (Art. 18 des Grundgesetzes),
2. über die Verfassungswidrigkeit von Parteien (Art. 21 Abs. 2 des Grundgesetzes),
3. über Beschwerden gegen Entscheidungen des Bundestages, die die Gültigkeit einer Wahl oder den Erwerb oder Verlust der Mitgliedschaft eines Abgeordneten beim Bundestag betreffen (Art. 41 Abs. 2 des Grundgesetzes),
4. über Anklagen des Bundestages oder des Bundesrates gegen den Bundespräsidenten (Art. 61 des Grundgesetzes),
5. über die Auslegung des Grundgesetzes aus Anlaß von Streitigkeiten über den Umfang der Rechte und Pflichten eines obersten Bundesorgans oder anderer Beteiligter, die durch das Grundgesetz oder in der Geschäftsordnung eines obersten Bundesorgans mit eigenen Rechten ausgestattet sind (Art. 93 Abs. 1 Nr. 1 des Grundgesetzes),
6. bei Meinungsverschiedenheiten oder Zweifeln über die förmliche oder sachliche Vereinbarkeit von Bundesrecht oder Landesrecht mit dem Grundgesetz

oder die Vereinbarkeit von Landesrecht mit sonstigem Bundesrecht auf Antrag der Bundesregierung, einer Landesregierung oder eines Drittels der Mitglieder des Bundestages
(Art. 93 Abs. 1 Nr. 2 des Grundgesetzes),

7. bei Meinungsverschiedenheiten über Rechte und Pflichten des Bundes und der Länder, insbesondere bei der Ausführung von Bundesrecht durch die Länder und bei der Ausübung der Bundesaufsicht
(Art. 93. Abs. 1 Nr. 3 und Art. 84 Abs. 4 Satz 2 des Grundgesetzes),
8. in anderen öffentlich-rechtlichen Streitigkeiten zwischen dem Bund und den Ländern, zwischen verschiedenen Ländern oder innerhalb eines Landes, soweit nicht ein anderer Rechtsweg gegeben ist
(Art. 41 Abs. 2 des Grundgesetzes),

8a. über Verfassungsbeschwerden
(Art. 93 Abs. 1 Nr. 4a und 4b des Grundgesetzes),

9. über Richterklagen gegen Bundesrichter und Landesrichter
(Art. 98 Abs. 2 und 5 des Grundgesetzes),
10. über Verfassungsstreitigkeiten innerhalb eines Landes, wenn diese Entscheidung durch Landesgesetz dem Bundesverfassungsgericht zugewiesen ist
(Art. 99 des Grundgesetzes),
11. über die Vereinbarkeit eines Bundesgesetzes oder eines Landesgesetzes mit dem Grundgesetz oder die Vereinbarkeit eines Landesgesetzes oder sonstigen Landesrechts mit einem Bundesgesetz auf Antrag eines Gerichts
(Art. 100 Abs. 1 des Grundgesetzes),
12. bei Zweifeln darüber, ob eine Regel des Völkerrechts Bestandteil des Bundesrechts ist und ob sie unmittelbar Rechte und Pflichten für den einzelnen erzeugt, auf Antrag des Gerichts
(Art. 100 Abs. 2 des Grundgesetzes),
13. wenn das Verfassungsgericht eines Landes bei der Auslegung des Grundgesetzes von einer Entscheidung des Bundesverfassungsgerichts oder des Verfassungsgerichts eines anderen Landes abweichen will, auf Antrag dieses Verfassungsgerichts
(Art. 100 Abs. des Grundgesetzes),
14. bei Meinungsverschiedenheiten über das Fortgelten von Recht als Bundesrecht
(Art. 126 des Grundgesetzes),
15. in den ihm sonst durch Bundesgesetz zugewiesenen Fällen
(Art. 93 Abs. 2 des Grundgesetzes).

§ 14 (Zuständigkeit der Senate)

(1) Der Erste Senat des Bundesverfassungsgerichts ist zuständig für Normenkontrollverfahren (§ 13 Nr. 6 und 11), in denen überwiegend die Unvereinbarkeit ei-

ner Vorschrift mit Grundrechten oder Rechten aus den Art. 33, 101, 103 und 104 des Grundgesetzes geltend gemacht wird, sowie für Verfassungsbeschwerden mit Ausnahme der Verfassungsbeschwerden nach § 91 und der Verfassungsbeschwerden aus dem Bereich des Wahlrechts.

(2) Der Zweite Senat des Bundesverfassungsgerichts ist zuständig in den Fällen des § 13 Nr. 1 bis 5,7 bis 9,12 und 14, ferner für Normenkontrollverfahren und Verfassungsbeschwerden, die nicht dem Ersten Senat zugewiesen sind.

(3) In den Fällen des § 13 Nr. 10 und 13 bestimmt sich die Zuständigkeit der Senate nach der Regel der Abs. 1 und 2.

(4) Das Plenum des Bundesverfassungsgerichts kann mit Wirkung vom Beginn des nächsten Geschäftsjahrs die Zuständigkeit der Senate abweichend von den Abs. 1 bis 3 regeln, wenn dies infolge einer nicht nur vorübergehenden Überlastung eines Senats unabweislich geworden ist. Die Regelung gilt auch für anhängige Verfahren, bei denen noch keine mündliche Verhandlung oder Beratung der Entscheidung stattgefunden hat. Der Beschluß wird im Bundesgesetzblatt bekanntgemacht.

(5) Wenn zweifelhaft ist, welcher Senat für ein Verfahren zuständig ist, so entscheidet darüber ein Ausschluß, der aus dem Präsidenten, dem Stellvertreter des Präsidenten und vier Richtern besteht, von denen je zwei von jedem Senat für die Dauer des Geschäftsjahrs berufen werden. Bei Stimmengleichheit gibt die Stimme des Vorsitzenden den Ausschlag.

§ 15 (Vorsitz und Beschlußfähigkeit)

(1) Der Präsident des Bundesverfassungsgerichts und sein Stellvertreter führen den Vorsitz in ihrem Senat. Sie werden von dem lebensältesten anwesenden Richter des Senats vertreten.

(2) Jeder Senat ist beschlußfähig, wenn mindestens sechs Richter anwesend sind. Im Verfahren gemäß § 13 Nr. 1, 2, 4 und 9 bedarf es zu einer dem Antragsgegner nachteiligen Entscheidung in jedem Fall einer Mehrheit der an der Entscheidung mitwirkenden Mitglieder des Senats, soweit nicht das Gesetz etwas anderes bestimmt. Bei Stimmengleichheit kann ein Verstoß gegen das Grundgesetz oder sonstiges Bundesrecht nicht festgestellt werden.

§ 16 (Plenarentscheidungen)

(1) Will ein Senat in einer Rechtsfrage von der in einer Entscheidung des anderen Senats enthaltenen Rechtsauffassung abweichen, so entscheidet darüber das Plenum des Bundesverfassungsgerichts.

(2) Es ist beschlußfähig, wenn von jedem Senat zwei Drittel seiner Richter anwesend sind.

II. Teil. Allgemeine Verfahrensvorschriften

§ 17 (Anwendung von Vorschriften des Gerichtsverfassungsgesetzes)

Soweit in diesem Gesetz nichts anderes bestimmt ist, sind hinsichtlich der Öffentlichkeit, der Sitzungspolizei, der Gerichtssprache, der Beratung und Abstimmung die Vorschriften der Titel 14 bis 16 des Gerichtsverfassungsgesetzes entsprechend anzuwenden.

§ 18 (Ausschließung eines Richters)

(1) Ein Richter des Bundesverfassungsgerichts ist von der Ausübung seines Richteramtes ausgeschlossen, wenn er

1. an der Sache beteiligt oder mit einem Beteiligten verheiratet ist oder war, in gerader Linie verwandt oder verschwägert oder in der Seitenlinie bis zum dritten Grade verwandt oder bis zum zweiten Grade verschwägert ist oder
2. in derselben Sache bereits von Amts oder Berufs wegen tätig gewesen ist.

(2) Beteiligt ist nicht, wer aufgrund seines Familienstandes, seines Berufs, seiner Abstammung, seiner Zugehörigkeit zu einer politischen Partei oder aus einem ähnlich allgemeinen Gesichtspunkt am Ausgang des Verfahrens interessiert ist.

(3) Als Tätigkeit im Sinne des Abs. 1 Nr. 2 gilt nicht

1. Die Mitwirkung im Gesetzgebungsverfahren,
2. die Äußerung einer wissenschaftlichen Meinung zu einer Rechtsfrage, die für das Verfahren bedeutsam sein kann.

§ 19 (Ablehnung eines Richters wegen Besorgnis der Befangenheit)

(1) Wird ein Richter des Bundesverfassungsgerichts wegen Besorgnis der Befangenheit abgelehnt, so entscheidet das Gericht unter Ausschluß des Abgelehnten; bei Stimmengleichheit gibt die Stimme des Vorsitzenden den Ausschlag.

(2) Die Ablehnung ist zu begründen. Der Abgelehnte hat sich dazu zu äußern. Die Ablehnung ist unbeachtlich, wenn sie nicht spätestens zu Beginn der mündlichen Verhandlung erklärt wird.

(3) Erklärt sich ein Richter, der nicht abgelehnt ist, selbst für befangen, so gilt Abs. 2 entsprechend.

§ 22 (Prozeßvertretung)

(1) Die Beteiligten können sich in jeder Lage des Verfahrens durch einen bei einem deutschen Gericht zugelassenen Rechtsanwalt oder durch einen Lehrer des Rechts an einer deutschen Hochschule vertreten lassen; in der mündlichen Verhandlung vor dem Bundesverfassungsgericht müssen sie sich in dieser Weise vertreten lassen. Gesetzgebende Körperschaften und Teile von ihnen, die in der Verfassung oder in der Geschäftsordnung mit eigenen Rechten ausgestattet sind, können sich auch durch ihre Mitglieder vertreten lassen. Der Bund, die Länder und ihre Verfassungsorgane können sich außerdem durch ihre Beamten vertreten lassen, soweit sie die Befähigung zum Richteramt besitzen oder aufgrund der vorgeschriebenen Staatsprüfungen die Befähigung zum höheren Verwaltungsdienst erworben haben. Das Bundesverfassungsgericht kann auch eine andere Person als Beistand eines Beteiligten zulassen.

(2) Die Vollmacht ist schriftlich zu erteilen. Sie muß sich ausdrücklich auf das Verfahren beziehen.

(3) Ist ein Bevollmächtigter bestellt, so sind alle Mitteilungen des Gerichts an ihn zu richten.

§ 23 (Einleitung des Verfahrens)

(1) Anträge, die das Verfahren einleiten, sind schriftlich beim Bundesverfassungsgericht einzureichen. Sie sind zu begründen; die erforderlichen Beweismittel sind anzugeben.

(2) Der Vorsitzende stellt den Antrag dem Antragsgegner und den übrigen Beteiligten unverzüglich mit der Aufforderung zu, sich binnen einer zu bestimmenden Frist dazu zu äußern.

(3) Der Vorsitzende kann jedem Beteiligten aufgeben, binnen einer zu bestimmenden Frist die erforderliche Zahl von Abschriften seiner Schriftsätze für das Gericht und für die übrigen Beteiligten nachzureichen.

§ 24 (A-limine-Abweisung)

Unzulässige oder offensichtlich unbegründete Anträge können durch einstimmigen Beschluß des Gerichts verworfen werden. Der Beschluß bedarf keiner weiteren Begründung, wenn der Antragsteller vorher auf die Bedenken gegen die Zulässigkeit oder Begründetheit seines Antrags hingewiesen worden ist.

§ 25 (Grundsätze mündlicher Verhandlung - Urteil - Beschluß)

(1) Das Bundesverfassungsgericht entscheidet, soweit nichts anderes bestimmt ist, auf Grund mündlicher Verhandlung, es sei denn, daß alle Beteiligten aus-

drücklich auf sie verzichten.

(2) Die Entscheidung aufgrund mündlicher Verhandlung ergeht als Urteil, die Entscheidung ohne mündliche Verhandlung als Beschluß.

(3) Teil- und Zwischenentscheidungen sind zulässig.

(4) Die Entscheidungen des Bundesverfassungsgerichts ergehen "im Namen des Volkes".

§ 26 (Beweiserhebung)

(1) Das Bundesverfassungsgericht erhebt den zur Erforschung der Wahrheit erforderlichen Beweis. Es kann damit außerhalb der mündlichen Verhandlung ein Mitglied des Gerichts beauftragen oder mit Begrenzung auf bestimmte Tatsachen und Personen ein anderes Gericht darum ersuchen.

(2) Aufgrund eines Beschlusses mit einer Mehrheit von zwei Dritteln der Stimmen des Gerichts kann die Beiziehung einzelner Urkunden unterbleiben, wenn ihre Verwendung mit der Staatssicherheit unvereinbar ist.

§ 27 (Rechts- und Amtshilfe)

Alle Gerichte und Verwaltungsbehörden leisten dem Bundesverfassungsgericht Rechts- und Amtshilfe. Sie legen ihm Akten und Urkunden über ihre oberste Dienstbehörde vor.

§ 28 (Zeugen und Sachverständige)

(1) Für die Vernehmung von Zeugen und Sachverständigen gelten in den Fällen des § 13 Nr. 1, 2, 4 und 9 die Vorschriften der Strafprozeßordnung, in den übrigen Fällen die Vorschriften der Zivilprozeßordnung entsprechend.

(2) Soweit ein Zeuge oder Sachverständiger nur mit Genehmigung einer vorgesetzten Stelle vernommen werden darf, kann diese Genehmigung nur verweigert werden, wenn es das Wohl des Bundes oder eines Landes erfordert. Der Zeuge oder Sachverständige kann sich nicht auf seine Schweigepflicht berufen, wenn das Bundesverfassungsgericht mit einer Mehrheit von zwei Dritteln der Stimmen die Verweigerung der Aussagegenehmigung für unbegründet erklärt.

§ 29 (Beweistermin)

Die Beteiligten werden von allen Beweisterminen benachrichtigt und können der Beweisaufnahme beiwohnen. Sie können an Zeugen und Sachverständige Fragen richten. Wird eine Frage beanstandet, so entscheidet das Gericht.

§ 30 (Form der Verkündung und Entscheidung)

(1) Das Bundesverfassungsgericht entscheidet in geheimer Beratung nach seiner freien, aus dem Inhalt der Verhandlung und dem Ergebnis der Beweisaufnahme geschöpften Überzeugung. Die Entscheidung ist schriftlich abzufassen, zu begründen und von den Richtern, die bei ihr mitgewirkt haben, zu unterzeichnen. Sie ist sodann, wenn eine mündliche Verhandlung stattgefunden hat, in einem dort bekanntzugebenden, nicht über drei Monate hinaus anzuberaumenden Termin unter Mitteilung der wesentlichen Entscheidungsgründe öffentlich zu verkünden. Der Termin zur Verkündung der Entscheidung kann durch Beschluß des Bundesverfassungsgerichts verlegt werden; hierbei kann die Frist von drei Monaten überschritten werden.

(2) Ein Richter kann seine in der Beratung vertretene abweichende Meinung zu der Entscheidung oder zu deren Begründung in einem Sondervotum niederlegen; das Sondervotum ist der Entscheidung anzuschließen. Die Senate können in ihren Entscheidungen das Stimmenverhältnis mitteilen. Das Nähere regelt eine Verfahrensordnung, die das Plenum des Bundesverfassungsgerichts beschließt.

(3) Alle Entscheidungen sind den Beteiligten zuzustellen.

§ 31 (Verbindlichkeit der Entscheidungen)

(1) Die Entscheidungen des Bundesverfassungsgerichts binden die Verfassungsorgane des Bundes und der Länder sowie alle Gerichte und Behörden.

(2) In den Fällen des § 13 Nr. 6, 11, 12 und 14 hat die Entscheidung des Bundesverfassungsgerichts Gesetzeskraft. Das gilt auch in den Fällen des § 13 Nr. 8a, wenn das Bundesverfassungsgericht ein Gesetz als mit dem Grundgesetz vereinbar oder unvereinbar oder für nichtig erklärt. Soweit ein Gesetz als mit dem Grundgesetz oder sonstigen Bundesrecht vereinbar oder unvereinbar oder für nichtig erklärt wird, ist die Entscheidungsformel durch den Bundesminister der Justiz im Bundesgesetzblatt zu veröffentlichen. Entsprechendes gilt für die Entscheidungsformel in den Fällen des § 13 Nr. 12 und 14.

§ 32 (Einstweilige Anordnungen)

(1) Das Bundesverfassungsgericht kann im Streitfall einen Zustand durch einstweilige Anordnung vorläufig regeln, wenn dies zur Abwehr schwerer Nachteile, zur Verhinderung drohender Gewalt oder aus einem anderen wichtigen Grund zum gemeinen Wohl dringend geboten ist.

(2) Die einstweilige Anordnung kann ohne mündliche Verhandlung ergehen. Bei besonderer Dringlichkeit kann das Bundesverfassungsgericht davon absehen, den am Verfahren zur Hauptsache Beteiligten, zum Beitritt Berechtigten oder Äußerungsberechtigten Gelegenheit zur Stellungnahme zu geben.

(3) Wird die einstweilige Anordnung durch Beschluß erlassen oder abgelehnt, so kann Widerspruch erhoben werden. Das gilt nicht für den Beschwerdeführer im Verfahren der Verfassungsbeschwerde. Über den Widerspruch entscheidet das Bundesverfassungsgericht nach mündlicher Verhandlung. Diese muß binnen zwei Wochen nach dem Eingang der Begründung des Widerspruchs stattfinden.

(4) Der Widerspruch gegen die einstweilige Anordnung hat keine aufschiebende Wirkung. Das Bundesverfassungsgericht kann die Vollziehung der einstweiligen Anordnung aussetzen.

(5) Die einstweilige Anordnung tritt nach drei Monaten außer Kraft. Sie kann mit einer Mehrheit von zwei Dritteln der Stimmen wiederholt werden.

(6) Ist ein Senat nicht beschlußfähig, so kann die einstweilige Anordnung bei besonderer Dringlichkeit erlassen werden, wenn mindestens drei Richter anwesend sind und der Beschluß einstimmig gefaßt wird. Sie tritt nach einem Monat außer Kraft. Wird sie durch den Senat bestätigt, so tritt sie drei Monate nach ihrem Erlaß außer Kraft.

13. Urteil des Bundesverfassungsgerichts vom 23. Oktober 1952

Bevor die Frage der Verfassungswidrigkeit der SRP im einzelnen geprüft wird, erscheint es angezeigt, zu umreißen, welche Stellung das Grundgesetz zu den politischen Parteien allgemein einnimmt.

Die deutschen Verfassungen der Zeit nach dem ersten Weltkriege erwähnten die politischen Parteien kaum, obwohl schon damals - nach der Einführung des parlamentarischen Regierungssystems und des Verhältniswahlrechts - das demokratische Verfassungsleben weitgehend von ihnen bestimmt war. Die Gründe hierfür sind vielfältig, gehen aber letztlich auf die demokratische Ideologie zurück. Sie wehrte sich dagegen, zwischen der freien Einzelpersönlichkeit und dem Willen des Gesamtvolkes, der aus der Summe der einzelnen Willen zusammengesetzt und durch Abgeordnete als "Vertreter des ganzen Volkes" im Parlament repräsentiert gedacht war, Gruppen anzuerkennen, die den Prozeß der politischen Willensbildung denaturieren könnten.

Das Grundgesetz verläßt diesen Standpunkt und trägt der politischen Wirklichkeit Rechnung, indem es die Parteien als Träger der politischen Willensbildung des Volkes - wenn auch nicht als einzige - ausdrücklich anerkennt.

Der Versuch, das Parteiwesen verfassungsrechtlich zu regeln, hat sich mit einer zweifachen Problematik auseinanderzusetzen. Die erste hängt mit dem theoretischen Grundsatz der Demokratie zusammen, jedwede politische Richtung - das hieße folgerichtig auch eine der Demokratie feindliche - sich in Parteien manifestieren zu lassen. Die zweite ist in einem auf der parlamentarischen Ebene wirksamen besonderen Spannungsverhältnis angelegt: der Abgeordnete ist freier Vertreter des Gesamtvolkes und zugleich einem konkreten Parteiprogramm verpflichtet. Näherer Betrachtung bedarf an dieser Stelle zunächst das erste Problem.

In einem liberalen demokratischen Staate, wie er der deutschen Verfassungsentwicklung entspricht, ist dem einzelnen Bürger die Freiheit der politischen Meinung und die Freiheit des Zusammenschlusses auch zu Vereinigungen politischer Art als Grundrecht gewährleistet. Auf der anderen Seite liegt es im Wesen jeder Demokratie, daß die vom Volke ausgehende Staatsgewalt in Wahlen und Abstimmungen ausgeübt wird. Dieser Volkswille kann jedoch wiederum in der Wirklichkeit des modernen demokratischen großen Staates nur in den Parteien als politischen Handlungseinheiten erscheinen. Beide Grundgedanken führen zu der grundsätzlichen Folgerung, daß der Bildung und Betätigung politischer Parteien keine Schranken gesetzt werden dürfen.

Der deutsche Verfassungsgesetzgeber stand vor der Frage, ob er diese Folgerungen rein durchführen könne oder ob er nicht vielmehr, belehrt durch die Erfahrungen der jüngsten Vergangenheit, hier gewisse Grenzen ziehen müsse. Er hatte zu erwägen, ob nicht die absolute Freiheit auf der Grundlage jedweder politischen Idee Parteien zu bilden, an der Anerkennung der tragenden Grundsätze jeder Demokratie ihre Schranken finden müsse und ob nicht Parteien, die mit den formalen Mitteln der Drmokratie diese selbst beseitigen wollen, aus dem politischen Leben ausgeschaltet werden müßten. Dabei war die Gefahr zu bedenken, die darin liegt, daß die Regierung auf diese Art unbequeme Oppositionsparteien zu beseitigen versucht sein könnte.

Das Grundgesetz hat in Art. 21 versucht, dieser Problematik Herr zu werden. Es stellt auf der einen Seite den Grundsatz auf, daß die Gründung der Parteien frei ist. Auf der anderen Seite sieht es die Möglichkeit vor, die Tätigkeit "verfassungswidriger" Parteien zu verhindern. Um die Gefahr eines Mißbrauchs dieser Möglichkeit zu bannen, überträgt es die Entscheidung über die Frage der Verfassungswidrigkeit dem Bundesverfassungsgericht und bemüht sich, die Voraussetzungen für eine solche Feststellung tatbestandsmäßig nach Möglichkeit zu bestimmen.

Den Grundgedanken, auf denen diese Regelung beruht, sind zugleich wichtige Hinweise für die Auslegung des Art. 21 GG im einzelnen zu entnehmen. Dies gilt vor allem für die nähere Bestimmung des Begriffs der "freiheitlichen demokratischen Grundordnung". Die besondere Bedeutung der Parteien im demokratischen Staat rechtfertigt ihre Ausschaltung aus dem politischen Leben nicht schon dann, wenn sie einzelne Vorschriften, ja selbst ganze Institutionen der Verfassung mit legalen Mitteln bekämpfen, sondern erst dann, wenn sie oberste Grundwerte des freiheitlichen demokratischen Verfassungsstaates erschüttern wollen. Diese Grundwerte bilden die freiheitliche demokratische Grundordnung, die das Grundgesetz innerhalb der staatlichen Gesamtordnung - der "verfassungsmäßigen Ordnung" - als fundamental ansieht. Dieser Grundordnung liegt letztlich nach der im Grundgesetz getroffenen verfassungspolitischen Entscheidung die Vorstellung zugrunde, daß der Mensch in der Schöpfungsordnung einen eigenen selbständigen Wert besitzt und Freiheit und Gleichheit dauernde Grundwerte der staatlichen Einheit sind. Daher ist die Grundordnung eine wertgebundene Ordnung. Sie ist das Gegenteil des totalen Staates, der als ausschließliche Herrschaftsmacht Menschenwürde, Freiheit und

Gleichheit ablehnt. Die Vorstellung des Vertreters der SRP, es könne verschiedene freiheitliche demokratische Grundordnungen geben, ist falsch. Sie beruht auf einer Verwechslung des Begriffs der freiheitlichen demokratischen Grundordnung mit den Formen, in denen sie im demokratischen Staat Gestalt annehmen kann.

So läßt sich die freiheitliche demokratische Grundordnung als eine Ordnung bestimmen, die unter Ausschluß jeglicher Gewalt- und Willkürherrschaft eine rechtsstaatliche Herrschaftsordnung auf der Grundlage der Selbstbestimmung des Volkes nach dem Willen der jeweiligen Mehrheit und der Freiheit und Gleichheit darstellt. Zu den grundlegenden Prinzipien dieser Ordnung sind mindestens zu rechnen: die Achtung vor den im Grundgesetz konkretisierten Menschenrechten, vor allem vor dem Recht der Persönlichkeit auf Leben und freie Entfaltung, die Volkssouveränität, die Gewaltenteilung die Verantwortlichkeit der Regierung, die Gesetzmäßigkeit der Verwaltung, die Unabhängigkeit der Gerichte, das Mehrparteienprinzip und die Chancengleichheit für alle politischen Parteien mit dem Recht auf verfassungsmäßige Bildung und Ausübung einer Opposition.

Damit ist auch das Entscheidende über das Verhältnis von Art. 21 zu Art. 9 Abs. 2 GG gesagt. Begrifflich gehören auch die Parteien zu den "Vereinigungen" im Sinne des Art. 9 Abs. 2 GG (vgl. auch § 90 a Abs. 3 StGB). Damit würden sie unter den dort bezeichneten Voraussetzungen ohne weiteres verboten sein und somit dem Zugriff der Exekutive schlechthin unterliegen. Dabei würden im einzelnen schwierige Auslegungsfragen entstehen, namentlich wenn man den in Art. 9 Abs. 2 GG verwandten Begriff der "verfassungsmäßigen Ordnung" dem Begriff der "freiheitlichen demokratischen Grundordnung" gegenüberstellte und ihr Verhältnis zueinander nur aus dem Wortlaut mit Mitteln der Logik zu bestimmen versuchte. Eine befriedigende Lösung kann nur aus den oben entwickelten grundsätzlichen Erwägungen gewonnen werden. Ist nämlich eine Vereinigung eine politische Partei, so hat sie - eben wegen der den Parteien und nur ihnen eingeräumten Sonderstellung - Anspruch auf die Privilegierung nach Art. 21 Abs. 2 GG. Diese Vorschrift ist also für die politischen Parteien uneingeschränkt lex specialis gegenüber Art. 9 Abs. 2 GG. Diese Bestimmung bleibt im Bereich des Politischen nur auf Gruppen anwendbar, die sich nicht als politische Parteien organisiert haben oder betätigen, oder auf Nebenorganisationen von Parteien.

Art. 21 GG ist mit Ausnahme des Abs. 1 Satz 4 unmittelbar anwendbares Recht, obwohl Abs. 3 eine nähere Regelung durch Bundesgesetze vorsieht. Dies ist für Abs. 2 offensichtlich, zumal durch das Gesetz über das Bundesverfassungsgericht die nähere Regelung schon getroffen ist. Die aktuelle Geltung der beiden ersten Sätze des Art. 21 Abs. 1 GG ist wegen ihrer schon oben gekennzeichneten grundsätzlichen Bedeutung ebenso offensichtlich. Abs. 1 Satz 3 mag zwar in dem vorgesehenen Parteiengesetz eine nähere Ausgestaltung erfahren. Unmittelbar anwendbar ist er jedenfalls insoweit, als er es verbietet, daß eine Partei sich in grundsätzlicher Abweichung von demokratischen Prinzipien organisiert. Die Frage aber, ob ein Verstoß gegen diese Bestimmung eine Partei verfassungswidrig im Sinne des Art. 21 Abs. 2 GG macht, ist damit nicht entschieden. Ihre Beantwortung ergibt sich aus der Erwägung, daß eine Partei nur dann aus dem politischen Leben ausgeschaltet werden darf, wenn sie die obersten Grundsätze der freiheitlichen Demokratie ablehnt. Entspricht die innere Ordnung einer Partei demokratischen Grundsätzen nicht, so wird im allgemeinen der Schluß naheliegen, daß die Partei die Strukturprinzipien, die sie bei sich selbst verwirklicht hat, auch im Staate durchsetzen, damit also einen der wesentlichen Bestandteile der freiheitlichen demokratischen Grundordnung, nämlich die Bildung des Staatswillens als Ergebnis des freien politischen Kräftespiels, zugunsten eines autoritären Systems beseitigen will. Ob dieser Schluß berechtigt ist, muß im Einzelfall geprüft werden. Erreicht die Abkehr von demokratischen Organisationsgrundsätzen einen solchen Grad, daß sie nur als Ausdruck einer grundsätzlich demokratiefeindlichen Haltung erklärbar ist, so kann, namentlich wenn auch andere Umstände diese Einstellung der Partei bestätigen, der Tatbestand des Art. 21 Abs. 2 GG erfüllt sein. Die gleichsam "abstrakte" Feststellung einer demokratischen Grundsätzsätzen nicht entsprechenden inneren Ordnung würde für sich allein jedoch nicht genügen.

Zu dieser Auslegung gelangt man auch, wenn man berücksichtigt, daß auch innerhalb der zweifelsfrei demokratischen Parteien die Erörterung darüber ständig im Gange ist, welche Möglichkeiten dem schöpferisch formenden Willen starker politischer Persönlichkeiten gegebenenfalls einzuräumen seien. Diese Fragestellungen können nicht mit dem einfachen Hinweis darauf abgetan werden, daß"in einem demokratischen Staate auch die Parteien demokratisch geordnet sein müssen". Die Parteien als die dynamischen Faktoren des politischen Lebens im Staate sind es vor allem, in denen die politischen Ideen entstehen und weiterwirken. Wollten sie starke politische Persönlichkeiten innerhalb der Partei durch formal-demokratische Satzungsbestimmungen allzu sehr einengen, so würden sie gegen ihr eigenes Lebensgesetz handeln. Lebendiges politisches Leben könnte dann zugunsten eines bloßen Funktionärtum erstickt, der echte Politiker in die politische Vereinzelung getrieben werden. Daß damit letztlich auch Gefahren für den demokratischen Staat selbst heraufbeschworen werden können, mag unter Hinweis auf das Verhalten der demokratischen Parteien bei ihrer Entmachtung und anschließenden Vernichtung durch die NSDAP im Jahre 1933 hier nur angedeutet werden.

Die hier berührten Probleme sind im Fluß. Jedoch kann nicht angenommen werden, daß das Grundgesetz natürliche Entwicklungen und Auseinandersetzungen hinsichtlich der inneren demokratischen Ordnung der Parteien hat abschneiden wollen.
(...)

Stellt das Bundesverfassungsgericht die Verfassungswidrigkeit einer politischen Partei fest, so wird die Prüfung der Frage unabweislich, ob die Abgeordneten dieser Partei in den gesetzgebenden Körperschaften ihre Mandate behalten können. Das Bundesverfassungsgericht ist zu der Überzeugung gelangt, daß diese Frage verneint werden muß. Dafür sind folgende Erwägungen bestimmend:

Das Grundgesetz trägt, wie schon ausgeführt, der politischen Wirklichkeit insofern Rechnung, als es ausdrücklich anerkennt, daß die Parteien bei der politischen Willensbildung des Volkes mitwirken. Damit wird auch in der Verfassung selbst, nämlich in Art. 21 und 38 GG, das besondere Spannungsverhältnis erkennbar, das in der Doppelstellung des Abgeordneten als Vertreters des gesamten Volkes und zugleich als Exponenten einer konkreten Parteiorganisation liegt. Diese beiden Vorschriften lassen sich theoretisch schwer in Einklang bringen: auf der einen Seite erscheinen die Parteien als hauptsächliche Träger der politischen Willensbildung des Volkes, auf der anderen Seite soll aber der Abgeordnete, der doch in aller Regel über eine Partei sein Mandat erhält, als Vertreter des Gesamtvolkes und nicht als Repräsentant seiner Partei gesehen werden. Der Gegensatz verliert freilich an theoretischer Schärfe, wenn man sich vergegenwärtigt, daß es sich bei Art. 38 GG um einen Satz aus dem gesicherten ideologischen Bestand des Verfassungsrechts der liberalen Demokratie handelt, den der Verfassungsgesetzgeber als herkömmlich und daher unbedenklich übernommen hat, ohne daß ihm dabei die prinzipielle Unvereinbarkeit mit Art. 21 GG voll deutlich geworden wäre. Immerhin hat sich die Auslegung mit der in diesen positiven Normen des Grundgesetzes in Erscheinung tretenden Spannungslage auseinanderzusetzen. Die Lösung kann nur so erfolgen, daß ermittelt wird, welches Prinzip bei der Entscheidung einer konkreten verfassungsrechtlichen Frage jeweils das höhere Gewicht hat.

Im Anschluß an die Ausführungen unter E läßt sich

die Bedeutung des Art. 21 GG dahin zusammenfassen: Absatz 1 dieser Bestimmung erkennt an, daß die Parteien an der politischen Willensbildung des Volkes mitwirken und hebt sie damit aus dem Bereich des Politisch-Soziologischen in den Rang einer verfassungsrechtlichen Institution. An dieser "Inkorporation" der Parteien in das Verfassungsgefüge können politisch sinnvoll nur die Parteien teilhaben, die auf dem Boden der freiheitlichen demokratischen Grundordnung stehen. Dies wird durch Absatz 2 bestätigt. Er hat die Bedeutung, die Feststellung zu ermöglichen, daß eine bestimmte Partei nicht an der politischen Willensbildung des Volkes teilnehmen darf, weil sie die freiheitliche demokratische Grundordnung bekämpft. Lediglich aus rechtsstaatlichen Erwägungen ist bestimmt, daß die Feststellung der Verfassungswidrigkeit mit rechtlicher Wirkung nicht von jedermann, auch nicht von Regierung und Verwaltung, und nicht in jedem Verfahren getroffen werden kann, sondern nur durch ein Urteil des Bundesverfassungsgerichts in einem der Erforschung der materiellen Wahrheit dienenden Verfahren.

Mit dem Urteil des Bundesverfassungsgerichts in einem Verfahren nach Art. 21 Abs. 2 GG steht fest, daß die Partei - von Anfang an oder von dem im Urteil bezeichneten Zeitpunkt ab - wegen des mit den demokratischen Grundprinzipien in Widerspruch stehenden Inhalts ihrer politischen Vorstellungswelt die Voraussetzungen für die Mitwirkung bei der politischen Willensbildung des Volkes nicht erfüllt hat. Ist dem aber so, dann kann sich die Wirkung des Urteils nicht in der Auflösung des organisatorischen Apparates erschöpfen, der zur Durchsetzung dieser Vorstellungen geschaffen worden ist; vielmehr ist es der Sinn des verfassungsgerichtlichen Spruches, diese Ideen selbst aus dem Prozeß der politischen Willensbildung auszuscheiden. Dieses Ziel würde nicht erreicht werden, wenn es den wesentlichsten Exponenten der Partei, den Abgeordneten, weiterhin möglich bliebe, die Ideen ihrer Partei an der Stätte, wo die echten politischen Entscheidungen fallen, zu vertreten und bei Abstimmungen zur Geltung zu bringen. Der recht verstandene Sinn des Art. 21 GG führt also notwendig zu dem Schluß, daß die Mandate der Abgeordneten einer verfassungswidrigen Partei mit der Verkündung des Urteils in dem später zu behandelnden Umfang erlöschen. Der Mandatsverlust ergibt sich derart zwingend aus der Verfassungswidrigkeit der Partei, daß er als deren unmittelbare gesetzliche Folge angesehen werden muß, ohne daß es, wie in § 46 Abs. 3 BVerfGG für die Auflösung einer Partei geschehen, einer ausdrücklichen Ermächtigung des Gesetzgebers zu einem entsprechenden rechtsgestaltenden Ausspruch bedurfte.

14. Urteil des Bundesverfassungsgerichts vom 17. August 1956

Die Stellung der politischen Parteien nach dem Grundgesetz

Über die Stellung des Grundgesetzes zu den politischen Parteien hat sich das Bundesverfassungsgericht bereits im SRP-Urteil vom 23. Oktober 1952 (BVerfGE 2, I 10 ff.,(73)) ausgesprochen. Dort ist ausgeführt, daß Art. 21 Abs. 1 GG die Parteien aus dem Bereich des Politisch-Soziologischen in den Rang einer verfassungsrechtlichen Institution erhebt. Schon in einer früheren Entscheidung hatte das Gericht die Parteien als "integrierende Bestandteile des Verfassungsaufbaus und des verfassungsrechtlich geordneten politischen Lebens" bezeichnet (BVerfGE I, 208 (225)). Schließlich nennt die Entscheidung des Plenums des Bundesverfassungsgerichts vom 20. Juli 1954 (BVerfGE 4, 27 (30)) die Parteien "notwendige Bestandteile des Verfassungsaufbaus", die durch ihre Mitwirkung bei der politischen Willensbildung "Funktionen eines Verfassungsorgans ausüben".

Sieht man mit diesen Entscheidungen in Art. 21 Abs. 1 Satz 1 GG nicht die beschreibende Feststellung eines Tatbestandes der gesellschaftlich-politischen Wirklichkeit, gibt man der Bestimmung vielmehr den normativen Sinn, daß sie den Parteien ihre Stelle in der Ordnung des Staatsaufbaus anweist, dann wird deutlich, daß an der "Inkorporation" der Parteien in das Verfassungsgefüge "politisch sinnvoll" nur die Parteien teilhaben können, die auf dem Boden der freiheitlichen demokratischen Grundordnung stehen (BVerfGE 2, I 73). Wenn die Vielfalt der Weltanschauungen und Interessen nicht die Bildung eines einheitlichen Staatswillens überhaupt unmöglich machen soll, dann muß bei denen, die zur Mitwirkung an dieser Willensbildung berufen sind, wenigstens Einmütigkeit in der Bejahung der verfassungsrechtlichen Grundwerte bestehen. Es ist denkbar, daß eine politische Partei, die diese Grundwerte verwirft und bekämpft, als gesellschaftlich-politische Gruppe besteht und sich betätigt; es ist aber nicht denkbar, daß ihr die verantwortliche, rechtlich maßgebliche Mitwirkung bei der Bildung des Staatswillens verfassungsrechtlich garantiert werden könnte.

Auch wenn man es als eine notwendige Folge dieser verfassungsrechtlichen Garantie der Parteien ansieht, daß verfassungswidrige Parteien von der politischen Willensbildung des Volkes ausgeschlossen werden müssen, so läßt sich doch nicht verkennen, daß eine gewisse Spannung zwischen der Vorschrift des Art. 21 Abs. 2 GG und der politischen Meinungsfreiheit, ohne Frage einem der vornehmsten Rechtsgüter jeder freiheitlichen Demokratie, besteht. Ein Staat, der seine verfassungsrechtliche Ordnung als freiheitlich-demokratisch bezeichnet und sie damit in die große verfassungsgeschichtliche Entwicklungslinie der liberalen rechtsstaatlichen Demokratie einordnet, muß aus dem Grundrecht der Freiheit der Meinungsäußerung ein grundsätzliches Recht der freien politischen Betätigung und damit auch der freien Bildung politischer Parteien entwickeln, wie in Art. 21 Abs. 1 Satz 2 GG geschehen ist. Denn es ist eine der Grundanschauungen der freiheitlichen Demokratie, daß nur die ständig geistige Auseinandersetzung zwischen den einander begegnenden sozialen Kräften und Interessen, den politischen Ideen und damit auch den sie vertretenden politischen Parteien der richtige Weg zur Bildung des Staatswillens ist - nicht in dem Sinne, daß er immer objektiv richtige Ergebnisse liefere, denn dieser Weg ist a process of trial and error (I. B. Talmon), aber doch so, daß er durch die ständige gegenseitige Kontrolle und Kritik die beste Gewähr für eine (relativ) richtige politische Linie als Resultante und Ausgleich zwischen den im Staat wirksamen politischen Kräften gibt. Bei konsequenter Durchführung dieses Gedankens müßte den Vertretern jeder politischen Konzeption die Möglichkeit eröffnet werden, sich in der Form einerpolitischen Partei zu organisieren und für die Durchsetzung ihrer politischen Auffassungen zu werben. Es ist nicht zu verkennen, daß die nicht durch den Wählerwillen im Prozeß der staatlichen Willensbildung, sondern durch staatlichen Eingriff sich vollziehende Ausschaltung einer politischen Partei aus dem politischen Leben zu dieser Konsequenz jedenfalls theoretisch in Widerspruch steht.

Es ist also kein Zufall, daß die liberalen Demokratien des Westens ein Parteiverbot entsprechend Art. 21 Abs. 2 GG nicht kennen, wie es auch der deutschen Reichsverfassung von 1919 und den damaligen Länderverfassungen fremd war. Das System dieser Verfassungen, die freilich auch noch nicht zu einer so eindeutigen rechtlichen Institutionalisierung und Garantie der Parteien gelangt sind wie das Grundgesetz, besteht darin, daß den Bürgern der freie Zusammenschluß zu politischen Parteien ohne Einschränkung freigestellt oder sogar - wie in der italienischen Verfassung von 1947 - ausdrücklich gewährleistet ist, und daß das Risiko einer selbst grundsätzlich gegnerischen Einstellung einer Partei zur geltenden Staatsordnung bewußt in Kauf genommen wird; für äußerste Fälle der Staatsgefährdung werden gegenüber den verantwortlichen Personen die Sanktionen des Strafrechts bereitgehalten. Dem mag die optimistische Auffassung zugrunde liegen, daß die beste Garantie des freiheitlichen demokratischen Staates in der Gesinnung seiner Bürger liegt; da freies Wahlrecht besteht, kann und soll die Abwehr staatsfeindlicher Parteien sich in der Versagung der Wählerstimmen ausdrücken; so werden sie in "systemkonformer" Weise von der politischen Willensbildung des Staates ausgeschlossen. In der Zeit der Weimarer Republik hat sich in Deutschland das Bild ergeben, daß Parteien unangefochten bestehen und die Einrichtungen des Staates in jeder Form bekämpfen konnten, denen oberste Gerichte bescheinigt hatten, daß sie das Ziel verfolgten, die bestehende Staatsordnung gewaltsam durch eine andere zu ersetzen.

Freilich zeigt die neueste Entwicklung, daß auch die freiheitlichen Demokratien an dem praktisch-politischen Problem der Ausschaltung verfassungsfeindlicher Parteien aus dem politischen Leben nicht vorübergehen können, sobald die Staatsgefährlichkeit einen bestimmten Grad erreicht hat. Der Weg zur Lösung ist nicht überall derselbe. Bisweilen wird eine bestimmte Partei, von der nach der geschichtlichen Erfahrung eine feindliche Einstellung zu einer freiheitlichen Staatsordnung ohne weiteres vorausgesetzt werden darf, in bewußter Ausnahmeregelung schon in der Verfassung selbst verboten (so in Italien die Faschistische Partei); häufiger wird - neben dem auf äußerste Fälle beschränkten strafrechtlichen Einschreiten - durch Spezialgesetze oder in Benutzung allgemeiner verfassungsrechtlicher Ermächtigungen auch administrativen Instanzen der Zugriff auf verfassungsfeindliche politische Parteien eröffnet. So ist die Kommunistische Partei in den Jahren 1939 und 1940 in Frankreich und in der Schweiz durch Regierungsverordnung verboten worden. In den Vereinigten Staaten von Amerika ist sie zur besseren Überwachung ihrer Tätigkeit als umstürzlerische Organisation einer Registrierungspflicht unterworfen. Je nach der gewählten gesetzestechnischen Methode gestaltet sich auch die gerichtliche Nachprüfung solcher Maßnahmen verschieden.

Für das Grundgesetz war mit der Erhebung der politischen Parteien in den Rang verfassungsrechtlicher Institutionen das Problem der Behandlung verfassungswidriger Parteien besonders klargestellt. Bereits der Herrenchiemsee-Entwurf (Art. 47 Abs. 4) hat die Lösung vorgeschlagen, daß solche Parteien durch ein Urteil des Bundesverfassungsgerichts förmlich für verfassungswidrig erklärt werden sollten und daß dies das gerichtliche Verbot der Partei bedeute. Das Grundgesetz und das Gesetz über das Bundesverfassungsgericht sind dem gefolgt. In der Ebene der Verfassung stehen somit Art. 21 Abs. 2 GG und das Grundrecht der politischen Meinungsfreiheit (Art. 5 Abs. 1 GG) gleichwertig nebeneinander, so daß von einem formal höheren Rang einer der beiden Bestimmungen nicht die Rede sein kann. Für das Bundesverfassungsgericht stellt sich aber die Frage, ob die fundamentale Bedeutung des Grundrechts der politischen Meinungsfreiheit in der freiheitlichen demokratischen Grundordnung eine Bestimmung wie Art. 21 Abs. 2 GG überhaupt zuläßt, ob mit anderen Worten eine freiheitlich-demokratische Verfassung, die zu ihrem Schutz einen ihrer eigenen Grundwerte, die politische Meinungsfreiheit, in so starkem Maße beschränkt, nicht damit in einen so unerträglichen Selbstwiderspruch verfällt, daß die beschränkende Bestimmung selbst als "verfassungswidrig" angesehen werden müßte, d. h. als einem Grundprinzip der Verfassung widersprechend, an dem auch die einzelnen positiven Verfassungsbestimmungen gemessen werden können und müssen.

Das Bundesverfassungsgericht ist zu der Überzeugung gelangt, daß Art. 21 Abs. 2 GG verfassungsrechtlich unangreifbar und damit für das Bundesverfassungsgericht bindend ist.

Die liberalen Verfassungen hatten bis in die Anfänge des 20. Jahrhunderts hinein mit politischen Parteien, die die Grundlagen einer freiheitlichen Staatsordnung bekämpften, kaum zu rechnen; so war ihnen die Haltung unbedingter Toleranz und Neutralität gegenüber allen Parteien angemessen. Das ändert sich mit dem Aufkommen der "totalitären" Parteien nach dem ersten Weltkrieg, die das natürliche innere Bewegungsprinzip der freiheitlichen Demokratie, das freie Spiel der politischen Kräfte, ablehnen und an seine Stelle eine starre, von der Parteiführung festgelegte und politische Doktrin setzen, an die die Mitglieder in strenger Disziplin gebunden sind. Das natürliche Streben jeder politischen Partei nach Einfluß auf den staatlichen Machtapparat wird bei diesen Parteien zum Anspruch auf eine "Machtergreifung", die, wenn sie erreicht wird, ihrem Wesen nach auf Ausschaltung aller anderen politischen Richtungen ausgehen muß und - jedenfalls dem Grundsatz nach - eine Freiheitssphäre des Einzelnen gegenüber dem Staat nicht mehr anerkennt. Gegenüber solchen Parteien ist der freiheitlichen Demokratie, die die Würde des Menschen zu verteidigen und zu sichern hat, eine neutrale Haltung nicht mehr möglich, und es wird ein verfassungspolitisches Problem, welche rechtlichen Mittel sie einsetzen will, um die sich nun für sie ergebende Forderung "keine unbedingte Freiheit für die Feinde der Freiheit" zu lösen. Die Weimarer Verfassung hat auf eine Lösung verzichtet, ihre politische Indifferenz beibehalten und ist deshalb der aggressivsten dieser "totalitären" Parteien erlegen.

Der verfassungsgeschichtliche Standort des Grundgesetzes ergibt sich daraus, daß es unmittelbar nach der - zudem nur durch Einwirkung äußerer Gewalten ermöglichten - Vernichtung eines totalitären Staatssystems eine freiheitliche Ordnung erst wieder einzurichten hatte. Die Haltung des Grundgesetzes zu den politischen Parteien - wie überhaupt die von ihm verwirklichte spezifische Ausformung der freiheitlichen Demokratie - ist nur verständlich auf dem Hintergrund der Erfahrungen des Kampfes mit diesem totalitären System. Der Einbau wirksamer rechtlicher Sicherungen dagegen, daß solche politischen Richtungen jemals wieder Einfluß auf den Staatgewinnen könnten, beherrschte das Denken des Verfassunggebers. Wenn das Grundgesetz so einerseits noch der traditionellen freiheitlich-demokratischen Linie folgt, die den politischen Parteien gegenüber grundsätzliche Toleranz fordert, so geht es doch nicht mehr so weit, aus bloßer Unparteilichkeit auf die Aufstellung und den Schutz eines eigenen Wertsystems überhaupt zu verzichten. Es nimmt aus dem Pluralismus von Zielen und Wertungen, die in den politischen Parteien Gestalt gewonnen haben, gewisse Grundprinzipien der Staatsgestaltung heraus, die, wenn sie einmal auf demokratische Weise gebilligt sind, als absolute Werte anerkannt und deshalb entschlossen gegen alle Angriffe verteidigt werden sollen; soweit zum Zwecke dieser Verteidigung Einschränkungen der politischen Betätigungsfreiheit der Gegner erforderlich sind, werden sie in Kauf genommen. Das Grundgesetz hat also bewußt den Versuch einer Synthese zwischen dem Prinzip der Toleranz gegenüber allen politischen Auffassungen und dem Bekenntnis zu gewissen unantastbaren Grundwerten der Staatsordnung unternommen. Art. 21 Abs. 2 GG steht somit nicht mit einem Grundprinzip der Verfassung in Widerspruch; er ist Ausdruck des bewußten verfassungspolitischen Willens zur Lösung eines Grenzproblems der freiheitlichen demokratischen Staatsordnung, Niederschlag der Erfahrungen eines Verfassunggebers, der in einer bestimmten historischen Situation das Prinzip der Neutralität des Staates gegenüber den politischen Parteien nicht mehr rein verwirklichen zu dürfen glaubte, Bekenntnis zu einer - in diesem Sinne - "streitbaren Demokratie". Diese verfassungsrechtliche Entscheidung ist für das Bundesverfassungsgericht bindend.

Ist so die vom Grundgesetz eröffnete Möglichkeit der Ausschaltung verfassungsfeindlicher politischer Parteien nicht zu beanstanden, so bietet auch das vorgesehene Verfahren die in einem Rechtsstaat erforderlichen Garantien gegen einen Mißbrauch dieser Möglichkeit. In der Ordnung dieses Verfahrens wird ein anderer, dem Grundgesetz eigentümlicher Zug, der es auch aus dem Kreise der liberal-demokratischen Verfassungen charakteristisch heraushebt, deutlich sichtbar: Die starke Betonung der "dritten", der richterlichen Gewalt, das Bestreben, auch Vorgänge des politischen Bereichs, Handlungen politischer Organe in ungewöhnlich weitem Maße der Kontrolle durch unabhängige Gerichte zu unterwerfen und damit die Postulate des Rechtsstaates auch verfahrensmäßig zu realisieren. So ist im Grunde die Stellung der staatsfeindlichen Parteien nach dem Grundgesetz gesicherter als in Staaten, deren Verfassungen ein förmliches Verbotsverfahren nicht kennen. Denn wie die oben angeführten Beispiele zeigen, läßt das Schweigen der Verfassung praktisch ein Einschreiten der Exekutive aus Gründen der politischen Zweckmäßigkeit jederzeit zu - sei es auf Grund allgemeiner Ermächtigungen oder auf Grund von ad hoc erlassenen einfachen Gesetzen. Das nach dem Grundgesetz bestehende Entscheidungsmonopol des Bundesverfassungsgerichts für die Feststellung der Verfassungswidrigkeit einer Partei schließt dagegen administratives Einschreiten gegen den Bestand einer politischen Partei schlechthin aus, mag sie sich der freiheitlichen demokratischen Grundordnung gegenüber noch so feindlich verhalten.

Die Auslegung des Art. 21 Abs. 2 GG

1. Auszugehen ist davon, daß eine politische Partei nur dann aus dem politischen Leben ausgeschaltet werden darf, wenn sie, wie das Bundesverfassungsgericht in dem SRP-Urteil vom 23. Oktober 1952 (BVerfGE 2, I 14) ausgeführt hat, "die obersten Grundsätze der freiheitlichen Demokratie ablehnt". Diese grundlegenden Prinzipien, die das Grundgesetz unter dem Begriff der freiheitlichen demokratischen Grundordnung zusammenfaßt, sind nach dem erwähnten Urteil (a. a. O., S. 13) mindestens die folgenden:

"die Achtung vor den im Grundgesetz konkretisierten Menschenrechten, vor allem vor dem Recht der Persönlichkeit auf Leben und freie Entfaltung, die Volkssouveränität, die Gewaltenteilung, die Verantwortlichkeit der Gerichte, das Mehrparteienprinzip und die Chancengleichheit für alle politischen Parteien mit dem Recht auf verfassungsmäßige Bildung und Ausübung einer Opposition."

Eine Partei ist nicht schon dann verfassungswidrig, wenn sie einzelne Bestimmungen, ja ganze Institutionen des Grundgesetzes ablehnt. Sie muß vielmehr die obersten Werte der Verfassungsordnung verwerfen, die elementaren Verfassungsgrundsätze, die die Verfassungsordnung zu einer freiheitlichen demokratischen machen, Grundsätze, über die sich mindestens alle Parteien einig sein müssen, wenn dieser Typus der Demokratie überhaupt sinnvoll funktionieren soll.

2. Eine Partei ist auch nicht schon dann verfassungswidrig, wenn sie diese obersten Prinzipien einer freiheitlichen demokratischen Grundordnung nicht anerkennt, sie ablehnt, ihnen andere entgegensetzt. Es muß vielmehr eine aktiv kämpferische, aggressive Haltung

gegenüber der bestehenden Ordnung hinzukommen; sie muß planvoll das Funktionieren dieser Ordnung beeinträchtigen, im weiteren Verlauf diese Ordnung selbst beseitigen wollen. Das bedeutet, daß der freiheitlich-demokratische Staat gegen Parteien mit einer ihm feindlichen Zielrichtung nicht von sich aus vorgeht; er verhält sich vielmehr defensiv, er wehrt lediglich Angriffe auf seine Grundordnung ab. Schon diese gesetzliche Konstruktion des Tatbestandes schließt einen Mißbrauch der Bestimmung im Dienste eifernder Verfolgung unbequemer Oppositionsparteien aus.

3. Art. 21 Abs. 2 GG verlangt, daß die Partei "darauf ausgeht", die freiheitliche demokratische Grundordnung zu beeinträchtigen oder zu beseitigen. Die KPD meint, dieses Tätigkeitsmerkmal erfordere mehr als nur eine Absicht, nämlich ein Tätigwerden; damit müsse aber praktisch der Tatbestand des § 81 StGB (Vorbereitung eines hochverräterischen Unternehmens) verwirklicht sein, ehe gegen eine politische Partei nach Art. 21 Abs. 2 GG eingeschritten werden könne. Das ist nicht richtig. Im Strafrecht handelt es sich darum, für eine bestimmt abgrenzbare, in der Vergangenheit liegende Handlung einer Einzelperson eine Strafe zu verhängen, die Sühne für begangenes Unrecht ist. Daher muß sich im Falle des § 81 StGB die Vorbereitung eines konkreten ("bestimmten") verfassungsfeindlichen Unternehmens erweisen lassen, und es ist zu billigen, daß von der Rechtsprechung an das Begriffsmerkmal der Bestimmtheit strenge Anforderungen gestellt werden. Es kann auch dann vorliegen, wenn bei dem Täter eine grundsätzlich verfassungsfeindliche Einstellung nicht gegeben ist.

Anders der verfassungsrechtliche Tatbestand der Verfassungswidrigkeit einer Partei: Hier wird ein konkretes Unternehmen im Sinne des § 81 StGB nicht erfordert, dagegen muß der politische Kurs der Partei durch eine Absicht bestimmt sein, die grundsätzlich und dauernd tendenziell auf die Bekämpfung der freiheitlichen demokratischen Grundordnung gerichtet ist. Sie muß außerdem so weit in Handlungen (das sind u. U. auch programmatische Reden verantwortlicher Persönlichkeiten) zum Ausdruck kommen, daß sie als planvoll verfolgtes politisches Vorgehen der Partei erkennbar wird. Es fehlt ganz der "punktuelle" Charakter der strafrechtlichen Sanktion; ebensowenig brauchen die Tatsachen, aus denen die verfassungsfeindliche Planung erschlossen wird, Versuchs- oder Vorbereitungshandlungen in strafrechtlichem Sinne zu sein. Das Einschreiten gegen eine Partei auf Grund des Art. 21 Abs. 2 GG ist seinem Wesen nach Präventivmaßnahme, Vorsorge für die Zukunft. Sie soll Gefahren rechtzeitig abwehren, mit deren Eintreten nach der bisher in Reden und Handlungen sichtbar gewordenen allgemeinen Haltung der Partei gegenüber der freiheitlichen demokratischen Grundordnung gerechnet werden muß.

Nur eine solche Auslegung, die auch dem Urteil des Gerichts vom 23. Oktober 1952 (BVerfGE e, I (22, 23, 47, 48, 50, 68, 70)) zugrunde liegt, wird dem Grundgedanken und der Entstehungsgeschichte dieser Vorschrift gerecht. Es ist der Zweck des Art. 21 Abs. 2 GG, das Aufkommen von Parteien mit antidemokratischer Zielsetzung zu verhindern. Art. 47 Abs. 4 des Herrenchiemsee-Entwurfs (Bericht S. 66) sprach daher auch vom "zum Ziel gesetzt haben", und erst der Allgemeine Redaktionsausschuß des Parlamentarischen Rates (Drucksache 267, 279, sowie 11. Sitzung d. OrgAus.StenProt., S. 52 f., und 20. Sitzung d. OrgAus., a. a. O., S. 21) ersetzte diese Worte durch das "Daraufausgehen", ohne daß damit, wie die Entstehungsgeschichte zeigt, der Begriff einen anderen Inhalt erhalten sollte.

Aus diesen Gründen ist auch der von der KPD erhobene Vorwurf unbegründet, Art. 21 Abs. 2 GG verfolge bereits eine bestimmte politische Gesinnung.

4. Eine Partei kann nach dem Gesagten auch dann verfassungswidrig im Sinne des Art. 21 Abs. 2 GG sein, wenn nach menschlichem Ermessen keine Aussicht darauf besteht, daß sie ihre verfassungswidrige Absicht in absehbarer Zukunft werde verwirklichen können. Ebensowenig ist die Anwendung des Art. 21 Abs. 2 GG deshalb ausgeschlossen, weil eine Partei etwa die Realisierung ihrer verfassungswidrigen Ziele zurückstellt, da sie im Augenblick keine Aussicht auf Verwirklichung sieht; wenn die verfassungsfeindliche Absicht überhaupt nachweisbar ist, braucht nicht abgewartet zu werden, ob sich die politische Lage ändert und die Partei nun die Verwirklichung ihrer verfassungswidrigen Ziele tatsächlich in Angriff nimmt.

5. Andererseits können politische Aktionen, die mit der Absicht unternommen werden, die freiheitliche demokratische Grundordnung zu beeinträchtigen, noch nicht zur Anwendung des Art. 21 Abs. 2 GG gegen politische Parteien führen, wenn es sich um Einzelfälle, namentlich um "Entgleisungen" einzelner Mitglieder oder Anhänger bei sonst loyaler Haltung der politischen Partei selbst handelt. Auch darin kommt zum Ausdruck, daß die Vorschrift nicht eine Sanktion für Vergangenes, sondern eine Sicherung vor zukünftigen Gefahren bezweckt. Erst wenn die politischen Aktionen aus einer Grundtendenz erwachsen, die der freiheitlichen demokratischen Grundordnung ablehnend oder sogar feindlich gegenübersteht, kann eine Partei verfassungswidrig sein. Es kommt darauf an, ob bewiesen werden kann, daß die politische Partei selbst von einer derartigen Grundtendenz beherrscht wird.

6. Für den Nachweis der verfassungsfeindlichen Ab-

sicht sollen nach Art. 21 Abs. 2 GG die Ziele der Partei das wichtigste Erkenntnismittel sein ("nach ihren Zielen"). Entsprechend ihrem präventiven Charakter unterscheidet die Bestimmung dabei nicht zwischen (erheblichen) Nah- und (unerheblichen) Fernzielen. Entscheidend ist allein, ob eine Partei nach ihren Zielen hic et nunc beabsichtigt, die freiheitliche demokratische Grundordnung zu beeinträchtigen oder zu beseitigen. Ist aus ihren Zielen diese Absicht in der Gegenwart nachweisbar, dann ist der Zeitpunkt, in dem nach ihrer Vorstellung ein Erfolg der Absicht eintreten soll oder wird, ohne rechtliche Bedeutung. Der Wille des Verfassunggebers war es, keine Partei sich entwickeln zu lassen, die während der Geltungsdauer des Grundgesetzes darauf ausgeht, die freiheitliche demokratische Grundordnung zu verletzen.

Die Zielsetzungen einer Partei werden sich in der Regel ergeben: aus dem Programm und den sonstigen parteiamtlichen Erklärungen, aus den Schriften der von ihr als maßgebend anerkannten Autoren über die politische Ideologie der Partei, aus den Reden der führenden Funktionäre, aus dem in der Partei verwendeten Schulungs- und Propagandamaterial, sowie aus den von ihr herausgegebenen oder beeinflußten Zeitungen und Zeitschriften. Das Verhalten der Parteiorgane und der Anhänger kann Schlüsse auf die Zielsetzung zulassen.

Eine Dokumentation der Zielsetzung in dem Sinne, daß alle Ziele schriftlich niedergelegt oder sonst wie fixiert sein müßten, verlangt Art. 21 Abs. 2 GG nicht. Eine Verständigung innerhalb der Führungsgremien einer Partei ist auch ohne solche Festlegung möglich und - der Natur der Sache nach - nicht selten. Daher sind auch geheime Zielsetzungen und nachträgliche tatsächliche Änderungen ursprünglich schriftlich verlautbarter Zielsetzungen rechtserheblich, sofern sie nachweisbar sind. Im einzelnen mag es schwierig sein, den wahren Inhalt der offenen und das Destchen verborgener Ziele zu erkennen. Ohne weiteres leuchtet es ein, daß Ziele, aus denen sich die Verfassungswidrigkeit einer Partei ergeben könnte, niemals offen verkündet werden (BVerfGE 2, I 20). Die politischen Erfahrungen der vergangenen Jahrzehnte geben genügende Hinweise, um aus der Art der von einer Partei verwendeten politischen Mittel, aus dem "Stil" ihrer Aktionen, ihre echten Ziele zu erkennen und sie von den vorgetäuschten richtig zu unterscheiden.

7. Die KPD ist der Ansicht, daß die Theorie des Marxismus-Leninismus, von der sie sich in ihrer gesamten Tätigkeit leiten läßt (vgl. den Vorspruch des Parteistatus), als Ziel im Sinne des Art. 21 Abs. 2 GG nicht angesehen werden könne, da sie "eine mehr als 100 Jah-

re alte und über die ganze Welt verbreitete wissenschaftliche Lehre (sei), auf deren Grundsätzen heute schon die gesellschaftliche Organisation von über einem Drittel der Welt beruht" (Prot. I, 876). Eine solche wissenschaftliche Theorie entziehe sich der rechtlichen Wertung, da eine Rechtsnorm kein adäquater Maßstab zur Beurteilung einer wissenschaftlichen Weltanschauung sei; andernfalls wäre Art. 5 Abs. 3 GG, der die Freiheit der wissenschaftlichen Forschung und Lehre garantiere, verletzt; das gegen die KPD anhängige Verfahren sei dann in Wahrheit ein "Hexenprozeß", ein "Inquisitionsverfahren".

Diese Einwendungen sind gegenstandslos; denn das Bekenntnis zu einer wissenschaftlichen Lehre wird der KPD nicht zum Vorwurf gemacht. Es handelt sich in diesem Verfahren nicht darum, die Theorie des Marxismus-Leninismus als eine "einheitliche Wissenschaft" für verfassungswidrig zu erklären.

Dabei kann ganz dahingestellt bleiben, ob, wie die KPD behauptet, die Lehren der von ihr als maßgebend angesehenen politischen Schriftsteller in ihrer Gesamtheit ein einheitliches geschlossenes Lehrgebäude von den die Entwicklung von Staat, Gesellschaft und Wirtschaft beherrschenden Gesetzen darstellen. Soweit es sich hierbei im wissenschaftliche Erkenntnisse, um Wissenschaft im Sinne des Art. 5 Abs. 3 GG handelt, ist diese Wissenschaft als solche selbstverständlich frei, sie kann vorgetragen, gelehrt, weiterentwickelt, allerdings auch diskutiert und bekämpft werden. Sie ist nicht Gegenstand dieses Verfahrens; ihr wissenschaftlicher Wahrheitsgehalt kann der Beurteilung eines Gerichts nicht unterliegen. Es ist aber auch eine Entstellung des Vortrages der Bundesregierung, wenn die KPD behauptet, die Regierung sehe die marxistische Theorie als Ziel der Partei im Sinne des Art. 21 Abs. 2 GG an. Den Darlegungen der Bundesregierung liegt die völlig zutreffende und im übrigen selbstverständliche Auffassung zugrunde, daß Wissenschaft und Lehre die Erarbeitung und Darstellung von Erkenntnissen ist. Sie kann, auch wenn sie zu einer Prognose künftiger Entwicklungen führt, als solche niemals gegen die freiheitliche demokratische Grundordnung verstoßen. Andererseits können allerdings die festgestellten praktisch-politischen Ziele einer Partei nicht deshalb eine Sonderbeurteilung erfahren, weil sie auf dem Boden einer bestimmten wissenschaftlichen Grundhaltung erwachsen und nicht bloß von wechselnden Zweckmäßigkeitserwägungen oder affektiven Haltungen bestimmt sind. Für das Gericht jedenfalls bleiben maßgebend immer die Ziele, d. h. die Vorstellungsbilder, von dem, was die Partei sich in ihrer politischen Wirksamkeit im Staate zu erreichen vorgenommen hat. Nur sie können, da sie sich letztlich in prakti-

schem Handeln niederschlagen sollen, zu planmäßiger Bekämpfung der bestehenden Staatsordnung im dargelegten Sinne führen; dabei ist es gleichgültig, ob sie von einer wissenschaftlichen Grundlage her verstandesmäßig entwickelt werden oder lediglich Willensentscheidungen sind. Die eindeutig bestimmbare Grenze zwischen wissenschaftlicher Theorie und politischem Ziel liegt dort, wo die betrachtend gewonnenen Erkenntnisse von einer politischen Partei, also einer ihrem Wesen nach zu aktivem Handeln im staatlichen Leben entschlossenen Gruppe, in ihren Willen aufgenommen, zu Bestimmungsgründen ihres politischen Handelns gemacht werden. Dann kann allerdings auch die Theorie Bedeutung gewinnen, nicht aber als solche, sondern weil sie zur Ermittlung und Deutung der Ziele der politischen Partei maßgebende Anhaltspunkte liefern kann. Das wird um so mehr der Fall sein, je enger sich die Partei an diese wissenschaftliche Lehre bindet und je konkreter das von ihr aufgerichtete Lehrgebäude ist. Im übrigen aber ist klar zu betonen, daß die Tatbestände des Art. 5 Abs. 3 und des Art. 21 Abs. 2 GG sich überhaupt nicht berühren.
(...)

Die Unvereinbarkeit des Staats- und Gesellschaftsbildes der Diktatur des Proletariats mit der freiheitlichen demokratischen Grundordnung

Die Diktatur des Proletariats ist mit der freiheitlichen demokratischen Ordnung des Grundgesetzes unvereinbar. Beide Staatsordnungen schließen einander aus; es wäre nicht denkbar, den Wesenskern des Grundgesetzes aufrechtzuerhalten, wenn eine Staatsordnung errichtet würde, die die kennzeichnenden Merkmale der Diktatur des Proletariats trüge. Die Vertreter der KPD haben das in der mündlichen Verhandlung selbst betont:

"Natürlich kann man einen solchen Staat jetzt nicht an den einzelnen Grundsätzen des Grundgesetzes messen. Dem widerspricht er." (Prot. I, 564).

"Der Beweisantritt also, der sich zum großen Teil damit beschäftigt, sozusagen die unüberbrückbaren Gegensätze oder den Widerspruch zwischen einem staatlichen System der Diktatur des Proletariats und dem Grundgesetz nachzuweisen, schlägt - wenn ich mal so sagen darf - völlig ins Leere. Eine derartige Übereinstimmung hat noch niemals jemand behauptet, es wäre auch grotesk, das zu behaupten, und ich meine, es offenbart doch schon einen seltenen Grad politischer Anmaßung, eine solche Erwägung überhaupt anstellen zu wollen." (Prot. I, 892)

Müßig ist jede Auseinandersetzung darüber, ob die Diktatur des Proletariats, wie die KPD behauptet, als "Demokratie", ja sogar als die "höchste Form der Demokratie" (Prot. I, 587) bezeichnet werden kann oder muß. Das hängt von den Begriffen und Maßstäben ab. In der modernen Demokratie muß das Volk, von dem alle Staatsgewalt ausgeht, irgendwie repräsentiert werden, damit der "allgemeine Wille" sich bei der Führung der Staatsgeschäfte jeweils in konkreten Entschlüssen manifestieren kann. Wenn man einmal den Begriff Demokratie aus seiner Verbindung mit dem liberal-rechtsstaatlichen Gedanken gelöst hat, läßt sich schließlich für jede Art von Repräsentation, sogar für die durch einen im Wege der Akklamation von den Volksmassen bestätigten "Führer", noch die Bezeichnung "Demokratie" in einem formalen Sinn in Anspruch nehmen. Es wird dann eben dem jeweiligen Repräsentanten die Fähigkeit und die Berechtigung zugesprochen, den wahren" Volkswillen zum Ausdruck zu bringen. So haben denn auch faschistische Führer ihre Diktatur gern als "reinste Form der Demokratie" bezeichnet, und Lenin konnte sagen, daß "nicht der geringste prinzipielle Widerspruch zwischen dem sowjetischen (d. h. dem sozialistischen) Demokratismus und der Anwendung der diktatorischen Macht einzelner Personen" besteht (Lenin, "Die nächsten Aufgaben der Sowjetmacht", AW II, S. 384).

Die Demokratie, die in der Diktatur des Proletariats bestehen soll, ist jedenfalls nicht die der Prinzipien des Grundgesetzes.

Bei einem Vergleich der beiden Staatsordnungen genügt es, das aus der marxistisch-leninistischen Theorie gewonnene "idealtypische" Bild der Diktatur des Proletariats zugrunde zu legen; es bedarf nicht der Heranziehung konkreter Beispiele aus Staaten, in denen die Diktatur des Proletariats verwirklicht ist. Auf der anderen Seite kann der Maßstab nur die freiheitliche demokratische Grundordnung im Sinne des Grundgesetzes sein, d. h. das Bild der freiheitlichen Demokratie, das dem Grundgesetzgeber als Leitbild vorgeschwebt und das er im Normenkomplex des Grundgesetzes zu realisieren versucht hat. Das ist die für das Bundesverfassungsgericht maßgebliche Rechtsgrundlage. Ob die Verfassungswirklichkeit in der Bundesrepublik sich mit diesem Bild allenthalben deckt, ist also hier ohne Bedeutung. Das ergibt sich aus dem Inhalt des Art. 21 Abs. 2 GG, der selbst wiederum in der der freiheitlichen Demokratie zugrunde liegenden Denkweise wurzelt. Dieser Denkweise entspricht es gerade nicht, eine Übereinstimmung von Ideal und Wirklichkeit zu behaupten. Sie hält eine solche Übereinstimmung sogar für unerreichbar, für utopisch. Deshalb kann sie nur fordern, daß das politische und soziale Leben auf dieses Leitbild hin entwickelt werde und daß Institutionen und Rechtsformen bestehen und geschützt werden, die diese Entwicklung ermöglichen und fördern.

1. Das Grundgesetz bezeichnet die von ihm geschaffene Staatsordnung als eine freiheitliche Demokratie. Es knüpft damit an die Tradition des "liberalen bürgerlichen Rechtsstaats" an, wie er sich im 19. Jahrhundert allmählich herausgebildet hat und wie er in Deutschland schließlich in der Weimarer Verfassung verwirklicht worden ist.

Diese freiheitliche demokratische Ordnung nimmt die bestehenden, historisch gewordenen staatlichen und gesellschaftlichen Verhältnisse und die Denk- und Verhaltensweisen der Menschen zunächst als gegeben hin. Sie sanktioniert sie weder schlechthin noch lehnt sie sie grundsätzlich und im ganzen ab; sie geht vielmehr davon aus, daß sie verbesserungsfähig und -bedürftig sind. Damit ist eine nie endende, sich immer wieder in neuen Formen und unter neuen Aspekten stellende Aufgabe gegeben; sie muß in Anpassung an die sich wandelnden Tatbestände und Fragen des sozialen und politischen Lebens durch stets erneute Willensentschließungen gelöst werden. Die freiheitliche Demokratie lehnt die Auffassung ab, daß die geschichtliche Entwicklung durch ein wissenschaftlich erkanntes Endziel determiniert sei und daß folglich auch die einzelnen Gemeinschaftsentscheidungen als Schritte zur Verwirklichung eines solchen Endzieles inhaltlich von diesem her bestimmt werden könnten. Vielmehr gestalten die Menschen selbst ihre Entwicklung durch Gemeinschaftsentscheidungen, die immer nur in größter Freiheit zu treffen sind. Das ermöglicht und erfordert aber, daß jedes Glied der Gemeinschaft freier Mitgestalter bei den Gemeinschaftsentscheidungen ist. Freiheit der Mitbestimmung ist nur möglich, wenn die Gemeinschaftsentscheidungen - praktisch Mehrheitsentscheidungen - inhaltlich jedem das größtmögliche Maß an Freiheit lassen, mindestens aber ihm stets zumutbar bleiben. Anstelle eines vermeintlich vollkommenen Ausgleichs in ferner Zukunft wird ein relativ ständiger Ausgleich schon in der Gegenwart erstrebt. Wenn als ein leitendes Prinzip aller staatlichen Maßnahmen der Fortschritt zu "sozialer Gerechtigkeit" aufgestellt wird, eine Forderung, die im Grundgesetz mit seiner starken Betonung des "Sozialstaats" noch einen besonderen Akzent erhalten hat, so ist auch das ein der konkreten Ausgestaltung in hohem Maße fähiges und bedürftiges Prinzip. Was jeweils praktisch zu geschehen hat, wird also in ständiger Auseinandersetzung aller an der Gestaltung des sozialen Lebens beteiligten Menschen und Gruppen ermittelt. Dieses Ringen spitzt sich zu einem Kampf um die politische Macht im Staat zu. Aber es erschöpft sich nicht darin. Im Ringen um die Macht spielt sich gleichzeitig ein Prozeß der Klärung und Wandlung dieser Vorstellungen ab. Die schließlich erreichten Entscheidungen werden gewiß stets mehr den Wünschen und Interessen der einen oder anderen Gruppe oder sozialen Schicht entsprechen; die Tendenz der Ordnung und die in ihr angelegte Möglichkeit der freien Auseinandersetzung zwischen allen realen und geistigen Kräften wirkt aber - wie noch dargelegt werden wird - in Richtung auf Ausgleich und Schonung der Interessen aller. Das Gesamtwohl wird eben nicht von vornherein gleichgesetzt mit den Interessen oder Wünschen einer bestimmten Klasse, annähernd gleichmäßige Förderung des Wohles aller Bürger und annähernd gleichmäßige Verteilung der Lasten wird grundsätzlich erstrebt. Es besteht das Ideal der "sozialen Demokratie in den Formen des Rechtsstaates".

Die staatliche Ordnung der freiheitlichen Demokratie muß demgemäß systematisch auf die Aufgabe der Anpassung und Verbesserung und des sozialen Kompromisses angelegt sein; sie muß insbesondere Mißbräuche der Macht hemmen. Ihre Aufgabe besteht wesentlich darin, die Wege für alle denkbaren Lösungen offenzuhalten, und zwar jeweils dem Willen der tatsächlichen Mehrheit des Volkes für die einzelnen Entscheidungen Geltung zu verschaffen, aber diese Mehrheit auch zur Rechtfertigung ihrer Entscheidungen vor dem ganzen Volke, auch vor der Minderheit, zu zwingen. Dem dienen die leitenden Prinzipien dieser Ordnung wie auch ihre einzelnen Institutionen. Was die Mehrheit will, wird jeweils in einem sorgfältig geregelten Verfahren ermittelt. Aber der Mehrheitsentscheidung geht die Anmeldung der Forderungen der Minderheit und die freie Diskussion voraus, zu der die freiheitliche demokratische Ordnung vielfältige Möglichkeiten gibt, die sie selbst wünscht und fördert, und deshalb auch für den Vertreter von Minderheitsmeinungen möglichst risikolos gestaltet. Da die Mehrheit immer wechseln kann, haben auch Minderheitsmeinungen die reale Chance, zur Geltung zu kommen. So kann in weitem Maße Kritik am Bestehenden, Unzufriedenheit mit Personen, Institutionen und konkreten Entscheidungen im Rahmen dieser Ordnung positiv verarbeitet werden. In die schließlich erreichte Mehrheitsentscheidung ist immer auch die geistige Arbeit und die Kritik der oppositionellen Minderheit eingegangen. Weil Unzufriedenheit und Kritik mannigfache, selbst drastische Ausdrucksmöglichkeiten besitzen, zwingt die Einsicht in die Labilität ihrer Position die Mehrheit selbst, die Interessen der Minderheit grundsätzlich zu berücksichtigen.

Daß diese Ordnung funktionieren, daß sie das Gesamtwohl schließlich in einer für alle zumutbaren Weise verwirklichen könne, wird durch ein System rechtlich gesetzter oder vorausgesetzter Spielregeln sichergestellt, die sich auf Grund der geschilderten Prinzipien in einer langen historischen Entwicklung ergeben haben. Die mannigfach gesicherte politische Meinungs- und Diskussionsfreiheit und die Vereinigungsfreiheit führen zum Mehrparteiensystem und zum Recht auf organisierte politische Opposition. Freie Wahlen mit regelmäßiger Wiederholung in relativ kurzen Zeitabständen sichern die Kontrolle des Volkes über die Benutzung der Macht durch die politische Mehrheit. Die Regierung ist der Volksvertretung gegenüber verantwortlich. Das Prinzip der Aufteilung der Staatsmacht auf verschiedene, sich gegenseitig kontrollierende und hemmende Träger dient der Vermeidung übermäßiger Machtkonzentration an einer Stelle im Staat. Das gleiche Ziel verfolgt die Abspaltung von Bereichen der Staatstätigkeit aus der zentralen Leitung durch Übertragung an Körperschaften und Personengemeinschaften zu grundsätzlcih selbstverantwortlicher Wahrnehmung. Dem Bürger wird eine freie Sphäre durch die Anerkennung von Grundrechten und ein weitgehender Schutz durch unabhängige Gerichte gesichert. Dem Schutz des ganzen Systems dient vor allem die Verfassungsgerichtsbarkeit. Da diese Ordnung wegen ihrer Offenheit und ihrer mannigfachen Gewährleistungen von Freiheiten und Einflüssen auch eine gefährdete Ordnung ist, schützt sie sich gegen Kräfte, die ihre obersten Grundsätze und ihre Spielregeln prinzipiell verneinen, durch Vorschriften wie Art. 18 und 21 GG.

2. Der Staat der Diktatur des Proletariats hat sich aus radikaler Ablehnung der bürgerlich-kapitalistischen Gesellschaftsordnung auf dem Wege zum Aufbau des Sozialismus-Kommunismus konkrete materielle Ziele gesetzt: Seine Aufgabe ist die "Liquidierung der kapitalistischen Elemente" im "erbitterten Klassenkampf". Träger der Staatsgewalt ist faktisch allein die Arbeiterklasse. Die Bourgeoisie wird "niedergehalten", ausgeschaltet, beseitigt, "als Klasse liquidiert". Der Klassenkampf besteht nach der Erringung der Staatsmacht weiter, um die Lebensformen und die sozialen und rechtlichen Institutionen der bürgerlichen Gesellschaft und ihres Staates zu vernichten. Die ehemalige "Ausbeuterklasse" kann deshalb nicht realer Mitträger der Staatsgewalt sein, selbst soweit sie formal wahlberechtigt bliebe. Wenn trotzdem auch in der Diktatur des Proletariats der Grundsatz der Volkssouveränität gelten, "die Staatsgewalt vom Volke ausgehen" soll, so ist das nicht wörtlich zu nehmen. Da nur eine politische Wahrheit, nur ein politisches Ziel im Staat gelten kann, muß garantiert sein, daß die Betätigung der Volkssouveränität diese Wahrheit und dieses Ziel verwirklicht. Als "oberstes Prinzip" der Diktatur des Proletariats wird deshalb bezeichnet: "das gegen die Ausbeuterklasse gerichtete Bündnis der Arbeiterklasse mit der Bauernschaft unter Führung der Arbeiterklasse". Dadurch soll die Mehrheit des Volkes als Träger der Diktatur des Proletariats erscheinen. Die "Führerrolle" des Proletariats aber schließt in Wahrheit den realen Einfluß der "Ge-

führten" aus. So bleibt die Verwirklichung des Prinzips der Volkssouveränität und der Stützung auf die Mehrheit eine rein gedankliche Konstruktion, die statt des realen Willens den "wahren" Willen des Volkes zu verwirklichen vorgibt und diesen mit den "wahren", d. h. angeblich objektiven Interessen des Volkes gleichsetzt, und zwar so, wie die maßgebende Arbeiterklasse diese sieht; denn für die Arbeiterklasse allein wird der Besitz eines unwiderlegbaren Wissens um diese Interessen beansprucht. Da die herrschende Klasse ihrerseits von ihren aktivsten und bewußtesten Elementen repräsentiert wird, die in der kommunistischen Partei, der "Partei der Arbeiterklasse", zusammengeschlossen sind, verengt sich der Kreis, von dem die wirklichen politischen Entscheidungen ausgehen, auf diese Partei und - im Hinblick auf deren zentralistische Organisation - weithin auf die Parteiführung. Es handelt sich nicht mehr um eine Partei im Sinne der freiheitlichen Demokratie, sondern um eine Organisation besonderer Art für die allein den Staat tragende politische Kraft. Auch die marxistisch-leninistische Theorie spricht daher von der Notwendigkeit der "Partei neuen Typus". Da die politische Gewalt allein der Arbeiterklasse zusteht und da ihre Führung in den Händen der allein mit der Einsicht in die objektiven Entwicklungsgesetze der Gesellschaft begabten Partei liegt, ergibt sich, daß die zu ihrer Verwirklichung notwendigen staatlichen Maßnahmen von der herrschenden Partei festgelegt und vom Staatsapparat lediglich durchgesetzt werden.

Der Mensch wird in diesem System als Mitglied einer Klasse gesehen. Er tritt zur Gesamtheit nur auf dem Weg über seine Klasse in Beziehung, die Ordnung der Gesellschaft ist im wesentlichen eine Ordnung der Klassenverhältnisse. Nach der Zugehörigkeit zu einer Klasse muß deshalb die rechtliche und soziale Lage des Menschen entscheidend bestimmt werden. Das macht jeden Eingriff grundsätzlich zulässig, der aus der Klassenzugehörigkeit des Einzelnen und der Klassensituation im ganzen von der herrschenden Klasse hergeleitet wird. Damit tritt an die Stelle der Gleichheit aller Staatsbürger die Scheidung in "führende", d. h. herrschende, mittels eines "Bündnisses""geführte", d. h. beherrschte, und "unterdrückte" Klassen und die Förderung oder Unterdrückung des Individuums je nach seiner Klassenzugehörigkeit oder allenfalls nach dem Maße seiner Nützlichkeit für das allgemeine gesellschaftliche Ziel. Grundrechte im Sinne der freiheitlichen Demokratie können hier dem Einzelnen als solchem nicht zustehen. Für die Angehörigen der unterdrückten Klasse ist das selbstverständlich. Aber da die Aufgabe grundlegender Neugestaltung alle anderen Rücksichten zurückdrängt, stehen auch den Mitgliedern der herrschenden Klasse Grundrechte nur insoweit zu, als sie dem Klasseninteresse und der Festigung der Diktatur des Proletariats mindestens nicht entgegenstehen. Äußerungen, die an den jeweiligen konkreten staatlichen Entscheidungen grundsätzliche Kritik üben, und Handlungen, die dem allgemeinen Staatsziel widersprechen, können nicht geschützt sein. Auch die formell in Verfassungen gewährleisteten Rechte haben den Charakter als Grundrechte verloren, gelten also nur mit der selbstverständlichen Einschränkung, daß sie nicht in Widerspruch zur "politischen Generallinie" und zum konkreten Staatswillen treten dürfen, so wie er von der herrschenden Partei geprägt und ausgelegt wird. Selbst die wissenschaftliche Kritik an der Theorie des Marxismus-Leninismus oder an ihrer Anwendung auf die Praxis kann daher nicht schlechthin freigegeben werden, denn sie könnte und müßte im weiteren Verlauf zur Kritik an der Staatsführung werden. Selbst allbekannte Fehler dürfen als solche nur gekennzeichnet und verurteilt werden, wenn die Führung "selbstkritisch" den Weg hierzu eröffnet hat, und in jedem Falle gibt es nur systemimmanente Kritik. So müssen notwendig gerade die wichtigsten politischen Grundrechte, insbesondere das Recht zu freier Meinungsbildung und Meinungsäußerung, auch im politischen Bereich, ihren Wert verlieren. Die Presse- und Vereinigungsfreiheit ist ohnehin durch die eindeutige Vorrangstellung der kommunistischen Partei und ihrer Hilfsorganisationen praktisch erheblich eingeschränkt. Schließlich ist selbst der verbleibende beschränkte Raum für die individuelle Freiheit des Menschen rechtlich nicht gesichert, da er jederzeit durch die Staatsgesetze eingeengt werden kann, deren oft bewußt weitgefaßte Formulierungen der Auslegung durch die allein herrschende Partei jeden Spielraum lassen, ohne daß dagegen unabhängige Gerichte angerufen werden könnten.

Diese ideologischen Grundlagen erzwingen sich die ihnen entsprechenden staatlichen Institutionen. Oberstes Verfassungsprinzip ist das von der marxistisch-leninistischen Theorie der Staatsordnung der Diktatur des Proletariats ein für allemal gesetzte materielle Ziel: die Vorbereitung des Aufbaus des Sozialismus durch die Zerschlagung und Vernichtung der bürgerlich-kapitalistischen Systems. Das Auftreten neuer politischer Konzeptionen, die dieses Ziel auch nur zur Diskussion stellen könnten, ist ebenso ausgeschlossen wie die freie Erörterung von Methoden und Einzelmaßnahmen, sobald sie einmal von der herrschenden Partei autoritativ verkündet worden sind. Erst recht werden Kristallisationen in ernsthaft oppositionellen Parteien oder in bloßen gesellschaftlichen Vereinigungen verhindert oder zerschlagen. Da eine Klasse und eine Partei den Staat führen, ist naturgemäß die von dieser Partei gestellte Regierung nicht abberufbar; nur ihre jeweiligen Mitglieder können - und zwar nur durch die Partei - ausgewechselt werden. Die Partei muß jedenfalls materiell alle politische Gewalt im Staat in sich vereinigt halten. Mehrparteiensystem und Opposition, verantwortliche Regierung und effektive Gewaltentrennung mit dem Ziel des Schutzes gegen Willkür kann es nicht geben. Für wirkliche politische Meinungsfreiheit, für freie Wahlen und echte parlamentarische Entscheidungen besteht weder Möglichkeit noch Bedürfnis. Es gibt keine Alternative zum bestehenden System und seiner Herrschaft. Es genügt die Akklamation zu dem jeweils von der Partei und - nach ihren Weisungen - von der Regierung Verordneten. Wo also Normen und Institutionen aus der freiheitlichen Demokratie formal noch weiterbestehen (z. B. allgemeines Wahlrecht, organisatorische Gewaltentrennung u. dgl.), muß sich ihr Sinn grundsätzlich wandeln. Die politischen Entscheidungen, die dort mit ihrer Hilfe erarbeitet und in ihrer Geltung gesichert werden sollen, sind hier vorweg getroffen, können aber auch ohne Rücksicht auf sie abgeändert werden. Namentlich fehlt dem Wahlrecht in der Diktatur des Proletariats der eigentliche politische Sinn des "Wählens" zwischen mehreren gleichberechtigten politischen Auffassungen; durch Einrichtungen verschiedener Art ist gesichert, daß in die Volksvertretungen nur Personen gewählt werden, die der "führenden" Klasse angehören oder genehm sind, und daß der materielle Führungsanspruch der kommunistischen Partei niemals in Frage gestellt werden kann. Die Bindung der Staatsorgane an die Gesetze und die Unabhängigkeit der Gerichte hat angesichts des für die Bedürfnisse des zentralistischen Verwaltungsstaates mit Allmacht der "Exekutive" geschaffenen neuen Begriffs der "sozialistischen Gesetzlichkeit" nur noch formale Bedeutung.

3. Die dargelegten Unterschiede beider Staats- und Gesellschaftsordnungen beruhen letztlich auf einer tiefen Verschiedenheit der Auffassungen von der Stellung des Einzelnen in der Gemeinschaft und von der Stellung des Staates ihr gegenüber. Die KPD gibt das nicht nur zu, sie betont es geradezu; denn ihre Auffassung, daß es zum Umsturz der bürgerlichen Ordnung einer Revolution, also eines fundamentalen Wandels bedürfe, daß nicht quantitative Veränderungen genügten, sondern eine qualitative Änderung, ein geschichtlicher "Sprung" stattfinden müsse, beruht auf der Erkenntnis dieser grundsätzlichen Verschiedenheit.

In der freiheitlichen Demokratie ist die Würde des Menschen der oberste Wert. Sie ist unantastbar, vom Staate zu achten und zu schützen. Der Mensch ist danach eine mit der Fähigkeit zu eigenverantwortlicher Lebensgestaltung begabte "Persönlichkeit". Sein Verhalten und sein Denken können daher durch seine Klassenlage nicht eindeutig determiniert sein. Er wird vielmehr als fähig angesehen, und es wird ihm demgemäß abgefordert, seine Interessen und Ideen mit denen der anderen auszugleichen. Um seiner Würde willen muß ihm eine möglichst weitgehende Entfaltung seiner Persönlichkeit gesichert werden. Für den politisch-sozialen Bereich bedeutet das, daß es nicht genügt, wenn eine Obrigkeit sich bemüht, noch so gut für das Wohl von "Untertanen" zu sorgen; der Einzelne soll vielmehr in möglichst weitem Umfang verantwortlich auch an den Entscheidungen für die Gesamtheit mitwirken. Der Staat hat ihm dazu den Weg zu öffnen; das geschieht in erster Linie dadurch, daß der geistige Kampf, die Auseinandersetzung der Ideen frei ist, daß mit anderen Worten geistige Freiheit gewährleistet wird. Die Geistesfreiheit ist für das System der freiheitlichen Demokratie entscheidend wichtig, sie ist geradezu eine Voraussetzung für das Funktionieren dieser Ordnung; sie bewahrt es insbesondere vor Erstarrung und zeigt die Fülle der Lösungsmöglichkeiten für die Sachprobleme auf. Da Menschenwürde und Freiheit jedem Menschen zukommen, die Menschen insoweit gleich sind, ist das Prinzip der Gleichbehandlung aller für die freiheitliche Demokratie ein selbstverständliches Postulat.

Das Recht auf Freiheit und Gleichbehandlung durch den Staat schließt jede wirkliche Unterdrückung des Bürgers durch den Staat aus, weil alle staatliche Entscheidung den Eigenwert der Person achten und die Spannung zwischen Person und Gemeinschaft im Rahmen des auch dem Einzelnen Zumutbaren ausgleichen soll. Der kommunistische Begriff von "Unterdrückung", die in jeder staatlichen Machtausübung überhaupt gesehen wird, ist dem System der freiheitlichen Demokratie von Grund aus fremd; "Unterdrückung" entspringt einer auch den Staat erniedrigenden, im Grunde inhumanen Vorstellungswelt. Der Staat ist ein Instrument der ausgleichenden sozialen Gestaltung, nicht der Unterdrückung durch die Ausbeuter zur Aufrechterhaltung ihrer Ausbeuterstellung. Es wird zwischen notwendiger Ordnung und Unterdrückung unterschieden. Unterdrückung wäre in der freiheitlichen Demokratie nur in Staatsmaßnahmen zu erblicken, die nach vernünftigen - freilich nicht unwandelbaren - Maßstäben eine Vergewaltigung des Einzelnen darstellen, also seine Freiheit oder sein Recht auf Gleichbehandlung mit den anderen in einer unzumutbaren Weise verletzt würden.

Darüber hinaus entnimmt die freiheitliche demokratische Grundordnung dem Gedanken der Würde und Freiheit des Menschen die Aufgabe, auch im Verhältnis der Bürger untereinander für Gerechtigkeit und Menschlichkeit zu sorgen. Dazu gehört, daß eine Ausnutzung des einen durch den anderen verhindert wird. Allerdings lehnt die freiheitliche Demokratie es ab, den wirtschaftlichen Tatbestand der Lohnarbeit im Dienste privater Unternehmer als solchen allgemein als Ausbeultung zu kennzeichnen. Sie sieht es aber als ihre Aufgabe an, wirkliche Ausbeutung, nämlich Ausnutzung der Arbeitskraft zu unwürdigen Bedingungen und unzureichendem Lohn zu unterbinden. Vorzüglich darum ist das Sozialstaatsprinzip zum Verfassungsgrundsatz erhoben worden; es soll schädliche Auswirkungen schrankenloser Freiheit verhindern und die Gleichheit fortschreitend bis zu dem vernünftigerweise zu fordernden Maße verwirklichen.

Die freiheitliche Demokratie ist von der Auffassung durchdrungen, daß es gelingen könne, Freiheit und Gleichheit der Bürger trotz der nicht zu übersehenden Spannungen zwischen diesen beiden Werten allmählich zu immer größerer Wirksamkeit zu entfalten und bis zum überhaupt erreichbaren Optimum zu steigern.

Dies erscheint ihr erstrebenswerter als die Verfolgung eines utopischen, d. h. rational nicht beweisbaren und durch die Erfahrung der Geschichte nicht gestützten Staatsideals, das die volle Verwirklichung beider Ideale in einer nicht absehbaren Zukunft verspricht, dafür aber das Opfer von Generationen verlangt, denen weder Freiheit noch Gleichheit gewährt werden kann. Die freiheitliche Demokratie verwirft es, wenn für Ziele im praktisch-politischen Leben der Absolutheitsanspruch erhoben wird, weil daraus unvermeidlich politische Intoleranz folgt.

Die freiheitliche Demokratie setzt im Grunde nur voraus, daß im politischen Bereich die Möglichkeit eines "relativen Vernunftgehalts" aller politischen Meinungen anerkannt und die Vereinfachung der Auseinandersetzungen durch Diskreditierung der gegnerischen Anschauungen und wirkliche Unterdrückung vermieden wird. Von diesem System geistiger Freiheit und Toleranz, geduldiger Reformarbeit und fortwährender Auseinandersetzung mit anderen grundsätzlich als gleichberechtigt angesehenen Auffassungen führt keine Brücke zu einer politischen Anschauung, die fordert, es müsse um eines materiellen Zieles willen, das von einer politischen Partei oder Klasse als allgemein verbindlich proklamiert wird, das ganze freiheitliche System unter Einsatz radikalster Mittel beseitigt werden. (...)

15. Beschluß der Regierungschefs des Bundes und der Länder vom 28. Januar 1972

Die Regierungschefs der Länder haben in einer Besprechung mit dem Bundeskanzler am 28.1.1972 auf Vorschlag der Ständigen Konferenz der Innenminister der Länder die folgenden Grundsätze beschlossen:

1. Nach den Beamtengesetzen in Bund und Ländern darf in das Beamtenverhältnis nur berufen werden, wer die Gewähr dafür bietet, daß er jederzeit für die freiheitliche demokratische Grundordnung im Sinne des Grundgesetzes eintritt,
sind Beamte verpflichtet, sich aktiv innerhalb und außerhalb des Dienstes für die Erhaltung dieser Grundordnung einzusetzen.
Es handelt sich hierbei um zwingende Vorschriften.

2. Jeder Einzelfall muß für sich geprüft und entschieden werden. Von folgenden Grundsätzen ist dabei auszugehen:

2.1 Bewerber

2.1.1 Ein Bewerber, der verfassungsfeindliche Aktivitäten entwickelt, wird nicht in den öffentlichen Dienst eingestellt.

2.1.2 Gehört ein Bewerber einer Organisation an, die verfassungsfeindliche Ziele verfolgt, so begründet diese Mitgliedschaft Zweifel daran, ob er jederzeit für die freiheitliche demokratische Grundordnung eintreten wird. Diese Zweifel rechtfertigen in der Regel eine Ablehnung des Einstellungsantrages.

2.2 Beamte. Erfüllt ein Beamter durch Handlungen oder wegen seiner Mitgliedschaft in einer Organisation verfassungsfeindlicher Zielsetzung die Anforderungen des § 35 Beamtenrechtsrahmengesetz nicht, aufgrund derer er verpflichtet ist, sich durch sein gesamtes Verhalten zu der freiheitlichen demokratischen Grundordnung im Sinne des GG zu bekennen und für deren Erhaltung einzutreten, so hat der Dienstherr aufgrund des jeweils ermittelten Sachverhaltens die gebotenen Konsequenzen zu ziehen und insbesondere zu prüfen, ob die Entfernung des Beamten aus dem Dient anzustreben ist.

3. Für Arbeiter und Angestellte im öffentlichen Dienst gelten entsprechend den jeweiligen tarifvertraglichen Bestimmungen dieselben Grundsätze.

16. Beschluß des Zweiten Senats des Bundesverfassungsgerichts vom 22. Mai 1975

1. Es ist ein hergebrachter und zu beachtender Grundsatz des Berufsbeamtentums (Art. 33 Abs. 5 GG), daß den Beamten eine besondere politische Treuepflicht gegenüber dem Staat und seiner Verfassung obliegt.

2. Die Treuepflicht gebietet, den Staat und seine geltende Verfassungsordnung, auch soweit sie im Wege einer Verfassungsänderung veränderbar ist, zu bejahen und dies nicht bloß verbal, sondern insbesondere in der beruflichen Tätigkeit dadurch, daß der Beamte die bestehenden verfassungsrechtlichen und gesetzlichen Vorschriften beachtet und erfüllt und sein Amt aus dem Geist dieser Vorschriften heraus führt. Die politische Treuepflicht fordert mehr als nur eine formal korrekte, im übrigen uninteressierte, kühle, innerlich distanzierte Haltung gegenüber Staat und Verfassung; sie fordert vom Beamten insbesondere, daß er sich eindeutig von Gruppen und Bestrebungen distanziert, die diesen Staat, seine verfassungsmäßigen Organe und die geltende Verfassungsordnung angreifen, bekämpfen und diffamieren. Vom Beamten wird erwartet, daß er diesen Staat und seine Verfassung als einen hohen positiven Wert erkennt und anerkennt, für den einzutreten sich lohnt. Politische Treuepflicht bewährt sich in Krisenzeiten und in ernsthaften Konfliktsituationen, in denen der Staat darauf angewiesen ist, daß der Beamte Partei für ihn ergreift.

3. Bei Beamten auf Probe und bei Beamten auf Widerruf rechtfertigt die Verletzung der Treuepflicht regelmäßig die Entlassung aus dem Amt. Bei Beamten auf Lebenszeit kann wegen dieser Dienstpflichtverletzung im förmlichen Disziplinarverfahren auf Entfernung aus dem Dienst erkannt werden.

4. Es ist eine von der Verfassung (Art. 33 Abs. 5 GG) geforderte und durch das einfache Gesetz konkretisierte rechtliche Voraussetzung für den Eintritt in das Beamtenverhältnis, daß der Bewerber die Gewähr bietet, jederzeit für die freiheitliche demokratische Grundordnung einzutreten.

5. Der Überzeugung, daß der Bewerber die geforderte Gewähr nicht bietet, liegt ein Urteil über die Persönlichkeit des Bewerbers zugrunde, das zugleich eine Prognose enthält und sich jeweils auf eine von Fall zu Fall wechselnde Vielzahl von Elementen und deren Bewertung gründet.

6. Die sich aus Art. 33 Abs. 5 GG ergebende Rechtslage gilt für jedes Beamtenverhältnis, für das Beamtenverhältnis auf Zeit, für das Beamtenverhältnis auf Probe und für das Beamtenverhältnis auf Widerruf eben-

so wie für das Beamtenverhältnis auf Lebenszeit.

7. Wenn auch an die Angestellten im öffentlichen Dienst weniger hohe Anforderungen als an die Beamten zu stellen sind, schulden sie gleichwohl dem Dienstherrn Loyalität und die gewissenhafte Erfüllung ihrer dienstlichen Obliegenheiten; auch sie dürfen nicht den Staat, in dessen Dienst sie stehen, und seine Verfassungsordnung angreifen; auch sie können wegen grober Verletzung dieser Dienstpflichten fristlos entlassen werden; und auch ihre Einstellung kann abgelehnt werden, wenn damit zu rechnen ist, daß sie ihre mit der Einstellung verbundenen Pflichten nicht werden erfüllen können oder wollen.

8. Ein Teil des Verhaltens, das für die Beurteilung der Persönlichkeit eines Beamtenanwärters erheblich sein kann, kann auch der Beitritt oder die Zugehörigkeit zu einer politischen Partei sein, die verfassungsfeindliche Ziele verfolgt - unabhängig davon, ob ihre Verfassungswidrigkeit durch Urteil des Bundesverfassungsgerichts festgestellt ist oder nicht.

9. Die durch Art. 33 Abs. 5 GG gedeckten Regelungen des Beamten- und Disziplinarrechts sind allgemeine Gesetze im Sinne von Art. 5 Abs. 2 GG.

10. Es steht nicht in Widerspruch zu Art. 12 GG, wenn der hergebrachte Grundsatz des Berufsbeamtentums im Beamtenrecht verwirklicht wird, vom Bewerber für ein Amt zu verlangen, daß er die Gewähr bietet, jederzeit für die freiheitliche demokratische Grundordnung einzutreten.

11. Dem Staat steht frei, einen Vorbereitungsdienst, dessen erfolgreiche Absolvierung Voraussetzung sowohl für den Staatsdienst im Beamtenverhältnis als auch für einen freien Beruf ist, allgemein so zu organisieren, daß er in einem zivilrechtlichen Anstellungsverhältnis oder in einem besonderen öffentlichrechtlichen Verhältnis außerhalb des Beamtenverhältnisses abzuleisten ist. Entscheidet er sich für einen Vorbereitungsdienst, der im Beamtenverhältnis zurückzulegen ist, so muß er für diejenigen, für die ein Beruf außerhalb des Staatsdienstes in Betracht kommt, entweder einen gleichwertigen, nicht diskriminierenden Vorbereitungsdienst anbieten, der ohne Berufung ins Beamtenverhältnis geleistet werden kann, oder innerhalb seiner beamtenrechtlichen Regelung eine Ausnahmevorschrift vorsehen, die es gestattet, den Vorbereitungsdienst auf Wunsch außerhalb eines Beamtenverhältnisses abzuleisten. Im Hinblick darauf, daß in zunehmendem Maße neben die zweistufige juristische Ausbildung eine einstufige Ausbildung tritt, mag es zur rechtlichen Vereinheitlichung des juristischen Vorbereitungsdienstes naheliegen, künftig für alle Juristen die praktische Ausbildung vor

der zweiten juristischen Staatsprüfung innerhalb eines öffentlichrechtlichen Rechtspraktikanten-Verhältnisses vorzusehen, das kein Beamtenverhältnis ist.
(...)

Gründe:

Das Verfahren betrifft einen geprüften Rechtskandidaten, dessen Übernahme in den Referendar-Vorbereitungsdienst im Lande Schleswig-Holstein abgelehnt worden ist, weil er nicht die Gewähr biete, daß er jederzeit für die freiheitliche demokratische Grundordnung im Sinne des Grundgesetzes eintreten werde.
(...)

Der Kläger im Ausgangsverfahren hat im Oktober 1971 die erste juristische Staatsprüfung vor dem Justizprüfungsamt bei dem Schleswig-Holsteinischen Oberlandesgericht in Schleswig abgelegt. Am 1. März 1972 beantragte er beim Präsidenten des Oberlandesgerichts, ihn zum Referendar zu ernennen und in den Vorbereitungsdienst aufzunehmen. Mit Bescheid vom 17. Juli 1972 lehnte der Oberlandesgerichtspräsident die Ernennung und Aufnahme in den Vorbereitungsdienst ab, u. a. deshalb, weil der Bewerber während seiner Studienzeit an Veranstaltungen der Roten Zelle Jura an der Universität Kiel teilgenommen habe; diese Organisation verfolge verfassungsfeindliche Bestrebungen; es sei daher nicht die Gewähr geboten, daß er sich zur freiheitlichen demokratischen Grundordnung bekenne, wie dies § 9 des Landesbeamtengesetzes voraussetze.
(...)

Der Oberlandesgerichtspräsident trug zur Begründung seines Antrags auf Klageabweisung vor: Der Kläger habe an 40 Veranstaltungen der Roten Zelle Jura, einer verfassungsfeindlichen Organisation, teilgenommen. Er habe sich auch an einer Wahlfälschung bei der Wahl zum Studentenparlament der Universität Kiel 1971 beteiligt, in dem er als Wahlhelfer zugelassen habe, daß fünf Personen insgesamt 24 gefälschte Wahlzettel in die Wahlurne geworfen haben; dafür sei er in einer Sitzung der Roten Zelle Jura am 2. Februar 1971 öffentlich belobigt worden.
(...)

Zu den in Art. 33 Abs. 5 GG genannten hergebrachten und zu beachtenden Grundsätzen des Berufsbeamtentums und des Richterrechts gehört der Grundsatz, daß vom Beamten und Richter zu fordern ist, daß er für die Verfassungsordnung, auf die er vereidigt ist, eintritt.

1. Die Geschichte des deutschen Beamtentums seit dem Ende des 18. Jahrhunderts (vgl. z. B. Pr. Allg. Landrecht Teil II, Titel 10, §§ 1 ff.) kennt - unbeschadet von Veränderungen im Verständnis dieses Spezifi-

kums je nach den wechselnden Verfassungsordnungen - eine besondere Bindung des Beamten, die auf einer mit dem Eintritt in das Beamtenverhältnis verbundenen und übernommenen Treuepflicht beruht. In der absoluten Monarchie galt sie der Person des Monarchen als dem Repräsentanten des Staates, in der konstitutionellen Monarchie dem verfassungsrechtlich gebundenen Monarchen, der jenseits des politischen Streits stand und seine "Staatsdiener" auf das Gemeinwohl verpflichtete. In der Republik bestand sie fort; der "Staatsdienst" verlangte Treue zu Staat und Verfassung. Sichtbaren Ausdruck fand sie im Treueid. Im Laufe der Zeit entwickelten sich aus dieser einen (umfassenden) Pflicht verschiedene konkretere Beamtenpflichten, wie sie in den modernen Beamtengesetzen fixiert werden und heute beispielsweise in §§ 52-56, 61, 64, 72, 74 BBG; §§ 35-39, 44 BRRG; §§ 65-68, 77, 80, 88, 90 LBG enthalten sind. An jener traditionellen Treuepflicht des Beamten hält auch das Grundgesetz als einem hergebrachten und zu beachteneen Grundsatz des Berufsbeamtentums (Art. 33 Abs. 5 GG) fest; auf ihn wird ausdrücklich in Art. 33 Abs. 4 GG ("Dienst- und Treueverhältnis") und Art. 5 Abs. 3 Satz 2 GG (Treue zur Verfassung) Bezug genommen. Der Grund für das Festhalten an diesem hergebrachten Grundsatz liegt auf der Hand: Der moderne "Verwaltungsstaat" mit seinen ebenso vielfältigen wie komplizierten Aufgaben, von deren sachgerechter, effizienter, pünktlicher Erfüllung das Funktionieren des gesellschaftlich-politischen Systems und die Möglichkeit eines menschenwürditen Lebens der Gruppen, Minderheiten und jedes Einzelnen Tag für Tag abhängt, ist auf einen intakten, loyalen, pflichttreuen, dem Staat und seiner verfassungsmäßigen Ordnung innerlich verbundenen Beamtenkörper angewiesen. Ist auf die Beamtenschaft kein Verlaß mehr, so sind die Gesellschaft und ihr Staat in kritischen Situationen "verloren" (vgl. z. B. Laband, Staatsrecht des Deutschen Reiches, 1876 S. 395, 422; Brehm, Die rechtliche Natur des Staatsdienstes nach deutschem Staatsrecht, in Annalen des Deutschen Reiches, 1885, S. 288 ff.; Köttgen, Das deutsche Berufsbeamtentum und die parlamentarische Demoraktie, 1928, S. 79, 108 ff. u. ö.; Gerber, Archiv für Öffentliches Recht N. F. 18 Bd. 1930 S. 1 ff.; W. Jellinek, Rechtsformen des Staatsdienstes, in Anschütz-Thoma, Handbuch des Deutschen Staatsrechts, 2. Bd. S. 24; Daniels, Die Pflichten und Rechte des Beamten, in Anschütz-Thoma, Handbuch des Deutschen Staatsrechtes, 2. Bd. S. 42; Zwirner, Politische Treuepflicht des Beamten, 1956; Böttcher, Die politische Treuepflicht der Beamten und Soldaten und die Grundrechte der Kommunikation, 1967).

2. Es ist hier nicht abschließend zu entscheiden, was sich alles an Pflichten für den Beamten im einzel-

nen aus jener umfassenden Treuepflicht ergibt. Es genügt festzuhalten, daß jedenfalls zur Treuepflicht des Beamten als Kern die politische Treuepflicht gehört. Gemeint ist damit nicht eine Verpflichtung, sich mit den Zielen oder einer bestimmten Politik der jeweiligen Regierung zu identifizieren. Gemeint ist vielmehr die Pflicht zur Bereitschaft, sich mit der Idee des Staates, dem der Beamte dienen soll, mit der freiheitlichen demokratischen, rechts- und sozialstaatlichen Ordnung dieses Staates zu identifizieren. Dies schließt nicht aus, an Erscheinungen dieses Staates Kritik üben zu dürfen, für Änderungen der bestehenden Verhältnisse - innerhalb des Rahmens der Verfassung und mit den verfassungsrechtlich vorgesehenen Mitteln - eintreten zu können, solange in diesem Gewand nicht eben dieser Staat und seine verfassungsmäßige Grundlage in Frage gestellt werden. An einer "unkritischen" Beamtenschaft können Staat und Gesellschaft kein Interesse haben. Unverzichtbar ist aber, daß der Beamte den Staat - ungeachtet seiner Mängel - und die geltende verfassungsrechtliche Ordnung, so wie sie in Kraft steht, bejaht, sie als schützenswert anerkennt, in diesem Sinne sich zu ihnen bekennt und aktiv für sie eintritt. Der Beamte, der dies tut, genügt seiner Treuepflicht und kann von diesem Boden aus auch Kritik äußern und Bestrebungen nach Änderungen der bestehenden Verhältnisse - im Rahmen der verfassungsmäßigen Ordnung und auf verfassungsmäßigen Wegen! - unterstützen. Das Entscheidende ist, daß die Treuepflicht gebietet, den Staat und seine geltende Verfassungsordnung, auch soweit sie im Wege einer Verfassungsänderung veränderbar ist, zu bejahen und dies nicht bloß verbal, sondern insbesondere in der beruflichten Tätigkeit dadurch, daß der Beamte die bestehenden verfassungsrechtlichen und gesetzlichen Vorschriften beachtet und erfüllt und sein Amt aus dem Geist dieser Vorschriften heraus führt. Die politische Treuepflicht - Staats- und Verfassungstreue - fordert mehr als nur eine formal korrekte, im übrigen uninteressierte, kühle, innerlich distanzierte Haltung gegenüber Staat und Verfassung; sie fordert vom Beamten insbesondere, daß er sich eindeutig von Gruppen und Bestrebungen distanziert, die diesen Staat, seine verfassungsmäßigen Organe und die geltende Verfassungsordnung angreifen, bekämpfen und diffamieren. Vom Beamten wird erwartet, daß er diesen Staat und seine Verfassung als einen hohen positiven Wert erkennt und anerkennt, für den einzutreten sich lohnt. Politische Treuepflicht bewährt sich in Krisenzeiten und in ernsthaften Konfliktsituationen, in denen der Staat darauf angewiesen ist, daß der Beamte Partei für ihn ergreift. Der Staat - und das heißt hier konkreter, jede verfassungsmäßige Regierung und die Bürger - muß sich darauf verlassen können, daß der Beamte in seiner Amtsführung

Verantwortung für diesen Staat, für "seinen" Staat, zu tragen bereit ist, daß er sich in dem Staat, dem er dienen soll, zu Hause fühlt - jetzt und jederzeit und nicht erst, wenn die von ihm erstrebten Veränderungen durch entsprechende Verfassungsänderungen verwirklicht worden sind.

3. Die hergebrachte Treuepflicht des Beamten erhält unter der Geltung des Grundgesetzes ein besonderes Gewicht dadurch, daß diese Verfassung nicht wertneutral ist, sondern sich für zentrale Grundwerte entscheidet, sie in ihren Schutz nimmt und dem Staat aufgibt, sie zu sichern und sie zu gewährleisten (Art. 1 GG). Sie trifft Vorkehrungen gegen ihre Bedrohung, sie institutionalisiert besondere Verfahren zur Abwehr von Angriffen auf die verfassungsmäßige Ordnung, sie konstituiert eine wehrhafte Demokratie (Art. 2 Abs. 1, Art.9, Abs. 2, Art. 18, Art. 20 Abs. 4, Art. 21 Abs. 2, Art. 79 Abs. 3, Art. 91, Art. 98 Abs. 2 GG). Diese Grundentscheidung der Verfassung schließt es aus, daß der Staat, dessen verfassungsmäßiges Funktionieren von der freien inneren Bindung seiner Beamten an die geltende Verfassung abhängt, zum Staatsdienst Bewerber zuläßt und im Staatsdienst Bürger beläßt, die die freiheitliche demokratische, rechts- und sozialstaatliche Ordnung ablehnen und bekämpfen. Der Beamte kann nicht zugleich in der organisierten Staatlichkeit wirken und die damit verbundenen persönlichen Sicherungen und Vorteile in Anspruch nehmen und aus dieser Stellung heraus die Grundlage seines Handelns zerstören wollen. Der freiheitliche demokratische Rechtsstaat kann und darf sich nicht in die Hand seiner Zerstörer geben.

4. Aus der dargelegten verfassungsrechtlichen Lage folgt zwingend: Ein Beamter, der gegen die von ihm in Art. 33 Abs. 5 GG geforderte Treuepflicht verstößt, verletzt seine Dienstpflicht. Die Beamtengesetze konkretisieren dies; § 52 Abs. 2 BBG bestimmt für den Bundesbeamten: "Der Beamte muß sich durch sein gesamtes Verhalten zu der freiheitlich-demokratischen Grundordnung im Sinne des Grundgesetzes bekennen und für deren Erhaltung eintreten." Und nach § 77 Abs. 2 BBG gilt als Dienstvergehen, wenn der Ruhestandsbeamte oder der Beamte mit Versorgungsbezügen "sich gegen die freiheitlich-demokratische Grundordnung im Sinne des Grundgesetzes betätigt" oder "an Bestrebungen teilnimmt, die darauf abzielen, den Bestand oder die Sicherheit der Bundesrepublik Deutschland zu beeinträchtigen". Entsprechendes bestimmen die §§ 35 Abs. 1 Satz 3, 45 Abs. 2 BRRG sowie die §§ 65 Abs. 2, 93 Abs. 2 Nr. 1 und 2 LBG. Bei Beamten auf Probe und bei Beamten auf Widerruf rechtfertigt ein solches Dienstvergehen regelmäßig die Entlassung aus dem Amt. Bei Beamten auf Lebenszeit (oder Zeit) kann wegen dieser

Dienstpflichtverletzung im förmlichen (gerichtlichen) Disziplinarverfahren auf Entfernung aus dem Dienst erkannt werden.

In jedem Fall ist die Entfernung aus dem Dienst jedoch nur auf Grund eines begangenen konkreten Dienstvergehens möglich. Das Dienstvergehen besteht nicht einfachhin in der "mangelnden Gewähr" des Beamten dafür, daß er jederzeit für die freiheitliche demokratische Grundordnung eintreten werde, sondern in der nachgewiesenen Verletzung jener Amtspflicht, "sich durch sein gesamtes Verhalten zu der freiheitlich-demokratischen Grundordnung im Sinne des Grundgesetzes zu bekennen und für deren Erhaltung einzutreten". Dabei ist zu beachten, daß sich der umschriebene Inhalt der Treuepflicht des Beamten nicht völlig mit dem Inhalt der disziplinär zu ahndenden Treupflichtverletzung des Beamten deckt, weil zum letztgenannten Tatbestand ein Minimum an Gewicht und an Evidenz der Pflichtverletzung gehört. Andererseits kann die Pflichtverletzung nicht nur in Aktivitäten, sondern auch in einem Unterlassen bestehen, beispielsweise wenn der Vorgesetzte oder Dienstvorgesetzte verfassungsfeindliche Umtriebe innerhalb seines Verantwortungsbereichs geflissentlich übersieht und geschehen läßt. Das bloße Haben einer Überzeugung und die bloße Mitteilung, daß man diese habe, ist niemals eine Verletzung der Treuepflicht, die dem Beamten auferlegt ist; dieser Tatbestand ist überschritten, wenn der Beamte aus seiner politischen Überzeugung Folgerungen für seine Einstellung gegenüber der verfassungsmäßigen Ordnung der Bundesrepublik Deutschland, für die Art der Erfüllung seiner Dienstpflichten, für den Umgang mit seinen Mitarbeitern oder für politische Aktivitäten im Sinne seiner politischen Überzeugung zieht.

Für Ruhestandsbeamte und frühere Beamte mit Versorgungsbezügen wird als Dienstvergehen fingiert ("gilt" als Dienstvergehen), wenn sie sich gegen die freiheitliche demokratische Grundordnung im Sinne des Grundgesetzes betätigt haben oder wenn sie an Bestrebungen teilgenommen haben, die darauf abzielen, den Bestand oder die Sicherheit der Bundesrepublik Deutschland zu beeinträchtigen. Hier werden also Aktivitäten feindseliger Art gefordert. Meinungsäußerungen können, müssen aber nicht in jedem Fall den Charakter von solchen Aktivitäten feindseliger Art haben. Solange sie sich darin erschöpfen, im Vertrauen auf die Überzeugungskraft des Arguments Kritik an bestehenden Zuständen zu üben oder bestehende rechtliche Regelungen in Gesetzen oder in der Verfassung in dem dafür vorgesehenen verfassungsrechtlichen Verfahren zu ändern, erfüllen sie nicht die genannten Tatbestände eines Dienstvergehens. Sie können allenfalls verstoßen gegen die Pflicht des

Beamten, "bei politischer Betätigung diejenige Mäßigung und Zurückhaltung zu wahren, die sich aus seiner Stellung gegenüber der Gesamtheit und aus der Rücksicht auf die Pflichten seines Amtes ergeben" (§ 53 BBG). Dagegen stellen Agitationen, die die freiheitliche demokratische Grundordnung herabsetzen, verfassungsrechtliche Wertentscheidungen und Institutionen diffamieren und zum Bruch geltender Gesetze auffordern, Betätigungen gegen die freiheitliche demokratische Grundordnung dar.

5. Aus der dargelegten verfassungsrechtlich geforderten Treuepflicht des Beamten ergibt sich eine weitere Folgerung. Wenn der Beamte habituell, seiner Persönlichkeit nach nur dann für ein öffentliches Amt geeignet ist - Eignung im Sinne des Art. 33 Abs. 2 GG als Voraussetzung für die Berufung ins Beamtenverhältnis! -, wenn er jederzeit bereit ist, für die freiheitliche demokratische Grundordnung einzutreten, dann muß unter diesem verfassungsrechtlichen Aspekt verlangt werden, nur solche Anwärter ins Beamtenverhältnis zu berufen, die auch die Gewähr dafür bieten, daß sie jederzeit für die freiheitliche demokratische Grundordnung einzutreten bereit sind. Es ist also eine von der Verfassung (Art. 33 Abs. 5 GG) geforderte und durch das einfache Gesetz konkretisierte rechtliche Voraussetzung für den Eintritt in das Beamtenverhältnis, daß der Bewerber die Gewähr bietet, jederzeit für die freiheitliche demokratische Grundordnung einzutreten, wie es das Deutsche Richtergesetz (§ 9 Nr. 2), das Bundesbeamtengesetz (§ 7 Abs. 1 Nr. 2), das Beamtenrechtsrahmengesetz (§ 4 Abs. 1 Nr. 2) und die entsprechenden Vorschriften des Landesrechts vorschreiben. Die genannten beamtenrechtlichen Vorschriften haben genau den Inhalt, der oben unter 2) näher umschrieben ist; und es ist die Rechtspflicht aller Einstellungsbehörden, sie mit diesem Inhalt ernst zu nehmen und sie mit diesem Inhalt anzuwenden.

Gerade weil die Entfernung eines Beamten auf Lebenszeit oder auf Zeit aus dem Dienst wegen Verletzung seiner Treupflicht nach den hergebrachten Grundsätzen des Berufsbeamtentums nur im Wege eines förmlichen Disziplinarverfahrens möglich ist, muß der Dienstherr darauf sehen, daß niemand Beamter wird, der nicht die Gewähr dafür bietet, jederzeit für die freiheitliche demokratische Grundordnung einzutreten. Der Dienstherr hat- auch dem Bewerber gegenüber - die Pflicht, die verfassungsrechtlich möglichen Vorkehrungen zu treffen, damit er nicht genötigt wird, Beamte wegen Verletzung ihrer politischen Treuepflicht in ein Disziplinarverfahren zu ziehen. Das verfassungsrechtlich legitime Mittel dazu ist die Prüfung und Entscheidung, ob die Persönlichkeit des Bewerbers die Gewähr bietet, daß er jederzeit für die freiheitliche demokratische

Grundordnung eintreten wird.

Die Einstellungsbehörde entscheidet über den Antrag auf Übernahme in das Beamtenverhältnis, ohne verpflichtet zu sein, vorher den Bewerber zu ihren Zweifeln anzuhören. Bei dieser Entscheidung gibt es keine "Beweislast", weder für den Bewerber, daß er die geforderte Gewähr bietet, noch für die Einstellungsbehörde, daß der Bewerber diese Gewähr nicht bietet. "Zweifel an der Verfassungstreue" hat hier nur den Sinn, daß der für die Einstellung Verantwortliche im Augenblick seiner Entscheidung nicht überzeugt ist, daß der Bewerber die Gewähr bietet, jederzeit für die freiheitliche demokratische Grundordnung einzutreten. Dieser Überzeugung liegt ein Urteil zugrunde, das zugleich eine Prognose enthält; es hat nur den Einzelfall im Auge und gründet sich jeweils auf eine von Fall zu Fall wechselnde Vielzahl von Elementen und deren Bewertung. Die Dinge liegen insofern im Grunde nicht anders als in den Fällen, in denen der Dienstvorgesetzte über die sonstige Eignung oder Befähigung oder Leistung eines Bewerbers für den öffentlichen Dienst zu entscheiden hat. Es handelt sich um ein prognostisches Urteil über die Persönlichkeit des Bewerbers, nicht lediglich um die Feststellung einzelner Beurteilungselemente (Äußerungen, Teilnahme an Demonstrationen, politische Aktivitäten, Zugehörigkeit zu irgendwelchen Gruppen, Vereinigungen oder politischen Parteien). Ein Bewerber kann beispielsweise der Eignung für den öffentlichen Dienst ermangeln, auch wenn ihm das amtsärztliche Zeugnis Gesundheit attestiert, sofern er beispielsweise nach dem Urteil der Einstellungsbehörde uneinsichtig rechthaberisch ist. Ihm kann die Befähigung fehlen, wenn ihm trotz des Studiums der Pädagogik ein Minimum an Geschick im Umgang mit den Schülern abgeht. Schließlich kann auch über die Leistung eines Bewerbers Zweifel bestehen, wenn er - ungeachtet seiner Qualifizierung in den Prüfungen - dem Erfordernis der Praxis, Entscheidungen zeitgerecht zu treffen (sie nicht unschlüssig vor sich herzuschieben), nicht genügt. Der Beispiele gibt es viele. - Das geforderte Urteil über die Persönlichkeit des Bewerbers kann nicht selten vom persönlichen Eindruck abhängen. Deshalb haben Personalreferenten und Behördenleiter seit je Wert darauf gelegt, daß sich die Bewerber vorstellten oder zu einem Vorstellungsbesuch eingeladen wurden, - und zwar nicht nur, wenn Bedenken dagegen bestanden, ob der Bewerber die Gewähr bietet, jederzeit für die freiheitliche demokratische Grundordnung einzutreten. Mehr als dies kann auch nicht für den letztgenannten Fall gefordert werden.

Soll der Ablehnungsbescheid durch Anfechtungsklage angegriffen werden, so hat der Bewerber Anspruch auf

Mitteilung der Umstände, auf die die Einstellungsbehörde ihre Ablehnung stützt. Für diese Anfechtungsklage gilt derselbe Grundsatz, den die Verwaltungsgerichte für die Fälle entwickelt haben, in denen eine Beurteilung (Prüfungsergebnis, dienstliche Beurteilung usw.) Gegenstand der gerichtlichen Kontrolle ist. Soweit der der einstellenden Behörde danach zustehende Beurteilungsspielraum reicht, ist die gerichtliche Nachprüfung darauf beschränkt, ob diese Stelle von einem unrichtigen Sachverhalt ausgegangen ist und ob sie den beamtenrechtlichen und verfassungsrechtlichen Rahmen (Art. 33 Abs. 2 und 5 GG), in dem sie sich frei bewegen kann, verkannt hat. Im übrigen ist die Nachprüfung von Ablehnungsbescheiden, da es im Beamtenrecht keinen Anspruch auf Übernahme in das Beamtenverhältnis gibt - Art. 33 Abs. 2 GG spricht nur davon, daß jeder Deutsche "nach seiner Eignung, Befähigung und fachlichen Leistung gleichen Zugang zu jedem öffentlichen Amt" hat -, auf die Willkürkontrolle beschränkt; dabei kann das Gericht die angegriffene Beurteilung nicht durch die eigene Beurteilung ersetzen. Aus demselben Grund kann das Gericht in aller Regel dem Anfechtungskläger den Zugang zum öffentlichen Dienst nicht eröffnen (nicht zur Übernahme in den öffentlichen Dienst verurteilen), sondern allenfalls den Ablehnungsbescheid aufheben und dadurch die Verwaltung nötigen, erneut über den Antrag auf Übernahme in den öffentlichen Dienst zu entscheiden.

6. Wenn also nur für jeden Einzelfall entschieden werden kann, ob der Bewerber nach seiner Persönlichkeit die Gewähr bietet oder nicht bietet, jederzeit für die freiheitliche demokratische Grundordnung einzutreten, ist es offenbar verfassungsrechtlich bedenklich, wenn ein Gesetz allgemein zwingend vorschreibt, daß einzelne konkrete Verhaltensweisen die Gewähr des Bewerbers, er werde jederzeit für die freiheitliche demokratische Grundordnung eintreten, ausschließen. Entscheidend ist die Bewertung eines solchen Verhaltens im Zusammenhang mit anderen Gesichtspunkten, an deren Ende die Überzeugung steht, daß dieser Bewerber seiner Persönlichkeit nach die Gewähr bietet oder nicht bietet, daß er jederzeit für die freiheitliche demokratische Grundordnung eintreten werde.

7. a) Die dargestellte, aus Art. 33 Abs. 5 GG sich ergebende Rechtslage - Treuepflicht des Beamten und Prüfung des Bewerbers, ob er die Gewähr bietet, jederzeit für die freiheitliche demokratische Grundordnung einzutreten - gilt für jedes Beamtenverhältnis, für das Beamtenverhältnis auf Zeit, für das Beamtenverhältnis auf Probe und für das Beamtenverhältnis auf Widerruf ebenso wie für das Beamtenverhältnis auf Lebenszeit. Sie ist auch einer Differenzierung je nach der

Art der dienstlichen Obliegenheiten des Beamten nicht zugänglich. Denn in diesem Zusammenhang ist von erheblicher Bedeutung, daß jeder Beamte, der sich gegen die freiheitliche demokratische Grundordnung im Sinne des Grundgesetzes betätigt oder an Bestrebungen teilnimmt, die darauf abzielen, den Bestand oder die Sicherheit der Bundesrepublik Deutschland zu beeinträchtigen, nicht nur als eine Gefahr im Hinblick auf die Art der Erledigung der ihm obliegenden Dienstaufgaben anzusehen ist, sondern auch als eine Gefahr im Hinblick auf die naheliegende Möglichkeit der Beeinflussung seiner Umgebung, seiner Mitarbeiter, seiner Dienststelle, seiner Behörde im Sinne seiner verfassungsfeindlichen politischen Überzeugung.

b) Wie der Vollständigkeit halber zu bemerken ist, schulden auch die Angestellten im öffentlichen Dienst dem Dienstherrn Loyalität und die gewissenhafte Erfüllung ihrer dienstlichen Obliegenheiten. Auch sie dürfen nicht den Staat, in dessen Dienst sie stehen, und seine Verfassungsordnung angreifen. Auch sie können wegen grober Verletzung dieser Dienstpflichten fristlos entlassen werden. Und auch ihre Einstellung kann abgelehnt werden, wenn damit zu rechnen ist, daß sie ihre mit der Einstellung verbundenen Pflichten nicht werden erfüllen können oder wollen.

c) Für den Vorbereitungsdienst, gleichgültig, ob er im Beamtenverhältnis oder in einem Angestelltenverhältnis abgeleistet wird, ist allerdings im Hinblick auf gewisse Entwicklungen in der Verwaltungspraxis noch folgende Bemerkung nötig: Wer als Berufsziel den Staatsdienst im Auge hat, nähert sich diesem Dienst in drei "Stufen": er studiert, er erwirbt die jeweils erforderliche Vorbildung - für den höheren Dienst durch Absolvierung des Vorbereitungsdienstes -, er wird als Beamter auf Probe übernommen. In der zweiten und dritten Stufe hat der Dienstvorgesetzte Gelegenheit, den Bewerber intensiv kennenzulernen, ihn zu beobachten und sich schließlich ein Urteil über seine Persönlichkeit zu bilden. Hier, wo die Verwaltung unmittelbar sich ein zuverlässiges Bild über den Anwärter machen kann, muß der Schwerpunkt liegen für die Gewinnung des Urteils, ob der Bewerber die geforderte Gewähr bietet oder nicht. Das bedeutet aber, daß für die Übernahme in den Vorbereitungsdienst eine gewissermaßen "vorläufige" Beurteilung ausreicht, der alle Umstände zugrunde gelegt werden können, die der Einstellungsbehörde ohne weitere zusätzliche Ermittlungen bekannt sind, beispielsweise aus Personal- und Strafakten oder allgemein zugänglichen Berichterstattungen, die sie sich aber nicht erst von anderen (Staatsschutz-)Behörden systematisch nach entsprechenden Erhebungen zutragen läßt. "Ermittlungen" der letztgenannten Art können nur Verhaltensweisen zutage fördern, die in die Ausbildungs- und Studienzeit eines jungen Menschen fallen, häufig Emotionen in Verbindung mit engagiertem Protest entspringen und Teil von Milieu- und Gruppenreaktionen sind, also sich wenig eignen als ein Element (von vielen), aus dem man einen Schluß auf die Persönlichkeit des zu Beurteilenden ziehen könnte; sie vergiften andererseits die politische Atmosphäre, irritieren nicht nur die Betroffenen in ihrem Vertrauen in die Demokratie, diskreditieren den freiheitlichen Staat, stehen außer Verhältnis zum "Ertrag" und bilden insofern eine Gefahr, als ihre Speicherung allzu leicht mißbraucht werden kann. Deshalb sind solche Ermittlungen und die Speicherung ihrer Ergebnisse für Zwecke der Einstellungsbehörden schwerlich vereinbar mit dem im Rechtsstaatsprinzip verankerten Gebot der Verältnismäßigkeit.

Die Entscheidungsfreiheit des Dienstherrn bei der Anwendung der beamtenrechtlichen Vorschriften, die die politische Treuepflicht des Beamten näher regeln, wird durch Art. 21 GG nicht eingeschränkt.

1. Art. 21 Abs. 2 GG behält die Entscheidung über die Verfassungsmäßigkeit oder Verfassungswidrigkeit einer politischen Partei dem Bundesverfassungsgericht vor. Eine Partei mag faktisch die freiheitliche demokratische Grundordnung bekämpfen oder auf die Gefährdung der Sicherheit des Staates ausgehen; sie kann mit dieser Argumentation zwar politisch bekämpft werden, kann aber an ihrer politischen Aktivität nicht rechtlich gehindert werden, solange sie nicht vom Bundesverfassungsgericht in dem dafür vorgesehenen besonderen Verfahren verboten worden ist. Das Urteil hat also konstitutive Bedeutung für ein Einschreiten gegen die Partei durch Polizei, Verwaltung und Gerichte (BVerfGE 5,85 (140); 12, 296 (304 f.)).

2. Daraus hat das Bundesverfassungsgericht folgenden Schluß gezogen:

Eine politische Partei kann nicht leben ohne Apparat und Funktionäre, die für sie arbeiten. Darf sie bis zum Verbot durch das Bundesverfassungsgericht "existieren", so bedeutet das, daß ihr Apparat und ihre Funktionäre ungestört und ungehindert agieren dürfen. Was hier von Verfassungs wegen "gestattet" wird, kann man nicht zu einem Tatbestand machen, an dem man nachträglich Rechtsnachteile (Sanktionen) knüpft. Deshalb war § 90a StGB - ein Organisationsdelikt -, soweit es sich auf politische Parteien bezogen hat, mit Art. 21 GG unvereinbar und nichtig (BVerfGE 12, 296 (305 ff.)). Aus dem gleichen Grund darf § 6 Abs. 1 Nr. 2 BEG nicht auf Personen angewandt werden, die nur als Funktionäre einer politischen Partei vor ihrem Verbot durch das Bundesverfassungsgericht deren Ziele mit allgemein erlaubten Mitteln vertreten haben (BVerfGE 13, 46 (52 f.); vgl. außerdem BVerfGE 13, 123 (126); 17, 155 ff.). Dagegen setzt die Anklage und Verurteilung eines Funktionärs einer politischen Partei wegen Hochverrats gemäß §§ 80, 81 StGB die Feststellung der Verfassungswidrigkeit dieser Partei auch dann nicht voraus, wenn er sich im Rahmen dessen gehalten hat, was die Partei erstrebt und propagiert (BVerfGE 9, 162 ff.).

Diese Rechtsprechung hat, wie sich aus dem Zusammenhang der Gründe ergibt, den normalen Status des politischen Aktivbürgers in der Gesellschaft vor Augen, nicht dagegen den Bürger in seiner besonderen rechtlichen Stellung als Beamten. Was er, der Beamte, darf, was er nicht darf und welche Folgerung der Dienstherr aus der ansonsten als parteioffizielle Tätigkeit eines Funktionärs und Anhängers einer Partei zu qualifizierenden Tätigkeit ziehen darf, ist überhaupt nicht Gegenstand der Erwägungen in den zitierten Entscheidungen.

3. Während demnach die Argumentation, die auf die Freiheit der Betätigung für eine politische Partei abzielt, ihre Grundlage in Art. 21 GG hat - also den Bürger bei seiner parteioffiziellen Tätigkeit von Sanktionen freistellt um des ungestörten und unbehinderten Funktionierens der Partei willen -, liegt die ratio des verfassungsrechtlichen Grundsatzes, daß dem Beamten gegenüber dem freiheitlichen demokratischen Staat, zu dem er in ein besonders enges Verhältnis getreten ist, eine politische Treuepflicht obliegt, in einem anderen rechtlichen Zusammenhang. Der Staat in seiner freiheitlichen demokratischen Verfaßtheit bedarf, wenn er sich nicht selbst in Frage stellen will, eines Beamtenkörpers, der für ihn und die geltende verfassungsmäßige Ordnung eintritt, in Krisen und Loyalitätskonflikten ihn verteidigt, indem er die ihm übertragenen Aufgaben getreu in Einklang mit dem Geist der Verfassung, mit den verfassungsrechtlichen Wertentscheidungen und Geboten und den geltenden Gesetzen erfüllt.

Die Verwirklichung dieser Verfassungsentscheidung in Art. 33 Abs. 5 GG steht nicht in Widerspruch mit Art. 21 Abs. 2 GG; Art. 33 Abs. 5 GG fordert vom Beamten das Eintreten für die verfassungsmäßige Ordnung, Art. 21 Abs. 2 GG läßt dagegen dem Bürger die Freiheit, diese verfassungsmäßige Ordnung abzulehnen und sie politisch zu bekämpfen, solange er es innerhalb einer Partei, die nicht verboten ist, mit allgemein erlaubten Mitteln tut. Die besonderen Pflichten des Beamten sind nicht aufgestellt in Ansehung der Interessen der politischen Partei, insbesondere nicht zur Behinderung ihrer politischen Aktivitäten, sondern in Ansehung der

Sicherung des Verfassungsstaates vor Gefahren aus dem Kreis seiner Beamten. Ihr besonderer Status, ihre Kompetenzen wären ohne das Erfordernis der politischen Treuepflicht des Beamten die ideale Plattform für Bestrebungen, die geltende Verfassungsordnung außerhalb des von der Verfassung gewiesenen Weges zu verändern und umzustürzen. Es geht nicht darum, daß der Beamte wegen seiner Zugehörigkeit zu einer politischen Partei benachteiligt wird. Die Frage ist vielmehr, ob der Beamte in seinem Amt die politische Treuepflicht verletzt oder nicht verletzt, und ob der Bewerber um ein Amt seiner Persönlichkeit nach die Gewähr bietet, jederzeit für die freiheitliche demokratische Grundordnung einzutreten. Das sind Fragen, die sie selbst durch ihr Verhalten beantworten. Ein Stück des Verhaltens, das für die hier geforderte Beurteilung der Persönlichkeit des Bewerbers erheblich sein kann, kann auch der Beitritt oder die Zugehörigkeit zu einer politischen Partei sein, die verfassungsfeindliche Ziele verfolgt, - unabhängig davon, ob ihre Verfassungswidrigkeit durch Urteil des Bundesverfassungsgerichts festgestellt ist oder nicht. Es wäre geradezu willkürlich, dieses Element der Beurteilung einer Persönlichkeit auszuscheiden, also den Dienstherrn zu zwingen, die Verfassungstreue eines Beamten zu bejahen, weil eine Entscheidung des Bundesverfassungsgerichts über die Verfassungswidrigkeit einer Partei aussteht - eine Entscheidung übrigens, die von einem Antrag abhängt, der weithin im Ermessen der Antragsteller steht und schwerlich nur deshalb gestellt werden wird, um Amtsbewerber ablehnen oder gegen Beamte wegen Verletzung ihrer politischen Treuepflicht dienststrafrechtlich einschreiten zu können.

Der Umstand, daß die dem Bundesverfassungsgericht vorbehaltene Entscheidung über die Verfassungswidrigkeit einer politischen Partei bisher nicht ergangen ist, hindert nicht, daß die Überzeugung gewonnen und vertreten werden darf, diese Partei verfolge verfassungsfeindliche Ziele und sei deshalb politisch zu bekämpfen. Eine Partei, die beispielsweise programmatisch die Diktatur des Proletariats propagiert oder das Mittel der Gewalt zum Umsturz der verfassungsmäßigen Ordnung bejaht, wenn es die Verhältnisse zulassen sollten, verfolgt verfassungsfeindliche Ziele, auch wenn die nach § 43 BVerfGG Antragsberechtigten es vorziehen, das Parteiverbotsverfahren nicht einzuleiten, weil die politische Auseinandersetzung mit ihr ausreicht oder wirkungsvoller die freiheitliche demokratische Ordnung im Sinne des Grundgesetzes zu schützen vermag als ein förmliches Parteiverbot. Deshalb ist es verfassungsrechtlich unbedenklich und von der politischen Verantwortung der Regierung gefordert, daß sie ihren jährlichen Bericht über die Entwicklung verfassungsfeindlicher Kräfte, Gruppen und Parteien dem Parlament und der Öffentlichkeit vorlegt. Soweit daraus für eine Partei faktische Nachteile (bei der Gewinnung von Mitgliedern oder Anhängern) entstehen, ist sie dagegen nicht durch Art. 21 GG geschützt. Dasselbe gilt für faktische nachteilige Auswirkungen, die sich mittelbar aus den dargelegten Schranken, die Art. 33 Abs. 5 GG für den Zugang zum Staatsdienst und für die Belastung im Staatsdienst aufrichtet, ergeben.

Die bisher dargelegte Rechtslage steht auch nicht in Widerspruch mit den Grundrechtsgarantien des Grundgesetzes:

1. Im Vordergrund steht hier das Grundrecht der Meinungsfreiheit (Art. 5 Abs. 1 und 2 GG).

a) Das Verhältnis von Meinungsfreiheit und Treupflicht der Beamten hat seine Geschichte. In der Weimarer Zeit wurde es zweimal aktuell - in den ersten Jahren der Weimarer Republik, als es kommunistische Aktivitäten und Gewalttaten rechtsradikaler Gruppen abzuwehren galt, und in den letzten Jahren, als die NSDAP aufkam und immer gefährlicher wurde.

Am 26. August 1921 wurde Erzberger ermordet, am 4. Juni 1922 mißglückte ein Mordanschlag auf Scheidemann, am 24. Juni 1922 wurde Rathenau ermordet. Unmittelbar darnach schlug die Reichsregierung dem Reichspräsidenten eine auf Art. 48 WRV gestützte Verordnung zum Schutz der Republik vor, die am 26. Juni 1922 erging. Gleichzeitig wurde im Reichstag das Gesetz zum Schutze der Republik beraten, das in dritter Lesung am 18. Juli 1922 mit 303 gegen 102 Stimmen, also mit verfassungsändernder Mehrheit, beschlossen und mit dem Datum des 21. Juli 1922 ausgefertigt wurde (RGBl. I S. 585). Am gleichen Tag erging neben einem Reichskriminalpolizeigesetz, einem Straffreiheitsgesetz und einem Gesetz über die Bereitstellung von Mitteln zum Schutze der Republik das Gesetz über die Pflichten der Beamten zum Schutze der Republik (RGBl. I S. 590). Dieses Gesetz fügte dem Reichsbeamtengesetz vom 17. Mai 1907 u. a. folgenden § 10a ein:

Der Reichsbeamte ist verpflichtet, in seiner amtlichen Tätigkeit für die verfassungsmäßige republikanische Staatsgewalt einzutreten.

Er hat alles zu unterlassen, was mit seiner Stellung als Beamter der Republik nicht zu vereinen ist. Insbesondere ist ihm untersagt:

1. sein Amt oder die ihm kraft seiner amtlichen Stellung zugänglichen Einrichtungen für Bestrebungen zur Änderung der verfassungsmäßigen republikanischen Staatsform zu mißbrauchen;

2. bei Ausübung der Amtstätigkeit oder unter Mißbrauch seiner amtlichen Stellung über die verfassungsmäßige republikanische Staatsform, die Reichsflagge oder über die verfassungsmäßigen Regierungen des Reichs oder eines Landes zur Bekundung der Mißachtung Äußerungen zu tun, die geeignet sind, sie in der öffentlichen Meinung herabzusetzen;

3. bei Ausübung der Amtstätigkeit oder unter Mißbrauch seiner amtlichen Stellung auf die ihm unterstellten oder zugewiesenen Beamten, Angestellten und Arbeiter, Zöglinge oder Schüler im Sinne mißachtender Herabsetzung der verfassungsmäßigen republikanischen Staatsform oder der verfassungsmäßigen Regierungen des Reichs oder eines Landes einzuwirken;

4. Handlungen nach Nr. 1 bis 3 bei dienstlich unterstellten Personen, sofern sie im Dienst begangen werden, zu dulden.

Dem Reichsbeamten ist weiterhin untersagt, in der Öffentlichkeit gehässig oder aufreizend die Bestrebungen zu fördern, die auf Wiederherstellung der Monarchie oder gegen den Bestand der Republik gerichtet sind, oder solche Bestrebungen durch Verleumdung, Beschimpfung oder Verächtlichmachung der Republik oder von Mitgliedern der im Amte befindlichen Regierung des Reichs oder eines Landes zu unterstützen.

Und 1930 beschloß das Preußische Staatsministerium:

Nach der Entwicklung, die die Nationalsozialistische Deutsche Arbeiterpartei und die Kommunistische Partei Deutschlands genommen haben, sind beide Parteien als Organisationen anzusehen, deren Ziel der gewaltsame Umsturz der bestehenden Staatsordnung ist. Ein Beamter, der an einer solchen Organisation teilnimmt, sich für sie betätigt oder sie sonst unterstützt, verletzt dadurch die aus seinem Beamtenverhältnis sich ergebende besondere Treuverpflichtung gegenüber dem Staate und macht sich eines Dienstvergehens schuldig. Allen Beamten ist demnach die Teilnahme an diesen Organisationen, die Betätigung für sie oder ihre sonstige Unterstützung verboten.

Das Staatsministerium bringt diese Auffassung der Beamtenschaft hiermit besonders zur Kenntnis und weist sie darauf hin, daß künftig gegen jeden unmittelbaren oder mittelbaren Staatsbeamten, der dem zuwiderhandelt, disziplinarisch eingeschritten wird.

Das Staatsministerium ordnet gleichzeitig an, daß die nachgeordneten Behörden über jeden Fall der Zuwiderhandlung dem zuständigen Fachminister zu berichten haben.

(u. a. veröffentlicht durch Allgemeinverfügung des

Preußischen Justizministers vom 9. Juli 1930 - I 10237 im Justizministerialblatt 1930, S. 220).

Die herrschende Meinung über das Verhältnis von Meinungsfreiheit und Treuepflicht der Beamten während der Geltung der Weimarer Verfassung gibt die Rechtsprechung des preußischen Oberverwaltungsgerichts wieder:

... steht dem Oberpräsident die Bestätigung der vom Kreistage gewählten Amtsvorsteher zu, ... (so) ist ihm unbenommen, bei der von ihm über die Bestätigung zu treffenden Entscheidung alle Umstände, welche gegen die Bestätigung der gewählten Persönlichkeit sprechen könnten, nach freiem pflichtgemäßen Ermessen zu berücksichtigen, namentlich auch in Erwägung zu ziehen, ob die Zugehörigkeit des Gewählten zu einer Partei, deren Ziel der gewaltsame Umsturz der Staatsordnung ist, die Besorgnis rechtfertigt, er werde während seiner Amtsführung für die Verwirklichung des Ziels seiner Partei tätig sein. Hat der Oberpräsident aber seine Bestätigung erteilt, so steht ihm eine Entscheidung über das Verbleiben des von ihm bestätigten Amtsvorstehers im Amte nicht mehr zu. Hierüber kann vielmehr nur im Disziplinarverfahren vom Disziplinarrichter entschieden werden, ... Im vorliegenden Falle ist den Angeschuldigten lediglich zur Last gelegt, Pflichten, die ihnen ihr Amt auferlegt, dadurch verletzt zu haben, daß sie sich zu der kommunistischen Partei bekennen. Der Umstand aber, daß ein Beamter sich zu einer politischen Partei bekennt, stellt für sich allein noch keine Verletzung der ihm durch sein Amt auferlegten Pflichten und ebensowenig ein unwürdiges Verhalten in oder außer dem Amte dar. ... Eine disziplinarische Bestrafung eines Beamten wegen eines bloßen Bekenntnisses zu einer politischen Partei (ist) jedenfalls ausgeschlossen. Ein Dienstvergehen, das zur Dienstentlassung führen könnte, würde ein Beamter erst dann begehen, wenn er die Erreichung des auf gewaltsamen Umsturz der bestehenden Staatsordnung gerichteten Zieles der Partei, zu der er sich bekennt, durch positive Handlungen zu fördern versuchte... (OVGE 77, 493 (494 f.)).

Ob als Betätigung für die Partei schon der bloße Beitritt zu derselben anzusehen ist, kann dahingestellt bleiben; denn der Angeschuldigte war unstreitig seit der Spaltung der unabhängigen Sozialdemokratischen Partei Deutschlands im Herbst 1920 nicht nur Mitglied, sondern auch erster Vorsitzender der Ortsgruppe K. der Vereinigten Kommunistischen Partei Deutschlands und ist über den Kreis des engeren Vereinslebens hinaus während der Unruhen in der Provinz Sachsen im März 1921 besonders für die Vereinigte Kommunistische Partei Deutschlands dadurch tätig geworden, daß er am 30. März 1921 früh morgens bei Beginn der Arbeit in der Grube G., auf der er als Dreher beschäftigt war, die an sich arbeitswilligen Arbeiter verleitet hat, in den Generalstreik einzutreten, der, wie auf Grund der amtlichen Ermittlungen des Preußischen Ministers des Innern festgestellt ist, zur Herbeiführung des gewaltsamen Umsturzes der bestehenden staatlichen Ordnung ausgerufen war. (OVGE 78, 445 (446)).

(Es) ist daran festzuhalten, daß die unmittelbare Beteiligung an Handlungen, die politische Parteiziele auf ungesetzlichem Wege zu verwirklichen suchen, mit der Bekleidung eines öffentlichen Amtes unvereinbar ist. ... (Es) sind zahlreiche Stufen politischer Betätigung denkbar, die über das bloße Bekenntnis zu einer Partei hinausgehen, ohne eine unmittelbare Teilnahme an gesetzwidrigen Handlungen darzustellen, vom Beitritte zur Partei und der üblichen Beitragszahlung bis zur agitatorischen Wirksamkeit und leitenden Parteistellung. Wieweit solches Verhalten zu Gunsten einer Partei, die auf den gewaltsamen Umsturz der bestehenden Staatsordnung hinarbeitet, gegen die Amtspflichten oder die einem Beamten außerdienstlich zu stellenden Anforderungen verstößt, bedarf im Einzelfalle der Entscheidung, ebenso wie bei zahlreichen anderen Verstößen eines Beamten im Einzelfalle die Grenze der disziplinaren Strafbarkeit festzustellen ist, z. B. bei Ungehorsam, Achtungsverletzung, sittlich anstößigem Lebenswandel und dgl. (OVGE 78, 448 (455)).

Das Arbeitsverhältnis eines Beamten, sofern dieser Ausdruck überhaupt anwendbar erscheint, erfaßt ... nicht nur den Dienst des Beamten, sondern die gesamte Persönlichkeit, so daß also das gesamte Verhalten in und außer dem Amte mit diesem Arbeitsverhältnisse in Beziehung gesetzt wird. Der Beamte bewegt sich dauernd innerhalb seines Arbeitsverhältnisses, so daß also die Verfassungsbestimmung, nach welcher kein Arbeitsverhältnis die freie Meinungsäußerung hindern darf, auf den Beamten nur insoweit Anwendung finden kann, als diese Äußerungen innerhalb der Schranken bleiben, die durch das Beamtenverhältnis gezogen sind. (OVGE 77, 512 (518 f.)).

Danach schränkten die besonderen Pflichten aus dem Beamtenverhältnis die Meinungsfreiheit ein. Die bloße politische Gesinnung und ihr Bekenntnis allein - auch wenn es sich auf eine verfassungsfeindliche politische Partei und ihr Programm bezog - stellte keine disziplinär zu ahndende Pflichtverletzung dar. Eine in der "Äußerung" zum Ausdruck kommende Unterstützung der verfassungsfeindlichen Partei war aber sehr wohl eine Pflichtverletzung (Anschütz, Weimarer Reichsverfassung 1933, Anm. 1 bis 3 zu Art. 130; Häntzschel in Anschütz-Thoma, Handbuch des Deutschen Staatsrechts, 2. Bd.

"Das Recht der freien Meinungsäußerung" S. 670 f.; vgl. auch Häntzschel und Berner in Reichsverwaltungsblatt und Preußisches Verwaltungsblatt 1930, S. 509 ff., 667 ff.).

Unter der Geltung des Grundgesetzes wurde dieselbe Frage zum ersten Mal 1950 aktuell: Damals galt § 3 Abs. 2 des Deutschen Beamtengesetzes in der Bundesfassung vom 17. Mai 1950: "Die im Dienste des Bundes stehenden Personen müssen sich durch ihr gesamtes Verhalten zur demokratischen Staatsauffassung bekennen". Die Bundesregierung faßte dazu folgenden Beschluß vom 19. September 1950:

Die Gegner der Bundesrepublik verstärken ihre Bemühungen, die freiheitliche demokratische Grundordnung zu untergraben. Jede Teilnahme an solchen Bestrebungen ist unvereinbar mit den Pflichten des öffentlichen Dienstes. Alle in unmittelbarem oder mittelbarem Bundesdienst stehenden Personen haben sich gemäß § 3 des vorläufigen Bundespersonalgesetzes durch ihr gesamtes Verhalten zur demokratischen Staatsordnung zu bekennen. Wer als Beamter, Angestellter oder Arbeiter im Bundesdienst an Organisationen oder Bestrebungen gegen die freiheitlich demokratische Staatsordnung teilnimmt, sich für sie betätigt oder sie sonst unterstützt, wer insbesondere im Auftrage oder im Sinne der auf Gewalthandlungen abzielenden Beschlüsse des 3. Parteitages der kommunistischen SED und des sogenannten "Nationalkongresses" wirkt, macht sich einer schweren Pflichtverletzung schuldig.

Zu den Organisationen, deren Unterstützung mit den Dienstpflichten unvereinbar sind, gehören insbesondere: 1. - 13. ...

Die Bundesregierung ersucht die Dienstvorgesetzten, gegen Beamte, Angestellte und Arbeiter, die ihre Treuepflicht gegenüber der Bundesrepublik durch Teilnahme an solchen Organisationen oder Bestrebungen verletzen, die erforderlichen Maßnahmen zu ergreifen. Gegen Schuldige ist unnachsichtig die sofortige Entfernung aus dem Bundesdienst, und zwar bei Beamten auf Lebenszeit durch Einleitung eines förmlichen Dienststrafverfahrens unter gleichzeitiger vorläufiger Dienstenthebung und Gehaltseinbehaltung, bei Beamten auf Widerruf durch Widerruf, bei Angestellten und Arbeitern durch fristlose Kündigung herbeizuführen.

Die Bundesregierung empfiehlt den Landesregierungen, sofort entsprechende Maßnahmen zu treffen.

(vgl. dazu H. Jellinek u. a., Grewe, Scheuner in Deutscher Bund für Bürgerrechte, Frankfurt/M., Politische Treupflicht im öffentlichen Dienst, 1951, S. 9 ff., 35 ff., 65 ff.).

Am 28. Januar 1972 einigten sich Bund und Länder auf folgenden Beschluß des Bundeskanzlers und der Regierungschefs der Länder:

Nach den Beamtengesetzen von Bund und Ländern und den für Angestellte und Arbeiter entsprechend geltenden Bestimmungen sind die Angehörigen des Öffentlichen Dienstes verpflichtet, sich zur freiheitlich-demokratischen Grundordnung im Sinne des Grundgesetzes positiv zu bekennen und für deren Erhaltung einzutreten. Verfassungsfeindliche Bestrebungen stellen eine Verletzung dieser Verpflichtung dar. Die Mitgliedschaft von Angehörigen des Öffentlichen Dienstes in Parteien oder Organisationen, die die verfassungsmäßige Ordnung bekämpfen - wie auch die sonstige Förderung solcher Parteien und Organisationen -, wird daher in aller Regel zu einem Loyalitätskonflikt führen. Führt das zu einem Pflichtverstoß, so ist im Einzelfall zu entscheiden, welche Maßnahmen der Dienstherr ergreift.

Die Einstellung in den Öffentlichen Dienst setzt nach den genannten Bestimmungen voraus, daß der Bewerber die Gewähr dafür bietet, daß er jederzeit für die freiheitlich-demokratische Grundordnung im Sinne des Grundgesetzes eintritt. Bestehen hieran begründete Zweifel, so rechtfertigen diese in der Regel eine Ablehnung.

(vgl. Bulletin Nr. 15 vom 3. Februar 1972, S. 142).

Die Anwendung des Beschlusses blieb bisher umstritten; die Absicht, ihn durch eine gesetzliche Regelung zu ersetzen, ist noch nicht verwirklicht.

b) Nach dem Verfassungsrecht der Bundesrepublik Deutschland gilt: Der Beamte genießt Grundrechtsschutz. Er steht zwar "im Staat" und ist deshalb mit besonderen Pflichten belastet, die ihm dem Staat gegenüber obliegen, er ist aber zugleich Bürger, der seine Grundrechte gegen den Staat geltend machen kann. In ihm stoßen sich also zwei Grundentscheidungen des Grundgesetzes: Die Garantie eines für den Staat unentbehrlichen, ihn tragenden, verläßlichen, die freiheitliche demokratische Grundordnung bejahenden Beamtenkörpers - Teil der "fixierten Verfassungssubstanz" im Sinne von Lerche (vgl. Bettermann-Nipperdey-Scheuner, Die Grundrechte, Bd. 4, 1. Halbband, S. 474) - und die Garantie der individuellen Freiheitsrechte, hier insbesondere des Grundrechts der freien Meinungsäußerung. Der notwendige Ausgleich ist so zu suchen, daß die für die Erhaltung eines intakten Beamtentums unerläßlich zu fordernden Pflichten des Beamten die Wahrnehmung von Grundrechten durch den Beamten einschränken. Die Konkretisierung dieser Regel auf alle vorstellbaren Fälle der Ausübung eines Grundrechts braucht hier nicht dargelegt zu werden. Es genügt die Konkretisierung jener

Regel auf den Fall von politischen "Äußerungen", die unverträglich sind mit der Pflicht des Beamten, wie sie oben dargelegt ist. Jedes Verhalten, das als politische Meinungsäußerung gewertet werden kann, ist danach nur dann verfassungsrechtlich durch Art. 5 GG gedeckt, wenn es nicht unvereinbar ist mit der in Art. 33 Abs. 5 GG geforderten politischen Treuepflicht des Beamten. Im konkreten Fall ist dann die Vereinbarkeit oder Unvereinbarkeit der Äußerung mit der politischen Treuepflicht des Beamten nach dem Grundsatz, daß rechtlich begründete Grenzen des Art. 5 GG im Lichte des durch sie begrenzten Grundrechts auszulegen sind, zu entscheiden (BVerfGE 7, 198 (208 ff.); 20, 162 (177); 21, 271 (281)). In diesem Sinne sind die durch Art. 33 Abs. 5 GG gedeckten Regelungen des Beamten- und Disziplinarrechts allgemeine Gesetze nach Art. 5 Abs. 2 GG.

2. Entsprechendes gilt nicht nur für das Grundrecht des Art. 2 Abs. 1 GG, sondern auch für das Grundrecht des Art. 8 Abs. 1 und des Art. 9 Abs. 1 GG, bei denen zwar ein ausdrücklicher Gesetzesvorbehalt fehlt, denen aber eine "immanente Schranke" (BVerfGE 3, 248 (253); 20, 351 (355 f.); 21, 92 (93); 24, 367 (396)) innewohnt: "Der Einzelne muß sich diejenigen Schranken seiner Handlungsfreiheit gefallen lassen, die der Gesetzgeber zur Pflege und Förderung des sozialen Zusammenlebens in den Grenzen des bei dem gegebenen Sachverhalt allgemein Zumutbaren zieht, vorausgesetzt, daß dabei die Eigenständigkeit der Person gewahrt bleibt" (BVerfGE 4, 7 (16); 33, 303 (334)).

3. Nach Art. 3 Abs. 3 GG darf niemand u. a. "wegen seiner politischen Anschauungen benachteiligt oder bevorzugt werden". Dadurch ist der allgemeine Gleichheitssatz des Art. 3 Abs. 1 GG formalisiert und die politische Anschauung als Anknüpfungspunkt für eine Diskriminierung oder Privilegierung verboten. Dies relativiert jedoch nicht die im Beamtenverhältnis wurzelnde Treuepflicht des Beamten und die aus ihr zu ziehenden Folgen:

Zunächst geht es nicht an, das Verbot in Art. 3 Abs. 3 GG nicht nur auf das bloße "Haben" einer politischen Überzeugung, sondern auch auf das Äußern und Betätigen dieser politischen Anschauung zu beziehen; denn Äußern und Betätigen einer politischen Überzeugung fällt eindeutig unter besondere Grundrechte, nämlich die einzelnen Freiheitsrechte, die ein Handeln umhegen (also Art. 2 Abs. 1, 4, 5, 8, 9 GG). Diese haben eigene Umschreibungen ihrer Schranken, die nicht aufrecht erhalten und vom Gesetzgeber realisiert werden könnten, wenn Art. 3 Abs. 3 GG im Wege stünde.

Davon abgesehen gilt jenes formalisierte Verbot des Art. 3 Abs. 3 GG nicht absolut. Es sollte auf der Hand liegen, daß es nicht unzulässig sein kann, bei der Verwendung eines Lehrers an einer konfessionellen Schule auf dessen Bekenntnis abzustellen oder bei der Berufung des Leiters einer Mädchenschule einer weiblichen Direktorin den Vorzug zu geben oder einen Deutschen deshalb nicht anzustellen, weil er im Ausland aufwuchs und nicht der deutschen Sprache mächtig ist. Man kann diese Grenzen damit begründen, daß Art. 3 Abs. 3 GG ("wegen") nur die "bezweckte" Benachteiligung oder Bevorzugung verbietet, nicht aber einen Nachteil oder einen Vorteil, der die Folge einer ganz anders intendierten Regelung ist (z. B. Regelung zum Schutz der werdenden Mutter oder zum Schutz der verfassungsmäßgen Ordnung usw.), oder kurz mit dem Rückgriff auf "die Natur der Sache" (vgl. BVerfGE 7, 155 (170)).

Schließlich darf eine Verfassungsvorschrift nicht isoliert ausgelegt werden; sie muß vielmehr aus dem Kontext der Verfassung heraus ausgelegt werden (BVerfGE 19, 206 (220); 30, 1 (19); 33, 23 (29)). In diesen Zusammenhang gestellt ist es schlechterdings ausgeschlossen, daß dieselbe Verfassung, die die Bundesrepublik Deutschland aus der bitteren Erfahrung mit dem Schicksal der Weimarer Demokratie als eine streitbare, wehrhafte Demokratie konstituiert hat, diesen Staat mit Hilfe des Art. 3 Abs. 3 GG seinen Feinden auszuliefern geboten hat (vgl. BVerfGE 30, 1 (20); 28, 36 (49); 13, 46 (49)).

4. Nach der feststehenden Rechtsprechung des Gerichts ist der Begriff "Beruf" in Art 12 GG weit auszulegen; er umfaßt auch den Beruf im öffentlichen Dienst (BVerfGE 7, 377 (397 f.); 11, 30 (39); 16, 6 (21 f.); 17, 371 (377)). Daran ist festzuhalten.

a) Allerdings erfährt Art. 12 GG sowohl hinsichtlich der darin garantierten Berufswahl als auch hinsichtlich der Berufsausübung Einschränkungen aus Art. 33 Abs. 5 GG.
(...)

b) Das Erfordernis für die Zulassung zum öffentlichen Dienst als Beamter (Gewähr, daß er jederzeit für die freiheitliche demokratische Grundordnung eintritt) gehört zu den subjektiven Zulassungsvoraussetzungen; es steht bei der Person des Bewerbers (hängt in diesem Sinne nur von ihm ab), ob er diese Voraussetzung erfüllen will und erfüllt oder nicht. Für das Zulassungserfordernis "Gewähr für Verfassungstreue" sprechen, wie oben ausführlich dargelegt, zwingende Gründe des Gemeinwohls. Der Staat, der sich nicht selbst aufgeben will, mindestens nicht seine Funktionsfähigkeit, soweit sie vom Beamtenkörper abhängt, in Gefahr bringen will, muß sicherstellen, daß in den Beamtenapparat nicht Verfassungsfeinde eindringen. Diese für

ihn wichtige Sicherung kann nicht voll durch das mildere Mittel erreicht werden, auf die Zulassungsvoraussetzung zu verzichten und sich mit der Möglichkeit der Entfernung aus dem Dienst im Falle der Verletzung der politischen Treuepflicht auf Grund eines Urteils des Disziplinargerichts zu begnügen. Deshalb steht es nicht in Widerspruch zu Art. 12 GG, wenn der hergebrachte Grundsatz des Berufsbeamtentums im Beamtenrecht verwirklicht wird, vom Bewerber für ein Amt zu verlangen, daß er die Gewähr bietet, jederzeit für die freiheitliche demokratische Grundordnung einzutreten, und dem Beamten gegenüber die Verletzung der politischen Treuepflicht dienststrafrechtlich mit der Entfernung aus dem Dienst zu ahnden. Das politische Schlag- und Reizwort vom "Berufsverbot" für Radikale ist völlig fehl am Platz und soll offensichtlich nur politische Emotionen wecken. Die Verfassung und die sie konkretisierende Regelung des Beamtenrechts statuiert kein Berufsverbot. Sie stellen nur eine legitime Zulassungsvoraussetzung auf, die zum Schutze der freiheitlichen demokratischen Grundordnung nötig ist und von jedem, der den Staatsdienst anstrebt, erfüllt werden kann, wenn er will. Wer dem Staate dienen will, darf nicht gegen den Staat und seine Verfassungsordnung aufbegehren und anrennen wollen.
(...)

Der juristische Vorbereitungsdienst ist nicht nur für Anwärter auf den Staatsdienst im Beamtenverhältnis eingerichtet; seine Ableistung wird auch gesetzlich gefordert für bestimmte Berufe außerhalb des Staatsdienstes (z. B. Rechtsanwalt oder Notar, die die "Befähigung zum Richteramt" besitzen müssen), oder gehört wenigstens in den Augen der Gesellschaft und der freien Wirtschaft für gewisse Berufe zu einer "abgeschlossenen Berufsausbildung" (Leiter der Rechtsabteilung eines Privatunternehmens, juristischer Mitarbeiter in einem privatwirtschaftlichen Verband oder einer sonstigen nichtstaatlichen Organisation).
(...)

Es ist also nicht zu beanstanden, daß vom juristischen Vorbereitungsdienst, der im Beamtenverhältnis abzuleisten ist, ein Bewerber ausgeschlossen werden kann, wenn er nicht die Gewähr bietet, jederzeit für die freiheitliche demokratische Grundordnung einzutreten. Verfassungsrechtlich zu beanstanden ist dagegen, daß das Land einen Vorbereitungsdienst, der auch die Voraussetzung für den Zugang zu einem Beruf außerhalb des Staatsdienstes ist, nicht auch in der Form anbietet, daß der Anwärter ihn ohne Berufung in das Beamtenverhältnis ableisten und damit die Hürde des Beamtenrechts überwinden kann. Die Verfassungswidrigkeit besteht also in einer Unterlassung, nämlich in der Unterlassung einer Ergänzung der Regelung, die bisher nur den Vorbereitungsdienst kennt, der im Beamtenverhältnis abgeleistet werden muß. Daraus die notwendigen Folgerungen zu ziehen, ist Sache des Landesgesetzgebers.

Diese Entscheidung ist im Ergebnis einstimmig ergangen.

(gez.) Seuffert　Dr. v. Schlabrendorff　Dr. Rupp
Dr. Geiger　Hirsch　Dr. Rinck

Dr. Rottmann　Wand

Studientexte

DIETER HÖMIG

Verfassungsrechtsprechung und Verfassungsänderungen

Ursprünglich nur für eine Übergangszeit gedacht, hat das Grundgesetz für die Bundesrepublik Deutschland die Weimarer Reichsverfassung an Lebensjahren inzwischen schon weit übertroffen. Für die Entwicklung, die es seit seiner Verkündung am 23. Mai 1949 genommen hat, waren in erster Linie Gesetzgebung und Rechtsprechung bestimmend. Auf der einen Seite stehen 34 Bundesgesetze mit verfassungsänderndem Inhalt. Auf der anderen Seite war es vor allem das Bundesverfassungsgericht, das mit den Mitteln der Verfassungsinterpretation das Bild des Grundgesetzes massgeblich mitgeformt hat.

1. Verfassungsentwicklung und Verfassungsrechtsprechung

In der letzteren Hinsicht dokumentiert sich der Beitrag zur Fortbildung des Verfassungsrechts in mittlerweile mehr als 50 Bänden verfassungsgerichtlicher Entscheidungen. Sie haben der Ausfaltung und Verdichtung der Grundrechte im Verhältnis des Bürgers zum Staat ebenso gegolten wie der Präzisierung und inhaltlichen Ausfüllung der verfassungsrechtlichen Grundentscheidungen in den staatsorganisatorischen Teilen des Grundgesetzes.

Die Rechtsprechung im Bereich der Staatorganisation

So hat das Bundesverfassungsgericht wiederholt klargestellt, dass es sich bei der Wiedervereinigung Deutschlands nicht nur um ein politisches Ziel, sondern auch um ein verfassungsrechtliches Gebot handelt. Besonders ist hier sein Urteil vom 31. Juli 1973 zum Grundlagenvertrag mit der DDR zu nennen, das zusammen mit dem Beschluß vom 7. Juli 1975 zu den sogenannten Ostverträgen den verfassungsrechtlichen Rahmen für die Deutschland- und Ostpolitik der Bundesrepublik Deutschland aufgezeigt hat.

Den verschiedenen Facetten des Demokratieprinzips hat sich das Bundesverfassungsgereicht vor allem unter drei Gesichtspunkten gewidmet. Mit der Hervorbringung der Staatsorgane durch den Prozeß der politischen Willensbildung des Volkes befassen sich die Urteile vom 19. Juli 1966 und 2. März 1977 zur Parteifinanzierung und zur staatlichen Öffentlichkeitsarbeit in Bund und Ländern. Danach muß sich dieser Prozeß "staatsfrei" vollziehen. Mit diesem Grundsatz wäre nach Auffassung des Gerichts die Gewährung öffentlicher Mittel für die gesamte politische Tätigkeit der Parteien ebenso unvereinbar wie eine Öffentlichkeitsarbeit des Staates, die zugunsten oder zu Lasten einer politischen Partei in den Wahlkampf einwirkt. - Nach ihrer Kreation wird das wechselseitige Verhältnis der staatlichen Gewalten vor allem durch das Prinzip der Gewaltenteilung bestimmt. das - so das Bundesverfassungsgericht - "einen der wesentlichen Grundsätze der freiheitlichen Demokratie darstellt". Die Intention dieses zugleich der Verwirklichung des Rechtsstaates dienenden Prinzips ist nicht, wie das Gericht immer wieder bekräftigt hat, auf absolute Gewaltentrennung gerichtet. Ihm geht es vielmehr primär um Mäßigung der Staatsherrschaft durch gegenseitige Kontrolle. Das klassische Kontrollrecht des Parlaments gegenüber der Regierung ist dabei das Recht zur Mittelbewilligung, das sogenannte Budgetrecht. Seine Ausprägung im Grundgesetz im Verhältnis zu den Haushaltsbefugnissen der Bundesregierung und des Bundesministers der Finanzen hat das Bundesverfassungsgericht in seinem Urteil vom 25. Mai 1977 näher bestimmt und verdeutlicht. - Dem Prinzip der abwehrbereiten Demokratie schließlich haben die Urteile vom 23. Oktober 1952 und 17. August 1956, in denen die Verfassungswidrigkeit von SRP und KPD festgestellt wurde, und der Beschluss vom 22. Mai 1975 zum Erfordernis der Verfassungstreuegewähr der öffentlichen Bediensteten gegolten. Sie haben für die politische und verfassungsrechtliche Auseinandersetzung mit den Gegnern der freiheitlichen demokratischen Grundordnung des Grundgesetzes Eckwerte gesetzt, deren Aktualität ungebrochen ist.

Besonders umfangreich ist die Rechtsprechung zum Rechtsstaatsprinzip, aus dem das Bundesverfassungsgericht eine Reihe konkreter, vor allem für den Gesetzgeber bedeutsamer Leitgedanken entwickelt hat. Dazu gehören etwa die Forderung nach materialer Gerechtigkeit, die Grundsätze der Normenklarheit, der Verhältnismässigkeit und des Übermassverbotes, aber auch das Gebot der Rechtssicherheit, die für den Bürger in erster Linie Vertrauensschutz bedeutet. Diese inzwischen schon klassischen rechtsstaatlichen Maximen hat das Gericht in jüngerer Zeit um die Verpflichtung des Gesetzgebers ergänzt, alle für den Bürger wesentlichen Fragen zumindest in den Grundzügen selbst zu regeln und nicht der Entscheidung durch die Exekutive zu überlassen. Im Kalkar-Beschluß vom 8. August 1978 hat die dazu ergangene Rechtsprechung, die den Grundsatz des Vorbehalts des Gesetzes nicht zuletzt auch mit Rücksicht auf seine demokratische Komponente Schritt um Schritt ausgedehnt hat, ihren einstweiligen Abschluss gefunden.

Zurückhaltender war die Rechtsprechung zum Prinzip der Sozialstaatlichkeit. Zwar hat das Bundesverfassungsgericht hieraus die Verpflichtung des Staates abgeleitet, für einen Ausgleich der sozialen Gegensätze und damit für eine gerechte Sozialordnung zu sorgen, insbesondere die Mindestvoraussetzungen für ein menschenwürdiges Dasein aller Staatsbürger su sichern. Doch hat es dabei stets die Gestaltungsfreiheit des Gesetzgebers betont, die ihm zur Erreichung dieser Ziele geeignet erscheinenden Wege zu bestimmen. Das Bekenntnis des Grundgesetzes zum Sozialstaat bedeutet also nicht, dass der Staat von Verfassungs wegen bereits auf bestimmte sozialpolitische Einzelmassnahmen festgelegt wäre.

In föderativer Hinsicht schliesslich, im Blick auf die bundesstaatliche Ordnung des Grundgesetzes, hat das Bundesverfassungsgericht in einer Vielzahl von Entscheidungen Zweifelsfragen zur Abgrenzung der Gesetzgebungs- und Verwaltungszuständigkeiten von Bund und Ländern geklärt. Das Fernsehurteil vom 28. Februar 1961 sei hier als ein besonders wichtiger Markstein genannt. Es ist zugleich Glied einer Kette von Erkenntnissen, die zum Verfassungsgrundsatz der Bundestreue ergangen sind. Ihm geht es ebenso um Integration der föderativen Gewalten wie den Vorschriften des Grundgesetzes, in denen die Mitwirkung der Länder bei der Gesetzgebung und Verwaltung des Bundes geregelt ist. Insoweit hat vor allem die sogenannte Bundesratsentscheidung vom 25. Juni 1974 klärend gewirkt, in der die Befugnis des Bundesrates, in den im Grundgesetz aufgeführten Ausnahmefällen durch Ausübung seines Zustimmungsrechtes bestimmenden Einfluss auf die Bundesgesetzgebung zu nehmen, präzisiert und begrenzt wurde.

Die Rechtsprechung zu den Grundrechten

Für das verfassungsrechtliche Klima in der Bundesrepublik Deutschland bedeutsamer noch als diese Judikatur zu den staatsorganisatorischen Regelungen der Verfassung waren vielfach die Entscheidungen, die Inhalt und Reichweite der Grundrechte näher bestimmt haben. Zum Recht auf freie Entfaltung der Persönlichkeit, das dem Bürger einen umfassenden Persönlichkeitsschutz garantiert,und zum allgemeinen Gleichheitssatz, vom Bundesverfassungsgericht als Willkürverbot verstanden, liegt inzwischen ein Netz sich gegenseitig ergänzender Erkenntnisse vor. Dass Freiheit der Meinungsäusserung, Informations-, Presse- und Rundfunkfreiheit für die freiheitliche demokratische Staatsordnung "schlechthin konstituierend" sind, hat das Gericht ebenso kontinuierlich unterstrichen. Die Auslegung dieser "Kommunikationsgrundrechte" ist dementsprechend weit ausgefallen. Dagegen garantiert die Koalitionsfreiheit, wie das Bundesverfassungsgericht auch im Mitbestimmungsurteil vom 1. März 1979 wieder bekräftigt hat, nur einen Kernbereich der Koalitionsbetätigung. Das Grundrecht der Berufsfreiheit schützt sowohl die freie Berufswahl als auch die freie Berufsausübung, bindet indessen den Staat, wie seit dem Apothekenurteil vom 11. Juni 1958 klargestellt ist, bei Eingriffen in die Berufswahlfreiheit an wesentliche strengere Voraussetzungen als bei Regelungen, die nur die Berufsübung berühren. Zunächst eher zurückhaltend, dann aber bestimmt und ausgreifend war endlich die Rechtsprechung zum Eigentumsgrundrecht. Vorläufiger Schlusspunkt ist das Urteil vom 28. Februar 1980 zur Verfassungsmäßigkeit des Versorgungsausgleichs, durch welches Versichertenrenten und Rentenanwartschaften aus den gesetzlichen Rentenversicherungen in den Gewährleistungsbereich der Eigentumsgarantie einbezogen wurden.

Überlagert und durchdrungen wird diese Konkretisierung des Schutzumfangs einzelner Freiheitsrechte durch die Rechtsprechung zum allgemeinen Wesen der Grundrechte. Hierzu hat das Bundesverfassungsgericht zwar festgestellt, die Grundrechte seien "in erster Linie Abwehrrechte des Bürgers gegen den Staat". Abgelehnt wird deshalb die unmittelbare Grundrechtsgeltung im Privatrechtsverkehr der Bürger untereinander. Mittelbar wirken die Grundrechte aber auch in dieser Dimension. Das Gericht hat dies damit erklärt, dass die Grundrechte auch als Ausdruck einer objektiven Wertordnung zu verstehen sind, die für alle Bereiche des Rechts Geltung beansprucht. Ob sie dem Bürger darüber hinaus - generell oder in einzelnen Hinsichten - auch das einklagbare Recht auf Teilhabe an staatlichen Leistungen gewährleisten, ist demgegenüber noch nicht abschließend geklärt. Mit Recht hat sich das Bundesverfassungsgericht hierzu im numerus clausus-Urteil vom 18. Juli 1972 nur zögernd geäußert. Gleichwohl hat es schon kurze Zeit später, im Hochschulurteil vom 29. Mai 1973 entschieden, dass die Freiheit von Wissenschaft, Forschung und Lehre den Staat auch verpflichte, "funktionsfähige Institutionen für einen freien Wissenschaftsbetrieb zur Verfügung zu stellen". Noch weiter geht schließlich das am 25. Februar 1975 verkündete Urteil zum § 218 StGB, in welchem aus dem Grundrecht auf Leben die Verpflichtung des Gesetzgebers abgeleitet wurde, zum Schutz des werdenden Lebens äußerstenfalls auch das Mittel des Strafrechts einzusetzen.

So skeptische diese Rechtsprechung zum "materiellen" Teilhabeaspekt der Grundrechte überwiegend aufgenommen wurde, so positiv war umgekehrt die Resonanz, die das Bestreben des Bundesverfassungsgerichts gefunden hat, die Grundrechte im Sinne "formeller" Teilhabe zu aktivieren, das heisst dem Bürger überall dort, wo in behördlichen und gerichtlichen Verfahren Grundrechtsverletzungen drohen, ein Recht auf Verfahrensbeteiligung zu sichern. Der Mülheim-Kärlich-Beschluss vom 20. Dezember 1979 hat dieses Bemühen besonders deutlich sichtbar gemacht.

2. Verfassungsentwicklung durch Verfassungsänderungen

Prinzipiell ist es dieser Rechtsprechung trotz gelegentlicher Tendenz zur verfassungsrechtlichen Versteinerung gelungen, das Grundgesetz durch Interpretation und Konkretisierung offen zu halten für die Anpassung an neue Entwicklungen in Staat und Gesellschaft. Soweit hierfür die Mittel der Verfassungsauslegung nicht ausreichten, war es Aufgabe des verfassungsändernden Gesetzgebers, die Übereinstimmung von Verfassung und Verfassungswirklichkeit zu gewährleisten. Er war zur Fortentwicklung des Grundgesetzes vor allem dort aufgerufen, wo die besondere Situation der Nachkriegsjahre, wo nicht zuletzt auch der beschränkende Einfluss der ehemaligen Besatzungsmächte dem Erlass einer modernen "Vollverfassung" nocht entgegenstand.

Vom Streitkräfteverbot zur Wehrverfassung

Dies war zunächst auf dem Gebiet des Wehrwesens der Fall. Durch die Kontrollratsproklamation Nr. 2 vom 20. September 1945 war dem deutschen Volk jede militärische Betätigung untersagt. Demgemäss beschränkte sich das Grundgesetz in seiner ursprünglichen Fassung auf die gewissermassen vorsorgliche Feststellung: "Niemand darf gegen sein Gewissen zum Kriegsdienst mit der Waffe gezwungen werden."

Diese wehrrechtliche Abstinenz war allerdings nur von verhältnismässig kurzer Dauer. Die aussenpolitische Entwicklung seit Beginn der fünfziger Jahre (Korea-Krise. Vertrag über die Gründung der Europäischen Verteidigungsgemeinschaft) führte alsbald zur Aufhebung des Streitkräfteverbots und innenpolitisch im "Kampf um den Wehrbeitrag" zur kontroversen Diskussion darüber, ob die Wehrgewalt der ausdrücklichen Verankerung in der Verfassung bedürfe oder sich ungeschrieben schon aus dem jedem Staat eigenen Selbstverteidigungsrecht ergebe. Mit dem Inkrafttreten des 4. Gesetzes zur Ergänzung des Grundgesetzes vom 26. März 1954 war diese Auseinandersetzung praktisch gegenstandslos geworden. "Zur Klarstellung von Zweifeln über die Auslegung des Grundgesetzes" ergangen (so die Eingangsworte des Gesetzes), erstreckte es die Befugnis des Bundes zur ausschließlichen Gesetzgebung auf "die Verteidigung einschließlich der Wehrpflicht für Männer vom vollendeten achtzehnten Lebensjahr an und des Schutzes der Zivilbevölkerung".

Eine komplette Wehrverfassung war damit noch nicht geschaffen. Sie wurde - durch das 7. Ergänzungsgesetz vom 19. März 1956 - in das Grundgesetz erst eingefügt, als nach dem Beitritt der Bundesrepublik Deutschland zu den Pariser Verträgen vom 23. Oktober 1954 die Notwendigkeit, eigene Streitkräfte aufzustellen, endgültig geworden war. Bestimmend war dabei das Bemühen, die Bundeswehr ohne Schwächung ihrer Verwendungsfähigkeit so weit wie möglich in das "normale" Verfassungsgefüge zu integrieren. Dieses Ziel erreichte man im wesentlichen auf drei Wegen: Einmal wurde, zusätzlich abgesichert durch die neu geschaffene Institution des Wehrbeauftragten des Bundestages als parlamentarischem "Hüter der Grundrechte im Bereich der Bundeswehr" (C.H. Ule), die Schrankenfunktion der Grundrechte auf die Wehrgewalt erstreckt, zugleich aber sichergestellt, dass bestimmte Grundrechte für die Angehörigen der Streitkräfte und des (für Kriegsdienstverweigerer erstmals vorgesehenen) Ersatzdienstes gesetzlich besonders eingeschränkt werden können. Ausserdem wurde die Bundeswehr in die Mechanismen und Sicherungen des parlamentarischen Regierungssystems in der Weise eingebunden, dass die militärische Befehls- und Kommandogewalt einem Mitglied der parlamentarisch verantwortlichen Regierung (im Frieden dem Bundesminister der Verteidigung für den Verteidigungsfall dem Bundeskanzler) übertragen, die Festlegung von Stärke und organisatorischer Grundstruktur der Streitkräfte dem Haushaltsgesetzgeber vorbehalten und für die Feststellung des Verteidigungsfalles die Regelzuständigkeit des Bundestages begründet wurde. Schliesslich wurde auf dem Gebiet des Wehr- und Verteidigungswesens (zivile) Eigenverwaltung des Bundes zwingend nur für die personellen Angelegenheiten und die unmittelbare Deckung des Sachbedarfs der Streitkräfte angeordnet, ergänzt freilich um die Ermächtigung, durch Bundesgesetz für weitere Bereiche Bundeseigen- und Bundesauftragsverwaltung einzuführen.

Von der Wehr- zur Notstandsverfassung

Die Verwendung der Streitkräfte im Falle des inneren Notstandes konnte erst durch das 17. Ergänzungsgesetz zum Grundgesetz vom 24. Juni 1968 geregelt werden. Es schuf mit der Notstandsverfassung ein geschlossenes System verfassungsrechtlicher Vorsorge für Krisen- und Notstandssituationen aller Art:

Im Katastrophenfall, das heisst zur Hilfe bei Naturkatastrophen und besonders schweren Unglücksfällen, können in dem gefährdeten Gebiet Polizeikräfte nicht betroffener Länder und insbesondere Kräfte und Einrichtungen des Bundesgrenzschutzes und der Streitkräfte eingesetzt werden. Die Voraussetzungen hierfür sind unterschiedlich - je nachdem, ob die zu bekämpfende Gefahr sich auf den Bereich eines Landes beschränkt oder darüber hinausgreift.

In vielem ähnlich sind die organisatorischen Vorkehrungen für den inneren Notstand, für die Abwehr von Gefahren also, die dem Bestand oder der freiheitlichen demokratischen Grundordnung des Bundes oder eines Landes von innen her drohen. Insoweit konnte an Regelungen angeknüpft werden, die schon 1949 Eingang in die Verfassung gefunden hatten. Neu war insbesondere die Ermächtigung, auch in dieser Notsituation den Bundesgrenzschutz und - unter erschwerten Voraussetzungen und beschränkt auf bestimmte Schutzzwecke - die Streitkräfte einzusetzen. Im Blick auf die Grundrechte sind ferner vor allem zwei Neuerungen bedeutsam: einmal die ausdrückliche Anerkennung des allen Deutschen für den Fall des Versagens staatlicher Abhilfe gewährleisteten Rechts zum Widerstand gegen jeden, der es unternimmt, die tragenden Grundsätze der Verfassung (Demokratie-, Sozialstaats-, Bundesstaats- und Rechtsstaatsprinzip) zu beseitigen, zum anderen der Vorbehalt, das Brief-, Post- und Fernmeldegeheimnis zum Schutze der freiheitlichen demokratischen Grundordnung oder des staatlichen Bestandes besonderen gesetzlichen Beschränkungen zu unterwerfen.

Diese Ermächtigung, die zusammen mit dem Gesetz zur Beschränkung des Brief-, Post- und Fernmeldegeheimnisses vom 13. August 1968 die Ablösung der in Art. 5 Abs. 2 des Deutschlandvertrages vom 26. Mai 1952 vorbehaltenen alliierten Rechte "in bezug auf den Schutz der Sicherheit von in der Bundesrepublik stationierten Streitkräften" ermöglichte, steht gewissermaßen an der Schnittstelle der Vorkehrungen für den Fall innerer wie äusserer Bedrohung. Gerade für die Ausnahmesituation des äusseren Notstands, des bewaffneten Angriffs von aussen, bedarf es besonderer Sicherungen zur Gewährleistung der Abwehr- und Funktionsfähigkeit des Staates. Hier liegt denn auch das Schwergewicht der notstandsverfassungsrechtlichen Vorsorge. Die staatlichen Aufgaben und Befugnisse werden, soweit notwendig, beim Bund konzentriert. Das Verfahren der Bundesgesetzgebung wird vereinfacht. Die Kontinuität bestimmter Verfassungsorgane des Bundes und der Länder wird dadurch gesichert, dass man ihre Wahl- beziehungsweise Amtsperiode bis zu genau fixierten Zeitpunkten nach Beendigung des Zustandes äusserer Gefahr verlängert. Kernstück der Notstandsverfassung ist in diesem Zusammenhang der aus 22 Bundestagsabgeordneten und 11 Mitgliedern des Bundesrates bestehende Gemeinsame Ausschuss. Schon in Normalzeiten gebildet, hat er bei Handlungsunfähigkeit des Bundestages als Ersatzparlament die Feststellung des Verteidigungsfalles zu treffen und im Verteidigungsfalle selbst die wesentlichen Rechte des Bundestages und des Bundesrates einheitlich wahrzunehmen.

Die Gesetzgebungs- und Verwaltungszustündigkeiten in der Entwicklung

Kompetenzerweiterungen zugunsten des Bundes waren, soweit sie im Gefolge der wehr- und notstandsverfassungsrechtlichen Änderungen eingetreten sind, in der Natur der Sache begründet. Denknotwendig konnte etwa die Gesetzgebungszuständigkeit für Verteidigungsangelegenheiten nur dem Bund übertragen werden. Insoweit ist sein Kompetenzzuwachs denn auch kaum ernsthafter Kritik ausgesetzt gewesen. Anders verhält es sich, wenn man die Entwicklung auf den "normalen" Politikfeldern in den Blick nimmt. Hier habe der Bund, so wird immer wieder behauptet, häufig mehr Zuständigkeiten in Anspruch genommen als erforderlich und dadurch vor allem den Gestaltungsspielraum der Landesparlamente Schritt um Schritt ausgehöhlt.

Auch wenn man die Veränderungen auf dem Gebiet des Finanzwesens hier zunächst noch ausser Betracht lässt, ist die Liste der neuen Aufgaben, die der Bund in den Jahren seit 1949 übernommen hat, in der Tat gross. So sind im Bereich der Gesetzgebung bestehende Bundeszuständigkeiten gegenständlich (für das Gräberwesen und den Verfassungsschutz) oder hinsichtlich der zulässigen Regelungsintensität (für die Besoldung und Versorgung der Landes- und Gemeindebediensteten) erweitert, vor allem aber die Befugnisse des Bundes ausgedehnt worden auf die Sachgebiete Kernenergie, Gewährung von Ausbildungsbeihilfen, wirtschaftliche Sicherung der Krankenhäuser. Erhebung und Verteilung von Strassenbenutzungsgebühren, Hochschulrahmenrecht, Tierschutz, Abfallbeseitigung, Luftreinhaltung, Lärmbekämpfung sowei Waffen- und Sprengstoffrecht. Auf dem Feld der Verwaltungskompetenzen übte der verfassungsändernde Gesetzgeber grössere Zurückhaltung. Aber auch hier sind für die Betätigung und Einflussnahme des Bundes wichtige Bereiche neu erschlossen worden. Lastenausgleichs-, Kernenergie- und Luftverkehrsverwaltung sind dabei zuvörderst zu nennen.

Diese Gewichtsverschiebungen haben gewiss die bundesstaatliche Struktur der Ursprungsverfassung verändert. Doch ist die Entwicklung "nicht contra constitutionem gelaufen"(I.v.Münch). Auch war es nicht Machtgier des Bundes, die hinter der Ausdehnung seiner Zuständigkeiten gestanden hat. Zum Teil ging es nur darum, Kompetenzregelungen nachzuholen, die 1949 unter der Geltung des Besatzungsregimes noch nicht möglich waren. Wichtiger aber ist, dass wachsende Bevölkerungsmobilität und zunehmende technische, wirtschaftliche und soziale Verflechtung immer wieder dazu nötigten, zur Wahrung einheitlicher Lebensverhältnisse im ganzen Bundesgebiet insbesondere die verfassungsrechtlichen Grundlagen für eine bundesweite Rechtsetzung auszubauen.

Auch die Länder konnten sich diesen Sachzwängen nicht verschliessen. Nicht selten waren sie es selbst, die den Anstoss für eine Ausweitung der Bundeszuständigkeiten gegeben haben.

Die Entwicklung der Finanzverfassung

Von der Entwicklung hin zu einer stärkeren Zentralisierung konnte auch die Finanzverfassung nicht ausgenommen bleiben. In ihrer ursprünglichen Gestalt unter dem Einfluss der Besatzungsmächte betont länderfreundlich geraten, war sie nach Wiedererlangung legislativer Handlungsfreiheit insgesamt zehnmal Gegenstand verfassungsändernder Gesetze. Dabei wurden einerseits die Regelungs- und Gestaltungsmöglichkeiten des Bundes erweitert, andererseits aber auch wichtige Vorkehrungen zum Schutz der Länder, Gemeinden und Gemeindeverbände getroffen.

Hervorzuheben sind in diesem Zusammenhang die verfassungsrechtliche Verankerung des Grundsatzes, dass Bund und Länder je für sich die aus der Wahrnehmung ihrer Aufgaben erwachsenden Kosten zu tragen haben (Finanzverfassungsgesetz vom 23. Dezember 1955), die Zuweisung des Realsteueraufkommens an die Gemeinden, die Festlegung einer Ausgleichspflicht des Bundes für finazielle Sonderlasten, die er in einzelnen Ländern, Gemeinden oder Gemeindeverbänden durch besondere Einrichtungen veranlasst (jeweils Änderungsgesetz vom 24. Dezember 1956), und schliesslich das unter dem Eindruck wirtschaftlicher Rezession geschaffene verfassungsrechtliche Instrumentarium zur Sicherung des gesamtwirtschaftlichen Gleichgewichts (15. Änderungsgesetz vom 8. Juni 1967).

Ergänzt (und zum Teil ausdrücklich bestätigt) wurden diese finanzverfassungsrechtlichen Neuerungen durch das sogenannte Finanzreformgesetz vom 12. Mai 1969. Es erweiterte die Steuergesetzgebungsbefugnisse des Bundes und ordnete die föderative Lasten- und Steuerverteilung teilweise neu. Bund und Länder sind danach unmittelbar von Verfassungs wegen je zur Hälfte am Aufkommen der Körperschaftssteuer beteiligt. Das gleiche gilt - nach Abzug des vom Bundesgesetzgeber festzulegenden Gemeindeanteils - für die Einkommensteuer. Die Anteile von Bund und Ländern an der jetzt ebenfalls zur Gemeinschaftssteuer erklärten Umsatzsteuer sind dagegen nach Massgabe bestimmter verfassungsrechtlicher Richtwerte durch einfaches Bundesgesetz festzulegen.

Noch weitreichender war wohl die Neugestaltung des verfassungsrechtlichen Lastenverteilungssystems. Hauptanliegen der Finanzverfassungsreform 1969 war insoweit, die bis dahin entstandene Praxis des Bundes, durch zweckgebundene Finanzzuweisungen auf Politik und Verwaltungshandeln der Länder Einfluss zu nehmen, auf eine zweifelsfreie verfassungsrechtliche Grundlage zu stellen. Die Verpflichtung des Bundes zur Mitplanung und Mitfinanzierung der Gemeinschaftsaufgaben "Hochschulbau", "regionale Wirtschaftsstruktur" und "Agrarstruktur", die Ermöchtigung zum Zusammenwirken von Bund und Ländern bei der Bildungsplanung und bei der Förderung der überregional bedeutsamen wissenschaftlichen Forschung sowie die Befugnis des Bundes, sich aus konjunktur- oder strukturpolitischen Gründen an der Finanzierung besonders wichtiger Investitionen im Landesbereich zu beteiligen, verdanken ihre Existenz diesem Bemühen um finanzverfassungsrechtliche Begradigung.

Der erfolgreiche Abschluss dieser Reform ist zugleich, obwohl bis in die Gegenwart lebhaft umstritten, sinnfälliger Ausdruck für die Anpassungsfähigkeit des Grundgesetzes. Seine Offenheit für behutsame Fortentwicklung im Wege verfassungsgerichtlicher Erkenntnis und die dem Gesetzgeber eingeräumte Befugnis zur formellen Verfassungsänderung haben es ermöglicht, das Grundgesetz stets auf der Höhe der Zeit zu halten. Es hat stabilisierend gewirkt und war zukunftstauglich in einem. Mit Recht ist dem Grundgesetz deshalb immer wieder bescheinigt worden, dass es sich in seinen wesentlichen Aussagen bewährt habe. Auch bei Würdigung seines 30jährigen Jubiläums im Jahre 1979 war dies in Wissenschaft und Politik die weit überwiegende Meinung.

PETER BUSSE

Bedeutung und Wandel der Grundrechte

Grundrechte verbürgen Freiheiten vom Staat (Freiheitsrechte) oder Leistungen des Staates (soziale Grundrechte). Während nach Erlass des Grundgesetzes bis etwa Anfang der siebziger Jahre zunächst die Freiheitsrechte, die die Diktatur der Nationalsozialisten so sehr missachtete, im Vordergrund standen, werden die Grundrechte neuerdings stärker unter dem Aspekt gesehen, ob sie auch Ansprüche auf staatliche Leistungen enthalten. Denn je stärker der moderne Staat sich der sozialen Sicherung und kulturellen Förderung der Bürger zuwendet, desto mehr tritt im Verhältnis zwischen Bürger und Staat neben das Postulat der Freiheitssicherung vor dem Staat die komplementäre Forderung nach Teilhabe an staatlichen Leistungen.

1.

Die Verfassung des Deutschen Reiches von 1871 kannte als blosses Organisationsstatut keine Grundrechtsgewährleistungen für den Bürger. Die sie ablösende Weimarer Reichsverfassung enthielt zwar einen umfangreichen Katalog von "Grundrechten und Grundpflichten der Deutschen". Nach allgemeiner Ansicht waren die meisten Grundrechte der Weimarer Reichsverfassung jedoch nur Programmsätze ("Grundrechtsdekoration"): Ihnen kam nur dann eine aktuelle Bedeutung zu, wenn sie durch den Gesetzgeber ausgefüllt wurden.

Das Grundgesetz zog aus den bitteren Erfahrungen, die unter der Weimarer Reichsverfassung gemacht worden waren, folgende Konsequenz: Das Recht, auf welches dieser Staat gegründet ist, erschöpft sich nicht in der Regelung von Organisation, Aufgabenverteilung und Verfahren, sondern es wird auch der verfassungsrechtliche Status der Bürger bestimmt. Dem Menschen als einem mit der Fähigkeit zu eigenverantwortlicher Lebensgestaltung begabte "Persönlichkeit" sollte eine möglichst weitgehende Entfaltung seiner Persönlichkeit gesichert werden. Das sollte dadurch geschehen, dass nicht nur Grundrechte in die Verfassung aufgenommen, sondern ihre Bestands- und Gestaltungskraft auch ausgebaut wurden.

Als äusseres Zeichen der Bedeutung, die den Grundrechten unter der Geltung des Grundgesetzes zugedacht war, wurde der Grundrechtsabschnitt (Art. 1-19 GG) den organisatorischen Verfassungsvorschriften vorangestellt und damit der Vorrang des Menschen und seiner Würde gegenüber der Macht des Staates betont. Die Menschenwürde beruht auf dem Eigenwert jedes Menschen; hieraus entspringen der Achtungsanspruch des Menschen und damit letztlich seine Grundrechte. Von entscheidender Bedeutung war jedoch, dass in die Verfassung ein dichtes Geflecht von Bestimmungen, die die Grundrechte sichern und ihre Geltungskraft steigern, aufgenommen wurde.

Die Wirksamkeit der Grundrechte im staatlichen Leben wird besonders durch Art.1 Abs.3 GG geprägt, wonach die Grundrechte Gesetzgebung vollziehende Gewalt und Rechtsprechung als unmittelbar geltendes Recht binden. Erstmals setzen die Grundrechte dem Gesetzgeber rechtliche Grenzen. Es sollte nicht mehr die unter der Weimarer Reichsverfassung bekannte Formel "Grundrechte im Rahmen der Gesetze" gelten. Vielmehr fordert das Grundgesetz "Gesetze im Rahmen der Grundrechte". "Leerlaufende" Grundrechte im früheren Sinne kennt das Grundgesetz nicht mehr. Vielmehr muss der Gesetzgeber, wenn er sich in dem grundrechtsgeschützten Raum bewegt, die Bedeutung des Grundrechts in der sozialen Ordnung zum Ausgangspunkt seiner Regelung nehmen. Nicht der Gesetzgeber bestimmt den Inhalt des Grundrechts, sondern umgekehrt ergibt sich aus dem Gehalt der Grundrechte eine inhaltliche Begrenzung seines Gesetzgebungsermessens.

In besonderer Weise ist der Schutz der Grundrechte allen Gerichten anvertraut:

Jede Gerichtsentscheidung muss mit den Grundrechten in Einklang stehen. Die Bindungsklausel von Ar.1 Abs.3 GG wird noch verstärkt durch die Einrichtung der Verfassungsgerichtsbarkeit und die verfassungsrechtliche Gewährleistung von verfassungsgerichtlichen Verfahren, insbesondere das Verfassungsbeschwerdeverfahren, in dem der Bürger geltend machen kann, durch die öffentliche Gewalt in einem seiner Grundrechte verletzt zu sein. Dem Bundesverfassungsgericht ist damit insbesondere der Schutz der Grundrechte gegenüber dem Gesetzgeber übertragen. Die Einhaltung der Grenzen, die sich für den Gesetzgeber aus den Grundrechten ergeben, überwacht das Bundesverfassungsgericht. Darüber hinaus ist die Substanz der Grundrechte vor einer Aushöhlung weitgehend sicher:

- Soweit ein Grundrecht durch Gesetz oder aufgrund eines Gesetzes (Gesetzesvorbehalt) beschränkbar ist (etwa die Grundrechte der Berufsfreiheit in Art.12 GG oder der Freizügigkeit in Art. 11 GG), darf der Wesensgehalt des Grundrechtes nicht angetastet werden (Art. 19 Abs. 2 GG).
- Geltende Grundrechtsbestimmungen können nur durch Gesetze, die den Wortlaut der Verfassung ausdrücklich ändern oder ergänzen, mit den dafür vorgesehe-

nen - qualifizierten - Mehrheiten (zwei Drittel der Mitglieder von Bundesrat und Bundestag) abgeändert werden. Der oberste Wert der Verfassung, die Würde des Menschen ist dabei für unantastbar erklärt worden (Art.79 Abs. 3 GG), sie darf unter keinen Umständen preisgegeben werden.

2.

Die Grundrechte gelten bundesweit; die Bundesländer können den grundgesetzlich gewährleisteten Freiheitsstandard nicht unterschreiben, also den im Grundgesetz garantierten Freiheitsraum durch Landesrecht nicht verkürzen. In den Grundrechtsvorschriften des Grundgesetzes haben die Schöpfer unserer Verfassung die Rechte des einzelnen Bürgers und ihrer gesellschaftlichen Verbindungen verbürgt, die sie als wesentlich für das Leben des im Staat verfassten Volkes ansahen. Auf einem allgemeinen Grundkonsens beruhte seinerzeit die Entscheidung, nur Freiheitsrechte, nicht aber soziale Grundrechte in die Verfassung aufzunehmen.

Die einzelnen Grundrechte beruhen auf teilweise jahrhundertealten Vorbildern. Sie haben sich aus den im 18. Jahrhundert proklamierten Rechten der Freiheit und Gleichheit entwickelt. Ihre textliche Fassung ist knapp und damit zugleich weit. "Der Grundrechtskatalog ist kein Grundbuchrecht; hier muß man es eben wagen. Begriffe wie Freiheit des Berufes und Meinungsfreiheit hineinzuschreiben, auch auf das Risiko hin, dass es einmal notwendig wird, sie am konkreten Fall auszulegen" (Benda).

Die Grundrechte sind mithin noch mehr als andere gesetzliche Vorschriften auf Interpretation hin angelegt. Zur Auslegung der Grundrechte war und ist in erster Linie das Bundesverfassungsgericht als Hüter des Grundgesetzes berufen. Viele Grundrechtsvorschriften haben erst durch die Rechtsprechung des Bundesverfassungsgerichts Profil und Leben gewonnen. Das Gericht wird auch weiterhin die Grundrechte interpretieren und die aus ihnen abgeleiteten Postulate verfeinern. Dabei hat es als Hüter der Verfassung den Willen des Verfassungsgebers, der Herr der Verfassung ist, stets zu beachten.

Eine besondere Schwierigkeit bei der Auslegung von Grundrechtsvorschriften ergibt sich daraus, dass Grundrechte nicht isoliert gesehen werden dürfen. Der Grundsatz der Einheit der Verfassung fordert, dass die Auslegung im Lichte der obersten Verfassungswerte, der Würde des Menschen sowie der Prinzipien der Demokratie, des Rechtsstaates und des Sozialstaates, die häufig in einem Spannungsverhältnis zueinander stehen, erfolgen muss.

3.

Aus ihrer geschichtlichen Entwicklung heraus sind die Grundrechte zu verstehen als gegen den Staat gerichtete Abwehrrechte, die den Freiheitsraum der Bürger schützen. Grundrechte sollen staatliche Übergriffe in die individuelle Lebenssphäre verhindern. Den Menschen soll ein Freiraum zugestanden werden, in dem sie ohne staatliche Beeinträchtigung denken, hören, sich äußern und handeln können. Die Abwehrfunktion der Grundrechte gilt auch heute uneingeschränkt. Sie ergibt sich aus der geiestesgeschichtlichen Entwicklung der Grundrechtsidee, wie aus den geschichtlichen Vorgängen, die zur Aufnahme von Grundrechten in Verfassungen geführt haben. Das Bundesverfassungsgericht hat diese Bedeutung der Grundrechte von Anfang an betont. In seinem Urteil vom 1. März 1979, mit dem das Mitbestimmungsgesetz aus dem Jahre 1976 für verfassungsgemäss erklärt worden ist, hat es eindringlich darauf hingewiesen, dass die Grundrechte "nach ihrer Geschichte und ihrem heutigen Inhalt... individuelle Rechte, Menschen- und Bürgerrechte (sind), die den Schutz konkreter, besonders gefährdeter Bereiche menschlicher Freiheit zum Gegenstand haben".

Einige Grundrechtsbestimmungen enthalten nicht nur subjektive Rechte, sondern auch objektive Gewährleistungen (Ehe und Familie in Art.6 Abs.1 GG. Eigentum in Art. 14 Abs. 1 GG und Pressefreiheit in Art. 5 Abs.1GG. Daran konnte das Bundesverfassungsgericht anknüpfen, als es unter allgemeiner Zustimmung in Rechtsprechung und Schrifttum die Ansicht vertrat, die Grundrechte seien als oberste objektive, nicht relativierbare Prinzipien der gesamten Rechtsordnung anzusehen. Im Jahre 1958 hat das Gericht die seither ständige Rechtsprechung damit begründet, es sei richtig, "dass das Grundgesetz, das keine wertneutrale Ordnung sein will....in seinem Grundrechtsabschnitt auch eine objektive Wertordnung aufgerichtet hat und dass gerade hierin eine prinzipielle Verstärkung der Geltungskraft der Grundrechte zum Ausdruck kommt... Dieses Wertsystem, das seinen Mittelpunkt in der innerhalb der sozialen Gemeinschaft sich frei entfaltenden menschlichen Persönlichkeit und ihrer Würde findet, muss als verfassungsrechtliche Grundentscheidung für alle Bereiche des Rechts gelten: Gesetzgebung, Verwaltung und Rechtsprechung empfangen von ihm Richtlinien und Impulse".

Die Funktion der Grundrechte als objektive Prinzipien verstärkt die Geltungskraft der Grundrechte beträchtlich: ihre Wurzel hat sie jedoch in der primären Grundrechtsbedeutung, dem Abwehrgedanken. Sie lässt sich deshalb nicht von dem eigentlichen Kern lösen und zu einem Gefüge objektiver Normen verselbständigen, in dem der ursprüngliche und bleibende Sinn der Grundrechte zurücktritt. Kraft der "Ausstrahlungswirkung" der Grundrechte haben sowohl der Gesetzgeber bei der Setzung von Rechtsvorschriften als auch alle rechtsanwendenden staatlichen Stellen die in den Grundrechten zum Ausdruck kommenden Wertentscheidungen zu beachten. Auch Auslegung und Anwendung des bürgerlichen Rechts, das die Rechtsbeziehungen von Privatpersonen regelt, erfolgt im Lichte der Grundrechte. Der Einfluss der Grundrechte wird vor allem bei solchen bürgerlich-rechtlichen Bestimmungen sichtbar, die unbestimmte, der Ausfüllung bedürftige Begriffe (zum Beispiel Generalklauseln) enthalten. Begriffe wie etwa "Treu und Glauben" oder die "guten Sitten" sind Einbruchstellen der Grundrechte in das Privatrecht.

Der Richter hat kraft Verfassungsgebots zu prüfen, ob die von ihm anzuwendenden materiellen zivilrechtlichen Vorschriften in der beschriebenen Weise grundrechtlich beeinflusst sind. Trifft das zu, dann hat er bei der Auslegung und Anwendung dieser Vorschriften die sich hieraus ergebende Modifikation des Privatrechts zu beachten. Verfehlt er diese Masstäbe und beruht sein Urteil auf der Ausserachtlassung dieses verfassungsrechtlichen Einflusses hinsichtlich der zivilrechlichen Normen, so verstösst er nicht nur gegen objektives Verfassungsrecht, er verletzt auch als Träger öffentlicher Gewalt durch sein Urteil das Grundrecht, auf dessen Beachtung auch durch die rechtsprechende Gewalt der Bürger einen verfassungsrechtlichen Anspruch hat. Mittels einer solchen Drittwirkung wird eine ausreichende Freiheitssicherung gegenüber nichtstaatlichen Monopolen oder Mächten erreicht.

Die Grundrechte im Sinne von objektiven Prinzipien binden zwar die staatlichen Gewalten, nicht jedoch wird damit dem Bürger ein Anspruch auf staatliches Tätigwerden zugestanden. Neuerdings erheben Kritiker verstärkt die Forderung, Grundrechte als subjektive Ansprüche auf Teilhabe an staatlichen Leistungen (besonders im Bildungswesen, im Bereich der Wirtschaft und der Medien) zu interpretieren. Dabei braucht es sich nicht nur um finanzielle Leistungen zu handeln, sondern es können auch Leistungsgewährungen anderer Art in Betracht kommen, zum Beispiel Anspruch auf Ausbildung oder Rechtsberatung Minderbemittelter. Als Begründung wird unter anderem angeführt, menschliche Freiheit hänge heute in besonderer Weise von staatlichen Aktivitäten ab; Aufgabe des Staates sei es, die Voraussetzungen für Freiheit zu schaffen. Die Freiheitsräume tendierten dahin, enger zu werden. Es gehöre zur staatlichen Pflicht, die Abgrenzung und Zuordnung der individuellen Freiheitsbereiche vorzunehmen, damit alle Bürger in angemessener Weise an der Freiheit teilnehmen könnten.

Die Gegner einer leistungsrechtlichen Deutung der Grundrechte berufen sich darauf, das Grundgesetz habe soziale Grundrechte mit guten Gründen nicht aufgenommen, weil

- o das Anspruchsobjekt sich nicht deutlich genug fassen ließe und
- o die Prioritäten des Staatshaushalts grundrechtlich festgeschrieben werden müßten, das Bundesverfassungsgericht in letzter Konsequenz Herr des Staatshaushalts sein müßte und damit die Funktionen in der demokratischen Ordnung zwischen Legislative und Judikative verschoben würden.

Das Bundesverfassungsgericht hatte die Frage, ob aus Freiheitsrechten originäre Teilhabeansprüche für den einzelnen abzuleiten sind, noch nicht abschließend zu entscheiden. In dem (numerus-clausus-)Urteil aus dem Jahre 1972 werden Teilhabeansprüche zwar grundsätzlich für möglich gehalten, aber einschränkend fügt das Gericht hinzu: "Auch soweit Teilhaberechte nicht von vornherein auf das jeweils Vorhandene beschränkt sind, stehen sie doch unter dem Vorbehalt des Möglichen im Sinne dessen, was der einzelne vernünftigerweise von der Gesellschaft beanspruchen kann. Dies hat in erster Linie der Gesetzgeber in eigener Verantwortung zu beurteilen..."

Das Bundesverwaltungsgericht verhält sich in seiner Rechtsprechung ebenfalls noch vorsichtig und tastend. Einen unmittelbaren Leistungsanspruch hat das Gericht bisher lediglich für Privatschulen angenommen. Art.7 Abs. 4 GG würde dadurch praktisch ausgehölt, daß der Staat Maßnahmen setze, die sich finanziell nachteilig auf das Privatschulwesen und dessen Attraktivität auswirkten (Schulgeld- und Lernmittelfreiheit sowie die großzügige Ausstattung öffentlicher Schulen). In einem solchen "außergewöhnlichen Fall" müsse aus der verfassungsrechtlichen Garantie des Art. 7 Abs. 4 GG unmittelbar ein Leistungsanspruch entnommen werden.

Die genannte Problematik wird in Zukunft noch eine erhebliche Aufmerksamkeit beanspruchen. Ob und in welchem Umfang die liberal konzipierten Grundrechte in den Verteilungskampf einzubeziehen sind, wird im Wege der Grundrechtsinterpretation zu entscheiden sein. Als sicher dürfte indes gelten, daß nicht jeder Freiheitsverbürgung ein einklagbarer Individualanspruch auf staatliche Leistungen zugeordnet werden wird. Unterhalb dieser Schwelle besteht jedoch noch ein breiter Raum für eine Ableitung von Teilhabeansprüchen aus Grundrechten. Jede Weiterentwicklung der grundsätzlich auf Dynamisierung angelegten Grundrechte muß jedoch beachten, daß das Grundgesetz nicht die Grundlagen individueller menschlicher Existenz durch die Gewährleistung sozialer Grundrechte abgesichert hat, sondern dass das Prinzip des Sozialstaates als Staatszielbestimmung festgelegt ist.

4.

Aus der Tatsache, dass das wichtigste Anliegen jeder freiheitlichen Demokratie die Freiheit der Menschen sein muß. Leitet sich die überragende Bedeutung der Grundrechte ab. Die Grundrechte sichern in allem Wandel. den die Verfassung voraussetzt, jedem einzelnen unverändert einen autonomen Bereich privater Lebensgestaltung, in dem er seine Individualität entwickeln und wahren kann,

Das der Konzeption der Grundrechte zugrunde liegende Menschenbild ist aber nicht das eines selbstherrlichen, souveränen Individuums, sondern das der in der Gemeinschaft stehenden und ihr vielfältig verpflichteten Persönlichkeit.

Die Spannung zwischen Freiheit und staatlicher Daseinsvorsorge wird die Zukunft noch mehr als die Vergangenheit prägen. Ohne gemeinschaftsgebundene Bürger kann der Staat nicht existieren: "Der einzelne", so das Bundesverfassungsgericht, "muß sich diejenigen Schranken seiner Handlungsfreiheit gefallen lassen, die der Gesetzgeber zur Pflege und Förderung des sozialen Zusammenlebens in den Grenzen des bei dem gegebenen Sachverhalt allgemein Zumutbaren zieht, vorausgesetzt, dass dabei die Eigenständigkeit der Person gewahrt bleibt."

5.

Nach über 30 Jahren Grundgesetz kann eine positive Bilanz der Grundrechte gezogen werden. Die erhöhte Geltungskraft der Grundrechte und die ausgebaute Verfassungsgerichtsbarkeit haben Verfassungsdurchbrechungen auf ein Mindestmass zurückgeschraubt. Die Grundrechte haben menschliches Tun und Lassen gegen Eingriffe geschützt und damit die Freiheit des Bürgers gesichert. Dieser positiven Bilanz kann auch nicht entgegengesetzt werden, die gesamte Verfassung und damit auch die Grundrechte hätten noch keine echte Belastungsprobe zu bestehen gehabt. Das mag zutreffend sein: Abtreibungsdebatte und Mitbestimmungsfrage haben nicht solche Spannungen zur Folge gehabt, dass sie zu einer Verfassungskrise geführt hätten. Aber die wesentlichen Freiheitsrechte, wie Menschenwürde, Freiheit der Entfaltung der Persönlichkeit, allgemeiner Gleichheitssatz, Berufsfreiheit und Eigentumsgarantie sind in einem derartigen Maße im Bewusstsein der Bürger und Politiker verankert, dass die Prognose gerechtfertigt ist, die Grundrechte können auch einen erheblichen Druck aushalten.

ECKHARD JESSE

Wider die Behauptung von der wachsenden Illiberalität

Zur Kritik an der mangelnden historischen Perspektive

"Der Weg in den Überwachungsstaat"[1] - "SOS. Freiheit in Deutschland"[2]: Titel zweier Bücher, hervorgegangen aus Serien Hamburger Magazine ("Der Spiegel", "Der Stern"), die nicht selten den "Zeitgeist" widerspiegeln und beeinflussen. Solche Titel sind heute in der Tat symptomatisch für das Denken vieler Intellektueller, die das "vergiftete" politische Klima in der Bundesrepublik Deutschland anprangern. Die Zahl der Vorwürfe ist Legion: Der "Radikalenerlass" habe zu Gesinnungsschnüffelei und Duckmäusertum geführt ("Berufsverbotspraxis"); unter dem Vorwand, Terroristen zu bekämpfen, finde eine hysterische Intellektuellenhetze statt ("Hexenjagd"); die geheimen Nachrichtendienste operierten ausserhalb der Legalität ("Lauschangriffe"); die Verschärfung der Gesetze schränke den Freiheitsspielraum der Bürger immer mehr ein ("Demontage des Rechtsstaates"); Computer der Polizei und der Nachrichtendienste ermöglichten ein perfektes System der Observierung ("Überwachungsstaat"); der Abbau demokratischer Rechte verlaufe Hand in Hand mit einem Wiedererstarken rechtsextremer Ideologien ("Neofaschismus")[3].

Es geht hier nicht darum, Meinungen skurriler Aussenseiter aufzuspiessen oder kommunistische Parolen zu attackieren. Was vielmehr merkwürdig ist: Eine solche Kritik besitzt bei erheblichen Teilen der (Links-) Intellektuellen nahezu kanonische Geltung. Es heisst, die Bundesrepublik entwickele sich immer mehr in eine illiberale und autoritäre Richtung, die "Repression" nehme zu. Die Freiheit, so das dem "Stern"-Band als Motto vorangestellte englische Sprichwort, sterbe zentimeterweise. Diese These ist nicht stichhaltig, vielmehr abwegig und irreführend. Sie beruht auf zwei nicht stimmigen Annahmen: Zum einen wird die Vergangenheit verklärt, zum andern die Gegenwart dämonisiert.

Das gute Gewissen, das viele Intellektuelle bei ihrer Kritik an den Tag legen, beruht auf einem notorisch schlechten Gedächtnis. Rolf Hochhuth findet es entsetzlich, "dass ausgerechnet diese Koalition den Staat, den Adenauer als den freiesten hinterlassen hatte, den es je auf deutschem Boden gab, in einen Polizeistaat verwandelt"[4]. Diese Idyllisierung ist nun wahrlich unangebracht. In der Adenauer-Ära wehte keineswegs überall ein freiheitlicher Geist. Man braucht bloss an den politischen Staatsschutz zu denken. Pro Jahr wurden zeitweilig über 10.000 staatsanwaltschaftliche Ermittlungsverfahren in politischen Strafsachen geführt. Erst zur Zeit der Grossen Koalition hat man das politische Strafrecht liberalisiert. Nach dem Verbot der KPD (1956) blieben die Kommunisten selbst für ihre Tätigkeit vor dem Verbot nicht von Strafverfolgung verschont[5].

Wer weiss schon, dass man Filme von Bunuel, Eisenstein, de Sica, Rossellini und Visconti, um nur einige berühmte Regisseure zu nennen, erst nach unwürdigen Schnittauflagen freigegeben hat[6]? Von 1954 bis 1967 bestand ein Interministerieller Filmausschuss, der jeden Film aus dem Ostblock begutachtete und dann seine Zustimmung oder Ablehnung aussprach. Wäre eine "Aktion Saubere Leinwand" im Jahre 1980 überhaupt nur denkbar? Noch in den sechziger Jahren wurden Schriftsteller aus der DDR festgenommen und ausgewiesen, kommunistische Texte beschlagnahmt, und dem Bürger der Bundesrepublik war es nicht möglich, die öde Langweiligkeit des "Neuen Deutschland" kennenzulernen. Soll man daran erinnern, dass nach dem Mauerbau 1961 die Stücke von Brecht auf deutschen Bühnen vorübergehend abgesetzt und boykottiert wurden? Hatten wir nicht einen Justizminister, der zu den Befürwortern der Todesstrafe gehörte? Mit diesen Beispielen soll nicht suggeriert werden, als sei die Bundesrepublik in ihren ersten zwei Jahrzehnten keine "richtige" Demokratie gewesen. Schliesslich ist die (zumindest subjektiv empfundene) Bedrohung durch den Kommunismus nicht ausser acht zu lassen, und es wäre allzu billig, vom heutigen Standpunkt aus jede (damalige) Massnahme der Lächerlichkeit preiszugeben. Nur: Die Adenauer-Zeit, geprägt von einem unpolitischen Wohlstandsdenken vieler Bürger, war nicht frei von engstirnigem Provinzialismus, und die Hervorkehrung liberaler Werte stand längst nicht so hoch im Kurs wie heutzutage[7].

Wohl nichts verdeutlicht derart drastisch den Unterschied zur heutigen Zeit wie das Vorgehen gegenüber Extremisten, die in den öffentlichen Dienst strebten. Die fälschlich als "Radikalenerlass" bezeichnete Ministerpräsidentenvereinbarung von 1972[8], die lediglich an bestehende Rechtsvorschriften erinnern sollte, wonach für Gegner der Verfassung im öffentlichen Dienst kein Platz ist, hat einen Vorgänger in dem Adenauer- und Heinemann-Erlass von 1950. In ihnen wurden schlicht Organisationen aufgezählt, deren Mitgliedschaft eine Tätigkeit im öffentlichen Dienst ausschliesse. Diese Regelung, rigider und illiberaler als der sogenannte Extremistenbeschluss, stiess übrigens in der breiten Öffentlichkeit nahezu auf keinerlei Proteste. In den fünfziger und auch noch in den frühen sechziger Jahren gab es im öffentlichen Dienst keine Kommunisten. Seit der Ministerpräsidentenvereinbarung von 1972 sind dagegen nach den Angaben der Verfassungsschutzberichte, , und diese bewegen sich aufgrund der Dunkelziffern an der untersten Grenze, mehr Linksextremisten in den öffentlichen Dienst eingestellt als abgelehnt worden[9].

Kritiker der "Berufsverbote" verschweigen diese Zahlen ebenso hartnäckig wie sie nicht auf die Regelungen in den fünziger und frühen sechziger Jahren hinweisen[10]. Dann würde ihrer Argumentation vom Abbau demokratischer Rechte nämlich die Basis entzogen. Statt dessen vergleichen sie die heutige Praxis mit den Verfolgungen der Metternich-Ära, dem Sozialistengesetz oder gar mit der "Säuberung" der Beamtenschaft im Dritten Reich. Dieser verunglimpfenden Parallelen, die durchweg ahistorisch sind und der schärfsten Zurückweisung bedürfen, weil ein demokratischer Rechtsstaat mit obrigkeitsstaatlichen oder gar totalitären Systemen, die Kritiker mundtot machen wollen, nicht auf eine Stufe gestellt werden kann, bedienen sich keineswegs etwa bloss Kommunisten, sondern auch zahlreiche angesehene Persönlichkeiten des öffentlichen Lebens.

Die Vertreter der Auffassung, wir lebten heute in einer "nachliberalen Gesellschaft"[11], machen sich einen Kunstgriff zu eigen, der Tradition hat. Typisches Beispiel ist hierfür Carl Schmitts, übrigens im Prinzip auch von Habermas geteilte Parlamentarismuskritik[12]. Die Vergangenheit wird idealisiert - damals hätten die Parlamentarier um die Wahrheit gerungen und sich von den Argumenten der Gegenseite überzeugen lassen, während heutzutage die Entscheidungen schon vorher feststünden -, um so leichter den Verfall der gegenwärtigen Praxis demonstrieren zu können. Wäre die These von der "nachliberalen Gesellschaft" richtig, dann müssten die Verfechter beweisen, wann einstmals eine "liberale Gesellschaft" existiert habe[13]. Dass diese nicht die Adenauer-Ära gewesen sein kann, ist hier an einigen (leicht zu ergänzenden) Beispielen gezeigt worden. Als Massstab der Kritik gilt denn auch wohl - zumeist unausgesprochen - die Um- und Aufbruchphase Ende der sechziger und Anfang der siebziger Jahre, die hochgespannte Erwartungen geweckt hat. Aber sie vermag nur schwerlich als gültiges Kriterium zu dienen, da hier - neben sinnvollen Reformen (zum Beispiel im Sexualstrafrecht) - auch unpolitische Schwarmgeisterei auftrat, die bald einem nüchternen und realitätsbezogenen Pragmatismus weichen musste.

Ärger noch als die Vergangenheit idealisiert wird (meist ignoriert man sie einfach), dämonisieren Kritiker die Gegenwart. Dies ist ein Skandal, der es verdient, beim Namen genannt zu werden, zeichnen sich doch zahlreiche Intellektuelle durch ein hohes Mass an Realitätsblindheit aus. Es verwundert schon nicht mehr, dass im Jahre 1980 zwei seriöse Verlage (Hanser und Fischer) Sammelbände über Zensur herausgebracht haben: "Zensur in der BRD"[14] - "Mut zur Meinung. Gegen die zensierte Freiheit"[15]. Die Rede ist von Schulbuchzensur, Wissenschaftszensur, Rundfunkzensur, Pressezensur, Filmzensur, Bibliothekszensur, Theaterzensur, Kirchenzensur. Man fühlt sich in eine andere Zeit oder in ein anderes Land versetzt. Dabei wird der Zensurbegriff ausgeweitet, so dass etwa eine richterliche Massnahme, die nur einen Einzelfall betrifft, ebenfalls als Zensur gilt. Enzensberger spricht dabei konsequenterweise von "struktureller Zensur"[16]. Für diese Rabulistik ist ja auch der Topos der "strukturellen Gewalt" kennzeichnend[17].

Die inflationäre Verwendung des Begriffs Zensur, die eine derartige Interpretation möglich macht, verharmlost die tatsächliche Zensur im Dritten Reich oder etwa in der DDR, da sie indirekt auf dieselbe Stufe gestellt wird. Die Aussage des Grundgesetzes, eine Zensur finde nicht statt, nimmt sich laut Klaus Staeck wie ein "Relikt aus liberaler Zeit"[18] aus. Auch Staeck vergisst zu erwähnen, welche "liberale" Zeit er überhaupt meint. Glaubt er ernsthaft daran, seine politischen Plakate wären in den fünziger und frühen sechziger Jahren auf den Beifall des (konservativen) Establishments gestossen?

Die grotesk verzerrte Sichtweise lässt sich keineswegs ausschliesslich anhand der - behaupteten - Zensur belegen. Man denke nur an das schon gestreifte Beispiel der "Berufsverbote", den "Todesschuss", die Verteidigerüberwachung oder an die Diskussion über den Datenschutz[19], die mitunter seltsame Blüten treibt. Die Diskrepanz von (rationalem) Anspruch und (irrationaler) Realität "linker" Argumentation ist erstaunlich. Es soll gar nicht bestritten werden, dass in Teile der jungen Generation tatsächlich so etwas wie "Verunsicherung" eingekehrt ist. Aber am wenigsten beruht diese auf illiberalen Massnahmen des Staates. Angesichts der lautstarken, breiten und einer tibetanischen Gebetsmühle ähnlichen Agitationen linker (oder vermeintlich linker) Ideologen mag bei manch einem Uninformierten tatsächlich der Eindruck entstehen, es sei besser, ein "heikles" Thema im Staatsexamen fallenzulassen, um die beruflichen Zukunftsaussichten nicht zu verdüstern. Für diese Form der (herbeigeredeten) "Selbstzensur" den Staat verantwortlich machen zu wollen, ist nichts anderes als ein billiger "Haltet den Dieb"-Trick. Nun lässt sich keineswegs leugnen, dass in der Bundesrepublik im letzten Jahrzehnt einzelne Regelungen beschlossen wurden, die so früher nicht bestanden haben. Nur:

Meist wird verschwiegen, dass sie eine Reaktion auf schwerwiegende Herausforderungen und kein blanker McCarthyismus sind. So hat die Bundesrepublik Deutschland die terroristische Gefahr alles in allem besonnen in den Griff zu bekommen versucht - ungeachtet vieler vordergründiger Kampagnen etwa gegen das "Kontaktsperregesetz". Es geht also nicht an, ahistorische Vergleiche anzustellen, weil früher eine Bedrohung oder ein Missstand noch nicht vorlag. Unsinnig wäre es demnach auch, aus der Modifizierung der Asylanerkennungsverfahren gegenüber den fünfziger Jahren den Schluss zu ziehen, heutzutage werde das Asylrecht ausgehöhlt.

Die empfindsame Reaktion auf (vermeintliche oder tatsächliche) Übergriffe der Sicherheitsorgane ist ein Zeichen für eine geschärfte Sensibilität. Vieles wird heutzutage erst bekannt, was längst praktiziert wurde (zum Beispiel Telefon- und Briefkontrollen gen Osten). Meist stellt sich bei den als "Affären" und "Skandalen" aufgebauschten Praktiken allerdings heraus, dass sie keineswegs dem Gebot der Verhältnismässigkeit der Mittel widerstreiten. Im übrigen wird der Verfassungsschutz weithin nicht als geeignetes Mittel einer streitbaren Demokratie begriffen. Das gebrochene Verhältnis vieler Intellektueller zur streitbaren Demokratie im allgemeinen und zum Verfassungsschutz im besonderen ist notorisch. Kann denn die kontroverse Diskussion über die Angemessenheit bestimmter Sicherheitsmassnahmen wirklich als ein Symptom für Illiberalität gelten? Trifft nicht viel eher das Gegenteil zu?

Die Bundesrepublik zu Beginn der achtziger Jahre ist eine liberale Gesellschaft. Forscher zur politischen Kultur haben festgestellt, viele der Defizite aus früherer Zeit seien im Abklingen[20]. Soziale Konflikte werden nicht mehr so tabuisiert wie einst, das politische Interesse hat zugenommen, was sich sowohl an der gestiegenen Zahl der Parteieintritte ablesen lässt als auch an den Bürgerinitiativen, die von Antiatomkraft-"bewegungen" bis zu Selbsthilfegruppen reichen. Obwohl es partiell auch gegenläufige Tendenzen gibt (zum Beispiel engherziges parteipolitisches Proporzdenken in den Funkhäusern), sind die Beispiele für Offenheit nicht zu übersehen: Behinderte "verkriechen" sich nicht mehr in dem Masse wie früher, Homosexuelle streiten öffentlich für ihre Rechte, Marxisten, zum Teil orthodoxer Couleur, haben an einigen Universitäten einflussreiche Positionen inne, der Umgang der Geschlechter untereinander ist viel unbefangener, die politische Bekenntnisfreudigkeit gestiegen, obrigkeitsstaatliches Denken stark abgebaut, und einst als "undeutsch" verteufelte Werte wie Pluralismus[21] gelten weithin als akzeptiert, weniger allerdings bei einem Teil derjenigen, die sich über "illiberale Tendenzen" in der Bundesrepublik entrüsten. Last but not least: Die heftigen und rational manchmal nicht mehr nachvollziehbaren Attacken auf "das System" sind eigentlich das beste Indiz für die Liberalität der Gesellschaft, die diese Abstrusitäten und Diffamierungen erträgt, ertragen muss.

Man könnte fragen, ob die Kritik an der Bundesrepublik Deutschland deshalb so heftig ist, weil in der Wolle gefärbte Liberale jede als illiberal angesehene Regelung aufs Korn nehmen. Tatsächlich kommt sie jedoch nur selten aus einer Position, die - wie in der Weimarer Republik - einem prinzipiellen Wertrelativismus das Wort redet und der Freiheit, mag sie auch noch so missbraucht werden, stets den Vorrang einräumt. Die meisten Kritiker, die die Vorkehrungen wider den Extremismus von links (wie im öffentlichen Dienst) scharf ablehnen, gehören - paradoxerweise - zu denen, für die Schutzmassnahmen gegenüber dem Extremismus von rechts[22] nicht massiv genug sein können ("Kampf dem Neofaschismus"). Das Verbot der rechtsextremen "Wehrsportgruppe Hoffmann" im Jahre 1980 - übrigens ist keine einzige linksextreme Organisation (im Gegensatz etwa zu den fünfziger Jahren) in der letzten Dekade durch die Exekutive aufgelöst worden - ruft nämlich ebensowenig Kritik hervor wie das Einschreiten gegenüber neonazistischen Aktivitäten. Die (zu Recht erfolgte) Entlassung eines jungen Neonazi aus der Bundeswehr gilt nicht als Beweis für Illiberalität und löst keine flammenden Proteste aus. Als der Bundesgerichtshof im Jahre 1979 den Neudruck von "Mein Kampf" verbot, rechtfertigte etwa Fritz J. Raddatz, Feuilletonchef der "Zeit", der sonst überall Zensur wittert, diese Entscheidung einschränkungslos[23]. Solcher doppelbödigen Argumentation[24] liegt kein antitotalitäres Demokratieverständnis mehr zugrunde, sondern eher ein antifaschistisches[25]. Der Rechtsextremismus wird als Feind, der Linksextremismus (wenn überhaupt) als Gegner eingeschätzt.

Damit ist - aufgrund der Linkswendung eines beträchtlichen Teiles der Intellektuellen - ein Konsens aufgekündigt worden, der in den fünfziger und auch noch in den frühen sechziger Jahren bestand. Wie verhalten sich wohl diese Kritiker, wenn in der Bundesrepublik Deutschland der Rechtsextremismus stärker reüssieren sollte? Möglicherweise, ja wahrscheinlich werden dann viele derer, die zur Zeit die "Illiberalität" verschiedener Regelungen anprangern, ihre "Laxheit" schelten. Die Glaubwürdigkeit leidet jedoch darunter, wenn die Einschätzung der Schutzvorkehrungen davon abhängig gemacht wird, ob diese sich gegen "links" oder gegen "rechts" wenden. Beurteilungskriterium kann einzig und allein nur die Verfassungs- und Verhältnismässigkeit des Vorgehens sein. Die intellektuelle Redlichkeit gebietet es, dass einige Kritiker auf ihren "Etikettenschwindel" verzichten und sich nicht mehr als "liberal" ausgeben, sondern ihren tatsächlichen politischen Standort deutlich machen. Denn die Bestimmungen sind für viele von ihnen gar nicht primär "illiberal", sie werden es lediglich dadurch, dass man sie gegen die "falsche" Seite einsetzt.

Die Kritik an der"Illiberalisierung" ist deshalb besonders pikant, weil sie ausgerechnet von einer Richtung vorgetragen wird, die der sozial-liberalen Koalition bedeutend näher steht als der CDU/CSU, die in den ersten zwanzig Jahren weitgehend die Entwicklung in der Bundesrepublik geprägt hat. So geisselte der sich als "Radikaldemokrat" - ist dies nicht ein Widerspruch in sich? - verstehende Walter Jens auf dem sozialdemokratischen Parteitag im Dezember 1979 namens (!) der Sozialdemokratischen Wählerinitiative die Verhältnisse in der Bundesrepublik Deutschland, in der die Partei, für die er sich stark macht, seit über einem Jahrzehnt die Hauptregierungsverantwortung trägt, seien doch "die Grundrechte des einzelnen in diesem Land gefährdet... wie niemals zuvor seit der Befreiung von nationalsozialistischer Herrschaft: gefährdet durch die Folgen offener und geheimer Zensur und durch bürokratische Einschüchterung (ein 'Kursbuch' im Gepäck an der Grenze, ein Amnesty-international-Plakat im Spind, ein Marx-Zitat in der Klausur, ein aufmüpfiges Gedicht im Lesebuch - einerlei, ob von Grass oder Goethe, eine Annonce zugunsten eines entlassenen Kollegen in der örtlichen Zeitung; wie leicht verstösst heute einer gegen jene FDGO, die für einen Grossteil der kritischen Generation längst zu einer Panzerfaust des Staats geworden ist) ..."[26]. Dass dieser Aussage - im Grunde eine vernichtende Absage an die sozialdemokratische Regierungspolitik - teilweise Beifall gezollt wurde, erhellt deutlich, wie wenig manche Sozialdemokraten ihre Regierungsbeteiligung eigentlich perzipiert haben.

Jens und anderen terribles simplificateurs fehlt es an der historischen Perspektive, die erst eine sachgerechte Beurteilung ermöglicht. Aber auch der Vergleich mit westlichen Demokratien wird - in provinzieller Selbstbespiegelung - auffälligerweise oft vermieden. Bei einem solchen Vergleich stellte sich nämlich heraus, dass die Bundesrepublik Deutschland in Westeuropa nicht schlecht abschneidet[27]. Viele der scheinbaren Nonkonformisten sind schlichte Konformisten, die sich in eine Märtyrerhaltung hineinsteigern, als ob in einer freien Gesellschaft zur Kritik Mut gehöre. Enzensbergers Wort vom "Gratismut" und von der "Gratisangst" trifft hier exakt zu[28]. Ihrerseits reagieren manche von ihnen auf Kritik empfindlich und dünnhäutig, um nicht zu sagen: weinerlich und wehleidig[29]. Obwohl sie gerne auf dem hohen Ross sitzen, sind sie vielmehr Glieder einer demokratischen Gesellschaft und müssen sich das gefallen lassen, was sie selbst in Anspruch nehmen: Kritik und Widerspruch. Dies gilt auch für ihre realitätsfremde These von der grassierenden Illiberalität.

Anmerkungen

1 Vgl. Jochen Bölsche, Der Weg in den Überwachungsstaat, Reinbek bei Hamburg 1979.

2 Vgl. Peter Koch/Reimar Oltmanns, SOS. Freiheit für Deutschland, Hamburg 1978.

3 Vgl. beispielsweise Deutscher Beirat und Sekretariat des 3. Internationalen Russell-Tribunals (Hrsg.), 3. Internationales Russell-Tribunal. Zur Situation der Menschenrechte in der Bundesrepublik Deutschland. Vier Bände, Berlin 1978/79.

4 Zitiert nach Martin und Sylvia Greiffenhagen, Ein schwieriges Vaterland. Zur Politischen Kultur Deutschlands, aktualisierte Neuauflage, Frankfurt/M. 1981, S. 154. Auch für Erich Kuby und Hans Magnus Enzensberger, die zu den schärfsten Kritikern der Adenauer-Epoche gehörten, liesse sich Ähnliches belegen.

5 Vgl. hierzu die(bei aller problematischen Wertung) im ganzen zuverlässige und materialgesättigte Studie von Alexander von Brünneck, Politische Justiz gegen Kommunisten in der Bundesrepublik Deutschland 1949-1968, Frankfurt/M. 1978.

6 Die im Jahre 1957 gegründete Zeitschrift "Filmkritik" unter der Ägide von Enno Patalas hat diese Massnahmen - zu Recht - immer wieder angeprangert.

7 Vgl. in diesem Sinne etwa die zahlreichen Arbeiten des Literaten und Essayisten Horst Krüger, der in den fünfziger Jahren ebenso scharf die restaurativen Tendenzen angeprangert hat wie später masslose Polemiken vieler seiner Kollegen. Siehe nur ders., Zeitgelächter. Ein deutsches Panorama, Hamburg 1973.

8 Vgl. für Einzelheiten Eckhard Jesse, Streitbare Demokratie. Theorie, Praxis und Herausforderungen in der Bundesrepublik Deutschland, 2. Aufl., Berlin 1981; zur Auseinandersetzung mit der einschlägigen Literatur siehe ders., Streitbare Demokratie in der Krise? Zur Abwehr antidemokratischer Bestrebungen, in: Ders.,Literaturführer: Parlamentarische Demokratie, Opladen 1981, S. 209-264.

9 Vgl. folgende offizielle Zahlen (nach den Verfassungsschutzberichten): Ende 1972 gab es 1307 Linksextremisten im öffentlichen Dienst, Ende 1980 2360. Die Zahlen sind Jahr für Jahr gestiegen, 1980 gegenüber 1979 (2454) jedoch leicht zurückgegangen. Über die Zahl der aus politischen Gründen abgelehnten Bewerber liegen - leider - keine exakten und

vollständigen Angaben vor. Es dürften jedoch nicht mehr als 1000 sein.

10 Souverän ignoriert etwa Manfred Schmidt die Fakten, so dass er unter der Überschrift "Die Politik der Illiberalität oder die Handhabung des 'Radikalenerlasses' in den Ländern" in seiner ansonsten informativen Studie die entsprechende Problematik abhandelt. Vgl. ders., CDU und SPD an der Regierung. Ein Vergleich ihrer Politik in den Ländern, Frankfurt/M. 1980, insbes. S. 112-124.

11 Diese These zieht sich wie ein roter Faden durch die Arbeiten von Wolf-Dieter Narr im letzten halben Jahrzehnt. Vgl. nur ders. (Hrsg.), Wir Bürger als Sicherheitsrisiko. - Berufsverbot und Lauschangriff - Beiträge zur Verfassung unserer Republik, Reinbek bei Hamburg 1977.

12 Vgl. Carl Schmitt, Die geistesgeschichtliche Lage des heutigen Parlamentarismus (1923 und 1926), 4. Aufl., Berlin 1969. Zu den (nicht nur vordergründigen) Ähnlichkeiten zwischen Schmitt und Habermas siehe Wolfgang Jäger, Öffentlichkeit und Parlamentarismus, Stuttgart u.a. 1973.

13 Einem ähnlichen Dilemma sehen sich die Verfechter der Restaurationsthese in der Bundesrepublik ausgesetzt. Vgl. dazu den eingängigen Artikel von Karlheinz Niclauss, Restauration - ja oder nein?, in: Eckhard Jesse (Hrsg.), Bundesrepublik Deutschland und Deutsche Demokratische Republik. Die beiden deutschen Staaten im Vergleich, 2. Aufl., Berlin 1981, S. 31-36. Typisch für die "Restaurationsliteratur" Ernst Ulrich Huster u.a., Determinanten der westdeutschen Restauration 1945-1949, 2. Aufl., Frankfurt/M. 1973. Differenzierter Theo Pirker, Die verordnete Demokratie. Grundlagen und Erscheinungen der "Restauration", Berlin 1977.

14 Vgl. Michael Kienzle/Dirk Mende (Hrsg.), Zensur in der BRD. Fakten und Analysen, München 1980. Dieser Band ist allerdings sehr materialreich und enthält interessante Angaben - speziell für die fünfziger Jahre.

15 Vgl. Ingeborg Drewitz/Wolfhart Eilers (Hrsg.), Mut zur Meinung. Gegen die zensierte Freiheit. Eine Sammlung von Veröffentlichungen zum Thema Zensur und Selbstzensur, Frankfurt/M. 1980.

16 Hans Magnus Enzensberger, Über Zensur und Selbstzensur, in: Hermann Glaser (Hrsg.), Bundesrepublikanisches Lesebuch. Drei Jahrzehnte geistiger Auseinandersetzung, München/Wien 1978, S. 649.

17 Hiergegen wenden sich die meisten Autoren des Sammelbandes von Heiner Geissler (Hrsg.), Der Weg in die Gewalt. Geistige und gesellschaftliche Ursachen des Terrorismus und seine Folgen, München-Wien 1978.

18 Klaus Staeck, Eine Zensur findet gelegentlich statt, in: Ingeborg Drewitz/Wolfhart Eilers (s. Anm. 15), S. 158.

19 Die Richtung, die sich so vehement für "Datenschutz" ausspricht, engagiert sich auch für "Transparenz". Aber "Datenschutz" und "Transparenz" kollidieren miteinander. Um die mangelnde Einlösbarkeit beider Postulate nur an einem eingängigen Beispiel zu verdeutlichen: Wie soll man sich bei Personen verhalten, die ihre Telefonnummer nicht in das amtliche Fernsprechverzeichnis eintragen lassen wollen? Das Gebot der Transparenz gebietet es, das des Datenschutzes lässt grosszügigere Regelungen zu.

20 Allzu häufig hält man noch an den Ergebnissen fest, die die vergleichende Länderstudie von Gabriel Almond/Sidney Verba (The Civic Culture. Political Attitudes and Democracy in Five Nations, Princeton N.J. 1963) herausgearbeitet hat, wonach "der" Deutsche sich stärker mit dem wirtschaftlichen System identifiziere, aber nur ein mangelndes politisches Interesse und ein geringes Mass an politischer Partizipationsbereitschaft erkennen lasse. Typisch für die Übernahme dieser (damals gültigen) Thesen etwa Carl Böhret u.a., Innenpolitik und politische Theorie. Ein Studienbuch, Opladen 1979, S. 86-91. Die neueren empirischen Ergebnisse werden bisher nur vereinzelt zur Kenntnis genommen. Hier sind vor allem die Arbeiten von David P. Conradt zu nennen: Vgl. ders., West Germany: A Remade Political Culture?, in: Comparative Political Studies 7 (1974), S. 222-238; ders., The German Polity, New York-London 1978, insbes. S. 44-76; ders., Changing German Political Culture, in: Gabriel A. Almond/Sidney Verba (Hrsg.), The Civic Culture Revisited. An Analytic Study, Boston 1980, S. 212-272. Heinz Rausch arbeitet ebenfalls den (im allgemein positiv zu wertenden) Wandel in der politischen Kultur heraus. Vgl. ders., Politische Kultur in der Bundesrepublik Deutschland, Berlin 1980. Vgl. dagegen die skeptische Beurteilung durch Peter Reichel, Artikel "Politische Kultur", in: Sontheimer/Röhring (Hrsg.), Handbuch des politischen Systems der Bundesrepublik Deutschland, München 1977, S. 502-513; ders., Die politische Kultur der Bundesrepublik Deutschland, Opladen 1981 (i.E.); ders., Politische Kultur - mehr als ein Schlagwort? Anmerkungen zu einem komplexen Gegenstand und fragwürdigen Begriff, in: Politische Vierteljahresschrift 21 (1980), S. 382-399. Siehe dagegen die Einwände von Kurt L. Shell (Politische Kultur - Ist der Begriff zu retten?), Jakob Schissler (Anmerkungen zur deutschen politischen Kultur) und Oscar W. Gabriel (Politi-

sche Kultur - Zum Schlagwort deformiert), in: Ebenda 22 (1981), S. 195-199, S. 199-204 und S. 204-209. Zuweilen gewinnt man den Eindruck, dass der Wandel in der politischen Kultur nicht wahrgenommen werden will. Die Studie von Martin und Sylvia Greiffenhagen (s. Anm. 4) etwa veröffentlicht eine Vielzahl von empirischen Daten, die dem Tenor der Ausführungen mit der Hervorhebung der obrigkeitlichen Belastungen zuwiderlaufen. "Die politische Wirklichkeit wird, so wird mancher Leser irritiert feststellen, ungünstiger dargestellt als die Meinungen der Bevölkerung über sie" (ebenda, S. 319). In der Tat! Die nachgeschobene Erklärung der beiden Greiffenhagens, wonach der Widerspruch "in der Natur der Sache" liege, ist eine "was nicht sein kann, nicht sein darf"-Immunisierungsstrategie.

21 Hier ist daran zu erinnern, dass sich das von Ernst Fraenkel und anderen propagierte "westliche" Demokratieverständnis (z.B. die Pluralismustheorie mit ihrer Betonung der Legitimität von Konflikten) zunächst gegen "rechte" Kritiker wandte. Zum Problem Hans Kremendahl. Pluralismustheorie in Deutschland. Entstehung, Kritik, Perspektiven, Leverkusen 1977; Winfried Steffani, Pluralistische Demokratie. Studien zur Theorie und Praxis, Opladen 1980.

22 Typisch dafür Martin Kutscha, Verfassung und "streitbare Demokratie". Historische und rechtliche Aspekte der Berufsverbote im öffentlichen Dienst, Köln 1979.

23 Vgl. Fritz J. Raddatz, Für das Verbot von Hitlers "Mein Kampf", in: Die Zeit v. 3. August 1979; siehe dagegen Hans Schueler, Gegen das Verbot von Hitlers "Mein Kampf", in: Ebenda. Hans Schueler, gehört zu den so unbeirrbaren wie unabhängigen "liberalen" Köpfen im Journalismus, deren Urteile sich gängigen "Rechts-Links"-Schablonen entziehen.

24 Es sei hier eigens anerkannt, dass Michael Kienzle aus einer dezidiert linken Warte an Raddatz heftige Schelte übt. Vgl. ders., Logophobie. Zensur und Selbstzensur in der BRD. Ein geschichtlicher Abriss, in: Ders./Dirk Mende (s. Anm. 14), insbes. S. 38f.

25 Darauf hat immer wieder hingewiesen Karl Dietrich Bracher. Vgl. etwa ders., Zeitgeschichtliche Kontroversen. Um Faschismus, Totalitarismus, Demokratie, 2. Aufl., München 1976; ders., Schlüsselwörter in der Geschichte, Düsseldorf 1978; ähnlich auch Martin Kriele, Legitimitätsprobleme der Bundesrepublik, München 1977.

26 So Walter Jens, Rede vor dem SPD-Parteitag 1979 in Berlin, in: Blätter für deutsche und internationale Politik 25 (1980), S. 121.

27 Vgl. etwa an einem schlagzeilenträchtigen Beispiel Karl Doehring u.a., Verfassungstreue im öffentlichen Dienst europäischer Staaten, Berlin 1980.

28 Vgl. Hans Magnus Enzensberger, Gratisangst und Gratismut (1961), in: Ders., Einzelheiten, Frankfurt/M. 1962, S. 186-191.

29 Charakteristisch hierfür Freimut Duve/Heinrich Böll/Klaus Staeck (Hrsg.), Briefe zur Verteidigung der Republik, Reinbek bei Hamburg 1977; dies. (Hrsg.), Briefe zur Verteidigung der bürgerlichen Freiheit. Nachträge 1978, Reinbek bei Hamburg 1978.

Auswahlbibliographie

Däubler, W./ Küsel, G. (Hg.)	Verfassungsgericht und Politik. Kritische Beiträge zu problematischen Urteilen, Reinbek 1979.
Denninger, E. (Hg.)	Freiheitlich demokratische Grundordnung. Materialien zum Staatsverständnis und zur Verfassungswirklichkeit in der Bundesrepublik, 2 Bände, Frankfurt/M. 1977.
Fenske, H.	Deutsche Verfassungsgeschichte. Vom Norddeutschen Bund bis heute, Berlin 1981.
Häberle, P.	Die Verfassung des Pluralismus. Studien zur Verfassungstheorie der offenen Gesellschaft, Königstein 1980.
Häberle, P. (Hg.)	Verfassungsgerichtsbarkeit, Darmstadt 1976.
Heyde, W./ Gielen, P	Die Hüter der Verfassung. Verfassungsgerichte im Bund und in den Ländern, Karlsruhe 1973.
Hennis, W.	Die mißverstandene Demokratie. Demokratie - Verfassung - Parlament, Freiburg 1973.
Jesse, E.	Streitbare Demokratie, Berlin 1980.
Kersten, H.J.	Das Bundesverfassungsgericht und der Schutz des Rechtsstaates, Hannover 1971.
Laufer, H.	Verfassungsgerichtsbarkeit und politischer Prozeß. Studien zum Bundesverfassungsgericht der Bundesrepublik Deutschland, Tübingen 1968
Merten, D./ Morsey, R. (Hg.)	30 Jahre Grundgesetz, Berlin 1979.
Oberreuter, H.	Notstand und Demokratie. Vom monarchistischen Obrigkeits- zum demokratischen Rechtsstaat, München 1978.
Säcker, H.	Das Bundesverfassungsgericht, München 1977^{2}.

Spanner, H. — Das Bundesverfassungsgericht. Einrichtung - Verfahren - Aufgaben, München 1972.

... — Bundesverfassungsgericht und Grundgesetz. Festgabe aus Anlaß des 25jährigen Bestehen des Bundesverfassungsgerichts, hg. von Christian Starck, 2 Bände, Tübingen 1976.

... — Das Bundesverfassungsgericht 1951-1971, Karlsruhe 1971².

... — Der Fernsehstreit vor dem Bundesverfassungsgericht, hg. von G. Zehner, 2 Bände, Karlsruhe 1964-1965

... — Der Grundlagenvertrag vor dem Bundesverfassungsgericht, hg. von dem Presse- und Informationsamt der Bundesregierung, Karlsruhe 1975.

... — KPD-Prozeß. Dokumentarwerk zu dem Verfahren über den Antrag der Bundesregierung auf Feststellung der Verfassungswidrigkeit der KPD, 3 Bände, hg. von G. Pfeiffer und H.-G. Strickert, Karlsruhe 1955-1956.

D. POLITISCHE REPRÄSENTATION

Einführung

Die Bundesrepublik ist ein "demokratischer und sozialer Bundesstaat", in dem "alle Staatsgewalt" vom Volke ausgeht (Art. 20 GG). In einer grundlegenden Bestimmung werden Prinzipien politischer Repräsentation formuliert, die Verpflichtung und Anspruch bedeuteten und gerade wegen ihrer prinzipiellen Bedeutung immer wieder Kritiker der Repräsentationswirklichkeit herausgefordert haben. Sie sahen in Verfassungsbestimmungen einen Maßstab, der ihrem Demokratieverständnis zu entsprechen hatte, allerdings die Wirklichkeit der Volksvertretung, der Interessendurchsetzung und politischen Artikulation, der komplexen Willensbildung weit hinter sich ließ.

Die Kritik am Bundestag und an den politischen Parteien ist allerdings niemals allein für die jeweils kritisierte politische Wirklichkeit aufschlußreich gewesen, sondern ebenso für die Position der Kritiker selbst. Sie wurden von unterschiedlichen Demokratiekonzeptionen beeinflußt, die Ernst Fraenkel so unnachahmlich seziert hat, und sahen von einer komplizierten, von einer hehren Norm abweichenden und dennoch Freiheit und Ordnung ermöglichenden Repräsentationswirklichkeit ab, deren Problematik sich keineswegs allein durch theoretische Rekurse, durch Statistiken und Entscheidungsanalysen erfassen ließ. In der politischen Repräsentation greifen verschiedene Willensbildungsbereiche ineinander: Regierung, Verwaltung, Parteien, Verbände, Medien, Bildung, halbstaatliche Institutionen - die Fixierung auf einen Faktor würde der Bedeutung der anderen nicht gerecht werden und müßte schließlich die jeden Faktor auszeichnenden Chancen, aber auch Gefahren und Gefährdungen übersehen.

Die vorliegenden Texte sollen die Auseinandersetzung über Demokratie- und Parlamentarismustheorien vermeiden. In dieser Reihe sind Bände geplant, die sich dieser Themen jeweils tiefschürfender annehmen sollen. Hier kann es nur darauf ankommen, an einzelne Grundtatsachen zu erinnern. Deshalb wird vor allem das Wahlgesetz auszugsweise abgedruckt. Die Abhandlungen von Rausch und Kremendahl lenken den Blick auf die Zusammensetzung des Parlaments und den Gestaltungsrahmen der Parteien selbst, die sich programmatisch gegenüber den Wählern zu profilieren haben.

17. Bundeswahlgesetz vom 7. Mai 1956

(BGBl. I S. 383, zuletzt geändert durch Gesetz zur Änderung des BWahlG v. 24. Juni 1975, BGBl. I S. 1593)

Erster Abschnitt

Wahlsystem

§ 1. Zusammensetzung des Bundestages und Wahlrechtsgrundsätze

(1) Der Bundestag besteht vorbehaltlich der sich aus diesem Gesetz ergebenden Abweichungen aus 518 Abgeordneten. Sie werden in allgemeiner, unmittelbarer, freier, gleicher und geheimer Wahl von den wahlberechtigten Deutschen nach den Grundsätzen einer mit der Personenwahl verbundenen Verhältniswahl gewählt.

(2) Von den Abgeordneten werden 259 nach Kreiswahlvorschlägen in den Wahlkreisen und die übrigen nach Landeswahlvorschlägen (Landeslisten) gewählt.

§ 2. Gliederung des Wahlgebietes

(1) Wahlgebiet ist der Geltungsbereich dieses Gesetzes.

(2) Die Einteilung des Wahlgebietes in Wahlkreise ergibt sich aus der Anlage zu diesem Gesetz.

(3) Jeder Wahlkreis wird für die Stimmabgabe in Wahlbezirke eingeteilt.

§ 3. Wahlkreiskommission und Wahlkreiseinteilung

(1) Der Bundespräsident ernennt eine ständige Wahlkreiskommission. Sie besteht aus dem Präsidenten des Statistischen Bundesamtes, einem Richter des Bundesverwaltungsgerichts und fünf weiteren Mitgliedern.

(2) Die Wahlkreiskommission hat die Aufgabe, über Änderungen der Bevölkerungszahlen im Wahlgebiet zu berichten und darzulegen, ob und welche Änderungen der Wahlkreiseinteilung sie mit Hinblick darauf für erforderlich hält. Sie kann in ihrem Bericht auch aus anderen Gründen Änderungsvorschläge machen. Bei ihren Vorschlägen zur Wahlkreiseinteilung hat sie folgende Grundsätze zu beachten:

1. Die Ländergrenzen sind einzuhalten.
2. Die Bevölkerungszahl eines Wahlkreises soll von der durchschnittlichen Bevölkerungszahl der Wahlkreise nicht um mehr als 25 vom Hundert nach oben oder unten abweichen; beträgt die Abweichung mehr als 33 1/3 vom Hundert, ist eine Neuabgrenzung vorzunehmen.
3. Die Zahl der Wahlkreise in den einzelnen Ländern soll deren Bevölkerungsanteil soweit wie möglich entsprechen.

4. Der Wahlkreis soll ein zusammenhängendes Gebiet bilden.

5. Die Grenzen der Gemeinden, Kreise und kreisfreien Städte sollen nach Möglichkeit eingehalten werden.

Bei Ermittlung der Bevölkerungszahlen bleiben Ausländer (§ 1 Abs. 2 des Ausländergesetzes) unberücksichtigt.

(3) Der Bericht der Wahlkreiskommission ist dem Bundesminister des Innern innerhalb von eineinhalb Jahren nach dem ersten Zusammentritt des Bundestages zu erstatten. Der Bundesminister des Innern leitet ihn unverzüglich dem Bundestag zu und veröffentlicht ihn im Bundesanzeiger. Auf Ersuchen des Bundesministers des Innern hat die Wahlkreiskommission einen ergänzenden Bericht zu erstatten; für diesen Fall gilt Satz 2 entsprechend.

(4) Werden Landesgrenzen nach dem Gesetz über das Verfahren bei Änderungen des Gebietsbestandes der Länder nach Artikel 29 Abs. 7 des Grundgesetzes vom 16. März 1965 (Bundesgesetzbl. I S. 65), geändert durch das Gesetz vom 9. August 1971 (Bundesgesetzbl. I S. 1241), geändert, so ändern sich entsprechend auch die Grenzen der betroffenen Wahlkreise. Werden im aufnehmenden Land zwei oder mehrere Wahlkreise berührt oder wird eine Exklave eines Landes gebildet, so bestimmt sich die Wahlkreiszugehörigkeit des neuen Landesteiles nach der Wahlkreiszugehörigkeit der Gemeinde, des Gemeindebezirks oder des gemeindefreien Gebietes, denen er zugeschlagen wird.

§ 4. Stimmen

Jeder Wähler hat zwei Stimmen, eine Erststimme für die Wahl eines Wahlkreisabgeordneten, eine Zweitstimme für die Wahl einer Landesliste.

§ 5. Wahl in den Wahlkreisen

In jedem Wahlkreis wird ein Abgeordneter gewählt. Gewählt ist der Bewerber, der die meisten Stimmen auf sich vereinigt. Bei Stimmengleichheit entscheidet das vom Kreiswahlleiter zu ziehende Los.

§ 6. Wahl nach Landeslisten

(1) Für die Verteilung der nach Landeslisten zu besetzenden Sitze werden die für jede Landesliste abgegebenen Zweitstimmen zusammengezählt. Nicht berücksichtigt werden dabei die Zweitstimmen derjenigen Wähler, die ihre Erststimme für einen im Wahlkreis erfolgreichen Bewerber abgegeben haben, der gemäß § 20 Abs. 3 oder von einer Partei, für die in dem betreffenden Lande keine Landesliste zugelassen ist, vorgeschlagen ist. Von der Gesamtzahl der Abgeordneten (§ 1 Abs. 1) wird

die Zahl der erfolgreichen Wahlkreisbewerber abgezogen, die in Satz 2 genannt oder von einer nach Absatz 4 nicht zu berücksichtigenden Partei vorgeschlagen sind. Die verbleibenden Sitze werden auf die Landeslisten im Verhältnis der Summen ihrer nach den Sätzen 1 und 2 zu berücksichtigenden Zweitstimmen im Höchstzahlverfahren d'Hondt verteilt. Über die Zuteilung des letzten Sitzes entscheidet bei gleichen Höchstzahlen das vom Bundeswahlleiter zu ziehende Los.

(2) Von der für jede Landesliste so ermittelten Abgeordnetenzahl wird die Zahl der von der Partei in den Wahlkreisen des Landes errungenen Sitze abgerechnet. Die restlichen Sitze werden aus der Landesliste in der dort festgelegten Reihenfolge besetzt. Bewerber, die in einem Wahlkreis gewählt sind, bleiben auf der Landesliste unberücksichtigt. Entfallen auf eine Landesliste mehr Sitze als Bewerber benannt sind, so bleiben diese Sitze unbesetzt.

(3) In den Wahlkreisen errungene Sitze verbleiben einer Partei auch dann, wenn sie die nach Absatz 1 ermittelte Zahl übersteigen. In einem solchen Falle erhöht sich die Gesamtzahl der Sitze (§ 1 Abs. 1) um die Unterschiedszahl; eine erneute Berechnung nach Absatz 1 findet nicht statt.

(4) Bei Verteilung der Sitze auf die Landeslisten werden nur Parteien berücksichtigt, die mindestens 5 vom Hundert der im Wahlgebiet abgegebenen gültigen Zweitstimmen erhalten oder in mindestens drei Wahlkreisen einen Sitz errungen haben. Satz 1 findet auf die von Parteien nationaler Minderheiten eingereichten Listen keine Anwendung.

§ 7. Listenverbindung

(1) Landeslisten derselben Partei gelten als verbunden, soweit nicht erklärt wird, daß eine oder mehrere beteiligte Landeslisten von der Listenverbindung ausgeschlossen sein sollen.

(2) Verbundene Listen gelten bei der Sitzverteilung im Verhältnis zu den übrigen Listen als eine Liste.

(3) Die auf eine Listenverbindung entfallenden Sitze werden auf die beteiligten Landeslisten im Verhältnis ihrer Zweitstimmen im Höchstzahlverfahren d'Hondt verteilt. § 6 Abs. 1 Satz 1,2,4,5, Abs. 2 und 3 gilt entsprechend.

Dritter Abschnitt

Wahlrecht und Wählbarkeit

§ 12. Wahlrecht

(1) Wahlberechtigt sind alle Deutschen im Sinne des Artikels 116 Abs. 1 des Grundgesetzes, die am Wahltage

1. das 18. Lebensjahr vollendet haben,

2. seit mindestens drei Monaten im Geltungsbereich dieses Gesetzes eine Wohnung innehaben oder sich sonst gewöhnlich aufhalten,

3. nicht nach § 13 vom Wahlrecht ausgeschlossen sind.

(2) Wahlberechtigt sind bei Vorliegen der sonstigen Voraussetzungen auch Beamte, Soldaten, Angestellte und Arbeiter im öffentlichen Dienst, die auf Anordnung ihres Dienstherrn außerhalb des Geltungsbereiches dieses Gesetzes eine Wohnung innehaben oder sich sonst gewöhnlich aufhalten, sowie die Angehörigen ihres Hausstandes. Bei Rückkehr in den Geltungsbereich dieses Gesetzes gilt die Dreimonatsfrist des Absatzes 1 Nr. 2 nicht.

(3) Wohnung im Sinne dieses Gesetzes ist jeder umschlossene Raum, der zum Wohnen oder Schlafen benutzt wird. Wohnwagen und Wohnschiffe sind jedoch nur dann als Wohnungen anzusehen, wenn sie nicht oder nur gelegentlich fortbewegt werden.

(4) Sofern sie im Geltungsbereich dieses Gesetzes keine Wohnung innehaben, gilt als Wohnung im Sinne des Absatzes 1 Nr. 2

1. für Seeleute sowie für die Angehörigen ihres Hausstandes das von ihnen bezogene Schiff, wenn dieses nach dem Flaggenrechtsgesetz vom 8. Februar 1951 (Bundesgesetzbl. I S. 79), zuletzt geändert durch das Konsulargesetz vom 11. September 1974 (Bundesgesetzbl. I S. 2317), die Bundesflagge zu führen berechtigt ist,

2. für Binnenschiffer sowie für die Angehörigen ihres Hausstandes das von ihnen bezogene Schiff, wenn dieses in einem Schiffsregister im Geltungsbereich dieses Gesetzes eingetragen ist,

3. für im Vollzug gerichtlich angeordneter Freiheitsentziehung befindliche Personen sowie für andere Untergebrachte die Anstalt oder die entsprechende Einrichtung.

§ 13. Ausschluß vom Wahlrecht

Ausgeschlossen vom Wahlrecht ist,

1. wer infolge Richterspruchs das Wahlrecht nicht besitzt,

2. wer entmündigt ist oder wegen geistiger Gebre-

chens unter Pflegschaft steht,

3. wer nach § 63 des Strafgesetzbuches in einem psychiatrischen Krankenhaus untergebracht ist,

4. wer infolge Richterspruchs auf Grund landesrechtlicher Vorschriften wegen Geisteskrankheit oder Geistesschwäche nicht nur einstweilig in einem psychiatrischen Krankenhaus untergebracht ist.

§ 14. Ausübung des Wahlrechts

(1) Wählen kann nur, wer in ein Wählerverzeichnis eingetragen ist oder einen Wahlschein hat.

(2) Wer im Wählerverzeichnis eingetragen ist, kann nur in dem Wahlbezirk wählen, in dessen Wählerverzeichnis er geführt wird.

(3) Wer einen Wahlschein hat, kann an der Wahl des Wahlkreises, in dem der Wahlschein ausgestellt ist,

a) durch Stimmabgabe in einem beliebigen Wahlbezirk dieses Wahlkreises oder

b) durch Briefwahl

teilnehmen.

(4) Jeder Wahlberechtigte kann sein Wahlrecht nur einmal und nur persönlich ausüben.

§ 15. Wählbarkeit

(1) Wählbar ist, wer am Wahltage

1. seit mindestens einem Jahr Deutscher im Sinne des Artikels 116 Abs. 1 des Grundgesetzes ist und

2. das achtzehnte Lebensjahr vollendet hat.

(2) Nicht wählbar ist,

1. wer nach § 13 vom Wahlrecht ausgeschlossen ist,

2. wer infolge Richterspruchs die Wählbarkeit oder die Fähigkeit zur Bekleidung öffentlicher Ämter nicht besitzt oder

3. wer, ohne die deutsche Staatsangehörigkeit zu besitzen, Deutscher im Sinne des Artikels 116 Abs. 1 des Grundgesetzes ist und diese Rechtsstellung durch Ausschlagung der deutschen Staatsangehörigkeit nach dem Gesetz zur Regelung von Fragen der Staatsangehörigkeit vom 22. Februar 1955 (Bundesgesetzbl. I S. 65) erlangt hat.

Fünfter Abschnitt

Wahlhandlung

§ 31. Öffentlichkeit der Wahlhandlung

Die Wahlhandlung ist öffentlich. Der Wahlvorstand kann Personen, die die Ordnung und Ruhe stören, aus dem Wahlraum verweisen.

§ 32. Unzulässige Wahlpropaganda

In dem Gebäude, in dem sich der Wahlraum befindet, ist jede Beeinflussung der Wähler durch Wort, Ton, Schrift oder Bild verboten.

§ 33. Wahrung des Wahlgeheimnisses

(1) Es sind Vorkehrungen dafür zu treffen, daß der Wähler den Stimmzettel unbeobachtet kennzeichnen und in den Umschlag legen kann. Für die Aufnahme der Umschläge sind Wahlurnen zu verwenden, die die Wahrung des Wahlgeheimnisses sicherstellen.

(2) Ein Wähler, der des Lesens unkundig oder durch körperliches Gebrechen behindert ist, den Stimmzettel zu kennzeichnen, in den Wahlumschlag zu legen, diesen dem Wahlvorsteher zu übergeben oder selbst in die Wahlurne zu legen, kann sich der Hilfe einer Person seines Vertrauens bedienen.

§ 34. Stimmabgabe mit Stimmzetteln

(1) Gewählt wird mit amtlichen Stimmzetteln in amtlichen Umschlägen.

(2) Der Wähler gibt

1. seine Erststimme in der Weise ab, daß er durch ein auf den Stimmzettel gesetztes Kreuz oder auf andere Weise eindeutig kenntlich macht, welchem Bewerber sie gelten soll,

2. seine Zweitstimme in der Weise ab, daß er durch ein auf den Stimmzettel gesetztes Kreuz oder auf andere Weise eindeutig kenntlich macht, welcher Landesliste sie gelten soll.

§ 35. Stimmabgabe mit Wahlgeräten

(1) Zur Erleichterung der Abgabe und Zählung der Stimmen können anstelle von Stimmzetteln, Wahlumschlägen und Wahlurnen Wahlgeräte mit selbständigen Zählwerken benutzt werden.

(2) Wahlgeräte im Sinne von Absatz 1 müssen die Geheimhaltung der Stimmabgabe gewährleisten. Ihre Bauart muß für die Verwendung bei Wahlen zum Bundestag amtlich für einzelne Wahlen oder allgemein zugelassen sein. Über die Zulassung entscheidet der Bundesminister des Innern auf Antrag des Herstellers des Wahlgerätes. Die

Verwendung eines amtlich zugelassenen Wahlgerätes bedarf der Genehmigung durch den Bundesminister des Innern. Die Genehmigung kann für einzelne Wahlen oder allgemein ausgesprochen werden.

(3) Der Bundesminister des Innern wird ermächtigt, durch Rechtsverordnung, die nicht der Zustimmung des Bundesrates bedarf, nähere Bestimmungen zu erlassen über

1. die Voraussetzungen für die amtliche Zulassung der Bauart von Wahlgeräten sowie für die Rücknahme und den Widerruf der Zulassung,

2. das Verfahren für die amtliche Zulassung der Bauart,

3. das Verfahren für die Prüfung eines Wahlgerätes auf die der amtlich zugelassenen Bauart entsprechende Ausführung,

4. die öffentliche Erprobung eines Wahlgerätes vor seiner Verwendung,

5. das Verfahren für die amtliche Genehmigung der Verwendung sowie für die Rücknahme und den Widerruf der Genehmigung,

6. die durch die Verwendung von Wahlgeräten bedingten Besonderheiten im Zusammenhang mit der Wahl.

Die Rechtsverordnung ergeht in den Fällen der Nummern 1 und 3 im Einvernehmen mit dem Bundesminister für Wirtschaft.

(4) Für die Betätigung eines Wahlgerätes gilt § 33 Abs. 1 Satz 1 und Abs. 2 entsprechend.

§ 36. Briefwahl

(1) Bei der Briefwahl hat der Wähler dem Kreiswahlleiter des Wahlkreises, in dem der Wahlschein ausgestellt worden ist, im verschlossenen Wahlbriefumschlag

a) seinen Wahlschein,

b) in einem besonderen verschlossenen Umschlag seinen Stimmzettel

so rechtzeitig zu übersenden, daß der Wahlbrief spätestens am Wahltage bis 18 Uhr eingeht. § 33 Abs. 2 gilt entsprechend.

(2) Auf dem Wahlschein hat der Wähler oder die Person seines Vertrauens gegenüber dem Kreiswahlleiter an Eides Statt zu versichern, daß der Stimmzettel persönlich oder gemäß dem erklärten Willen des Wählers gekennzeichnet worden ist. Der Kreiswahlleiter ist zur Abnahme einer solchen Versicherung an Eides Statt zuständig; es gilt als Behörde im Sinne des § 156 des

Strafgesetzbuches.

(3) Wahlbriefe können von den Absendern gebührenfrei bei der Deutschen Bundespost eingeliefert werden, wenn sie sich in amtlichen Wahlbriefumschlägen befinden. Der Bund entrichtet an die Deutsche Bundespost für jeden von ihr beförderten, unfrei eingelieferten Wahlbrief die jeweils gültige Briefgebühr.

§ 54. Berlin-Klausel

Dieses Gesetz gilt nach Maßgabe des § 13 Abs. 1 des Dritten Überleitungsgesetzes vom 4. Januar 1952 (Bundesgesetzbl. I S. 1) auch im Land Berlin. Rechtsverordnungen, die auf Grund dieses Gesetzes erlassen werden, gelten im Land Berlin nach § 14 des Dritten Überleitungsgesetzes.

§ 55. Ausdehnung des Geltungsbereiches dieses Gesetzes

Dieses Gesetz ist in anderen Teilen Deutschlands nach deren Beitritt gemäß Artikel 23 des Grundgesetzes in Kraft zu setzen. Der Zeitpunkt des Inkrafttretens und die Wahlkreiseinteilung werden durch Bundesgesetz bestimmt.

18. Grundgesetz für die Bundesrepublik Deutschland (23. Mai 1949)

Artikel 20 (Grundlagen staatlicher Ordnung, Widerstandsrecht)

(1) Die Bundesrepublik Deutschland ist ein demokratischer und sozialer Bundesstaat.

(2) Alle Staatsgewalt geht vom Volke aus. Sie wird vom Volke in Wahlen und Abstimmungen und durch besondere Organe der Gesetzgebung, der vollziehenden Gewalt und der Rechtssprechung ausgeübt.

(3) Die Gesetzgebung ist an die verfassungsmäßige Ordnung, die vollziehende Gewalt und die Rechtsprechung sind an Gesetz und Recht gebunden.

(4) Gegen jeden, der es unternimmt, diese Ordnung zu beseitigen, haben alle Deutschen das Recht zum Widerstand, wenn andere Abhilfe nicht möglich ist.

Artikel 38 (Wahl)

(1) Die Abgeordneten des Deutschen Bundestages werden in allgemeiner, unmittelbarer, freier, gleicher und geheimer Wahl gewählt. Sie sind Vertreter des ganzen Volkes, an Aufträge und Weisungen nicht gebunden und nur ihrem Gewissen unterworfen.

(2) Wahlberechtigt ist, wer das achtzehnte Lebensjahr vollendet hat; wählbar ist, wer das Alter erreicht hat, mit dem die Volljährigkeit eintritt.

(3) Das Nähere bestimmt ein Bundesgesetz.

HEINZ RAUSCH

Das Parlament - ein Repräsentationsorgan?

Wenn heute das Parlament kritisiert wird, dann bezieht sich diese Kritik bei allen Vorbehalten weniger auf seine gesetzgeberische Tätigkeit als auf seine Öffentlichkeits- und Informationsfunktion.

Walter Bagebot hat diese Aufgabe des Parlamentes in seiner Studie über die "Englische Verfassung" von 1867 so umschrieben: "Die zweite Aufgabe des Unterhauses besteht in dem, was ich die 'ausdrückende' (expressive) Funktion nennen möchte. Es ist seine Pflicht und sein Amt, die Haltung des englischen Volkes zu allen Dingen, die vorgebracht werden, auszudrücken ... Die dritte Aufgabe des Parlaments besteht in dem, was ich ... die lehrende Funktion bezeichnen möchte. Eine große und offene Ratsversammlung bedeutender Männer kann nicht in die Mitte einer Gesellschaft hineingestellt werden, ohne diese Gesellschaft zu verändern. Sie sollte sie zum besseren hin ändern. Sie sollte die Nation das lehren, was sie nicht weiß ... Viertens hat das Unterhaus eine Aufgabe, die die informierende genannt werden kann ... In älteren Zeiten mußte das Unterhaus den Souverän darüber unterrichten, was falsch im Staate war. Es legte der Krone die Beschwerden und Klagen besonderer Interessenkreise vor. Seit der Veröffentlichung der Parlamentsdebatten soll das Parlament dieselben Beschwerden, dieselben Klagen vor die Nation, den gegenwärtigen Souverän, bringen. Die Nation braucht dies ebenso notwendig wie es der König jemals brauchte ... Ich bin geneigt, es für die zweitwichtigste Aufgabe des Parlaments zu halten, daß es zu einem gewissen Grade uns zu Gehör bringt, was wir andernfalls nicht hören würden"[1]

Diese Aussagen im Hintergrund besteht die gegenwärtige Problematik darin, inwieweit ein Parlament heute noch die Artikulations-, Willensbildungs-, Informations-, Repräsentations- und Erziehungsfunktionen wahrnehmen und das dafür vornehmlich zuständige Organ sein kann. Dahinter taucht die weitere Frage auf, ob das Parlament diese Aufgaben überhaupt noch wahrnehmen kann angesichts einer kommunizierenden Welt, in der Massenmedien (Rundfunk und Fernsehen stärker als die Tageszeitungen), informieren, kritisieren und für die Öffentlichkeit - zugegebenermaßen oft einseitig - willensbildend tätig werden. (Wenn beispielsweise Meinungsforschungsinstitute noch in der Wahlnacht Auskünfte über Wählerverschiebungen geben, beanspruchen sie eine Wirklichkeit, die allein in der Konstruktion komplizierter

Rechenprozesse besteht)[2]. Die Massenmedien sind oft informierter als die Abgeordneten, da sie über weitgestreute Mittel und Möglichkeiten verfügen, sich Informationen zu beschaffen. Manfred Schulte von 1967 bis 1975 Parlamentarischer Geschäftsführer der SPD-Bundestagsfraktion, meinte daher 1969 einmal schon bezeichnenderweise: "Selbstverständlich gibt es viele politische Probleme, die sich im Stadium der Entstehung befinden und nicht unbedingt schon für die Öffentlichkeit bestimmt sind, weil eine verfrühte und nicht ausgereifte Überlegung, die an die Öffentlichkeit gelangt, zunichte werden kann. Das wird man einsehen, ohne daß es hier im einzelnen erörtert zu werden braucht ... (Dabei stellt sich) ein Problem von nicht zu unterschätzender Bedeutung: Welches Gremium im Parlament ist überhaupt 'dicht'? Hier kann man heute wohl schon für alle Fraktionen davon ausgehen, daß selbst der relativ kleine Kreis des Fraktionsvorstandes nicht mehr generell als dicht zu betrachten ist. Was lang und breit im Fraktionsvorstand erörtert wird, kann selbst dann,wenn man untereinander Vertraulichkeit vereinbart, sehr wohl am nächsten Tage in der Zeitung stehen. Das ist nicht auszuschließen, und ich bin nicht in der Lage, zu sagen warum. Vielleicht ist es eine neue Form der Durchlässigkeit und der Öffentlichkeit über technische Hilfsmittel, worüber ich nur orakeln kann"[3].

Ein Wort noch zur Begriffsbestimmung der angesprochenen Funktionen, die allesamt unter dem Stichwort Öffentlichkeitsfunktion des Parlamentes zusammengefaßt werden können[4]. Außer Betracht bleibt dabei die Lehrfunktion im traditionellen Bagehotschen Sinne, da für sie in einem modernen Parlament kaum mehr die soziologischen Gegebenheiten anzutreffen sind, die sie konstituierten: das Besitz- und Bildungsbürgertum, kurz die liberale Elite des Volkes. Weil diese Voraussetzungen im Parteienstaat entfallen, kann die dadurch umschriebene Aufgabe nur beschränkt und in anderer Form wahrgenommen werden: sie geht in die Repräsentationsfunktion ein. Unter Artikulation ist zu verstehen die Pflicht des Bundestages, sich zu anstehenden politischen Fragen zu äußern; er soll in der Tat das Forum sein, das Probleme, die das deutsche Volk bewegen, nicht etwa anspricht - das können die Massenmedien besser -, sondern in dem die Parteien sich verbindlich dazu äussern. Das heisst, in dem nicht der oder jener Abgeordnete einer Partei seine Meinung sagt, die dann mit oder ohne Widerspruch der Gesamtpartei unterlegt wird, sondern wo durch beauftragte Vertreter jede Fraktion deutlich macht, was sie zu einer politischen Frage zu sagen hat - offiziell, ohne Widerrufsmöglichkeit. Was dort gesagt wird, gilt - für Fraktion und Partei, wenn diese sich nicht ausdrücklich dagegen wehrt. Deshalb leitet die Artikulationsfunktion in die Willensbildungsfunktion über. Wenn nämlich im Parlament Standpunkte eingenommen worden sind, dann ist es schwer, sie zu verwerfen. Alle Aussagen im Bundestag sind daher nichts anderes als politische Stellungnahmen, die den gegenwärtigen und zukünftigen Kreis andeuten, innerhalb dessen Regierung und Opposition ihre Politik verwirklichen wollen. In ihm kann der Wähler sehen, wer was will; kann die Gemeinsamkeiten und Gegenseitigkeiten sich plastisch vorstellen - wenn er es will; die Zweifel sind stark. Repräsentationsfunktion meint schließlich nicht, dass Josef Filser wie früher nach München, heute nach Bonn zum Regieren fährt, sondern dass das Parlament, der Bundestag, Anregungen aus der Bevölkerung aufgreift, sie zur Sprache bringt, auch unvertretene Interessen berücksichtigt - und damit zwar nicht Spiegelbild der Bevölkerung wird, aber Organ, das Probleme aufgreift, sie diskutiert, auch in die Zukunft vorausplant, ausserparlamentarische Opposition unnötig macht, weil damit Anregungen von außen aufgegriffen und öffentlich im Für und Wider behandelt und gewogen werden.

Franz Schneider hat drei Typen gebildet, um Diskussionsformen zu erfassen[5]. Er bezeichnet sie als symbuleutisches, agonales und deklaratorisches Prinzip. Die symbuleutische Diskussion umschreibt dabei wechselseitige Äusserungen ohne Betonung der Individualität, die im Hinblick auf ein gemeinsam zu erreichendes Ziel gemacht und als Beitrag zu einer gemeinsam angestrebten Lösung verstanden werden. In der agonalen Diskussion stossen individuelle Äußerungen aufeinander, wobei die notwendig werdende Entscheidung herbeigeführt wird durch das Überzeugen des Gegners oder anderer Beteiligter. Die deklaratorische Diskussion dagegen kennt keine Überzeugung des Anders-Meinenden mehr: die Argumente der einen wie der anderen Seite bleiben jeweils ohne Wirkung, so dass die Diskussion eine blosse Erklärung und Erläuterung von Standpunkten darstellt, ihre Bedeutung aber daraus gewinnt, dass Aussenstehenden die einander gegenüberstehenden Argumente zur Kenntnis gebracht werden.

Betrachten wir diese Diskussionstypen vor dem Hintergrund der neueren Parlamentsgeschichte, dann ist der symbuleutische Typ so gut wie nirgends anzutreffen, während der agonale dem klassisch-liberalen Parlament zugerechnet wird. Dort war der Theorie nach das Parlament der Ort, in dem unabhängige Persönlichkeiten wirkten, die sich in den Wahlen als Auslese der Besten des Volkes, als Elite des Geistes, durchgesetzt hatten und sich nun in freier Rede gegenseitig überzeugten und - wiederum der Theorie nach - das Beste für die Nation zustandebrachten. Daß nämlich, schreibt Gerhard Leibholz[6], "ein so aus der Elite des Volkes sich zusammensetzendes Parlament nach freiem wechselseitigen Meinungsaustausch die bestmöglichen Beschlüsse für die Nation soll fassen können und dass einem so gebildeten Parlament die grösstmögliche Macht anvertraut werden soll ..., sind Folgerungen, die sich aus dem Glauben an die schöpferischen Qualitäten des repräsentativen Parlamentarismus sozusagen von selbst ergeben". Dieses Idealbild, das in Wirklichkeit rein überhaupt nicht und ansonsten nur in beschränktem Ausmasse anzutreffen war, hat sich durch den demokratischen Parteienstaat entschieden gewandelt. Jetzt tritt eben nicht mehr die unabhängige Persönlichkeit im Parlament auf, sondern der seiner Partei verbundene, für sie werbende und von ihrem Programm geleitete Politiker. Diese Zuordnung von Partei und Politik äußert sich in der Identifizierung. In der parlamentarischen Diskussion stehen unterschiedliche Programme einander gegenüber; nicht in dem Sinne, dass sie in Frage gestellt werden, sondern in dem, dass sie als Grundlage betont und von der einen Seite anerkannt, von der anderen verworfen werden. Franz Schneider hat für Grossbritannieen festgestellt: "Das Unterhaus kann reden, aber es kann nicht mehr überreden". Dass die Verhältnisse in der Bundesrepublik ähnlich sind, hat Paul Sethe festgehalten: "Im klassischen Parlamentarismus wurden die entscheidenden Kämpfe in der Vollversammlung ausgetragen. Damals rangen die Abgeordneten noch miteinander, der Ausgang war oft ungewiß... Und noch immer konnte ein Redner hoffen, schwankende Gemüter umzustimmen. Aber solche Kämpfe sind vorbei... Niemand darf mehr hoffen, durch rednerische Glanzleistung im Plenum noch jemand beeinflussen oder gar auf seine Seite ziehen zu können ... Als darüber beraten wurde, ob die Verjährungsfrist für Gewaltverbrechen verlängert werden sollte, haben tatsächlich einige Abgeordnete ihre Meinung geändert. Aber das geschah nicht im Plenum. Dass Adolf Arndt, anders als ein Vierteljahr vorher, sich für die Verlängerung aussprechen werde, wusste man, ehe der Präsident die Sitzung eröffnet hatte. Nicht Richard Jaeger überzeugte ihn, und Thomas Dehler konnte ihn nicht zurückgewinnen".

Es mag dahingestellt bleiben, ob diese Analyse des Parlamentarismus jemals zugetroffen hat; Arnd Morkel hat selbst für das Grossbritannien des 18. Jahrhunderts daran berechtigte Zweifel angemeldet[7]. Heute steht fest, dass Parteien aufeinandertreffen - und dieser Sachverhalt auch von den Wählern anerkannt wird. Sie wollen nicht innere Streitigkeiten sehen, wenngleich diese als "innerparteiliche" Demokratie oft strapaziert werden. Ihnen geht es vielmehr darum, klare Positionen zu erblicken. Nicht um Jungsozialistenpolitik geht es dem Staatsbürger, sondern um die Politik der SPD; und auch Franz Josef Strauß ist nur insoweit interessant, als er den Standort seiner Partei festlegt, auf den der Wähler seine Entscheidung baut[8]. Diskussion innerhalb der Partei ist dadurch nicht ausgeschlossen. Nur so läßt sich eine Willensbildung bewerkstelligen. Aber mit gespaltenen Zungen zu reden, steht einer Partei nicht an. Wer über die Macht im Staate entscheidet, muß wissen, wem er sie anvertraut. Der Wähler als oberster Souverän kann dies nur dann tun, wenn Parteien einheitlich auftreten. Es ist nicht etwa eine Gunst der Parteien, sich in ihren internen Auseinandersetzungen zu öffnen. Sondern ein solches Verhalten verdeckt und verschleiert die Ausgangspunkte, unter denen sie im Parteienwettbewerb angetreten sind. Eine deutliche Sprache ist erforderlich. Wo sie nicht gesprochen wird, mag man den Genossen oder Ungenossen Trend heranziehen, um Wählerverhalten zu erklären; in der offiziellen Parteihaltung liegt allein die Erklärung. Die Wähler wünschen, daß die von ihnen Gewählten ein vorgestelltes Programm einhalten; ansonsten fühlen sie sich betrogen. So geschehen ist es 1961, als die FDP entgegen vorheriger Aussagen doch noch sich mit Adenauer als Bundeskanzler einverstanden erklärte und diesen Sachverhalt durch den Verzicht ihres Vorsitzenden Mende auf ein Ministeramt nur schwer verhüllen konnte. Die Reaktion war deutlich. Sie äußerte sich nicht nur in Zuschriften an Tageszeitungen, sondern noch 1965 in einem deutlichen Rückgang an Stimmen. Wenn daher die FDP, zuerst 1969 bei den Bundestagswahlen durch ihren Vorsitzenden Walter Scheel, seither ausdrücklich vor Neuwahlen ein Bündnis mit der SPD ankündigte, dann erfolgte diese Aussage mit Rücksicht auf die vom Wähler erwarteten Vorgegebenheiten. Er will eben die und nicht eine andere Partei wählen, wie sie sich zum Zeitpunkt der Wahl präsentiert. Erfüllt sie seine Erwartungen nicht, wendet er sich von ihr ab - bis hin zu einem Austausch der Wählerschaft, wie es in der Wandlung der FDP zur F.D.P. nachvollziehbar ist. Dann aber sind auch die Abgeordneten gerechtfertigt, die einen "neuen" Parteikurs nicht anerkennen, sondern ihrem Verständnis gemäß den bisherigen weiterverfolgen, selbst wenn damit die "Mandatsübertragung" und/oder ein Parteiwechsel verbunden ist. Dissidenten sind erlaubt und gefordert in einem pluralistischen Parteisystem, weil sie die Spannung und die Machtkämpfe innerhalb einer Partei nach außen zeigen. An ihnen auf die Dauer festzuhalten, kann sich indes keine Partei erlauben, weil dem Wähler eine einheitliche Grundkonzeption präsentiert werden muß. Wird dennoch mit Betonung der Spannwerte an ihnen kein Exempel statuiert (Parteiausschluß), dann schadet es der Partei: Der Wähler wird verunsichert und die politische Grundkonzeption verdunkelt.[9]

Vom Parteienstaat her hat im Bundestag das Deklaratorische Prinzip vorzuherrschen. Damit ist nicht ausgeschlossen, daß es Auswirkungen auf die Öffentlichkeits-

und Informationsfunktion hat, weil Alternativen, wo notwendig, und Meinungsverschiedenheiten, wo gegeben, aufgezeigt werden und der Adressat der Wähler ist. Um ihn geht es, nicht um den Kollegen im Parlament. "Die Angriffe der Opposition bezwecken schon lange nicht mehr, das Kabinett durch das Parlament zu stürzen", hat Ernst Fraenkel hervorgehoben. Damit jedoch der Wähler eine Regierung abwählen kann, bedarf es der öffentlichen Diskussion, bedarf es der parlamentarischen Debatte. Die zustellende Frage lautet daher: Ist der Deutsche Bundestag ein Organ der Debatte, der Information, der Artikulation, letztlich damit der Repräsentation?

Lassen wir zunächst die Kritiker zu Wort kommen. Dolf Sternberger schrieb in der "Frankfurter Allgemeinen Zeitung": "Der Bundestag - und nicht nur der gegenwärtige (= gemeint ist der vierte) - versteht sich augenscheinlich vor allem und fast ausschließlich als gesetzgebende Körperschaft, als 'Legislative', seine ganze Organisation ist darauf ausgerichtet, zumal das System der ständigen Ausschüsse. Natürlich ist er das Hauptorgan der Gesetzgebung, aber er sollte noch mehr und anders sein oder werden. Er könnte der Schauplatz sein, an dem die großen Fragen des Landes in Spruch und Widerspruch diskutiert werden. Er könnte die Institution sein, welche die öffentliche Diskussion führte. Die nicht hinter ihr herliefe, sondern die sie führte. Nirgends sonst besteht die Chance der disziplinierten und verbindlichen Debatte. Einstmals gab es bei uns das böse Wort von der 'Schwatzbude'. Der deutsche Parlamentarismus scheint es sich sehr zu Herzen genommen zu haben. So sehr, daß man sich nun ganz in die Arbeit und in die Papiere vergräbt". Wilhelm Hennis beantwortete die von ihm selbst gestellte Frage nach dem "faulen Parlament" so: "Bei allen Überlegungen sollte sich der Bundestag von der trügerischen Vorstellung frei machen, er sei ein so besonders fleißiges Parlament. Es gibt in allen Fraktionen eine bedeutende Zahl immens fleißiger Abgeordneter, und in der ersten Legislaturperiode von 1949 bis 1953 machte sich der Bundestag zweifellos auch eifrig an die Arbeit. Aber für die beiden letzten Legislaturperioden (= 1957-1965) kann man das vom Bundestag kaum noch sagen. Jedenfalls hat sich der Fleiß nicht dort dokumentiert, wo es in einem demokratischen Parlament zu geschehen pflegt: in den Plenarsitzungen". Also nicht arbeitsfaul ist der Bundestag, sondern diskussionsfaul, so Hennis' Urteil, das er stets widerholt: "Was der Bundestag zu den Gesetzen zu sagen hatte, hält keinen Vergleich stand mit dem, was frühere deutsche oder vergleichbare ausländische Parlamente zu den von ihnen verabschiedeten Gesetzen vorbrachten oder vorbringen". Hans Schuster rief daher in der "Süddeutschen Zeitung" aus: "Die Öffentlichkeit wartet heute geradezu auf die Wiederbesinnung des Bundestags auf seine ihm zustehende Rolle. Eine abschätzende Wertung des Parlaments als 'Schwatzbude'... ist heute kaum noch anzutreffen. Ehrliche Trauer über die selbstauferlegte Stummheit ist in den bewegenden Fragen der Innen- und Außenpolitik viel weiter verbreitet".

Betrachten wir diese Klagen vor dem Hintergrund nüchterner Zahlen anhand der Sitzungen, ihrer Dauer und durchschnittlichen Länge,die Peter Schindler in der Zeitschrift für Parlamentsfragen zusammengestellt hat.[10]

Plenarsitzungen

	Sitzungen	Gesamtdauer	Durchschnitt
1. Bundestag	282	1801 Std.	6 Std. 04 Min.
2. Bundestag	227	1581 Std.	6 Std. 22 Min.
3. Bundestag	168	1134 Std.	6 Std. 14 Min.
4. Bundestag	198	1091 Std.	4 Std. 58 Min.
5. Bundestag	247	1343 Std.	4 Std. 55 Min.
6. Bundestag	199	1091 Std.	4 Std. 58 Min.
7. Bundestag	259	1564 Std.	5 Std. 44 Min.
8. Bundestag	230	1410 Std.	5 Std. 39 Min.
Insgesamt(1-8)	1810	11064 Std.	5 Std. 39 Min.

Ein Vergleich mit den ersten beiden Wahlperioden zeigt, daß nicht nur die Zahl der Sitzungen, sondern auch die Gesamtdauer abgenommen hat. Verschwunden sind insbesondere die extrem langen Sitzungen: während es in der dritten Legislaturperiode noch zwei Sitzungen von 15 Stunden Dauer gab, erreichte in der vierten Legislaturperiode nur noch eine diese Zeit. Über 12 Stunden dauerten in der dritten Wahlperiode 10 Sitzungen und in der vierten 6 Sitzungen. Im siebten gab es eine außerordentliche lange Sitzung, nämlich die erste Lesung zur Reform des § 218 StGB, die bis weit nach Mitternacht andauerte und - die Abstimmung war freigegeben - die unterschiedlichsten Standpunkte der Öffentlichkeit dokumentierte (auch wenn diese sie, die Presseberichterstattung ist angesprochen, wahrscheinlich gar nicht erfaßte: der Schluß für die Redationstermine lag Stunden zuvor, und für eine Ausgabe am übernächsten Tage war nur mehr das Ergebnis, nicht aber die Meinung eines Abgeordneten der Berichterstattung interessant).

Debatten im Bundestag schließen sich in der Regel an den Haushalt, kontroverse Gesetzgebungsmaßnahmen, an Regierungserklärungen und an Große Anfragen (Interpellationen) an. Hinsichtlich dieser sieht die Bilanz aus:

1. Wahlperiode 1949-1935	160
2. Wahlperiode 1953-1957	97
3. Wahlperiode 1957-1961	49
4. Wahlperiode 1961-1965	34

5. Wahlperiode	1965-1969	45
6. Wahlperiode	1969-1972	31
7. Wahlperiode	1972-1976	24
8. Wahlperiode	1976-1980	47

ein interpretationswürdiges Phänomen, zu dem man nicht unbedingt mit Hennis, auf die Zeit vor 1966 bezogen, fragen muß: "Sah die SPD nur noch selten Anlaß, der Regierung auf die Finger zu klopfen - oder hatte sie sich um den Schneid gebracht?" Gleiches gilt nämlich für die CDU/CSU Opposition.

Was die kleinen Anfragen anbelangt, ergibt sich folgendes Bild:

1. Wahlperiode	335
2. Wahlperiode	337
3. Wahlperiode	411
4. Wahlperiode	308
5. Wahlperiode	488
6. Wahlperiode	569
7. Wahlperiode	483
8. Wahlperiode	434

Aktuelle Stunden, also Aussprachen über anstehende Probleme von nicht länger als einer Stunde, wurden in der vierten Wahlperiode eingeführt. Sie ist vornehmlich ein - wenig genutztes - Instrument der Opposition. Die Zahlen sprechen für sich:

4. Wahlperiode	2
5. Wahlperiode	17
6. Wahlperiode	8
7. Wahlperiode	18
8. Wahlperiode	9

Hat der Bundestag so wenige aktuelle Themen, um darüber zu diskutieren?

Die mündliche Anfrage kann nur mit Einschränkung als Ausgangspunkt von Debatten angeführt werden,weil die Zusatzfragen beschränkt sind und auf Fragen Antworten gegeben werden.Sie hat sich nur langsam entwickelt und mehrmals verändert, so daß Vergleiche über die Legislaturperioden hinken. Insgesamt wurden der Regierung bis 1980 71 553 Fragen gestellt, davon 392 in der ersten, 1069 in der zweiten und 1536 in der dritten Wahlperiode. 1960 wurde die Fragestunde eingeführt, die fortan - wenn möglich - Plenarsitzungen eröffnen sollte. Dadurch schnellte die Zahl der Fragen im fünften Bundestag auf 10 480! Die "kleine Parlamentsreform" von 1969 suchte diesem Auswuchs entgegenzuwirken, indem sie Fragen von regionaler Bedeutung auf die schriftliche Beantwortung und damit aus dem Plenum verwies.

Dennoch bleiben die an die Regierung gerichteten mündlichen Anfragen fast übergroß, haben sie doch die stattliche Zahl von 23 467 bis zum Ende des achten Bundestages erreicht.

Wer aber ist nun aktiv in Debatten und bei Fragestunden? Loewenberg[11] hat die Häufigkeit von Debattenreden am Beispiel des dritten Bundestages untersucht und kam zu folgendem Ergebnis:

Häufigkeit der Rede	Alle Mitglieder (n=519)%	Mitgl.d. Kabinetts (n=18)%	Parlam. Führer (n=141)%	"Hinterbänkler" %
0	16	0	9	20
1	8	0	5	10
2	6	0	1	8
6- 5	14	0	12	15
6- 10	15	0	11	17
11- 20	15	11	21	13
21- 30	7	22	8	6
31- 50	10	17	13	8
51- 75	3	0	8	2
76-100	2	11	4	1
101-150	3	22	6	0
über 150	1	17	2	0

Unter dem Begriff "parlamentarische Führer" verbergen sich: Ausschußvorsitzende und ihre Stellvertreter, Präsident und Vizepräsidenten des Bundestags, Mitglieder des 1969 aufgelösten Bundestagsvorstandes, Mitglieder des Ältestenrates und Vorstandsmitglieder der Fraktionen. Alle anderen Abgeordneten werden hier als Hinterbänkler bezeichnet.

Während Loewenberg nur die Beiträge in Debatten berücksichtigte, hat eine andere Untersuchung, die am Geschwister-Scholl-Institut für politische Wissenschaft in München durchgeführt wurde, für den Zeitraum von zwei Jahren (19.10.1965-30.6.1967) alle Wortmeldungen im Plenum berücksichtigt. Dabei ergab sich, daß keineswegs diejenigen Abgeordneten, die zur Prominenz gehörten, am stärksten in Erscheinung traten: 416 von 518 kamen irgendeinmal zu Wort. Allerdings würde sich die Rednerliste um etwa die Hälfte verringern, wenn es nicht die Fragestunde mit ihrer Spannweite vom Briefkasten in A-Stadt über außenpolitische Verträge bis zu den in der Bundeswehr benutzten Gesangbücher gäbe: Die Fragestunde ist für viele Angeordnete die einzige Gelegenheit, im Plenum zu sprechen.

Vor den Bundestagswahlen 1972 hat ein populärwissenschaftliches Magazin versucht, aufgrund von Wortmeldungen eine Rangfolge der Abgeordneten aufzustellen, die deren Bedeutung kennzeichnen (mehr aber Fleissige und Faule herausfinden) sollte[12]. Wenn dort nicht einmal zwischen Ministern und Abgeordneten geschieden wird, ist dies ein Indiz für die "Relevanz" einer solchen Zusammenstellung. Dennoch bietet sie einen Anhaltspunkt für die Machtposition, die einzelne Parlamentarier einnehmen - und zwar aufgrund ihrer Stellung in der Fraktion. Dann aber ist auch zu folgern, dass im Parlament jemand wer ist, der durch die Häufigkeit seiner Rede auffällt[13]. Das bedeutet aber nicht, den Bundestagspräsidenten deshalb als "faulen" Abgeordneten anzustufen, weil er keine Rede im Plenum hielt: Wer wohl unter den Kennern des Parlamentsbetriebes wollte diese Anschauung teilen? Und es ist sicherlich eine Ausnahme, wenn 1981 ein deutscher Bundestagsabgeordneter im Guiness Book of Records aufgenommen wurde,weil er in fünfzehnjähriger Parlamentszugehörigkeit durch keine einzige Aktivität auffiel!

Schränken diese Fakten somit ein, dass Debattenhäufigkeit und Teilnehmerzahl Indizien für ein öffentlichkeitswirksames Parlament sind, so sollte man sich auch von der Folgerung hüten, dass mehr Redner lebendigere Debatten mit sich bringen und dass mehr Reden zugleich einen besseren parlamentarischen Stil dokumentieren. Denn die Zahl der Redner ist keine Gewähr für eine gute Debatte. Sie kann diese geradezu im Gegenteil verflachen lassen und nicht die Wirkung erreichen, die Helmut Schmidt als die erzieherische Aufgabe des Parlaments umschrieben hat: "Ich wünsche, dass die Plenardiskussionen dieses Hauses den Bürger draussen wieder in steigendem Maße zur eigenen Urteilsbildung provozierten, und die Fernsehübertragen mag dabei ein nützliches Mittel sein. Denn schliesslich wird nur das selbstgeschöpfte, eigene Urteil von ...zig Millionen deutscher Bürger, demokratisch gesonnener Bürger, uns jenes Mindestmass krisenfester Homogenität der politischen Haltung, jenes Mindestmass an gemeinsamem demokratischen Staatsbewusstsein geben, dessen wir in schwierigen Zeiten noch bedürfen werden". Hier können einige wenige, rhetorisch begabte Redner weitaus mehr bewirken als eine grosse Zahl blasser, langweiliger, monologisierender "Redner", die aber für die Arbeit des Parlamentes unentbehrlich sind. Dies wird von vielen Kritikern übersehen: dass nämlich das Parlament auch und in erster Linie ein Arbeitsorgan ist, dessen Arbeitsanfall in der hochtechnisierten und hochindustrialisierten Gesellschaft ins Unermessliche gestiegen ist. Vor diesem Hintergrund haben sicherlich die Worte des früheren Bundestagspräsidenten Gerstenmaier ihre Berechtigung: "Ob das Parlament für den Zuschauer oder auch Zuhörer attraktiv erscheint oder nicht, ist verhältnismässig gleichgültig im Blick auf seine Wirkung und auf seine Macht". Und wer möchte es sich zumuten, zu Agrarfragen, zu Sozialreformen, zu Lastenausgleich und Finanzreform, kurz zu allen technischen, komplizierten Problemen, denen das Parlament begegnet, eine feurige Rede zu halten? Hierzu gehört das Wissen des Fachmanns und die sachverständige Arbeit des Experten in den Ausschüssen. Gute Reden hat es bislang im Bundestag immer gegeben, doch: Nicht viele Reden wirken erzieherisch und bewusstseinsbildend, sondern gute Reden. Wie viele Köche den Brei, so verderben auch viele Redner allzu leicht die Wirkung von Debatten in der Öffentlichkeit! Zu viele Debatten wirken nicht. Sie führen zu einer andauernden Wiederholung längst bekannter Argumente. Daß manches verbessert werden kann, die Durchbrechung der Redeordnung durch tatsächliche Diskussion etwa, die Möglichkeit zur sofortigen Antwort, die Ausdehnung der Erlaubnis zu Zwischenfragen, ist richtig, und genauere Ausführungen müssten in einer Studie über Parlamentsreform festgehalten werden[14]. Aber ebenso richtig ist es, dass ein Parlament seine willensbildende Funktion nicht einzubüssen braucht, wenn wenige Redner diese wahrnehmen.

Die Wissenschaftlichen Dienste führen Anwesenheits- und Redezeitlisten. So waren in der 176. Sitzung des siebenten Bundestages am 5.6.1975 anwesend, als es um Revisionsrecht, Jugendstrafvollzug, Weinwirtschaftsgesetz, Kassenarztrecht und Fragen des Kreditwesens ging um 9 Uhr 32 Abgeordnete, 10:41, 11:39, 12:43, 13:41, 14:26, 15:27, 16:32, 17:41, 18:38, 19:36, 20:31, 21:30 und 22 Uhr 21 Abgeordnete.

Bei der Beratung des Berufsbildungsgesetzes in der 181. Sitzung am 19.6. 1975 sprachen die Bundesregierung insgesamt 148 Minuten, die SPD 51 Minuten, die FDP 37 Minuten, die CDU 99 Minuten, Bundesratsvertreter 74 Minuten. Anlässlich der Sondersitzung des Bundestages am 25.7.1975 ergriffen das Wort die Regierung 95 Minuten, die SPD 118, die FDP 50, die CDU/CSU 232, ein Vertreter des Bundesrates 13 Minuten. Bei der Wahl des Bundeskanzlers am 16.5.1974 (97. Sitzung) waren um 10 Uhr 514 Abgeordnete, 90 Diplomaten, 177 Pressevertreter und 260 Zuhörer anwesend, bei seiner Verteidigung um 16 Uhr lauten die Zahlen 378, 77, 176, 247, bei der Abgabe der Regierungserklärung am 17.5.1974 um 12.11 Uhr betrug die Anwesenheit 448, 118, 169, 271. Bei der Aussprache über die Regierungserklärung in der 101. Sitzung ergeben sich folgende Zahlen:

Zeit	Redner	Redezeit	Anwesende Abgeordnete
	Carstens (CDU/CSU)	15.00 - 16.08 Uhr	
16 Uhr			407
	Wehner (SPD)	16.08 - 17.08 Uhr	
17 Uhr			184
	Mischnik (FDP)	17.09 - 18.03 Uhr	
18 Uhr			309
	BK Schmidt	18.04-18.21 Uhr	
	Barzel (CDU/CSU)	18.21-19.07 Uhr	
19 Uhr			112
	Friedrich (SPD)	19.07-19.28 Uhr	
	Graf Lambsdorff (FDP)	19.29-20.16 Uhr	
20 Uhr			104

Ungeachtet dessen ist die Zahl der markanten Redner geringer geworden, fehlen beispielsweise die markanten Töne eines Carlo Schmids, die beissende Ironie eines Fritz Erlers, die Temperamentsausbrüche eines Thomas Dehlers oder die brillanten Formulierungen eines Freiherrn von und zu Guttenbergs. Will Rasners Bemerkungen aus dem Jahre 1965 vom "grauen Bundestag" treffen heute mehr denn je zu. Die Zahl der profilierten Persönlichkeiten nimmt ab, die der austauschbaren karrierebewussten Berufspolitiker in allen Parteien zu. Ihnen fehlt eine ausgeprägte eigenständige, nicht per Kursen vermittelte Rhetorik; das Parlament wird dadurch glanzlos, es "verarmt"(Zundel) - zumindest an Rednern. Es gibt genügend Gründe dafür, die in der Sache liegen, etwa die Komplexität und Technizität der zu behandelnden Materien. Sie zwingen die Abgeordneten zu unterschiedlichen Rollen: hier der Spezialist,dort der politische Führer als eine Art von Grossist, der zu allem zu reden und die Meinung der Fraktion zu vertreten hat. Beim Experten aber herrscht Rationalität vor, und ihre Sachaussage verbietet von selbst rhetorischen Glanz. Wie steht es angesichts dessen um die Artikulationsfunktion des Tages? Paul Sethe hat seinen mehrfach zitierten Aufsatz in der "Zeit" überschrieben. "Ein Parlament im Geheimen" - und er meint damit einmal die Ausschüsse, in die sich sachnotwendig die Arbeit zurückgezogen hat, zum anderen aber auch das mangelnde Interesse der Öffentlichkeit selbst: "Das Plenum des Bundestages verhandelt entgegen der These der Staatsrechtler im allgemeinen nicht öffentlich. Die Schulklassen, die auf den Tribünen sitzen, sind nicht die Öffentlichkeit. Die Öffentlichkeit, das ist die Presse.

Aber man sehe, wie karg die Notizen sind, die in der Presse, auch in der grossen Presse, von den Vollversammlungen erscheinen". Und ein Abgeordneter, der damalige SPD-Vertreter Günther Müller, ließ folgenden "Stoßseufzer" hören:[15] "Der Abgeordnete stellt weitgehend keine Autorität mehr dar. Der Bonner Bundestag hat dekorative Funktionen, die ähnlich dem Hofzeremoniell bei der Eröffnung des britischen Parlaments aus einer vergangenen Zeit in die Gegenwart herübergerettet wurden. Kein Wunder, dass die wirklichen Autoritäten der Gegenwart schon äusserlich darauf reagieren. Fünfzehn Jahre später, während der Bundestagsdebatte über den Haushalt, sollte er als CSU-Parlamentarier diese Vorwürfe fast wörtlich wiederholen[16]. Woran liegt es, dass der Bundestagsabgeordnete heute in weiten Kreisen wenig zählt? Woran liegt es, dass auch das Plenum des Bundestages mit wenigen Ausnahmen wie beispielsweise bei der Notstandsgesetzgebung nicht in die Öffentlichkeit wirkt, obwohl er in seinen Plenarsitzungen sich mit Themen wie Vorbeugehaft, Finanzreform, Bildungskompetenzen für den Bund, Strafrechtsreform usw. befasst? Woran liegt es, dass die Presse nur so spärlich über den Bundestag, auch wenn in diesem tatsächlich Debatten stattfinden, berichtet?

Günther Gillessen schrieb während der 4. Wahlperiode in der "Frankfurter Allgemeinen Zeitung": "Achtet man erst einmal auf die Beispiele für die unauffällige Geringschätzung des Bundestags-Plenums, so kommt schnell eine stattliche Liste von Verstößen zustande. Wenn zum Beispiel der Bundeskanzler von einer wichtigen Auslandsreise zurückkehrt, pflegt er entweder schon auf dem Flugplatz ein Resümee zu geben, oder der Leiter des Bundesinformationsamtes wird instruiert, es an einer Stelle vor der Pressekonferenz zu tun ... Minister Mende neigt besonders dazu, Überlegungen des Kabinetts nicht im Parlament, sondern auf Reisen vor Journalisten mitzuteilen, um so in die Überschriften zu kommen. Im Gegensatz zu ihm schweigt der Aussenminister. Aber sein Schweigen verrät nicht mehr Respekt vor dem Bundestag, als es die Indiskretionen des Vizekanzlers tun... Doch auch die Abgeordneten sind schuld an der Misere des stummen Parlaments... Wenn die Abgeordneten erst aus Zeitungen und Fernsehen erfahren, was die Regierung vorhat, und dazu schweigen, haben sie es nicht besser verdient.Und wenn die Fraktionen ihren täglichen Kleinkrieg lieber mit ihren eigenen Pressekonferenzen, Pressechefs, Pressediensten et cetera veranstalten, als in der Arena des Bundestags den Streit der Geister zu fechten - dann kann man den Journalisten kaum verübeln, dass sie wenig aus dem Parlament berichten". Jürgen Tern bemerkte damals: "Der Bundestag ist müde... Der Schein von Einigkeit wird der streitbaren Auseinandersetzung vorgezogen; die Fronten scheinen verschwunden oder verdeckt, treten dann aber plötzlich mit unerwarteter Heftigkeit in ausserparlamentarischem, manchmal recht kleinlichem Gezänk auf". Wilhelm Hennis fasste dies in die Aussage: "Es ist offenkundig, dass der Bundestag seit Jahren seine expressive und Lehrverpflichtung vernachlässigt. Zunehmend wurden die grossen Fragen tabuisiert. Schlafende Hunde nicht zu wecken, gilt als hohe diplomatische Kunst, wo die Kunst gerade darin bestünde, sie in den Zwinger zu bringen, so dass man sich in der Stube wieder frei bewegen kann". Jedes Antippen dieses "schlafenden Hundes", um bei dem Bild zu bleiben, wird bereits als Fortschritt gewertet, wie der Einzug zweier neu gewählter Abgeordneter 1965 -Schmidt und Schiller -, von denen man die Belebung der Debatte erwartete.

Diese älteren Beispiele zeigen den Umkreis dessen an, der zu behandeln wäre, wollte man sich eingehend mit den Fragen der Presseberichterstattung beschäftigen. Dazu fehlt hier der Raum, wenngleich sich manches gebessert hat, wozu auch das vom Bundestag geschaffene Presse- und Informationszentrum beigetragen hat, das unter anderem die Parlaments-Korrespondenz "Woche im Bundestag" und die Schriftenreihe "Zur Sache", in der Öffentlichkeit interessierende Fragen aus Debatten, Anhörungen und Kommissionsberichten veröffentlicht werden, herausgibt. Dennoch meint Hennis erneut 1974: "So spannend sich das äußere Bild des Bundestages während der ersten beiden Legislaturperioden darbot, so sehr spielte sich sein wirkliches Leben schon damals hinter den verschlossenen Türen der Ausschüsse ab... In Wahrheit stand auch schon im ersten und zweiten Bundestag das Plenum im Schatten der Ausschüsse, das debattierende, informierende, belehrende und lernende "government by discussion" im Schatten der Gesetzgebungsarbeit.. Unter dem Aspekt der Funktion des Bundestages als Forum der Nation ist die in den Ausschüssen geleistete Arbeit für nichts und wieder nichts getan. Nur was im Plenum geschieht, zählt in dieser Hinsicht. Der allergrösste Teil der vom Bundestag beschlossenen Gesetze wird im Plenum jedoch keines Wortes gewürdigt... Die Ausschüsse sind Hilfseinrichtungen des Plenums, nicht mehr. Im Bundestag hat sich diese Rangordnung ins Gegenteil verkehrt"[17].

Dass sich seit dem sechsten Bundestag die Fronten umgekehrt haben, sollte nicht übersehen werden; Straussens Sonthofener Vorschlag[18] für eine Oppositionsstrategie bietet ein Beispiel wie grundsätzliche Opposition aufgefasst wird, die - wie in der Ostpolitik oder in den Fragen der Konjunktursicherung und damit der Finanz-, Steuer- und Wirtschaftspolitik - in die Öffentlichkeit wirkt. Andererseits darf hier die Kritik nicht übersehen werden, die von der Presse an Oppositionshaltungen eingenommen wird, wie noch einmal ein Beispiel erweisen soll: "Folgt man den Kassandrarufen der Opposition aus den jüngsten verteidigungspolitischen Debatten des Bundestages, dann ist die Bundeswehr nur noch ein trauriger Haufen, dessen sicherheitspolitischer Wert... kaum oder gar nicht mehr messbar sein wird... Wäre dem so, müsste sich die Opposition allerdings vorwerfen, diesem festgestellten Übelstand selbst mit unverantwortlicher Laschheit gegenüberzustehen. Denn bis auf die wenigen mit Verteidigungspolitik befassten Abgeordneten der Union blieben die Bänke der Opposition im Plenum des Bundestages leer",[19] "Zeit": "Das Interesse der Regierungsparteien ist stärker auf allgemeinen Consensus gerichtet, das der Opposition mehr auf die Schilderung der grundsätzlichen Unfähigkeit der Regierung. Auch hier lässt sich mit gutem Zureden überhaupt nichts erreichen. Wohl aber wird sich die Opposotion, wenn sie langfristig plant, überlegen müssen, wie lange sie den Bürgern eine Katastrophenstimmung einreden kann, wie es in den letzten Debatten versucht wurde". Positives und Negatives verband Klaus Rudolf Dreher[20], wenn es bei ihm heisst: "Als die CDU/CSU im Herbst 1969 in die Opposition geriet, glaubte sie zunächst, sie könnte mit gewaltigen Wortschlachten... die Regierung stürzen. Sie hat von dieser Seite des Hauses noch keine praktischen Erfahrungen mit dem Grundgesetz gemacht. Mit noch so heftigen Attacken im Parlament läßt sich nämlich eine Regierung nicht aus dem Sattel heben".

Führen wir zur Vervollständigung einige neuere Beispiele an. So heißt es in der Münchner Abendzeitung, einem Boulevardblatt:[21] "Die Bremer Krawalle beim Massengelöbnis (=der Bundeswehr), über die gestern der Bundestag debattierte, hätten eine bessere Behandlung im Parlament verdient. Denn statt konkret politisches Fehlverhalten (und das gab es ja wohl) aufzudecken und sich zumindest ansatzweise an das Ursachengeflecht heranzuwagen,.... artete die Debatte in ein wildes Schattenboxen aus".

Zur Haushaltsdebatte 1981 schreibt dieselbe Zeitung[22]: "Die Schlacht ist geschlagen, die müden Krieger konnten in ihr Pfingstwochenende gehen... Die Opposition, die dies (=die hohe Verschuldung) immer wieder scharf kritisierte,tut damit zunächst nur ihre parlamentarische Pflicht. Und sie wäre dumm gewesen, hätte sie die Debatte nicht auch zur Selbstdarstellung genutzt. Doch die Oppositionsredner müssen sich ihrerseits vorwerfen lassen, in den Beratungen keinen konkreten Sparvorschlag gemacht zu haben. Das alte Spiel erlebt eine neue Auflage: Der Schwarze Peter geht von Hand zu Hand".

Hans Reiser bemerkte in der Süddeutschen Zeitung[23]: Nicht zuletzt soll die Volksvertretung Debattenforum der Nation sein, Stil und Inhalt der öffentlichen Diskussion mitprägen, Anstösse für neue Entwicklungen aufgreifen und geben. Misst man mit diesen Masstäben den achten Deutschen Bundestag, wird man zu dem Ergebnis kommen müssen, dass die vier Jahre (= 1976-1980) eher unter negativen als unter positiven Kennzeichen standen. Besonders deutlich wird dies in der Vernachlässigung des Plenums. Dort debattieren entweder die Spezialisten in einem leeren Saal oder die sogenannten grossen Aussprachen sind zu Kampfritualen zwischen Regierung und Opposition erstarrt, die oft nur aus Wiederholungen früherer Debatten bestehen, mit denselben Rednern und mit denselben Argumenten." Geht es indessen hitzig zu, kommen abschwächende Bemerkungen aus der Regierungsfraktion, ja sogar Gegenstimmen, ist die Handlungsfähigkeit gefährdet[24]. Dazu der Kölner Stadt-Anzeiger[25]: "Unglaubwürdig werden Politiker und Parteien nicht durch kontroverse Auseinandersetzungen, selbst wenn dabei die Einheit und Regierungsfähigkeit einer Partei oder Koalition in Gefahr gerät. Sie büssen viel eher ihre Glaubwürdigkeit ein, wenn sie die Regierungsfähigkeit zur obersten Richtschnur ihres politischen Handelns machen und ihr Gewissen beurlauben".

Für ein "gelähmtes Parlament" hält Klaus Dreher den gegenwärtigen Bundestag. Er schreibt[26]: "Man muß sich fragen, ob die Ressorts überhaupt noch imstande sind, Impulse, die vor der politischen Führung kommen müssten, in ertragreiche Produktionen umzusetzen. Die politischen Leitungen der Ministerien antizipieren nämlich schon im Vorweg die Einwände, welche Berufsstände, Lobbyisten und sonstige Besitzstandswahrer erheben werden... Das Parlament aber gibt diese Erstarrung der Strukturen spiegelbildlich wieder. Die Fraktionen sind zu Behörden ohne Amtsgewalt geworden, mit Dienstwagen, Hackordnungen und Unterwerfungen unter die wenigen, die über Herrschaftswissen verfügen. Wer behauptet, die wirkliche Arbeit werde in den Ausschüssen, unter Ausschluss der Öffentlichkeit, geleistet, täuscht einen Zustand vor, der längst nicht mehr besteht... Die gleiche öde Routine ist in die Plenardebatten eingezogen. Die Geschäftsführer verteilen die Redezeiten und die im Volksmund Grosskopferten Genannten nehmen sie in Anspruch. Selbst die Opposition... ist in die alte Sterilität zurückgefallen... Das Parlament entmachtet sich selbst, wenn es die Aufgabe, den staatlichen Subventionswildwuchs zu beschneiden, Kommissionen überlässt, deren Ergebnis es dann nur noch abzusegnen hat." Es hat sich an der Pressekritik am Bundestag über Jahre nichts geändert! Liegt es tatsächlich nur am Bundestag? Dagegen hat - vom Debatteninhalt einmal abgesehen - der Bundestag nur wenig Stil entwickelt, kaum Selbstdarstellung gepflegt Repräsentation aber meint nicht nur etwas verkörpern, sondern selbst etwas-Sein!

Hieran mangelt es. Bezeichnend dafür ist eine Bemerkung von Rolf Zundel[27]: Das Erscheinungsbild des Parlaments hat sich merklich geändert: Das feierliche Schwarz ist selten geworden, und hie und da, wenn auch vereinzelt, trifft man Schlipslose. Gern werden sie von den Präsidenten nicht gesehen. Vor einem Jahr noch hatte Präsident Stücklen dem Abgeordneten Schöfberger, der ohne Krawatte im Plenarsaal erschienen war, ein Exemplar aus seiner eigenen Sammlung überreicht. Stilbildend hat dieser Wink mit der Krawatte offenbar nicht gewirkt. Und jetzt ist also der Durchbruch zur schlipslosen Rede im "Hohen Haus" zu verzeichnen. Ein Fortschritt?" - Nein, vielmehr Ausdruck des Unvermögens unseres Parlamentes, Traditionen und politische Kultur heranzubilden.

Kehren wir zur Parlamentsdebatte zurück. Wozu dient sie? Franz Schneider hat die Formen der Öffentlichkeitswirkung durchdacht und drei Typen Intern-Diskussion und Extern-Diskussion gebildet. Intern-Diskussion bedeute dabei, dass die Diskussion dort stattfindet, wo sie hingehört: im parlamentarischen Regierungssystem sei dies das Parlament. Intim-Diskussion heiße, dass die Diskussion sich aus den zuständigen Gremien zurückziehe in kleinere Zirkel, die Fraktionszimmer etwa. Extern-Diskussion schließlich meine, dass die Diskussion zwar von den institutionell zuständigen Personen, also den Abgeordneten, geführt werde, aber an einem falschen Ort: nicht im Parlament, sondern in der Öffentlichkeit der Presse, der "kirchlichen Akademien, Frühschoppen und Bürgerforen" (Hennis). Ziehen wir die Aussage Gillessens heran, dann ist kein Zweifel darüber, dass heute die Intim- und die Extern-Diskussion vorherrschen - und demgegenüber verweisen viele Kritiker auf Grossbritannien, wo dies nicht oder weniger der Fall sein soll.

Wie aber sieht es dort aus? Dass noch immer debattiert wird,ist sicherlich richtig. Aber kommen dabei auch die "Schicksalsfragen der Nation" zur Sprache, wird im Sinne der Theorie die "öffentliche Meinung" beeinflusst? Sieht man die Wirkung des Unterhauses an, dann wird man die Frage sicherlich nicht vollbefriedigend mit "ja" beantworten können. Auch das englische Parlament steht im Schatten der Regierung, und dass die englische Öffentlichkeit sich weitaus stärker mit der Parlamentstätigkeit beschäftigt, ist ein in der Bundesrepublik gängiges Klischee, stimmt aber nicht. Warum bemerkt etwa ein so guter Kenner englischer Politik wie Carl Joachim Friedrich folgendes: "Eine vor dem Parlament gestellte Frage kann gewiß - und bisweilen tut sie es auch - Anlass geben zu einer ausgedehnten Kontroverse, die zu einer parlamentarischen Debatte und einer Regierungserklärung führen kann, aber ein

Brief an die 'Times' hat den gleichen Erfolg"[28]. Turn again, Westminster[29] - überschreibt ein langjähriger Labour-Abgeordneter sein Buch, ein Werk in einer langen Reihe von Selbstdarstellungen aus dem Unterhaus, in denen von Macht und Ohnmacht, aber auch von der Notwendigkeit eines Ausschusswesens die Rede ist[30].

Dass im Bundestag "so wenige Abgeordnete so viel, so viele so wenig reden" (Hennis) - und diese Feststellung trifft nur für die sogenannten grossen Debatten zu: Regierungserklärungen, außenpolitische, verteidigungspolitische und, in geringerem Masse, auch Haushaltsdebatten-, hat von der erzieherischen Funktion gewiss seinen Sinn. Die "karge" Debatte wäre noch "karger", weil eben nicht alle "temperamentvollen und intelligenten Abgeordneten" gute Redner sind, eine Voraussetzung dafür, um die Öffentlichkeit anzusprechen. Sachfragen wirken nicht in der Öffentlichkeit. Entscheidungen über die Europapolitik, die NATO, die Bundeswehr, jetzt die Ostpolitik, sie konnten und können parlamentarische Leidenschaft entzünden; Freigabe der Mieten, Grüner Plan für die Bauern, Reform der Krankenversicherung, Defizit der Bundesbahn, sie sind wichtig, aber sie lösen nicht die große politische Leidenschaft aus und sie bedürfen der sachgerechten Behandlung der Experten, nicht der großen Worte im Parlament. Die Arbeitszeit des Parlamentes ist zu kostbar, als dass sie unnötig verschwendet werden sollte - und die mangelnde Frequentierung des Plenums liegt nicht darin begründet, daß die "erste Garnitur" mit ihren endlosen Vorträgen die Zeit ausfüllt. Die Aufgaben des Abgeordneten - von seiner Tätigkeit im Wahlkreis über seine Repräsentationspflichten bis hin zu seiner eigentlichen Arbeitstätigkeit - sind so gross, dass die Plenarsitzungen ihm oftmals etwas Zeit erlauben, auch einmal die auf seinem Schreibtisch sich häufenden Stapel abzubauen. Es ist eine Illusion zu glauben, das leere Parlament sei gleichbedeutend mit einer "Arbeitslosigkeit" der abwesenden Abgeordneten. Während der Plenarsitzungen können sie das erledigen, was sonst unerledigt bliebe angesichts eines Wochenplanes, der so aussieht: Montag Anreise, Dienstag Fraktionsarbeitskreise und Fraktionssitzung, Mittwoch Plenum, Donnerstag Ausschüsse, Freitag Plenum und Abreise, Wochenende Wahlkreisarbeit. Warum soll ein Abgeordneter seine Zeit im Plenum absitzen, obwohl er von dem behandelten Thema überhaupt nichts versteht? Nur damit der Plenarsaal gefüllt wird? Welche Maßstäbe legt man da eigentlich an die Arbeitsleistung eines Abgeordneten an? Ist es nicht besser, wie es heute geschieht, dass ein Abgeordneter sich dann ins Plenum begibt, wenn ihn eine Materie tatsächlich berührt? Ein volles Plenum ist dann ein sichtbares Zeichen von der Bedeutung eines Gegenstandes.

Dass nämlich das Parlament heute noch der Ort der Erst-Information sein kann, entspricht nicht den Zeitverhältnissen. Dazu bedarf es nur des kurzen Hinweises auf Rundfunk und Fernsehen. Deshalb ähnelt der Streit, ob das Parlament für die Presse anziehender wird, wenn es zur Stätte der Information wird oder ob die Information der Presse (die immer einen Vorrang haben wird, weil die Öffentlichkeit nicht warten kann, bis das Parlament tagt, um dann informiert zu werden, weil politische Entscheidungen täglich fallen) nicht auf die Information aus dem Parlament warten kann, weil zu wenig informiert wird, ähnelt der Suche danach, ob das Huhn älter ist als das Ei[31]. Die politischen Gegebenheiten einer interdependenten Welt mit wenigen Entscheidungszentren lässt den Informationscharakter des Parlaments herabsinken, so dass es müssig ist, sich darüber zu beklagen. Hier ist ein politischer Gestaltswandel eingetreten, der eine Aufgabenverlagerung des Parlamentes zur Folge hatte. Die vordringlichste Aufgabe des Parlamentes liegt heute in der sachlichen Arbeit, und darauf sollte es auch sein Augenmerk richten.

Damit soll nicht ausgeschlossen werden, dass Informationen auch die Darlegung der Standpunkte von Regierung und Opposition meinen kann. Daß für solche Vorstellungen das Parlament der geeignete Platz ist, haben wir nicht ausgeschlossen. Nur würden wir das nicht als Information, sondern als Willensmobilisierung bezeichnen. Für diese Art "Information" genügt es, wenn sie in wenigen politischen Debatten erfolgt. Aus jeder politischen Materie Debatten zu machen, weil das Parlament nun einmal debattieren soll, heißt den Bogen überspannen. Dass der Bundestag sicherlich in vielen Fragen lange Zeit einer politischen Bestandsaufnahme und Konfrontation aus dem Wege gegangen ist, wird niemand bestreiten können. Er hat zu Themen geschwiegen, bei denen man hätte erwarten können, dass er sich äussert; er ist in vielen Fragen Tabus ausgewichen. Es ist an der Zeit, einen den modernen Verhältnissen angemessenen Parlamentarismus zu schaffen, und es ist an der Zeit, dem Parlament eine neue veränderte Rolle zuzugestehen. Nur sollte dabei nicht, wie es in der Presse geschieht, der Standpunkt wie ein Fähnchen im Winde dauernd gedreht werden. Sondern es gehört dazu, einen einmal eingenommenen Standpunkt auch durchzuhalten. Daran fehlt es vielfach den Kommentatoren der überregionalen Zeitungen!

Nicht freie Rede, nicht Umbau des Parlamentsgebäudes, nicht Verringerung der Ausschüsse können daher vordringlich das Ziel einer Parlamentsreform sein, sondern sachverständigere Abgeordnete und rationalisierte Arbeitsweise (was nicht ein Mehr an Mitarbeitern bedeuten muß), die zugleich intensiveres Arbeiten mit sich bringt. Abbau der Furcht vor dem Experten, die heute noch immer anklingt, ist eine Notwendigkeit. Eine andere ist der Ausbau der Arbeitsmöglichkeiten der Abgeordneten und eine Verstärkung der Hilfsdienste. Sie ist mit der Schaffung von Abgeordnetenassistenten und der Umgliederung der wissenschaftlichen Abteilung des Bundestages geschehen. Wohlausgerüstete, sachverständige Abgeordnete, die nicht unter Zeitdruck stehen, sie können auch bessere Gesetzgeber sein."Sich auf das Urteil, den Vorschlag des Experten zu berufen - das befreit vom eigenen Urteil", meint zwar Alfred Rapp. Aber nehmen hier nicht die Abgeordneten, sondern Rapp "zu leicht und zu oft vom eigenen Urteil Abschied"? Und können bessere Arbeitsbedingungen und längerer Zeitaufwand nicht diese Verfilzung lösen, in der sich manche Gesetze befinden? Hennis kritisiert, dass die Lesung des Haushalts in der Rekordzeit von regelmässig vier Sitzungstagen erfolgte, während der Reichstag in der Bismarck-Zeit dafür 42 bis 45 Tage, das Unterhaus jährlich immer noch 23 bis 25 Tage braucht(e). Aber der Vergleich hinkt, weil der tätigste Ausschuss des Bundestages, der Haushaltsausschuss, unberücksichtigt bleibt. Im übrigen wäre zu prüfen, wie sich eine verstärkte Haushaltsdiskussion im Plenum auf die in der Presse eh schon kritisierte Haushaltsdebatte auswirken würde, in der wiederkehrendem Urteil zufolge die Rhetorik wuchere, die Sachlichkeit verblasse. So lautete auch teilweise die Kritik an der zweiten und dritten Lesung des Bundeshaushaltes 1978, der immerhin 43 Stunden im Plenum an vier Sitzungstagen in Anspruch nahm; sie wiederholte sich 1981.

Denjenigen, die gegen die "Ausschussdemokratie" eingestellt sind, können im übrigen einige Sätze C.J. Friedrichs über Grossbritannien entgegengehalten werden: "In dem Maße, in dem sich die Einrichtungen des Staates entfalten..., hemmt das Übergewicht der Technik den Mechanismus der Kontrolle. Die Kontrolle bricht zusammen. Die Parlamente von Frankreich, Deutschland und den Vereinigten Staaten - unter anderen - waren dagegen dank ihres immer mehr durchgebildeten Ausschusswesens besser daran als das britische. In den Kadern dieser Ausschüsse kann sich inmitten des Parlaments eine Sachkunde von hohem Rang entwickeln, die die Kontrolle mit Hilfe von Untersuchungen und Berichterstattungen intensiviert. Die britischen Ausschüsse aber... sind einer Verwaltungs-Aufgabe nicht gewachsen"[32].

Fassen wir zusammen: die "grossen Tage" der Debatten sind selten und müssen es auch sein, sollen die Reden zwar hinsichtlich der parlamentarischen Mehr- oder Minderheit zum Fenster hinaus, nämlich zur Öffentlichkeit, aber doch nicht ins Blaue hinein gehalten werden. Ansonsten öffnet sich eine öde Leere dort, wo eigentlich ein Adressat erwartet wurde. Die Entscheidungen sind im Bundestag in den Fraktionen und Ausschüssen längst gefallen, bevor im Plenum der erste Redner gesprochen hat. Es ist müssig, das Plenum zu schelten, dass es fast ein rein formelles Zustimmungsorgan geworden ist und damit des Spannungsreizes entbehrt, der einstmals Parlamentssitzungen so erregend gemacht haben soll. Das Parlament wird bei der Spezialisierung, wie sie die technische Welt und die pluralistische Gesellschaft erfordert, nie mehr das werden, was in den klassischen Zeiten seinen Ruhm ausgemacht haben soll. Das gilt auch für die "Schicksalsfragen der Nation", weil diese angesichts der globalen weltpolitischen Interdependenz nicht mehr am "heimischen Herd" entschieden werden. Als heimische Schicksalsfragen bleiben die meist technischen Probleme der Innen-, Sozial-, Landwirtschafts- und sonstiger -politiken, die in den meisten Fällen ohne leidenschaftliches Engagement technisch-sachverständig, wenn auch politisch (Prioritätensetzung) zu lösen sind. Das Verlangen, den Bundestag volksnäher und publikumswirksamer zu machen, heisst die Bürger einer arbeitsteiligen Gesellschaft über das Arbeitsorgan Parlament und seine arbeitsteilige Arbeitsweise in den Ausschüssen aufklären; das Verlangen, den Bundestag effektiver zu machen, bedeutet die sachverständige Arbeit fördern. Es wird im Bundestag viel gearbeitet, nur nicht mit dem entsprechenden Effekt. Was einer Industriefirma, einem Gewerkschaftsverband, der Kommunalverwaltung recht ist, muß dem Bundestag billig sein und kann ihm nicht verwehrt werden: unter Verhältnissen zu arbeiten, die so rationell und so produktiv sind wie nur möglich. Daß neben den Experten auch "Politiker" im Parlament sein sollen, wurde hier noch nicht angeschnitten. Es versteht sich von selbst. Ohne politisch denkende Repräsentanten des Volkes, ohne Politiker, die bereit und fähig sind, politische Entscheidungen zu fällen, hat kein parlamentarisches Regierungssystem Bestand. Nur sollte man dabei nicht übersehen, dass es immer nur wenige sind, denen diese Gaben des "Vollblutpolitikers" gegeben sind.

Anmerkungen

1. Walter Bagehot, The English Constitution (1867), ed. R.H.S. Crossman. London 1964, S. 150-153. Übersetzungen vom Verfasser. Auf deutsch: Walter Bagehot, Die englische Verfassung, hrsg. von Klaus Streifthau, Neuwied-Berlin 1971.
2. Vgl. Hela Riemenschnitter, zur Ermittlung der Wählerwanderung des Instituts für angewandte Sozialwissenschaft (Infas), in: Zeitschrift für Parlamentsfragen 4/1973 S. 88-92; dazu auch die Beiträge in: Lothar Romain (Hrsg.), Auf der Suche nach dem mündigen Wähler, Bonn 1974 (Arbeitsheft der Bundeszentrale für politische Bildung).

3. Manfred Schulte, Manipulateure am Werk? Zur Funktion des Fraktionsvorstandes und der Parlamentarischen Geschäftsführer, in: Hübner - Oberreuter - Rausch (Anm.7) S. 74. Die Veröffentlichung des Telefongespräches zwischen Biedenkopf und Kohl in: Der Stern Nr. 26 v. 19. Juni 1975 erweist die hier angesprochenen Bedenken als generell gerechtfertigt. Hierher gehört auch der sog. Lauschangriff auf Strauss, der zum 2. Untersuchungsausschuss des 8. Bundestages geführt hat. Der erste wird vom Verteidigungsausschuss gestellt und beschäftigt sich mit der Spionageaffäre Lutze. Die Lauschaktionen des Verfassungsschutzes gegen den Physiker Traube, die verschiedenen im Januar/Februar 1978 bekanntgewordenen Aktionen des Militärischen Abschirmdienstes (MAD), die zum Rücktritt Verteidigungsminister Lebers führten, weisen auf die Notwendigkeit hin, die parlamentarische Kontrolle der Geheimdienste zu aktivieren.
4. Vgl. Leo Kissler, Die Öffentlichkeitsfunktion des Deutschen Bundestages. Theorie - Empirie - Reform, Berlin 1976. Siehe auch Heinz Rausch, Strukturprobleme des Deutschen Bundestages, in: Jürgen Weber (Hrsg.), Konflikt und Integration II. Perspektiven des politischen Systems der Bundesrepublik Deutschland, München 1978 S. 131-158.
5. Franz Schneider, Kommunikation innerhalb und ausserhalb des Parlaments, in: ders., Politik und Kommunikation. Drei Versuche, Mainz 1967 S. 13 ff.
6. Vgl. Gerhard Leibholz, Strukturwandel der modernen Demokratie, 3. Aufl. Karlsruhe 1967 etwa S. 80 ff.
7. Vgl. Arnd Morkel, Das Parlament als öffentliches Forum, in: aus politik und zeitgeschichte B 40/1966.
8. Hier liegen auch die vielfachen Kontroversen mit dem eigentlichen Oppositionsführer Kohl, die dann in den zurückgenommenen Kreuther Trennungsbeschluss vom November 1976 mündeten. Zum Verhältnis CDU Günter Müchler, CDU/CSU. Das schwierige Bündnis, München 1976, sowie Alf Mintzel, Der Fraktionszusammenschluss nach Kreuth: Ende einer Entwicklung? in: ZParl 8/1977, S. 58 ff.
9. Hierin liegen die Schwierigkeiten, die die SPD mit einigen ihrer (linken) Abgeordneten hat: Es ist nicht länger sicher, wer für wen spricht. Eine Änderung der Fraktionsgeschäftsordnung soll zur Einheitlichkeit beitragen. Vgl. Süddeutsche Zeitung vom 16.6.1981. Auch in Berlin ist die Frage bedeutsam geworden im Widerspruch von Fraktionsmehrheit und Parteimehrheit zwecks Tolerierung eines CDU-Senates: Die Nagelprobe lautet, ob eine Minderheitsregierung im Interesse des Ganzen zu tolerieren sei oder der ideologischen Festlegung Vorrang gebühre. Für das parlamentarische Regierungssystem im Mehr-

parteienstaat eine grundlegende Frage.

10. Angaben nach Peter Schindler, Parlamentsstatistik für die 1. bis 8. Wahlperiode, in: ZParl 12/1981, S. 5 ff.
11. Gerhard Loewenberg, Parlamentarismus im politischen System der Bundesrepublik Deutschland, Tübingen 1969, S. 456 ff.
12. Report - Alles über die Neuwahlen, Gütersloh 1972
13. Dieter Lattmann, Die Einsamkeit des Politikers, München 1977, hat allerdings darauf hingewiesen, dass das Parlament der Medien nicht identisch ist mit dem des politischen Alltags. Dazu: Parlamentarier und Presse. Analysen zur 7. Legislaturperiode. Deutscher Bundestag, Wissenschaftliche Dienste, Referat Pressedokumentation, Februar 1977.
14. Siehe Helmut C.F. Liesegang, Parlamentsreform in der Bundesrepublik. Dokumente zur Reform von Aufgabe und Arbeit des Parlaments und seiner Abgeordneten im parlamentarischen Regierungssystem, Berlin-New York 1974, sowie Parlamentsreform=Der Bürger im Staat Jg. 26/1976.
15. Günther Müller, Ist der Bundestag nur eine Dekoration? in: Die Zeit vom 21.10.1966. Ders., Erfahrungen eines jungen Abgeordneten, in: Michael Hereth (Hrsg.), Junge Republik. Beiträge zur Mobilisierung der Demokratie, München-Wien 1966, S. 56 ff.
16. Siehe seinen Beitrag in der Haushaltsdebatte 1981, SZ vom 6.6.1981, sowie seine Leserbriefe in SZ vom 20./21.6.1981.
17. Wilhelm Hennis, Die Rolle des Parlaments und die Parteiendemokratie, in: Richard Löwenthal-Hans-Peter Schwarz (Hrsg.), Die zweite Republik. 25 Jahre Bundesrepublik Deutschland - eine Bilanz, Stuttgart 1974, S. 222,220,224.
18. Abgedruckt in Peter Koch, Das Duell. Franz Josef Strauss gegen Helmut Schmidt, Hamburg 1979, S.197 ff.
19. Süddeutsche Zeitung vom 27.3.1971.
20. Süddeutsche Zeitung vom 16.3.1971.
21. Abendzeitung vom 14./15.6.1980.
22. Abendzeitung vom 6.-8.6.1981.
23. Süddeutsche Zeitung vom 12./13.7.1980
24. Vgl. Peter Diehl-Thiele in der Süddeutschen Zeitung vom 9.6.1981.
25. Kölner Stadt-Anzeiger vom 13.6.1981.
26. Süddeutsche Zeitung vom 26.6.1981. Vgl. Rolf Zundel Zundel, Das verarmte Parlament. Der Preis der Stabilität, München-Wien 1980.
27. Die Zeit vom 17.4.1981.
28. C.J. Friedrich, Der Verfall der parlamentarischen Kontrolle und Beratung, in: ders. Zur Theorie und Politik der Verfassungsordnung, Heidelberg 1963.
29. Woodrow Wyatt, Turn again, Westminster, London 1973.

30. Vgl. die Darstellungen einiger Labour-Parlamentarier, so Emrys Hughes, Parliament and Mumbo-Jumbo, London 1966, Fred Wiley, The Honourable Member, London 1974; John Grant, Member of Parliament, London 1974,
31. Gegen den direkten Zugang der Journalisten in das Bundeshaus Günter Gaus, Werft das Fernsehen hinaus, in: Der Spiegel 16/1972, Nr. 21 S. 26.
32. Friedrich (Anm.28) S. 115 ff.

HANS KREMENDAHL

Parteiprogramme und demokratische Konkurrenz

Die politischen Parteien haben in der parlamentarischen Demokratie der Bundesrepublik Deutschland und anderer westlicher Länder eine unverzichtbare Funktion. Im modernen Grossflächenstaat, in dem die Bürger sich nicht auf dem Marktplatz versammeln und ihre Angelegenheiten unmittelbar ordnen und regeln können, kann von Demokratie nur die Rede sein, wenn man gleichzeitig über die Parteien spricht. Diese Feststellung gilt unbeschadet der Tatsache, daß sich in den letzten Jahren in einem Staat wie der Bundesrepublik Deutschland zunehmend Symptome von Parteienverdrossenheit zeigen, daß viele - vor allem jüngere - Menschen politische und soziale Beteiligung eher in kleinen, überschaubaren Projekten oder in Spontanorganisationen wie Bürgerinitiativen suchen, anstatt sich in den mühevollen, zeitraubenden und oft unbefriedigenden Prozeß der innerparteilichen Willensbildung hineinzubegeben.

Die Vorwürfe gegenüber den politischen Parteien sind vielfältig. Ihnen wird Eigensucht, Ämterpatronage, Missachtung des Gemeinwohls zugunsten eigener Machtinteressen, Manipulation der Wähler und generell Bürgerferne zur Last gelegt. Und häufig genug gibt die Praxis der innerparteilichen Entscheidung, aber auch der Stil der Konkurrenz der Parteien untereinander, genügend Anschauungsmaterial her, um solche Vorwürfe zu erhärten.

Dennoch sollte nicht übersehen werden, daß eine grundsätzliche Anti-Parteien-Haltung Kennzeichen obrigkeitsstaatlichen Denkens ist. "Die Überparteilichkeit der Regierung", so schrieb Gustav Radbruch schon im Jahre 1930, "war geradezu die Legende, die Lebenslüge des Obrigkeitsstaates."[1] Diese "Lebenslüge" unterliegt der Illusion, es gebe ein fixiertes, allgemein verbindliches Gesamtwohl als reale Größe, die der "Staat" gegenüber der "Gesellschaft" zu verkörpern habe.

Noch heute wird allzu oft der Eindruck erweckt, als gelte es,"das" Interesse "des" Bürgers gegenüber Staat und Parteien zu vertreten. So manche Bürgerinitiative setzt sich selbst als Sprecher eines vermeintlich homogenen Bürgerwillens ein, demgegenüber dann "die" Parteien als Fremdkörper oder gar als prinzipiell gegnerische Organisationen erscheinen. Dabei ist es gerade die Tatsache, daß es "den" Bürgerwillen nicht gibt, daß Interessen, Anschauungen und Ziele in der Gesellschaft höchst unterschiedlich sind, die die

Parteien historisch hervorgebracht hat und deren - zugegeben unvollkommener - Ausdruck sie sind.

Die Parteien ermöglichen eine Orientierung und Konkretisierung der politischen Meinungsbildung; sie bestellen das Führungspersonal, das die zahlreichen Abgeordnetenmandate, Wahlämter und Regierungsfunktionen übernimmt; sie sind Mittler zwischen Individuum und Staat; sie ermöglichen eine Wahlentscheidung, die sich angesichts der Fülle staatlich zu lösender Probleme nur noch als allgemeine Richtungsbestimmung konkretisieren kann; schliesslich fassen sie die zahlreichen, zumeist in Verbänden organisierten sozialen Interessen zu politischen Konzeptionen zusammen.

Der Staat ist die Gesamtorganisation der Gesellschaft, die sich seiner bedient und ihn beeinflußt, umgekehrt aber wiederum von seinen Handlungen betroffen ist. Genau an dieser Nahtstelle ist die Aufgabe der Parteien anzusiedeln:

"Wenn Demokratie ... Kampf um die politische Führung nach bestimmten Spielregeln ist, so sind die Parteien die unentbehrlichen Formationen, die einen chaotischen Kampf aller gegen alle verhüten und dem Ringen Ordnung und Gestalt geben."[2]

1. Zur Funktion von Parteiprogrammen

Bei der Wahrnehmung der Funktionen, die politische Parteien in der Demokratie zu erfüllen haben, spielen ihre Programme eine wichtige, jedoch auch durchaus umstrittene Rolle. In bewusster Abhebung von der Parteienzersplitterung und daraus resultierenden Parteienphobie in der Weimarer Zeit ist die Bundesrepublik Deutschland verfassungsrechtlich bewusst als Parteienstaat konzipiert. Auch die Existenz von Parteiprogrammen folgt einem Gesetzesauftrag: In Ausfüllung von Art. 21 Grundgesetz, die die Rechtsstellung der Parteien regelt und ihren verfassungspolitischen Rang anerkennt, legt das 1967 verabschiedete Parteiengesetz u.a. fest: "Die Parteien legen ihre Ziele in politischen Programmen nieder." (§ 1 Absatz 3 PartG). Und an anderer Stelle heißt es: "Die Partei muss eine schriftliche Satzung und ein schriftliches Programm haben." (§ 6 Absatz 1 PartG).

Die Soll-Vorschrift ist also klar: Parteiprogramme sollen Angebote für politische Lösungen sein, sie sollen dem Wähler helfen, seine Entscheidung rational und nach vergleichender Abwägung zu treffen. Sie sind damit ein wichtiges Mittel, den Auftrag der politischen Parteien nach dem Parteiengesetz zu erfüllen:

"(2) Die Parteien wirken an der Bildung des politischen Willens des Volkes auf allen Gebieten des öffent-

lichen Lebens mit, indem sie insbesondere
auf die Gestaltung der öffentlichen Meinung Einfluss nehmen,
die politische Bildung anregen und vertiefen,
die aktive Teilnahme der Bürger am politischen Leben fördern,
zur Übernahme öffentlicher Verantwortung befähigte Bürger heranbilden,
sich durch Aufstellung von Bewerbern an den Wahlen in Bund, Ländern und Gemeinden beteiligen,
auf die politische Entwicklung in Parlament und Regierung Einfluß nehmen,
die von ihnen erarbeiteten politischen Ziele in den Prozeß der staatlichen Willensbildung einführen und für eine ständige lebendige Verbindung zwischen dem Volk und den Staatsorganen sorgen."
(§ 1 Abs. 2 PartG)

Diesem weitgesteckten Aufgabenkatalog und der Rolle, die politische Programme in seinem Zusammenhang spielen sollen, stehen konträre Beobachtungen und Einschätzungen in der Wirklichkeit gegenüber: Nur ein Bruchteil der Bevölkerung, einschliesslich der Parteimitglieder selbst, macht sich die Mühe, Parteiprogramme wirklich zu lesen und ihre politischen Einschätzungen an ihnen zu orientieren. Häufig sind es ganz andere Faktoren, wie traditionelle Bindungen, Sympathie oder Antipathie für bestimmte Politiker-Persönlichkeiten, Kohäsionen im Bereich der persönlichen Bekanntschaft und dergleichen, die die Entscheidung für oder gegen eine Partei als Mitglied oder Wähler entscheidend beeinflussen. Und nicht selten werden Programme am Tag nach der Wahl zu Makulatur, sei es, weil in Koalitionsvereinbarungen Abstriche von den ursprünglichen Zielen gemacht werden, sei es, weil die ökonomischen oder politischen Rahmenbedingungen sich ändern, so daß an eine Programmverwirklichung nicht mehr zu denken ist.

Wenn all dies zutrifft, ist der faktische Stellenwert von Parteiprogrammen nicht sehr hoch zu veranschlagen. Dazu steht jedoch in Widerspruch, daß die politischen Parteien in der Bundesrepublik Deutschland und in einigen anderen demokratischen Ländern sehr viel Kraft, Zeit und Aktivität in die Erarbeitung und Beschlußfassung von Programmen investieren. Ein Blick in die voluminösen Antragsbücher zu den Bundesparteitagen unserer großen Parteien genügt, um dies zu belegen.

Die folgenden Überlegungen sollen daher der Frage nachgehen, welche Arten von Parteiprogrammen es gibt und welche Aufgaben diese zu erfüllen haben. Dabei muß eine Einschränkung beachtet werden: Die nachstehenden Ausführungen sind begrenzt auf Programm solcher Parteien, die sich in freier Konkurrenz unter demokratischen Bedingungen (allgemeines, gleiches Wahlrecht; freie Parteigründung; Presse- und Informationsfreiheit u.a.) um die Stimmen der Wähler bewerben. Sie beziehen sich nicht auf die Konzeptionen regierender Monopolparteien in Einparteisystemen oder Systemen mit institutionell festgelegtem Führungsanspruch einer Partei (wie der marxistisch-leninistischen Parteien in den osteuropäischen Ländern). Sie treffen auch nicht auf Parteien zu, die als revolutionäre Kaderorganisationen einen anderen als den parlamentarisch-demokratischen Weg zur Macht beschreiten wollen. Für Programme solcher Parteien müssen notwendig andere Überlegungen und andere Funktionsbestimmungen gelten.[3]

1.1 Programmtypen

Die einfachste und geläufigste Unterscheidung ist die zwischen längerfristig verbindlichen, allgemein gehaltenen Grundsatzprogrammen und kürzerfristigen konkreten Aktionsprogrammen[4]. Heino Kaack differenziert zwischen "Grundsatzprogramm, Aktionsprogramm, Wahlprogramm und Regierungsprogramm"[5]. Dabei ist allerdings die Abgrenzung der drei letztgenannten Arten nicht ganz einsichtig. Im folgenden soll daher, nicht zuletzt unter Berücksichtigung der neueren Entwicklung, die vor allem die SPD mit ihrem "Orientierungsrahmen '85" und die CDU mit ihrer "Mannheimer Erklärung" genommen haben, zwischen drei voneinander abzugrenzenden, vor allem im zeitlichen Horizont unterschiedlichen Programmtypen differenziert werden.

A) Grundsatzprogramme. Sie fassen den theoretischen, weltanschaulichen und prinzipiellen Standort einer Partei zusammen, legen "Grundwerte" fest und geben die für die Partei verbindliche Einschätzung der gesellschaftlichen Handlungsbedingungen bekannt. Grundsatzprogramme sind nicht in Gänze zu "verwirklichen": da sie über längere Zeit Geltung beanspruchen, müssen sie notwendig allgemein sein. Es kann daher nicht darum gehen, ein Grundsatzprogramm bei Chance der Durchsetzung eigener Ziele Punkt für Punkt abzuhaken, sondern es wird eher immer wieder erforderlich sein, die Wirklichkeit im Hinblick auf formulierte Grundprinzipien zu analysieren und von daher das jeweils konkret Nötige zu bestimmen.

B) Längerfristige Orientierungsprogramme. Sie umfassen, ausgehend von festgelegten Grundprinzipien längerfristige Analysen und politische Gestaltungsplanungen, setzen Schwerpunkte und geben Mittel an, mit denen die Partei in einem ausgewiesenen Zeitraum ihre Ziele erreichen will. Wichtig ist auch die Rechenschaftslegung über die Strategie der Durchsetzung. Umstritten muß bleiben, ob die programmatischen Vorhaben quantifiziert,

d. h. mit konkreten Zahlenangaben über wirtschaftliche Entwicklung, Staatseinnahmen und -ausgaben versehen sein sollen. Die Unsicherheiten quantitativer Zukunftserwartungen lassen Vorsicht geboten erscheinen[6]. Orientierungsprogramme sind besonders geeignet für Regierungsparteien, als Anleitung einer abgestimmten, kontinuierlichen Politik.

C) Wahl- und Regierungsprogramme. Sie werden in der Regel kurz vor Parlamentswahlen formuliert und beinhalten das, was sich eine Partei im Falle der Regierungsübernahme für eine Legislaturperiode (in der Regel vier Jahre) vornimmt. Derartige Programme sollten konkret gefasst und Punkt für Punkt nachprüfbar sein. Ihre Verwirklichung kann beeinträchtigt werden durch unvorhersehbare Entwicklungen (z. B. sinkende Steuereinnahmen aufgrund eines Konjunkturrückgangs) oder durch notwendige Kompromisse mit einem Koalitionspartner. Diese Abstriche müssten dann klar erkennbar sein und in der Programmdiskussion vermittelt werden können.

Daneben gibt es eine ganze Reihe von Spezialprogrammen, die die Parteien zu einzelnen Politikbereichen formulieren. So haben unsere großen Parteien in aller Regel kommunalpolitische Grundsatzprogramme, "Leitsätze" oder auch "Aktionsprogramme" zu Bereichen wie Bildung, Jugend, Verteidigung, Wirtschaft, Sport - um nur einige zu nennen. Die Unterscheidung zwischen grundsätzlichen, orientierungsprogrammatischen und aktionsprogrammatischen Aussagen gilt auch für solche Spezialprogramme. Zudem kommt häufig bestimmten Parteitagsbeschlüssen, wie z. B. denen der letzten SPD-Bundesparteitage zur Rüstungskontrolle und zur Energiepolitik, ein programmatischer Charakter und eine dementsprechende öffentliche Resonanz zu.

Natürlich paßt nicht jedes existierende Parteiprogramm nahtlos in dieses Schema. Es gibt Mischformen und fliessende Übergänge. Aber als Grundtypen scheinen die Genannten fruchtbar zu sein. Zudem sollte man sich vergegenwärtigen, daß ein Parteiprogramm nicht den Anspruch einer in sich geschlossenen philosophischen oder sonstigen theoretischen Konzeption erfüllen kann. Es ist immer auf Praxis verwiesen, muss Konzessionen an divergierende Auffassungen machen und seine eigene Realisierbarkeit und deren Voraussetzungen im Auge behalten[7].

1.2 Programmfunktionen

Im Unterschied zu Kaack, der insgesamt neun einander zum Teil überschneidende Programmfunktionen nennt und diese dann nach Intensitätsgraden gewichtet den vier von ihm unterschiedenen Programmtypen zuordnet[8],

sollen hier lediglich drei wichtige Aufgaben von Parteiprogrammen genannt werden, die dann den ebenfalls drei oben entwickelten Programmtypen konfrontiert werden. Solche Funktionen sind:
a) Praxisanleitung. Diese Aufgabe ist die auf den ersten Blick selbstverständlichste. Programme werden formuliert, um verwirklicht werden zu können. Insofern ist die Forderung an eine Partei, das eigene Programm solle Richtschnur ihres tatsächlichen Handelns sein, recht und billig. Hier liegt auch jeweils für Parteimitglieder gegenüber der Führung und für die politische Öffentlichkeit gegenüber der Partei als Ganzer eine Chance der Kritik. Starkes Abweichen vom Programm könnte negativ sanktioniert werden (mit Vertrauens- bzw. Stimmenentzug). Andererseits besteht das Problem von Theorie und Praxis, die zwar wohl in der abstrakten Forderung, nicht aber stets in der Wirklichkeit in Einheit zu bringen sind. Abstriche sind daher durchaus die Regel. Immerhin: wenn ein Parteiprogramm mehr ist als blosse Fassade, wenn es die reale Mehrheitsmeinung der Partei zum Ausdruck bringt und auf echter Überzeugung beruht, muss es in der politischen Praxis eine normative, handlungsstimulierende Kraft entfalten. Insofern steht nicht nur die praktische Politik, die sich vom Programm entfernt, in der Kritik, sondern auch das Programm selbst. Spielt es in der Praxis keine Rolle, könnte dies ein Indiz seiner Untauglichkeit sein. Dieses Problem ist von einer Partei im Falle von Misserfolg und Auseinanderklaffen von Programm und Praxis nach der einen oder der anderen Seite zu lösen (neues Programm oder Änderung der praktischen Politik). Prinzipiell kann die Funktion der Praxisanleitung von allen drei Programmtypen erfüllt werden. Dabei sind die kurzfristigen, dem Typus Aktionsprogramm angenäherten Konzepte (vor allem C, aber auch B) naturgemäß leichter kontrollierbar als ein auslegungsfähiges und auslegungsbedürftiges, allgemeines Grundsatzprogramm. Dieses kann aber den fundamentalen politischen Konsensus einer Partei ausdrücken und von daher eine grössere Verpflichtungswirkung haben als ein kurzfristiges, leichter revidierbares Programm.

b) Selbstverständigung. Diese Funktion bezieht sich besonders auf die Mitglieder der Parteien. Wenn man unter den eingangs getroffenen Annahmen (Parteien in der parlamentarischen Demokratie bei freier Gründung und Konkurrenz) davon ausgehen muss, dass eine politische Partei in sich auch unterschiedliche Interessen und Strömungen vereinigt, kann das Programm den Charakter des jeweils kleinsten gemeinsamen Nenners erhalten. So hat, um ein Beispiel zu nennen, das Godesberger Programm der SPD von 1959 in den jüngsten Auseinandersetzungen der Parteiflügel die Rolle eines Berufungstitels für durchaus unterschiedliche Auffassungen gespielt. Ein Programm kann also sowohl legitimieren wie integrieren; es kann jedoch auch der Parteiführung ein Herrschaftsinstrument in die Hand geben[9], indem diese es als Argument gegen innerparteiliche Opposition einsetzt. Ausserdem kann ein Programm der Partei Identität nach aussen verleihen; es grenzt ihre politischen Bestrebungen gegen die anderer Parteien ab, macht deutlich, wer zur Partei gehört und wer nicht, welche Position im innerparteilichen Meinungsspektrum tragbar ist und welche dieses Spektrum überschreitet. Hat das Programm eine Selbstverständigungsaufgabe, dann ist es weniger wahrscheinlich, dass Parteien zu reinen Nominierungsorganisationen für Kandidaten werden, wie es häufig den US-Parteien nachgesagt wird. Vermittelt das Programm Identität und Zugehörigkeitsgefühl, wächst die Möglichkeit einer grundsätzlich, vielleicht sogar ideologisch-theoretisch orientierten Politik.

Eine solche Funktion kann ein Grundsatzprogramm (Typus A) sehr viel stärker haben, als ein längerfristiges Orientierungsprogramm, dieses wiederum in höherem Masse als ein Wahlprogramm. Kann doch eine Parteiminderheit, die sich bei der Programmfestlegung nicht durchgesetzt hat, bei zeitlich begrenzten Konzepten eher auf eine Revision in ihrem Sinne hoffen, während sie, stünde sie gegen ein mehrheitlich getragenes Grundsatzprogramm, leicht an den Rand der Partei gedrängt würde (kurz nach Verabschiedung des "reformistischen" Godesberger Programms verliessen etliche Marxisten, wie z. B. der in der Programmkommission und als Autor eines Gegenentwurfs unterlegene Wolfgang Abendroth, die SPD). Zwar können auch in einer aktuellen Wahlkampfsituation starke Identifikationen entstehen (vgl. die Wählerinitiativen und die starke Mobilisierung bei den Bundestagswahlen 1969 und 1972). Sie werden aber eher durch Grundsatzpositionen, Personen oder allenfalls konkrete programmatische Einzelaussagen (Beispiel: Ostpolitik 1972) ausgelöst, als durch die Gesamtheit eines Wahlprogramms.

c) Werbung. Wenn man darauf hinweist, daß Parteiprogramme auch zum "Stimmenfang" dienen können, klingt dieses Argument leicht moralisch abwertend. Assoziationen wie "Bauernfängerei", wahltaktischer Opportunismus und Grundsatzlosigkeit stellen sich ein. Gleichwohl möchte ich die These riskieren, dass die Werbungsfunktion sogar die eigentlich demokratische Funktion eines Parteiprogramms sein *kann*. Denn in der parlamentarischen Demokratie werden die Machtverhältnisse zwischen den Parteien nun einmal nach realer und subjektiver Zustimmung der jeweils grössten Zahl der Wähler verteilt. Von daher ist es legitim, wenn eine Partei in ihren programmtischen Überlegungen und Aussagen den Gesichtspunkt der gezielten Ansprache bestimmter Wählergruppen zwecks möglicher Gewinnung einer Mehrheit anstrebt. Würde sie ein rein aus ideellen Motiven festgelegtes Programm - koste es, was es wolle - behaupten, ohne Rücksicht darauf, dass ihm nur eine (möglicherweise sogar abnehmende) Minderheit der Wähler folgt, wäre dies zwar moralisch ehrenwert, aber politisch erfolglos. Die Partei käme gar nicht in die Lage, auch nur Teile ihres Programms in die Tat umzusetzen, nicht mal die Teile ihres ursprünglichen Konzepts, die sie auch bei auf Wählerstimmen gemünzten Korrekturen hätte beibehalten können.

Um das Ganze an einem Beispiel zu verdeutlichen: die Zielgruppe "katholische Arbeitnehmer" ist von CDU/CSU und SPD umkämpft. Die Union wird primär auf die weltanschauliche, die Sozialdemokratie auf die ökonomische und soziale Identifikationsmöglichkeit setzen. Aber gleichzeitig wird, vorausgesetzt, die Zielgruppe ist für den Wahlentscheid besonders wichtig, die CDU/CSU in ihrer Programmatik ihren eigenen sozialen Charakter betonen, und die SPD wird ihr gewandeltes, offenes Verhältnis zur Katholischen Kirche - wie im Godesberger Programm geschehen - in den Vordergrund stellen. Dass die SPD hierbei zumindest zeitweise Erfolg hatte, zeigt das Wählerverhalten von katholischen Arbeitern, die "1972 als die entscheidenden Wechselwähler ausgemacht werden konnten"[10]. Der SPD-Anteil an Arbeiterwählern steigt von 1965 bis 1972 kontinuierlich an (um insgesamt 12 %), während der CDU-Anteil im gleichen Zeitraum zurückgeht (um 15 %, davon allein 12 % von 1969 bis 1972)[11]. Gewiss lässt sich dieses Beispiel nicht nur durch den programmatischen Wandel der SPD erklären; aber e i n Faktor liegt auch hierin begründet. Der Einsatz der Programmatik als Werbemittel ist also demokratisch korrekt, sofern er an realen Interessen und Meinungen der Bevölkerung orientiert ist. Dies gilt nicht für kurzfristige Überredungen mittels affektiver Werbemethoden (die berühmte "Waschmittelreklame" auch im Wahlkampf); dies bleibt fragwürdig, zeugt es doch von einem wenig politischen Wahlkampfstil.

Ein Parteiprogramm in der Demokratie ist daher kein Ausfluss starrer Ideologie oder Wahrheitsverkündigung, sondern ein Angebot, eine Hypothese, die auf den Prüfstand der mehrheitlichen Zustimmung gestellt ist. Nur ideologisch dogmatische Parteien können aus einer klaren Wahlniederlage lediglich schliessen, die Wählermehrheit sei nicht "reif" für ihr Programm und es fehle ihr das "richtige" Bewusstsein. Eine Partei, die die parlamentarischen Spielregeln akzeptiert, wird und muss sich auch (nicht nur) fragen, was sie selbst programmtisch und/oder praktisch falsch gemacht hat.

Der Werbung können prinzipiell alle drei beschriebenen Programmtypen dienen; in der Realität tun sie das allerdings häufig im Zusammenhang mit Politikerpersönlichkeiten, die für bestimmte (oft: sehr grundsätzliche) Programmpunkte "stehen". Das war der Fall in mehreren Wahlen der 50er und 60er Jahre bei Ludwig Erhard, der - zugunsten der CDU - als Verkörperung von sozialer Marktwirtschaft und Wohlstand galt. Karl Schiller als Inspirator des Aufschwungs und Willy Brandt als Personifizierung der Friedenspolitik erfüllten diese Aufgabe für die SPD 1969 bzw. 1972. Die Werbungsfunktion ist eine echte "Außenfunktion", die Selbstverständigung eine "Binnenfunktion". Bei der Praxisanleitung sind beide Elemente gemischt.

2. Parteiprogramme und Demokratiekonzeptionen

2.1 Das Modell der Konkurrenzdemokratie

Eingangs wurde die freie Konkurrenz der Parteien um Wählerstimmen als eine Voraussetzung der hier getroffenen Funktionsbestimmung der Parteiprogramme genannt. Zum Verständnis dieser Bedingung gibt es ein vor allem von dem österreichisch-amerikanischen Nationalökonomen Joseph A. Schumpeter entwickeltes Demokratiemodell, das sich von dem verbreiteten Bild abhebt, nach dem Demokratie in der Verwirklichung des "Gemeinwohls" und in der Herstellung der Identität von Herrschenden und Beherrschten bestünde. Ein solches Gemeinwohl, über das sich ein ganzes Volk einig wäre und das daher verbindliche Richtschnur der Politik sein könnte, existiert nach Schumpeter nicht[12]. Das liegt an der Verschiedenheit der sozialen Interessen und politischen Anschauungen der Menschen. Jede Meinung ist also nur ein Teilausschnitt, sozusagen Partei im Streit. Von daher ist auch Demokratie kein einheitliches Ziel einer Gesellschaft, sondern lediglich ein Mechanismus, durch den es trotz unterschiedlicher Ziele möglich ist, verbindliche Entscheidungen zustandezubringen. "Die Demokratie ist eine politische Methode, das heißt: eine gewisse Art institutioneller Ordnung, um zu politischen - legislativen und administrativen - Entscheidungen zu gelangen, und daher unfähig, selbst ein Ziel zu sein..."[13]. Keineswegs bringt die Demokratie stets "gute" oder "richtige" Entscheidungen hervor; sie bringt schlichtweg die Entscheidungen hervor, die eine Mehrheit, oder besser noch die von ihr gewählten Repräsentanten, in einem bestimmten Augenblick für die richtigen hält. Ein "objektiver" Massstab existiert nicht. Da Schumpeter nicht annimmt, dass die Bürger aus sich heraus politisch aktiv und verantwortlich handeln[14], fügt er das Phänomen der politischen Führung in seine Überlegungen ein. Der politische Wille einer Mehrheit (oder Minderheit) ist nicht autonom, sondern ist erzeugt, und zwar wesentlich von denen, die ein Interesse an politischer Macht haben: vor allem den Berufspolitikern, auch und gerade den Parteiführern. Daher ist Demokratie eine Methode, durch einen Konkurrenzkampf um die Stimmen des Volkes Herrschaftspositionen zu erwerben[15]. Für Schumpeter verkehren sich Ziel und Mittel: Politiker streben nicht Herrschaft an, um dem Gemeinwohl zu dienen, Gesetze zu machen, Ziele zu verwirklichen; sondern sie erfüllen alle diese Aufgaben, weil sie zur Macht streben, weil sie im Konkurrenzkampf bestehen wollen. Dabei sind allerdings freie, allgemeine Wahlen und die Existenz eines Mehrparteiensystems (wenn man so will: die Konkurrenzsituation) vorausgesetzt.

Der Nationalökonom Philipp Herder-Dorneich, der Schumpeters Modell für die Finanztheorie (Gründe der Bestimmung der Höhe und Art von Steuern und Staatsausgaben) anwendet, legt dar, daß durch eine "List der Demokratie", gerade durch das egoistische Machtstreben der Politiker, dennoch akzeptable Entscheidungen erreicht werden: "Die politischen Handlungen im demokratischen System sind die Mittel im Kampf um die Stimmen. Ein Politiker, der sein persönliches Ziel als Politiker verfolgt, ist damit veranlasst, politische Handlungen zu produzieren, die den Vorstellungen der Wählerschaft möglichst nahe kommen"[16]. Ist bei Schumpeter der Wähler politisch wenig informiert und daher leicht lenkbar, so fügt der amerikanische Politologe Anthony Downs in das Modell der Konkurrenzdemokratie die Annahme ein, die Bürger handelten in der Politik rational. "Dieses Axiom schließt die Annahme ein, daß jeder Bürger seine Stimme der Partei gibt, die ihm seiner Überzeugung nach mehr Vorteile bringen wird als jede andere."[17] Massstab der Wahlentscheidung ist das Eigeninteresse; die Regierung versucht, es durch Leistungen zu befriedigen, die Opposition verheißt eine weit bessere Befriedigung in der Zukunft, für den Fall eines Wahlsieges. Der Bürger ist in der Rolle des Konsumenten, der Politiker in der des Anbieters auf dem Markt: der eine trifft eine Kaufentscheidung unter einer bestimmten Zahl von Alternativen, der andere versucht seinen Profit (die Wählerstimmen) zu maximieren.

Auf unsere Programmfunktionen bezogen: Die Werbungsfunktion (c) überwiegt in diesem Modell eindeutig. Die beiden anderen Funktionen (a und b) haben entweder keine Bedeutung oder sind auf den Rang von Hilfsmitteln der Wahlwerbung herabgestuft. Die Partei richtet sich nach ihrem Programm (a), weil sie sonst Stimmen verlöre. Die Mitgliedschaft ist so einig wie möglich (b), um die Schlagkraft im Wahlkampf zu erhöhen.

Man kann sich dem Realitätsgehalt dieser sich selbst als "realistisch" verstehenden Demokratietheorie nicht entziehen. Auch in den Parteien der Bundesrepublik ist es üblich, Programm- und schon gar Theoriediskussionen mit dem Blick zum Fenster hinaus, auf die denkbaren Reaktionen von Wählern, zu führen (oder: gerade aus diesem Grunde zu unterlassen). Oft wird, namentlich in "Flügelkämpfen", nicht die Rationalität eines Arguments oder auch die Frage seiner mehrheitlichen Akzeptierung innerhalb der Partei geprüft, sondern einzig die Wirkung, die es nach aussen haben könnte. Aus dem über die Werbungsfunktion Gesagten ergibt sich, dass dies durchaus legitim und richtig sein kann. Leicht kann es allerdings auch sein, daß von Parteiführungsgruppen der Wähler lediglich vorgeschoben wird, um unliebsame Kritik oder Opposition im Innern mundtot zu machen. Mitunter wird nicht einmal vorsichtig getestet, welche Programmpunkte welchen Wählerschichten zumutbar sind. Würde dies geschehen, könnte zwischen innerparteilicher Willensbildung und Werbewirkung eine Optimierung vorgenommen werden, deren Ausdruck das Programm wäre. Oft aber wird ein Faktor (Stimmen) dem anderen (Überzeugung) eindeutig übergeordnet.

Gegen das Schumpetersche Demokratiemodell lassen sich einige Argumente anführen: es geht von einem passiven Bürger aus; demokratische Teilhabe ist kein Eigenwert, sondern bemißt sich nach politischem Erfolgskalkül von Eliten. Auch in den formalen, "methodischen" Elementen der Demokratie (Wahlrecht, Organisationsautonomie, Mehrheitsprinzip, Minderheitenschutz u.a.) stecken Wertentscheidungen, nämlich für oder gegen diese politische Methode. Fehlt sie, sind auch andere Werte (individuelle Freiheit, soziale Chancengleichheit o.ä.) stark beeinträchtigt. Demokratie ist also doch ein Ziel: Herstellung der Bedingungen chancengleicher politischer Konkurrenz. Denn aus der tiefgehenden Verschiedenheit der gesellschaftlichen Interessen ergeben sich Konflikte, die friedlich nur durch funktionierende Konkurrenz geregelt werden können. Schon die Existenz mehrerer Parteien und alternativer Programme zeugt dafür.

2.2 Das Modell der Identitätsdemokratie

Auch die von Schumpeter abgelehnte Konzeption der Demokratie als Identität von Regierenden und Regierten hat moderne Verfechter, die sich gerade zum Problem der Parteien und ihrer Konzeptionen äussern. Stellvertretend wird hier auf den ehemaligen Verfassungsrichter Gerhard Leibholz und den marxistischen Politologen Wolfgang Abendroth eingegangen.

Der liberale Verfassungsrechtler Leibholz konstatiert, daß der liberal-repräsentative Parlamentarismus durch einen "Parteienstaat" abgelöst worden sei[18]. Der Abgeordnete werde nicht mehr als Individuum gewählt, sondern aufgrund seiner Parteizugehörigkeit. Daher gebe es im Grundgesetz einen Widerspruch zwischen dem Parteienartikel 21 und dem Art. 38, der die Unabhängigkeit und Gewissensfreiheit des Abgeordneten vorschreibt[19]. Das Ziel der Sicherung der notwendigen "Homogenität innerhalb aller Gliederungen der Partei"[20] läßt nach Leibholz sogar ein imperatives Mandat (strikte Weisungen der Partei an den Abgeordneten) gerechtfertigt erscheinen. Denn Leibholz deutet die parteienstaatliche Demokratie nicht als Repräsentativsystem, das eine gewisse Ungebundenheit der gewählten Vertreter verlangt, sondern als Ausflussplebiszitärer, direkt-demokratischer Willensbildung[21].

Die Wahl der Parteien ist danach ein Ersatz für die Volksversammlung, die im Grossflächenstaat aus technischen Gründen nicht stattfinden kann. Leibholz identifiziert den aus der Parteienkonkurrenz hervorgehenden Mehrheitswillen mit der "volonté générale", jenem Gemeinwillen, durch den laut Rousseau allein der Staat bestimmt sein soll. "Wie in der plebiszitäten Demokratie der Wille der Mehrheit der Aktivbürgerschaft mit dem jeweiligen Gesamtwillen des Volkes identifiziert wird, wird in einer funktionierenden parteienstaatlichen Demokratie der Wille der jeweiligen Parteienmehrheit in Regierung und Parlament mit der "volonté générale" identifiziert. Der Gemeinwille kommt in der parteienstaatlichen Demokratie allein mit Hilfe des Identitätsprinzips ohne Beimischung repräsentativer Strukturelemente zur Entstehung"[22].

Gegen diese Parteienstaatslehre lassen sich alle die Argumente vorbringen, die zugunsten des Konkurrenzmodells der Demokratie sprechen: erstens sind auch die Parteien in sich nicht homogen, sondern vertreten verschiedene Interessen. Auch die absolute Mehrheit einer Partei wäre noch nicht mit der Willenseinheit einer Wählermehrheit oder gar des ganzen Volkes gleichzusetzen. Zweitens verkennt Leibholz völlig, daß Rousseaus Gemeinwille kein realer Mehrheitswille, sondern eine objektiv erkennbare, einheitliche Kategorie ist. Nach Rousseau kann auch eine Mehrheit am Gemeinwohl vorbei beschliessen und ein einzelner kann den Gemeinwillen erkennen[23]. Was Leibholz als Identität des Willens von Regierenden und Regierten ausgibt, wäre nach Ansicht Rousseaus immer noch die Dominanz eines die von ihm geforderte totale Einigkeit zerstörenden Sonderinteresses. Drittens schliesslich werden auch im Parteienstaat "Repräsentanten" gewählt; die sehr allgemeine Zustimmung einer Mehrheit zu einer Partei oder Koalition heisst noch lange nicht, dass diese Mehrheit über alle Einzelmassnahmen der gleichen Meinung wäre oder auch das Handeln der Gewählten durchgängig beeinflussen würde.

Gleichwohl definiert auch Abendroth mit ganz ähnlichen Argumenten wie Leibholz die Identität von Regierenden und Regierten als das "Wesen" der Demokratie[24]. Der alte Honoratiorenparlamentarismus sei nur bei interessenhomogener (adelig bürgerlicher) Öffentlichkeit angemessen gewesen. Mit dem Eintritt der Arbeiterbewegung in die politische Willensbildung sei die kollektive politische Aktion unausweichlich geworden: "In der Demokratie von heute haben allein die Parteien die Möglichkeit, die Wähler zu aktionsfähigen Gruppen zusammenzuschliessen. Sie erscheinen geradezu als das Sprachrohr, dessen sich das mündig gewordene Volk bedient, um sich artikuliert zu äussern und politische Entscheidungen fällen zu können"[25]. Abendroth weist sodann auf die Wichtigkeit der innerparteilichen Demokratie hin, damit reale Mitgliederinteressen und nicht nur die von Führungsgruppen ("Oligarchien") bei der politischen Entscheidung zur Geltung kämen[26].

Wendet man das Modell einer durch die Parteien vermittelten Identitätsdemokratie auf die Programmtypen und -funktionen an, dann erhält das Parteiprogramm gleich welchen Typs eine ganz zentrale Bedeutung. Wäre es doch die Kristallisation des Parteiwillens, der durch den Wahlakt zum Volkswillen erweitert wird. Dann muß man geradezu fordern, daß die Parteien sich strikt im Sinne der Funktionen a) und b) (Praxisanleitung und Selbstverständigung) an ihre Programme binden. Funktion c) (Werbung) wäre dann lediglich der unvermeidliche Ausfluss einer "Bekanntmachung" und "Aufklärung" mit dem Ziel der Herstellung der Willenseinheit. Diese Sichtweise vermeidet den dem Konkurrenzmodell eigenen guten Schuss Zynismus; allerdings beruht sie eher auf Forderungen moralischen Inhalts als auf Wirklichkeitsanalyse.

2.3 Flohrs Modell einer programmkonformen Politik

Einen Versuch, die Realität von Interessendivergenz und Konkurrenz um die politische Führung mit der Norm demokratischer Beteiligung und mündiger Wählerschaft zu verbinden, unternimmt Heiner Flohr in seinem schon erwähnten Buch[27]. Ausgehend vom Postulat des rationalen Wählers meint er, daß die politische Konkurrenz nicht nur (wie bei Schumpeter) um Führungspositionen, sondern auch um Programminhalte gehen sollte. Wahlen sollen keine blossen Vertrauensbekundungen, sondern konkrete Beauftragungen zur Realisierung eines ausgewiesenen Programms sein. "Der Einfluß des Wählers auf die Politik durch seine rationale Wahlentscheidung ist um so grösser, je genauer die Parteien ihre Ziele dem Wähler zum Zweck des Vergleichs ausgewiesen haben, je mehr sie also, anstatt blosses Vertrauen zu fordern oder gar durch tönende, aber inhaltsleere Formeln Vertrauen zu erschleichen (zu 'manipulieren'), Informationen für eine rationale Entscheidung zur Verfügung gestellt haben"[28]. Erst die Orientierung des Wählers an Sachproblemen und Eigeninteressen zwingt also die Parteien zu echten Programmen. Flohr fasst sein Modell zusammen:

"Die Prämissen unseres Modells sind folgende:

1. Die in der Bundesrepublik bestehenden institutionellen Regelungen gelten, soweit sie den folgenden Prämissen nicht widerstreiten.
2. Die Bürger wählen rational unter starker Berücksichtigung
   a) der Existenz rationaler Programme
   b) des Inhalts dieser Programme und
   c) ihrer Meinung über die Realisierung der Programme im Falle des Wahlsiegs der jeweiligen Partei.
3. Die Parteien sind in erster Linie bestrebt, an der Regierung zu bleiben oder an die Regierung zu kommen"[29].

Flohr sieht die besten Bedingungen für die Realisierung dieses als normativ (werthaft) verstandenen Modells in der Existenz möglichst konkreter Aktionsprogramme[30] und eines nicht durch Koalitionsabreden die Programmverwirklichung hindernden Zweiparteiensystems[31].

Offenkundig funktioniert dieses an und für sich plausible Modell einer Verknüpfung des Eigeninteresses der Parteien mit dem der Wähler nur, wenn eine rationale, an Sachfragen und Interessen orientierte Wahlentscheidung realistisch ist. Zumindest ein Grossteil der Wähler müsste die Programme der konkurrierenden Parteien zur Kenntnis nehmen, vergleichen und an seinen eigenen Bedürfnissen und Auffassungen überprüfen, um die Partei nach ihrem Programm zu wählen und im Falle einer nicht programmkonformen Politik zu "bestrafen". Dass die Wirklichkeit in der Bundesrepublik und auch in anderen westlichen Ländern dem nicht stets entspricht, liegt auf der Hand: Parolen wie "Auf den Kanzler kommt es an" (CDU/CSU 1969) oder "Wir haben die richtigen Männer" (SPD 1969) suggerieren eben doch das Blankovertrauen und nicht die kritische Prüfung des Programms. Allenfalls ist noch damit zu rechnen, dass ein Versagen der Regierungspartei(en) - etwa mangelnde Erfüllung von Erwartungen - durch die Wahl der Oppositionspartei negativ sanktioniert wird[32].

Dennoch bieten Flohrs Überlegungen, konfrontiert mit unseren Programmfunktionen, einen wertvollen Ansatz, alle drei Funktionen praktisch gleichwertig zu koordinieren. Denn wenn der Erfolg der Werbung von der

Glaubwürdigkeit, das heißt aber von der Kongruenz von Programm und Praxis und dem klaren Profil (Selbstverständigung) einer Partei abhängt, sind die Funktionen a), b) und c) untrennbar aufeinander verwiesen, ist es nicht zulässig, eine von ihnen absolut zu setzen oder in einen hinteren Rang zu verweisen. Zudem sollte man die Feststellung, das normative Modell rationalen Wählens entspreche nicht der Wirklichkeit, nicht zu einer vorzeitigen resignativen Anpassung an das Nun-einmal-Gegebene benutzen. Vielmehr verweist Flohrs Modell auch auf politische Bildung, auf das Ziel, die Rationalität der Wähler längerfristig zu steigern durch verbesserte Information über die Strukturen der parlamentarischen Demokratie, den Nutzen stärkeren Engagements, die Bedeutung der politischen Entscheidungen für den Alltag und - nicht zuletzt - auch über die Programmatik der politischen Parteien.

Sicherlich werden kaum jemals alle Mitglieder einer Geselschaft zu den politischen Aktivisten zählen. Die von Ralf Dahrendorf sogenannte "aktive Öffentlichkeit", die die politischen Initiativen ergreift und Meinungen bildet, ist und bleibt eine Minderheit[33]. Aber sie muss offen und durchlässig sein, pluralistisch und konfligierend. Und die Masse der Bevölkerung, die "passive Öffentlichkeit", muss ihre nur gelegentlichen Interventionen - vor allem den Wahlakt - um so wirksamer zur Geltung bringen, soll die demokratische Legitimation erhalten bleiben. Dazu kann eine verstärkte Information und Auseinandersetzung über Parteiprogramme hilfreich sein.

3. Abschliessende Bemerkungen

Die eingangs getroffene Feststellung, daß Bedeutung und Wirkung von Parteiprogrammen in der Bundesrepublik Deutschland eher gering eingeschätzt werden, liegt nicht daran, daß die Parteien es gerade im letzten Jahrzehnt an programmatischen Aktivitäten hätten fehlen lassen: Im Gegenteil, eher ist zu konstatieren, dass eine Überfülle an produzierten Statements, Broschüren und Beschlüssen dem politische interessierten Bürger, aber auch den Parteimitgliedern selbst den Überblick und die Orientierung erschwert hat.

Die folgende Übersicht soll unsere Typologie nochmals ins Gedächtnis rufen und zugleich die Programmlage der im Bundestag vertretenen Parteien verdeutlichen:

	Grundsatzprogramme	Orientierungsprogramme	Wahl- und Regierungsprogramme
Dauer:	langfristig	mittel- bis längerfristig	kurzfristig (Legislaturperiode)
Inhalt:	Grundwerte/ politische Standortaussagen	konkrete politische Konzepte und Analysen	konkrete Massnahmen (z. B. Gesetzesvorhaben)
Zweck:	Identitätsstiftung	Orientierungs- und Planungsfähigkeit	unmittelbare Realisierung
Stand bei:			
SPD:	Godesberger Programm von 1959	Ökonomisch-politischer Orientierungsrahmen 1975-1985 von Mannheim 1975	jeweils vor Bundes- und Landtagswahlen
CDU:	Grundsatzprogramm von Ludwigshafen 1978	Mannheimer Erklärung 1975; Beschlüsse des Hamburger Parteitages 1973	jeweils vor Bundes- und Landtagswahlen
CSU:	Grundsatzprogramm von München 1976		jeweils vor Bundes- und Landtagswahlen
F.D.P.	Freiburger Thesen von 1971 (Einleitung)	Kieler Thesen von 1977	jeweils vor Bundes- und Landtagswahlen

(Aus: Hans Kremendahl, Vertrauenskrise der Parteien? hrsg. von der Landeszentrale für pol. Bildungsarbeit Berlin, 1978)

Die Verdrossenheit, die vielfach gegenüber dem etablierten Parteiensystem sichtbar geworden ist, signalisiert im Grunde eine Glaubwürdigkeitskrise: Zahlreiche Bürger vertrauen nicht mehr auf die Einheit von Reden und Handeln, von programmatischer Bekundung und praktizierter Politik.

Dies liegt zum Teil an der inneren Heterogenität unserer grossen interessenaggregierenden Volkspartei. Programmformulierungen und Parteitagsbeschlüsse sind in erheblichem Masse Kompromissformulierungen, die nach mehreren Richtungen hin ausdeutbar sind. Sei es, um den kleinsten gemeinsamen Nenner zwischen divergierenden Parteiflügeln zu finden, sei es, um auf die Partei einwirkende und für ihre Wählerklientel massgebende soziale und ökonomische Interessen nicht zu verprellen.

So ist, um ein Beispiel zu nennen, die SPD aufgrund der Struktur ihrer Wählerschaft darauf angewiesen, die nach wie vor überwiegend an Wachstum und quantitativem Fortschritt ihrer Lebenshaltung orientierte Arbeitnehmerschaft bei der Stange zu halten, und gleichzeitig den immer stärker artikulierten Bedürfnissen nach mehr Lebensqualität, mehr Umweltbewusstsein und weniger Bürokratie in Teilen der neuen Mittelschichten Raum zu geben. Daraus ergeben sich, etwa im Bereich der Kernenergie-Politik, programmatische Positionen, die in sich widersprüchlich wirken.

Wenn derart zustandegekommene innerparteiliche Kompromisse dann in der <u>Regierungskoalition</u> abermals verwässert werden, weil der - in sich gleichfalls heterogene - Koalitionspartner eigenständiges Profil demonstrieren und seine spezifische Wählerklientel befriedigen will, entsteht nach aussen der Eindruck von Immobilität und geringem Handlungsspielraum.

Nimmt man dann in der Gegenwartssituation der Bundesrepublik Deutschland noch die unterschiedlichen Mehrheitsverhältnisse in Bundestag und Bundesrat hinzu, die bei zustimmungspflichtigen Gesetzen das Arrangement mit der Opposition erforderlich machen, ergibt sich zwangsläufig ein Trend zur <u>Minimalpolitik</u>, der in der Bevölkerung und auch bei jeweils betroffenen Interessengruppen Unzufriedenheiten kumuliert.

Die Bedingungen für eine programmkonforme und daher durch die Einheit von Reden und Handeln glaubwürdige Politik im Sinne des hier behandelten Flohrschen Modells sind darum nicht gegeben. Neben vielfältigen anderen Ursachen ist dies eine Quelle des <u>Protests</u>, etwa in der jüngeren Generation, der sich an wechselnden Themen (derzeit vor allem: Wohnungsleerstand, Rüstungspolitik, Energiepolitik) festmacht. Es ist auch eine Quelle des Entstehens neuartiger Formen von gesellschaftlicher Aktivität und Beteiligung, wie Bürgerinitiativen und zahllose Projekte der "alternativen" Szene, und sogar von Parteien, die sich selbst als "Anti-Parteien" in bewusster Absetzung zum herkömmlichen Parteientypus und Parteienspektrum verstehen.

Zwar sind die "Grünen" bei der Bundestagswahl 1980 gescheitert; dies war allerdings vorwiegend auf ihre eigene Zersplitterung und auf die übermächtige Wirkung der Konfrontation Schmidt - Strauß zurückzuführen. Der Einzug der "Grünen" in die Bremer Bürgerschaft und in den Landtag von Baden-Württemberg sowie der Erfolg der

Alternativen Liste bei den Berliner Abgeordnetenhauswahlen zeigen jedoch, daß das über lange Jahre so stabile Dreiparteiensystem nicht mit Ewigkeitsgarantie versehen ist.

Noch sind es keine Mehrheiten in der Bevölkerung, die sich in ihrem politischen Bewusstsein wandeln und von den Parteien mehr Glaubwürdigkeit fordern. Aber die Entwicklung ist auch nicht mehr bequem auf die Aktivität extremer Randgruppen zurückführbar: Denn die rechtsextreme NPD verliert weiter an Boden, die DKP wird immer mehr zur bedeutungslosen Splitterpartei, und die maoistischen K-Gruppen sind entweder in Auflösung begriffen oder versuchen sich bei Grünen und Alternativen anzuhängen. Der Protest kommt in gewissem Sinne also durchaus aus der "Mitte" unserer Gesellschaft. Da er vor allem jüngere Menschen der unterschiedlichsten Berufsgruppen erfasst, lässt sich sein Potential quantitativ kaum eingrenzen.

Die demokratischen Parteien, die auf Stimmenmaximierung naturgemäss angelegt bleiben, stehen daher in ihrem ureigensten Interesse vor der Notwendigkeit, sich zur Gesellschaft hin zu öffnen, in ihren Verfahrensweisen transparenter zu werden und einen grossen Teil ihrer programmatischen Aussagen im Lichte neuerer Erkenntnisse, Bedürfnisse und Verhaltensweisen zu überprüfen. Sie werden diesem Desiderat in dem Masse nachkommen, wie die Wirksamkeit und Überzeugungskraft des überkommenen Wahlkampfstils und der gängigen Selbstdarstellung schwindet.

Bezogen auf unsere o.g. Programmfunktionen kommt es also darauf an, Praxisanleitung und Selbstverständigung nicht als abhängige Variable der Werbungsfunktion zu benutzen, sondern jeweils einen glaubwürdigen innerparteilichen Konsens zu finden, diesen sichtbar der praktischen Politik zugrundezulegen und damit in der Darstellung nach aussen Vertrauen zurückzugewinnen.

Unsere Demokratie ist - als Parteienstaat - darauf angewiesen, dass die politischen Parteien sich dieser Aufgabe gewachsen zeigen.

Anmerkungen

1. Gustav Radbruch, Die politischen Parteien im System des deutschen Verfassungsrechts (1930), in: Kurt Lenk/Franz Neumann, Theorie und Soziologie der politischen Parteien, Bd. 1, Darmstadt und Neuwied 1974, S. 162.
2. Wilhelm Grewe, Parteienstaat - oder was sonst? Der Monat. 3. Jg. Heft 36, 1961, S. 577.

3. Die nachfolgenden Überlegungen sind grossenteils identisch mit meinem Aufsatz Parteiprogramme in der parlamentarischen Demokratie der Bundesrepublik Deutschland, Einführung zu Siegfried Hergt (Hrsg.), Parteiprogramme, Opladen 1975 ff.
4. Vgl. auch Heiner Flohr, Parteiprogramme in der Demokratie, Göttingen 1968, S. 60 ff.
5. Heino Kaack, Geschichte und Struktur des deutschen Parteiensystems, Opladen 1971, S. 401.
6. Vgl. die Wachstumseinschätzung und ihre notwendige Revision vom ersten zum zweiten in Mannheim 1975 angenommenen Entwurf des Orientierungsrahmens '85 der SPD.
7. So auch Wolf-Dieter Narr, CDU-SPD. Programm und Praxis seit 1945, Stuttgart usw. 1966, S. 34.
8. Vgl. Kaack, a.a.O., S. 403 (Tabelle 117); s.a. die Ausführungen von Flohr, a.a.O., S. 60 f.
9. Vgl. auch Kaack, a.a.O., S. 403.
10. Horst Schmollinger, Abhängig Beschäftigte in Parteien der Bundesrepublik; Einflußmöglichkeiten von Arbeitern, Angestellten und Beamten. Hrsg. von der Hessischen Landeszentrale für politische Bildung, Wiesbaden 1974, S. 14.
11. Ebenda, S. 10 und 13.
12. Joseph A. Schumpeter, Kapitalismus, Sozialismus und Demokratie, Bern 1950, S. 399.
13. Ebenda, S. 384.
14. Ebenda, v.a. S. 416 ff.
15. Ebenda, S. 428.
16. Philipp Herder-Dorneich, Politisches Modell zur Wirtschaftstheorie, Freiburg 1959, S. 58.
17. Anthony Downs, Ökonomische Theorie der Demokratie, Tübingen 1968, S. 35.
18. Gerhard Leibholz, Strukturprobleme der modernen Demokratie. Neuausgabe Frankfurt 1974, S. 72.
19. Ebenda, S. 73.
20. Ebenda, S. 97.
21. Ebenda, S. 93 f.
22. Ebenda, S. 94.
23. Vgl. Jean Jacques Rousseau, Der Gesellschaftsvertrag (1762). Stuttgart 1971, S. 32 f., 44, 45 ff. und 116 f.
24. Wolfgang Abendroth, Das Problem der innerparteilichen und innerverbandlichen Demokratie in der Bundesrepublik, in ders., Antagonistische Gesellschaft und politische Demokratie, Neuwied und Berlin 1967, S. 272.
25. Ebenda, S. 276.
26. Ebenda, v.a. S. 282.
27. Heiner Flohr, Parteiprogramme in der Demokratie, a.a.O.
28. Ebenda, S. 22.
29. Ebenda, S. 51.

30. Ebenda, S. 67 ff.
31. Ebenda, S. 122 ff.
32. Vgl. auch die Kritik an Flohr bei Fritz Scharpf, Demokratietheorie zwischen Utopie und Anpassung, Konstanz 1972[2], S. 79 f. (dort Anmerkung 153).
33. Ralf Dahrendorf, Fundamente und liberale Demokratie, in ders., Für eine Erneuerung der Demokratie in der Bundesrepublik, München 1968, S. 37 und 44 f.

Auswahlbibliographie

Alemann, U. von — Parteiensystem im Parlamentarismus. Eine Einführung und Kritik von Parlamentarismustheorien, Düsseldorf 1973.

Bredthauer, R. — Das Wahlsystem als Objekt von Politik und Wissenschaft; Die Wahlsystemdiskussion in der BRD 1967/68 als politische und wissenschaftliche Auseinandersetzung, Meisenheim/Gl. 1973.

Diederich, N. — Empirische Wahlforschung. Konzeptionen und Methoden im internationalen Vergleich, Köln und Opladen 1965.

Hübner, E. — Wahlsysteme und ihre mögliche Wirkungen unter spezieller Berücksichtigung der Bundesrepublik Deutschland, München 1976 (4. Auflage).

Jesse, E. — Literaturführer Parlamentarische Demokratie, Opladen 1981.

Laufer, H. — Die demokratische Ordnung. Eine Einführung, Stuttgart 1970^{2}.

Leibholz, G. — Strukturprobleme der modernen Demokratie, Karlsruhe 1967^{3}.

Rausch, H. (Hg.) — Zur Theorie und Geschichte der Repräsentation und Repräsentativverfassung, Darmstadt 1968.

Rausch, H. — Parlament und Regierung in der Bundesrepublik Deutschland, München 1978.

Rausch, H. — Der Abgeordnete. Idee und Wirklichkeit, München 1980 (4. Auflage).

Vogel, B. u.a. — Wahlen in Deutschland. Theorie - Geschichte - Dokumente 1848-1970, Berlin und New York 1971.

Weber, J. (Hg.) — Perspektiven des Politischen Systems der Bundesrepublik Deutschland. München 1978 (Konflikt und Integration II).

Weber, J. (Hg.) — Die Gründung des neuen Staates 1949, München 1981 (30 Jahre Bundesrepublik Deutschland Bd.3)

Weber, W. Spannungen und Kräfte im westdeutschen Verfassungssystem, Berlin 1970[3].

Zeuner, B. Innerparteiliche Demokratie, Berlin 1969.

E. PARTEIEN IM PARLAMENTARISCHEN SYSTEM

Einführung

Konstatierte der sozialdemokratische Rechtslehrer und Justizminister der Weimarer Zeit Gustav Radbruch in den dreißiger Jahren die Anti-Parteien-Ressentiments als "Lebenslüge" des deutschen Obrigkeitsstaates und verwies auf fehlende Bestimmungen der Weimarer Reichsverfassung über Parteienstruktur und Parteieneinfluß, so findet sich im Grundgesetz im Artikel 21 eine klare Aussage: "Die Parteien wirken bei der politischen Willensbildung des Volkes mit". Die Verfassung weist die Parteien auf diese Weise als wesentliche Bestandteile der freiheitlich-demokratischen Grundordnung aus, unterwirft sie im Hinblick auf ihre innere Ordnung und ihre politischen Ziele aber auch besonderen Ansprüchen. Parteien, welche die innere Ordnung der Bundesrepublik bekämpfen, sind vom Bundesverfassungsgericht zu verbieten. Der Begriff der freiheitlich-demokratischen Grundordnung enthält in diesem Zusammenhang einen besonderen Stellenwert.

Wesentlich ist weiterhin, daß die Parteienverfassung selbst diesen Prinzipien zu entsprechen hat: Autoritär oder zentralistisch strukturierte Parteien sind verfassungswidrig - insofern ist die Generalformel des Artikels 20 GG auch auf die Binnenverhältnisse und die innerparteiliche Willensbildung zu übertragen.

Der Auftrag des Grundgesetzes, ein Gesetz über die Struktur und Finanzierung der Parteien zu erlassen, wurde mit dem Parteiengesetz erfüllt, das im folgenden abgedruckt wird. Es kann nicht die kritischen Analysen über das deutsche Parteiensystem und die einzelnen Parteien ersetzen, vermag allerdings einen neuen Einstieg in die Bewertung der Parteien zu bieten und das Nachdenken über Grundfragen der inneren Parteienstruktur wie auch der Funktion von Parteien für das politische System zu erleichtern.

Parteien dürfen allerdings nicht nur unter dem Gesichtspunkt innerparteilicher Kontroversen betrachtet werden, sondern erhalten ihren systematischen und funktionalen Stellenwert erst aus der Gesamtordnung des parlamentarischen Systems. Die veröffentlichten Studientexte versuchen deshalb, den Blick auf größere Zusammenhänge des politischen Systems zu lenken. Oberreuters Studie registriert parlamentarismuskritische Argumente, beleuchtet sie jedoch neu und formuliert eine überzeugende "kritische Kritik", die Defizite erkennt, aber durch die Einordnung in grundsätzliche Zusammenhänge wieder relativiert. Webers knappe Skizze über das pluralistisch verfaßte Verbandssystem unterläuft gängige verbandsfeindliche Klischees, lenkt dabei den Blick auf einen wichtigen Mitspieler der Parteien und begründet die Notwendigkeit des Pluralismus durch seine provozierende Gegenfrage. Kaltefleiter wendet sich von der Konzentration auf nur eine Partei ab und versucht, das Gesamtsystem in den Blick der Langzeitanalyse zu nehmen. Auf diese Weise wird eine programmatische Ausschließlichkeitsgesinnung und Isolation der Bewertungsmaßstäbe verhindert, wie sie zuweilen Parteistudien auszeichnet, und an die schlichte Tatsache erinnert, daß in der Demokratie der politische Wechsel die einzige Tatsache von Konstanz ist.

19. Gesetz über die politischen Parteien (Parteiengesetz) vom 24. Juli 1967 (BGBI. I s. 773 mit allen Änderungen)

Der Bundestag hat mit Zustimmung des Bundesrates das folgende beschlossen:

Erster Abschnitt

Allgemeine Bestimmungen

§ 1. Verfassungsrechtliche Stellung und Aufgaben der Parteien

(1) Die Parteien sind ein verfassungsrechtlich notwendiger Bestandteil der freiheitlichen demokratischen Grundordnung. Sie erfüllen mit ihrer freien, dauernden Mitwirkung an der politischen Willensbildung des Volkes eine ihnen nach dem Grundgesetz obliegende und von ihm verbürgte öffentliche Aufgabe.

(2) Die Parteien wirken an der Bildung des politischen Willens des Volkes auf allen Gebieten des öffentlichen Lebens mit, indem sie insbesondere auf die Gestaltung der öffentlichen Meinung Einfluß nehmen, die politische Bildung anregen und vertiefen, die aktive Teilnahme der Bürger am politischen Leben fördern, zur Übernahme öffentlicher Verantwortung befähigte Bürger heranbilden, sich durch Aufstellung von Bewerbern an den Wahlen in Bund, Ländern und Gemeinden beteiligen, auf die politische Entwicklung in Parlament und Regierung Einfluß nehmen, die von ihnen erarbeiteten politischen Ziele in den Prozeß der staatlichen Willensbildung einführen und für eine ständige lebendige Verbindung zwischen dem Volk und den Staatsorganen sorgen.

(3) Die Parteien legen ihre Ziele in politischen Programmen nieder.

§ 2. Begriff der Partei

(1) Parteien sind Vereinigungen von Bürgern, die dauernd oder für längere Zeit für den Bereich des Bundes oder eines Landes auf die politische Willensbildung Einfluß nehmen und an der Vertretung des Volkes im Deutschen Bundestag oder einem Landtag mitwirken wollen, wenn sie nach dem Gesamtbild der tatsächlichen Verhältnisse, insbesondere nach Umfang und Festigkeit ihrer Organisation, nach der Zahl ihrer Mitglieder und nach ihrem Hervortreten in der Öffentlichkeit eine ausreichende Gewähr für die Ernsthaftigkeit dieser Zielsetzung bieten. Mitglieder einer Partei können nur natürliche Personen sein.

(2) Eine Vereinigung verliert ihre Rechtsstellung als Partei, wenn sie sechs Jahre lang weder an einer Bundestagswahl noch an einer Landtagswahl mit eigenen

Wahlvorschlägen teilgenommen hat.

(3) Politische Vereinigungen sind nicht Parteien, wenn
1. ihre Mitglieder oder die Mitglieder ihres Vorstandes in der Mehrheit Ausländer sind oder
2. ihr Sitz oder ihre Geschäftsleitung sich außerhalb des Geltungsbereichs dieses Gesetzes befindet.

§ 3. Aktiv- und Passivlegitimation

Die Partei kann unter ihrem Namen klagen und verklagt werden. Das gleiche gilt für ihre Gebietsverbände der jeweils höchsten Stufe, sofern die Satzung der Partei nichts anderes bestimmt.

§ 4. Name

(1) Der Name einer Partei muß sich von dem Namen einer bereits bestehenden Partei deutlich unterscheiden; das gleiche gilt für Kurzbezeichnungen. In der Wahlwerbung und im Wahlverfahren darf nur der satzungsmäßige Name oder dessen Kurzbezeichnung geführt werden; Zusatzbezeichnungen können weggelassen werden.

(2) Gebietsverbände führen den Namen der Partei unter Zusatz ihrer Organisationsstellung. Der Zusatz für Gebietsverbände ist nur an nachfolgender Stelle zulässig. In der allgemeinen Werbung und in der Wahlwerbung kann der Zusatz weggelassen werden.

(3) Gebietsverbände, die aus der Partei ausscheiden, verlieren das Recht, den Namen der Partei weiterzuführen. Ein neu gewählter Name darf nicht in einem bloßen Zusatz zu dem bisherigen Namen bestehen. Entsprechendes gilt für Kurzbezeichnungen.

§ 5. Gleichbehandlung

(1) Wenn ein Träger öffentlicher Gewalt den Parteien Einrichtungen zur Verfügung stellt oder andere öffentliche Leistungen gewährt, sollen alle Parteien gleichbehandelt werden. Der Umfang der Gewährung kann nach der Bedeutung der Parteien bis zu dem für die Erreichung ihres Zweckes erforderlichen Mindestmaß abgestuft werden. Die Bedeutung der Parteien bemißt sich insbesondere auch nach den Ergebnissen vorausgegangener Wahlen zu Volksvertretungen. Für eine Partei, die im Bundestag in Fraktionsstärke vertreten ist, muß der Umfang der Gewährung mindestens halb so groß wie für jede andere Partei sein.

(2) Für die Gewährung öffentlicher Leistungen in Zusammenhang mit einer Wahl gilt Absatz 1 während der Dauer des Wahlkampfes nur für Parteien, die Wahlvorschläge eingereicht haben.

(3) Öffentliche Leistungen nach Absatz 1 können an bestimmte sachliche, von allen Parteien zu erfüllende

Voraussetzungen gebunden werden.

(4) Die §§ 18 bis 22 bleiben unberührt.

Zweiter Abschnitt

Innere Ordnung

§ 6. Satzung und Programm

(1) Die Partei muß eine schriftliche Satzung und ein schriftliches Programm haben. Die Gebietsverbände regeln ihre Angelegenheiten durch eigene Satzungen, soweit die Satzung des jeweils nächsthöheren Gebietsverbandes hierüber keine Vorschriften enthält.

(2) Die Satzungen müssen Bestimmungen enthalten über
1. Namen sowie Kurzbezeichnung, sofern eine solche verwandt wird, Sitz und Tätigkeitsgebiet der Partei,
2. Aufnahme und Austritt der Mitglieder,
3. Rechte und Pflichten der Mitglieder,
4. zulässige Ordnungsmaßnahmen gegen Mitglieder und ihren Ausschluß (§ 10 Abs. 3 bis 5),
5. zulässige Ordnungsmaßnahmen gegen Gebietsverbände,
6. allgemeine Gliederung der Partei,
7. Zusammensetzung und Befugnisse des Vorstands und der übrigen Organe,
8. der Beschlußfassung durch die Mitglieder- und Vertreterversammlungen nach § 9 vorbehaltene Angelegenheiten,
9. Voraussetzung, Form und Frist der Einberufung der Mitglieder- und Vertreterversammlungen sowie Beurkundung der Beschlüsse,
10. Gebietsverbände und Organe, die zur Einreichung (Unterzeichnung) von Wahlvorschlägen für Wahlen zu Volksvertretungen befugt sind, soweit hierüber keine gesetzlichen Vorschriften bestehen,
11. eine Urabstimmung der Mitglieder und das Verfahren, wenn der Parteitag die Auflösung der Partei oder des Gebietsverbandes oder die Verschmelzung mit anderen Parteien nach § 9 Abs. 3 beschlossen hat. Der Beschluß gilt nach dem Ergebnis der Urabstimmung als bestätigt, geändert oder aufgehoben.

(3) Der Vorstand hat dem Bundeswahlleiter
1. Satzung und Programm der Partei,
2. Namen der Vorstandsmitglieder der Partei und der Landesverbände mit Angabe ihrer Funktionen,
3. Aufläsung der Partei oder eines Landesverbandes

mitzuteilen. Änderungen zu Satz 1 Nummer 1 und 2 sind bis zum 31. Dezember des jeweiligen Kalenderjahres anzuzeigen. Die Unterlagen können beim Bundeswahlleiter von jedermann eingesehen werden. Abschriften dieser Unterlagen sind auf Anforderung gebührenfrei zu erteilen.

(4) Bei Parteien, deren Organisation sich auf das Gebiet eines Landes beschränkt (Landesparteien), gelten die in diesem Gesetz für die Partei Regelungen für den Landesverband.

§ 7. Gliederung

(1) Die Parteien gliedern sich in Gebietsverbände. Größe und Umfang der Gebietsverbände werden durch die Satzung festgelegt. Die gebietliche Gliederung muß so weit ausgebaut sein, daß den einzelnen Mitgliedern eine angemessene Mitwirkung an der Willensbildung der Partei möglich ist. Beschränkt sich die Organisation einer Parteil auf das Gebiet eines Stadtstaates, braucht sie keine Gebietsverbände zu bilden; sie ist Partei im Sinne dieses Gesetzes. Organisatorische Zusammenschlüsse mehrerer Gebietsverbände, die den verbandsmäßigen Aufbau der Parteiorganisation nicht wesentlich beeinträchtigen, sind zulässig.

(2) Soweit in einer Partei Landesverbände nicht bestehen, gelten die in diesem Gesetz für Landesverbände getroffenen Regelungen für die der Partei folgenden nächstniedrigen Gebietsverbände.

§ 8 Organe

(1) Mitgliederversammlung und Vorstand sind notwendige Organe der Partei und der Gebietsverbände. Durch die Satzung kann bestimmt werden, daß in den überörtlichen Verbänden an die Stelle der Mitgliederversammlung eine Vertreterversammlung tritt, deren Mitglieder für höchstens zwei jahre durch Mitglieder- oder Vertreterversammlungen der nachgeordneten Verbände gewählt werden. Landesparteien ohne Gebietsverbände (§ 7 Abs. 1 Satz 4) können die Mitgliederversammlung durch eine Vertreterversammlung ersetzen, wenn sie mehr als 250 Mitglieder haben. Vertreterversammlungen können auch für Ortsverbände von mehr als 250 Mitgliedern oder mit großer räumlicher Ausdehnung gebildet werden.

(2) Die Satzung kann weitere der Willensbildung des jeweiligen Gebietsverbandes dienende Einrichtungen (Organe) vorsehen. Sie sind in der Satzung ausdrücklich als solche zu bezeichnen.

§ 9 Mitglieder- und Vertreterversammlung (Parteitag, Hauptversammlung)

(1) Die Mitglieder- oder Vertreterversammlung (Parteitag, Hauptversammlung) ist das oberste Organ des jeweiligen Gebietsverbandes. Sie führt bei Gebietsverbänden höherer Stufen die Beziechnung "Partei", bei Gebietsverbänden der untersten Stufe die Bezeichnung "Hauptversammlung"; die nachfolgenden Bestimmungen über den Parteitag gelten auch für die Hauptversammlung. Die Parteitage treten mindestens in jedem zweiten Ka-

lenderjahr einmal zusammen.

(2) Vorstandsmitglieder, Mitglieder anderer Organe des Gebietsverbandes sowie Angehörige des in § 11 Abs. 2 genannten Personenkreises können einer Vertreterversammlung kraft Satzung angehören, dürfen aber in diesem Fall nur bis zu einem Fünftel der satzungsmäßigen Gesamtzahl der Versammlungsmitglieder mit Stimmrecht ausgestattet sein.

(3) Der Parteitag beschließt im Rahmen der Zuständigkeit des Gebietsverbandes innerhalb der Partei über die Parteiprogramme, die Satzung, die Beitragsordnung, die Schiedsgerichtsordnung, die Auflösung sowie die Verschmelzung mit anderen Parteien.

(4) Der Parteitag wählt den Vorsitzenden des Gebietsverbandes, seine Stellvertreter und die übrigen Mitglieder des Vorstandes, die Mitglieder etwaiger anderer Organe und die Vertreter in den Organen höherer Gebietsverbände, soweit in diesem Gesetz nichts anderes zugelassen ist.

(5) Der Parteitag nimmt mindestens alle zwei Jahre einen Tätigkeitsbericht des Vorstandes entgegen und faßt über ihn Beschluß. Der finanzielle Teil des Berichts ist vor der Berichterstattung durch Rechnungsprüfer, die von dem Parteitag gewählt werden, zu überprüfen.

§ 10. Rechte der Mitglieder

(1) Die zuständigen Organe der Partei entscheiden nach näherer Bestimmung der Satzung frei über die Aufnahme von Mitgliedern Die Ablehnung eines Aufnahmeantrages braucht nicht begründet zu werden. Allgemeine, auch befristete Aufnahmesperren sind nicht zulässig. Personen, die infolge Richterspruchs die Wählbarkeit oder das Wahlrecht nicht besitzen, können nicht Mitglieder einer Partei sein.

(2) Die Mitglieder der Partei und die Vertreter in den Parteiorganen haben gleiches Stimmrecht. Die Ausübung des Stimmrechts kann nach näherer Bestimmung der Satzung davon abhängig gemacht werden, daß das Mitglied seine Beitragspflicht erfüllt hat. Das Mitglied ist jederzeit zum sofortigen Austritt aus der Partei berechtigt.

(3) In der Satzung sind Bestimmungen zu treffen über

1. die zulässigen Ordnungsmaßnahmen gegen Mitglieder,
2. die Gründe, die zu Ordnungsmaßnahmen berechtigen,
3. die Parteiorgane, die Ordnungsmaßnahmen anordnen können.

Im Falle der Enthebung von Parteiämtern oder der Aberkennung der Fähigkeit zu ihrer Bekleidung ist der Beschluß zu begründen.

(4) Ein Mitglied kann nur dann aus der Partei ausgeschlossen werden, wenn es vorsätzlich gegen die Satzung oder erheblich gegen Grundsätze oder Ordnung der Partei verstößt und ihr damit schweren Schaden zufügt.

(5) Über den Ausschluß entscheidet das nach der Schiedgerichtsordnung zuständige Schiedsgericht. Die Berufung an ein Schiedsgericht höherer Stufe ist zu gewährleisten. Die Entscheidungen sind schriftlich zu begründen. In dringenden und schwerwiegenden Fällen, die sofortiges Eingreifen erfordern, kann der Vorstand der Partei oder eines Gebietsverbandes ein Mitglied von der Ausübung seiner Rechte bis zur Entscheidung des Schiedsgerichts ausschließen.

§ 11. Vorstand

(1) Der Vorstand wird mindestens in jedem zweiten Kalenderjahr gewählt. Er muß aus mindestens drei Mitgliedern bestehen.

(2) Dem Vorstand können Abgeordnete und andere Persönlichkeiten aus der Partei kraft Satzung angehören, wenn sie ihr Amt oder ihr Mandat aus einer Wahl erhalten haben. Der Anteil der nicht nach § 9 Abs. 4 gewählten Mitglieder darf ein Fünftel der Gesamtzahl der Vorstandsmitglieder nicht übersteigen.

(3) Der Vorstand leitet den Gebietsverband und führt dessen Geschäfte nach Gesetz und Satzung sowie den Beschlüssen der ihm übergeordneten Organe. Er vertritt den Gebietsverband gemäß § 26 Abs. 2 des Bürgerlichen Gesetzesbuches, soweit nicht die Satzung eine abweichende Regelung trifft.

(4) Zur Durchführung der Beschlüsse des Vorstandes sowie zur Erledigung der laufenden und der besonders dringlichen Vorstandsgeschäfte kann aus der Mitte des Vorstandes ein geschäftsführender Vorstand (Präsidium) gebildet werden. Seine Mitglieder können auch vom Vorstand gewählt oder durch die Satzung bestimmt werden.

§ 12. Allgemeine Parteiausschlüsse

(1) Die Mitglieder von allgemeinen Parteiausschüssen und ähnlichen Einrichtungen, die nach der Satzung umfassende Zuständigkeiten für die Beratung oder Entscheidung politischer und organisatorischer Fragen der Partei besitzen, können auch von nachgeordneten Gebietsverbänden gewählt werden.

(2) Der Vorstand und Angehörige des in § 11 Abs. 2 genannten Personenkreises können einem solchen Organ kraft Satzung angehören. Der Anteil der nicht gewähl-

ten Mitglieder darf ein Drittel der Gesamtmitgliederzahl des Organs nicht übersteigen; er kann um weitere Mitglieder mit nur beratender Stimme erhöht werden, muß jedoch auch dann noch unter der Hälfte der Gesamtmitgliederzahl des Organs liegen.

(3) Das Amt der gewählten Mitglieder der in Absatz 1 genannten Organe dauert höchstens zwei Jahre.

§ 13. Zusammensetzung der Vertreterversammlungen

Die Zusammensetzung einer Vertreterversammlung oder eines sonstigen Organs, das ganz oder zum Teil aus Vertretern von Gebietsverbänden besteht, ist in der Satzung festzulegen. Die Zahl der Vertreter des Gebietsverbandes ist in erster Linie nach der Zahl der vertretenden Mitglieder zu bemessen. Die Satzung kann bestimmen, daß die restliche Zahl der Vertreter, höchstens die Hälfte der Gesamtzahl, nach dem Verhältnis der im Bereich des Gebietsverbandes bei vorausgegangenen Wahlen zu Volksvertretungen erzielten Wählerstimmen auf die Gebietsverbände aufgeschlüsselt wird. Die Ausübung des Stimmrechts kann von der Erfüllung der Beitragspflicht des Gebietsverbandes abhängig gemacht werden.

§ 14. Parteischiedsgerichte

(1) Zur Schlichtung und Entscheidung von Streitigkeiten der Partei oder eines Gebietsverbandes mit einzelnen Mitgliedern und Streitigkeiten über Auslegung und Anwendung der Satzung sind zumindest bei der Partei und den Gebietsverbänden der jeweils höchsten Stufe Schiedsgerichte zu bilden. Für mehrere Gebietsverbände der Kreisstufe können gemeinsame Schiedsgerichte gebildet werden.

(2) Die Mitglieder der Schiedsgerichte werden für höchstens vier Jahre gewählt. Sie dürfen nicht Mitglied eines Vorstandes der Partei oder eines Gebietsverbandes sein, in einem Dienstverhältnis zu der Partei oder einem Gebietsverband stehen oder von ihnen regelmäßige Einkünfte beziehen. Sie sind unabhängig und an Weisungen nicht gebunden.

(3) Die Satzung kann vorsehen, daß die Schiedsgerichte allgemein oder im Einzelfall mit Beisitzern besetzt werden, die von den Streitteilen paritätisch benannt werden.

(4) Für die Tätigkeit des Schiedsgerichts ist eine Schiedsgerichtsordnung zu erlassen, die den Beteiligten rechtliches Gehör, ein gerechtes Verfahren und die Ablehnung eines Mitglieds des Schiedsgerichts wegen Befangenheit gewährleistet.

§ 15. Willensbildung in den Organnen

(1) Die Organe fassen ihre Beschlüsse mit einfacher Stimmenmehrheit, soweit nicht durch Gesetz oder Satzung

erhöhte Stimmenmehrheit vorgeschrieben ist.

(2) Die Wahlen der Vorstandsmitglieder und der Vertreter zu Vertreterversammlungen und zu Organen höherer Gebietsverbände sind geheim. Bei den übrigen Wahlen kann offen abgestimmt werden, wenn sich auf Befragen kein Widerspruch erhebt.

(3) Das Antragsrecht ist so zu gestalten, daß eine demokratische Willensbildung gewährleistet bleibt, insbesondere auch Minderheiten ihre Vorschläge ausreichend zur Erörterung bringen können. In den Versammlungen höherer Gebietsverbände ist mindestens den Vertretern der Gebietsverbände der beiden nächstniedrigen Stufen ein Antragsrecht einzuräumen. Bei Wahlen und Abstimmungen ist eine Bindung an Beschlüsse anderer Organe unzulässig.

§ 16. Maßnahmen gegen Gebietsverbände

(1) Die Auflösung und der Ausschluß nachgeordneter Gebietsverbände sowie die Amtsenthebung ganzer Organe derselben sind nur wegen schwerwiegender Verstöße gegen die Grundsätze oder die Ordnung der Partei zulässig.
In der Satzung ist zu bestimmen,

1. aus welchen Gründen die Maßnahmen zulässig sind,
2. welcher übergeordnete Gebietsverband und welches Organ dieses Verbandes sie treffen können.

(2) Der Vorstand der Partei oder eines übergeordneten Gebietsverbandes bedarf für eine Maßnahme nach Absatz 1 der Bestätigung durch ein höheres Organ. Die Maßnahme tritt außer Kraft, wenn die Bestätigung nicht auf dem nächsten Parteitag ausgesprochen wird.

(3) Gegen Maßnahmen nach Absatz 1 ist die Anrufung eines Schiedsgerichts zuzulassen.

Dritter Abschnitt

Aufstellung von Wahlbewerbern

§ 17. Aufstellung von Wahlbewerbern

Die Aufstellung von Bewerbern für Wahlen zu Volksvertretungen muß in geheimer Abstimmung erfolgen. Die Aufstellung regeln die Wahlgesetze und die Satzungen der Parteien.

Vierter Abschnitt

Erstattung von Wahlkampfkosten

§ 18. Grundsätze und Umfang der Erstattung

(2) Die notwendigen Kosten eines angemessenen Wahlkampfes sind Parteien, die sich an der Bundestagswahl mit eigenen Wahlvorschlägen beteiligt haben, zu erstatten. Die Wahlkampfkosten werden mit einem Betrag

von 3,50 Deutsche Mark je Wahlberechtigten dieser Bundestagswahl insgesamt pauschaliert (Wahlkampfkostenpauschale).

(2) Das Wahlkampfkostenpauschale wird auf Parteien verteilt, die nach dem endgültigen Wahlergebnis mindestens

1. 0,5 vom Hundert der im Wahlgebiet abgegebenen gültigen Zweistimmen oder
2. 10 vom Hundert der in einem Wahlkreis abgegebenen gültigen Erststimmen, wenn in diesem Land eine Landesliste dieser Partei nicht zugelassen war,

erreicht haben.

(3) Der Anteil an dem Wahlkampfkostenpauschale (Erstattungsbetrag) bemißt sich

1. bei Parteien nach Absatz 2 Nr. 1 nach dem Verhältnis der im Wahlgebiet erreichten Zweistimmen,
2. bei einer Partei nach Absatz 2 Nr. 2 mit einem Betrag von 3,50 Deutsche Mark für jede Erststimme in Wahlkreisen, in denen die Mindeststimmenzahl von 10 vom Hundert erreicht worden ist.

(4) Vor der Festsetzung der Erstattungsbeträge für Parteien nach Absatz 3 Nr. 1 sind zunächst die auf die Parteien nach Absatz 3 Nr. 2 entfallenden Erstattungsbeträge von dem Wahlkampfkostenpauschale abzuziehen.

§ 19. Erstattungsverfahren

(1) Die Festsetzung und die Auszahlung des Erstattungsbetrages (Anteil an dem Wahlkampfkostenpauschale) ist innerhalb von zwei Monaten nach dem Zusammentritt des Bundestages bei dem Präsidenten des Deutschen Bundestages schriftlich zu beantragen. Der Antrag kann auf einen Teilbetrag begrenzt werden.

(2) Der Erstattungsbetrag wird von dem Präsidenten des Deutschen Bundestages festgesetzt und ausgezahlt. Abschlagszahlungen nach § 20 sind anzurechnen.

§ 20. Abschlagszahlungen

(1) Den Parteien, die bei der jeweils vorausgegangenen Bundestagswahl Wahlergebnisse erreicht hatten, die die Voraussetzungen für eine Erstattung erfüllt hätten, sind auf Antrag Abschlagszahlungen auf den Erstattungsbetrag zu gewähren. Die Abschlagszahlungen dürfen im zweiten Jahr der Wahlperiode des Deutschen Bundestages 10 vom Hundert, im dritten Jahr 15 vom Hundert und im Wahljahr 35 vom Hundert des nach dem Ergebnis der vorausgegangenen Wahl zu erstattenden Betrages nicht übersteigen.

(2) Der Antrag auf Abschlagszahlungen ist schriftlich bei dem Präsidenten des Deutschen Bundestages einzureichen.

(3) Endet die Wahlperiode des Deutschen Bundestages vorzeitig, kann der Präsident des Deutschen Bundestages vor der Bundestagswahl Abschlagszahlungen abweichend von Absatz 1 Satz 2 mit der Maßgabe gewähren, daß sie 60 vom Hundert der Erstattungsbeträge nicht übersteigen dürfen.

(4) Abschlagszahlungen sind nach der Wahl zurückzuzahlen, soweit sie den Erstattungsbetrag übersteigen oder wenn ein Erstattungsanspruch nicht entstanden ist.

§ 21. Bereitstellung von Bundesmitteln

(1) Die nach den §§ 18 und 20 erforderlichen Mittel sind im Bundeshaushaltsplan auszubringen.

(2) Der Bundesrechnungshof prüft, ob der Präsident des Deutschen Bundestages als mittelverwaltende Stelle die Wahlkampfkosten entsprechend den Vorschriften dieses Abschnittes erstattet hat.

§ 22. Erstattung von Wahlkampfkosten in den Ländern

Die Länder werden ermächtigt, durch Gesetz Vorschriften über die Erstattung von Wahlkampfkosten für Landtagswahlen zu erlassen. Diese müssen sich im Rahmen des § 18 Abs. 1 und der §§ 19 und 20 halten. Bei Parteien nationaler Minderheiten darf die Ersttattung nicht von einem Mindesstimmenanteil abhängig gemacht werden.

Fünfter Abschnitt

Rechenschaftslegung

§ 23. Pflicht zur öffentlichen Rechenschaftslegung

(1) Der Vorstand der Partei hat über die Herkunft der Mittel, die seiner Partei innerhalb eines Kalenderjahres (Rechnungsjahr) zugeflossen sind, in einem Rechenschaftsbericht öffentlich Rechenschaft zu geben.

(2) Der Rechenschaftsbericht muß von einem Wirtschaftsprüfer oder einer Wirtschaftsprüfungsgesellschaft nach den Vorschriften der §§ 29 bis 31 geprüft werden. Er ist bis zum 30. September des dem Rechnungsjahr folgenden Jahres beim Präsidenten des Deutschen Bundestages einzureichen und von diesem im Bundesanzeiger zu veröffentlichen. Der Präsident des Deutschen Bundestages kann die Frist aus besonderen Gründen bis zu drei Monaten verlängern.

(3) Der Präsident des Deutschen Bundestages darf Zahlungen nach den §§ 18 bis 20 nicht leisten, solange ein den Vorschriften des Fünften Abschnitts entsprechender Rechenschaftsbericht nicht eingereicht worden ist.

§ 24. Rechenschaftsbericht

(1) Der Rechenschaftsbericht besteht aus einer Einnahmerechnung. In den Rechenschaftsbericht der Partei sind die Rechenschaftsberichte der einzelnen Landesverbände gesondert aufzunehmen. Die Rechenschaftsberichte der den Landesverbänden nachgeordneten Gebietsverbände sind ungesondert in die Teilberichte der Landesverbände aufzunehmen. Die Landesverbände haben die Teilberichte der ihnen nachgeordneten Verbände gesammelt bei ihren Rechenschaftsunterlagen aufzubewahren.

(2) In der Einnahmerechnung sind folgende Posten gesondert auszuweisen:
1. Mitgliedsbeiträge,
2. Beiträge der Fraktionsmitglieder und ähnliche Regelmäßige Beiträge,
3. Einnahmen aus
   a) Vermögen,
   b) Veranstaltungen, Vertrieb von Druckschriften und Veröffentlichungen und sonstiger mit Einahmen verbundener Tätigkeit der Partei,
4. Spenden,
5. Kredite,
6. Erstattungsbeträge nach dem Vierten Abschnitt,
7. sonstige Einnahmen.

(3) Die Partei kann dem Rechenschaftsbericht, insbesondere auch einzelnen seiner Posten, kurzgefaßte Erläuterungen beifügen.

§ 25. Benennung der Spender

Spenden an eine Partei oder einen oder mehrere ihrer Gebietsverbände, deren Gesamtwert in einem Kalenderjahr 20 000 Deutsche Mark übersteigt, sind unter Angabe des Namens und der Anschrift des Spenders sowie der Gesamthöhe der Spende im Rechenschaftsbericht zu verzeichnen.

§ 26. Begriff der Einnahme

(1) Einnahme ist, soweit für einzelne Einahmearten (§ 24 Abs. 2) nichts besonderes gilt, jede der Partei von außen zufließende Geld- oder geldwerte Leistung, die weder durch eine gleichwertige Gegenleistung ausgeglichen ist noch auf einer Ersatz-, Entschädigungs- oder Rückerstattungspflicht beruht. Als Einnahmen gelten auch die Freistellung von üblicherweise entstehenden Verbindlichkeiten sowie die Übernahme von Veranstaltungen und Maßnahmen, mit denen ausdrücklich für eine Partei geworben wird, durch andere.

(2) Alle Einnahmen sind mit ihrem vollen Betrag an der für sie vorgesehenen Stelle einzusetzen. Mit den Einnahmen zusammenhängende Ausgaben dürfen nur insoweit abgezogen werden, als sie unmittelbar zur Be-

schaffung der betreffenden Einnahme aufgewandt wurden.

(3) Wirtschaftsgüter, die nicht in Geld bestehen, sind mit der im gewöhnlichen Geschäftsverkehr für gleiche oder vergleichbare Leistungen üblicherweise zu zahlenden Preisen anzusetzen.

(4) Durchlaufende Gelder und Leistungen sowie Mitgliedsbeiträge und sonstige Einnahmen, die von vornherein für eine schlüsselmäßige Verteilung unter mehrere Gebietsverbände bestimmt sind, werden bei der Stelle ausgewiesen, bei der sie endgültig verbleiben.

§ 27. Einzelne Einnahmearten

(1) Mitgliedsbeiträge im Sinne des § 24 Abs. 2 Nr.1 sind Beiträge, die die Mitglieder in dieser Eigenschaft entrichten, insbesondere auch Aufnahmegebühren und Sonderumlagen.

(2) Bei den in § 24 Abs. 2 Nr. 3 genannten Einnahmequellen ist der Reinertrag einzusetzen. Die Ausweisungspflicht nach § 24 Abs. 2 Nr. 4 und 5 bleibt unberührt.

(3) Bei der Einnahmerechnung können Sach-, Werk- und Dienstleistungen, die die Mitglieder der Partei oder die der Partei nahestehenden Organisationen außerhalb eines Geschäftsbetriebes üblicherweise unentgeltlich zur Verfügung stellen oder die einen Wert von 1000 Deutsche Mark im Einzelfall nicht übersteigen, unberücksichtigt bleiben. Für die Übernahme von Veranstaltungen und Maßnahmen der Parteiwerbung gilt Satz 1 entsprechend.

(4) Bei Einnahmen aus Krediten sind nur Kreditzuflüsse von mehr als 1000 Deutsche Mark in einem Rechnungsjahr und nur dann auszuweisen, soweit der Kredit bis zum Schluß des Rechnungsjahres nicht zurückgezahlt worden ist.

§ 28. Pflicht zur Buchführung

Die Parteien haben Bücher über ihre rechenschaftspflichtigen Einnahmen zu führen. Dabei ist nach den Grundsätzen ordnungsmäßiger Buchführung unter Berücksichtigung des Gesetzeszweckes zu verfahren. Die Rechnungsunterlagen sind fünf Jahre aufzubewahren. Die Aufbewahrungsfrist beginnt mit Ablauf des Rechnungsjahres.

§ 29. Prüfung des Rechenschaftsberichts

(1) Die Prüfung nach § 23 Abs. 2 Satz 1 erstreckt sich auf die Partei sowie nach Wahl des Prüfers auf mindestens zwei Landesverbände und vier nachgeordnete Gebietsverbände niedrigerer Stufen.

(2) Der Prüfer kann von den Vorständen und den von ihnen dazu ermächtigten Personen alle Aufklärungen und

Nachweise verlangen, welche die sorgfältige Erfüllung seiner Prüfungspflicht erfordert. Es ist ihm insoweit auch zu gestatten, die Unterlagen für die Zusammenstellung des Rechenschaftsberichts, die Bücher und Schriftstücke sowie die Kassen- und Vermögensbestände zu prüfen.

(3) Der Vorstand des zu prüfenden Gebietsverbandes hat dem Prüfer schriftlich zu versichern, daß in dem Rechenschaftsbericht alle rechenschaftspflichtigen Einnahmen erfaßt sind. Auf die Versicherung der Vorstände nachgeordneter Gebietsverbände kann Bezug genommen werden. Es genügt die Versicherung des für die Finanzangelegenheiten zuständigen Vorstandsmitgliedes.

§ 30. Prüfungsbericht und Prüfungsvermerk

(1) Das Ergebnis der Prüfung ist in einem schriftlichen Prüfungsbericht niederzulegen, der dem Vorstand der Partei und dem Vorstand des geprüften Gebietsverbandes zu übergeben ist.

(2) Sind nach dem abschließenden Ergebnis der Prüfung keine Einwendungen zu erheben, so hat der Prüfer durch einen Vermerk zu bestätigen, daß nach pflichtgemäßer Prüfung aufgrund der Bücher und Schriften der Partei sowie der von den Vorständen erteilten Aufklärungen und Nachweise der Rechenschaftsbericht in dem geprüftem Umfang (§ 29 Abs. 1) den Vorschriften dieses Gesetzes entspricht.
Sind Einwendungen zu erheben, so hat der Prüfer in seinem Prüfungsvermerk die Bestätigung zu versagen oder einzuschränken. Die geprüften Gebietsverbände sind im Prüfungsvermerk namhaft zu machen.

(3) Der Prüfungsvermerk ist auf dem einzureichenden Rechenschaftsbericht anzubringen und in vollem Wortlaut nach § 23 Abs. 2 Aatz 2 mit zu veröffentlichen.

§ 31. Prüfer

(1) Als Prüfer darf nicht bestellt werden, wer Vorstandsmitglied, Mitglied eines allgemeinen Parteiausschusses, Revisionsbeauftragter oder Angestellter der zu prüfenden Partei oder eines ihrer Gebietsverbände ist oder in den letzten drei Jahren vor der Bestellung war.

(2) Die Prüfer, ihre Gehilfen und die bei der Prüfung mitwirkenden gesetzlichen Vertreter einer Prüfungsgesellschaft sind zu gewissenhafter und unparteiischer Wahrnehmung ihrer Aufgaben und zur Verschwiegenheit verpflichtet. § 168 des Aktiengesetzes gilt entsprechend.

Sechster Abschnitt

Vollzug des Verbots verfassungswidriger Parteien

§ 32. Vollstreckung

(1) Wird eine Partei oder eine Teilorganisation einer Partei nach Artikel 21 Abs. 2 des Grundgesetzes für verfassungswidrig erklärt, so treffen die von den Landesregierungen bestimmten Behörden im Rahmen der Gesetze alle Maßnahmen, die zur Vollstreckung des Urteils und etwaiger zusätzlicher Vollstreckungsregelungen des Bundesverfassungsgerichts erforderlich sind. Die obersten Landesbehörden haben zu diesem Zweck unbeschränktes Weisungsrecht gegenüber den Behörden und Dienststellen des Landes, die für die Wahrung der öffentlichen Sicherheit oder Ordnung zuständig sind.

(2) Erstreckt sich die Organisation oder die Tätigkeit der Partei oder des für verfassungswidrig erklärten Teils der Partei über das Gebiet eines Landes hinaus, so trifft der Bundesminister des Innern die für eine einheitliche Vollstreckung erforderlichen Anordnungen.

(3) Das Bundesverfassungsgericht kann die Vollstreckung nach § 35 des Gesetzes über das Bundesverfassungsgericht abweichend von den Vorschriften der Absätze 1 und 2 regeln.

(4) Widerspruch und Anfechtungsklage gegen Vollstreckungsmaßnahmen haben keine aufschiebende Wirkung. Betrifft ein verwaltungsgerichtliches Verfahren eine Frage, die für die Vollstreckung des Urteils von grundsätzlicher Bedeutung ist, so ist das Verfahren auszusetzen und die Entscheidung des Bundesverfassungsgerichts einzuholen. Das Bundesverfassungsgericht entscheidet auch über Einwendungen gegen die Art und Weise der Durchführung der von ihm angeordneten besonderen Vollstreckungsmaßnahmen.

(5) Im Falle der Vermögenseinziehung werden die §§ 10 bis 13 des Gesetzes zur Regelung des öffentlichen Vereinsrechts (Vereinsgesetz) vom 5. August 1964 (Bundesgesetzbl. I S. 593) entsprechend angewendet. Verbotsbehörde ist die oberste Landesbehörde, im Fall des Absatzes 2 der Bundesminister des Innern.

§ 33. Verbot von Ersatzorganisationen

(1) Es ist verboten, Organisationen zu bilden, die verfassungswidrige Bestrebungen einer nach Artikel 21 Abs. 2 des Grundgesetzes in Verbindung mit § 46 des Gesetzes über das Bundesverfassungsgericht verbotenen Partei an deren Stelle weiter verfolgen (Ersatzorganisation) oder bestehende Organisationen als Ersatzorganisationen fortzuführen.

(2) Ist die Ersatzorganisation eine Partei, die bereits vor dem Verbot der ursprünglichen Partei bestanden hat oder im Bundestag oder in einem Landtag vertreten ist, so stellt das Bundesverfassungsgericht fest, daß es sich um eine verbotene Ersatzorganisation handelt; die §§ 38, 41, 43, 44 und 46 Abs. 3 des Gesetzes über das Bundesverfassungsgericht und § 32 dieses Gesetzes gelten entsprechend.

(3) Auf andere Parteien und auf Vereine im Sinne des § 2 des Verreinsgesetzes, die Ersatzorganisationen einer verbotenen Partei sind, wird § 8 Abs. 2 des Vereinsgesetzes entsprechend angewandt.

20. <u>Grundgesetz für die Bundesrepublik Deutschland (23 Mai 1949)</u>

Artikel 21 (Parteien)

(1) Die Parteien wirken bei der politischen Willensbildung des Volkes mit. Ihre Gründung ist frei. Ihre innere Ordnung muß demokratischen Grundsätzen entsprechen. Sie müssen über die Herkunft ihrer Mittel öffentlich Rechenschaft geben.

(2) Parteien, die nach ihren Zielen oder nach dem Verhalten ihrer Anhänger darauf ausgehen, die freiheitliche demokratische Grundordnung zu beeinträchtigen oder zu beseitigen oder den Bestand der Bundesrepublik Deutschland zu gefährden, sind verfassungswidrig. Über die Frage der Verfassungswidrigkeit entscheidet das Bundesverfassungsgericht.

(3) Das Nähere regeln Bundesgesetze.

Studientexte

WERNER KALTEFLEITER

Wandlungen des deutschen Parteiensystems 1949-1974

Zahlreiche Veränderungen kennzeichnen das deutsche Parteiensystem seit Gründung der Bundesrepublik. Die wichtigste ist zunächst der Wandel von einem Vielparteiensystem fast Weimarer Provenienz zu einem fast alternierenden Parteiensystem angelsächsischen Vorbilds. Die Ausgangssituation bildet der Deutsche Bundestag von 1949, der mit zwölf Parteien durchaus ein Vielparteiensystem hatte. Die erste Koalition Adenauers war eine heterogene Koalition; er selbst war mit nur einer Stimme Mehrheit gewählt worden - freilich war die Zahl der Abgeordneten, die diese Koalition tatsächlich trugen, substantiell größer. Die folgenden Veränderungen lassen sich dann in sechs Phasen einteilen.

1. Die erste Konzentrationsphase

Die erste Phase von 1952 bis 1957 kann als die erste Konzentrationsphase bezeichnet werden, Ihr geht voraus eine Periode von 1949 bis 1952, in der die Tendenzen zu einer weiteren Zersplitterung dieses Parteiensystems sehr auffallend waren. Die erheblichen Erfolge des BHE, aber auch der damaligen DRP und SRP in einigen Landtagswahlen verdeutlichen das. Diese "Fahrt in Richtung Weimar"[1] endete 1953 mit der damaligen Bundestagswahl, die in einer ersten Publikation von Erwin Faul als "Das deutsche Wahlwunder"[2] bezeichnet wurde - ein Begriff, der analog zu dem des "Wirtschaftswunders" verwandt wurde. Vor dem Hintergrund der Erfahrungen der deutschen politischen und ökonomischen Geschichte lag es offentsichtlich nahe, positive Ereignisse sofort als Wunder zu bezeichnen. Dieses "Wahlwunder" von 1953 wiederholte sich noch einmal in verstärkter Form 1957. Es bedeutete, daß als Folge des Zusammenwirkens von drei Faktoren[3] das deutsche Parteiensystem einen Konzentrationsgrad erreicht hatte, wie er in der Geschichte deutscher Parteien und Parlamente nie gegeben war, weder im Kaiserreich und erst recht nicht in der Weimarer Republik. Der Stimmenanteil der beiden größten Parteien, also CDU/CSU und SPD, stieg von etwa 66 % in der Bundestagswahl 1949 auf über 75 % in der von 1953 und erreichte 1957 bereits etwa 85 %. Das war bereits mehr als in mancher Unterhauswahl in Großbritannien erzielt wurde.

Diese Entwicklung wurde durch die Ausgangssituation nach dem Zweiten Weltkrieg, insbesondere durch die tiefgreifenden sozialen Umwälzungen, die der Krieg und die

Vertreibung in Deutschland gebracht hatten, bewirkt. Die Folge war eine Heterogenisierung der deutschen Sozialstruktur mit der Folge, daß die Perzeption sozialer Konflikte geringer wurde. Das Verständnis von "Klassengegensätzen" - ausschließlich eine Perzeptionsfrage, da es Klassen nicht als einen operationalisierbaren, sondern nur als einen ideologischen Begriff gibt - war als Folge dieser Entwicklung weit weniger ausgeprägt als etwa in Frankreich oder Großbritannien. Die Tatsache, daß nach dem Kriege bei ungefähr noch 9 Mill. vorhandenen Wohnungen 6 Mill. fehlten, hat ebenso wie die Vertreibung und all die anderen Faktoren dazu geführt, dass Menschen, die vorher separiert voneinander lebten, zusammengewürfelt wurden. Die dadurch entstandene erhöhte Kommunikation zwischen heterogenen Gruppen führt aber, wie Sozialpsychologen immer wieder nachweisen, zu einem Abbau von perzipierten Gegensätzen. Auf der Grundlage dieser relativ verminderten sozialen Distanzen konnte der rasche wirtschaftliche Wiederaufbau - jenes Wirtschaftswunder - ein Maß an sozialer Befriedigung auslösen, das die Voraussetzung für die Umsetzung in eine entsprechende Konzentration des Parteiensystems bildete.

Parteiensysteme sind eine Funktion der sozialen Konflikte[4], wobei die Umsetzung der Konfliktstruktur in das Parteiensystem durch die Verfassung entscheidend mitgeprägt wird[5]. Wenn eine Konfliktstruktur eine politische Organisation etwa in Form eines Zwei-Parteiensystems ohnehin nahelegt, ist es um so weniger bedeutsam, dass von der Verfassung Tendenzen zur Konzentration ausgehen. Die Anforderungen an die Verfassung steigen, je ausgeprägter und vielfältiger die jeweiligen Konfliktstrukturen sind. Die Ausgangssituationen der Bundesrepublik, jener Heterogenisierung und damit Verringerung der sozialen Distanzen, und die anschliessende soziale Befriedung durch die wirtschaftliche Entwicklung ermöglichten diese Konzentrationsphase, obwohl die Anreize zu einer Konzentration von der Verfassung her gering waren. Die gleiche Verfassung ermöglichte die Tendenz zu einer Zersplitterung von 1949 bis 1952 wie die erste Konzentrationsphase bis 1957.

In dieser ersten Konzentrationsphase bildete sich zugleich ein zentrales Problem des deutschen Parteiensystems heraus, das bis in die Gegenwart nachwirkt: die strukturelle Asymmetrie[6]. Wenn man Demokratie als ein System wechselnder Parteiregierungen definiert, gehört der Wechsel zur Definition von Demokratie, und dieser Wechsel setzt voraus, daß die konkurrierenden politischen Gruppen vergleichbare Chancen zum Machtgewinn haben. Der Konzentrationsprozess dieser ersten Phase erfolgte jedoch fast einseitig zugunsten der CDU/CSU, während die SPD weitgehend auf ihrem Niveau von 1949 stagnierte. Die Folge war eine Symmetrie des deutschen Parteiensystems. Der Abstand zwischen CDU/CSU und SPD betrug nach der Wahl von 1957 18,8 %. Das bedeutete, dass die reale Chance des Machtwechsels damals nicht bestand. Eine solch eingeschränkte Chance des Machtwechsels bedeutet vor allem, dass die Innovationskraft des politischen Systems verlorengeht oder zumindest eingeschränkt wird.

Demokratie ist als Konkurrenzsystem das einzige politische System mit einem eingebauten Innovationsbonus. Alle anderen politischen Systeme sind durch einen Stagnationsbonus gekennzeichnet. In dem Moment, wo die Chance des Machtwechsels eingeschränkt wird, geht dieser Innovationsbonus verloren. Die vielfältigen, kritischen Darstellungen über die Politik der CDU/CSU etwa ab 1959 weisen darauf hin, dass eine Personalrotation an die Stelle der inhaltlichen Innovation trat. Auf der anderen Seite bewirkte diese Asymmetrie des Parteiensystems, dass die SPD in die Anpassungsstrategie der sechziger Jahre verfiel. Man sprach damals davon, sie sei die beste CDU, die es je gab. Umarmungsstrategie war ein anderer Begriff zur Kennzeichnung dieser Politik. Die Folge war, dass das Spannungsverhältnis zwischen Regierung und Opposition verloren ging.

2. Die Schmelzphase

In der zweiten Phase, die etwa 1957 beginnt und bis 1965 geht und die als "Schmelzphase" bezeichnet werden kann, wird dieses Strukturproblem, das sich aus der Asymmetrie des Parteiensystems ergibt, langsam abgebaut. Die Wählerbewegungen von 1949 bis 1957 und auch noch in den Landtagswahlen nach 1957 verliefen fast ausschliesslich zwischen der CDU/CSU auf der einen Seite und der FDP und den übrigen Splitterparteien - einschliesslich der Nichtwähler - auf der anderen Seite. Erst nach 1957 waren Wechselwählerbewegungen, die die Sozialdemokratie betrafen, nur mit der KPD und in einem gewissen Umfang mit dem BHE zu beobachten gewesen. So war das Parteiensystem bis 1957 nicht nur durch die Asymmetrie, sondern auch durch eine Abkapselung der SPD von den Wählerbewegungen der anderen Parteien gekennzeichnet. Das ändert sich zur Bundestagswahl 1961, die damit vielleicht mit mehr Recht als die von 1953 als ein Wahlwunder gekennzeichnet werden könnte. Erstmalig war ein massenhafter Wähleraustausch auch zwischen CDU/CSU und SPD sowie zwischen beiden Parteien und der FDP zu beobachten[7]. Ein solcher regelmässiger Wählerwechsel zwischen den grossen Parteien ist aber die zentrale Voraussetzung für eine reale Chance des Machtwechsels und damit für die Realisierung von Demokratie als einem System wechselnder Parteiregierungen.

Die Ursache für diese neue Konstellation liegt einerseits in der verringerten Innovationsfähigkeit des politischen Systems als Folge der Asymmetrie, die sich in der ersten Pahse herausgebildet hatte. Insbesondere die Innovationsunfähigkeit der CDU/CSU-Regierung entfremdete bisherige CDU/CSU-Wähler dieser Partei und liess sie zur SPD wechseln. Hinzu kam aber, dass die perzipierte Distanz zur SPD dadurch reduziert wurde, dass diese nach 1957 bewusst eine Veränderung ihrer Position im deutschen Parteiensystem anstrebte. Das Godesberger Programm ist das bekannteste Beispiel für eine Reihe von Versuchen der SPD, ihr Image zu verändern. Herbert Wehners Rede im Deutschen Bundestag im Sommer 1960, in der er die aussenpolitische Orientierung in das westliche Bündnissystem übernahm, gehörte ebenso zu diesen Massnahmen wie die Nominierung von Willy Brandt, dem damals Regierenden Bürgermeister von Berlin, als Kanzlerkandidat der Partei. Die Anpassungsstrategie der SPD erleichterte es den Wählern, die von der Innovationsunfähigkeit der CDU/CSU enttäuscht waren, im System zu wechseln.

3. Die zweite Konzentrationsphase

Diese Schmelzphase wird in der Periode von etwa 1961 bis 1965 von einer zweiten Konzentrationsphase überlagert. Sie ist dadurch gekennzeichnet, dass der Konzentrationsgrad des Parteiensystems, der etwa bis 1961 in der Bundesrepublik erreicht war, sich jetzt in den Landtagen durchsetzte[8]. Während Parteien mit regionalen Schwerpunkten noch bis zur Bundestagswahl 1961 in einigen Ländern erhebliche Bedeutung hatten, so z.B. die Deutsche Partei in Niedersachsen und die Bayernpartei in Bayern, ist die Periode von 1961 bis 1965 durch einen wachsenden Kontentrationsgrad der regionalen Parteiensysteme gekennzeichnet. Die Ursache war eine durchgehende Bundespolitisierung der Landtagswahlen jener Periode: Für die Wähler von SPD und FDP, aber auch für einen erheblichen Teil der CDU/CSU-Wählerschaft von 1961 war diese Bundestagswahl eine Art "Anti-Adenauer-Wahl" gewesen. Die Regierungsbildung von 1961 - eine Koalition aus CDU/CSU und FDP unter der Kanzlerschaft Adenauers - stand im Widerspruch zu dieser Tendenz des Wahlergebnisses. Die Folge war, dass nach Bildung dieser Bundesregierung, beginnend mit der Bürgerschaftswahl in Hamburg im November 1961 bis hin zu den Landtagswahlen in Rheinland-Pfalz im Frühjahr 1963, das Anti-Adenauer-Plebiszit in diesen Landtagswahlen wiederholt wurde: CDU/CSU und FDP, die Koalitionspartner in Bonn, erlitten zum Teil substantielle Stimmenverluste. Mit der Nominierung von Erhard zum Kanzlerkandidaten im Frühjahr 1963 veränderte sich diese Situation grundsätzlich. Von der Landtagswahl in

Niedersachsen bis hin zur Landtagswahl in Baden-Württemberg ein Jahr später waren die folgenden Wahlen vorgezogene Pro-Erhard-Plebiszite, die das Wahlergebnis der Bundestagswahl 1965 vorwegnahmen.

Das Ergebnis der Kombination von Schmelz- und zweiter Konzentrationsphase war, daß etwa 1965, also auch vier Legislaturperioden, sich in der Bundesrepublik ein Parteiensystem herausgebildet hatte, in dem die Ansätze eines alternierenden Systems weitgehend entwickelt waren[9]. Zwar war der Abstand zwischen CDU/CSU und SPD immer noch gross genug, um die reale Chance des Machtwechsels in Frage zu stellen, zwar wurde diese Asymmetrie des Parteiensystems durch die Koalitionsbindung der FDP an die CDU/CSU und SPD verstärkt, aber in dem regelmäßigen Austausch von Wählern zwischen CDU/CSU und SPD war die Grundlage für die Herausbildung einer realen Chance des Machtwechsels geschaffen. Durch die Verankerung dieses Parteiensystems auch innerhalb der politischen Subsysteme der Bundesrepublik erhielt es eine zusätzliche Stabilität.

4. Die Legitimitätskrise

Diese positive Entwicklung wird in der vierten Phase durch eine Legitimitätskrise in Frage gestellt[10]. Diese Phase der Legitimitätskrise umfasst die Jahre 1966 bis 1969, die Zeit der Regierung der Grossen Koalition. Diese Koalition war das Kartell der Alternativlosigkeit, das seine eigene Rechtfertigung als Reformkoalition nur dadurch hätte erbringen können, dass es eine Wahlrechtsänderung zur Stabilisierung eines alternierenden Systems durchführte. Es mag dahingestellt bleiben, ob beide Partner je ernsthaft eine solche Reform beabsichtigten; angesichts der Interessenverflechtung der Beteiligten schien es von vornherein zweifelhaft, daß sie je gelingen würde. Die Entwicklung bis 1969 bestätigte diese Zweifel[11].

Die Folgen dieses Kartells der Alternativlosigkeit entsprechen dem Lehrbuch der Politk. Die von einer gewissen Stagnation der deutschen Wirtschaft im Jahr 1966/67 ausgehende Protestwahl führte zum Entstehen von Opposition zum System, weil die Alternative im System fehlte. Der Erfolg der NPD in diesen Jahren beruht bei systematischer Betrachtungsweise auf der gleichen Kombination von Struktur-Variablen wie etwa der der NSDAP am Ende der Weimarer Republik: Protestauslösende Faktoren bei fehlenden Alternativen im System führen zu Protest zum System[12].

In gleicher Weise förderte die Grosse Koalition das Entstehen der ausserparlamentarischen Opposition: Das Bündnis der SPD mit ihrer politischen Alternative CDU/CSU drückte ihren linken Flügel aus dem System heraus.

Wie ideologisch und programmatisch gegensätzlich NPD und APO auch waren, sie verdanken ihre Entstehung beide der Grossen Koalition. Dagegen lässt sich formal argumentieren, dass die ersten Erfolge der NPD in den Landtagswahlen von Hessen und Bayern im November 1966, also vor der formalen Bildung der Grossen Koalition, zu verzeichnen sind. Ein solches Argument übersieht freilich, dass die Grosse Koalition nur die Alternativlosigkeit formalisierte, die in dem Verzicht der SPD auf eine alternative Strategie seit Ende der fünfziger Jahre angelegt war, die ihrerseits wiederum Folge der Asymmetrie des Parteiensystems war.

Diese Legitimationskrise wurde durch einen Zufall beendet: In der Bundestagswahl 1969[13] verfehlte die NPD die Fünf-Prozent-Hürde um 0,4 %. Das war die Voraussetzung dafür, dass die Bildung der SPD/FDP-Koalition überhaupt möglich war, denn wäre die NPD in den Deutschen Bundestag eingezogen, wäre auch die Fortsetzung der Grossen Koalition unvermeidbar gewesen.

Als nicht weniger zufällig muß es betrachtet werden, dass die FDP ebenfalls nur um Zehntel Prozente die Fünf-Prozent-Klausel übersprang und damit die SPD/FDP-Regierung erst möglich machte. Zwar nehmen Politiker jeder Couleur für sich in Anspruch, an diesem Wahlergebnis Anteil gehabt zu haben, aber wer mag diese Zehntel Prozent irgendwelchen politischen Strategien zurechnen?

Die Frage nach dem "was wäre wenn" ist bei zeitgeschichtlicher Fragestellung normalerweise nicht sinnvoll. Dennoch sollte man kurz bei dem Scenario verbleiben, das sich 1969 ergeben hätte, wenn die NPD die Fünf-Prozent-Klausel übersprungen hätte. Ihre Verfestigung im Parteiensystem wäre ebenso wahrscheinlich gewesen wie die Etablierung einer "USPD" als politische Vertretung der ausserparlamentarischen Opposition. Es gibt keine Möglichkeit, die Labilität des deutschen Parteiensystems besser zu verdeutlichen als daran, dass die Weiterentwicklung von dem Zufall der Zehntel-Prozente des Jahres 1969 abhing.

5. Die Polarisierungsphase

Der Zufall von 1969 leitete die fünfte Phase ein, die häufig als die der Polarisierung bezeichnet wird. Gerade vor dem Hintergrund der Alternativlosigkeit der vierten Phase erschien das wiedergewonnene Spannungsverhältnis zwischen Regierung und Opposition als "Polarisierung". Wesentlicher als diese Bewertung ist, dass dieses Spannungsverhältnis geeignet war, die Probleme, die in der Legitimationskrise entstanden waren, wieder zu heilen. Die Folge war eine Restabilisierung des Parteiensystems, wie das etwa zur Bundestagswahl 1965 schon einmal erreicht war. Ausser CDU/CSU, SPD und FDP wurden sämtliche Parteien fast vollständig absorbiert. Schon unmittelbar nach der Regierungsbildung des Jahres 1969 wurde die CDU/CSU - das lässt sich an einer Analyse der Landtagswahlen jener Periode nachweisen - als die Opposition und damit als die Alternative zur Regierung perzipiert. Wähler, die unzufrieden mit der SPD/FDP-Regierung waren, wechselten zur CDU/CSU-Opposition, und Wähler, die durch die Politik der Regierung angezogen wurden, verliessen die CDU/CSU und wechselten zur SPD/FDP. Das Wechselspiel zwischen Regierung und Opposition funktionierte[14].

Am Ende dieser Polarisierungsphase im Jahre 1972 stand jedoch nicht nur die Absorption der Splitterparteien, sondern auch die weitgehendste Überwindung des alten Strukturproblems des deutschen Parteiensystems, der Asymmetrie. CDU/CSU und SPD waren nach dieser Wahl praktisch gleich stark; die Chance des Machtwechsels erschien im vollen Umfange realisiert. Dennoch darf bei dieser Betrachtungsweise nicht übersehen werden, dass die Wählerbewegung zwischen den grossen Parteien nicht allein über die Regierungsbildung entscheidet: die Parteiorganisation der FDP ist dazwischen geschaltet. Um eine plebiszitäre Legitimation dieser Koalitionsregierung zu finden, bedarf es der Hilfskonstrukte, nämlich dass in der Motivation der FDP-Wähler eine bestimmte Regierungspräferenz enthalten sei. Dieses Hilfskonstrukt steht allerdings stets vor der Schwierigkeit zu erklären, dass nach wie vor etwa ein Viertel der FDP-Wählerschaft eine Koalition mit der CDU/CSU präferiert. Aber dieses Strukturproblem, dass der direkte Legitimitätszusammenhang zwischen Regierungsbildung und Wahlergebnis nur mühsam herzustellen ist, ist kein Problem deutscher Wählerschaft. Es ist in der Verfassung begründet, und zwar in der unzureichenden Transformation von Wählerbewegungen in Mandatsveränderungen als Folge des proportionalen Wahlrechtes.

Ein Hoher Konzentrationsgrad und eine hohe Chance des Machtwechsels schienen somit bei formaler Betrachtungsweise das Ergebnis der Bundestagswahl 1972 gewesen zu sein. Dennoch warf das Wahlresultat eine Reihe von Fragen auf. Die erste war an die CDU/CSU gestellt. Ihr trotz der eindeutigen Niederlage noch relativ gutes Ergebnis war nicht zuletzt Folge der Tatsache, dass sie zu einem erheblichen Teil (ca. vier Fünftel) die NPD-Stimmen des Jahres 1969 absorbieren konnte. Ihre Verluste gegenüber 1969 waren grösser, als es das tatsächliche Wahlergebnis widerspiegelte. Zahlreiche Beobachter knüpften daran die Frage, ob die CDU/CSU nun Gefahr laufe, eine "Minoritätenpartei" zu werden[15], dass also die soeben gewonnene reale Chance des Machtwechsels wieder verlorengehen könnte und einer neuen Asymmetrie des Parteiensystems Platz machen würde, die nicht weniger problematisch wäre, als die der fünfziger Jahre. Die parteiinterne Konfusion um die zukünftige Strategie schien dieser pessimistischen Beobachtungsweise recht zu geben. Schon wieder wurde eine "Anpassungsstrategie" gefordert, ja einige sahen die Chance der CDU/CSU allein darin, die Regierung "links zu überholen", um Anschluss an das Modernitätssyndrom zu gewinnen, das die Stimmungslage der deutschen Wählerschaft 1972 kennzeichnete.

Nicht weniger kritische Fragen mussten jedoch im Hinblick auf die SPD und auch die FDP gestellt werden. Die Koalition von 1969 hatte die ausserparlamentarische Opposition wieder in das Parteiensystem zurückgeführt[16], sie war zur innerparteilichen Opposition in der SPD, teilweise aber auch in der FDP geworden. Die Folgen waren die internen Auseinandersetzungen in diesen Parteien, die insbesondere in der SPD ständig zunahmen und sich letztlich auf die Frage konzentrierten: Betreibt die SPD eine "pragmatische", d.h. am Wechselwähler orientierte Politik, wie sie das seit dem Godesberger Programm angekündigt hatte, oder ist ihre Politik das Ergebnis theoretisch-ideologischer Doktrinen, was die Gefahr heraufbeschwor, dass die SPD auf dem Höhepunkt ihres politischen Erfolges einen Kurswechsel einleiten würde, der sie erneut zur Minoritätenpartei machen würde. Wie immer man diese internen Konflikte bewerten mag, letztlich handelt es sich um die Wiederbelebung jenes Revisionsmusstreites, der die SPD seit ihrer Gründung kennzeichnet: Systemveränderung oder Mitwirkung im System unter den Bedingungen dieses Systems[17].

6. Die Bewährungsphase

Die Entwicklung in dem ersten Jahr nach der Bundestagswahl 1972 hat diese Fragen weitgehend beantwortet. In dieser Phase bewies das Parteiensystem seine Stabilität. Bereits wenige Monate nach der verlorenen Bundestagswahl kam es in der CDU/CSU zu einem Führungswechsel entsprechend den Regeln parlamentarischer Regierungsweise, wie es schon Max Weber formuliert hatte: Die Masse der Deputierten folgt dem oder den wenigen Leadern blind - solange sie Erfolg haben[18]. Der personelle Führungswechsel ist ein Instrument zur Innovation, sowohl was den Inhalt der Politik als auch die Bereitschaft der Wählerschaft betrifft, die Partei ohne Belastung mit früheren Erfahrungen zu betrachten. Die Rolle der Opposition als eines "Jungbrunnens" des Parteiensystems wurde von der CDU/CSU genutzt.

Auf der anderen Seite führten die innerparteilichen Auseinandersetzungen zusammen mit der Enttäuschung über die wirtschaftliche Entwicklung zu einer wachsenden Abkehr von der SPD. Anders aber als 1966/67, als diese Wähler zur Alternative zum System wechselten, erfüllte die CDU/CSU die Funktion der Opposition im parlamentarischen System als Auffangbecken für Unzufriedene mit der Regierungspartei. Diese Wählerbewegung verdeutlicht aber zugleich das zentrale Strukturproblem des deutschen Regierungssystems, dass die Regierungsbildungen nicht das direkte Ergebnis der Wählerbewegungen sind. Trotz substantieller Stimmenverluste in der Bürgerschaftswahl in Hamburg, in den Landtagswahlen in Niedersachsen und Hessen konnte jeweils eine Regierung "gegen die Wählerbewegung" aus SPD und FDP gebildet werden - bei Mehrheitswahl wären zumindest in Niedersachsen und Hessen CDU-Regierungen aus der Wahl hervorgegangen.

Die Wählerverluste der Koalitionsparteien haben zwei Tendenzen ausgelöst. Die wichtigste ist, dass innerhalb der SPD jene Gruppierungen, die sich gegen die ideologisch-dogmatische Ausrichtung der Partei stellen, neue Unterstützung gewonnen haben. Der Rücktritt Brandts und die Wahl von Helmut Schmidt zum Bundeskanzler sind dafür die sichtbarsten Symptome. Das Urteil der Schiedskommission, das die Arbeitsgemeinschaften, zu denen die Jusos gehören, der Autorität auch der regionalen Parteivorstände unterwirft, macht diesen neuen Versuch, sich im wiederbelebten Revisionismusstreit zu behaupten, nicht weniger deutlich. Die Wahlergebnisse von 1974, insbesondere auch die von Hessen und Bayern, haben erneut deutlich gezeigt, dass eine ideologisch fixierte SPD nicht mehrheitsfähig ist. Die Chancen, dass diese Pragmatiker sich innerhalb der SPD durchsetzen werden, sind damit wieder gestiegen. Für die Weiterentwicklung des deutschen Parteiensystems zu einem alternierenden System ist ihr Erfolg eine zentrale Voraussetzung.

Die zweite Tendenz ist, dass mit jeder Koalitionsentscheidung der FDP gegen die Wählerbewegung die dauerhafte Koppelung von SPD und FDP in der Wählerschaft deutlicher wird. Damit verliert die FDP zunehmend ihre Fähigkeit, als "Oppositionsfilter zur SPD" Wählerstimmen zu gewinnen. Unzufriedene mit der SPD wählen nicht mehr FDP, sondern wechseln direkt zur CDU/CSU. Was sich in Hamburg andeutete, wurde in Hessen (ähnlich in Bayern), wo die FDP auch etwa ein Viertel ihrer Wähler verlor, besonders ausgeprägt deutlich. Setzt sich diese Tendenz fort, besteht die Chance einer weitergehenden Stabilisierung des alternierenden Parteiensystems auf der Grundlage eines Zweiparteiensystems mit der Folge, dass dann Wählerbewegungen direkt über die Regierungsbildung entscheiden.

In dieser Bewährungsphase beginnt das alternierende Parteiensystem sich nun auch auf der kommunalen Organisationsstufe des politischen Systems durchzusetzen. Die Kommunalwahlen in Rheinland-Pfalz, Schleswig-Holstein, Nordhessen und im Saargebiet im Frühjahr 1974 haben Wählerbewegungen und Stimmenverteilungen ergeben, die dem Parteiensystem im Bund und im Lande vergleichbar sind. Die Konzentration ist in eine dritte Phase getreten: Die fünfziger Jahre waren durch die Konzentration des Parteiensystems in der Bundespolitik gekennzeichnet; dieser Prozeß wurde in den sechziger Jahren in den Ländern nachgeholt; er scheint sich jetzt auch im kommunalen Bereich durchzusetzen. Eine Ursache dafür könnte sein, dass mit den vielfältigen Gebiets- und Gemeindereformen der letzten Zeit größere politische Einheiten auch im kommunalen Bereich geschaffen worden sind, was zur Folge hat, dass die Wahrscheinlichkeit, dass sich lokale Eigentümlichkeiten im Parteiensystem durchsetzen, geringer geworden sind.

Die Bilanz nach 25 Jahren zeigt somit zunächst ein alternierendes Parteiensystem, das einer weitgehenden Stabilisierung nahe zu sein scheint. Eine solche Bilanz bedarf jedoch der Ergänzung um einige kritische Fragezeichen. Zunächst bleibt der Tatbestand, dass dieses Parteiensystem nicht institutionell abgesichert ist. Der hohe Konzentrationsgrad, das Funktionieren als ein alternierendes System ist zum erheblichen Umfang von der jeweiligen politischen Konstellation - und das schliesst die Strategien der Parteien ebenso ein wie die ökonomische Entwicklung - abhängig. Wenn heute wieder von grossen Koalitionen - und sei es nur aus Überlegungen der politischen Taktik - geredet wird, verdeutlicht das zumindest, dass eine neue Periode der Alternativlosigkeit denkbar ist mit der Folge, dass dann für Splitterparteien - ganz gleich welcher Couleur - neue Möglichkeiten bestehen. Auch 1965 bekam die NPD nur 2 %, und es erscheint auch angebracht, sich zu erinnern, dass 1928 der Stimmenanteil der NSDAP nicht höher war. Solange die Schwelle für den Neueintritt in die Politik mit 5 % sehr niedrig ist, besteht stets die Möglichkeit, dass bei veränderter Konfliktstruktur und bei veränderter Position der Parteien zueinander ein Aufbröckeln des Parteiensystems möglich ist.

Eine zweite Gefährdung des Parteiensystems ist mit der internen Entwicklung der SPD verbunden. Das schliesst einmal die schon erwähnte Gefahr ein, dass die SPD zu einer ideologischen Minoritätenpartei, einer Weltanschauungspartei wird. Darüber hinaus muss man aber auch die Möglichkeit im Auge halten, dass, wenn sich jene Gruppe um Bundeskanzler Schmidt in der SPD vollständig durchsetzt, die innerparteiliche Opposition sich von der Partei trennen wird. Da diese Gruppierungen in verschiedenen Regionen über die Parteiorganisation verfügen, kann man die Möglichkeit nicht ausschliessen, dass eine solche "linke SPD" die Schwelle des Neueintritts in die Politik überspringt. Schliesslich ist in dieser innerparteilichen Diskussion auch eine besondere Verfassungsfrage angesprochen. Unter dem nichtssagenden Schlagwort "Demokratisierung" wird u.a. die Einführung von imperativen Bindungen gewählter Abgeordneter an Beschlüsse von Parteigremien gefordert[19]. Dass das imperative Mandat verfassungswidrig ist, ändert nichts an der Tatsache, dass verschiedene imperative Praktiken die Verfassungswirklichkeit innerhalb der SPD sowie in zahlreichen SPD-regierten Städten prägen. Doch wesentlicher als die Verfassungswidrigkeit ist die Tatsache, dass derartige Bindungen mit dem parlamentarischen System nicht vereinbar sind. Die Folgen sind eine Reideologisierung der Parteien, eine Privilegierung der Parteiaktivisten und eine Entmündigung der Wählerschaft.

Ein drittes Problem betrifft die organisatorische Struktur der Parteien. Die verschiedenen Wandlungen, die das deutsche Parteinsystem von 1949 bis in die Gegenwart durchlaufen hat, jene Umstrukturierung von einem Vielparteiensystem Weimarer Provenienz zu einem fast stabilen alternierenden Parteiensystem angelsächsischer Prägung, ist an der internen Struktur der Parteien weitgehend vorbeigelaufen. Diese Strukturen lassen sich auf seiten der SPD bis hin zum Aufbau ihrer Parteiorganisation unter den Bedingungen der Sozialistengesetze zurückverfolgen. Auch bei der CDU/CSU finden sich - freilich mit erheblichen regionalen Unterschieden - Elemente, die in die Zeit des Aufbaus des Zentrums unter den Bedingungen des Kulturkampfes zurückreichen. Es handelt sich hier um organisatorische Strukturen, die einerseits durch eine erhebliche Abgeschlossenheit nach außen hin gekennzeichnet und deren interne Kommunikationsformen[20] andererseits kaum geeignet sind, Willensbildungsprozesse mit der realen Chance der politischen Gestaltung zu fördern. Im Gegensatz dazu konnte man in der Bundestagswahl 1972 - um nur dieses Beispiel herauszugreifen - ein Potential an politischer Partizipation beobachten, das offensichtlich nicht durch die Kanäle der Parteien geleitet wurde. International vergleichende Analysen hatten noch vor etwas mehr als zehn Jahren ergeben[21], dass die politische Kultur der Bundesrepublik sich von denen anderer moderner Industriegesellschaften substantiell dadurch unterscheidet, dass in ihr die Bereitschaft zur politischen Partizipation wesentlich geringer ist. Diese Aussage ist heute nicht mehr haltbar, und die "totale Amerikanisierung" des Wahlkampfes 1972 ist dafür ein deutliches Symptom. Das aber wirft die Frage nach der Parteiorganisation auf; es gilt, diese in einer Form weiterzuentwickeln, die dem Partizipationspotential dieser politischen Kultur adäquat ist. Die Phase der Honoratiorenparteien im vergangenen Jahrhundert - mit ihren Elementen bis in die CDU/CSU der Gegenwart hineinreichend - und die der Funktionärsparteien der ersten Hälfte dieses Jahrhunderts - besonders ausgeprägt bei der SPD - ist von der politischen Kultur überholt; die Forderung nach "Partizipationsparteien" ist gestellt: nach Parteien, die massenhafte Mitwirkung am politischen Prozess ermöglichen. Das wird möglicherweise ein erhebliches Umdenken in allen Fragen der Parteiorganisation erfordern. Die Abkehr oder zumindest die Ergänzung des regionalen Organisationsprinzips durch Organisationseinheiten nach Interessengebieten erscheint als ein Ansatz. Dass damit auch das Institut der permanenten formalisierten Parteimitgliedschaft in Frage gestellt wird, ist offensichtlich[22].

Das Grundgesetz ist die erste Verfassung, die die Parteien nennt, freilich in der nichtssagenden Form, dass sie an der politischen Willensbildung mitwirken, was sie tun und was sie immer getan haben, unabhängig davon, ob das in der Verfassung steht. Weder der Parlamentarische Rat noch die anschliessenden umfangreichen Debatten um ein Parteiengesetz haben die Frage nach einer funktionalen Organisation politischer Parteien im Dienste des parlamentarischen Systems gestellt. In der Bilanz der ersten 25 Jahre der Entwicklung des Parteiensystems ist dieser Fehlbetrag ebenso ausgeworfen wie die nach wie vor fehlende institutionelle Absicherung dieses Systems.

Anmerkungen

1. Ferdinand A. Hermens, Verfassungslehre, Düsseldorf 1964, S. 469.
2. C.C. Baer und Erwin Faul, Hrsg., Das deutsche Wahlwunder, Schriften der Deutschen Wählergesellschaft, H. 7 1953; s.a. Dolf Sternberger, Das deutsche Wahlwunder, in: Die Gegenwart, Nr. 190, 12. September 1953.
3. Werner Kaltefleiter, Wirtschaft und Politik in Deutschland, Köln und Opladen 1966.
4. Seymour M. Lipset and Stein Rokkan, eds., Party Systems and Voter Alignments: Cross National Perspectives, New York and London 1967.
5. Ferdinand A. Hermens, Verfassungslehre, a.a.O., Werner Kaltefleiter, Funktion und Verantwortung in den europäischen Organisationen. Über die Vereinbarkeit von parlamentarischem Mandat und exekutiver Funktion, Frankfurt 1964.

6. Rudolf Wildenmann, Macht und Konsens als Problem der Innen- und Aussenpolitik, Düsseldorf 1967.
7. Max Kaase, Wechsel von Parteipräferenzen, Meisenheim 1967.
8. Werner Kaltefleiter, Wähler und Parteien in den Landtagswahlen 1961-1965, in: Zeitschrift für Politik. Jg. 12, 1965, S. 224-248.
9. Werner Kaltefleiter, Konsens ohne Macht? Eine Analyse der Bundestagswahl vom 19. September 1965, in: Verfassung und Verfassungswirklichkeit, Bd. 1, Jahrbuch 1966, S. 14-62.
Erwin K. Scheuch, Zur Irrelevanz des Wählerwillens. Eine Untersuchung der Landtagswahl 1966 in Nordrhein-Westfalen und ihrer politischen Konsequenzen, in: Verfassung und Verfassungswirklichkeit, Bd. 1, Jahrbuch 1966, S. 63-83; Werner Kaltefleiter, Zur Chancengleichheit der Parteien in der Bundesrepublik, in: Verfassung und Verfassungswirklichkeit, Bd. 3, Jahrbuch 1968, T 2, S. 214-236.
10. Werner Kaltefleiter, Die Grosse Koalition. Verfassungspolitische Aufgaben und Probleme, in: Aus Politik und Zeitgeschichte, B 18-19/67 vom 10.5. 1967.
11. Wilhelm Hennis, Grosse Koalition ohne Ende? Die Zukunft des parlamentarischen Regierungssystems und die Hinauszögerung der Wahlrechtsreform, München 1968.
12. Vera Gemmecke und Werner Kaltefleiter, Die NPD und die Ursachen ihrer Erfolge, in: Verfassung und Verfassungswirklichkeit. Jahrbuch 1967, T. 1, S. 23-45.
13. Werner Kaltefleiter u.a., Im Wechselspiel der Koalitionen. Eine Analyse der Bundestagswahl 1969, in: Verfassung und Verfassungswirklichkeit, Jahrbuch 1970, T. 1, S. 9-173.
14. Werner Kaltefleiter, Zwischen Konsens und Krise. Eine Analyse der Bundestagswahl 1972, Bonn 1973.
15. Max Kaase, Die Bundestagswahl 1972. Probleme und Analysen, in: Politische Vierteljahresschrift 14. Jg., Nr. 2, Mai 1973, S. 166 ff.
Rudolf Wildenmann, Zur Situation der CDU/CSU nach der Bundestagswahl 1972, Mannheim 1973. Hektographiertes Manuskript.
16. Peter Arendt, Die innerparteiliche Entwicklung der SPD 1966-1974, Dissertation, Köln 1974.
17. Joachim Raschke, Innerparteiliche Opposition. Die Linke in der Berliner SPD, Hamburg 1974.
18. Max Weber, Wirtschaft und Gesellschaft, Tübingen 1955.
19. Werner Kaltefleiter und Hans-Joachim Veen, Zwischen freiem und imperativen Mandat. Zur Bildung von Mandatsträgern in der Verfassungswirklichkeit der Bundesrepublik, in: Zeitschrift für Parlaments-

fragen, Jg. 5, H. 2, Juli 1974, S. 246-267.

20. Wolfgang Falke, Partei und Führung. Zu den innerorganisatorischen Aufgaben der CDU, in: Die polische Meinung, Sonderheft "Parteien-Demokratie", April 1974, S. 21-61; Wolfgang Falke, Programmpartei oder Wählerverein? Zum funktionellen Selbstverständnis von Parteimitgliedern, a.a.O., S. 62-77.
21. Gabriel A. Almond and Sidney Verba, The Civic Culture, Princeton 1963.
22. Werner Kaltefleiter, Das deutsche Parteiengesetz - eine Scheinlösung. Unveröffentlichtes Manuskript, vorgesehen für "Die Furche" 1975.

HEINRICH OBERREUTER

Entwicklung des Parlamentarischen Systems in der Bundesrepublik Deutschland
Wandel und Herausforderung

Das Gesetz vom "Blühen und Verwelken" - eine notwendige Vorbemerkung

"Heute glauben wir zu sehen, dass das System nicht ewig dauern wird. Schon ist der hohe Mittag seiner Wirksamkeit vorüber, die ersten Schatten der Dämmerung senken sich herab. Wenn es einst gefallen ist, wird man nach den 'Schuldigen' suchen. Aber es gibt keine Schuldigen. Das Gesetz vom Blühen und Verwelken gilt auch hier."

Paul Sethe, dessen liberaler Feder diese allegorische Düsternis entstammt, meint damit den Parlamentarismus und seinen Abfall von einem angeblichen historischen Idealzustand, der sich ihm in der Wirklichkeit unserer Zeit nicht mehr offenbarte. Solch deutliche Zweifel an der Überlebensfähigkeit des Parlamentarismus entspringen der Verzweiflung darüber, dass er anders lebt, als er nach einem vorgegebenen, offenbar als unwandelbar erachteten Leitbild leben soll. Derartige Übertragungen eines naturhaften Kreislaufs auf politische Institutionen müssen zwangsläufig zu Untergangsvisionen führen; denn nach dem Gesetz von "Blühen und Verwelken" verliert sich eben alles in Zerfall und Zersetzung.

Von solcher analytischer Warte aus bleibt kein Raum für funktionale Metamorphosen: Wandel ist Entartung. Wichtiger und richtiger wäre es, die Frage aufzuwerfen, ob Parlamentarismus als Steuerungssystem einer dynamischem Wandel unterworfenen und an zunehmender Komplexität schier erstickenden Gesellschaft noch tauglich wäre, bliebe er als erstarrtes Ideal unwandelbar. Tatsächlich bedingungen die ständigen Veränderungen der politischen und gesellschaftlichen Wirklichkeit auch einen Gestaltwandel der politischen Institutionen. Stabilität verlangt geradezu Wandlungs- und Anpassungsfähigkeit entsprechend den sich stellenden Herausforderungen, solange das Postulat bestehenbleibt, dass gerade das Parlament diesen Wandel unter politischen und legitimatorischen Prämissen steuern oder zumindest mitsteuern soll. Die Verabsolutierung von Leitbildern wie etwa die nostalgische Beschörung des klassischen Parlamentarismus, dessen historische Realität völlig zu Recht als "literarische Fiktion" gekennzeichnet wurde, ist nicht nur anachronistisch; sie berührt von daher auch die Existenzgrundlagen des politischen Systems. Denn als kritische Massstäbe an Institutionen angelegt, die sich in ihrem Erscheinungsbild und ihren Techniken fortentwickelt und ihre Leistungsfähigkeit im Sinne der ihnen zugrundeliegenden Idee unter Beweis gestellt haben, können solche Klischees durchaus Legitimitätszweifel und Legitimitätsverluste begründen - eine Gefahr, die bei allen freilich globalen demoskopischen Beruhigungssignalen der politischen Kultur hierzulande zumindest latent vorhanden scheint.

Diese Klarstellung ist nötig, weil auch die Entwicklung des Parlamentarischen Systems in der Bundesrepublik Deutschland eine Entwicklung im Wandel ist - ein Wandel, der sich keineswegs nur an der Oberfläche abspielt und etwa mit der Drei-Phasen-Abfolge der Regierungs-, Koalitions- und Oppositionskonstellationen (1949-1966 CDU/CSU-geführte Regierungen bei SPD-Oppositionen. 1966-1969 Grosse Koalition, 1969 bis heute SPD/FDP-Koalition bei CDU/CSU-Opposition) charakterisiert werden kann. Natürlich wirken solche Konstellationen auf das Selbstverständnis des Parlaments und sein Erscheinungsbild in der Öffentlichkeit erheblich zurück, vermitteln sie doch etwa die Eindrücke gemessener Auseinandersetzung, hektischer Polarisierung oder auch sanften parlamentarischen Friedens. Ebensowenig erfasst man die Entwicklung durch die Benennung von Neuakzentuierungen im politischen Prozess, die sich etwa im Bedeutungsgewinn des Bundesrats als parteipolitisches und als Oppositionsinstrument darstellen oder auch in der vermeintlich gewachsenen Funktion des Verfassungsgerichts als Klagemauer und Schutzmantel der Opposition. Es fragt sich dabei, ob griffige statistische Daten wirklich zutreffende Aussagen über Wandlungsprozesse in der Substanz treffen oder ob sie nicht eher verschleiern, zu oberflächlichen Ursachen- und Schuldzuweisungen verleiten und folglich auch Erkenntnisquellen verschütten. Mit beiden Institutionen, dem Bundesrat wie dem Verfassungsgericht, hat das Parlament immer rechnen müssen. Beide haben auch stets - nicht nur verfassungspolitisch völlig zu Recht, sondern auch ihrer verfassungsrechtlichen Pflicht genügend - ihre eigenständige Rolle betont, prinzipiell unabhängig von den gegebenen Mehrheitskonstellationen. Für ein Verfassungsgericht muss dieser Befund ohnehin gelten; er gilt aber auch für den Bundesrat vor 1969: Man hat sich arrangiert. Seither wurde mit den konträren Mehrheiten das Arrangement schwieriger, die Politisierung und Polarisierung auch dort deutlicher, die Erwartungshaltung anders. Gerade im Lager der Bundestagsmehrheit ging zunächst die Bereitschaft zum Arrangement zurück - notwendigerweise angesichts der mühsamen Suche nach Geschlossenheit in einer riskant gebildeten Koalition. Aber der Bedeutungsgewinn des Bundesrates als Teilhaber an der gesamtstaatlichen Mitdirektionskompetenz ist ohnehin nur ein gegenläufiger Prozess zum zunächst schleichenden und schliesslich galoppierenden Kompetenzverlust der Länder, der sich beim Bundestag voll als Kompetenzgewinn niedergeschlagen hat. Von daher scheint nur die Verfassungsintention vertikaler Gewaltenteilung zwischen Bund und Ländern auf gewandelter Basis wieder ins Lot gebracht. Und angesichts unserer jüngsten historischen Vergangenheit erübrigt sich fast die Feststellung, dass nicht in der Anrufung der Karlsruher Richter ein Problem liegt, sondern dort, wo diese der Politik bescheinigen müssen, die ihr gesetzten Grenzen berührt zu haben.

All dies zeigt nur, dass auch das Parlament eingefügt ist in die Struktur des politischen Systems und dass seine Funktionsweise nicht begriffen werden kann ohne die Berücksichtigung seiner Beziehungen zu anderen Institutionen oder auch zu anderen Akteuren im politischen Prozess - wie etwa den Parteien: Ein Weimarer Parteiensystem z.B. hätte die Gestalt des Bonner Parlamentarismus nicht zu formen und in ihren Grundzügen zu erhalten vermocht, so wie auch diese Gestalt sich unweigerlich wandeln wird, wenn die Bonner Parteien wirklich der sich andeutenden Tendenz verfallen sollten, zurück nach Weimar zu degenerieren.

Der Hinweis auf das Bundesverfassungsgericht soll aber auch daran erinnern, dass der demokratische Rechtsstaat keinen Sourerän kennt. Nicht das Volk, nicht das Parlament, nicht Parlamentsmehrheiten, nicht die Politik können solche Souveränität beanspruchen. Vielmehr sind sie gebunden an die Verfassung und an das Recht in der spezifischen Entfaltung des Bonner Grundgesetzes als einer "wertgebundenen Ordnung". Die schmerzliche historische - und in anderen System noch immer aktuelle - Erfahrung, zu welch unmenschlicher Herrschaftspraxis Souveränität des Politischen zu führen pflegt, sollte uns bei allem Wandel unwandelbar als Leitstern erhalten bleiben und sie sollte auch in der politischen Argumentation nicht unter Opportunitätsvorbehalte gestellt werden.

Diese Vorbemerkungen sollten zweierlei verdeutlichen: Unwandelbar ist nur eines: die Notwendigkeit des Wandels der Institutionen. Weder der Parlamentarismus noch unsere Vorstellungen von ihm dürfen bei der Paulskirche oder bei anderen historischen Vorbildern stehenbleiben. Aber, zum zweiten, ebenso richtig bleibt, dass es für solchen Wandel Orientierungspunkte gibt und dass gerade das Parlament als Treuhändler der Wähler beanspruchen muss, diesen Wandel entsprechend dem rechtsstaatlich-demokratischen Konsens zielorientiert zu steuern.

Auf diesem Hintergrund sind nun in der verfassungsgeschichtlichen Einbettung dieses parlamentarischen Regierungssystems die Herkunft, in den wichtigsten tiefer liegenden institutionellen Veränderungen die Gegenwart und anhand einiger herausfordernder Problemfelder wichtige Zukunftsfragen des parlamentarischen Systems in der Bundesrepublik zu entwickeln.

Tradition und Neubeginn

Der Parlamentarismus sieht sich in der politischen Kultur der Deutschen erheblichen Vorbelastungen ausgesetzt. Nicht nur, dass Parlamente "verspätete" Institutionen sind und, wo sie antraten, aufgrund ihres verfassungsrechtlichen "Kompetenzkostüms", das eher an des Kaisers neue Kleider erinnerte, in schier aussichtslose Konkurrenz zur längst etablierten und unbestritten leistungsstarken Exekutive gerieten. Darüber hinaus charakterisierte und diffamierte die politische wie wissenschaftliche Publizistik noch im späteren 19. Jahrhundert - dem Mythos des Staates, seiner Macht und der Einheit seiner Gewalt ebenso verfallen wie gegenüber den Auseinandersetzungen gesellschaftlicher Interessen und politischer Parteien verständnislos - den Parlamentarismus als Korruptionssystem, zu dem Deutschland kein Talent habe. Im monarchisch-exekutivisch geprägten Konstitutionalismus sah man einen besonderen deutschen Weg - substantiell und moralisch höherwertig als die parlamentarischen Systeme westlicher Demokratien. Ein solcher Weg sollte jedoch das Parlament keineswegs an die Schwelle der Macht heranführen.

Diese Tradition strahlte noch auf die Weimarer Republik aus. Denn in ihr liegen zunächst die Gründe für die Halbherzigkeit der Verfassungsentscheidung, welche sich die Demokratie als Parteien- und Parlamentsdemokratie nicht so recht vorzustellen vermochte. Fast noch wichtiger erscheint jedoch die Verhaltensprägung der in diesem System Agierenden durch eben diese Tradition. Wo institutionell kein Zwang zur Verantwortung für das Ganze ausgeübt wurde, vermochten sie sich gegenüber verengten Interessen in der Pflicht zu führen. In dieser Verantwortungsunlust liegt eine wesentliche Ursache für den wachsenden Schwund der Integrationskraft des politischen Systems. Verantwortungsunlust und Integrationsschwund haben sich gegenseitig dynamisiert und den Zerfall der Republik mit heraufbeschworen. Weder von den historischen Voraussetzungen noch von der aktuellen Entwicklung her konnten Drang und Befähigung zu einem regierenden Parlamentarismus entstehen. Nicht zuletzt deswegen ist die Geschichte des Scheiterns der Weimarer Republik mit seiner tragischen Konsequenzen weithin auch eine Geschichte des Scheiterns des Weimarer Parlamentarismus.

In ihrem oft ausgesprochenen Bemühen, aus der Geschichte zu lernen, knüpften die Väter des Bonner Grundgesetzes genau hier korrigierend an. Strukturbildend erscheinen drei Entscheidungen:

1. Die Zuweisung des Legitimationsmonopols an das Parlament, das als einziges Staatsorgan unmittelbar aus dem Wählerwillen hervorgeht: dem demokratischen Prozess bleiben dadurch institutionalisierte Nebenwege verschlossen.

2. Die Anerkennung der verfassungspolitischen Funktion der Parteien, welche ihr Wirken wenigstens normativ auf verdachtumwitterten Grauzonen herauslöst.

3. Die erstmals in der deutschen Verfassungsgeschichte konsequente Einführung des parlamentarischen Regierungssystems, das durch seine Exklusivaufgabe, Regierung zu bilden und stabil zu halten, das Parlament in die Verantwortung zwingt: im "konstruktiven Misstrauensvotum", das den Regierungssturz nur durch die gleichzeitige Etablierung einer Alternative ermöglicht, gerinnt die verfassungspolitische Intention zur konkreten Norm.

Welche Wirkung diese verfassungsrechtlichen Disziplinierungsversuche entfaltet haben, lässt sich gewiss nicht verlässlich abschätzen. Wie immer man diese Frage auch beantwortet - man darf ihr gegenüber andere Entwicklungen, mentale Wandlungsprozesse nicht vernachlässigen. Zur Demokratie und zum parlamentarischen Regierungssystem als ihrer Organisationsform gab es keine Alternative; das war nicht nur so, es wurde auch so gesehen. Anders als je zuvor nahmen die Parteien den Aufbau der zweiten Republik konsequent in die Hand und entwickelten ein ungebrochenes Verhältnis zur Verantwortung und zur Macht. Den Bonner Parlamentarismus prägt dies bis heute. Schwierigkeiten zur Bildungs regierungswilliger Mehrheiten hat er im Grunde nie gekannt; wo sich - selten genug - Ansätze zu einer Krise entwickelten, stellten sich Wille, Wege und Techniken ein, sie zu überwinden. Der Bonner Parlamentarismus war von Beginn an ein zupackender, gestaltungsfreudiger, ein regierender Parlamentarismus. Eine historische Überraschung - und seine grosse Stärke bis heute, da sich allerdings die Frage andeutet, ob er diese Eigenschaft bewahren können wird. Jedenfalls hat er mit dieser Mentalität die Rekonstruktion dieses Gemeinwesens beflügelt, die Grundlagen der Demokratie gesichert, einen Rechtsstaat höchster Qualität geschaffen und soziale Sicherung sowie soziale Gerechtigkeit in hohen Graden angestrebt und bisher zu erhalten gewusst.

Der Mentalität der Bürger kam dies entgegen. Von Beginn an wurde in Untersuchungen festgestellt, dass deren Zustimmung zum System ganz entschieden von seiner Leistungsfähigkeit abhängt. Nicht zuletzt durch die Entfaltung solcher Leistungsfähigkeit bei der Konstruktion und Rekonstruktion eines politischen und sozialen Systems hat die Zustimmung zum Parlamentarismus in der

Bevölkerung angesichts der historischen Vorbelastungen erstaunlich hohe Werte erreicht. Eine solche Korrektur tief eingewurzelter Defekte politischer Kultur kann für sich allein bereits Leistung und Stärke eines Parlaments darstellen.

Das mitregierende Parlament

Diese positive Vorabbilanz sagt nicht, dass es nicht auch eine Fülle von Kritik an den parlamentarischen Institutionen gäbe. Aber dies ist eine Kritik am Detail, nicht an den Fundamenten - von extremistischen Positionen abgesehen. Früher war das anders. Darüber hinaus steht solche Kritik, bisweilen klischeeorientiert und rückwärtsgewandt, oft genug auf schwachen Füssen. Das Kritikbedürftigste am Bonner Parlamentarismus sei die Kritik, die an ihm geübt werde, hat Ernst Fraenkel schon vor knapp zwei Jahrzehnten festgestellt: Es hat den Anschein, als ob er damit eine der wenigen Konstanten im sozialen Wandel benannt hätte. Ein Grossteil dieser Kritik ist uninformiert, empiriefern und einfach nicht "up to date". So macht vielen, in ihrer Selbsteinschätzung scharfsinnigen Analytikern seit Jahr und Tag die enge politische Verflechtung, ja quasi institutionelle Verschmelzung von Mehrheitsfraktionen und Bundesregierung Beschwerden. Diese Verflechtung ist jedoch das verfassungspolitische Konstituens des parlamentarischen Regierungssystems schlechthin. Sie folgt aus der Pflicht zur Regierungsbildung. Was wäre für den demokratischen Prozess gewonnen, wenn sich nach diesem Akt ein undurchdringlicher Vorhang zwischen Kabinett und Fraktion schlösse, an dessen dichtem Gewebe parlamentarisches Mitbestimmungs- und Mitsteuerungsbegehren abprallte? Nichts. Im Gegenteil: Die Regierung tendierte zurück zur demokratisch nicht ständig legitimierten Obrigkeit. Offenbar fällt die Einsicht immer noch schwer, dass damit funktionell nichts verlorengeht. Nur verläuft die Front nicht mehr zwischen Regierung und Parlament, sondern zwischen regierender Mehrheit und Opposition.

Diese Konfrontation "vitaler Gewaltenteilung" (Dolf Sternberger) ist von Beginn an in die Parlamentskultur der Bundesrepublik eingegangen, als Konrad Adenauer in seiner ersten Regierungserklärung ganz gegen die deutsche Tradition die Opposition als "Staatsnotwendigkeit" bezeichnete und als auch Kurt Schumacher dieses Grundprinzip zutreffend erkannte und in die Formel goss, das "Wesen des Staates" sei nicht die Regierung und nicht die Opposition, sondern es liege in Regierung und Opposition. Zugleich definierte Schumacher die Rolle der Opposition gültig mit der Bemerkung, ihre Aufgabe sei "der permanente Versuch, an konkreten Tatbeständen mit konkreten Vorschlägen der Regierung und ihren Parteien den positiven Gestaltungswillen der Opposition auszuzwingen". Diese Definition scheint gültig für das Selbstverständnis nicht zuletzt, weil Kurt Georg Kiesinger sie in Beantwortung der Regierungserklärung Willy Brandts wörtlich übernahm, den Urheber zunächst nicht nennend und dann erst die in der Mehrheit entstehende Mischung von Unruhe und Spott mit Schumachers Namen beschämend. Diese Definition ist gültig auch in der Praxis, weil Opposition im Bundestag sich seit je und bis heute zu einer kritisch konstruktiven Rolle verstand.

Keineswegs kann eine Schwächung des Parlaments darin liegen, wenn es nun zu Teilen konsequenten Zugriff auf Zugriff auf die Regierung und die Macht gewinnt. Im Vergleich zu früheren Zeiten der Machtlosigkeit kann darin nur eine Stärkung liegen, von welcher sogar die Opposition ein Zipfelchen erhascht, wenn sie im Wege der Kompromissbildung um breiter Mehrheiten willen ihre Positionen in die Entscheidung einzubringen weiss. Dieses Faktum parlamentarischer Parteiregierung ist vom Grundgesetz gewollt. Es ist vom Verfassungsgericht mit wachsender Konsequenz anerkannt worden, zuletzt mit zwingender Deutlichkeit in den beiden Urteilen über die Öffentlichkeitsarbeit der Regierung im Wahlkampf und über das Recht der Untersuchungsausschüsse in Schleswig-Holstein. Entscheidend ist, dass aus der Funktion der Regierungsbildung im Zusammenhang mit dem vom Parlament verwalteten Legitimationsmonopol ein Anspruch auf parlamentarische Steuerung und Führung des politischen Systems folgt. Dass im Laufe der Entwicklung der "Bonner Demokratie" der Begriff "parlamentarische Mitregierung" geprägt werden konnte, belegt, wie hartnäckig dieser Anspruch auch unter starken Kanzlern aufrechterhalten und eingelöst wurde. Darin liegt eine der grössten Stärken des Deutschen Bundestages. Sie findet sichtbaren Ausdruck in der besonderen politischen Position des (der) Vorsitzenden der Mehrheitsfraktion(en), die weit gewichtiger ist als jene vieler sich mit Amt und Würden um den Kabinettstisch versammelten Kollegen.

Parlamentarischer Führungsanspruch artikuliert sich zunächst gegenüber der Exekutive in engerem Sinn, und zwar dadurch, dass sie qualifiziertem Führungspotential unterstellt wird. Solches Personal aus ihren eigenen Spitzen zu rekrutieren, hat - anders als in Weimar - in den letzten 30 Jahren den Mehrheitsfraktionen in Bonn keine nenneswerten Schwierigkeiten bereitet. Die zögernde und daher späte Institutionalisierung der Parlamentarischen Staatssekretäre, die den Minister im Dickicht der Bürokratie unterstützen und ergänzen (und ihn nicht nur im Parlamentsplenum vertreten), unterstreicht diesen Führungswillen.

Nichts ist jedoch gewonnen, wenn die in die Regierung delegierten Parlamentarier sich verselbständigen. Das parlamentarische Regierungssystem verlangt die Herausbildung von Interaktionsmustern und Kommunikationsstrukturen, mit deren Hilfe die parlamentarische Basis ihren Mitbestimmungsanspruch ständig aktualisieren kann. Sicher führt die Regierung - und sie hat es in diesen dreissig Jahren fast immer getan: aber die Gefolgschaft ist nicht blind, und sie ist es in diesen dreissig Jahren nie gewesen. Leider bleiben diese Kommunikations-, Koordinierungs- und Kompromissbildungsprozesse, die im Schosse der Mehrheit stattfinden, der Öffentlichkeit verborgen. Sichtbar wird von diesen Prozessen nur die Spitze des Eisbergs, die Ausnahmesituation - die Krise. Solche Krisen gab es immer wieder: vom Zerwürfnis zwischen Adenauer und Heinemann gleich am Anfang des neuen Bonner Parlamentarismus über spalterische Auseinandersetzungen in den kleineren Koalitionsparteien FDP und BHE, den dramatischen Erosionsprozess der problembeladenen sozialliberalen Koalition zwischen 1969 und 1972 bis hin zu den seit 1977 zu beobachtenden Kommunikationsschwierigkeiten in der dominierenden Regierungspartei, die nun gerade zu Beginn des Jahres 1981 für jedermann sichtbar ihren Höhepunkt erreichen.

Idealtypisch - ohne Rücksicht auf die politischen Positionen der Kontrahenten - wird gerade an dieser aktuellen Krise dreierlei klar:

- zum ersten der legitime Anspruch der regierenden Führung auf Unterstützung und Gefolgschaft als Voraussetzung für Regierungs- und Koalitionsfähigkeit - und damit als Voraussetzung für die Staatsleitung auf der Basis gemeinsamer politischer Orientierungen;

- zum zweiten der legitime Anspruch der parlamentarischen Basis auf inhaltliche Mitbestimmung der politischen Führungslinie der von ihr getragenen und mit ihr in der Öffentlichkeit identifizierten Regierung;

- zum dritten, aus dem Bisherigen folgend, die Tatsache, dass es im Internverhältnis der regierenden Mehrheit keine Befehlseinbahnstrassen und keine Kommandostrukturen, sondern zwei Pole mit eigenständiger Rolle, aber auf einer gemeinsamen Basis gibt.

Daher liegt das Krisenphänomen nicht im Mitbestimmungsanspruch und in der Auseinandersetzung schlechthin, sondern in der Tiefe, die sie erreicht, soweit sie sich auf die Grundlagen der politischen Gemeinsamkeit der grösseren Mehrheitspartei erstreckt und es liegt in der mangelnden Fähigkeit, diese Auseinandersetzung so beizulegen, dass die gemeinsame Basis für die Kooperation mit unterschiedlichen Rollen fraglos wieder entsteht. Jenseits solch krisenhafter Zuspitzungen entfaltet sich praktisch alltäglich in diesen internen Willensbildungsprozessen durchaus so etwa wie planerische Macht. Es wird ausgelotet, was der Basis zumutbar ist, es werden Handlungsspielräume der Regierungen auf der Basis der gemeinsamen politischen Zielvorstellungen eingegrenzt und Initiativen entwickelt.

Herausforderungen und Positionsbehauptungen des Parlamentarismus

Natürlich liegen diese Thesen quer zur ebenso permanenten wie phantasielosen, gleichwohl zur Tradition gewordenen Beschwörung der Krise des Parlamentarismus. Sie verkennen auch nicht die Herausforderungen, denen er sich ausgesetzt sieht: die Informationsspeicher und den geballten Sachverstand der Ministerialbürokratie, die Agilität organisierter Interessen und die neue Spontaneität von Gruppen, welche inre Integration in die üblichen Strukturen des Willensbildungsprozesses, wenn überhaupt, nur mit Schwierigkeiten vollziehen. Aber sie beruhen auf Beobachtung und Erfahrung - mithin auf der Wirklichkeit und weniger auf Meinungen über das, was Wirklichkeit sein solle.

Gewiss liegt im Aufgabenzuwachs in Gesetzgebung und Kontrolle, den der moderne Sozialstaat, der zugleich Rechtsstaat sein muss und der sich auf eine immer weiter verästelnde Leistungsverwaltung stützt, kein blosser Gewinn; denn ein solch quantitativer Zuwachs kann für sich bereits erdrücken, erst recht wohl in Verbindung mit dem qualitativ gewandelten Anspruch, ein hoch differenziertes und komplexes soziales und politisches System zu durchschauen und seinen Normbedarf zu befriedigen. Das Parlament hat - man mag es ihm vorwerfen - an dieser Entwicklung willig mitgewirkt. Es hätte sich also gleichsam selbst erdrückt. Aber zu solchen Schlüssen kann nur globale Betrachtungsweise verleiten, die hinter der Fülle das Wesentliche nicht mehr sieht. Es ist absolut nicht wesentlich und wäre sogar falsch, politische Führungskunst in Materien investieren zu wollen, deren parlamentarische Behandlung der Rechtsstaat zwar erzwingt, die de facto aber nicht einmal politischer Betrachtungsweise zugänglich sind: ein Gesetz über die Bekämpfung der Dasselfliege zum Beispiel. Solche "Fliegen" machen formell den grössten Teil der Arbeit aus. Aber das Parlament weigert sich völlig zu Recht standhaft, sich mit ihnen zu beschäftigen. Es lässt sie quasi durchlaufen.

Die Frage nach politischer Führung kann sich nur stellen im Zusammenhang mit Materien von politischer Bedeutung. In diesem Zusammenhang hat sich eindeutig gezeigt, dass solche Führung in Gesetzgebung und Kontrolle nicht nur grundsätzlich möglich und intakt geblieben, sondern auch erfolgreich ausgeübt worden ist.

Nicht eine einzige der vorliegenden Fallstudien vermöchte das Gegenteil zu beweisen. Solch grundsätzlich intakte Führungsfähigkeit besitzt für die Struktur der Beziehungen zwischen Parlament, Regierung und Verwaltung grosse Bedeutung, weil sie sich jederzeit und allerorts, lediglich abhängig von politischer Sensibilisierung, aktualisieren kann, auch dort, wo im Alltag in der Regel die Zügel locker gelassen werden. Dieser Tatbestand relativiert die sicher auch richtige Einsicht, dass solcher Zugriff nicht lückenlos, ständig und überall zugleich präsent sein kann. Aber die prinzipielle Möglichkeit schwebt als Damoklesschwert über allen Aktionen. So gibt es keine strukturellen Hindernisse, sondern allenfalls solche, die im Rollenverständnis und in der politischen Sensibilität der Parlamentarier begründet sind. Die Frage lautet also nicht, ob sie überhaupt können, wenn sie wollen, sondern ob sie wollen, wenn sie sollten. Soweit die Antwort unbefriedigend ausfällt, betrifft das nicht das parlamentarische System, sondern Akteure, die in ihm wirken.

Solche Positionsbehauptungen im Wandel setzen die Anpassungsfähigkeit der Institutionen und ihre Wandlungsfähigkeit entsprechend den modernen Herausforderungen voraus. Hier fallen infrastrukturelle, personelle und institutionelle Ansätze ins Auge:

Infrastrukturelle stützte sich das Plenum mehr und mehr auf ein sich frühzeitig und stark differenziertes System beratender Entscheidungsvorbereitung, das sich nicht allein in der Aufgliederung in zahlreiche fachspezifische Ausschüsse erschöpft. Viel weniger bekannt ist die arbeitsteilige Organisation der Fraktionen, in welcher sich zunehmend mehr spezialisierte Abgeordnete entfalteten. Fraktionsinterne Arbeitsgruppen, die mit der Ausschussgliederung des Parlaments korrespondieren, und Arbeitskreise, welche versuchen, zusammenhängende Teilbereiche der Politik zu koordinieren, bilden ihr heute fast wichtigstes Betätigungsfeld. Parallel dazu entstanden bibliothekarische und wissenschaftliche Hilfsdienste, die inzwischen quantitativ und qualitatif hohes Niveau erreicht haben und durch ihre Zuarbeit zusätzlich Informationen bereitstellen. Hier liegen organisatorische Voraussetzungen für die Behauptung parlamentarischer Kompetenz.

Personell trat mehr und mehr ein neuer Typ des Abgeordneten in den Vordergrund. Die Honoratioren sind verschwunden. Ersetzt haben sie Beamten- und Managertypen, die mit einer solchen Infrastruktur auch umzugehen wissen und ihre Entscheidungen nicht mehr "aus der Hüfte schiessen" (H. Quaritsch). Rhetorischer Glanz mag dabei auf der Strecke geblieben sein. Aber man darf ein Dekor nicht mit der Sache verwechseln:

Das moderne Parlament, mit konkreten Aufgaben und Kompetenzen überbürdet, muss sich existentiell auf anderen Gebieten beweisen und behaupten, wenn der politische Prozess ein demokratischer bleiben soll. Institutionell spielte sich der stärkste Wandel ab, ein Wandel auch parlamentarischen Selbstverständnisses, der im Dienste dieser Selbstbehauptung steht. "Klassische" Interpretationsmuster verfehlen die moderne Wirklichkeit. Sie berücksichtigen zum Beispiel nicht, dass als Folge der Entscheidung für das parlamentarische Regierungssystem im Parlament keine homogenen Interessen mehr gegenüber der Regierung bestehen. Die Mehrheit nimmt selbst gouvernementalen Charakter an - stärkster Ausdruck von Führungsaufgabe und Führungswille. Dies befreit aus bloss negatorischen Positionen und eröffnet politische Gestaltungschancen. Herkömmliche Funktionsbereiche wurden dadurch dynamisiert. So hat etwa Kontrolle als nachherige Aufsicht über fremde Amtsführung mehr und mehr an Bedeutung verloren, was im übrigen auch im Zusammenhang mit der gewandelten Legitimationsgrundlage der Regierung zu sehen ist, die ja nicht mehr ausserhalb des Parlaments steht.

Kontrolle wird heute komplexer begriffen und angereichert mit Elementen präventiver Steuerung und Kooperation. Sie versteht sich als "Zusammenwirken verschiedener Instanzen auf ein gemeinsames Ziel" (R. Bäumlin). Darauf trifft der Begriff parlamentarischer Mitregierung am besten zu - wie übrigens auch auf die Gesetzgebung, in welcher Beschränkung und Konzentration auf politisch Wesentliches der gestalterischen Intention Raum gibt. Beides hat mit Steuerung zu tun. Die Praxis hat diesen Wandel wenig reflektiert, um so deutlicher jedoch vorweggenommen. Und dies zu Recht, denn gerade wenn ihre Rechte und ihre Position verteidigt werden sollten, müssten Parlamente und besonders ihre Ausschüsse mehr regulierend, also richtungweisend, als im nachhinein "kontrollierend" agieren, weil die überkommene nachträgliche Intervention heute angesichts der geschaffenen Tatsachen und ihrer Verspannung in das soziale Ganze vielfach ohne Effekt bliebe. Andernfalls wäre, wie es ein Autor sagt, Gewalt nicht mehr geteilt, sondern im Laufe dieser dreissig Jahre die Macht des Bundestages zum Verschwinden gebracht worden.

Man wird unschwer erkennen können, wie eng diese infrastrukturellen, personellen und institutionellen Wandlungsprozesse aufeinander bezogen sind und wie sie sich gegenseitig abstützen. Sie haben sich nicht herausgebildet als Ergebnisse neuerer theoretischer Überlegungen, sondern über die Jahre hinweg Zug um Zug als pragmatische Entwicklungsschritte. Aber sie scheinen einen gemeinsamen Fluchtpunkt zu besitzen, der den Bonner Parlamentarismus von seinen historischen Vorläufern von

Beginn an unterschied und auszeichnet: den Willen zur Verantwortung und zur politischen Führung des Staates.

Kommunikative Schwächen

Den Preis für seine Behauptung von Kompetenz und Effizienz hat das Parlament mit der Beeinträchtigung seiner kommunikativen Position entrichten müssen. Sie folgt aus der hohen Differenzierung des parlamentarischen Willensbildungsprozesses, dessen formelle Struktur - Ausschussphase und Plenardebatte - von einer informellen überlagert wird, die gleichwohl längst als innerfraktionelle Willensbildung institutionelle Züge (spezialisierte Arbeitskrise, Arbeitsgruppen, Fraktionsvorstand, Fraktionsplenum) trägt und ihren spontanen Charakter nur noch im interfraktionellen Bereich bewahrt hat.

Die - formelle und informelle - parlamentarische Willensbildung spielt sich auf vier Ebenen ab: innerfraktionell, interfraktionell, innerinstitutionell (= innerparlamentarisch: Ausschüsse) und öffentlich. Schon daraus ergibt sich eine quantitative und qualitative Reduzierung der öffentlichen Phase, eine Reduzierung, die dem normativen Postulat nach einem Evidenz und Effizienz optimierenden Funktionsmodell des Parlaments widerstreitet. Dies gilt für die Parlamentsarbeit generell, zumal "Verfachlichung" und Spezialisierung ihr von vornherein öffentliche Attraktivität entziehen.

Die überkommenen Verfahrensstrukturen und der neue Arbeitsstil vermindern gemeinsam die Chancen öffentlicher Ausstrahlung. So steht die Leistungsentfaltung in Gefahr, leer zu laufen, weil es nur mit Einschränkung gelingt, sie in kommunikativem Kontakt zur Öffentlichkeit zu vermitteln. Als Legitimationsorgan ist hier das Parlament in seinem Kern getroffen.

Wenn es sich selbst nur eingeschränkt zu vermitteln vermag, dann kann auch die ständige Verschränkung parlamentarischer und vorparlamentarischer Willensbildung, aus der demokratische Legitimität fliesst, nicht nahtlos gelingen. Die Gefahren hat man stets gesehen. Insbesondere bei der "Kleinen Parlamentsreform" von 1969 wurden mehrere Massnahmen zur Verbesserung der Beziehungen zur Öffentlichkeit diskutiert und beschlossen - sogar die fakultative Öffentlichkeit der Ausschussarbeit. Seither aber wurde diese Geschäftsordnungsbestimmung durch Nichtanwendung - so wie in den ersten beiden Jahrzehnten weitgehend das Institut der Hearings - wirksam boykottiert. Fragt man nach den Schwächen, so ist dieser zumindest teilweise selbstverschuldete Verlust parlamentarischer Anteile an der politischen Kommunikation zuerst zu nennen. Auf einer anderen - wenngleich in Ursache und Wirkung sehr verwandten - Ebene liegt eine zweite Schwäche: ein Verlust an Dialogfähigkeit. Es scheint, als ob Parteien und ihre Fraktionen im Parlament sich im Getriebe politischer Routine vergraben und verausgabt hätten. Dabei sind die erbrachten Leistungen nicht hoch genug zu veranschlagen. Schliesslich sind Aufbau und Steuerung eines derartigen Systems und die Bewältigung seiner Probleme alles andere als Bagatellen. Gerade diese hohe Problemlösungskapazität hat neue Probleme entstehen lassen bzw. Raum dafür gegeben, solch andere Probleme zu suchen. Die politische, rechtliche, soziale und wirtschaftliche Rekonstruktion des Gemeinwesens schuf die Basis, Fragen weiterzutreiben, und bildet fraglos auch die Grundlage für die in der jüngeren Generation greifbare Umorientierung von den materiellen zu den postmateriellen Wertvorstellungen. Dies erfordert neue Antworten, für die das Gehäuse des Üblichen jedoch zu eng zu sein scheint.

Zur Leistungsentfaltung ständig herausgefordert, hat dieses Parlament vielleicht gerade in den letzten Jahren nicht deutlich gesehen, was zumindest starke Gruppen in der Öffentlichkeit bewegt, geschweige denn, dass es dies diskutiert und mit bündigen Antworten bedacht hätte. So sind wichtige Positionen und Themen ausserhalb des parlamentarischen Systems artikuliert und besetzt worden, und in dem entstandenen Vakuum haben sich Kräfte etabliert, die oft genug gar nicht so sehr an diesen Fragen, sondern an der Beseitigung eben dieses parlamentarischen Systems interessiert sind. Selbst, wo solche Themen angesprochen wurden, hat sich die Vermittlung in den eben genannten strukturbedingten Schwierigkeiten verfangen.

Schaut man hinter die Beruhigung ausstrahlenden globalen demoskopischen Befunde, so zeigen sich durchaus Spaltungstendenzen unserer politischen Kultur. Und es stellt sich gegenwärtig sehr deutlich die Frage, wie Minderheiten - es handelt sich dabei zumeist um Angehörige der jüngeren Generation, mit einem hohen Mass an Bildung einerseits und mit der Bereitschaft zu politischem und sozialem Engagement andererseits ausgestattet und damit für die Zukunft dieses Systems vonnöten - zurückgewonnen werden können. Dialogfähigkeit dürfte die erste Voraussetzung dafür sein.

Als dritte Schwäche bleibt eine gewisse Scheu vor Reformen zu nennen. Gewiss hat sich in diesen dreissig Jahren etliches verändert. Vieles davon sehr spät und in nur schwach ausgeprägtem Selbstbewusstsein gegenüber einer in Kostenfragen an falscher Stelle widerständigen Öffentlichkeit. Das meiste bewegt sich auf der Ebene pragmatischer Antworten auf neue Herausforderungen oder auch nur auf der Ebene der Beseitigung unerträglich gewordener Mängel. Dass auch Abgeordnete und Parlamentsbedienstete das Recht auf einen menschenwürdigen Arbeitsplatz besitzen, dies konnte über Jahre hinweg ernsthaft als "Reformmassnahme" diskutiert werden. Angesichts solcher Grundtendenzen wundert es nicht, dass viele Korrekturen und manche Geschäftsordnungskosmetik - zuletzt das Reformpaket des Jahres 1969 - an der Arbeits des Parlaments und ihrer Darstellung nach aussen wenig oder nichts geändert haben. Ein ähnliches Schicksal wird auch der Geschäftsordnungsrevision von 1980 widerfahren, die gewiss den Namen "Reform" nicht verdient. Strukturfragen, wie etwa die Sicherung der Kommunikationsfähigkeit oder die Stärkung der Opposition als Widerpart zur regierenden Mehrheit, blieben sorgsam ausgespart.

Auf Eis gelegt wurden die etwa weitergehenden Überlegungen der Enquetekommission Verfassungsreform, die gewiss beabsichtigen, das Parlament zu stärken: aber Zeit, sich mit ihnen zu beschäftigen, mag eben dieses Parlament nicht erübrigen. Von der Beantwortung solch weiterführender Fragen hängen jedoch Glaubwürdigkeit wie Legitimationskraft des parlamentarischen Systems und damit seine Zukunft ab.

JÜRGEN WEBER

Verbändestaat - oder was sonst?

I. Positive Gesamtbilanz

In den ersten dreissig Jahren ihres Bestehens hat sich die Bundesrepublik Deutschland als ein pluralistisches Gemeinwesen erwiesen, in dem es - alles in allem genommen - erstaunlich gut gelungen ist, die organisierten gesellschaftlichen Gruppen trotz oftmals tiefgreifender Interessenkollisionen und widerstreitender Forderungen an die staatlichen Entscheidungsträger einzubinden in das, was man den demokratischen Konsens, die demokratische Gesamtverantwortung, nennen kann. Keine massgebliche Gruppe hat dem politischen System letztlich ihre Loyalität versagt. Der Kampf um Durchsetzung der je eigenen Positionen und Forderungen - nicht selten mit harten Bandagen geführt -, die vehemente Kritik an geplanten oder getroffenen politischen Entscheidungen und an amtierenden Politikern durch einzelne Gruppen und ihre Repräsentanten sollten nicht darüber hinwegtäuschen, dass das Zusammenspiel von Staat und Verbänden sowie, im Bereich der Tarifautonomie, von Gewerkschaften und Arbeitgebern relativ gut funktioniert hat.

Gewiss sind nicht wenige reformerische Impulse amtierender Regierungen durch den Widerstand der Betroffenen zurückgedrängt, verwässert oder auf den kleinsten gemeinsamen Nenner heruntergehandelt worden (z. B. Reform des Öffentlichen Dienstrechtes, Abwasserabgabengesetz von 1976, Kostendämpfungsgesetz von 1977, Besteuerung der Landwirtschaft). Und sicherlich finden sich Beispiele dafür, wie gutorganisierte Gruppen mit langem Atem, variantenreichen Methoden und immer wieder neuen Argumenten liebgewordene Besitzstände, den Status quo, verteidigen.

Wie kritikwürdig dieses Verhalten im einzelnen auch sein mag, so haben wir es dabei dennoch sozusagen mit dem Normalfall einer freiheitlichen Gesellschaft zu tun, in der die verantwortlichen Amtsinhaber von der Zustimmung der 'Herrschaftsunterworfenen' abhängen und Politik folglich nicht einfach nach abstrakten Rationalitätskriterien bzw. (vermeintlichen) sachlogischen Imperativen betreiben können, sondern nur in einem weit komplizierteren Geflecht von Überzeugungen, Interessen- und Machtpositionen, die es - je nach Sachlage - zu verändern, zu gewinnen oder zu überwinden gilt. Das bekannte Diktum von Max Weber, Politik sei dem Bohren von dicken Brettern zu vergleichen, findet hier seine Bestätigung. Nur der autoritäre Glaube an die alleinseligmachende Problemlösungsfähigkeit einer Politik im

Gewande der Technokratie sowie die in diktatorische Herrschaftspraxis umschlagende Gewissheit über den weiteren Gang der geschichtlichen Entwicklung sind Positionen, von deren Warte aus jener ganz anders geartete Charakter freiheitlicher Politik fragwürdig und dysfunktional sein muss.

Im Falle der Bundesrepublik[1] z. B. wird der unvoreingenommene Beobachter statt dessen feststellen können, dass die Masse der staatlichen Entscheidungen ganz unspektakulär im Zusammenwirken zwischen den entscheidungsbefugten Stellen und den betroffenen Verbänden zustande kommt, was letztlich ihre sachliche Richtigkeit und nicht zuletzt ihre Durchführbarkeit begründet. Kooperation und Konfrontation zwischen dem datensetzenden Staat und den um Abhilfe, Korrektur von Missständen, Sonderregelungen etc. nachsuchenden gesellschaftlichen Gruppen sind eben legitime und je nach Problemlage sich abwechselnde Interaktionsweisen und Formen der politischen Gestaltung. Nur in der Perspektive einer rechten Pluralismuskritik mit ihrem an überholten Vorstellungen von staatlicher Souveränität geprägten Unbehagen an der Gruppengesellschaft sowie der linken Pluralismuskritik mit ihrem theoretisch wie empirisch ungesicherten Massstab einer als homogen gedachten, herrschaftsfreien Gesellschaft, in der es keine Unterschiede zwischen mächtigeren und weniger mächtigen Gruppen gibt, muss dieser Normalzustand als Missstand erscheinen[2].

II. Probleme und Fragen

Mit diesen Bemerkungen sollen nun keineswegs alle korrekturbedürftigen Fehlentwicklungen im Verhältnis von Staat und Gesellschaft in der Bundesrepublik verdeckt oder einfach achselzuckend hingenommen werden. Ganz im Gegenteil: Hilfreich sind aber nur solche Überlegungen, die sich an empirischen Sachverhalten und an den Prämissen unserer Verfassungsordnung orientieren, anstatt tradierte und in der deutschen politischen Kultur offensichtlich tief verankerte Vorurteile im modischen Gewand gängiger Systemkritik wieder aufleben zu lassen. Eine realistische Defizitanalyse des Verbändesystems in der Bundesrepublik, die mehr sein soll als literarische Fiktion, müsste sich schon in die "Niederungen" der empirischen Beschäftigung mit den Dingen begeben, wenn sie über die Bestätigung bloss vorgefasster Meinungen hinaus will.

Hilfreich war in diesem Sinne zweifellos die in den letzten Jahren von verschiedenen Seiten in Gang gebrachte Diskussion über die nicht konfliktfähigen und nicht organisationsfähigen Interessen unserer Gesellschaft, die - im organisierten Pluralismus ohne schlagkräftige und artikulationsfähige Organisationen - allzu leicht an den Rand der öffentlichen Aufmerksamkeit und der politischen Güterzuteilung geraten[3]. Dazu gehören ebenfalls die Überlegungen, wie das Verhältnis der Verbandsführungen zu ihren Mitgliedern einzuschätzen und gegebenenfalls im Sinne der stärkeren Mitwirkungsmöglichkeiten der Mitglieder zu ändern ist[4]. Diese und andere Probleme sind es wert, weiter durchdacht und im Blickfeld der wissenschaftlichen und allgemeinen Öffentlichkeit gehalten zu werden. Hier kann darauf nicht eingegangen werden. Wir wollen uns statt dessen im folgenden mit einer Frage beschäftigen, die in jüngster Zeit die Verbändediskussion in der Bundesrepublik bestimmt - der Frage nämlich, ob die staatlichen Einrichtungen in unserem Lande überhaupt noch in der Lage sind, angesichts des organisierten Pluralismus eigenverantwortliche Politik zu betreiben und die Interessen der Allgemeinheit durchzusetzen. Es geht um das, was auch die "innere Souveränität" des Staates genannt wird, von der nicht wenige Beobachter behaupten, sie werde durch die Kooperation von Staat und Verbänden (insbesondere Wirtschaftsverbänden und Gewerkschaften) in Frage gestellt[5].

III. Der Staat als Leistungsträger in der Gruppengesellschaft

Von der fortschreitenden Unregierbarkeit entwickelter Industriegesellschaften ist häufig die Rede, von "Gegenregierungen", "Nebenregierungen" in der Gestalt machtvoller Verbände im Wirtschafts- und Arbeitsbereich, von einem Rückfall in eine quasi-ständestaatliche Aufsplitterung des doch eigentlich im Staat konzentrierten Herrschaftsmonopols, von der gefährlichen Verschwägerung der Grossorganisationen (Korporationen) mit der Staatsmacht. Es bleibe einmal dahingestellt, welche dieser Hypothesen für andere westliche Industrieländer Gültigkeit beanspruch können. Auf die Bundesrepublik bezogen - und nur von diesem Land ist hier die Rede - ist auf jeden Fall festzustellen, daß solche und ähnliche Diagnosen eher geeignet sind, Verwirrung zu stiften, weil sie von verfassungspolitisch falschen Voraussetzungen ausgehen und durchaus richtige Beobachtungen mit falschen Schlussfolgerungen versehen.

In diesem Zusammenhang ist zweierlei zu beachten: Einmal ist die vom Grundgesetz normierte freiheitlich-rechtsstaatliche Demokratie, die einen grundrechtlich verbürgten Mitwirkungsanspruch der Bürger und ihrer Zusammenschlüsse an der Staatswillensbildung zur Voraussetzung hat, notwendigerweise ein Verbändestaat. Diese Zusammenschlüsse ermöglichen erst den dauerhaften Kommunikationsprozess zwischen Staat und Bürger, der für eine lebendige Demokratie unabdingbar ist. Dieser wechselseitige Vorgang, durch den staatliche Massnahmen an individuelle Lebens- und Interessenlagen gebunden werden und der zugleich die Voraussetzungen für deren Durchsetzbarkeit schafft, ist ein wichtiger Aspekt der Legitimation von Herrschaft - insbesondere unter den Bedingungen einer modernen Industriegesellschaft, in der der Staat regelnd in nahezu alle Lebensbereiche eingreift.

Der zweite Punkt, den es zu beachten gilt, ergibt sich aus dem eben genannten Tatbestand: Die Demokratie der Bundesrepublik wurde von den Verfassungsvätern zugleich als Sozialstaat konzipiert. Dies bedeutet, dass dem Staat in umfassender Weise Aufgaben der Daseinsvorsorge zufallen. Die Zeiten sind längst vorbei, in denen sich der Staat im wesentlichen auf die Sicherung der Rechts- und Eigentumsordnung sowie der äusseren Sicherheit der Bürger beschränkte, Wirtschaft und Gesellschaft weitgehend aber sich selbst überliess. Bereits im ausgehenden 19. Jahrhundert griff in Deutschland der Staat im Zuge der raschen Industrialisierung durch den Bau von Eisenbahnen, Schiffahrtsstrassen, durch eine differenzierte Zollgesetzgebung und durch sozialpolitische Massnahmen in das wirtschaftliche Geschehen ein. Die Zerstörungen und gesellschaftlichen Umbrüche im Gefolge des Ersten und noch mehr des Zweiten Weltkrieges führten schliesslich zu einem gewaltigen Anwachsen der staatlichen Aufgaben. Waren die staatlichen Stellen nach 1945 zunächst vollauf mit der Verwaltung des Mangels und der Not, der Beseitigung der Trümmer und der Wiederankurbelung der wirtschaftlichen Produktion befasst, so oblag ihnen alsbald die Stimulierung und Förderung des Wiederaufbaus in allen Bereichen; vom Wohnungsbau bis zur Eingliederung von zwölf Millionen Flüchtlingen, von der Kriegsopferversorgung über den Lastenausgleich bis zum Aussenhandel erstreckten sich die Aktivitäten des Staates, die neben seine klassischen Funktionen traten.

Die Bewältigung der Kriegsfolgen, die Sozialpflichtigkeit als Verfassungsprinzip und die daraus abgeleitete Erkenntnis, dass die Marktkräfte zur Verhinderung unerwünschter Folgen (Monopolbildung, Inflation, Arbeitslosigkeit, konjunkturelle Überhitzung und Einbrüche, Umweltprobleme) staatlicher Eingriffe bedürfen, die sich in einer Unzahl von Gesetzen, Verordnungen, Novellierungen und Planungsdaten niederschlagen, haben sich stimulierend auf die Bildung und die Aktivitäten von Verbänden ausgewirkt. Diese Entwicklung, die die Bundesrepublik in den letzten 30 Jahren genommen hat und in deren Gefolge der Staat zu einer gewaltigen Organisation zur Umverteilung des erwirtschafteten Bruttosozialproduktes (BSP) geworden ist (heute werden rund 48 Prozent des BSP von den Öffentlichen Händen einschliesslich der Sozialversicherungsträger ausgegeben), ist kein Sonderfall, sondern fügt sich in das Bild, das alle westlichen Industriestaaten bieten.

IV. Die Kommunikative Bedeutung der Verbände für den politischen Prozess

Die hier nur grob skizzierte Entwicklung des Staates zum umfassenden Leistungsträger ist die primäre Ursache für die Existenz und die Aktivitäten jener grossen Zahl von Interessengruppen, die den politischen Entscheidungsprozess unserer Demokratie so nachhaltig beeinflussen. Je umfassender der Staat ordnend, regelnd, steuernd, Leistungen erbringend, fördernd, stützend und ausgleichend in Wirtschaft und Gesellschaft eingreift, um so mehr Gruppen melden sich zu Wort, formulieren ihre Bedürfnisse und Belange, versuchen sich ihre Anteile am Sozialprodukt zu sichern. Aus ihren Forderungen, die in der politischen Arena gegenüber den wahlabhängigen Politikern geltend gemacht werden, erwachsen nicht selten neue staatliche Aufgaben.

Auf der anderen Seite - dies wird allzu häufig übersehen - wäre der Staat (konkret: die Parlamente, die Politiker, die Verwaltung) völlig überfordert, wollte er ohne die durch die einschlägigen Verbände vermittelten Informationen gesetzgeberisch tätig werden. Ein Blick in das Bundesgesetzblatt für eine einzige Legislaturperiode genügt, um diesen Zusammenhang zu erkennen. Die Technizität der zu regelnden Materien, die vom grünen Tisch in den Parlamentsausschüssen und Ministerien aus nur selten erkennbaren Besonderheiten der Lebensumstände bestimmter Bevölkerungskreise, Produktionsbedingungen etc. sowie die nur schwer abschätzbaren Folgen gesetzgeberischer Eingriffe und die besonderen Probleme ihres Vollzugs erfordern geradezu die kontinuierliche Fühlungnahme, Aussprache und Zusammenarbeit von Politik, Verwaltung und Verbänden. Nicht alle die in der Bundesrepublik schätzungsweise aktiven 5000 Verbände sind ständig in diesen Kommunikationsprozess einbezogen, wohl aber immer dann, wenn es um ihre spezifischen Interessen geht, und das gilt zweifellos für die über 1000 Verbände, die sich gegenwärtig bereits in die beim Deutschen Bundestag eingerichtete Liste ("Lobby-Liste") eingetragen haben und im Bonn-Kölner Raum eigene Vertretungen besitzen.

Auch die zahlenmässig noch schwerer zu erfassende "Bürgerinitiativbewegung" im Bereich des Umweltschutzes, aus deren Reihen sehr häufig grundsätzliche Kritik an die Adresse der "etablierten" Parteien und ihrer Repräsentanten in den Parlamenten und Regierungen gerichtet wird, haben sich diesem "Gesetz" der Verbandsbildung durch Staatsintervention nicht entzogen, sondern einen eigenen Bundesverband gegründet und bedienen sich der gegebenen Möglichkeiten, um auf die Regierungen in Bonn und in den Landeshauptstädten Einfluss zu nehmen.

V. Gesellschaftliche Autonomien und staatliche Steuerungsaufgaben

Wir können also sagen, dass die Verbände - so unterschiedlich sie im einzelnen auch hinsichtlich der von ihnen jeweils vertretenen Interessen, ihrer Mitgliederzahl, Finanzkraft und Durchsetzungsfähigkeit sein mögen - zur bundesdeutschen Verfassungswirklichkeit gehören wie die Finanzämter, Parteien oder Polizeidienststellen. Nun provoziert natürlich die erwähnte wechselseitige Abhängigkeit von Staat und Verbänden - ihr Aufeinanderangewiesensein zur Steigerung der Effektivität staatlichen Handelns bzw. zur Geltendmachung partikularer Interessen - die Frage, ob unter diesen Bedingungen der Staat, d. h. die amtierende Regierung, überhaupt noch über genügend Handlungsmöglichkeiten verfügt, um gegebenenfalls auch gegen die eine oder andere Gruppe oder gar mehrere zusammen durchzusetzen, was gerade nicht populär ist, was mit Einkommenseinbussen oder Gewinnrückgängen verbunden wäre, um nur zwei Beispiele zu nennen. Wie steht es also mit den Entscheidungsspielräumen des demokratischen Staates in einer pluralistischen Gesellschaft, die ja zur Durchsetzung von allgemeinen Interessen gegenüber Sonderinteressen, zur Geltendmachung zukünftiger Ziele (z. B. Energiesicherung) gegenüber kurzfristigen Zielen dienen sollen?

Theoretisch verfügt jede gewählte Regierung über diese Handlungsspielräume, da sie sich auf die generalisierte Zustimmung einer Wählermehrheit stützen kann. Skeptiker weisen jedoch sofort darauf hin, dass viele Verbände im Bundestag über einzelne Abgeordnete vertreten sind - insbesondere die grossen Berufs-, Wirtschafts-, Arbeitnehmer- und Sozialverbände -, dass die Verbandsaffinität vieler Abgeordneter, die einseitige Verbandsfärbung bestimmter Ausschüsse (z. B. Agrarausschuss, Sozialausschuss, Wirtschaftsausschuss) und schliesslich ihre aus jahrelanger Kooperation mit den einschlägigen Ministerien erwachsenen guten Beziehungen die theoretisch vorhandenen Entscheidungsspielräume der Politik in der Praxis stark einschränken.

Hier empfiehlt sich eine Unterscheidung zwischen zwei Gattungen[6] von Verbänden, die diesen Befund zu differenzieren in der Lage ist. Gemeint sind die "normalen" Verbände wie der Bauernverband, die Vertriebenenverbände, Geschädigtenverbände, Sportverbände, kirchliche oder sonstige wertorientierte Organisationen, die ihre Belange verfechten können, ohne jedoch autonome Entscheidungsmöglichkeiten zu besitzen. Demgegenüber setzen die Gewerkschaften und Arbeitgeberverbände im Rahmen der ihnen verfassungsmässig garantierten Tarifautonomie durch die Lohnabschlüsse mit ihren umfassenden Auswirkungen auf Preise, Geldwert, Beschäftigung, internationale Konkurrenzfähigkeit Daten, die den wirtschaftspolitischen Zielen der amtierenden Regierung zuwiderlaufen können.

Die vom Grundgesetz gewollte Autonomie der Tarifvertragsparteien grenzt damit bewusst den Handlungsspielraum des Staates im Bereich der Wirtschaftspolitik und mittelbar auch das grosse Feld der sozialen Sicherung ein. Ohne ein Mindestmass an Zustimmung dieser Verbände kann keine Regierung ihre wirtschaftspolitischen Vorstellungen verwirklichen. Die "Konzertierte Aktion", die der frühere Wirtschaftsminister Schiller auf der Grundlage des Stabilitätsgesetzes von 1967 ins Leben rief, um die am Wirtschaftsgeschehen beteiligten Gruppen zu einem aufeinander abgestimmten und an dem vom Wirtschaftsminister prognostizierten wirtschaftlichen Datenkranz orientieren Verhalten zu bewegen, bringt deutlich genug zum Ausdruck, dass der Staat auf diesem Felde eben keine freie Handlungsvollmacht besitzt, nicht weil die genannten Verbände ihre Macht missbrauchen, sondern weil es das Grundgesetz so will. So war die "Konzertierte Aktion" (bis sie 1977 vom DGB wegen der Mitbestimmungsklage der Arbeitgeberverbände vor dem Bundesverfassungsgericht aufgekündigt wurde) ein Einflussinstrument der Regierung zur Absicherung des eigenen wirtschaftspolitischen Handlungsspielraumes, das jedoch - und hier kehrt sich das Beziehungsverhältnis zwischen Verbänden und Staat um - vom guten Willen, von der Kompromissbereitschaft und der verbandsinternen Durchsetzungsfähigkeit der Teilnehmer an der "Konzertierten Aktion" abhing. Ob in dieser oder in anderen Formen sich vollziehend - eine Neubelebung dieser "Gesprächsrunde" im kleineren Kreis ist Anfang 1980 erfolgt -, der "Überredungsdirigismus" (von Beyme), den die verantwortlichen Politiker gegenüber den genannten Wirtschaftsverbänden praktizieren, zeigt die Begrenzung der staatlichen Steuerungsfähigkeit.

Wer darin jedoch eine Schwäche des demokratischen Staates erblickt, übersieht, dass die Tarifautonomie sicherstellt, dass nicht jeder Streik und nicht jede Lohnauseinandersetzung zur Staatskrise führt. Die hochgradige Verrechtlichung der industriellen Beziehungen in der Bundesrepublik (ganz im Gegensatz zu England) hat ausserdem bislang immer noch dem Missbrauch der Tarifautonomie einen Riegel vorgeschoben. Nicht zuletzt hat die Loyalität der Gewerkschaften und Arbeitgeberverbände zu diesem Staat mässigend auf ihre Auseinandersetzungen gewirkt. Zu nennen ist in diesem

Zusammenhang auch die unternehmerische Investitionsfreiheit sowie die Freiheit der Verbraucher, zu kaufen, was sie wollen, wann sie wollen und ihr Geld nach eigenen Präferenzen auszugeben. Auch hier stösst die staatliche Wirtschaftspolitik an Bereiche der autonomen Entscheidung von einzelnen Bürgern und ganzer Gruppen, die allenfalls durch allgemeine Rahmenbedingungen ("günstiges Investitionsklima", Steuererleichterungen, Subventionen etc.) beeinflusst, jedoch nicht gesteuert werden können und im Sinne unserer Verfassungsordnung auch nicht gesteuert werden sollen. Der bekannte Tatbestand, dass der Staat zwar für Wirtschaftswachstum, Geldwertstabilität, Vollbeschäftigung und positive Aussenhandelsbilanz sorgen soll und die wahlabhängigen Politiker auch dafür verantwortlich gemacht werden, ohne dass der Staat jedoch über ein Gesamtinstrumentarium zur Feinsteuerung eben dieser ökonomischen Prozesse und Einzelentscheidungen verfügt, provoziert geradezu die kontinuierliche Beratung zwischen den genannten Gruppen und der Exekutive.

Auch für die erstgenannten "normalen" Verbände, die auf der Grundlage von Art. 9 GG in der politischen Arena auftreten, ohne jedoch autonome Entscheidungsmöglichkeiten mit gesetzgeberischer Wirkung zu besitzen, lässt sich eine Fülle von Formen und Einrichtungen nachweisen, die auf einen ständigen Gedankenaustausch, auf Beratung und Zusammenarbeit mit dem Staat hinzielen, insbesondere im Bereich der Verwaltung. Auch hier zeigt sich in den letzten Jahren eine Tendenz zur Quasi-Verrechtlichung dieser Beziehungen.

Als jüngstes Beispiel sei nur auf die "Konzertierte Aktion im Gesundheitswesen" hingewiesen - einem Gesprächskreis von Vertretern der Bundesregierung (Bundesministerium für Arbeit und Sozialordnung) und Vertretern der Ärzteverbände, der Apothekerverbände, der Verbände der pharmazeutischen Industrie und der Krankenversicherungen, die sich auf der Grundlage des Kostendämpfungsgesetzes (1977) zweimal im Jahr auf Einladung des Bundesarbeitsministers zur Beratung der Kostenentwicklung im Gesundheitswesen zusammenfinden. Das Stichwort lautet auch hier "Beratung", nicht "Entscheidung", doch wird man nicht übersehen können, dass der in den letzten Jahren gewachsene Problemdruck im Gesundheitswesen (Kostenexplosion) zu einer neuen, möglicherweise effektiveren Form der Zusammenarbeit von Staat und Verbänden geführt hat. Dass dadurch allerdings den beteiligten Politikern die Hände gebunden seien, ist ein Ammenmärchen. Diese Art des beratenden und informierenden Zusammenwirkens zwischen Interessenten und staatlichen Repräsentanten hat eher zur Folge, dass erstere in eine Gesamtverantwortung einbezogen werden, der sie sich so einfach nicht entziehen können.

Wie weit die Politiker auf die Vorstellungen dieser Gruppen eingehen, hängt von deren Einfluss auf das Wahlverhalten grosser Wählermassen, ihrem spezifischen Störpotential, ihrer Fähigkeit zur Mitgliedermobilisierung, ihrer finanziellen Ausstattung, ihres Angebots von Sachverstand und Expertenwissen ab, um nur einige der wichtigen Faktoren zu nennen.

Ob diese zugunsten der einzelnen Verbände ins Spiel gebracht und wie sie neutralisiert werden können, hängt jedoch auch vom Amtsverständnis der Politiker in den Parteien, Parlamenten, Regierungen, von ihrer Einschätzung der öffentlichen Meinung und der Wählerreaktion, nicht zuletzt auch von ihrem eigenen Sachverstand ab. Da politische Entscheidungen immer unter Ungewissheit getroffen werden müssen, können besonders jene Verbände Einfluss ausüben, welche den Amtsinhabern im Staat verlässlich genug erscheinen, so dass sich aus der Zusammenarbeit mit ihnen das Mass der Ungewissheit und das heisst letztlich das Haftungsrisiko einer Fehlentscheidung gegenüber dem Wähler verringern lässt.

Alle diese Gesichtspunkte haben etwas mit der Zustimmungsbedürftigkeit von Politik im demokratischen Staat zu tun, in dem die Politiker und andere Amtsinhaber eben nicht schalten und walten können (und sollen), wie sie allein es für richtig halten, sondern wo immer erneut zu überprüfen ist, ob die Bürger sich den Argumenten der Politik auch anzuschliessen gedenken oder ob dies nicht der Fall ist. Die Verbände sind zum einen besonders wirksame Frühwarnsysteme für die Politik, zum anderen aber auch Interpreten des Staates gegenüber ihren Mitgliedern. Wer als Politiker mit diesem Instrumentarium nicht umzugehen versteht, wird nicht reüssieren. Auf jeden Fall sind die hier geschilderten Strukturbedingungen des Verbändestaates in der Bundesrepublik freiheitsverbürgende Sicherungen gegen Omnikompetenzansprüche des Staates wie auch gegen die Sprachlosigkeit des Bürgers und den Egoismus einzelner Gruppen. Niemand wird darauf verzichten wollen.

Anmerkungen

1. Dazu ausführlich Jürgen Weber: Die Interessengruppen im politischen System der Bundesrepublik Deutschland, München 1981[2].
2. vgl. Hans Kremendahl: Pluralismustheorie in Deutschland. Entstehung, Kritik, Perspektiven, Leverkusen 1977; Heinrich Oberreuter (Hrsg.): Pluralismus. Grundlegung und Diskussion, Opladen 1980; Winfried Steffani: Pluralistische Demokratie, Opladen 1980.

3. vgl. Claus Offe: Das pluralistische System von organisierten Interessen, in: Heinz Josef Varain (Hrsg.): Interessenverbände in Deutschland, Köln 1973, S. 368 ff.; Warnfried Dettling (Hrsg.): Macht der Verbände - Ohnmacht der Demokratie? München/ Wien 1976; Mancur Olson Jr.: Die Logik des kollektiven Handelns. Kollektivgüter und die Theorie der Gruppen, Tübingen 1968; Weber, Die Interessengruppen im politischen System der Bundesrepublik Deutschland, a.a.O., S. 407 - 414.
4. vgl. dazu Ulrich von Alemann: Innerverbandliche Demokratie - Privatsache oder Politikum?, in: Aus Politik und Zeitgeschichte, B. 8/1977, S. 3 ff.; Karl Matthias Meessen: Erlaß eines Verbändegesetzes als rechtspolitische Aufgabe? Verfassungsrechtliche Überlegungen zum Verbändeproblem, Tübingen 1976; Kurt Schelter: Demokratisierung der Verbände? Demokratie als Ordnungsprinzip in privilegierten Interessenverbänden, Berlin 1976.
5. Dazu ausführlich Peter Graf Kielmansegg: Organisierte Interessen als "Gegenregierungen"?, in: Regierbarkeit. Studien zu ihrer Problematisierung, Bd. II, hrsg. von Wilhelm Hennis, Peter Graf Kielmansegg, Ulrich Matz, Stuttgart 1979, S. 139 ff.; Ulrich von Alemann/Rolf G. Heinze (Hrsg.): Verbände und Staat. Vom Pluralismus zum Korporatismus. Analysen, Positionen, Dokumente, Opladen 1979.
6. vgl. Ernst-Wolfgang Böckenförde: Die politische Funktion wirtschaftlich-sozialer Verbände und Interessenträger in der sozialstaatlichen Demokratie. Ein Beitrag zum Problem der "Regierbarkeit", in: Der Staat, 15. Bd. 1976, H. 4, S. 457 ff.

Auswahlbibliographie

Beyme, K. von	Interessengruppen in der Demokratie, München 1969.
Dittberner, J./ Ebbinghaus, R. (Hg.)	Parteiensystem in der Legitimationskrise, Opladen 1973.
Haungs, P.	Parteidemokratie in der Bundesrepublik Deutschland, Berlin 1980.
Kaack, H.	Geschichte und Struktur des deutschen Parteiensystems, Opladen 1971.
Kaack, H./ Roth, R. (Hg.)	Handbuch des deutschen Parteiensystems, 2 Bände, Leverkusen 1980.
Kunz, R. u.a. (Hg.)	Programme der politischen Parteien in der Bundesrepublik, München 1975.
Lehmbruch, G. u.a.	Parteienwettbewerb im Bundesstaat, Stuttgart 1976.
Leicht, R.	Grundgesetz und politische Praxis. Parlamentarismus in der Bundesrepublik, München 1974.
Lenk, K./ Neumann, F. (Hg.)	Theorie und Soziologie der politischen Parteien, 2 Bände, Neuwied 1974.
Loewenberg, G.	Parlamentarismus im politischen System der Bundesrepublik Deutschland, Tübingen 1969.
Maier, H./ Oberreuter, H./ Rausch, H.	Parlament und Parlamentsreform, München 1979.
Narr, W. D.	CDU - SPD. Programme und Praxis seit 1945, Stuttgart 1966.
Oberreuter, H.	Kann der Parlamentarismus überleben? Bund - Länder - Europa, Zürich und Osnabrück 1977.
Oberreuter, H. (Hg.)	Parlamentsreform. Probleme und Perspektiven in westlichen Demokratien, Passau 1981.
Staritz, D. (Hg.)	Das Parteiensystem der Bundesrepublik, Opladen 1980.
Thaysen, U.	Parlamentarisches Regierungssystem in der Bundesrepublik Deutschland. Daten - Fakten - Urteile im Grundriß, Opladen 1976.

Thaysen, U. Parlamentsreform in Theorie und Praxis, Opladen 1972.

Weber, J. Interessengruppen im politischen System der Bundesrepublik Deutschland, München 1976.

Ziebura, G. (Hg.) Beiträge zur Allgemeinen Parteienlehre. Zur Theorie, Typologie und Vergleichung politischer Parteien, Darmstadt 1969.

F. DIE "DEUTSCHE FRAGE" ALS INNENPOLITISCHES PROBLEM

Einführung

Die Präambel des Grundgesetzes - ein unveräußerlicher Verfassungsbestandteil - fordert das "gesamte Deutsche Volk" auf, in "freier Selbstbestimmung die Einheit und Freiheit Deutschlands zu vollenden". Bereits aus dieser Zeile wird die Bedeutung der "deutschen Frage" sichtbar, die die deutsche Nachkriegspolitik wie ein roter Faden durchzieht. Sowohl die Formulierung der Frage als auch der Versuch möglicher Antworten gab stets neuen Konflikten Anlaß, die einerseits die Außenpolitik berührten, zum anderen aber auch in der innenpolitischen Arena ihre volle Sprengkraft entfalteten. Dies zeigt sich zuletzt in der Auseinandersetzung um den Grundvertrag.

Im folgenden können bei weitem nicht alle Aspekte dieses Themas erörtert werden. Es werden vielmehr einige wenige Grundtexte vorgestellt, die zum Verständnis der Studientexte nötig sind, und die zum ersten Mal vor dem Parlamentsausschuß für Innerdeutsche Beziehungen vorgetragen wurden. Die Beiträge von Schwarz, Dahrendorf, Kriele und Kosthorst lenken den Blick in konzenrierter Form auf viele Aspekte der Deutschlandpolitik, der politischen Bildung und der nationalen Selbstreflexion und vermögen auf diese Weise, den weiteren Einstieg in das Thema zu erleichtern. Die "Deutsche Frage" soll Thema eines weiteren Studienbuches sein.

21. Grundgesetz für die Bundesrepublik Deutschland (23. Mai 1949)

Präambel

Im Bewußtsein seiner Verantwortung
vor Gott und den Menschen, von dem Willen beseelt, seine nationale und staatliche Einheit zu wahren und als gleichberechtigtes Glied in einem vereinten Europa dem Frieden der Welt zu dienen,
hat das Deutsche Volk in den Ländern Baden, Bayern, Bremen, Hamburg, Hessen, Niedersachsen, Nordrhein-Westfalen, Rheinland-Pfalz, Schleswig-Holstein, Württemberg-Baden und Württemberg-Hohenzollern,
um dem staatlichen Leben
für eine Übergangszeit eine neue Ordnung zu geben, kraft seiner verfassungsgebenden Gewalt dieses Grundgesetz der Bundesrepublik Deutschland beschlossen.
Es hat auch für jene Deutschen gehandelt, denen mitzuwirken versagt war. Das gesamte Deutsche Volk bleibt aufgefordert, in freier Selbstbestimmung
die Einheit und Freiheit Deutschland zu vollenden.

22. Urteil des Bundesverfassungsgerichts vom 13. Juli 1973

Das Grundgesetz - nicht nur eine These der Völkerrechtslehre und der Staatsrechtslehre! - geht davon aus, daß das Deutsche Reich den Zusammenbruch 1945 überdauert hat und weder mit der Kapitulation noch durch Ausübung fremder Staatsgewalt in Deutschland durch die alliierten Okkupationsmächte noch später, untergegangen ist; das ergibt sich aus der Präambel, aus Art. 16, 23, 116 und 146 GG. Das entspricht auch der ständigen Rechtsprechung des Bundesverfassungsgerichts, an der der Senat festhält. Das Deutsche Reich existiert fort, besitzt nach wie vor Rechtsfähigkeit, ist allerdings als Gesamtstaat mangels Organisation, insbesondere mangels institutionalisierter Organe selbst nicht handlungsfähig. Im Grundgesetz ist auch die Auffassung vom gesamtdeutschen Staatsvolk und von der gesamtdeutschen Staatsgewalt 'verankert'. Verantwortung für 'Deutschland als Ganzes' tragen auch die vier Mächte.

Mit der Errichtung der Bundesrepublik Deutschland wurde nicht ein neuer westdeutscher Staat gegründet, sondern ein Teil Deutschlands neu organisiert. Die Bundesrepublik Deutschland ist also nicht 'Rechtsnachfolger' des Deutschen Reiches, sondern als Staat identisch mit dem Staat 'Deutsches Reich' - in bezug auf seine räumliche Ausdehnung allerdings 'teilidentisch', so daß insoweit die Identität keine Ausschließlichkeit beansprucht. Die Bundesrepublik umfaßt also, was ihr Staatsvolk und ihr Staatsgebiet anlangt, nicht das ganze Deutschland, unbeschadet dessen, daß sie ein einheitliches Staatsvolk des Völkerrechtssubjekts 'Deutschland' (Deutsches Reich), zu dem die eigene Bevölkerung als untrennbarer Teil gehört, und ein einheitliches Staatsgebiet 'Deutschland' (Deutsches Reich), zu dem ihr eigenes Staatsgebiet als ebenfalls nicht abtrennbarer Teil gehört, anerkennt. Sie beschränkt staatsrechtlich ihre Hoheitsgewalt auf den 'Geltungsbereich des Grundgesetzes', fühlt sich aber auch verantwortlich für das ganze Deutschland (vgl. Präambel des Grundgesetzes).

Derzeit besteht die Bundesrepublik aus den in Art. 23 GG genannten Ländern, einschließlich Berlin; der Status des Landes Berlin der Bundesrepublik Deutschland ist nur gemindert und belastet durch den sog. Vorbehalt der Gouverneure der Westmächte. Die Deutsche Demokratische Republik gehört zu Deutschland und kann im Verhältnis zur Bundesrepublik Deutschland nicht als Ausland angesehen werden. Deshalb war z.B. der Interzonenhandel und ist der ihm entsprechende innerdeutsche Handel nicht Außenhandel.

Dem Vorspruch des Grundgesetzes kommt nicht nur politische Bedeutung zu, er hat auch rechtlichen Gehalt. Die Wiedervereinigung ist ein verfassungsrechtliches Gebot. Es muß jedoch den zu politischem Handeln berufenen Organen der Bundesrepublik überlassen bleiben zu entscheiden, welche Wege sie zur Herbeiführung der Wiedervereinigung als politisch richtig und zweckmäßig ansehen. Die Verfassungsorgane, denen im Grundgesetz auch der Schutz der freiheitlich-demokratischen Grundordnung und ihrer Institutionen zur Pflicht gemacht ist, haben zu entscheiden, ob eine bestimmte, sonst verfassungsmäßige Maßnahme die Wiedervereinigung rechtlich hindern oder faktisch unmöglich machen würde und aus diesem Grunde unterbleiben müßte. Ein breiter Raum politischen Ermessens besteht hier besonders für die Gesetzgebungsorgane. Das Bundesverfassungsgericht kann dem Gesetzgeber erst entgegentreten, wenn er die Grenzen dieses Ermessens eindeutig überschreitet, wenn seine Maßnahme also rechtlich oder tatsächlich einer Wiedervereinigung in Freiheit offensichtlich entgegensteht.

Die klare Rechtsposition jeder Regierung der Bundesrepublik Deutschland ist: Wir haben von der im Grundgesetz vorausgesetzten, in ihm 'verankerten' Existenz Gesamtdeutschlands mit einem deutschen (Gesamt-)Staatsvolk und einer (gesamt-)deutschen Staatsgewalt auszugehen. Wenn heute von der 'deutschen Nation' gesprochen wird, die eine Klammer für Gesamtdeutschland sei, so ist dagegen nichts einzuwenden, wenn darunter auch ein Synonym für das 'deutsche Staatsvolk' verstanden wird, an jener Rechtsposition also festgehalten wird und nur aus politischen Rücksichten eine andere Formel verwandt wird. Versteckte sich dagegen hinter dieser neuen Formel 'Deutsche Nation' nur noch der Begriff einer im Bewußtsein der Bevölkerung vorhandenen Sprach- und Kultureinheit, dann wäre das rechtlich die Aufgabe einer unverzichtbaren Rechtsposition. Letzteres stünde in Widerspruch zum Gebot der Wiedervereinigung als Ziel, das von der Bundesregierung mit allen erlaubten Mitteln anzustreben ist.

Die Deutsche Demokratische Republik ist im Sinne des Völkerrechts ein Staat und als solcher Völkerrechtssubjekt. Diese Feststellung ist unabhängig von einer völkerrechtlichen Anerkennung der Deutschen Demokratischen Republik durch die Bundesrepublik Deutschland. Eine solche Anerkennung hat die Bundesrepublik Deutschland nicht nur nie förmlich ausgesprochen, sondern im Gegenteil wiederholt ausdrücklich abgelehnt. Würdigt man das Verhalten der Bundesrepublik Deutschland gegenüber der Deutschen Demokratischen Republik im Zuge ihrer Entspannungspolitik, insbesondere das Abschließen des Vertrags als faktische Anerkennung, so kann sie nur als eine faktische Anerkennung besonderer Art verstanden werden.

Das Besondere dieses Vertrages ist, daß er zwar ein bilateraler Vertrag zwischen zwei Staaten ist, für den die Regeln des Völkerrechts gelten und der die Geltungskraft wie jeder andere völkerrechtliche Vertrag besitzt, aber zwischen zwei Staaten, die Teile eines noch immer existierenden, wenn auch handlungsunfähigen, weil noch nicht reorganisierten umfassenden Staates Gesamtdeutschland mit einem einheitlichen Staatsvolk sind, dessen Grenzen genauer zu bestimmen hier nicht nötig ist. Daraus ergibt sich die besondere rechtliche Nähe, in der die beiden Staaten zueinander stehen, daraus ergibt sich folgerichtig die Regelung in Art. 8, wonach beide Staaten nicht Botschafter, sondern ständige Vertretungen am Sitz der jeweiligen Regierung austauschen, daraus ergibt sich die Besonderheit des Ratifikationsverfahrens, das nicht endet mit dem Austausch von Ratifikationsurkunden auf Grund Vollmacht des Bundespräsidenten, sondern mit dem Austausch 'entsprechender Noten', von denen die eine auf Seite der Bundesrepublik Deutschland von der Bundesregierung ausgefertigt wird, und ergibt sich schließlich die Gesamttendenz des Vertrags, zu einer möglichst engen Zusammenarbeit zwischen den Vertragspartnern mit dem Ziele einer Verbesserung der menschlichen Beziehungen über die gemeinsame Grenze hinweg zu gelangen (6. Abs. d. Präambel, Art. 7 d. Vertrages und Zusatzprotokoll).

Für die Frage, ob die Anerkennung der Grenze zwischen den beiden Staaten als Staatsgrenze mit dem Grundgesetz vereinbar ist, ist entscheidend die Qualifizierung als staatsrechtliche Grenze zwischen zwei Staaten, deren 'Besonderheit' ist, daß sie auf dem Fundament des noch existierenden Staates 'Deutschland als Ganzes' existieren, daß es sich also um eine staatsrechtliche Grenze handelt, ähnelt denen, die zwischen den Ländern der Bundesrepublik Deutschland verlaufen. Mit dieser Qualifizierung der Grenze ist einerseits vereinbar die Abrede, daß die beiden Staaten 'normale gutnachbarliche Beziehungen zueinander auf der Grundlage der Gleichberechtigung' entwickeln (Art. 1 des Vertrages), die Abrede, wonach beide Staaten sich von dem Prinzip der 'souveränen Gleichheit aller Staaten', das in der Charta der Vereinten Nationen niedergelegt ist, leiten lassen (Art. 2 des Vertrages) und die Abrede, daß beide Staaten von dem Grundsatz ausgehen, daß die Hoheitsgewalt jedes der beiden Staaten sich auf sein Staatsgebiet beschränkt und daß sie die Unabhängigkeit und Selbständigkeit jedes der beiden Staaten in seinen inneren und äußeren Angelegenheiten respektieren (Art. 6 des Vertrages). Andererseits trägt diese Qualifizierung der Staatsgrenze in Art. 2 Abs. 2 des Vertrages dem Anspruch des Grundgesetzes Rechnung, daß die nationale Frage, das ist die Forderung nach Erreichung der staatlichen Einheit des deutschen Volkes, offen bleibt.

Art. 23 GG bestimmt: 'Dieses Grundgesetz gilt zunächst im Gebiet der Länder.... In anderen Teilen Deutschlands ist es nach deren Beitritt in Kraft zu setzen'. Daß diese Bestimmung in einem inneren Zusammenhang mit dem Wiedervereinigungsgebot steht, liegt auf der Hand. Doch darauf kommt es hier nicht an. Die Bestimmung hat ihre eigene Bedeutung und gehört nach ihrem Inhalt zu den zentralen Vorschriften, die dem Grundgesetz ihr besonderes Gepräge geben. Sie besagt, daß sich diese Bundesrepublik Deutschland als gebietlich unvollständig versteht, daß sie, sobald es möglich ist und die Bereitschaft anderer Teile Deutschlands zum Beitritt vorliegt, von sich aus kraft dieser Verfassungsbestimmung das dazu Nötige zu tun verpflichtet ist, und daß sie erst 'vollständig' das ist, was sie sein will, wenn die anderen Teile Deutschlands ihr angehören. Dieses 'rechtlich Offensein' gegenüber dem erstrebten Zuwachs liegt spezifisch darin, daß sie, die Bundesrepublik, rechtlich allein Herr der Entschließung über die Aufnahme der anderen Teile ist, sobald diese sich dafür entschieden haben beizutreten. Diese Vorschrift verbietet also, daß sich die Bundesregierung vertraglich in eine Abhängigkeit begibt, nach der sie rechtlich nicht mehr allein, sondern nur noch im Einverständnis mit dem Vertragspartner die Aufnahme verwirklichen kann. Das ist etwas anderes als die politische, die faktische Abhängigkeit jeder Bundesregierung, derzeit Gelegenheit zur Aufnahme eines weiteren Teils Deutschlands nur zu haben, wenn die inzwischen anderweit staatlich organisierten Teile Deutschlands nach deren Verfassungsrecht die Voraussetzung für eine 'Aufnahme' schaffen. Art. 23 GG ist weder durch die politische Entwicklung überholt, noch sonst aus irgendeinem Grund rechtlich obsolet geworden. Er gilt unverändert fort.

Andere Teile Deutschlands haben allerdings mittlerweile in der Deutschen Demokratischen Republik ihre Staatlichkeit gefunden. In dieser Weise organisiert, können sie ihren Willen zur Vereinigung mit der Bundesrepublik (ihren 'Beitritt') nur in der Form äußern, die ihre Verfassung zuläßt. Die Voraussetzung für die Realisierung des Beitritts ist also ein staatsrechtlicher Vorgang in der Deutschen Demokratischen Republik, der einem rechtlichen Einfluß durch die Bundesrepublik nicht zugänglich ist. Das berührt jedoch nicht die beschriebene in Art. 23 GG enthaltene Verfassungspflicht, den anderen Teilen Deutschlands den Beitritt offen zu halten. Und daran hat auch der Vertrag nichts geändert. Anders ausgedrückt: Die im Vertrag hingenommene Abhängigkeit vom Rechtswillen der Deutschen Demokratischen Republik bei der Realisierung der Aufnahme anderer Teile Deutschlands ist nichts weiter, als eine Bestätigung dessen, was ohnehin rechtens ist, nachdem andere Teile Deutschlands sich in einem Staat Deutsche Demokratische

Republik organisiert haben.

Der Status des Deutschen im Sinne des Grundgesetzes, der die in diesem Grundgesetz statuierte deutsche Staatsangehörigkeit besitzt, darf durch keine Maßnahme, die der Bundesrepublik Deutschland zuzurechnen ist, gemindert oder verkürzt werden. Das folgt aus der mit dem Status des Staatsangehörigen verbundenen Schutzpflicht des Heimatstaates. Dazu gehört insbesondere, daß ein Deutscher, wann immer er in den Schutzbereich der staatlichen Ordnung der Bundesrepublik Deutschland gelangt - solange er nicht darauf verzichtet - einen Anspruch darauf hat, nach dem Recht der Bundesrepublik Deutschland vor deren Gerichten sein Recht zu suchen. Deshalb hat das Bundesverfassungsgericht auch gegenüber Urteilen von Gerichten der Deutschen Demokratischen Republik, die kein Ausland ist, den 'ordre public' durchgreifen lassen.

Alles, was bisher zur Auslegung des Vertragswerks ausgeführt worden ist, gilt sinngemäß auch für den Abschluß der im Zusatzprotokoll zu Artikel 7 vorgesehenen und der sonst zur Ausfüllung des Vertrags noch denkbaren Folgeverträge und -vereinbarungen mit der Deutschen Demokratischen Republik. Das bedeutet beispielsweise:

Das im Zusatzprotokoll zu Art. 7 Nr. 5 vorgesehene Post- und Fernmeldeabkommen darf weder für die Deutschen in der Bundesrepublik Deutschland noch für die Deutschen in der Deutschen Demokratischen Republik eine Verkürzung oder Lockerung der Garantie des Brief-, Post- und Fernmeldegeheimnisses (Art. 10 GG) noch eine in Art. 5 GG nicht vorgesehene Einschränkung des freien Austausches von Meinungen und Informationen enthalten. Auch der im Zusatzprotokoll zu Art. 7 Nr. 1 GG in Bezug genommene Handel zwischen der Bundesrepublik Deutschland und der Deutschen Demokratischen Republik auf der Grundlage der bestehenden Abkommen darf im Zuge der Fortentwicklung kein Außenhandel werden, d.h. es darf in diesem Bereich keine Zollgrenze vereinbart werden.

23. Antrag der Fraktionen der CDU/CSU, SPD und FDP im Ausschuß für innerdeutsche Beziehungen (24.3.1977)

Betr.: Öffentliche Anhörung zur Deutschlandpolitik

Der Ausschuß möge beschließen:
Gemäß § 73 Abs. 3 der Geschäftsordnung des Deutschen Bundestages wird der Ausschuß eine öffentliche Anhörung von wissenschaftlichen Sachverständigen zu folgenden Gegenständen durchführen:

1. Die Deutschlandpolitik im europäischen Kräfteverhältnis, in der Friedenssicherung, im europäischen Einigungsprozeß, in der Interessenlage der Großmächte und der Nachbarn beider deutscher Staaten unter besonderer Berücksichtigung auch der Situation Berlins.

2. Stellung der DDR im östlichen politischen, militärischen, ökonomischen und sozialen System; Einfluß dieser Position auf den Handlungsspielraum der DDR - insbesondere gegenüber der Bundesrepublik Deutschland.

3. Rechtspositionen der beiden deutschen Staaten vor und nach Abschluß des Vertrages über die Grundlagen der Beziehungen zwischen der Bundesrepublik Deutschland und der Deutschen Demokratischen Republik vom 21. Dezember 1972 und ihr Verhältnis zur politischen Wirklichkeit.

4. Gesellschaftliche, kulturelle und politische Übereinstimmungen und Gegensätze in beiden deutschen Staaten und deren Auswirkungen auf die deutsche Frage und die Lage an der innerdeutschen Grenze, unter besonderer Beachtung der Situation der Menschen in der DDR.

Der Vorsitzende des Ausschusses wird beauftragt, die genannten Fragestellungen zum Anhörungsgegenstand den vom Ausschuß vorgeschlagenen Sachverständigen zu übermitteln, sie zur Einreichung einer schriftlichen Stellungnahme aufzufordern, sie zu laden und für die Ladung die Zustimmung des Herrn Präsidenten einzuholen

Dr. Manfred Abelein, CDU/CSU; Dr. Heinz Kreutzmann, SPD; Hans-Günther Hoppe, FDP.

HANS-PETER SCHWARZ

Schriftliche Stellungnahme gemäß der Entschließung des Ausschusses für innerdeutsche Beziehungen. (Dokument 23)

Aus den unter Punkt 1 in der Anhörung zur Sprache kommenden Zusammenhängen wird bei der mündlichen Darlegung im wesentlichen auf die folgenden Fragen einzugehen sein:

1. Können sich aus der deutschen Frage auch heute noch kriegerische Verwicklungen ergeben? Anders formuliert: Ist es noch zeitgemäss, die Politik der Bundesrepublik in der deutschen Frage als "Friedenspolitik" herauszustellen und sie vor allem auch als Beitrag zur Friedenssicherung zu begreifen?

2. Wie hängen die Bemühungen der Bundesrepublik um einen annehmbaren Modus vivendi in der deutschen Frage mit der sogenannten Entspannungspolitik zusammen - also mit den umfassenderen Bemühungen, zwischen den industriellen Demokratien im europäisch-atlantischen Raum und den kommunistischen Staaten in Europa einen annehmbaren Modus vivendi herzustellen?

3. Kann die Bundesrepublik auch in der vorhersehbaren Zukunft erwarten, mit ihren gegenwärtigen deutschlandpolitischen Grundpositionen gegenüber den NATO-Verbündeten bzw. den EG-Partnern, aber auch gegenüber Nicht-Ostblock-Staaten generell durchzukommen?

In der Vergangenheit hat es drei Perioden gegeben, in denen die deutsche Frage zu kriegerischen Verwicklungen zu führen drohte: während der Berliner Blockade 1948/49, im ersten Jahr des Koreakrieges 1950/51 und während der Berlin-Kriese 1959-1962. In den genannten Krisensituationen wäre ein Kriegsausbruch zwar die Folge unannehmbarer, den Krieg riskierender östlicher Handlungen gewesen. Doch trifft es zu, dass die damaligen Kriegsrisiken auch mit der Weigerung der Westmächte und der Westdeutschen zusammenhingen, bestimmte unannehmbar erscheinende deutschlandpolitische Forderungen der Sowjetunion zu akzeptieren. Vor allem während der Berlin-Krise 1959-1962 hatte Chruschtschows Spiel mit dem Kriegsrisiko auch das Ziel, den Westen in der Deutschlandfrage gefügiger zu machen und dabei Zugeständnisse zu erzielen, wie sie 1970-1972 teilweise konzediert worden sind.

Gewiss wird es auch in Zukunft nicht völlig auszuschliessen sein, dass die Sowjetunion in extremen Konstellationen die besondere geographische Lage Berlins unter Bruch der bestehenden Vereinbarungen als Druckinstrument verwendet und somit gewisse Kriegsrisiken erneut heraufbeschwört. Immerhin aber ist sie nach der Anerkennung der DDR nicht mehr versucht, die internationale Durchsetzung dieses Staates durch Druck auf Berlin voranzubringen und dabei den Frieden in Europa zu gefährden. Insofern kann man in der Tat feststellen, dass ein Kriegsrisiko, das sich aus der deutschen Frage ergeben könnte, wesentlich geringer ist als Anfang der 60er Jahre. Nicht einmal die zwischen den Westmächten und der Bundesrepublik einerseits sowie der Sowjetunion und der DDR andererseits immer noch bestehenden Differenzen in der Status-Frage Berlins können friedensgefährdendes Ausmass annehmen, sofern die östliche Seite nicht bereit ist, das Berlin-Abkommen von 1971 zu brechen und damit ein Kernelement des ost-westlichen Modus vivendi zu zerschlagen.

Friedensgefährdungen können in Zentraleuropa im wesentlichen aus den allgemeinen Beziehungen zwischen Ostblock und NATO-Staaten oder auch aus einem Übergreifen aussereuropäischer Krisen auf den europäischen Raum erwachsen. Die deutsche Frage hingegen wird für die vorhersehbare Zukunft erst einmal als eingekapselter Konflikt verstanden werden können, der zwar nach wie vor existiert, ohne aber die Gefahrenschwelle bewaffneter Auseinandersetzungen zu tangieren.

Die Erkenntnis dieses Sachverhalts ist für die gegenwärtige Deutschlandpolitik der Bundesrepublik nicht ohne Bedeutung. Heute geht es bei der Definition unserer Beziehungen zur DDR nicht mehr an, das Bemühen um einen relativen Modus vivendi unqualifiziert als "Friedenspolitik" zu begreifen. Es geht dabei vielmehr - sofern man sich einer präzisen Sprache bedient - nur noch um die zwar schwierige, aber doch nicht mehr mit der Frage von Krieg und Frieden zusammenhängende Organisation des Nebeneinander der beiden Staaten. Der dabei zu entwickelnde Modus vivendi soll wenigstens einigermassen annehmbare Verhältnisse schaffen, ohne freilich den Weg zur fundamentalen Neuordnung in Deutschland völlig zu verbauen oder die wesentlichen sonstigen Grundpositionen der Bundesrepublik in der deutschen Frage zu verändern.

Auch die Organisation eines annehmbaren, wenn auch naturgemäss immer spannungsvollen Nebeneinander ist ein wichtiges Ziel. Doch wird man davon ausgehen können, dass selbst dann, wenn dieses Ziel nicht in befriedigender Weise erreichbar ist, daraus dennoch keine Gefährdung des Friedens resultiert. Zumindest im Blick auf ihr vorrangiges Ziel einer Friedenssicherung in Zentraleuropa kann also die Bundesrepublik in die laufenden und künftigen Verhandlungen mit der DDR in einem Geist der Gelassenheit hereingehen. Dramatische Entwicklungen dürften sich daraus aller Voraussicht nach nicht ergeben.

2.

Dass zwischen der deutschen Frage und den Ost-West-Beziehungen insgesamt auch heute noch ein Zusammenhang besteht, ist evident. Dennoch lässt sich im ganzen die These vertreten, dass sich der einst so enge Zusammenhang zwischen dem Stand der Ost-West-Beziehungen generell und der deutschen Frage doch stark gelockert hat.

Richard Löwenthal hat vor einiger Zeit festgestellt, neben dem allgemeinen Ost-West-Konflikt habe es seit Ende der 40er Jahre einen deutschen "Sonderkonflikt" gegeben. Das ist zutreffend, auch wenn sich die Erwartung nicht erfüllt hat, die "neue Ostpolitik" werde den deutschen "Sonderkonflikt" zum Verschwinden bringen.

Doch hat sich dieser deutsche "Sonderkonflikt" (also die allgemeinen ost-westlichen sowie die innerdeutschen Differenzen in der deutschen Frage) insofern verändert, als er heute von der Staatengesellschaft zu Recht oder zu Unrecht primär als Problem der beiden deutschen Staaten verstanden wird, das auch von ihnen bewältigt werden muss.

Die vier Mächte haben zwar ihre Zuständigkeiten für die deutsche Frage nicht aufgegeben, aber politisch kommt diesen (sieht man von Berlin ab) gegenwärtig keine grosse Bedeutung mehr zu. Bezüglich der Berlin-Frage herrscht allerdings auch heute noch zumindest in der europäisch-atlantischen Staatengesellschaft die Auffassung, dass dieses explosivste Problem in Zentraleuropa nach wie vor von den vier Mächten unter Kontrolle gehalten werden muss.

Die allmähliche Entkoppelung der deutschen Frage von den allgemeinen Ost-West-Beziehungen machte sich schon seit Mitte der 50er Jahre und verstärkt nach der Berlin-Krise von 1958-1962 bemerkbar. Die Jahre deutschlandpolitischer Bewegung von 1967-1972 brachten dann nochmals vielfältige Verknüpfungen und Koppelungen, auch im Timing (beispielsweise bei der Ingangsetzung von KSZE und MBFR, bei der Aufnahme diplomatischer Beziehungen mit der DDR und deren Aufnahme in die UN sowie bei der Berlin-Regelung von 1971). Doch auch diese Periode engsten Zusammenhangs zwischen allgemeiner Entspannungspolitik und deutscher Frage gehört der Vergangenheit an.

Die internationalen und innerdeutschen Vereinbarungen der Jahre 1970-1972 hatten im ganzen doch zur Folge, dass sich die Staatengesellschaft - auch die Integrationspartner und Verbündeten der Bundesrepublik -

von dem deutschen "Sonderkonflikt" erst einmal abgewandt hat. Die deutsche Frage ist damit für die Gesamtentwicklung der Ost-West-Beziehungen weniger wichtig geworden.

Ob Bundesrepublik und DDR in einem guten, einem schlechten oder einem sehr schlechten Verhältnis zueinander stehen, wird am künftigen Gang der SALZ-Verhandlungen, der ost-westlichen Bemühungen um Eingrenzung und Kontrolle ihrer Differenzen in Übersee und auch an der Entwicklung der MBFR-Verhandlungen nur wenig, wenn überhaupt etwas ändern. Es dürfte wahrscheinlich nicht einmal die Verhandlungen auf der KSZE-Überprüfungskonferenz nachhaltig beeinflussen.

Dem innerdeutschen Verhältnis würde sich erst dann wieder die volle Aufmerksamkeit der Staatengesellschaft zuwenden, wenn die Regierungen erwarten müssten, dass aus einem sehr schlechten innerdeutschen Verhältnis ein bewaffneter Konflikt oder aus einem sehr guten so etwas wie die Wiederzusammenführung der getrennten Teile Deutschlands resultieren könnte - beides recht unrealistische Annahmen.

Diese teilweise, wenn auch nicht vollständige Entkoppelung der deutschen Frage vom Gang der allgemeinen Ost-West-Beziehungen hat sowohl für die Politik der Bundesrepublik wie für die Ost-West-Beziehungen generell Bedeutung, und zwar im positiven wie im negativen Sinne.

Im positiven Sinne bedeutet es, dass die Bundesrepublik bei ihrer Ostpolitik sowohl dem Ostblock gegenüber wie auch gegenüber den eigenen Verbündeten freier agieren kann.

Während der 60er Jahre sah sich Bonn einem bald stärkeren bald schwächeren Erwartungsdruck der westlichen Partner ausgesetzt, ihre Entspannungspolitik doch durch Konzessionen in der deutschen Frage zu erleichtern und zu ergänzen. Heute - als Folge der partiellen Entkoppelung - fehlt dieser Druck und damit auch jede Veranlassung, den 1970/73 geschmiedeten "großen Kompromiß" in der Deutschlandfrage erneut aufzulösen.

Eben weil die Gesamtheit des Ost-West-Verhältnisses nicht mehr so starkt wie früher vom guten oder weniger guten Stand der deutschen Frage abhängt, kann sich die Bundesrepublik bei der Gestaltung der innerdeutschen Beziehungen in starkem Mass von den eigenen Interessen leiten lassen: Sie wird vonseiten ihrer Partner nicht mehr gedrängt und kann sich Zeit lassen.

Doch auch im Verhältnis zu Staaten wie Polen, Ungarn, Rumänien erlaubt es die neue Lage der Bundesrepublik, die Beziehungen vorwiegend unter bilateralen Gesichtspunkten zu organisieren. Dabei sind Wirtschaftsfragen vorherrschend, wobei seitens Bonns auch noch die Frage der Aussiedlung einen erheblichen Stellenwert hat.

Sogar die deutsch-sowjetischen Beziehungen, die über die Berlin-Frage natürlich immer noch am stärksten mit der deutschen Frage verbunden sind, folgen doch in verschiedenen wichtigen Bereichen - Wirtschaftsbeziehungen, Sicherheitsfragen, KSZE-Politik - der in diesen Bereichen vorherrschenden Sachgesetzlichkeit. Selbst hier lässt sich also eine gewisse Entkoppelung von deutscher Frage und allgemeinen Beziehungen feststellen.

Freilich gilt das nicht nur für die Berlin-Frage. Hier müssen alle kleineren Warschauer-Pakt-Staaten ihre einzelstaatlichen Präferenzen immer noch den Wünschen Moskaus weitgehend unterordnen, die sich gegenwärtig von denen Ost-Berlins nicht erkennbar unterscheiden. Die alte Regel der 50er und 60er Jahre, dass die Beziehungen der Bundesrepublik zu den einzelnen Ostblock-Staaten so gut oder so schlecht sind, wie es der Stand der Beziehungen in der deutschen Frage erlaubt, macht sich hier, wenn auch abgeschwächt, noch bemerkbar. Die Koppelung zwischen Berlin-Politik und allgemeinen Beziehungen zu den einzelnen Ostblock-Staaten wird dabei einerseits von der Sowjetunion und der DDR erwirkt, sie muss aber auch im Gegenzug von der Bundesrepublik vorgenommen werden.

Das gilt in besonderer Weise für die deutsch-sowjetischen Beziehungen. Die seit 1973 in der Berlin-Frage aufgetretenen Schwierigkeiten, die letzten Endes die Sowjetunion verursacht, haben zur Folge, dass auch der allgemeine Stand der deutsch-sowjetischen Beziehungen durch dieses immer noch virulente Teilelement der deutschen Frage stark belastet wird. Wie bisher wird Bonn deshalb weiterhin eine vereinbarungsgemäße, seinen berechtigten Erwartungen entsprechende Regelung der Differenzen in der Berlin-Frage mehr oder weniger stark auch auf anderen Feldern der deutsch-sowjetischen Beziehungen geltend machen müssen.

Es ist bekannt, wie stark die Bundesrepublik lange Zeit einer selbst nur partiellen Entkoppelung von allgemeinen Ost-West-Beziehungen und deutscher Frage widerstrebt hat. Noch die "neue Ostpolitik" wurde von ihren Befürwortern mit dem Argument vertreten, die Anerkennung der DDR und der polnischen Westgrenze im Zeichen der Entspannungspolitik bedeute nicht, daß die deutsche Frage nunmehr erledigt sei. Ganz im Gegenteil, so wurde argumentiert, könne man hoffen, dass aus der Verbindung der "neuen Ostpolitik" mit der allgemeinen Ost-West-Entspannung positive Entwicklungsmöglichkeiten für die deutsche Frage erwachsen würden.

Wie sich aber zeigte, hat die "neue Ostpolitik" die

ohnehin schon starken Tendenzen zur Entkoppelung noch erheblich verstärkt. Gegenwärtig dürfte kaum zu erwarten sein, dass selbst eine Wiederingangsetzung der in der letzten Zeit festgefahrenen ost-westlichen Entspannungspolitik in der deutschen Frage zu spürbar positiven Entwicklungen führt und die Abgrenzungspolitik der DDR sowie die festgezogene Berlin-Position der Sowjetunion verändert.

Allerdings gilt umgekehrt auch, dass die seit etwa 1974/75 mehr und mehr notleidend gewordene Entspannungspolitik nicht etwa über eine Verbesserung des innerdeutschen Verhältnisses reaktiviert werden könnte. Deutschlandpolitische Konzessionen an die DDR und indirekt an die Sowjetunion wären so, wie sich das europäische Staatensystem und die deutsche Frage entwikkelt haben, nicht mehr geeignet, der Entspannungspolitik neue Impulse zu geben. Diese folgt weitgehend anderen Gesetzlichkeiten.

Es liegt auf der Hand, dass diese durch partielle Entkoppelung gekennzeichnete Entwicklung für die Bundesrepublik nicht nur Vorteile mit sich bringt. Natürlich sind sich auch die Sowjetunion und die DDR darüber im klaren, dass sie nunmehr bessere Möglichkeiten haben, ihre Politik in der deutschen Frage und die Politik in den allgemeinen Ost-West-Beziehungen auf getrennten Schienen laufen zu lassen.

Gewiss liegt es auf seiten der Bundesrepublik nahe, Verstösse der DDR gegen Geist und Wortlaut der innerdeutschen Vereinbarungen mit der ritualisierten Feststellung zu kommentieren, dies sei entspannungsfeindlich und ein Vorstoss gegen das Gesetz der Dêtente, unter dem die Ost-West-Beziehungen generell stünden oder doch stehen sollten. Nur ist eben im Verhältnis zur DDR wie zur Sowjetunion mit solchen Rügen wenig zu bewirken - die partielle Entkoppelung von deutscher Frage und allgemeiner Entspannungspolitik hat auch deren Spielraum erweitert.

Selbst auf der KSZE-Überprüfungskonferenz dürften daher die Chancen, berechtigte westdeutsche Beschwerden in multilateralem Rahmen durchzusetzen, einigermaßen beschränkt sein.

Somit ist die deutsche Frage vom Stand der allgemeinen Ost-West-Beziehungen zwar keineswegs völlig losgelöst; sie ist diesem gegenüber aber doch viel indifferenter als früher. Natürlich wirkt ein allgemein wenig guter Stand der Ost-West-Beziehungen auf das innerdeutsche Verhältnis zurück und umgekehrt. Aber der Zusammenhang ist eben doch nicht so unmittelbar, wie vielfach angenommen wird. Ob also eine erneute Verbesserung der Ost-West-Beziehungen im innerdeutschen Verhältnis viel bessern würde, ist ebenso ungewiss wie das Umgekehrte. Die partielle Indifferenz von deutscher Frage und allgemeinen Ost-West-Beziehungen dürfte im positiven wie im negativen eine der wichtigsten und dauerhaftesten Folgen der "neuen Ostpolitik" sein.

3.

Die Bundesrepublik hat sich seit ihrer Gründung mit der Frage konfrontiert gesehen, ob sie mit ihren deutschlandpolitischen Vorstellungen international durchdringen würde - und zwar nicht nur gegenüber den Ostblock-Staaten, sondern vor allem auch gegenüber den westlichen Partnern. Der Versuch, die lange Zeit von allen Verfassungsparteien vertretenen Grundpositionen in der deutschen Frage international durchzuhalten, stiess aber in der Staatengesellschaft zunehmend auf Schwierigkeiten. Daher begründeten die Befürworter der "neuen Ostpolitik" den von ihnen verfochtenen Kurswechsel vor allem auch mit der Überlegung, die "klassischen" deutschlandpolitischen Positionen seien schon mittelfristig international nicht mehr durchsetzbar. Werde dies doch versucht, so laufe die Bundesrepublik Gefahr, sich international zu isolieren.

Seither hat sich aus den Verhandlungen, innenpolitischen Auseinandersetzungen, Kompromissen der Jahre 1970-1972 und aus dem Grundvertragsurteil des Bundesverfassungsgerichts eine neue deutschlandpolitische Grundposition der Verfassungsparteien herausgebildet.

Die wesentlichen Elemente dieser Grundposition sind bekannt: staatliche, aber nicht völkerrechtliche Anerkennung der DDR durch Bonn und dementsprechende Ausgestaltungen eines innerdeutschen Sonderverhältnisses; Aufgabe des Widerstands gegen eine Aufnahme der DDR in die Staatengemeinschaft; fortdauernder Wille, "auf einen Zustand des Friedens in Europa hinzuwirken, in dem das deutsche Volk in freier Selbstbestimmung seine Einheit wiedererlangt"; Ernstnehmen der von der Verfassung gebotenen "Schutzpflicht" der Bundesrepublik für alle Deutschen; Festhalten an der verfassungsrechtlich zwingenden bisherigen Rechtsposition in der Berlin-Frage und Bestehen auf den in der Viermächte-Vereinbarung erreichten Positionen; zähe Bemühung um "menschliche Erleichterungen" im geteilten Deutschland. Obwohl wesentliche Elemente der neuen Grundposition in der deutschen Frage mit der DDR nicht konsensfähig sind, soll doch versucht werden, das Nebeneinander zu annehmbaren Bedingungen und mit Augenmass für das Mögliche zu organisieren.

Angesichts der östlichen Bemühungen, auch die neue Grundposition der Bundesrepublik in der deutschen Frage zu Fall zu bringen, muss in bezug auf das gesamte internationale System gefragt werden, ob diese Positionen auf längere Sicht international durchsetzbar sind oder ob man befürchten muss, dass sich aus der Staatengesellschaft bald ein ähnlicher Druck ergibt, wie er sich seinerzeit gegen die "klassische" Grundposition in der Deutschlandpolitik gerichtet hat. Die Konsensfähigkeit der Grundposition mit den westeuropäischen Integrationspartnern und mit den NATO-Verbündeten ist dabei von vorrangiger Bedeutung. Doch kann auch die Einstellung der nicht gebundenen Mitglieder der Staatengesellschaft nicht gleichgültig sein.

In diesem Zusammenhang sind vor allem 4 Fragen wesentlich:

(1) Wird die Staatengesellschaft auch in Zukunft die Bestrebungen der Bundesrepublik verständnisvoll zur Kenntnis nehmen oder zumindest tolerieren, dass die deutsche Frage offengehalten werden muss und dass die Bundesregierung in allen internationalen Gremien, in denen sie Mitglied ist, ihren Einfluss für die Interessen der deutschen Nation geltend macht?

(2) Wird die westdeutsche und westliche Rechtsauffassung in der Berlin-Frage auch künftig zumindest bei den industriellen Demokratien Europas und Amerikas verstanden werden und vorbehaltlose Unterstützung finden?

(3) Wird es gelingen, auch künftig die konsularische Schutzpflicht für alle Deutschen gemäss Artikel 116 GG wahrzunehmen?

(4) Werden sich die im Anhang 2 zu den Römischen Verträgen getroffenen Sonderregelungen für den innerdeutschen Handel auch in Zukunft beibehalten lassen?

(1) Offenhalten der deutschen Frage

In einem völkerrechtlichen zwingenden Sinn bedurfte die von der Bundesrepublik vertretene Auffassung, dass die innerdeutschen Beziehungen Sonderbeziehungen nicht völkerrechtlicher Natur sind, lediglich der Zustimmung der 3 westlichen Deutschlandmächte. Sie ist im Zusammenhang mit den Ostverträgen erfolgt. Auch in Zukunft sind für die Regelung der deutschen Frage neben der Bundesregierung auf westlicher Seite allein die 3 westlichen Deutschland-Mächte mitspracheberechtigt. Da sie die Grundposition des Offenhaltens der deutschen Frage unterstützen, ist dieses Teilelement des neuen deutschlandpolitischen Konzepts erst einmal rechtlich abgesichert.

Doch ganz unabhängig von der völkerrechtlichen Zuständigkeit wäre es zweifellos eine erhebliche Belastung über die westdeutsche Aussenpolitik, wenn die demokratischen Staaten Europas und darüber hinaus die Staatengesellschaft in ihrer überwiegenden Mehrheit den

Versuch eines Offenhaltens der deutschen Frage als lästig, riskant und unerwünscht betrachten würden.

Das ist, soweit erkennbar, nicht der Fall. In den 50er und noch in den 60er Jahren sind zwar im westlichen Ausland häufig Stimmen laut geworden, die deutlicht machten, dass eine Veränderung des Status quo der deutschen Teilung als problematisch empfunden würde. Doch die internationale Reaktion auf die Ostverträge hat erkennen lassen, dass diese - zu Recht oder zu Unrecht - als Modus-vivendi-Regelung auf einen unabsehbaren Zeitraum wenn nicht gar als Teilungsverträge verstanden wurden. Daher konnten selbst jene kritischen Beobachter, die früher von dem Gedanken einer deutschen Wiedervereinigung beunruhigt wurden, durch die Vorbehalte der Bundesrepublik nicht sonderlich alarmiert werden, zumal diese von seiten der Bundesregierung stets mit massvoller Zurückhaltung formuliert werden.

So gesehen fehlt es der östlichen Seite bis heute an greifbaren Anhaltspunkten gegen diese Position. Man wird also, da es sich dabei bisher im wesentlichen um langfristige politische Willenserklärungen und Rechtsverwahrungen ohne allzu bedeutsame operative Bedeutung handelte, gegenüber dem westlichen Ausland und den nicht gebundenen Staaten wohl auch in Zukunft damit durchkommen können.

(2) Die Berlin-Position

Die Berlin-Position der Bundesrepublik deckt sich mit derjenigen der 3 westlichen Deutschland-Mächte und ist in der jüngsten Vergangenheit auch von seiten der NATO-Staaten immer nachhaltig unterstützt worden, zuletzt in dem Kommuniqué des NATO-Ministerrats von London vom 10./11.5.1977, in dem sich der Rat einer nachdrücklich formulierten Erklärung der Regierungsschefs der USA, Grossbritanniens, Frankreichs und der Bundesrepublik anschloss. Angesichts der fundamentalen Differenzen, die mit der Sowjetunion und der DDS in der Berlin-Frage bestehen, sieht sich die Bundesrepublik auch in Zukunft der ständigen Aufgabe gegenüber, sowohl bei den Verbündeten wie auch darüber hinaus für ihre diesbezüglichen Rechtspositionen und praktischen Massnahmen um Verständnis werben. Die bisherigen Erfahrungen zeigen, dass das ausserhalb des Ostblocks auch möglich und durchsetzbar ist. Wie schon ausgeführt, ist in diesem Punkt eine prinzipielle Koppelung der Berlin-Frage mit der allgemeinen Entspannungspolitik nach wie vor unerlässlich - so sehr sich auch die Sowjetunion und die DDR oft dagegen sträubten.

(3) Die deutsche Staatsangehörigkeit

Es ist zu erwarten, dass die DDR auch künftig bemüht sein wird, in Konsularabkommen mit Drittstaaten die Anerkennung ihrer Staatsangehörigkeit zu erreichen und ein Tätigwerden der Bundesrepublik gemäss Artikel 116GG zu erschweren: Umgekehrt wird die Bundesrepublik gegenüber solchen Drittstaaten weiterhin darauf bestehen müssen, dass sie das Recht hat und in Anspruch nimmt, alle Deutschen, die darum nachsuchen, so wie bisher im Rahmen ihrer konsularischen Beziehungen mit dritten Staaten konsularisch zu betreuen. Bei entsprechenden Vorstössen der DDR wird sie bestrebt sein müssen, von seiten des betreffenden Drittstaates gegebenenfalls eine Erklärung der Art zu erhalten, wie sie beispielsweise vom britischen Botschafter in der Bundesrepublik mit Schreiben vom 5.5.1976 aus Anlass der Unterzeichnung des Konsularvertrages zwischen Grossbritannien und der DDR dem Bundesaussenminister gegenüber brieflich abgegeben worden ist: "Ich bin beauftragt, Ihnen im Namen der Regierung Ihrer Majestät zu erklären, dass dieser Vertrag nicht die Befugnis der Konsularbeamten der Bundesrepublik Deutschland im Vereinigten Königreich berührt, im Rahmen des Konsualrvertrags zwischen der Bundesrepublik Deutschland und dem Vereinigten Königreich vom 30. Juli 1956 alle Deutschen gemäss Artikel 116 des Grundgesetzes weiterhin konsularisch zu betreuen, die dies verlangen."

Wie das Beispiel Österreichs zeigt, ist es nicht in allen Fällen möglich, derart voll befriedigende Stellungnahmen zu erzielen. Doch muss zumindest sichergestellt werden, dass auch Staaten, die die Staatsbürgerschaft der DDR anerkennen, Deutsche dann nicht an diese ausliefern, wenn sie sich schutzsuchend an die Vertretung der Bundesrepublik gewandt haben oder wenn Grund zur Vermutung besteht, dass sie dies tun möchten.

Es wird hierbei in jedem Einzelfall mehr oder weniger nachhaltiger diplomatischer Einwirkungen bedürfen, um bei Drittstaaten die Bereitschaft zu sichern, die Konsulate der Bundesrepublik entsprechend tätig sein zu lassen. Aber bei behutsamer und nachdrücklicher Nutzung der eigenen Möglichkeiten dürfte es der Bundesrepublik auch in Zukunft gelingen, für ihre Auffassung Verständnis zu finden, zumal diese für die Bundesrepublik wichtige Frage für den jeweiligen Drittstaat einen im ganzen doch recht nachgeordneten Stellenwert hat. Belastungen unserer diplomatischen Beziehungen, wie sie seinerzeit zu verzeichnen waren, als die Bundesrepublik mit stärkstem Einsatz die völkerrechtliche Anerkennung der DDR zu unterbinden suchte, sind dabei nicht zu erwarten.

(4) Deutschlands offene Handelsgrenze

Bisher hat die Bundesrepublik grossen Wert darauf gelegt, auch nach Anerkennung der DDR am Protokoll Nr. 2 zu den Römischen Verträgen "über den innerdeutschen

Handel und die damit zusammenhängenden Fragen" festzuhalten. Tatsächlich waren während der Phase der Umorientierung der innerdeutschen Politik zwischen 1970 und 1972 nach Abschluss des Grundvertrages in Frankreich, Belgien und den Niederlanden deutliche Bestrebungen erkennbar, die Weitergeltung des Protokolls grundsätzlich in Frage zu stellen. Dies führte mit dazu, dass die Bundesregierung ihre lange Zeit vertretene Auffassung revidieren musste, es handele sich beim Verhältnis der EWG um Beziehungen sui generis.

Bekanntlich hat der EG-Ministerrat auf seiner Sitzung am 15. Oktober 1974 beschlossen, auch die DDR in das ab 1.1.1975 anzuwendende Gemeinschaftsschema für Handelsverträge mit Staatshandelsländern einzubeziehen und sie insofern wie andere Drittländer zu behandlen. Allerdings besteht im Verhältnis DDR - Bundesrepublik mit Billigung der EG-Regierungen weiterhin die offene Handelsgrenze, die die DDR zum stillen Teilhaber an der EWG macht. Der autonome Status für den innerdeutschen Handel bleibt demnach erhalten.

Die Bundesrepublik betrachtet die Weitergeltung des Protokolls Nr. 2 als wesentliches Teilelement ihrer gegenwärtigen deutschlandpolitischen Grundposition. Der Sonderstatus des innerdeutschen Handels ist eine wichtige Bestätigung ihrer Auffassung, dass es sich bei den Beziehungen zwischen Bundesrepublik und DDR nicht um völkerrechtliche Beziehungen, sondern um Sonderbeziehungen handelt. Dieser Sachverhalt gewinnt dadurch noch an Bedeutung, dass die DDR bisher aus wohlverstandenem Eigeninteresse keine Anstalten gemacht hat, die Handelsbeziehungen zur Bundesrepublik auf eine andere rechtliche Basis zu stellen. Tatsächlich läuft die bestehende Regelung ihrer ansonsten in allen anderen Bereichen bekundeten Grundauffassung vom Nebeneinander zweier völlig unverbundener Völkerrechtssubjekte diametral zuwider.

Da von seiten der DDR entsprechender Druck auch in Zukunft nicht zu erwarten ist, da sich die Unruhe auf seiten der EG-Partner erst einmal gelegt hat und da auch die anderen COMECON-Staaten aus verschiedenen Gründen gegen die eindeutige Besserstellung der DDR allenfalls indirekt angehen können, hat die Bundesrepublik gute Chancen, ihre EG-Partner in dieser Frage weiter bei der Stange zu halten.

Bei zusammenfassender Würdigung der hier kurz beispielhaft genannten Bereiche (andere könnten gleichfalls erwähnt werden) gelangt man somit zum Schluss, dass die gegenwärtigen Grundpositionen in der deutschen Frage international auch auf längere Sicht gesehen durchzuhalten sind, freilich nur dann, wenn die deutsche Diplomatie - wie bisher schon - diesen Zusammenhängen genaue Beachtung schenkt und den diesbezüglichen politischen Willen der Bundesrepublik unmissverständlich klar formuliert. Die dem zuwiderlaufenden Auffassungen der Ostblock-Staaten können auch weiterhin aufgefangen werden. Beim Blick auf das internationale System zeigt sich kein zwingender Grund, weshalb Bonn zugunsten der von der Sowjetunion und der DDR vertretenen Auffassungen von seinen deutschlandpolitischen Grundpositionen abgehen müsste.

RALF DAHRENDORF

Schriftliche Stellungnahme gemäss der Entschliessung des Ausschusses für innerdeutsche Beziehungen (Dokument 23)

1. Vorbemerkung

Die folgenden Bemerkungen konzentrieren sich auf drei Problembereiche der Deutschlandpolitik: die Unklarheiten oder Komplexitäten ihrer Motive, ihr Verhältnis zu Realität und Illusion der europäischen Einigung, und die Zweideutigkeiten in der Haltung und Interessenlage anderer Länder zur deutschen Frage. Ausserdem sind einige Bemerkungen zur Situation Berlins am Platze.

Dass ich hier problematische im Sinne von schwierigen Bereichen herausgreife, dient dem Versuch, von Gemeinplätzen und Phrasen zu Grundsätzen und nötigen Kontroversen zu kommen; es darf jedoch nicht missverstanden werden. Die Deutschlandpolitik der letzten elf Jahre hat einen wesentlichen Beitrag zur Friedenssicherung geleistet; diese Tatsache ist weltweit anerkannt. Friedenssicherung hat ja wenigstens zwei Elemente, das militärische und das politische. Die Deutschlandpolitik der Bundesrepublik hat die Verteidigungsfähigkeit des atlantischen Bündnisses nicht geschwächt. Sie war zugleich ein notwendiger Bestandteil des Versuches, Bereitschaft zur Verteidigung durch politische Stabilisierung ("Entspannung") zu ergänzen. Es ist nicht übertrieben zu sagen, dass der weltweite Entspannungsprozess nicht so weit geführt hätte, ja vielleicht überhaupt nicht stattgefunden hätte, wenn die Bundesrepublik nicht bereit gewesen wäre, im Bereich ihrer Verantwortung Normalisierung zu suchen.

Leistung und Bedeutung der Deutschlandpolitik dürfen jedoch nicht darüber hinwegtäuschen, dass wichtige Fragen offengeblieben sind. Ich will sie im folgenden mit fast lakonischer Kürze behandeln, weil es mir auf die Kernpunkte ankommt. Dass man ebensogut - und vielleicht der Sache angemessener - ein Buch zu dem Thema schreiben könnte, liegt auf der Hand.

2. Motive der Deutschlandpolitik

Der Text des Ausschussantrages zur Anhörung spricht bündig von "der Deutschlandpolitik". Im Deutschen Bundestag ist vermutlich unumstritten, was mit diesem Begriff gemeint ist. Für den Analytiker der deutschen Entwicklung ist die Sache so einfach nicht. Gewiss lassen sich die praktischen Schritte der Deutschlandpolitik seit 1949, und insbesondere seit 1969 unzweideutig nachzeichnen. Auch lässt sich das Bündel von Regelungen beschreiben, das heute der Normalisierung des Verhältnisses zwischen den beiden deutschen Staaten dient. Aber derlei Begriffe lassen die Frage der Motive und Zielsetzungen der Politik ganz offen; während doch erst die Kenntnis dieser Motive eine Bewertung der Deutschlandpolitik nach Erfolg, Wirkung auf die europäische Einigung und Verhältnis zur Interessenlage anderer möglich macht.

Dass die Frage der Motive offen bleibt, kommt nicht von ungefähr. Tatsächlich sind die Motive aller politischen Parteien in der Deutschlandpolitik bemerkenswert unklar. Das mag wohlbegründet, ja sogar wünschenswert sein, ist aber zunächst als Tatsache zu konstatieren.

Es mag der Argumentation helfen, wenn ich drei mögliche Motive für die Deutschlandpolitik kurz skizziere, ohne sie irgendjemandem als wirkliche Motive zuschreiben zu wollen.

Da gibt es zunächst die Möglichkeit, Deutschlandpolitik als Politik der Wiedervereinigung mit anderen Mitteln zu verstehen. Bis in die 60er Jahre hinein war die offizielle Deutschlandpolitik der Bundesrepublik durch die Vorstellung bestimmt, dass Westintegration und Abgrenzung nach Osten einschliesslich der Nichtanerkennung der DDR schliesslich die Sogkraft hervorbringen würden, oder zumindest könnten, die zur Wiedervereinigung führt. In den 60er Jahren wurde dann zunehmend deutlich, dass diese Kraft ausblieb. Die Verbindung von Westintegration und Abgrenzung nach Osten - und die entsprechende Haltung der DDR - trug vielmehr zu dem auch sonst durch mancherlei Faktoren geförderten Prozess der Entfremdung der Teile des alten Deutschland bei. Man könnte vor diesem Hintergrund eine Politik, die die Abgrenzung durch die Schaffung geregelter Beziehungen ersetzt, als einen Versuch verstehen, die Tür zur Wiedervereinigung auf neue Weise offenzuhalten: durch ein geregeltes und akzeptiertes Nebeneinander der beiden deutschen Staaten, verstärkt durch zahlreiche Sonderbindungen, oft in vertraglicher Form, belebt durch massenhafte menschliche Kontakte, und das alles im Rahmen einer Gesamtkonstellation ("Entspannung"), die es nicht ausschliesst, dass die beiden deutschen Staaten sich zumindest nicht weiter voneinander entfernen. Das ist nicht misszuverstehen; hier wird nicht etwa die Illusion einer baldigen Wiedervereinigung beschworen. Doch könnte aktive Deutschlandpolitik immerhin als ein Versuch verstanden werden, das heute Mögliche zu tun, um den Weg zur Wiedervereinigung offenzuhalten, wann immer er beschritten werden mag.

Es gibt eine zweite, ganz andere Möglichkeit, Deutschlandpolitik zu verstehen. Sie ginge von der Bundesrepublik Deutschland als Völkerrechtssubjekt auf Dauer aus und sähe in der Normalisierung des Verhältnisses zur DDR den Anfang einer Art Österreich-Lösung des deutsch-deutschen Verhältnisses. (Sicherlich entspricht diese Vorstellung der offiziellen Interpretation der DDR; doch sollte sie damit nicht abgetan werden.) Vergleiche sind immer misslich, zumal das Verhältnis zwischen der Bundesrepublik und Österreich keineswegs gegen Missverständnisse gefeit ist. Gemeint ist, dass zunächst die Tatsache besteht, dass es eine gemeinsame Geschichte, eine gemeinsame Sprache, zahlreiche familiäre und andere menschliche Bindungen, eine erhebliche Verflechtung in wirtschaftlicher Hinsicht und eine gewisse Gemeinsamkeit der geopolitischen Lage gibt. Das sind wichtige Gemeinsamkeiten. Zugleich gibt es zwei Staaten, die als solche Anerkennung verdienen, und zu deren Souveränität es gehört, unterschiedliche Bindungen einzugehen. Man mag wünschen, dass diese Bindungen ähnlicher werden; aber die staatliche Souveränität und ihre Anerkennung bedeutet, dass solche Wünsche "fromme Wünsche" bleiben. So könnte eine normale, ja der Möglichkeit nach freundschaftliche Beziehung von zwei in ihrer Unterschiedlichkeit akzeptierten Staaten ohne jeden Hintergedanken der Beseitigung dieser Situation entstehen. Dieser Art von Motivation entspräche übrigens für die Ostpolitik insgesamt die Absicht, der Bundesrepublik den Manövrierraum zu verschaffen, den sie als mittlere Macht in der Welt braucht, also ihr weltpolitisches Wirken nicht durch ihre besonderen Bindungen einengen zu lassen.

Die beiden bisher erwähnten Motive sind positive Motive, politische Absichten also. Es wäre indes denkbar, dass hinter den Aktionen der Deutschlandpolitik tatsächlich kein in diesem Sinn positives Motiv steht, dass sie vielmehr auf einer weit vorsichtigeren Analyse beruht. Danach liesse sich gegenwärtig nicht mehr erreichen, als eine schwierige Lage im Zentrum Europas nicht weiter zu erschweren und im übrigen auf bessere Zeiten zu hoffen. Deutschlandpolitik als Teil der Entspannungspolitik, die Suche nach menschlichen Erleichterungen, zusätzliche Sicherungen für Berlin wären dann disparate Elemente einer insgesamt kooperativen Haltung der Bundesrepublik Deutschland. Insoweit überhaupt von einem Motiv die Rede sein kann, wäre es das einer Abwarte-Haltung. Was am Ende einer möglicherweise langen Periode des Abwartens steht, bliebe offen. Im Prinzip blieben die beiden anderen Möglichkeiten - Wiedervereinigung und Österreich-Lösung - bestehen, wenngleich die Abwarte-Haltung vorerst eine Option gegen die Österreich-Lösung bedeutet.

Dies sind, wie gesagt, mögliche Motive der Deutschlangpolitik. Dass nicht klar wird, welche davon - oder welche anderen - die Deutschlandpolitik tatsächlich bestimmen, mag den Analytiker beunruhigen, muss aber den Politiker nicht stören. Da ist einmal die Tatsache zu bedenken, dass das Bundesverfassungsgericht in seiner Urteilsbegründung zum Grundlagenvertrag eine ernsthafte Erörterung verschiedener Motive praktisch untersagt hat - allerdings ein schlechter Grund für Unklarheit. Da ist indes zum anderen die Möglichkeit in Rechnung zu stellen, dass die Motive bei den Handelnden selbst unklar sind, oder auch in schwer entwirrbarer Verknäulung auftreten. Solche Verknäulung könnte nicht nur darin begründet sein, dass es unzweideutige Analysen politischer Situationen selten gibt, sondern auch im Interesse der Bundesrepublik liegen. Mir scheint dennoch, dass eines nicht zu fernen Tages die in diesen Bemerkungen angedeuteten Fragen zumindest durch Taten beantwortet werden müssen; denn es gibt Unklarheiten, mit denen man auf die Dauer nicht leben kann. (Dass es vor der Beantwortung der Fragen nahezu unmöglich ist, einige der Problemkomplexe des Ausschusses befriedigend zu behandeln, wiegt demgegenüber gering.)

3. Deutschlandpolitik und europäische Einigung

Das Verhältnis von Deutschlandpolitik und (west)europäischer Kooperation oder Integration ist eher noch schwieriger als das der Motive der Deutschlandpolitik. Es ist von ähnlichen Unklarheiten umgeben; während zugleich schon hier und heute das Verlangen der Partner der Bundesrepublik laut wird, Farbe zu bekennen. In diesem Falle haben wir es sogar mit zwei Mengen von Unklarheiten zu tun.

Da ist zunächst die Frage des Verhältnisses der deutschen politischen Kräfte zur europäischen Einigung (wobei ich mir gestatten werde, von den programmatischen Wohlklängen abzusehen). Vielleicht ist ein Blick in die Vergangenheit nicht abwegig. Die Bundestagsdebatten über den Vertrag von Paris ("Schuman-Plan") 1951 und die Verträge von Rom (EWG und Eurotom) 1957 zeigten insgesamt mehr Widerstand gegen diese Verträge als echte Zustimmung (wenn es auch bei den Abstimmungen beide Male Mehrheiten gab). Seitdem hat sich vieles verändert, sicher auch das relative Gewicht verschiedener politischer Optionen. Allerdings wäre es falsch, aus der Tatsache, dass europäische Dinge nicht mehr mit der Enrsthaftigkeit und Leidenschaft der 50er Jahre diskutiert werden, den Schluss zu ziehen, dass die Optionen jener Zeit nicht mehr zur Diskussion stehen. Es waren im wesentlichen drei Optionen: die europäische, will sagen westeuropäische Option mit der Bereitschaft zur politischen Union (und damit in deutschlandpolitischer Hinsicht der Österreich-Lösung), die mondialistische Option à la Ludwig Erhard (und Karl Schiller und Hans Friedrichs) mit der Insistenz auf weltweiten und nicht regionalen Arrangements (die implizit die deutsche Frage offenlässt), und die nationale Option, wie sie in den 50er Jahren vor allem von Sozialdemokraten und Freidemokraten vertreten worden ist (und die auf die Motive der Wiedervereinigung oder zumindest des Abwartens in der Deutschlandpolitik hinausläuft).

Die andere Unklarheit in diesem Zusammenhang betrifft den Prozess der europäischen Einigung selbst. Es ist so leicht - und so gefährlich - hier Realität und Illusion, oder Realität und Wunschtraum zu verwechseln. Um bei der Realität zu bleiben: Die Europäische Gemeinschaft hat bisher keinen Souveränitätsverzicht mit sich gebracht, der wesentlich über den internationaler Verträge hinausgeht. Der Souveränitätsverzicht beschränkt sich weitgehend auf die Agrarpolitik und die Verwaltung der Zollunion; in beiden Bereichen sind Tendenzen der Renationalisierung unverkennbar. Weiterführende Pläne, wie insbesondere die Wirtschafts- und Währungsunion, sind für lange Zeit gescheitert. Insoweit es in den letzten zehn Jahren neue europäische Entwicklungen gegeben hat, haben diese sämtlich - wie die Europäische Politische Zusammenarbeit - intergouvernementalen Charakter. Das alles mögen Bausteine einer künftigen Europäischen Union sein; aber gegenwärtig ist die eigentliche wirtschaftliche und politische Union Europas blosser Plan. Sie ist zudem ein Plan, der wahrscheintlich überhaupt nur in Belgien und Luxemburg weithin Unterstützung findet, jedenfalls in Grossbritannien, Frankreich und auch der Bundesrepublik vornehmlich auf Skepsis stösst. Hinter schönen Worten steht allenthalben das Europa der eigenen Interessen: für Frankreich de Gaulles "Europe des patries" (bis zum Ural), für die Bundesrepublik ein Europa ohne Inflation und Kommunisten - also jedenfalls eines, das es nicht gibt und nicht geben wird.

Was bedeuten diese beiden Mengen von Unklarheiten für das Verhältnis von Deutschlandpolitik und europäischer Einigung? Ihre Bedeutung ist vielfältig und explosiv. Ich will nur drei Konsequenzen hervorheben, nicht ohne zu betonen, dass auch in dieser Hinsicht die Klarheit der Analyse in der Praxis nicht unbedingt ihr Widerspiel zu finden braucht. Zunächst würde ich behaupten: der gegenwärtige Stand des Prozesses der europäischen Einigung schliesst keine deutschlandpolitische Option aus. Darüber mag es Meinungsverschiedenheit geben. Eine formalistische Interpretation der Römischen Verträge ist denkbar, die aus diesen die Absicht der Integration herausliest. Sicherlich liegt es im Interesse der Nachbarn der Bundesrepublik, durch die europäische Einigung auch die deutsche Teilung zu zementieren. Politisch scheint es mir dennoch richtig zu sein, dass bisher im europäischen Einigungsprozess nichts geschehen ist, das den Spielraum der Bundesrepublik unwiderruflich begrenzt. Da auch andere Mitgliedsstaaten der EG zunehmend auf ihrem Spielraum bestehen, kann man sogar eine Tendenz in Richtung auf die Erweiterung nationaler politischer Möglichkeiten feststellen.

Zweitens aber gilt: die politische Union Europas schliesst die Österreich-Lösung der Deutschlandpolitik notwendig ein. Dieser Satz ist zu unterstreichen; in seinem Umkreis siedelt sich nämlich nur allzu leicht die Heuchelei an. Gewiss schliesst die Österreich-Lösung nicht aus, dass auch die DDR eines Tages Mitglied der EG wird - auch Österreich könnte dies ja theoretisch werden -; aber das ist eben ein "frommer Wunsch" im oben dargestellten Sinne. Das aktive Betreiben der politischen Union Westeuropas ist keine Wiedervereinigungspolitik und kann als solche nicht gedacht werden. Ich will die Möglichkeit dabei ausser acht lassen, dass die politische Union nicht aktiv betrieben, sondern nur verbal gefordert wird, in dem klaren Bewusstsein, dass sie doch nicht kommt, so dass die Forderung nichts kostet und einen willkommenen Deckmantel für andere politische Ziele abgibt.

Eine dritte Schlussfolgerung ist weit weniger absolut und darum vielleicht realistischer. Eine Politik ist denkbar für die Bundesrepublik, die eine mondialistische Grundhaltung (zu der nach Lage der Dinge vor allem ein enges Verhältnis zu den Vereinigten Staaten gehört) mit der Unterstützung europäischer Kooperation (doch nicht Integration) und einer Deutschlandpolitik des Abwartens verbindet. Das ist weniger als die europäischen Partner von der Bundesrepublik erwarten; es ist insbesondere in wesentlichen Dingen ein einstweiliger Verzicht auf Politik; aber das könnte der Lage der Bundesrepublik durchaus angemessen sein.

Ich habe die Unklarheiten im Verhältnis von Deutschlandpolitik und europäischer Einigung explosiv genannt. Sie sind es, weil an ihnen die Fragwürdigkeit gängiger Grundannahmen deutlich wird. Lange Zeit hat die deutsche Politik von der Annahme der "russischen Puppe" gelebt: die deutsch-französische Freundschaft passt reibungslos in die europäische Einigung, die ihrerseits reibungslos in das atlantische Bündnis passt. Dass diese Annahme nicht mehr stimmt, ist evident. Wahrscheinlich gilt das aber auch für die andere "russische Puppe": die Deutschlandpolitik widerspricht nirgends der Europapolitik und gehört zu einem weltweiten Konzept der Entspannungspolitik. Deutschlandpolitik und Europapolitik sind nur unter Umständen vereinbar, die selten ausgesprochen werden: nämlich wenn entweder die Deutschlandpolitik der Österreich-Lösung zuneigt oder die Europapolitik auf intergouvernementale Bindungen zielt.

4. Die deutsche Frage und das Interesse der anderen

Die Bundesrepublik Deutschland ist keine Supermacht, sondern eine mittlere Macht, aber sie steht mit und vielleicht noch vor Japan an der Spitze der Liga mittlerer Mächte. Ihre Wirtschaftskraft macht sie zu einem der grossen Zahler und damit Verantwortungsträger der Weltwirtschaft. Ihre militärische Kraft macht sie zum stärksten NATO-Partner der Vereinigten Staaten. Wo immer sie vertreten ist, hat sie Gewicht; sie kann im Prinzip in mancherlei Hinsicht auch Supermächte bewegen. Aber die Welt fragt sich, was die Bundesrepublik will. Sie ist kein Land, das sich mit der Erhaltung des Wohlstandes seiner Bürger zufriedengibt; sie ist auch kein Land, das Ansprüche erhebt, die anderen Furcht einjagen müssen. Aber was ist die Staatsräson, das "national interest" der Bundesrepublik? Aus der Tatsache, dass diese Frage sich so schwer beantworten lässt, leiten sich viele Zweideutigkeiten in der Haltung ihrer Partner und Gegner ab.

Was zunächst die Haltung der Nachbarn der Bundesrepublik im weiteren Sinn, und im Westen und Osten, zur Deutschlandpolitik (und der Gesamtpolitik, in die sie gehört) betrifft, so ist diese unzweifelhaft eine Haltung der Zustimmung, oft der Bewunderung. Das gilt in Frankreich wie in Polen und sicherlich in den meisten europäischen Ländern. Dabei steht im Vordergrund das Motiv des deutschen Realismus, also des bewussten Ausgehens von den bestehenden Verhältnissen. Eine Deutschlandpolitik, die mit Ansprüchen auf Veränderung über die bestehenden Verhältnisse hinausgreifen sucht, wäre eine schwerwiegende Belastung des Friedens in Europa - so wie umgekehrt eine Deutschlandpolitik, die diese Verhältnisse hinnimmt, auch dann eine gewichtige Friedenshilfe ist, wenn diese Verhältnisse weder für rechtens noch für endgültig erklärt werden. Die Deutschlandpolitik hat tatsächlich den Manövrierraum der Bundesrepublik vergrössert.

Auch verteidigungspolitisch, also im Rahmen der atlantischen Allianz, hat die Deutschlandpolitik der Bundesrepublik seit 1969 (in Anfängen seit 1966) zu keinerlei Interessenkollisionen geführt, sondern allenfalls die Rolle der Bundesrepublik gestärkt. Das gilt vielleicht für die Bündnispolitik insgesamt, also auch im Rahmen der verschiedenen europäischen Institutionen. Es ist wichtig anzumerken, dass auch in Osteuropa an der Bündnistreue der Bundesrepublik im Zusammenhang mit der Deutschlandpolitik kein Zweifel entstanden ist.

Die Interessenlage der Nachbarn wird für die deutsche Frage erst problematisch, wenn man tiefer gräbt. Es gibt ein bitteres Wort, das ausserhalb Deutschlands häufiger zitiert wird: "Ich liebe Deutschland so sehr, dass ich froh bin, dass es zwei davon gibt." Für mich besteht nach zahlreichen Reisen und vielen Jahren ausserhalb der deutschen Grenzen nicht der geringste Zweifel daran, dass die Nachbarn Deutschlands kein Interesse an der Wiedervereinigung haben, ja dass schon zaghafte Schritte in die Richtung ihrer Interessenlage widersprechen. Das gilt gewiss mit unterschiedlicher Intensität, also stärker in Frankreich als in Grossbritannien, stärker in Polen als in Rumänien - aber es ist ein gesamteuropäisches Band, an dem die Bundesrepublik ständig den Preis für die deutsche Vergangenheit ablesen kann. Ich schätze die Intensität dieses Interesses übrigens sehr hoch ein. Es könnte zureichen, um Frankreich an der Europäischen Gemeinschaft interessiert zu halten, solange diese die Bundesrepublik integriert. Es ist analog ein Motiv für die Bindung der DDR an Warschauer Pakt und RGW in Osteuropa. Nach meinen Erfahrungen ist das Misstrauen gegenüber der DDR in Osteuropa stärker als das gegen die Bundesrepublik in Westeurapa; beide aber sind stark. Dabei spielt die Tatsache eine Rolle, dass Bundesrepublik wie DDR in ihren Bündnissen eine bedeutende Position innehaben, In der Tat ist es der Bundesrepublik, also dem halben Deutschland gelungen, in der Welt eine Rolle zu spielen, wie sie das Deutsche Reich nie erreicht hat.

Das Misstrauen, das sich aus der offenbaren Interessenlage der Nachbarn ergibt, ist vielfach spürbar. Man beobachtet die vielschichtigen Verhandlungen zwischen Bundesrepublik und DDR teils mit Anteilnahme ("Es ist gut, dass sie ihre Dinge selbst in die Hand nehmen"), teils aber auch mit Skepsis ("Wer weiss, wohin das eines Tages führen kann..."). Wenn die Bundesrepublik menschliche Erleichterungen höher stellt als die Insistenz auf den Menschenrechten, wird daraus der Schluss gezogen, dass sie eben Sonderinteressen verfolgt. Dies alles ist naturgemäss ein Bereich, in dem Dokumentation schwer oder gar nicht zu finden ist, ja mehr, in dem die offiziellen Äusserungen ein ganz anderes Bild ergeben. Darum muss ich mich persönlich äussern, ohne Beweise liefern zu können: ich habe vor allem im westeuropäischen Bereich manche Nacht mit führenden Politikern verbracht, in dem sie mir ihre Sorge vor der Wiederbelebung einer gesamtnationalen deutschen Politik gestanden haben. Dabei erschien die Deutschlandpolitik stets in eigentümlich zweideutigem Licht, als bewundernswerter Schritt vorwärts und als möglicher Ansatzpunkt eines neuen Nationalismus. (Dass die Bundesrepublik sich diesem Grunddilemma nicht gestellt hat, ist wohl ein Nebenergebnis der Unklarheit der Motive, von der die Rede war.)

Geht man von den Nachbarn zu den Supermächten und ihrer Interessenlage, so ergibt sich ein durchaus widersprüchliches Bild. Die Sowjetunion teilt die Befürchtungen der Nachbarn in vollem Umfang. Wäre nicht die von Deutschen angerichtete Zerstörung in Russland so ungeheuerlich, so könnte man fast von einer sowjetischen Neurose sprechen: ich teile die Meinung derer, die in der Verhinderung der deutschen Wiedervereinigung ein Hauptmotiv der sowjetischen Europapolitik sehen. Hier liegt übrigens eine komplexe, bis ins Irrationale reichende Interessenkongruenz zwischen der Sowjetunion und Frankreich.

In den Vereinigten Staaten ist die Lage ganz anders. Die USA waren nicht von Deutschland besetzt; sie sehen die deutsche Frage abstrakter; überhaupt spielt bei ihnen die Erinnerung an die Vergangenheit eine geringere Rolle. Jedenfalls gilt das für das neue Establishment der amerikanischen Aussenpolitik. Es wäre übertrieben zu sagen, dass führende amerikanische Politiker die Optionen der Wiedervereinigung mit neuen Mitteln oder selbst der Abwarte-Haltung aktiv unterstützen würden; aber es gibt bei ihnen auch keinen aktiven Widerstand. Auf der Suche nach verständlichen Verbündeten finden sich die Vereinigten Staaten in einer besonders engen Beziehung zur Bundesrepublik. Sie wären bereit, ihr noch weit mehr Manövrierraum zuzugestehen als sie verlangt.

Die Schlüsse, die sich aus solchen Sachverhalten ziehen lassen, sind fast zu ernst, um sie zu formulieren. Es ist daher eher wichtig, den spekulativen Charakter der Annahmen über das Interesse der Nachbarn und der Grossmächte zu betonen. Viel lässt sich auf derlei Annahmen nicht bauen. (Das gilt noch ausgeprägter für die Haltung der nicht betroffenen Mächte, Chinas etwa oder der Entwicklungsländer, deren Intensität so gering ist, dass sie sich mit der politischen Windrichtung ändern kann.)

Eines allerdings darf wohl mit einiger Sicherheit gesagt werden: eine Deutschlandpolitik, die von Nachbarn und Alliierten nicht nur Lippenbekenntnisse zur Wiedervereinigung verlangt, sondern den Weg zur Wiedervereinigung selbst unterstützt sehen will, wird auf erbitterten Widerstand stossen. Wenn je die Interessen anderer den Spielraum deutscher Politik eingrenzen, dann gilt das für alle Entscheidungen, die mittelbar oder unmittelbar zur Veränderung des Status quo in Europa führen.

5. Berlin

So eigentümlich es im Zusammenhang dieser Erörterung deutscher Schwierigkeiten scheinen mag, ist die Lage Berlins unter diesen Aspekten eher einfacher. Zwar ist anzumerken, dass, wer Berlin sagt, in der Regel West-Berlin meint, womit eine Veränderung des Status quo durch einseitige Aktion hingenommen wird; für West-Berlin aber gilt, dass es nur an sich selbst zugrundegehen kann. Alle anderen Entwicklungen, die Deutschlandpolitik wie die Interessenlage der Nachbarn, tragen zu seiner Sicherung bei.

Was zunächst die Haltung und Interessenlage der Nachbarn im westlichen Europa angeht, so ist sie eindeutig. Man mag die Grenzziehungsbeschlüsse von Jalta und Potsdam im Nachhinein bedauern; aber an der Notwendigkeit, ihre Ergebnisse aufrechtzuerhalten, besteht kein Zweifel. Mehr als das, West-Berlin ist nach wie vor Beispiel - nicht Symbol, sondern lebendiges Beispiel - für die Fähigkeit der freien Welt, ihre Rechtsansprüche durchzuhalten. Solange nicht die Berliner selbst mit Mehrheit beschli dass sie einen neuen Status wollen - und das ist zumindest unwahrscheinlich -, werden die westeuropäischen Länder und die USA die Stellung des freien Berlin verteidigen. Man soll nie unnötig schweres Geschütz auffahren, aber ich habe keinen Zweifel daran, dass ein Angriff auf West-Berlin nach wie vor der Verteidigungsfall wäre, und das nicht etwa aus formalen Gründen, sondern aus allgemeiner Überzeugung.

Diese Haltung wird, wie man annehmen kann, in Osteuropa respektiert. In einer Welt internationaler Institutionen und Regeln ist Annektion unbequem, ja gefährlich. Es gibt also auch eine osteuropäische Interessenlage zur Erhaltung der Sicherheit West-Berlins.

Die Deutschlandpolitik hat solche Erwägungen berücksichtigt. Sie hat zur effektiven Sicherung Berlins beigetragen und kann dies auch weiterhin tun. Das gilt auch für die Europapolitik, die ja davon auszugehen hat, dass Berlin - was immer seine besondere Stellung zur Bundesrepublik sein mag - zur Europäischen Gemeinschaft gehört.

Berlins Sicherheit und Freiheit sind also nicht in Gefahr. Die Bundesrepublik kann durch ihre Politik dazu beitragen, Berlins Lebensfähigkeit zu unterstreichen.

6. Schlussbemerkung

Diese Bemerkungen sind, wie angekündigt, lakonisch ausgefallen. Sie sollen lakonisch enden.

Zwei Jahrzehnte lang war die Deutschlandpolitik in gewisser Weise das Zentrum der Weltpolitik. Der Kalte Krieg ging zumindest auch um Deutschland, um Berlin, um die deutsche Teilung. In gewisser Weise waren indes die deutschlandpolitischen Entscheidungen der Jahre nach 1969, die Entspannungspolitik überhaupt, und die KSZE bis zu ihrem ersten Abschluss in Helsinki das Ende einer Epoche. Seit dem Anfang der 70er Jahre ist ein neuer Konflikt immer stärker ins Zentrum der Weltpolitik gerückt; er ist wirtschaftlicher Natur, und die Beziehungen zwischen entwickelten Ländern, Ländern an der Schwelle zu voller wirtschaftlicher Entwicklung, und noch nicht entwickelten Ländern beherrschen seine Muster. Das heisst nicht, dass die europäischen Probleme jede Bedeutung verloren hätten; man könnte sogar argumentieren, dass sie als Randprobleme eher explosiver werden. Es heisst aber, dass die Deutschlandpolitik nicht mehr im Zentrum der Weltpolitik steht. Die Bundesrepublik insbesondere wird sich mit den deutschen Problemen ebenso wie mit den neuen weltweiten Problemen auseinandersetzen müssen. Es gibt nicht viele Länder, die in dieser Lage vor ähnlich komplexen, politischen Optionen stehen.

MARTIN KRIELE

Schriftliche Stellungnahme gemäss der Entschliessung des Ausschusses für innerdeutsche Beziehungen. (Dokument 23)

I. Die grundsätzlichen Rechtspositionen

Die grundsätzlichen Rechtspositionen der Bundesrepublik werden am besten aus ihrer historischen Genese verständlich. "Deutschland" (= das Deutsche Reich = Deutschland als Ganzes) ist 1945 nicht untergegangen. Die Supreme Authority lag bei den drei, später vier Mächten gesamthänderisch (Alliierter Kontrollrat), in der Praxis verstanden als "treuhänderische" Wahrnehmung der gesamtdeutschen Staatsgewalt. Sie wurde in den Zonen durch die jeweilige Besatzungsmacht ausgeübt. Durch das schrittweise Zurückweichen der Besatzungsgewalt ist zunächst auf kommunaler Ebene, dann auf Länderebene "deutsche Staatsgewalt" wiedererstanden. Die Vertagung des Alliierten Kontrollrats "sine die" im Frühjahr 1948 wegen unüberbrückbarer Meinungsgegensätze zwischen Westmächten und Sowjetunion (Einstimmungskeitserfordernis im Kontrollrat) führte nicht zu dessen formeller Auflösung. Deutschland bestand als ein derzeit nicht handlungsfähiges Rechtssubjekt fort, ebenso die Viermächteverantwortung für Deutschland als Ganzes.

Daran hat sich auch durch die Gründung der Bundesrepublik 1949 nichts geändert. Ihr Verhältnis zu "Deutschland" lässt sich deshalb nicht als "Rechtsnachfolge" kennzeichnen. Zur Beschreibung dieses Verhältnisses wurden im wesentlichen drei Modelle angeboten,

a) Identität
b) Dachtheorie (Bundesrepublik und SBZ/DDR unter dem Dach Gesamtdeutschlands)
c) Teilordnung (ohne Dach): Repräsentation, Vertretung, Treuhänderschaft, freiwillige Übernahme der Pflichten des alten Deutschen Reiches durch die Bundesrepublik, Zuerkennung der Rechte des Deutschen Reiches durch die Staatengemeinschaft.

Die Praxis der Bundesregierung hat zwischen den Modellen a) und c) geschwankt: Bei Gründung der Bundesrepublik überwog Modell c), sei Mitte der 50er Jahre Modell a). Die Bundesregierung war seit 1969 wieder stärker dem Modell c) zugeneigt ("Zwei Staaten in Deutschland") und hat diese Position auch im Grundvertragsverfahren vertreten.

Das Bundesverfassungsgericht hat in seinem Urteil zum Grundlagenvertrag die Streitfrage mit der Kompromissformel von der "Teilidentität" entschieden: Die Bundesrepublik ist ein "Teil Deutschlands", deren Identität mit Deutschland "keine Ausschliesslichkeit" beanspruchte. Damit hat es die Identitätsthese in ihrer bis dahin dogmatisch überwiegend vertretenen Variante, wonach "ausschliesslich" die Bundesrepublik Deutschland "Deutschland" sei, definitiv zurückgewiesen. "Das Deutsche Reich .... ist ... als Gesamtstaat ... mangeln institutionalisierter Organe selbst nicht handlungsfähig" (BVerfGE 30,16): Der Kern der Identitätsthese, wonach die Organe der Bundesrepublik zugleich die Organe des Gesamtstaats seien, hat keine Anerkennung gefunden. Den wesentlichen politischen und juristischen Implikationen der Teilordnungslehre ist damit Rechnung getragen. Eine Differenz zu ihr besteht lediglich in dem politisch irrelevanten logischen Sprachproblem einer "Teilidentität".

Aus der Formel von der "Teilidentität" folgt: "Die DDR gehört zu Deutschland" (BVerfGE 36,17), aber nicht zur Bundesrepublik. Für uns sind beide Staaten (unabhängig vom Selbstverständnis der DDR) "Teile ... des nicht reorganisierten Gesamtstaates" (BVerfGE 36,23). Es wird also sprachlich unterschieden zwischen "Deutschland (= Deutsches Reich = Gesamtstaat) und "Bundesrepublik Deutschland" als Teil Deutschlands. Auf diese Weise ist gewährleistet, dass auch Berlin als "Teil Deutschlands" anerkannt ist, ohne dass damit die Sicherheit Berlins gefährdende Implikation behauptet würde, Berlin sei ein konstitutiver Teil der Bundesrepublik. - Hingegen gilt: Die Bundesrepublik "fühlt sich verantwortlich für das ganze Deutschland" (BVerfGE 36,16).

Die Unterscheidung zwischen "Bundesrepublik Deutschland" und "Deutschland" ist deshalb wichtig, weil sie die Grundlage für den Fortbestand der Vier-Mächte-Verantwortung für Deutschland bildet. Nach wie vor gilt die Erklärung der USA und Grossbritanniens vom Mai 1955: "Die Bundesrepublik Deutschland und die sogenannte DDR stellen nicht - und zwar weder getrennt noch gemeinsam - eine gesamtdeutsche Regierung dar, die ermächtigt wäre, für das als Deutschland bekannte Völkerrechtssubjekt zu handeln und Verpflichtungen einzugehen."

Die hier zum Ausdruck gekommene sprachliche Unterscheidung findet sich auch in anderen internationalen Dokumenten, z.B. im Deutschland-Vertrag: Einerseits "Bundesrepublik Deutschland" in Art. 3, 4, 5, 6, andererseits "Deutschland", wenn das Bezugsobjekt der Vier-Mächte-Verantwortung gemeint ist: Art. 2 und 7.

Dieselbe Unterscheidung findet sich auch im Grundgesetz: Einerseits "Bundesrepublik Deutschland", häufig auch "Der Bund", andererseits "Deutschland", z.B. in Art. 23,2 ("andere Teile Deutschlands") und Art. 116 II ("in Deutschland" = Gebiet des Deutschen Reiches nach dem Stand vom 31.12.1937).

Diese Gemengelage - einerseits Identität zwischen Bundesrepublik Deutschland und Deutschland, andererseits Unterscheidung zwischen beiden, die das Bundesverfassungsgericht mit dem Begriff Teilidentität gekennzeichnet hat, wirkt zwar auf manchen an logische Ordnung und systematische Deduzierbarkeit gewöhnten deutschen Rechtsdogmatiker provokant. Sie ist jedoch für ein mehr an der angelsächsischen Jurisprudenz geschultes Rechtsdenken, das sich an der historischen Genese einer Rechtsfigur und ihrem praktisch-politischen Sinn orientiert, durchaus nachvollziehbar. Sie ist zwar präzedenzlos, aber sie allein ist in der Lage, der komplexen Rechtswirklichkeit, wie sie sich in der jüngeren deutschen Geschichte nun einmal herausgebildet hat, gerecht zu werden.

Auch die DDR hat sich ursprünglich als Teil einer gesamtdeutschen Staatsgewalt verstanden. Sie ist jedoch schon seit langem dazu übergegangen, sich als neuentstandenen souveränen Staat zu definieren. Sie leugnet den Fortbestand des Rechtssubjekts Deutschland und alle daraus sich ergebenen Folgerungen. Die Sowjektunion hat sie darin des öfteren und weitgehend, aber niemals restlos bestärkt. Sie hat vielmehr, wenn sie es in ihrem Interesse für geboten hielt, auf einen Souveränitätsvorbehalt für "Deutschland" zurückgegriffen und sich diese Rückgriffsmöglichkeit bei ihren Verträgen mit der DDR auch stets vorbehalten. Ein Beispiel für das Gebrauchmachen dieses Souveränitätsvorbehalts sind die Zusagen, die die Sowjetunion in Teil II des Vier-Mächte-Abkommens über Berlin hinsichtlich des erleichterten Verkehrs zwischen Berlin und der Bundesrepublik gemacht hat. Diese Zusagen gehen nämlich über den Rahmen der Vier-Mächte-Verantwortung "für Berlin" hinaus. Die Sowjetunion hatte jedoch früher die Kontrolle der Zugangswege auf die DDR übertragen. Sie hat ihre Zusagen gemacht, ohne dass dem eine Rückübertragung vorangegangen wäre. Sie konnte dies also praktisch nur aufgrund ihres Souveränitätsvorbehalts "für Deutschland" tun.

II. Insbesondere: Das Staatsangehörigkeitsrecht

Das Konzept der Teilordnung oder "Teilidentität" ist die Grundlage für das Festhalten an der gesamtdeutschen Staatsangehörigkeit. Die deutsche Staatsangehörigkeit ist "zugleich" die Staatsangehörigkeit der Bundesrepublik (BVerfGE 36,30). Auf der Grundlage der reinen Identitätsthese hätte die Bundesrepublik damit auf die Dauer einen schweren Stand. Entweder müsste man das Deutsche Reich als auf das Gebiet der Bundesrepublik geschrumpft denken, dann wäre es fraglich, ob sich noch ein völkerrechtlicher Anknüpfungspunkt fände, der die Inanspruchnahme der Deutschen in Berlin und der DDR als Staatsangehörige völkerrechtlich erlauben würde. Oder man müsste die Bundesrepublik de jure auf das Gebiet des ehemaligen Deutschen Reiches erstreckt denken, dann geriete man in schwer durchstehbare internationale Kollisionen. - Aber auch auf der Grundlage der Dachtheorie liessen sich die praktischen Probleme der deutschen Staatsangehörigkeit nicht lösen. Denn man müsste dann zwischen einer eigenen Staatsangehörigkeit der Bundesrepublik und einer deutschen Staatsangehörigkeit unterscheiden. Die gesamtdeutsche Staatsangehörigkeit wäre dann ohne das Bezugsobjekt eines real existierenden Staates und könnte nicht mehr begründen, als einen Anspruch, bei Zuzug in die Bundesrepublik, eventuell automatisch, die Staatsbürgerschaft der Bundesrepublik zu erwerben. Diese Konstruktion wäre nicht nur mit dem deutschen Staatsbürgerschaftsrecht unvereinbar, sondern würde vor allem auch die deutsche Staatsangehörigkeit der Berliner (die dann als einzige gewissermässen "reichsunmittelbar" wäre) zu einer selbständigen, von unserer Staatsangehörigkeit unterschiedenen machen.

Die in der DDR wohnenden Deutschen haben nach den von uns in ihrer Gültigkeit nicht bestrittenen Gesetzen der DDR die Staatsbürgerschaft der DDR, nach unserem Recht die deutsche Staatsangehörigkeit. Sie haben insofern also eine doppelte Staatsangehörigkeit. Das ist nichts Ungewöhnliches. Daraus folgt: Bürger der DDR haben im Ausland die Möglichkeit, zwischen der konsularischen Betreuung durch die DDR oder durch die Bundesrepublik zu wählen. Dass diese Wahlmöglichkeit in der DDR selbst und in den Ostblockstaaten nicht anerkannt wird, ist für uns eine rein faktische Frage, die auf unsere Rechtsposition nicht zurückwirkt. In der Bundesrepublik haben die Bürger der DDR deshalb keinen Anspruch auf konsularischen Schutz durch die DDR, weil Deutsche mit Doppelstaatsangehörigkeit sich in der Bundesrepublik grundsätzlich nicht auf ihre zweite Staatsangehörigkeit berufen können; das gilt ebenso auch z.B. für die Dänendeutschen.

Für die Deutschen in der DDR folgen aus ihrer deutschen Staatsangehörigkeit keinerlei Pflichten, da sich die Gesetzgebung der Bundesrepublik, aus denen sich solche Pflichten ableiten könnten, auf den Geltungsbereich des Grundgesetzes beschränkt. Beim Betreten der Bundesrepublik unterliegen sie jedoch allen Rechten und Pflichten, denen jeder Staatsangehörige unterworfen ist. Allerdings haben aktive Rechte und Pflichten, wie Wahlrecht und Wehrpflicht, zur Voraussetzung, dass der Wohnsitz in der Bundesrepublik genommen wird.

Wenn einem Deutschen aus der DDR, der sich selbst in erster Linie als DDR-Bürger verstehen will, eine rechtliche Sonderstellung gegenüber anderen Deutschen eingeräumt wird, so beruht das nicht auf einem Mangel an deutscher Staatsangehörigkeit, sondern auf einer besonders eingeräumten Toleranz (z.B. Status der Angehörigen der Ständigen Vertretung, Betreuung Guilleaumes durch die Ständige Vertretung der DDR).

Das Festhalten an der deutschen Staatsangehörigkeit ist nicht völkerrechtswidrig. Zwar kann es völkerrechtlich problematisch sein, die Staatsbürger eines anderen Staates pauschal als eigene Staatsangehörige in Anspruch zu nehmen, wenn es dafür keinen tatsächlichen Anknüpfungspunkt gibt. Solche Anknüpfungspunkte liegen jedoch vor. Die geschichtliche Herkunft aus der Staatsangehörigkeit des Deutschen Reiches kehrt gewissermassen die Begründungspflicht um: Die Deutschen in der DDR haben traditionell die deutsche Staatsangehörigkeit; es geht also nicht um die Völkerrechtsfrage, ob sie ihnen zuerkannt werden kann, sondern ob sie ihnen aberkannt werden muss. Das würde zumindest den endgültigen Abschluss der deutschen Teilung und die uneingeschränkte gegenseitige völkerrechtliche Anerkennung voraussetzen.

Dem steht jedoch schon der Fortbestand der Vier-Mächte-Verantwortung für Deutschland entgegen, deren Bezugsobjekt das fortbestehende "Rechtssubjekt Deutschland" ist. Daran hat auch der Grundlagenvertrag nichts geändert. Denn er wurde geschlossen auf der Grundlage eines Dissenses in der deutschen Frage, der in der Präambel ausdrücklich festgehalten wurde (we agree to disagree"): "ausgehend von den historischen Gegebenheiten und unbeschadet der unterschiedlichen Auffassungen der Bundesrepublik Deutschland und der DDR zu grundsätzlichen Fragen, darunter zur nationalen Frage". Darüber hinaus haben zwei ausdrückliche Protokollvermerke klargestellt, dass Staatsangehörigkeitsfragen nicht geregelt wurden und dass die DDR hofft, der Vertrag werde diese Regelung erleichtern. Wenn aber der Dissens durch den Vertrag nicht berührt wurde, so bewegt sich der Grundlagenvertrag rechtlich auf einer Ebene unterhalb der Rechtsfragen, auf die sich der Dissens bezieht. Übrigens geht auch die DDR selbst davon aus, dass die Gründung der beiden deutschen Staaten die einheitliche deutsche Staatsangehörigkeit nicht von sich aus aufgehoben hat. Bis 1967 legte sie selbst die deutsche Staatsangehörigkeit zugrunde. Im Staatsbürgerschaftsgesetz von 1967 legt sie zwar der Staatsbürgerschaft der DDR Rückwirkung auf die Gründung der DDR im Jahre 1949 bei, bestätigt aber zugleich, dass damals die deutsche Staatsangehörigkeit in der DDR bestand: § 1 "Staatsbürger der DDR ist, wer zum Zeitpunkt der Gründung der DDR deutscher Staatsangehöriger war ...". Wer aus der Bundesrepublik in die DDR übersiedelt, erlangt auch heute noch die Staatsbürgerschaft der DDR nicht durch ein Einbürgerungsverfahren, sondern durch ein blosses Registrierungsverfahren (§ 1 DDR-Staatsbürgerschaftsgesetz). Die DDR setzt übrigens die Doppelstaatsangehörigkeit ihrer Staatsbürger auch in ihren Ausbürgerungsbeschlüssen (z.B. Biermann) voraus: Ausbürgerungen wären völkerrechtswidrig, wenn der Betroffene dadurch staatenlos würde.

Völkerrechtswidrig könnte es sein, wenn die Doppelstaatsangehörigkeit dazu führte, dass die Bundesrepublik den in der DDR lebenden Deutschen Verpflichtungen auferlegen würde. Denn damit würde sie Hoheitsrechte innerhalb der DDR beanspruchen. Das ist jedoch, wie gesagt, nicht der Fall. Eine völkerrechtliche Verpflichtung, den traditionellen Fortbestand der deutschen Staatsangehörigkeit aufzugeben, lässt sich also weder aus dem Grundvertrag noch aus irgendwelchen völkerrechtlichen Rechtssätzen begründen.

III. Das Verhältnis der Rechtspositionen zur Wirklichkeit

Sind unsere Rechtspositionen unrealistisch? Halten sie Ansprüche aufrecht, die wir auf die Dauer nicht effektiv durchsetzen können? Schaffen sie vermeidbare Spannungen? Setzen sie uns ins Unrecht? Wäre eine Änderung rechtlich und faktisch möglich?

Man könnte sich wenigstens einmal modellhaft folgende Alternative denken: Es gibt zwei vollsouveräne Staaten, die sich wechselseitig völkerrechtlich anerkennen, sowie die selbständige Einheit West-Berlin. Die Vier-Mächte-Verantwortung für Deutschland als Ganzes ist gegenstandslos. Es gibt keine deutsche Staatsangehörigkeit mehr, sondern zwei Staatsbürgerschaften in zwei Staaten und eine besondere Zugehörigkeit zur besonderen Einheit West-Berlins. Die in Polen noch lebenden Deutschen haben auschliesslich polnische Staatsangehörigkeit.

Würde uns eine dahinziehende Politik von Belastungen und Verstrickungen befreien? Würde sie den Weg zu neuen Vereinbarungen ebnen, die das friedliche Nebeneinander verbessern und neue menschliche Erleichterungen ermöglichen? Könnte sie dazu verhelfen, das Selbstbewusstsein der DDR-Führung zu stärken, mit der Folge, dass diese grosszügiger, toleranter, freiheitlicher würde? Wäre eine solche Aussicht nicht auch einige Opfer und Nachteile wert? Würde uns eine dahinziehende Politik nicht auch die Sympathie der uns umgebenden Staaten gewinnen? Und könnten nicht am Ende eine freiheitlicher gewordene DDR und eine sozialistischer gewordene Bundesrepublik vielleicht sogar die Perspektive einer möglichen friedlichen Vereinigung beider Staaten am Horizont auftauchen sehen?

Es sei zunächst einmal davon abgesehen, dass einer solchen Politik unüberbrückbare rechtliche Hindernisse im Wege stünden. Soweit diese verfassungsrechtlicher Art sind, wäre das Grundgesetz zumindest theoretisch abänderbar. Wenn die Perspektiven politisch überzeugend wären, wäre nicht ausgeschlossen, dass sich die Widerstände gegen Grundgesetzänderungen mit der Zeit abbauen liessen. Was die Statusvorbehalte der Vier Mächte betrifft, so wäre deren Zustimmung vielleicht - jedenfalls bis an die Schwelle der Wiedervereinigung - auch zu gewinnen, wenn die Aussichten realistisch wären.

Sie sind nicht realistisch. Die grundsätzliche politische Offensivhaltung der DDR gegenüber der Bundesrepublik hängt nicht von Bedingungen ab; wir können ihr deshalb durch Erfüllung von Bedingungen unter keinen Umständen entrinnen. Sie wurzelt in dem unüberbrückbaren Gegensatz zwischen westlichem und östlichem Staatsverständnis: Hier Achtung vor den Menschenrechten und Begründung der Demokratie auf dem wirklichen Meinen und Wollen ihrer Bürger, dort: Absolutistische Herrschaft des "wissenschaftlichen Sozialismus", damit eine Zweiklassen-Gesellschaft von Wissenden und Lernenden, von Erziehenden und Erzogenen, von unumschränkten Herrschern und den zur Mitarbeit verpflichteten Herrschaftsunterworfenen. Das letzte Ziel dieser Herrschaftsausübung ist ein "neuer Mensch", nach marxistisch-leninistischem Selbstverständnis die freie, brügerliche, demokratische Gesellschaft. Diese Selbstinterpretation ist für uns aus zwei Gründen unannehmbar. Einmal weil sie utopisch ist und der Weg dahin aus zwingenden Gründen in der Diktatur stecken bleiben muss, sodann aber auch, weil sie nicht wahr ist: Es läuft in Wirklichkeit auf den enthumanisierten, auf Bedürfnisstruktur und technischen Verstand reduzierten und manipulierten Menschen hinaus. Eine freie und brüderliche Gesellschaft hat den demokratischen Verfassungsstaat zur notwendigen Voraussetzung.

Die kommunistische Zielsetzung ist aber absolut und unaufgebbar, und kraft der Prinzips der "Parteilichkeit" a priori einer Kritik unzugänglich. Vor allem aber ist sie notwendigerweise offensiv. Die Offensive hat langfristigen, planmässigen, systematischen Charakter. Sie wird schrittweise vollzogen. Daraus folgt für die Deutschlandpolitik:

Nachgeben gegenüber der DDR in Einzelfragen kann häufig im Kompromisswege notwendig sein und Erfolge bringen, kann aber niemals zu einer Befriedigung führen. Vielmehr muss man mit neuen Offensiven rechnen. Ein Beispiel: Angenommen, wir kämen den Wünschen der DDR in der Staatsbürgerschaftsfrage nach. Das würde die Situation zwischen beiden deutschen Staaten nicht grundlegend entspannen. Es wäre vielmehr ein Schritt zur Destabilisierung Berlins, dem weitere Schritte folgen würden. Von uns würden dann weitere Abmachungen verlangt, z.B. Konsularverträge und vor allem ein Auslieferungsabkommen, das die innere Rechtsordnung der DDR zu respektieren hätte und uns z.B. zur Auslieferung von Flüchtlingen und Fluchthelfern verpflichten sollte. Soweit dem verfassungsrechtliche Bestimmungen entgegenstünden, würde deren Abänderung verlangt. Angenommen, wir kämen dem nach, so könnte die Forderung erhoben werden, jede "feindselige Propaganda" gegen die DDR einzustellen und unsere Presse-, Meinungs- und Demonstrationsfreiheit entsprechend einzuschränken. Würden wir auch dem nachkommen, so wären wir in unserem verfassungsrechtlichen Legitimitätsbewusstsein bereits stark erschüttert. Es könnten dann neue Forderungen folgen, z. B. unsere innere und äussere Verteidigung abzubauen, unsere Bündnisse aufzulösen, wirtschaftliche Forderungen zu erfüllen, die "Wiedervereinigung Berlins", das ohnehin auf dem Territorium der DDR läge, hinzunehmen ... und so fort bis zur Selbstpreisgabe unserer Demokratie.

Irgendwann müssten wir doch "nein" sagen und stünden dann doch als Störenfriede der Entspannung da - in einem geistig, politisch, militärisch geschwächten Zustand. Die einzig entscheidende Frage ist nur, an welcher Stelle wir "nein" sagen.

Das bedeutet keineswegs, dass wir uns überhaupt konzessionslos versteifen sollten. Der Massstab sind effiziente menschliche Erleichterungen, die optimale Sicherung Berlins und die Friedenssicherung - die allerdings voraussetzt, dass wir die Grenzen unserer Verhandlungsbereitschaft genau definieren und glaubwürdig machen. Politische Gedankenspiele, die ihre Glaubwürdigkeit in Frage ziehen, provozieren Testoffensiven. Deshalb ist es vernünftig, dass es politische Tabus gibt. Das Aufwerfen der tabu-verletzenden Fragen hatte an dieser Stelle nur den Sinn, die Notwendigkeit der Tabus zu bekräftigen.

Es gibt freilich auch unvernünftige Tabus. Es kann durchaus in unserem Interesse liegen, unhaltbare Rechtspositionen im Einzelfall aufzugeben. So hat uns z.B. die Deblockade der internationalen Anerkennung der DDR vor einer Kette demütigender internationaler Niederlagen bewahrt. Die Anerkennung der DDR als Staat und die gegenseitige Respektierung der Unverletzlichkeit der Grenzen haben tatsächlich zur Friedenssicherung beigetragen, haben die Bundesrepublik international aufgewertet, haben den Abschluss eines Berlin-Abkommens ermöglicht, das die politische Situation Berlins erheblich verbessert hat und haben den Weg für eine ganze Reihe von menschlichen Erleichterungen freigemacht, die zwar weit hinter dem an sich Wünschenswerten zurückbleiben, sich insgesamt aber doch zu einer stattlichen Erfolgsbilanz aufsummen. Sie schufen die Basis für das Helsinki-Abkommen, das in der Bilanz zu weiteren Verbesserungen geführt hat. Vor diesem Hintergrund ist es eine rein praktische Frage des politischen Für und Wider, ob wir auch in der Frage der deutschen Staatsangehörigkeit konzessionsfähig wären. Was wäre dabei zu verlieren, was wäre dabei zu gewinnen?

Gegen eine Verhandlungsbereitschaft in Fragen der Staatsangehörigkeit sprechen drei Gründe:

a) Eine Änderung wäre eine Statusfrage, die in den Bereich der Verantwortung der Vier Mächte für Deutschland fiele,
b) sie wäre verfassungsrechtlich unzulässig,
c) sie würde die Berliner der deutschen Staatsangehörigkeit berauben und sie zu Angehörigen einer selbständigen politischen Einheit machen.

Diese drei Hinderungsgründe sind praktisch unüberwindbar. Allenfalls liesse sich die Zustimmung der Vier Mächte für eine Abschaffung der deutschen Staatsangehörigkeit zugunsten einer Staatsangehörigkeit der Bundesrepublik erreichen. Die für eine Grundgesetzänderung erforderliche Zweidrittelmehrheit wäre jedoch gewiss nicht erzielbar. Selbst aber wenn sie möglich wäre, wäre ein solcher Schritt politisch jedenfalls nur dann zu verantworten, wenn zugleich erreichbar wäre, dass die Berliner in die Staatsbürgerschaft der Bundesrepublik einbezogen würden. Das wäre jedoch eine Statusfrage, die in den Bereich der Vier-Mächte-Verantwortung für Berlin fiele. Ob die drei Westmächte ihre Zustimmung auch unter Protest der Sowjetunion erteilen würden, ist zumindest zweifelhaft. Es wäre aber auch zu fragen, ob sie erwünscht wäre, weil alles, was die originären Rechte der drei Westmächte in Berlin mindern könnte, die Stabilität Berlins beeinträchtigt.

Die DDR verfolgt mit ihrer Forderung nach Änderung unseres Staatsangehörigkeitsrechts offensichtlich in erster Linie den politischen Zweck, zur Destabilisierung Berlins beizutragen. Die politische, juristische und psychologische Sicherung Berlins muss jedoch eines der wichtigsten Ziele unserer Politik bleiben - im Interesse der Berliner, aber auch im Interesse der politischen Moral des Westens überhaupt und damit zusammenhängend im Interesse der Friedenssicherung.

Bei Verhandlungen über die Staatsangehörigkeitsfrage könnten wir also im Ergebnis nichts gewinnen, wohl aber erheblich verlieren.

Das Festhalten an unseren Rechtspositionen in der Deutschland- und Staatsangehörigkeitsfrage erscheint nur auf den ersten Blick nicht realistisch. Tatsächlich bewähren sich diese Rechtspositionen auch im Verhältnis zur Wirklichkeit.

Von besonderer Wichtigkeit ist in diesem Zusammenhang jedoch, dass die Diskussion um die Frage, ob wir "die Staatsbürgerschaft der DDR anerkennen" dürfen, können, sollen oder müssen, endgültig beendet wird. Denn diese von Honecker aufgeworfene und in der Öffentlichkeit der Bundesrepublik viel diskutierte Frage ist gegenstandslos. Indem wir die DDR als Staat in Deutschland anerkannt und ihre innere Gesetzgebungshoheit hingenommen haben, haben wir implizit auch ihr Staatsbürgerschaftsrecht hingenommen. Staatsangehörigkeitsrecht ist Staatsrecht, nicht Völkerrecht, d.h. jeder Staat entscheidet über sein Staatsangehörigkeitsrecht allein. Das Problem ist nicht, ob wir die Staatsbürgerschaft der DDR respektieren - das tun wir -, sondern ob die DDR unser Staatsangehörigkeitsrecht respektiert - das tut sie nur beschränkt. Sie ist dazu jedoch völkerrechtlich verpflichtet. Wenn sie dieser Verpflichtung nicht nachkommt, ist es besser, diesen Dissens auszuhalten, als ihn auf Kosten der deutschen Staatsangehörigkeit der Berliner auszuräumen und sich dann neuen schärferen Herausforderungen konfrontiert zu sehen.

ERICH KOSTHORST

Schriftliche Stellungnahme gemäss der Entschliessung des Ausschusses für innerdeutsche Beziehungen (Dokument 23)

Die Anhörung am 22. September 1977 mit den als Sachverständigen geladenen Professoren Ralf Dahrendorf und Hans-Peter Schwarz war dem Thema gewidmet: Die deutsche Frage und das Interesse der Anderen - das Thema des heutigen Hearings könnte lauten: Die deutsche Frage und unser eigenes Interesse. Jene Seite der Sache, die Aussenseite, hängt mit dieser nicht nur logisch, sondern - wie zu zeigen ist - in einem vitalen Sinne zusammen.

Die beiden Referenten haben die deutsche Grundposition im internationalen Kräftefeld und den Manövrierraum, der der Bundesrepublik Deutschland in der deutschen Frage verblieben ist, im wesentlichen gleichsinnig beschrieben. Das Abwägen deutscher Wünschbarkeiten und entgegenstehender ausländischer Interessen ergab eine Übereinstimmung mit den Abgeordneten darüber, dass als zentrales Merkmal der allen Parteien gemeinsamen deutschlandpolitischen Grundposition das Ziel gelten könne, die deutsche Frage nach aussen offen zu halten. Jedoch hinterliess die von H.-P. Schwarz vorgenommene Subsumtion aller deutschlandpolitischen Elemente unter den von ihm geprägten Begriff "Neue Deutschland-Doktrin" einiges Unbehagen. Dies hängt vermutlich nicht nur mit den am Begriff Doktrin haftenden historischen Assoziationen, sondern genereller mit der Kompaktheit des Begriffes zusammen - einer Kompaktheit, welche die Deutschlandpolitik nicht hat oder noch nicht hat, wie Ralf Dahrendorf in seiner Analyse der drei möglichen Motivgruppen aufwies. Dies festzuhalten, scheint mir theoretisch und praktisch von Belang zu sein. Missverständnisse könnten auch entstehen, wenn man, wie H.-P. Schwarz es in assoziativer Anlehnung an Dahrendorf tat, Offenhalten mit Abwarten verbal identisch setzt. Bei dieser verbalen Gleichsetzung ging vermutlich schnell eine wichtige Nuance aus der von Dahrendorf vorgeführten Motivationsdifferenzierung verloren: die Abwarte-Haltung könnte leicht als "blosses" Abwarten verstanden werden. Dieses schlösse zwar ein Offenbleiben der deutschen Frage nicht von vornherein aus; dem Abwarten fehlte aber, insofern dem Begriffe nach dabei nichts Positives geschieht, ein Aktiv-Potential (im Unterschied zu den beiden anderen von Dahrendorf skizzierten positiv-aktiven Motiven).

Wenn dieses Insistieren auf der differentia spezifica zwischen passivem und aktivem Abwarten schon für den aussenpolitischen Aspekt keineswegs nur theoretische Haarspalterei ist, wenn hier Klarheit herrschen muss, wie Dahrendorf nachdrücklich forderte, dann gilt dies erst recht für den innenpolitischen Aspekt der Sache. Offengehalten wird die deutsche Frage nach aussen und innen nur dann, wenn das gebotene Abwarten nicht eine Haltung des "Laisser-faire, laisser-passer", also ein blosses Laufenlassen der Dinge ist, sondern ein Auf-dem-qui-vive-Stehen. Was dies angeht, so herrscht in der Bundesrepublik Deutschland eine beträchtliche und in den letzten Jahren offensichtlich zunehmende Unsicherheit, ob unsere Politik eben diese Haltung tatsächlich verkörpert. Die Bürger, vornehmlich der jüngeren Generationen, die keine überzeugende Darstellung der Deutschlandpolitik im Inneren mehr erfahren, verlieren die Nation aus dem Blick oder schreiben sie, auf eigene Einsichtsmöglichkeiten gestellt, schlechthin ab. Wenn nichts weiter geschieht, könnte die Kalkulation der DDR, wie sie ihr früherer Aussenminister offen ausgesprochen hat, durchaus aufgehen: in der nächsten Generation hätte sich die deutsche Frage, mindestens für die Bundesrepublik Deutschland, von selbst erledigt. Damit bin ich bei meinem Thema.

Seitdem die lange Zeit herrschende These vom Primat der Aussenpolitik sich als Scheinaxiom erwiesen hat und die Erkenntnis der Interdependenz von Aussen- und Innenpolitik Allgemeingut geworden ist, gilt demnach dies: Wollen wir die deutsche Frage wirklich offenhalten, müsste sich unsere Politik ihrer nicht nur, wie sie es ja auch tut, im Aussenverhältnis annehmen, sondern sich in dieser Frage zugleich mit grösstmöglicher Zuwendung nach innen richten. Die dabei notwendige Moderation zwischen aussenpolitisch gebotenem vorsichtigen Taktieren und innenpolitisch erforderlicher Aussagedeutlichkeit dürfte nicht übermässig schwierig sein, da es sich hier keineswegs um die Entfachung eines antiquierten und unsinnigen Nationalismus handelt.

Lassen Sie mich zum Problem und zur Aufgabe einer politischen Pädagogik im Bezugsrahmen der deutschen Frage im folgenden einige detaillierte Ausführungen machen. Die Sache bringt es mit sich, dass es hier ohne einige Herausforderungen (Provokationen) kaum abgehen kann. In diesem Sinne möchte ich an eine Aussage von Herrn Dr. Gradl bei der letzten Anhörung anknüpfen, der Herr Dahrendorf seinerseits ausdrücklich zugestimmt hat. Antriebselement und zugleich Kernstück unseres aussenpolitischen Argumentierens, so erklärte Herr Gradl, müsse der Hinweis darauf sein, dass ein Volk "mit einer grossen historischen Vergangenheit, mit der Berechtigung zu einem nationalen Selbstbewusstsein, mit einem unbestreitbaren Recht auf Selbstbestimmung und mit einer blutigen Grenze quer durchs Land" sich niemals mit seiner Spaltung abfinden könne. In der Tat liegt hier die fundamentale Prämisse einer Deutschlandpolitik als Politik des Offenhaltens. Dieses Abheben auf eine für die anderen Nationen mit ihrem ungebrochenen Geschichtsbewusstsein geltende Denkunmöglichkeit ist zweifellos ein starkes Argument, aber eben nur so lange, als jene Voraussetzung auch in Deutschland selbst gilt. Fällt sie, so hat unsere Deutschlandpolitik ihren Grund und ihre Norm verloren.

Fragen wir nun mit der gebotenen Eindringlichkeit, wie es sich mit dem, was bei den anderen Staaten mit einer glücklicheren Geschichte tatsächlich denkunmöglich ist, bei uns verhält, so ist die Antwort erschrekkend. Der nüchterne Befund stellt sich m.E. geradezu als eine Negation der Position von Dr. Gradl dar: In der Bundesrepublik Deutschland gibt es bei der jüngeren und mittleren Generation kaum noch die prägende Kraft der Erinnerung an eine grosse historische Vergangenheit, eines daraus erwachsenden nationalen Selbstbewusstseins und eines darauf beruhenden starken Rechtsverlangens nach nationaler Selbstbestimmung. Unserer Gesellschaft, unserem Staat ist weitgehend verlorengegangen, was die Sozialpsychologie "Zeitperspektive" nennt, ein für die seelische Ökonomie jedes Volkes unerlässliches "Bezogensein auf einen strukturierenden Zeitraum des Vergangenen und Zukünftigen" von welchem "die für das Erreichen zukünftiger Ziele erforderliche Motivation" bestimmt wird. Unsere Identität ist gestört - ein pathologischer Zustand, der nicht nur uns selbst gefährdet, sondern auch unsere Nachbarstaaten, die dies sehr wohl sehen, in Sorge versetzt.

Der Erosionsprozess im nationalen Bewusstsein ist vom Missbrauch des Nationalgefühls und der nationalen Opferbereitschaft durch das nationalsozialistische Regime und die von ihm verursachte deutsche und europäische Katastrophe in Gang gesetzt, in verschiedenen Etappen der Nachkriegsentwicklung weitergetrieben und schliesslich mit dem Abschluss der Ostverträge und des Grundlagenvertrages mit der DDR noch einmal beschleunigt worden - beschleunigt, weil der mit den Verträgen verbundenen Bekundung eines weiterhin bestehenden und rechtsgültigen deutschen Selbstbestimmungs- und Einheitswillens nach aussen (im sog. Brief zur deutschen Einheit) ein notwendiges Pendant nach innen nicht gefolgt ist. Seither ist die normative Kraft des Faktischen verstärkt am Zuge. Ein nationaler Erfahrungshorizont ist für die mittlere und jüngere Generation nicht vorhanden, die historische Tatsache eines deutschen Reiches weit entrückt. Was ist, was man sehen kann, das sind zwei Staaten in Deutschland, von denen nur der eine, die Bundesrepublik Deutschland, noch behauptet (immer weniger vernehmbar behauptet), mit dem anderen verbinde ihn die Gemeinsamkeit einer beide Staaten überwölbenden Nation; während der andere deutsche Staat eben dies nicht nur negiert, sondern als rückständig-bürgerliche, revanchistische, friedensstörende Anmassung anprangert.

1.) Faktum ist, dass heute bereits weit mehr als die Hälfte der jungen Generation (der 19-28jährigen) die DDR und die Bundesrepublik Deutschland bereits schlechthin als zwei Staaten und zwei Nationen ansieht. (Diese Zahl kommt zustande, wenn man das Ergebnis der 1972 vorgenommenen, in den "Materialien zum Bericht zur Lage der Nation" 1974 veröffentlichten Repräsentativbefragung bis zur Gegenwart extrapoliert.)

2.) Erfahrungen auf zahlreichen Lehrerfortbildungstagungen in verschiedenen Bundesländern zeigen, dass eine deutsche Frage im überkommenen Sinn im Bewusstsein nicht mehr existent ist: Eine völkerrechtlich gültige Anerkennung der DDR durch die Bundesrepublik gilt als logische Anpassung an die bestehende Realität; eine Offenhalte-Politik wird - übrigens unabhängig von Parteipräferenzen - schlicht als irreal angesehen. Eingebettet ist diese Denkhaltung in ein affektives Misstrauen gegen den deutschen Nationsgedanken überhaupt; die deutsche Nationsgeschichte erscheint stereotyp als Vehikel antidemokratischer Strukturen; die europäische Integration wird zum vagen Fluchtpunkt weithin negativ gesehener deutscher Traditionen. Bei solcher Mentalitätslage werden offizielle Regierungsbekundungen zur deutschen Frage (auf UNO-Tagungen, bei Besuchen im Ausland), sofern sie überhaupt noch ins Ohr dringen, lediglich als formale, vom Bundesverfassungsgericht verordnete Pflichtübungen verstanden, die der Bürger nicht ernst zu nehmen braucht.

3.) Diese Denkhaltung wird auch in dem für historisch-politische Lehrerfortbildung zuständigen Referat der Bundeszentrale für politische Bildung vertreten - mit der entsprechenden Folgerung für die politische Pädagogik. In der Kurzfassung lautet sie so: "Der deutsche Nationalstaat stellt ein nicht zu realisierendes und aus diesem Grunde nicht wünschenswertes, deutlicher: auch pädagogisch nicht anzustrebendes politisches Ziel dar." (B 2/77, 15.1.77, S. 52). In der Begründung dieser These heisst es, dass der Verlauf der deutschen Geschichte seit dem Mittelalter, wo die deutschen Panzerreiter schon zu Zeiten Lothars von Supplinburg und Friedrich Barbarossas der Schrecken Europas gewesen seien, den Deutschen in der Bundesrepublik unbestreitbar nahelege, sich zu bescheiden und ihre Identität als Bürger dieser Republik zu suchen. Das müsse nicht bedeuten, für immer und ewig, aber hier und heute; das hiesse auch nichts Geringeres als die Präambel unseres Grundgesetzes zur Diskussion zu stellen. Das in einer ausserordentlichen, historisch besonders belasteten politischen Konstellation entstandene und als vorläufige Verfassung deklarierte Grundgesetz dürfe die Politik nicht bis ins nächste Jahrhundert binden. In diesem Zusammenhang sei auch ein Umdenken der politischen Didaktik erforderlich (Mittlere Geschichte im Lernfeld Politik, B 41/76, 9.10.76, S. 29). In einem Aufsatz mit dem Titel "Deutschland und die deutsche Nation im Unterricht" (B 49/77, 10.12.77) hat daraufhin Detlev Kühn, Präsident des Gesamtdeutschen Instituts und als Vertreter der traditionellen Auffassung bereits in einer Verteidigungsposition, empört und zugleich mit resignierendem Unterton gefragt: "Wer setzt sich schon gern dem Vorwurf aus, wie ihn ..... mit beispielhafter Noblesse formuliert hat, die Jugend entweder zu 'leeren Lippenbekenntnissen' zu erziehen oder ein 'Irredenta-Klima' zu erzeugen, das bei geringem Anlass zum gefährlichen Ausbruch kommen könnte, sprich: den Frieden gefährdet? Wer sich um 'gesamtdeutsches Bewusstsein' sorgt, ist damit zwangsläufig als potentieller Kriegsbrandstifter abgestempelt."

4.) Das Ausmass der affektiven Fixierungen und der begrifflichen Verwirrung in der Nationsfrage wird greifbar auch in mehreren polemisch-diffamierenden Entgegnungen auf einen von mir selbst gemachten Versuch, in der Diskussion der deutschen Frage zu größerer Klarheit zu kommen und den Brief zur deutschen Einheit, also die Position des Offenhaltens, didaktisch konsensfähig zu machen. Nicht die apodiktische Behauptung von Gegenpositionen ist in diesem Zusammenhang von Belang; befremdlich, ja erschreckend ist eine dabei zutage tretende diffuse Mentalität, der bereits der positive Gebrauch der Begriffe "nationale Identität", "deutsches Volk", "Staat" politisch suspekt und didaktisch gefährlich erscheint und statt von deutschem Volk wegen ihm anhaftender fauler Mystik nur noch von deutscher "Bevölkerung" gesprochen wissen will. Dass selbst der bescheidene Vorschlag eines kritischen Gebrauchs des Begriffes "deutsche Kulturnation" schlechthin als "Rückfall" einmal ins 19. Jahrhundert, dann ins 18. Jahrhundert abqualifiziert wird, kann dann nicht mehr verwundern. Man könnte solchen mit Platzzuweise-Gestus vorgetragenen Ansichten - die eigene progressiv, die andere konservativ/reaktionär - als politisch irrelevante akademische Sprachspiele betrachten, wenn sie nicht deutlich spürbar in die Lehrerbildung durchschlügen und hier die Verwirrung noch vergrösserten.

Die Registrierung der unter 1-4 skizzierten Bewusstseinskonturen in der deutschen Frage sollte nicht als konservatives Wehklagen missverstanden werden, entstammend aus der fatalen Sehnsucht nach nationaler heiler Welt. Diese Konturen sind sicherlich einerseits normale Spiegelung objektiv schwieriger Verhältnisse, einer in hohem Masse selbstverschuldeten, ausserordentlich komplizierten national-politischen Situation, andererseite - wovon noch zu sprechen ist - die Folge von Versäumnissen einer politischen Pädagogik, um nicht zu sagen: eines Ausfalls von politischer Pädagogik in der deutschen Frage überhaupt.

Zum ersten Teil der Aussage, der objektiv gegebenen schwierigen Lage: Den Menschen in den in der Folge des Zusammenbruchs des deutschen Reiches entstandenen beiden deutschen Staaten war und ist aufgegeben, je für ihren Staat eine tragfähige Identität zu finden und darüber hinaus und zugleich mit dem Festhalten an einer beide Staaten weiterhin umschliessenden Nation eine gesamtnationale Identität zu erhalten bzw. zu restituieren. Die hier gestellte Aufgabe ist die einer Doppelidentifikation, eine die höchste geistige und psychische Anstrengung erfordernde Balance von Teilidentität und Ganzheitsidentität, von Identifikationen mit einem realkonkreten Staat und zugleich mit einer darüber sich wölbenden ideal-abstrakten Nation. Zu der hier geforderten Leistung gibt es bisher keine geschichtliche Analogie; das in diesem Zusammenhang viel berufene Beispiel der polnischen Nationsgeschichte ist nicht vergleichbar. Das Balanceproblem ist, um zum zweiten Teil der oben gemachten Feststellung zu kommen, bisher nicht genügend durchdacht, geschweige denn als eine auf lange Fristen einzustellende politisch-pädagogische Aufgabe in Angriff genommen worden. Man darf sich ihr jedoch nicht vorschnell dadurch entziehen, dass man sie, wie der zitierte Referent in der Bundeszentrale für politische Bildung es tut, als "psychisch unmöglich" deklariert.

Die Aufgabe ist um so schwieriger, weil mit dem schwindenden nationalen Bewusstsein eine essentielle Störung des Teilstaatsbewusstseins einhergeht, mit anderen Worten: die Bundesrepublik Deutschland bisher ihre (spezifische) Identität nicht gefunden hat. (Theodorf Schieder aus Anlass des 25jährigen Bestehens der Bundesrepublik Deutschland: "Der Staat Bundesrepublik muss für seine Bürger, gerade für seine jungen Bürger, gewonnen, ja man muss wohl sagen: zurückgewonnen werden.") Symptomatisch ist in diesem Zusammenhang die besonders unter der studentischen Jugend verbreitete, teils emotionale, teils agitatorisch geschürte historisch-politische Abwertung der Bundesrepublik, deren Diskreditierung ja logischerweise eine Zerstörung der Möglichkeit und des Sinns einer freien Selbstbestimmung impliziert. Als exemplarisch kann ein in dieser Hinsicht komplettes Unterrichts-Modell über die "Entstehung der BRD" gelten, in dem u.a. dargelegt wird, dass im Unterschied zur KPD die SPD bei der Konstituierung einer Demokratie in Deutschland nach dem Zweiten Weltkrieg wieder einmal versagt habe, und das in der lapidaren Feststellung gipfelt, dass "auch das GG...

Ausdruck der Interessen der westlichen Alliierten und des Kapitals" sei. Groteskerweise ist dieses Unterrichts-Modell von einer Dozenten- und Lehrerarbeitsgruppe erstellt worden, die im Auftrag und mit Mitteln eines Landeskultusministeriums operierte. Freilich wurde das Produkt nach Erkenntnis seiner Brisanz offiziell abgestossen und aus Schulen wieder zurückgenommen, was jedoch einige Allgemeine Studentenausschüsse nicht daran hinderte, es nachzudrucken und in hoher Auflage unter Lehrerstudenten zu verbreiten.

Der Bundespräsident hat anlässlich der 500-Jahr-Feier der Universität Tübingen eine kritische Sympathie für unseren Staat gewünscht - in Nüchternheit sei festgestellt, dass wir davon weit entfernt sind und dass schon viel gewonnen wäre, wenn wir - vor allem bei der studentischen Jugend, speziell ihren aktiven Minderheiten - eine kritische Loyalität erreichten. Zusammenfassend kann man sagen: Wir besitzen seit dem durch das NS-Regime verursachten politischen und geistigen Zusammenbruch noch immer keinen geklärten Vergangenheitsbezug und - damit zusammenhängend - ebensowenig eine klare Zukunftsperspektive. Sozialpsychologisch und zugleich politisch-pädagogisch formuliert: Weil wir bisher kein aufgeklärtes Verhältnis zu unserer Geschichte erarbeitet haben, ist es uns bis heute nicht gelungen, eine fundierte, strapazierfähige Handlungsorientierung auch in der deutschen Frage zu gewinnen. Dieses Defizit, dieser Mangel vor allem ist es, der die Ausprägung einer Identität behindert, derer wir bedürfen, um in wechselnden Lagen Kontinuität zu bewahren.

So wenig unsere europäischen Nachbarn, wie die vergangene Anhörung gezeigt hat, an einer Wiederherstellung einer ungeteilten deutschen Nation Interesse haben, so sehr sind sie zugleich beunruhigt über den mit der Zerstörung des deutschen Reiches zusammenhängenden nationalen Identitätsverlust. Ihre Einstellung zur deutschen Frage ist also in diesem Punkt durchaus ambivalent, wie dies an zahlreichen Äusserungen unschwer zu zeigen wäre. Von den vielen möglichen Belegen nur folgendes prägnante Sachurteil aus einer grossen französischen Zeitung: "L'Allemangne fédérale offre le rare example d'un Etat qui refuse tout enraciment historique. Cette absence de communication vivante entre in passé et le présent pourrait peut-être se réveler fatale pour l'Etat en cas de crise grave" (Le Figaro, 23. 5.75).

Zu den Gründen für den von unseren ausländischen Nachbarn sehr klar bezeichneten pathologischen Zustand unserer mit Geschichtsvergessenheit einhergehenden Identitätsunsicherheit (den sie offenbar mit grösserer Sorge beobachtet haben als unsere Kultusverwaltungen), können hier nur ein paar Hinweise gegeben werden, die für den Ansatz einer realitätsangemessenen politischen Pädagogik erforderlich sind: Vor allem das dunkle Kapitel des Nationalsozialismus ist es, das nicht nur die politische Katastrophe von 1945 mit der folgenden Teilung Deutschlands verschuldet hat, sondern auch eine wesentliche Ursache der geschichtlichen Bewusstseinssperren und Negationen bei unserer jungen Generation war und ist. Die Ungeheuerlichkeit der nationalsozialistischen Perversion mit der Frage nach den auf sie zulaufenden Tendenzen der eigenen Geschichte und den von ihr herrührenden Konsequenzen wirkte und wirkt weiterhin wie eine Blockade der deutschen Geschichte im ganzen, wie ein Negativfilter und eine nationale Gefühlslähmung. Nicht zuletzt damit hängt es zusammen, dass es bisher nicht gelungen ist, das nachhaltig gestörte Verhältnis unserer Gesellschaft zu unserer Geschichte und darin zu Staat und Nation zu normalisieren. Das Suchen nach einer Antwort auf die Frage nach den Bedingungen der Möglichkeit einer solchen Perversion auf deutschem Boden hat überdies in der Geschichtswissenschaft zu einigen bitteren Erkenntnissen von in der deutschen Geschichte liegenden Dispositionen für das Dritte Reich geführt, mit denen wir fertig werden müssen. Ein unvermuteter Nebeneffekt war jedoch in der Verabsolutierung solcher Ergebnisse der schlimme Eindruck einer im ganzen negativen deutschen Geschichte, als deren geradezu zwangsläufige Folge dann der Nationalsozialismus und - in einer Extremposition - schliesslich sogar eine "imperialistische" Bundesrepublik erscheinen konnte.

Gab es früher eine deutsche Überheblichkeit, die die Welt am deutschen Wesen genesen sehen wollte, so scheint sie in der politischen Pädagogik in den letzten Jahren in ihr Gegenteil, einen nationalen Masochismus umgeschlagen zu sein. Wie dem auch sei, eine "Germanozentrik", wie der französische Politikwissenschaftler Grosser den deutschen Habitus nennt, ist geblieben - jetzt indessen mit umgekehrten Vorzeichen und gegenüber früher nun von heillosem Provinzialismus. Ausbruchsversuche in die "Wunsch-Zeitlichkeit" einer harmonischen Zukunft oder einer heilen Vergangenheit oder der Ausstieg aus der Geschichte überhaupt sind in solcher Seelenlage als Korrekturversuche einer gestörten psychischen Ökonomie anzusehen.

Mit dem Werk von Ernst Nolte "Deutschland und der Kalte Krieg" und der kritischen Auseinandersetzung mit diesem Buch sowie mit Beginn der Kontroverse Wehler/Nipperdey u.a. über die Wertung der Bismarck-Zeit scheint jetzt endlich die Diskussion über das Problem der Gleichbehandlung der deutschen Geschichte und die damit verbundene Frage der Bestimmung ihrer Fehlentwicklungen in Gang gekommen zu sein. Dieses Gespräch darf nicht im akademischen Raum verbleiben.

Wenn die Erkenntnis sich Bahn bräche, dass die eingefahrene These von der negativen Einzigartigkeit der deutschen Geschichte - eine nationalistische These mit umgekehrten Vorzeichen - so nicht haltbar ist, könnte der Blick auf die deutsche Vergangenheit in ihrer Ganzheit wieder frei werden, somit auch ein Zukunftsbezug sich wieder öffnen. Damit wäre gewiss die Krise unserer Identität noch nicht behoben, aber die Verkrampfung wäre lösbar, so dass wir jetzt, in Rücksicht auf die ganze Vergangenheit, die fundamentale politische Frage neu stellen könnten, wer wir als dieser Staat Bundesrepublik eigentlich sind, was wir sein können und sein wollen. Das heisst unter anderm auch, zu klären - und zwar nicht nur in esoterischen politischen Zirkeln, sondern an der sogenannten Basis, z.B. in den Schulen -, ob wir noch eine Nation sind und sein wollen. Was gesucht wird, ist nicht der Ersatz für eine Integrationsideologie, sondern in der Antwort auf eine von der Geschichte gestellte Frage die uns bisher fehlende Zukunftsorientierung, das dynamische Zentrum des mit sich ins reine gekommenen Volkes und seines Staates bzw. seiner Staaten.

Hier ist nun allerdings Zeit im Verzuge. Es ist eine vordringliche Aufgabe, in kritischer Auseinandersetzung mit unserer Geschichte unsere Identität zu finden, das heisst nichts anderes als eine Antwort auf die schlichte Frage suchen, wer wir sind, sein können und sein wollen; politisch gesprochen: was dieser Staat Bundesrepublik Deutschland ist, sein kann und sein will; ob er ein Mitdenken und eine Mitverantwortung für die Bürger der DDR einschliesst; ob wir noch eine Nation sind und sein wollen. Was wir gefragt sind, steckt Punkt für Punkt in der Nationsdefinition von E. Renan: "Eine Nation ist eine grosse Gemeinschaft, die sich gründet auf das Bewusstsein der Opfer, die man gebracht hat und noch zu bringen bereit ist; auf die Übereinstimmung, den klar ausgesprochenen Wunsch, das gemeinschaftliche Leben weiter zu führen ... eine Nation ist, was eine Nation sein will ... die Existenz einer Nation ist ein Tag für Tag fortgesetzes Plebiszit." Aus der Renanschen Definition folgt logisch auch die Möglichkeit einer Entscheidung, keine Nation mehr sein zu wollen. Eine solche Entscheidung - in Freiheit gefällt - wäre eine zu respektierende, identitätsklärende, eine in neuer Weise identitätsstiftende Entscheidung. Eine bestehende (oder für den deutschen Fall zurückhaltender formuliert: noch bestehende) Nation ohne Zeitperspektive, das heisst ohne den rational hergestellten Bezug zur Vergangenheit (zu den vor uns lebenden Generationen) und zur Zukunft (als Zeitraum der kommenden Generationen) lustlos und geistlos versacken zu lassen, das hätte man früher als "nationales Versagen" bezeichnet. Wir brauchen diese offenbar bei uns abgelebte Wertung nicht zu bemühen, sondern werden in diesem Falle schlechthin von menschlichem Versagen sprechen müssen. Denn neben einer vorschnellen Erledigung eines solchen mit hoher geschichtlicher Verantwortung beladenen Problems und neben der Bequemlichkeit des Ausweichens vor ihm ist die Nachlässigkeit des Laufenlassens der Dinge ein Zulassen eines Rückschritts von einem unter Opfern und Leiden einmal erreichten geschichtlichen Integrationspunkt - psychologisch gesprochen: eine Regression, die nach Gesetzen psycho-physischer Ökonomie nicht ohne negative Folgen für Individuen und Sozialkörper bleibt.

Eben in dieser Gefahr, uns von unserer Vergangenheit als Nation in unserem Bewusstsein und Willen leichthin zu lösen und die einheitliche Nation unbedacht und vorschnell als möglichen - progressiven - Faktor für die Zukunft preiszugeben, stecken wir. Wir können uns als Deutsche am wenigsten eine illusionäre Politik leisten, wir haben uns sorgfältig auf Realitäten einzustellen. Dass die Nation sich in der Zeitspanne einer Generation noch nicht wieder zusammengefunden hat, ist jedoch noch kein Beweis für die Unsinnigkeit und Unmöglichkeit des Zieles selbst. Realpolitik dürfte also nicht verwechselt werden mit blossem Manövrieren auf der Linie des geringsten Widerstandes. "Die Deutschen haben vor einigen Jahrzehnten andere Völker unterschätzt", so kennzeichnete der Exil-Tscheche Luděk Pachmann diesen Zustand, "und diese Unterschätzung führte zu einer Tragödie für ganz Europa. Nun unterschätzen sie sich jedoch selbst, und diese Unterschätzung könnte die Tragödie noch vertiefen."

Damit keine Missverständnisse entstehen: Ich spreche hier nicht von den politischen Anpassungsprozessen an weltpolitische Realitäten, die zu den Ostverträgen und zum Grundlagenvertrag geführt haben. Diese irreparablen Entscheidungen stehen hier nicht zur Diskussion. Nicht unsere Aussenpolitik steht hier also zur Debatte, sonder jener innenpolitische Prozess, der als nationaler Bewusstseinsschwund von jenen Verträgen keineswegs in Bewegung gesetzt, jedoch - gegen die mit dem "Brief zur deutschen Einheit" proklamierte Intention - offensichtlich beschleunigt worden ist.

Das Gebot der Stunde ist somit, wenn wir für die deutschlandpolitische Position den Boden halten, genauer: wiedergewinnen wollen, das Ansetzen einer politischen, historisch fundierten Pädagogik. Diese eminent politische Aufgabe ist primär eine Sache der Politiker und erst sekundär eine Angelegenheit von Pädagogen im engeren Sinne. Mit neuen Richtlinien für den Unterricht in Schulen wäre ebensowenig gewonnen wie mit der verbalen Verstärkung von nationalen Postulaten über die verschiedensten Medien. Die Gefahr des Kommunikationsabbruches zwischen den Generationen, zwischen offizieller Regierungspolitik und Bürgerbewusstsein kann nur durch intensive Zuwendung der führenden politischen Repräsentanten unseres Volkes, einschliesslich seiner Parlamentarier, zur sog. Basis gebannt werden. Diese Zuwendung als ein erst noch zu eröffnender Diskurs, der den vollen Einsatz geistig-politischer Kraft erfordert, wird bei der Frage ansetzen müssen, ob es sich überhaupt noch lohnt, eine Nation, eine deutsche Nation zu sein, sein zu wollen; eine in welchen Formen auch immer, wieder verbundene Nation, obwohl diese von keinem anderen Staat gewünscht wird; eine restituierte Nation unter der Prospektive einer transnationalen europäischen Integration. Dies eben ist die zentrale Frage: Ist die Erhaltung bzw. Wiedergewinnung einer deutschen Nation mehr als ein restauratives Unterfangen?

Nationale Deklamationen hülfen hier nicht das Geringste, und mit oberflächlichen Identifikationsveranstaltungen wäre ebensowenig auszurichten wie mit antiquierten nationalistischen Integrationsideologien. Gefordert ist die mühselige historisch-politische Aufklärung darüber, dass auch die deutsche Nation eine positive geschichtliche Mission im Kreis der Völker gehabt hat und noch hat - gefordert ist das glaubwürdige Bekenntnis von Führungseliten zur Unverzichtbarkeit einer deutschen Nation als Trägerin positiver Menschheitswerte. Die DDR pflegt einen - parteilichen - Stolz auf deutsche Traditionen; könnte nicht auch die Bundesrepublik Deutschland zu ihrem Teil kritische Sachwalterin geschichtlicher Werte sein, die für Europa eine potentiell-konstruktive Bedeutung haben und ein unverkrampftes Selbstwertgefühl erlauben, ohne das keine Gesellschaft politisch durchhalten kann? Was hier von den Politikern verlangt wird, greift über die Tagesgeschäfte weit hinaus und verlangt nicht weniger als einen aktiven Beitrag zur Erneuerung eines "Contrat social", der in den anderen Ländern ungebrochen, bei uns jedoch verblasst ist. Genau dies nämlich macht die Nation aus: "Ein der Vernunft zugänglicher Verband von Menschen (zu sein), die sich vergemeinschaftet haben, weil sie identische Werte lieben." (Populus coetus rationalis hominum communi amore rerum, quas diligunt, consociatus". Augustinus, Gottesstaat)

Carlo Schmid hat in seiner Abschiedsrede im Bundestag am 25. Februar 1972 den aktuellen politischen Gehalt dieser von Augustinun geprägten, von Renan modifiziert übernommenen Definition für die deutsche Situation konkret dargelegt. Diese Rede - eine Rede an die deutsche Nation über die deutsche Nation - halte ich für das potentielle Kernstück einer politischen Pädagogik grossen Stils, wie wir sie brauchen. In ihr wird deutlich gemacht, dass der Wille zur Erhaltung der deutschen Nation kein Gegensatz zum Europagedanken ist, damit also keine konservative Position gegen eine progressive steht, sondern dass die Nationen, eben auch die deutsche Nation, ein integrierender Bestandteil eines zusammenschliessenden Europa sind. Dieser auf die Zukunft gerichtete Teil einer realistischen Zeitperspektive (die wir entfalten müssen, um die notwendige Handlungsorientierung oder bescheidener: Durchhaltewillen zu entwickeln) besitzt deswegen hohe Überzeugungskraft, weil er bei C. Schmid bezogen ist auf eine grosslinig gesehene deutsche Vergangenheit, aus der die Zuversicht erwächst, "dass es sich nicht nur für uns", wie er wörtlich sagt, "sondern dass es sich für die Welt lohnen könnte, dass es Deutschland und die deutsche Nation gibt." Das Ergebnis dieser Geschichte mit ihren Tiefen und Höhen ist die - im Grundgesetz verankerte - Aufforderung zu einem substantiellen "Contrat social", der die Nation ausmacht (und mehr ist als "Bevölkerung" und "Volk"): "Der gemeinsame Wille aller, die Freiheit zum Grundgesetz der Existenz des Ganzen und des einzelnen zu machen, die Mitmenschlichkeit, Brüderlichkeit genannt, als die Grundlage der Moral zu betrachten, nach der wir uns in unserem Volke verhalten und anderen gegenüber verhalten wollen."

Dieser Wille, Grundwerte als Menschheitswerte zum Grund und zur Norm der nationalen Existenz zu machen, verlangt, wenn Freiheit nach dem bekannten Wort immer die Freiheit der anderen ist, in erster Linie die Mitverantwortung für die in einer langen Geschichte mit uns verbundenen Menschen im anderen deutschen Staat. Dies den übrigen Staaten deutlich zu machen, sei die langfristige Chance der Deutschlandpolitik nach aussen, hatte Ralf Dahrendorf bei der Anhörung im September 1977 in seinem Schlusswort erklärt. Unter solchem Aspekt müssten auch jungen Menschen bei uns erkennen können, dass die deutsche Frage mehr ist als ein antiquiertes, abstraktes Nationsproblem.

Die andere Kompenente eines Handlungs- und Zukunftswillens solcher Art, ein lebendig gehaltenes Geschichtsbewusstsein - eine kritische Erinnerung, die negative Fakten nicht verdrängt, aber doch auch die positiven Leistungen der deutschen Geschichte sich vergegenwärtigt - hat Carlo Schmid in einer Reihe von Elementen und Stationen in Kurzform rekapituliert. Er hat dabei Gegensätze durchaus eingeschlossen (Martin Luther, Nikolaus von Cues, Friedrich II. von Preussen, Karl Marx - Bauernkrieg, Deutsche Klassik, Paulskirche, Arbeiterbewegung), um im ganzen eine Bilanz vor Augen zu führen, die es möglich macht, als Deutscher zu Deutschland zu stehen. Die Bilanz zu vervollständigen, dazu bedarf es der Mitwirkung der Geschichtswissenschaft. Aber der politische Diskurs über unsere Nation in Geschichte und Gegenwart kann nicht erst in Gang gesetzt werden, wenn die Forschung mit der deutschen Geschichte und sich ins reine gekommen ist. Wir sind gehalten, während die Geschichtswissenschaft das Geschäft der Aufklärung über unsere Vergangenheit stets weiterzutreiben hat, schon hier und jetzt Stellung zu beziehen.

Es sei eine schwierige Aufgabe, sagte C. Schmid am Schluss seiner Rede, für unser Volk wiederzuentdecken, was eine Nation ausmacht. Inzwischen sind sechs weitere Jahre ins Land gegangen, ohne dass wir diese Aufgabe im grossen angegangen wären. Es ist keine Zeit mehr zu verlieren.

Auswahlbibliographie

Benz, W. u.a. — Einheit der Nation. Diskussion und Konzeptionen zur Deutschlandpolitik der großen Parteien seit 1945, Stuttgart 1979.

Deuerlein, E. — Die Einheit Deutschlands, Frankfurt/M. 1961[2].

Fijalkowski, J. u.a. — Berlin - Hauptstadtanspruch und Westintegration, Köln 1967.

Ludz, P.C. — Deutschlands doppelte Zukunft. Bundesrepublik und DDR in der Welt von morgen, München 1974.

Münch, I. von (Hg.) — Dokumente des geteilten Deutschland. Quellentexte zur Rechtslage des Deutschen Reiches, der Bundesrepublik Deutschland und der Deutschen Demokratischen Republik, 2 Bände, Stuttgart 1968.

Nolte, E. — Deutschland und der Kalte Krieg, München 1974.

Schweitzer, C.C. — Die deutsche Nation. Aussagen von Bismarck bis Honecker. Dokumentation, Köln 1976.

Thilenius, R. — Die Teilung Deutschlands. Eine zeitgeschichtliche Analyse, Reinbek 1957.

Tudyka, K.P. — Das geteilte Deutschland. Eine Dokumentation der Meinungen, Stuttgart 1965.

... — Texte zur Deutschlandpolitik, hg. vom Bundesministerium für innerdeutsche Beziehungen, Bonn 1968ff.

... — Zur Lage der Nation. Bericht des Bundeskanzlers und Zusammenfassung der Materialien, hg. vom Bundesminister für innerdeutsche Beziehungen, Bonn 1971ff (bisher drei Berichte).

ANHANG

Allgemeine Literaturhinweise

Beyme, K. von	Das politische System der Bundesrepublik Deutschland. Eine Einführung, München 1979.
Borowsky, P.	Deutschland 1970-1976, Hannover 1980.
Bracher, K.D. (Hg.)	Nach 25 Jahren. Eine Deutschlandbilanz, München 1970.
Dahrendorf, R.	Gesellschaft und Demokratie in Deutschland, München 1965.
Deuerlein, E.	Deutsche Geschichte der neuesten Zeit von Bismarcks Entlassung bis zur Gegenwart, 3. Teil: Von 1945 bis 1955, Konstanz 1965.
Deuerlein, E.	Deutschland 1963-1970, Hannover 1972 (4. Auflage).
Ellwein, T.	Das Regierungssystem der Bundesrepublik Deutschland, Opladen 1977 (4. Auflage)
Grosser, A.	Geschichte Deutschlands seit 1945. Eine Bilanz, München 1974.
Hillgruber, A.	Deutsche Geschichte 1945-1972. Die 'deutsche Frage' in der Weltpolitik, Frankfurt/M. u.a. 1974.
Lehmann, H.G.	Chronik der Bundesrepublik Deutschland 1945/49 bis 1981, München 1981.
Lilge, H. (Hg.)	Deutschland 1945-1963, Hannover 1967 (6. Auflage).
Löwenthal, R./ Schwarz, H.-P. (Hg.)	Die zweite Republik. 25 Jahre Bundesrepublik Deutschland - eine Bilanz, Stuttgart 1974.
Rupp, H.K.	Politische Geschichte der Bundesrepublik Deutschland, Stuttgart 1978.
Schmollinger, H.W./ Müller, P.	Zwischenbilanz. 10 Jahre sozialliberale Politik 1969-1979. Anspruch und Wirklichkeit, Hannover 1980.
Sontheimer, K.	Grundzüge des politischen Systems der Bundesrepublik Deutschland, München 1977[3].

Sontheimer, K./ Röhrig, H.H. (Hg.) Handbuch des politischen Systems der Bundesrepublik Deutschland, München 1978².

Vogelsang, T. Das geteilte Deutschland, München 1978 (8. Auflage).

... Politische Zeittafel 1949 - 1979. Drei Jahrzehnte Bundesrepublik Deutschland, hg. von dem Presse- und Informationsamt der Bundesregierung, Bonn 1981.

Im Erscheinen ist eine auf fünf Bände angelegte Gesamtdarstellung zur Geschichte der Bundesrepublik, hg. von Th. Eschenburg, H.J.Fest und E.Jäckel, Stuttgart 1981ff.